U0454315

国家哲学社会科学成果文库
NATIONAL ACHIEVEMENTS LIBRARY
OF PHILOSOPHY AND SOCIAL SCIENCES

民法典担保制度
体系研究

高圣平　著

中国人民大学出版社
·北京·

策划编辑：郭　虹　白俊峰
责任编辑：施　洋
装帧设计：彭莉莉

图书在版编目（CIP）数据

民法典担保制度体系研究 / 高圣平著. -- 北京：
中国人民大学出版社，2023.5
（国家哲学社会科学成果文库）
ISBN 978-7-300-31518-8

Ⅰ.①民… Ⅱ.①高… Ⅲ.①担保法—研究—中国
Ⅳ.①D923.25

中国国家版本馆CIP数据核字（2023）第042979号

民法典担保制度体系研究
MINFADIAN DANBAO ZHIDU TIXI YANJIU

高圣平　著

中国人民大学出版社　出版发行
（100080　北京中关村大街 31 号）

涿州市星河印刷有限公司　新华书店经销
2023 年 5 月第 1 版　2024 年 12 月第 3 次印刷
开本：720 毫米 × 1000 毫米　1/16　印张：47.75
字数：627 千字　印数：0,001-2,000 册
ISBN 978-7-300-31518-8　定价：238.00 元

邮购地址 100080　北京中关村大街 31 号
中国人民大学出版社读者服务部　电话（010）62515195　82501766

《国家哲学社会科学成果文库》
出版说明

为充分发挥哲学社会科学优秀成果和优秀人才的示范引领作用，促进我国哲学社会科学繁荣发展，自 2010 年始设立《国家哲学社会科学成果文库》。入选成果经同行专家严格评审，反映新时代中国特色社会主义理论和实践创新，代表当前相关学科领域前沿水平。按照"统一标识、统一风格、统一版式、统一标准"的总体要求组织出版。

全国哲学社会科学工作办公室

2023 年 3 月

缩略语表

序 号	简 称	全 称
一、法律法规		
1	《民法典》	《中华人民共和国民法典》（2020 年 5 月 28 日第十三届全国人民代表大会第三次会议通过）
2	《民法通则》	《中华人民共和国民法通则》（2009 年 8 月 27 日第十一届全国人民代表大会常务委员会第十次会议修正，已废止）
3	《民法总则》	《中华人民共和国民法总则》（2017 年 3 月 15 日第十二届全国人民代表大会第五次会议通过，已废止）
4	《担保法》	《中华人民共和国担保法》（1995 年 6 月 30 日第八届全国人民代表大会常务委员会第十四次会议通过，已废止）
5	《合同法》	《中华人民共和国合同法》（1999 年 3 月 15 日第九届全国人民代表大会第二次会议通过，已废止）
6	《物权法》	《中华人民共和国物权法》（2007 年 3 月 16 日第十届全国人民代表大会第五次会议通过，已废止）
7	《票据法》	《中华人民共和国票据法》（2004 年 8 月 28 日第十届全国人民代表大会常务委员会第十一次会议修正）
8	《城市房地产管理法》	《中华人民共和国城市房地产管理法》（2019 年 8 月 26 日第十三届全国人民代表大会常务委员会第十二次会议第三次修正）
9	《土地管理法》	《中华人民共和国土地管理法》（2019 年 8 月 26 日第十三届全国人民代表大会常务委员会第十二次会议第三次修正）
10	《民事诉讼法》	《中华人民共和国民事诉讼法》（2021 年 12 月 24 日第十三届全国人民代表大会常务委员会第三十二次会议第四次修正）
11	《公司法》	《中华人民共和国公司法》（2018 年 10 月 26 日第十三届全国人民代表大会常务委员会第六次会议第四次修正）
12	《婚姻法》	《中华人民共和国婚姻法》（2001 年 4 月 28 日第九届全国人民代表大会常务委员会第二十一次会议修正，已废止）
13	《企业破产法》	《中华人民共和国企业破产法》（2006 年 8 月 27 日第十届全国人民代表大会常务委员会第二十三次会议通过）
14	《居民委员会组织法》	《中华人民共和国城市居民委员会组织法》（2018 年 12 月 29 日第十三届全国人民代表大会常务委员会第七次会议修正）
15	《村民委员会组织法》	《中华人民共和国村民委员会组织法》（2018 年 12 月 29 日第十三届全国人民代表大会常务委员会第七次会议修正）
16	《农民专业合作社法》	《中华人民共和国农民专业合作社法》（2017 年 12 月 27 日第十二届全国人民代表大会常务委员会第三十一次会议修订）

续表

序 号	简 称	全 称
17	《企业国有资产法》	《中华人民共和国企业国有资产法》（2008 年 10 月 28 日第十一届全国人民代表大会常务委员会第五次会议通过）
18	《个人独资企业法》	《中华人民共和国个人独资企业法》（1999 年 8 月 30 日第九届全国人民代表大会常务委员会第十一次会议通过）
19	《合伙企业法》	《中华人民共和国合伙企业法》（2006 年 8 月 27 日第十届全国人民代表大会常务委员会第二十三次会议修订）
20	《律师法》	《中华人民共和国律师法》（2017 年 9 月 1 日第十二届全国人民代表大会常务委员会第二十九次会议第三次修正）
21	《民办教育促进法》	《中华人民共和国民办教育促进法》（2018 年 12 月 29 日第十三届全国人民代表大会常务委员会第七次会议第三次修正）
22	《拍卖法》	《中华人民共和国拍卖法》（2015 年 4 月 24 日第十二届全国人民代表大会常务委员会第十四次会议第二次修正）
23	《建筑法》	《中华人民共和国建筑法》（2019 年 4 月 23 日第十三届全国人民代表大会常务委员会第十次会议第二次修正）
24	《农村土地承包法》	《中华人民共和国农村土地承包法》（2018 年 12 月 29 日第十三届全国人民代表大会常务委员会第七次会议第二次修正）
25	《商业银行法》	《中华人民共和国商业银行法》（2015 年 8 月 29 日第十二届全国人民代表大会常务委员会第十六次会议第二次修正）
26	《银行业监督管理法》	《中华人民共和国银行业监督管理法》（2006 年 10 月 31 日第十届全国人民代表大会常务委员会第二十四次会议修正）
27	《海商法》	《中华人民共和国海商法》（1992 年 11 月 7 日第七届全国人民代表大会常务委员会第二十八次会议通过）
28	《民用航空法》	《中华人民共和国民用航空法》（2018 年 12 月 29 日第十三届全国人民代表大会常务委员会第七次会议第五次修正）
29	《道路交通安全法》	《中华人民共和国道路交通安全法》（2021 年 4 月 29 日第十三届全国人民代表大会常务委员会第二十八次会议第三次修正）
30	《专利法》	《中华人民共和国专利法》（2020 年 10 月 17 日第十三届全国人民代表大会常务委员会第二十二次会议第四次修正）
31	《商标法》	《中华人民共和国商标法》（2019 年 4 月 23 日第十三届全国人民代表大会常务委员会第十次会议第四次修正）
32	《著作权法》	《中华人民共和国著作权法》（2020 年 11 月 11 日第十三届全国人民代表大会常务委员会第二十三次会议通过第三次修正）
33	《专利法实施细则》	《中华人民共和国专利法实施细则》（2010 年 1 月 9 日，国务院令第 569 号）

续表

序　号	简　称	全　称
34	《商标法实施条例》	《中华人民共和国商标法实施条例》（2014年4月29日，国务院令第651号）
35	《统一登记决定》	《国务院关于实施动产和权利担保统一登记的决定》（2020年12月22日，国发〔2020〕18号）
二、司法解释及文件		
1	《民法典担保制度解释》	《最高人民法院关于适用〈中华人民共和国民法典〉有关担保制度的解释》（法释〔2020〕28号）
2	《诉讼时效规定》	《最高人民法院关于审理民事案件适用诉讼时效制度若干问题的规定》（法释〔2008〕11号，法释〔2020〕17号修正）
3	《民法典时间效力规定》	《最高人民法院关于适用〈中华人民共和国民法典〉时间效力的若干规定》（法释〔2020〕15号）
4	《民法典物权编解释（一）》	《最高人民法院关于适用〈中华人民共和国民法典〉物权编的解释（一）》（法释〔2020〕24号）
5	《民法典建设工程解释（一）》	《最高人民法院关于审理建设工程施工合同纠纷案件适用法律问题的解释（一）》（法释〔2020〕25号）
6	《民法典婚姻家庭编解释（一）》	《最高人民法院关于适用〈中华人民共和国民法典〉婚姻家庭编的解释（一）》（法释〔2020〕22号）
7	《民法典继承编解释（一）》	《最高人民法院关于适用〈中华人民共和国民法典〉继承编的解释（一）》（法释〔2020〕23号）
8	《独立保函规定》	《最高人民法院关于审理独立保函纠纷案件若干问题的规定》（法释〔2016〕24号，法释〔2020〕18号修正）
9	《担保法解释》	《最高人民法院关于适用〈中华人民共和国担保法〉若干问题的解释》（法释〔2000〕44号，法释〔2020〕16号废止）
10	《保证规定》	《最高人民法院印发〈关于审理经济合同纠纷案件有关保证的若干问题的规定〉的通知》（法发〔1994〕8号，法释〔2020〕16号废止）
11	《民间借贷规定》	《最高人民法院关于审理民间借贷案件适用法律若干问题的规定》（法释〔2015〕18号，法释〔2020〕6号第一次修正，法释〔2020〕17号第二次修正）
12	《民事诉讼法解释》	《最高人民法院关于适用〈中华人民共和国民事诉讼法〉的解释》（法释〔2015〕5号，法释〔2020〕20号第一修正，法释〔2022〕11号第二次修正）
13	《执行异议和复议规定》	《最高人民法院关于人民法院办理执行异议和复议案件若干问题的规定》（法释〔2015〕10号，法释〔2020〕21号修正）

续表

序 号	简 称	全 称
14	《物权法解释（一）》	《最高人民法院关于适用〈中华人民共和国物权法〉若干问题的解释（一）》（法释〔2009〕5号，法释〔2020〕16号废止）
15	《合同法解释（二）》	《最高人民法院关于适用〈中华人民共和国合同法〉若干问题的解释（二）》（法释〔2009〕5号，法释〔2020〕16号废止）
16	《买卖合同解释》	《最高人民法院关于审理买卖合同纠纷案件适用法律问题的解释》（法释〔2012〕8号，法释〔2020〕17号修正）
17	《融资租赁解释》	《最高人民法院关于审理融资租赁合同纠纷案件适用法律问题的解释》（法释〔2014〕3号，法释〔2020〕17号修正）
18	《企业破产法规定（二）》	《最高人民法院关于适用〈中华人民共和国企业破产法〉若干问题的规定（二）》（法释〔2013〕22号，法释〔2020〕18号修正）
19	《企业破产法规定（三）》	《最高人民法院关于适用〈中华人民共和国企业破产法〉若干问题的规定（三）》（法释〔2019〕3号，法释〔2020〕18号修正）
20	《拍卖变卖财产规定》	《最高人民法院关于人民法院民事执行中拍卖、变卖财产的规定》（法释〔2004〕16号，法释〔2020〕21号修正）
21	《确定财产处置参考价规定》	《最高人民法院关于人民法院确定财产处置参考价若干问题的规定》（法释〔2018〕15号）
22	《工程款优先受偿批复》	《最高人民法院关于建设工程价款优先受偿权问题的批复》（法释〔2002〕16号，法释〔2020〕16号废止）
23	《民商事审判会议纪要》	《最高人民法院关于印发〈全国法院民商事审判工作会议纪要〉的通知》（法〔2019〕254号）
24	《债券座谈会纪要》	《最高人民法院关于印发〈全国法院审理债券纠纷案件座谈会纪要〉的通知》（法〔2020〕185号）
三、部门规章		
1	《统一登记办法》	《动产和权利担保统一登记办法》（2021年12月28日，中国人民银行令〔2021〕第7号）
2	《银行保理管理办法》	《商业银行保理业务管理暂行办法》（2014年4月10日，中国银监会令2014年第5号）
四、国际公约及文件		
1	《开普敦公约》	《移动设备国际利益公约》（2008年10月28日第十一届全国人民代表大会常务委员会第五次会议批准）
2	《联合国动产担保立法指南》	《联合国国际贸易法委员会动产担保交易立法指南》（UNCITRAL Legislative Guide on Secured Transactions）
3	《联合国动产担保示范法》	《联合国国际贸易法委员会动产担保交易示范法》（UNCITRAL Model Law on Secured Transactions）

续表

序　号	简　称	全　称
五、法律和司法解释草案		
1	《强制执行法（草案）》	《中华人民共和国民事强制执行法（草案）》（第十三届全国人民代表大会常务委员会第三十五次会议审议）
2	《民法典担保制度解释（征求意见稿）》	《最高人民法院关于适用〈中华人民共和国民法典〉担保部分的解释》（2020年11月9日，最高人民法院民二庭）

目 录

第二章　民法典典型担保物权制度体系

第三章 民法典非典型担保物权制度体系

CONTENTS

引　言

一、问题意识

2022 年 4 月 25 日，习近平总书记在中国人民大学考察调研时指出："加快构建中国特色哲学社会科学，归根结底是建构中国自主的知识体系。要以中国为观照、以时代为观照，立足中国实际，解决中国问题，不断推动中华优秀传统文化创造性转化、创新性发展，不断推进知识创新、理论创新、方法创新，使中国特色哲学社会科学真正屹立于世界学术之林。"[1]这是习近平总书记自 2016 年 5 月 17 日在哲学社会科学工作座谈会上发表重要讲话之后，对加快构建中国特色哲学社会科学发表的又一次重要讲话，为加快构建中国特色哲学社会科学指明了发展方向、提供了根本遵循。[2]

中国自主的民法学知识体系作为描述我国民法学知识总和的概括性术语，奠基于"我国独特的历史、独特的文化、独特的国情"等实践经验之上，由概念范畴、逻辑推理、基本结论等环节构成，用于解释中国实践，回答"中国之问、世界之问、人民之问、时代之问"。这就要求我们必须立足中国实践，自主建设中国特色民法学认识和经验系统，而不是照搬别国特别是西方世界的整套知识体系，否则就会出现"西方命题、中国经验"的现象。中国自主的民法学知识体系的集大成者，即为《民法典》。

1　《习近平在中国人民大学考察时强调 坚持党的领导传承红色基因扎根中国大地 走出一条建设中国特色世界—流大学新路》，《人民日报》2022 年 4 月 26 日。

2　参见张雷声、韩喜平、肖贵清、钟明华：《建构中国特色哲学社会科学自主知识体系》，《马克思主义理论学科研究》2022 年第 7 期。

民法典是一个完整的逻辑体系，逻辑体系必须严格遵守形式。民法典首先是法律形式上所构造的外在逻辑体系（"外在体系"或者"外部体系"），是对（以法律概念为基础）法律材料的划分。[1] 外部体系作为依形式逻辑的规则建构的抽象的一般概念式的体系，是民法典的体系基础。此种体系的形式有赖于：从作为规范客体的构成事实中分离出若干要素，并将此等要素"一般化"，由此等要素可形成"类别概念"，而借着增减若干规定类别的要素，由此形成不同抽象程度的概念，并因此构成体系；借着将抽象程度较低的概念涵摄于抽象程度较高的概念之下，最后可以将大量的法律素材归结到少数"最高"概念上。[2] 此种体系不仅可以保障最大可能的概观性，亦可保障法的安定性，因为假设这种体系是完整的，则于体系范围内，法律问题仅凭逻辑的思考即可解决。它可以保障由之推演出来的所有结论，其彼此之间不相矛盾。[3] 在此总体思想之下，若能将各种担保形式统合在一起构成独立的担保编，既便于立法中提取"公因式"，抽象各种担保制度的共通规则，形成担保编的"小总则"，达到立法简约的目标，又便于担保交易主体集中了解担保规则，便于法官适用法律，避免在法典内部不同编之间来回穿梭寻找规范基础。

如以此标准检视《民法典》，大致可以发现至少就其中担保制度体系化存在明显的缺陷，这无疑增加了民法典中的担保制度在法律适用上的困难。在民事单行法之中，担保法是最活跃的领域，在现代经济体系中扮演着不可或缺的角色，借由担保法制来创造信用、降低授信风险，乃是现代社会中拓展经济活动的一大手段。[4] 我国担保法制的演进在一定程度上证成了法律因经济而动的基本规律。1981 年《经济合同法》和 1986 年《民法通则》仅对

1　参见［奥］恩特斯·A.克莱默：《法律方法论》，周万里译，法律出版社，2019，第59页。

2　参见李永军：《论民法典形式意义与实质意义上的担保物权——形式与实质担保物权冲击下的物权法体系》，《西北师大学报（社会科学版）》2020年第6期。

3　参见［德］卡尔·拉伦茨：《法学方法论》，陈爱娥译，商务印书馆，2016，第317页。

4　参见王文宇：《建构资讯时代之担保权法制》，《月旦法学杂志》2003年第4期。

担保制度作了基本规定，内容相当简略，与当时的商品经济发展状况相适应。随着社会主义市场经济的发展，起着保障信贷和商品交易的安全基本作用的担保制度愈发重要。[1] 为应对日益严重的"三角债"问题，1995年《担保法》对保证、抵押、质押、留置、定金等担保方式作了具体规定，初步形成了中国特色的担保法制。2007年《物权法》在《担保法》的基础上，"增加了可以用作担保的财产的规定，进一步完善担保制度"[2]，由此形成了我国担保制度中物的担保位于物权法、人的担保位于担保法的特有结构。

《担保法》实为应景之作，立法者就此并没有多少体系考量，在《物权法》抽离其中物的担保部分之后，《担保法》中人的担保部分应成为合同编的有名合同。这一体系安排似乎成为民法典编纂工作中的当然之理。"鉴于我国《担保法》中担保物权的内容已为《物权法》所取代，剩余的关于保证和定金的有效规定完全可以在修订《合同法》时并入'分则'中的具体合同类型（如增设'保证合同'、'定金合同'两章）部分。因此，《担保法》已无独立存在的意义。"[3] 立法说明中即反映了这一思想："民法典将由总则编和各分编组成，目前考虑分为物权编、合同编、侵权责任编、婚姻家庭编和继承编等。"[4]

在立法例上，继受《法国民法典》的1994年《魁北克民法典》早已将担保物权独立成编；2006年，极为珍视《法国民法典》这一民族遗产，在

1　参见顾昂然：《关于〈中华人民共和国担保法（草案）〉的说明——1995年2月21日在第八届全国人民代表大会常务委员会第十二次会议上》，《中华人民共和国全国人民代表大会常务委员会公报》1995年第5期。

2　王兆国：《关于〈中华人民共和国物权法（草案）〉的说明——2007年3月8日在第十届全国人民代表大会第五次会议上》，《中华人民共和国全国人民代表大会常务委员会公报》2007年第3期。

3　李中原：《当代中国法治化进程中的民法典编纂反思——历史使命、现实定位与路径选择》，《法学》2016年第2期。

4　全国人民代表大会常务委员会副委员长李建国于2017年3月8日在第十二届全国人民代表大会第五次会议上所作的《关于〈中华人民共和国民法总则（草案）〉的说明》中指出："民法典将由总则编和各分编组成，目前考虑分为物权编、合同编、侵权责任编、婚姻家庭编和继承编等。"《中华人民共和国全国人民代表大会常务委员会公报》2017年第2期。

修正问题上一直趋于保守的法国，更是增设担保编，改变了三编制的法典体系，成为古老法典适应新的社会经济秩序的典范。[1]但这一现象并未影响到我国民法典编纂时的分编构造，学界也就不断地提出了担保法在我国民法典中独立成编的立法建议。[2]

令人遗憾的是，《民法典》的编纂并未采纳上述观点。在《民法典》的体系安排上，没有担保制度将独立成编，也没有设立调整担保法律关系的一般规则，这直接导致担保规则内部体系上的不统一，影响到了《民法典》担保规则的解释适用。《民法典》担保制度由典型担保制度和非典型担保制度构成。其中，1995 年《担保法》和 2007 年《物权法》中的典型担保制度，依其不同的性质，分别定位于《民法典》的不同分编之中：保证合同作为一种有名合同，被置于《民法典》合同编的典型合同分编之中；《担保法》所规定的定金被置于合同编通则分编中的违约责任章之中；《担保法》和《物权法》中的抵押、质押和留置等三种物上担保形式，维系着物权编担保物权分编的体系结构。1999 年《合同法》第 286 条所规定的典型担保制度——建设工程价款优先受偿权，在《民法典》合同编典型合同分编中得到完整保留。同时，经由《民法典》第 388 条第 1 款"担保合同包括抵押合同、质押合同和其他具有担保功能的合同"的规定，非典型担保被纳入其中。这里，"其他具有担保功能的合同"不仅涵盖了《民法典》上已经典型化为其他交易形态的非典型担保制度，如合同编典型合同分编"买卖合同"章规定的所有权保留、典型合同分编"融资租赁合同"章、典型合同分编"保理合同"

---

1 参见魏磊杰：《新千年前后民法典重构的基本特点与最新趋势》，《外国法制史研究》（第 19 卷. 2016 年），第 280、297—298 页。

2 参见高圣平：《民法典担保物权法编纂：问题与展望》，《清华法学》2018 年第 2 期；张民安：《论〈担保法〉在我国未来〈民法典〉当中的独立地位》，《学术论坛》2018 年第 3 期；马俊驹、邵和平：《民法典担保权编的立法模式研究》，《法制与社会发展》2019 年第 1 期；刘斌：《论担保法独立成编的立法技术与决断要素》，《江海学刊》2019 年第 3 期；王康：《论〈民法典〉担保权的立法定位》，《甘肃政法学院学报》2019 年第 4 期；张素华：《论民法典分则中担保制度的独立成编》，《法学家》2019 年第 6 期等。

章，而且为《民法典》之外的金融担保创新留下了足够的制度空间，使之足以涵盖让与担保、保证金质押、典当权等交易形态。[1]

《民法典》出台后，对担保制度的研究也从立法论转向解释论。如何从《民法典》的具体担保规则中抽象出担保的一般规则，《民法典》担保规则之间的冲突和矛盾如何经由体系解释得到化解，《民法典》担保制度相关条文与原规定存在何种差异及具体如何适用，均为当前的重要研究问题。《民法典》中的担保规则对我国市场经济发展具有重要作用，对改进和完善金融服务，拓宽融资渠道，着力缓解企业（尤其是中小企业）的融资困难具有重要的实践意义，而引进功能主义的动产担保理论对发展大陆法系传统的担保法制具有重要的理论意义。

令人欣慰的是，《民法典担保制度解释》秉承《担保法解释》的体例和方法，在第一部分"关于一般规定"即对共同适用于人的担保和物的担保的民法典规则进行了抽象；在第三部分"关于担保物权"对共同适用于物的担保的民法典规则进行了再次抽象，其中第（三）部分"动产与权利担保"对共同适用于动产与权利担保的民法典规则进行了再次抽象；在第四部分"关于非典型担保"采取总分结合的规制模式，既对实践中已经成熟的让与担保、保证金质押等作了具体规定，也就承认非典型担保物权效力的一般规则作了抽象。由此可见，《民法典担保制度解释》就民法典担保制度作了体系化的整合，值得赞同。但《民法典担保制度解释》同样搁置了部分争议比较大的问题[2]，不能不说是一大遗憾。本书拟以民法典担保制度的具体规则为基础，体系化地整理民法典担保制度体系。

1　参见高圣平：《民法典担保制度及其配套司法解释理解与适用》，中国法制出版社，2021，第1页。

2　参见刘贵祥、林文学、杨永清、麻锦亮、吴光荣：《"关于一般规定"部分重点条文解读》，见最高人民法院民事审判第二庭：《最高人民法院民法典担保制度司法解释理解与适用》，人民法院出版社，2021，第43页。

二、人的担保与物的担保的体系化

在民事单行法之中，担保法是最活跃的领域，在现代经济体系中扮演着不可或缺的角色。借由担保法制来创造信用、降低授信风险，乃是现代社会中拓展经济活动的一大手段。[1] 担保制度的债权保障功能主要通过以下两条路径实现：增加供债务清偿的责任财产范围、将特定财产分离以供债权人优先受偿。在传统大陆法系"物—债"二分的经典民法教义之下，上述两条路径形成人的担保与物的担保之类型划分，人的担保与合同制度相对应，物的担保则归属于物权制度。此种区分为奉行"物—债"二分的立法例所接纳。

担保制度在我国民事立法上的表达亦大致遵循了以上担保类型的体系定位。在"编纂"民法典的要求下，既有的民事单行法格局被维持，民法典"邦联式"分则体系在一定程度上突破了所谓的法典形式理性要求。民法典中担保制度并未如实用主义者所主张的那样独立成编，而是秉承物债两分的体系结构，将"抵押权""质权""留置权"置于物权编担保物权分编，反映着"物的担保"中的权利内容；将"保证"置于合同编典型合同分编，体现着"人的担保"中的典型元素；将"定金"置于合同编通则分编违约责任章，不再作为一种典型的担保方式。在物的担保的形式主义进路之下，民法典革命性地植入功能主义的制度元素，将所有权保留买卖合同、融资租赁合同、保理合同、让与担保合同等具有担保功能的合同规定为担保合同，为非典型担保的展开提供了技术路径和解释前提。这一由"物的担保"和"人的担保"、"典型担保"和"非典型担保"共同构成的担保制度颇具中国特色，为优化营商环境中的金融服务提供了制度供给，既体现着我国担保制度演进上的路径依赖，又反映了担保制度现代化和国际化的基本需求。

由于未设立调整担保法律关系的一般规则，人的担保与物的担保之间难免存在担保规则内部体系上的不统一，影响到民法典担保规则的解释适用。

1　参见王文宇：《建构资讯时代之担保权法制》，《月旦法学杂志》2003 年第 4 期。

例如《民法典》第683条第2款规定以公益为目的的非营利法人、非法人组织不得为保证人，但《民法典》第399条第3项并未就此作出明确规定。因此，有必要从《民法典》的"人""物"二分下的担保制度中抽象出担保的一般规则，经由体系解释化解不同担保类型具体规则之间的冲突和矛盾。就此而言，《民法典担保制度解释》在第一部分"关于一般规定"对共同适用于人的担保和物的担保的民法典规则进行了抽象，就民法典担保制度作了部分体系化的整合，但同时亦搁置了部分争议比较大的问题。[1]

从目前的情况来看，物权编位于《民法典》各分编之首，合同编紧随其后。但在《民法典》编纂过程中，立法者有意将保证合同章作为担保关系的一般规则来加以确立。例如，《民法典》在担保物权分编中对于物上保证人的权利保护并未作出周全的规定，此时可以类推适用保证合同章中保证人的权利保护规则，如物上保证人主张抵销抗辩。不过，《民法典》并未将保证合同章系担保关系的一般规则的基本思想贯彻到底。例如，《民法典》关于最高额担保的规定没有被置于保证合同章，而是主要集中在"最高额抵押权"一节，最高额质权、最高额保证均准用最高额抵押的相关规定。这种安排在一定程度上增加了在担保纠纷案件审理过程中"找法"的困难。

从《担保法》第一章"总则"的经验来看，"担保合同"或可作为人的担保与物的担保体系化的关键抓手。但依《民法典》第388条第1款的规定，"担保合同"系担保物权设立合同之简称，别异于其第681条所称"保证合同"。如此看来，《民法典》上"担保合同"与"保证合同"是两个相并而称而非种属关系的概念，与《担保法》第5条的"担保合同"包括保证合同、抵押合同、质押合同判然有别。值得注意的是，《民法典担保制度解释》"关于一般规定"部分的规则可适用于人的担保与物的担保场景，其中第2条、

---

[1]　参见最高人民法院民事审判第二庭：《最高人民法院民法典担保制度司法解释理解与适用》，人民法院出版社，2021，第43页。

第 7～9 条、第 17 条、第 19 条、第 21 条使用的"担保合同"概念在外延上自当包括保证合同、抵押合同、质押合同。在解释上，为抽象民法典担保制度体系所需，"担保合同"仍可作为上位阶概念加以使用，以涵盖保证合同、抵押合同、质押合同。因此，可以担保合同为中心概念，体系化地解释"保证合同"章与担保物权分编"一般规定"的规则，对共同适用于保证和担保物权的规则予以抽象，发现并归纳实质上的担保制度总则规范，实现真正意义上人的担保与物的担保体系化。

就担保合同的形式与内容而言，《民法典》第 400 条、第 427 条、第 684 条、第 685 条各别规定各类担保合同的内容与形式，但其规范内容都明确书面形式是保证合同和物上担保合同的共同形式要件，物上担保合同的内容之间差异并不明显。就担保合同的主体而言，《民法典》第 394 条、第 425 条和第 681 条明确担保合同的主体为债权人与担保人，其主体资格自然受制于《民法典》总则编有关民事主体的基本规定，但由于担保的无偿性，《民法典》就担保人的资格作了特别限制：其一，机关法人原则上不得为保证人，但其是否可以作为物上担保人并不明确。在解释上，既然机关法人原则上不得充任保证人，也不得充任物上保证人，但机关法人是否可得以其财产为自身债务提供担保，尚无法得出准确的解释结论。《民法典担保制度解释》第 5 条第 1 款的明确规定，防免了解释分歧。其二，以公益为目的的非营利非法人组织不得为保证人，但《民法典》第 399 条第 3 项并未明确其是否可以充任物上担保人。《民法典担保制度解释》第 6 条第 1 款"以公益为目的的非营利性学校、幼儿园、医疗机构、养老机构等"即解决了这一问题。在解释上，学校、幼儿园、医疗机构、养老机构等，既可以是法人，也可以是非法人组织。此外，《民法典》未规定其他类型法人的担保人资格问题。《民法典担保制度解释》回应了营利法人中的公司、基层群众性自治组织法人的担保人资格问题，其他仍付之阙如。在解释上，公益性质的组织体不具有担保人资格，但参照《民法典担保制度解释》的规定精神，组织体可以非公益性质的财产对外进行担保。[1]

就担保合同的从属性而言，《民法典》第 388 条第 1 款和第 682 条第 1 款均明确担保具有从属性，无论是保证债权还是担保物权，其成立（设立）、移转及消灭均从属于主债权。显然，除《民法典》第 388 条第 1 款前两句涉及担保物权功能化以外，其他内容没有重复规定的必要。

就共同担保的规则而言，《民法典》仅规定了共同保证与混合共同担保，未涉及共同抵押。《担保法解释》第 75 条曾就共同抵押有专门规定，其第 1 款已被《民法典》第 409 条吸收；其第 2 款"同一债权有两个以上抵押人的，当事人对其提供的抵押财产所担保的债权份额或者顺序没有约定或者约定不明的，抵押权人可以就其中任一或者各个财产行使抵押权"，符合《民法典》精神，可经由解释在裁判中适用；其第 3 款关于"也可以要求其他抵押人清偿其应当承担的份额"的规定则不符合《民法典》关于共同保证的规定精神，且不符合《民法典担保制度解释》第 13 条的规定。[2] 此外，《民法典》第 392 条沿用《物权法》第 176 条，对共同担保人的内部追偿未置可否。从体系解释视角出发，横向观之，这关涉担保人之间是否构成连带关系以及在债权人放弃某一项担保时其他担保人是否相应地免除担保责任问题；纵向观之，其理由上的争论，包括意思自治、公平、效率及道德风险价值判断分歧，以及条文解释结论差异。对此，《民法典担保制度解释》第 13 条以原则上否定担保人之间的内部追偿关系为前提，例外地承认担保人之间存在内部分担关系，但就担保人之间的分担数额的计算未置明文，有待裁判实践进一步形成计算方法。

就时间对担保的影响而言，《民法典》采取保证期间法定主义，于所有

1　参见高圣平：《民法典担保人资格的解释论》，《荆楚法学》2022 第 1 期。

2　参见最高人民法院民事审判第二庭：《最高人民法院民法典担保制度司法解释理解与适用》，人民法院出版社，2021，第 681 页。

的保证债权债务关系都有保证期间的适用。《民法典》第 692 条明确，保证期间是确定保证人承担保证责任的期间，不发生中止、中断和延长。只要在保证期间内，债权人实施特定的行为，保证期间即因未届满而失去作用，保证债务诉讼时效开始计算。虽然采取保证期间法定主义，但是保证期间的长短可以由当事人来约定，而且当事人对保证期间的约定排除法定保证期间的适用。但在物的担保方面，担保物权附随于其所担保的主债权，主债权消灭，担保物权亦消灭。当主债权罹于时效而效力贬损之时，担保物权的效力如何？对此《民法典》第 419 条语焉不详。《民法典担保制度解释》第 44 条第 1 款前句明确，抵押人可以以主债权诉讼时效届满作为抗辩，而不承担担保责任。由此可见，时间的经过对于人的担保与物的担保存在差异化的影响。在解释上，人的担保与物的担保对于担保人用作担保的财产的影响路径有所不同，立基于此的担保权利性质也有区别；时间的经过对于担保人利益以及交易安全的影响亦缺乏融贯的共通性。

就第三人提供担保的权利保护而言，《民法典》在物的担保部分并未规定第三人提供担保时的权利保护规则。第三人提供物的担保与保证在目的上相同，即为主债务人提供担保。保证人在主债务变更、债权转让以及第三人加入债务时免受不利影响、对主债务人享有追偿权与清偿承受权、可得援用主债务人对债权人的抗辩等权利，提供物的担保的第三人自应享有。对此，《民法典担保制度解释》第 20 条规定："人民法院在审理第三人提供的物的担保纠纷案件时，可以适用民法典第六百九十五条第一款、第六百九十六条第一款、第六百九十七条第二款、第六百九十九条、第七百条、第七百零一条、第七百零二条等关于保证合同的规定。"该规定显然是将保证合同章作为担保关系的一般规则，具有重大的意义，使第三人提供担保之时的权利保护体系在人的担保和物的担保之间取得了统一。

综上，《民法典》在维持人的担保与物的担保区分格局下，通过以"担保合同"为核心概念对二者规范群进行互补性的解释论作业，配合《民法典担保制度解释》"关于一般规定"的体系化努力，可以有限度地归纳出担保制度的一般规则。

三、典型担保与非典型担保的体系化

成文法国家在建构担保制度体系方面遭遇的挑战在于，金融担保创新实践不断发展出各种担保交易形态，而法律规范无法对新出现的担保形式予以实时确认。如此必然造成部分实践中通行的担保形式脱逸于法律之外，裁判实务对其效力评价的分歧势必影响市场主体的交易信心与预期。这些法律没有明确将其作为独立的担保制度加以规定，从实践中发展出来而后为学说或判例承认的担保方式，在学理上被称为"非典型担保"。与之相对者系"典型担保"，即由法律明确规定的担保形式。[1] 可见，典型担保与非典型担保的主要区别在于法律是否明确将其作为独立的担保制度而加以规定。作此区分的意义在于，典型担保的构成和效力均由法律明文规定，而对非典型担保务必在确定其性质与构造后方能适当地适用法律。[2] 因此，有必要适时梳理我国实践中非典型担保的发展现状，使之与典型担保相对接，建立完善的担保类型，实现典型担保与非典型担保的体系化。

担保形式典型与否，端视该担保形式是否有法可依、具有清晰的法律适用范围、存在明确的担保效力以及稳定的担保权利义务。[3] 循此，《民法典》上的典型担保包括保证、抵押权、质权、留置权和建设工程价款优先受偿权等五种类型。其中，保证是人的担保的典型形式；抵押、质押和留置等三种物上担保形式，在性质上属于定限物权，维系着物权编担保物权分编的体系结构；建设工程价款优先受偿权作为一种法定担保物权，规定于合同编建设

1　参见王利明：《物权法研究》（下卷）（第四版），中国人民大学出版社，2018，第1106页。

2　参见崔建远：《物权：规范与学说——以中国物权法的解释论为中心》（下册）（第二版），清华大学出版社，2021，第330页。

3　参见曹士兵：《中国担保制度与担保方法》（第五版），中国法制出版社，2022，第25页。

工程合同章。《担保法》中规定的定金这一典型担保形式，在《民法典》中作为违约责任的一种承担形式，从而成为非典型担保。定金担保则是通过定金罚则对合同的法律效力予以加强和补充，从而督促当事人认真、全面地履行合同，达到担保的目的；定金罚则具体是指定金给付人不履行约定的债务的，无权要求返还定金；定金收受人不履行约定的债务的，应当双倍返还定金。

相比于法律明确规定的典型担保，非典型担保侧重于在裁判方面得到确认。《民法典》将已经类型化的担保交易形式固定下来，典型化为担保交易或者其他交易形式，但就实践中已经出现的新的担保交易品种，如让与担保等，《民法典》中并未作出规定。民法典编纂时就考虑过是否将之成文化的问题。最终在《民法典》上，非典型担保主要通过第388条所规定的"其他具有担保功能的合同"获得担保之定性，从而得以进入担保制度体系之中。关于如何确定某一交易安排是否意在典型担保安排之外采取其他担保形式，《民法典》已经将部分表现为其他交易形态的非典型担保制度予以"典型化"，如合同编典型合同分编"买卖合同"章规定的所有权保留、典型合同分编"融资租赁合同"章、典型合同分编"保理合同"章等。[1] 除此之外，《民法典担保制度解释》还补充了规定让与担保、保证金（账户）质押等非典型担保形式。从本质上看，在传统大陆法系"物—债"二分的体系化框架之下，抵押权、质权及留置权等典型担保方式被纳入位于物权概念之下的担保物权之中，其背后所蕴含的逻辑是对所有权权能的限制或让渡。所有权人（债务人）将自己对标的物所享有的处分权能交由担保物权人（债权人）支配，在债务人不履行到期债务或发生当事人约定的实现担保物权的情形时，担保物权人（债权人）通过法定的实现程序而从担保财产的交换价值中获得

---

1 参见王晨：《关于〈中华人民共和国民法典（草案）〉的说明——2020年5月22日在第十三届全国人民代表大会第三次会议上》，《中华人民共和国全国人民代表大会常务委员会公报》2020年特刊。

优先受偿。而上述非典型担保背后所蕴含的逻辑并非所有权权能的让渡或限制，当事人所运用的交易框架也逸出了传统担保物权的范畴，而是转向了法典所规定的其他独立制度，通过与买卖、租赁、买回等制度的结合，在当事人之间移转了标的物的所有权等财产权利，从而实现了担保债权的作用。换言之，在非典型担保的判别问题上，当事人"借用"买卖、租赁及买回等制度，所追求的究竟是这些制度的原本功能，抑或仅是通过这些制度而实现担保债权的作用？该问题属于意思表示解释的范畴，即究竟应循当事人所运用的买卖等外在形式，将债权人视为标的物的所有权人等完全权利人，抑或应循当事人的内在真意，根据其所具备的担保功能而对其加以解释。

由此可见，通过《民法典》第388条第1款"担保合同包括抵押合同、质押合同和其他具有担保功能的合同"典型担保与非典型担保得到统一对待。这表明法律上规定的担保交易类型并不具有严格的封闭性，当事人自可在典型担保类型之外创设新的非典型担保类型。经由"其他具有担保功能的合同"，非典型担保合同在性质上属于法律规定的担保合同，获得了与典型担保合同相同的法律地位，非典型担保也就有了借此获得物权效力的基础。《民法典》第388条第1款将典型担保与非典型担保加以体系化的方法即功能主义立法方法，在功能上具有担保作用的特定交易均应被纳入担保交易法的规制范畴。在此前提下，非典型担保自得适用民法典担保制度相关规范，在担保的设立、公示、效力、顺位以及权利实现等方面得以寻找到法律效果清晰的规范依据，消除法律评价不确定所导致的交易障碍。《民法典担保制度解释》第1条后句明确："所有权保留买卖、融资租赁、保理等涉及担保功能发生的纠纷，适用本解释的有关规定。"第四部分"关于非典型担保"规定了非典型担保的合同效力和物权效力的一般规则以及几种具体非典型担保的效力。此外，在功能主义担保观视角下，举凡与典型担保在功能上具有替代性的制度，都必须强调公示，因此，《民法典》处理担保制度部分的第一步，就是让隐形担保显形。[1]《民法典》第 388 条第 1 款通过"其他具有担保功能的合同"将非典型担保纳入担保制度，使之得与担保物权公示规则相衔接，解决了公示效力、优先顺位等问题，消除了隐形担保给第三人交易安全带来的威胁。[2]

不过，《民法典》在整合典型担保与非典型担保的过程中尚存体系化不足的问题。例如，《民法典》就动产质权、权利质权继续采行公示生效主义（如《民法典》第 429 条），在一定程度上造成了权利担保领域中典型担保与非典型担保所适用规则的不统一。在以应收账款为担保财产进行融资的诸项担保形式中，性质上属于非典型担保的保理依《民法典》第 768 条采行的是登记对抗主义，但与之同质的应收账款质权在《民法典》第 445 条延续了《物权法》中的登记生效主义。这些规定上的冲突不仅会造成体系上的背反，也会直接增加统一动产和权利担保登记制度的困难，因为在登记对抗主义之下，登记系采声明登记制，登记簿的记载对查询者而言仅起提示作用，并不表明担保物权的真实存在；但在登记生效主义之下，登记簿的记载具有推定担保物权真实存在的效用。[3]

更应注意的是，对于少部分的非典型担保而言，《民法典》未将其与已有明确规定的担保交易形式一并进行体系化考量，而是在民法典担保制度以外的规范域内相对独立地予以规制，如独立保函、增信承诺文件、典当等。依据《民法典》第 682 条第 1 款的规定，作为典型担保的保证担保具有从属性特征。而在商事交易中，为了既保障交易的效率，又安全地实现债权，破除从属性成了某些交易的实践需求。[4]债权人将其基于保证交易与其基于基础交易的法律地位相分离，并阻断了基础交易对保证交易的影响，使保证人

1　参见龙俊：《民法典中的动产和权利担保体系》，《法学研究》2020 年第 6 期。

2　参见吴光荣：《〈民法典〉对担保制度的新发展及其实践影响——兼论〈民法典担保制度司法解释〉的适用范围》，《法治研究》2021 年第 4 期。

3　参见高圣平：《统一动产融资登记公示制度的建构》，《环球法律评论》2017 年第 6 期。

4　参见朱凡：《人的担保基本制度研究》，中国检察出版社，2006，第 228 页。

与主债务人的地位相互独立。债权由此而得到了切实、迅速的保障，保证人也无须了解基础交易关系并进而主张主债务人的抗辩权，只需在承担保证责任之后对主债务人行使追偿权即可，从而在一定程度上促使了交易的发展。于是，独立保证这种特殊的交易类型经由交易的发展逐渐定型化，形成了交易惯例。"诸如独立保函这种已经形成普遍的、适当的时间段和该交易领域自愿承认的商业工具，已满足了商业习惯的构成要件。"[1]《民商事审判会议纪要》第54条前段指出："独立保函纠纷案件依据《独立保函规定》处理。需要进一步明确的是，凡是由银行或者非银行金融机构开立的符合该司法解释第1条、第3条规定情形的保函，无论是用于国际商事交易还是用于国内商事交易，均不影响保函的效力。"由此可见，《民商事审判会议纪要》承认金融机构出具的独立保函的效力，以与《独立保函规定》第23条相一致。《民法典担保制度解释》第2条第2款亦明确："因金融机构开立的独立保函发生的纠纷，适用《最高人民法院关于审理独立保函纠纷案件若干问题的规定》。"因此，独立保函在性质上不属于《民法典》上所规定的典型担保形式即保证，实为一种民法典之外的非典型担保形式。

除独立保函外，市场主体还在金融创新过程中创设了其他非法定类型的担保形式，如实践中用于增信的承诺文件。这些文件名目繁多、内容多样，其中多数以承诺函、承诺书、声明、担保书等类似名称为文件名，其内容可能涉及代为履行、差额补足、流动性支持等各种提高债务履行可能的措施。从体系定位的角度来看，上述承诺文件既有可能被认定为保证合同，也可能被认定为债务加入合同，区分二者的关键在于承诺文件所传达的当事人的意思表示。就此，《民商事审判会议纪要》第91条针对信托合同关系下第三人为保障受益人收益权提供的承诺文件，指明根据文件内容是否符合法律关于保证的规定来判断承诺文件的性质。《民法典担保制度解释》第36条将上述

1　[德] C. W. 卡纳里斯：《德国商法》，杨继译，法律出版社，2006，第548页。

认定规则拓展适用于一般债权债务关系的同时，进一步明确若该承诺文件符合保证制度或债务加入制度的要件即得以适用保证及债务加入的相关规定，但除此之外，大量承诺文件虽有担保的意图但因缺少部分法定要件而不能被认定为保证或债务加入。对此，在承诺文件符合《民法典》第143条的情形下，债权人可以要求第三人按照承诺文件承担相应责任。此时，这些承诺文件属于独立的无名合同，在法律适用上主要以调整合同的规范为主。《民法典》第467条第1款规定："本法或者其他法律没有明文规定的合同，适用本编通则的规定，并可以参照适用本编或者其他法律最相类似合同的规定。"考虑到此种承诺文件也是人的担保类型，当事人的权利义务状况与保证合同接近，可以参照适用保证合同的相关规范。至于保证合同哪些方面的规则可得参照适用，有观点建议包括保证合同主体资格的限制、保证合同的书面形式、公司对外担保的决议，以及保证中的债权转让或债务人变更的后果等规则，而排除保证从属性相关的规定、保证责任范围、一般保证推定、保证期间、保证人援引主债务人抗辩事由等规则。[1] 无论解释方案如何确定，增信承诺文件只能有限度地对接担保制度。

四、典型担保的体系化

（一）保证担保的体系化

作为人的担保形式，保证担保的信用基础是保证人的资信能力，而非特定财产的价值。[2] 由于保证担保不锁定保证人特定财产的优先利益，因此保证担保的成立仅以保证合同生效为必要，保证合同是保证担保制度的核心所在。作为专门调整担保领域的单行法，《担保法》的体例安排将保证担保单独放置。但在《合同法》中，保证担保的规则没有出现在总则部分，保证合

1　参见朱晓喆：《增信措施担保化的反思与重构——基于我国司法裁判的实证研究》，《现代法学》2022年第2期。

2　参见最高人民法院民法典贯彻实施工作领导小组：《中华人民共和国民法典合同编理解与适用（二）》，人民法院出版社，2020，第1281页。

同也不是典型合同类型。[1]在民法典编纂过程中，合同编需要增设哪些符合实践需求并满足法典体系要求的典型合同类型，成为立法时讨论的重点问题之一。其中，部分拟增设的典型合同类型曾遭遇较大争论，但将《担保法》上的保证合同扩至典型合同中则有高度共识。[2]保证合同是大陆法系国家或地区的民法典规定的典型合同之一，一旦决定编纂体系完备的民法典，保证合同自然应被移至典型合同。[3]最终，《民法典》合同编增设保证合同章，为保证合同规则的体系构建提供了充足的制度空间。

在《担保法》立法之时，整个市场经济活动中"三角债"问题比较普遍，已经严重影响到经济的发展。在此特定的社会经济背景之下，为解决因"三角债"所引发的一系列问题，《担保法》主要从侧重保护债权人利益出发设计了相应的规则。但时至今日，是否仍坚持优先保护债权人，从法政策上需要重新考量和选择。正是基于此，相比于《担保法》及《担保法解释》的相关规则，《民法典》保证合同章的一些主要修改体现了对于债权人、保证人和主债务人之间利益衡平的重新考量。例如，从属性的坚守（第682条）、保证期间的强制适用（第692条）、保证人抗辩权的扩充（第701条）等，都是为了平衡债权人、保证人的利益。可见，《民法典》保证合同章的规则体现着对保证人权益保护的基本政策倾向。

作为典型担保合同，《民法典》保证合同章的规则应当注重反映保证担保交易实践的实际需求，以《民法典》倾斜保护保证人的政策选择为指导，设定基本的交易框架作为参考与分析的基准。为此，《民法典》保证合同章主要从保证方式、保证期间以及保证人权利保护三个方面进行完善。

保证方式有一般保证和连带责任保证之分，保证人在不同的保证方式之

1　比较法上，《日本民法典》"债权编"的"多数当事人的债权及债务"部分规定了保证规则；《德国民法典》则将保证合同作为典型合同之一进行规定。

2　参见李昊、邓辉：《论保证合同入典及其立法完善》，《法治研究》2017年第6期。

3　参见朱广新：《民法典之典型合同类型扩增的体系性思考》，《交大法学》2017年第1期。

下承担保证责任的方式有所不同。其中，保证人在一般保证中享有先诉抗辩权，而在连带责任保证中则没有此项顺序利益，因此在当事人没有约定或约定不明时，关于保证方式的推定直接关乎保证人的利益。《担保法》第19条将连带责任保证设为推定的保证方式，目的在于通过加重保证人的责任纾解交易诚信严重缺失的困境。[1]但如此规定会加重实践中互相担保或者连环担保导致资不抵债或者破产的问题，影响正常的生活和经营秩序，且对于无偿提供保证的自然人过于不公。保证方式为任意事项，本应由当事人在保证合同中予以明确约定。一般而言，保证债务具有补充性，在主债务人不能履行主债务时，才由保证人代为履行。只有在特殊情形下，才将保证人置于主债务人的同等地位，使其对主债务与主债务人承担连带责任。由此可见，一般保证为一般规定，连带责任保证为特别规定。在当事人对保证方式没有约定或约定不明确的情况下，推定保证方式为一般保证才符合逻辑。因此，《民法典》第686条第2款将保证方式推定规则从"连带责任保证"变更为"一般保证"。这一转向对社会经济生活不会造成太大影响。专业机构在选择保证方式时，都会明确选择连带责任保证。对保证方式的推定，广泛存在于非正规金融体系中，特别是民间借贷中。当没有约定保证方式时，按照一般保证进行补充，赋予自然人保证人先诉抗辩权符合正义要求。

在从属性保证担保的要求下，主债务未消灭者，保证债务亦存在。但若主债务因时效多次中断而持续存在，保证人将长期处于随时可能承担保证债务的不确定状态。为免此弊，深具中国特色的保证期间制度应运而生，但在《民法典》出台前未有规则明确其法律意义。《民法典》基于保护保证人、督促债权人及时行使权利的立场，在保证债务诉讼时效之外，专门规定了保证期间制度，明确规定所有保证债务均有保证期间之适用，此所谓保证期间的

1　参见董开军主编：《〈中华人民共和国担保法〉原理与条文释义》，中国计划出版社，1995，第69页。

强制适用主义。[1]《民法典》第 692 条第 1 款规定："保证期间是确定保证人承担保证责任的期间。"据此，保证期间仅是确定保证人承担保证责任的期间。在主债务履行期限届满后至保证期间完成前，保证人是否最终承担保证责任处于"待确定"状态，须在保证期间内由债权人单方的特定行为来结束这一状态，以最终确定保证人是否承担保证责任。在保证期间的适用上，《民法典》第 692 条第 2 款表明以当事人约定为原则，当事人没有约定或者没有明确约定的，依法律的直接规定确定。在解释上，如当事人之间在保证合同中约定的保证期间早于主债务履行期限或者与主债务履行期限同时届满，保证期间的约定即无意义，视为没有约定，直接适用法定保证期间。而实践中关于"保证人承担保证责任至借款人全部偿还贷款本息时止"之约定的性质和法律后果，我国立法和司法的规定前后并不一致。《担保法解释》第 32 条第 2 款将其视为"保证期间约定不明"，但将保证期间推定为"2 年"，由此造成与"6 个月"法定保证期间二分的格局。法律上借由保证期间制度限制保证债务在存续上的从属性，在当事人就保证期间未作约定的情形之下，强制性地补充当事人的意思，规定了"6 个月"法定保证期间。《担保法解释》第 32 条第 2 款对同一情况的两种不同情形作出不同处理，逻辑上无法自圆其说，也与法定保证期间的立法宗旨相悖。因此，《民法典》第 692 条第 2 款删去此种单独类型，明确了没有约定保证期间或者约定不明确时，均推定保证期间为 6 个月。实值赞同。

此外，就保证债务自身的诉讼时效问题，《担保法解释》第 34 条第 1 款规定从主债务判决或仲裁裁决生效之日起开始计算，是基于对此前"执行难"等实践问题的现实考量所作的权宜之计。鉴于我国法院近年来基本解决了"执行难"问题，当事人基于胜诉裁判申请执行时大致可以判断执行终结

---

[1]　参见黄薇：《中华人民共和国民法典解读·合同编》，中国法制出版社，2020，第 716 页；最高人民法院民法典贯彻实施工作领导小组主编：《中华人民共和国民法典合同编理解与适用（二）》，人民法院出版社，2020，第 1349 页。

的时间。《民法典》第 694 条第 1 款规定，一般保证债务时效从先诉抗辩权消灭后起算。一般保证的债权人在保证期间内对债务人提起诉讼或者申请仲裁后，债务人无财产可供执行，人民法院自收到申请执行书之日起 6 个月内作出终结执行裁定或者终结本次执行裁定的，保证债务的诉讼时效自裁定生效之日起计算；人民法院自收到申请执行书之日起 6 个月内未作出裁定的，保证债务的诉讼时效自人民法院收到申请执行书之日起 6 个月届满之日开始计算。

保证人的权利保护主要集中在两个方面：一是保证人在承担保证责任之际拒绝向债权人作出给付的抗辩事由；二是保证人在承担保证责任之后向主债务人追偿。在前一方面，对于抗辩与抗辩权，学理上进行了区分，狭义的抗辩就是抗辩权，产生拒绝履行请求的效果，不具有终局性地消灭债权债务关系的效力。《担保法》第 20 条中仅规定了保证人"享有债务人的抗辩权"，在文义上不能涵盖所有的抗辩。在当事人的防御性主张中，属于权利消灭或尚未发生的，无须当事人主张，法官应依职权处理。例如，保证期间经过，产生绝对消灭保证债务的效果。对此无须当事人请求，法官应该依职权审查。对于诉讼时效经过，必须由当事人行使时效经过抗辩权。因此，《民法典》对《担保法》第 20 条的规定进行了修改，保证人可以主张主债务人对债权人的抗辩，是广义的抗辩，其中第 701 条解决权利未发生、权利已消灭、主债务诉讼时效经过等的抗辩；第 702 条就主债务人对债权人的抵销权、撤销权加以规定，也属于抗辩权的范畴。[1] 在后一方面，《担保法》第 31 条仅明确了保证人对主债务人的追偿权，《民法典》第 700 条则在其基础上增加了保证人清偿承受权的规定。"享有债权人对债务人的权利"，传达着保证人取代债权人的位置成为债权人的基本思想。保证人清偿承受系依法律规

---

1 有观点认为《担保法》第 20 条第 1 款的规定更为科学，主张将《民法典》第 701 条的"抗辩"限缩解释为"抗辩权"。参见李运杨：《第三担保人的抗辩权体系》，《政治与法律》2021 年第 8 期。

定而当然发生之债权移转，其法律效果与依法律行为所为之债权让与无异。结合《民法典》第547条进行体系解释，保证人可以享有债权人对债务人的权利，也取得与债权相关的从权利，包括保障主债权实现的其他保证债权和担保物权，但《民法典担保制度解释》对清偿承受权的效力范围进行了限缩，仅限于债务人自己提供的物的担保的情形。同时，《民法典担保制度解释》对担保人之间的分担请求权进行了限制。"不得损害债权人的利益"，即保证人享有的清偿承受权劣后于债权人的债权，如保证人承担保证责任仅使主债务部分消灭时，保证人虽也承受部分债权，但在原债权人全部债权受偿之前，尚无法主张与原债权人的剩余债权平等受偿，以免害及原债权人的利益。[1]值得讨论的是，保证人为履行保证债务而对债权人为清偿或其他消灭债务的行为，导致主债务人对债权人免责的，保证人同时享有追偿权与清偿承受权。就两种权利的关系，理论上存在"竞合说"与"一体适用说"的分歧。[2]比较而言，两种权利在发生依据、权利范围与强度、行使方式等方面存在较多不同之处，应为请求权竞合关系。

（二）担保物权的体系化

1. 担保物权的内部体系

关于担保物权的内部体系，从担保财产的类型上看，可以区分为不动产担保、动产和权利担保；从担保财产利用形态上看，可作转移占有型担保与非转移占有型担保之分。《民法典》在此维持了《物权法》形式主义之下的"总分"体例，在"担保物权"的上位概念之下进一步区分出抵押权、质权与留置权三种具体担保物权权利类型。我国在制定《担保法》之时，即在继受大陆法系传统担保物权体系的基础上，大胆引入了具有体系异质性的动产

1　参见邱聪智：《新订债法各论》（下），姚志明校订，中国人民大学出版社，2006，第397页。

2　"竞合说"可参见刘春堂：《民法债编各论》（下）（修订版），作者自版，2012，第373页；李潇洋：《论保证人清偿后对主债权的承受》，《东方法学》2023年第1期。"一体适用说"可参见谢鸿飞：《连带债务人追偿权与法定代位权的适用关系——以民法典第519条为分析对象》，《东方法学》2020年第4期。

抵押权 [1]，由此打破了"动产—质权""不动产—抵押权"的传统担保物权二元化格局，形成了依公示方法的担保物权类型化方法，弱化了标的物的类别在担保物权类型化上的意义。自此，我国担保物权的体系围绕着意定担保物权＋法定担保物权而展开，而意定担保物权依公示方法不同又区分为抵押权和质权。其中，抵押权的客体包括不动产、动产以及财产权利；质权的客体包括动产和财产权利。在解释上，财产权利的底层资产仍为动产或不动产，不动产权利担保在体系定位上应属抵押权。

值得注意的是，抵押权与质权的区分以是否移转担保物的占有为标准。[2] 就发挥担保作用的机理而言，虽然两者就担保财产均具优先受偿效力，但质权更是以留置效力足其担保作用，担保财产上设定质权之后，担保人即丧失对担保财产的利用权。以此分析目前我国《民法典》上权利质权的相关安排，其中体系定位颇值商榷。在《民法典》第 440 条以下，权利质权可进一步区分为占有型权利质权与登记型权利质权，前者如以"汇票、本票、支票""债券、存款单""仓单、提单"等存在权利凭证的权利为质押财产，后者如以股权、知识产权等没有实体形态的权利为质押财产。对于登记型权利质权来说，此类财产权没有以物理形式来使用的价值，即使在其上设定了质权，禁止设立人处分，对于权利人也不会产生心理上的压力。因此，在设立此类质权时，其经济功能只在于依赖标的物的交换价值优先受偿。[3] 此时其担保的作用反近于抵押权，仍将此类权利担保物权定位于权利质权，过于牵

1　参见江平：《制定民法典的几点宏观思考》，见江平：《江平文集》，中国法制出版社，2000，第 364 页；高圣平：《动产担保交易制度比较研究》，中国人民大学出版社，2008，第 6 页。

2　参见［日］我妻荣：《新订担保物权法》，申政武、封涛、郑芙蓉译，中国法制出版社，2008，第 13 页；王利明：《物权法研究》（下卷）（第四版），中国人民大学出版社，2018，第 552 页；梁慧星、陈华彬：《物权法》（第七版），法律出版社，2020，第 321 页；谢在全：《民法物权论》（下）（修订七版），新学林出版股份有限公司，2020，第 123 页。

3　参见［日］我妻荣：《新订担保物权法》，申政武、封涛、郑芙蓉译，中国法制出版社，2008，第 104 页。

强。[1] 因此，以权利作为担保物权客体时不能完全等同于动产作为担保物权客体的情况，不同的权利，其行使或控制模式均不相同，无法统一以"准占有"的方式来公示其上的权利负担。以动产作为担保物权客体时，权利类型化上本已依公示方法的不同区分为动产抵押权和动产质权，权利担保物权归入动产物权，为何独独归入动产质权，而不归入动产抵押权？"在设计质押制度时，立法者仍然将动产质押作为质押制度的原型，而没有从一个全新的角度去考察权利质权在现实经济生活中的优先地位"[2]，《民法典》对此亦未纠正。如此，因权利质权定位于质权，在立法方法上多适用或准用动产质权的规则，如权利质权因适用动产质权规则而无法重复担保，无疑降低了设质财产权利的交换价值，影响了财产权利的金融化。反观抵押权规则，因担保物权人无须占有担保财产，而改以登记作为公示其在担保财产上的抵押权的方法，使担保财产的重复担保成为可能，各担保物权人依其登记先后定其优先顺位，担保财产的金融价值被充分发现。可见，权利担保物权的体系定位尚无法得出统一的结论，如果仍然维系依公示方法不同的体系化方法，权利担保物权自应依登记和准占有的公示方法的区分，而分别定位于权利抵押权和权利质权。在解释上，登记型权利质权的出质权利亦为《民法典》第395条第1款第7项所规定的"法律、行政法规未禁止抵押的其他财产"。

2. 担保物权的一般规则

在《民法典》维持担保物权类型传统的约束条件下，担保物权规则的体系化要求构建出清晰的"总分"规则体系。物权编担保物权分编的"一般规定"属于担保物权的一般规则，是担保物权制度中具有普遍适用性的共通规则的抽象，但从相关规则的内容上看，该部分对担保物权一般规则的归纳尚不充分，需结合抵押权等章节的具体规则与《民法典担保制度解释》，运用

1　参见史尚宽：《物权法论》，中国政法大学出版社，2000，第288页。

2　朱岩：《物权法草案中"权利质权"规定内容评析》，《中外法学》2006年第2期。

法律解释方法进行体系补足。

关于担保物权的设立问题，在《民法典》之前，我国法严格遵守物权客体特定的要求，担保财产需作具体描述方得设立担保物权。《担保法》第39条、第65条要求担保合同"应当包括"担保财产的具体信息，《物权法》第185条第2款和第210条第2款虽然将其修改为"一般包括"，但实践中仍将其视为物权客体特定原则的具体规定而已，依旧视其为强制性规范。[1] 2019年《中国人民银行征信中心动产融资统一登记公示系统操作规则》第16条第3款首次明确，填表人可以对担保财产进行具体描述或概括描述，只要达到可以识别担保财产的程度即可。但该规则效力层级过低，《民法典》第400条第3项和第427条第3项删除了《物权法》"质量、状况、所在地、所有权归属或者使用权归属""质量、状况"的表述，以"等情况"加以取代，不再将担保财产的具体情况进行罗列，而改采概括式描述。《民法典担保制度解释》第53条进一步明确，对担保财产的概括性描述应达到"能够合理识别担保财产"的标准。此即表明，担保财产应能与担保人其他财产相互区分，以达到担保权利客体确定的标准，如此方能使第三人清晰地判定据此描述的担保物权登记的范围，使担保物权具有对抗第三人的效力，同时极大方便了动产和权利融资担保的开展。此外，与其他物权种类不同的是，担保物权的效力体现为，在担保物权可得实现之时，权利人可就"特定的物"进行变价并优先受偿。如此，物权特定原则在物上担保制度中的贯彻也就有了特殊性。在担保物权设立之时，标的物仅须可得特定即可，但在担保物权实现之时，标的物必须是特定的。如此即为未来财产进入融资担保领域提供了理论前提。《民法典》在第396条明确"现有的以及将有的生产设备、原材料、半成品、产品"可以抵押，为未来的生产设备设定动产（固定）抵押权提供

---

[1] 参见最高人民法院（2017）最高法民申 2923 号民事裁定书；最高人民法院（2018）最高法民终 329 号民事判决书。

了解释基础。与此相应,《民法典》第 440 条对《物权法》第 223 条关于出质权利范围规定的修改,主要是将第 6 项中的"应收账款"改成了"现有的以及将有的应收账款"。

就担保物权的效力范围,《民法典》第 390 条仅规定了担保物权的效力及于代位物,但在具体担保物权章节中分别规定了担保物权对于担保财产的孳息的效力(第 412 条、第 430 条、第 452 条)。其中,基于抵押权的设立不以移转标的财产占有为要件的事实,抵押权的效力仅及于查封、扣押之后的孳息。此外,仅《民法典》第 450 条规定了留置权的效力仅及于其价值相当于债务金额的可分物。如此即增加了体系解释上的困难。对此,《民法典担保制度解释》第 38~41 条作了补充规定。其一,主债权未受全部清偿,担保物权人可主张就担保财产的全部行使担保物权,但《民法典》第 450 条另有规定的除外(第 38 条);其二,担保物权的效力及于担保物权依法设立前的从物,但当事人另有约定的除外(第 40 条);其三,担保物权依法设立后,担保财产被添附,添附物归第三人所有,担保物权的效力及于补偿金;担保人对添附物享有所有权,担保物权的效力及于添附物,但不及于增加的价值部分;担保人与第三人因添附成为添附物的共有人,担保物权的效力及于抵押人对共有物享有的份额(第 41 条)。

就流抵(质)契约的效力,《民法典》第 401 条和第 428 条分别规定,债权人在债务履行期限届满前,与担保人约定债务人不履行到期债务时担保财产归债权人所有的,只能依法就担保财产优先受偿。由于流抵(质)契约是担保合同内容的一部分,作为法定担保物权的留置权无此问题,此种分别规定造成的立法重复有悖体系化要求,完全可改由"一般规定"进行规定而实现精简。

就担保财产的转让,《民法典》上采取了不同的立法态度。依《民法典》第 406 条第 1 款,抵押人在抵押权设立后,将抵押财产的所有权让与第三人,抵押权仍随抵押财产之所在而存在，抵押权人于抵押权实现条件成就时，仍得追及至抵押财产之所在而行使抵押权。而就质押担保而言，《民法典》仍然维系《物权法》的原有制度安排，规定出质人不得转让（或者许可他人使用）质押财产，但是出质人与质权人协商同意的除外，出质人转让（或者许可他人使用）质押财产所得的价款，应当向质权人提前清偿债务或者提存。即使担保财产之上存在担保负担，担保人仍是担保财产的所有权人，担保财产转让规则所要处理的是担保财产流动性与担保物权人担保利益保障的平衡问题。质权人占有担保财产本身足以消除出质人私下处分质押财产的风险，同时以质权人同意方能取得财产流动性为代价。而通过抵押权的追及效力，抵押财产仍具有较高的流动性，但抵押权的追及效力也将面对诸多被阻断的可能，如《民法典》第 404 条规定的正常经营活动中的买受人制度。由此，是否要求转移担保财产占有的特性导致不同担保形式在担保财产转让规则上的侧重点不同。相较而言，抵押权人的利益维护稍显不足，但抵押权人可以通过禁转约定加强保护。《民法典担保制度解释》第 43 条分两款区分此类约定是否登记，规定了两种不同的法律效果。禁止或者限制转让抵押财产的约定如未登记，则仅在抵押人与抵押权人之间发生效力，抵押财产转让合同的效力并不因此发生影响，抵押权人仅得请求抵押人承担违约责任，受让人完成抵押财产的公示手续后可取得抵押财产的所有权。但抵押权人有证据证明受让人知道相关约定，即使抵押财产已经交付或者登记，受让人也不能取得抵押财产的所有权。反之，禁止或者限制转让抵押财产的约定如已登记，则不仅在抵押人与抵押权人之间发生效力，还可以对抗第三人。如此，抵押权人虽未占有抵押财产，但通过上述制度安排，抵押权人在抵押财产上的利益保障得到增强，与实际占有之保障力度几无差别。

在担保物权的诸项具体制度中，统一的优先顺位规则无疑极为重要，其直接决定了同一担保财产上担保物权人对标的物变价款的可得享有的实际利益。在《物权法》仅确立了竞存抵押权之间以及抵押权或质权与留置权之间的优先顺位规则的基础上，《民法典》增加了相关规则，形成了由一般规则和特殊规则共同构成的优先顺位规则体系。在一般优先顺位规则上，均采取"先登记（公示）者优先"的基本规则。《民法典》第414条第1款规定，同一标的财产之上竞存的抵押权之间，依其登记先后定其顺位；已登记的优先于未登记的；未登记抵押权之间顺位相同，按债权比例受偿。《民法典》第415条以登记或交付的时间先后确定竞存抵押权和质权之间的优先顺位；第768条以登记、通知应收账款债务人的时间先后确定复数保理权利人之间的优先顺位。这些实际上也是适用一般顺位规则。竞存权利之间优先顺位的特殊规则反映一定背景下的特定政策考量，主要包括：购买价金担保权，如在宽限期内办理登记的，则优先于其他担保物权（第416条）；法定动产担保物权优先于约定动产担保物权（第456条）。《民法典》在优先顺位规则上的修改为竞存权利之间的清偿顺序的确定提供了良好的基础。

　　就担保物权的实现，《民法典》第410条、第436条、第453条规定了近乎相同的担保物权实现条件、途径和方式。就担保物权人的清算义务，《民法典》第413条、第438条、第455条几乎作出了相同的规定，均要求对担保财产的变价款与被担保的主债务之间进行清算，担保财产变价款超过债权数额的部分归担保人所有，不足部分由债务人清偿。就担保物权的实现条件，《民法典》第386条、第410条、第436条的规定几近相同，唯有第453条基于留置权发生原因的法定性，规定了其实现条件为"约定留置财产后的债务履行期限"或者"给债务人六十日以上履行债务的期限"届满，债务人仍未履行债务。就担保物权的实现途径和方式，《民法典》第410条、第436条、第453条均规定了与担保人协议以担保财产折价，或就拍卖、变卖担保财产所得的价款优先受偿的协议实现方式；就担保财产折价或者变卖的参考价格，《民法典》第410条第3款、第436条第3款、第453条第2

款均规定应当参照市场价格。不过，仅有第410条规定了抵押权实现的公力救济途径，也仅此有"协议损害其他债权人利益的，其他债权人可以请求人民法院撤销该协议"这一协议实现时的规制路径。在解释上，第410条自可类推适用于质权或者留置权的实现。此外，《民法典担保制度解释》第45条第1款增设庭外实现程序，允许当事人在债务人不履行到期债务或者发生当事人约定的实现担保物权的情形之前作出有关实现担保物权途径的约定，既可以约定于担保合同之中，也可以约定于担保合同之外的单独合同之中。对于占有担保财产的质权人和留置权人而言，庭外实现路径的承认，极大地便利了担保物权人行使权利。对于抵押权人而言，其有权依据相关约定请求抵押人将抵押财产交由抵押权人占有，以便后续自行变价。如此一来，抵押担保当事人可预先约定由抵押权人自行变价，以接近占有型担保物权人在权利实现方面的便捷。

3. 抵押权、质权和留置权规则

在担保物权一般规则的基础上，抵押权等具体担保物权章节的规则应当专门规制不同担保形式的特殊问题。例如，质押、留置中由权利人占有控制担保财产，应当负有妥善保管担保财产的义务（第432条、第451条）。然而在抵押场景下，反而是所有权人自己占有抵押财产，虽然所有权人不对自己所有之物负有保管义务，但抵押财产上存在抵押权负担，抵押人应为抵押权人的利益负有义务，因此《民法典》第408条规定抵押权人享有的一系列抵押权保护请求权。

传统法上就抵押财产大多置重于不动产，形成了所谓"不动产担保中心主义"的立法成例和实践面向，这是因为在历史上，尤其是人类进入工业社会以前，不动产的价值长期高于动产，是民事主体财产的主要组成部分。而且，在传统物权法教义之下，物权公示方法与物权标的物性质相关，不动产物权以登记为公示方法，动产物权则以占有为公示方法，如此动产之上仅适合设定质权这一转移占有型担保物权，形成了"质权＝动产担保制度，抵押权＝不动产担保制度"之教条。[1]但随着经济的发展，社会财富形态日益多元化，动产（包括动产性权利）在社会生活的地位日渐提升，逐渐成为生产领域关键要素，其在价值方面超过不动产亦非鲜见。质押方式令动产的使用价值无法彰显，影响担保人之生产经营，且动产出质后无法就剩余交换价值继续设定担保，浪费社会资源，"在今日工业机械社会势必窒碍难行"[2]。由此，非转移占有型担保呈现流行之势，非移转占有型的担保交易在法律上反映为具有定限物权性质的抵押权，《民法典》在此基础上整理抵押权规则，将其作为非转移占有型担保的一般规则加以对待。

在抵押权内部，不动产、动产均可作为抵押权的客体，基于物权变动模式的差异，不动产抵押和动产抵押的规则适用亦有不同，除明确指明抵押权客体的规则（如第 402 条不动产抵押登记规则）外，其余规则应适用于全部类型的抵押权。由于不动产的处分受到较多公法管制，加之不动产抵押登记的内在机制区别于统一动产融资登记，不动产抵押特殊规则的完善遂主要绕此展开。其一，《农村土地承包法》已就土地承包经营权、土地经营权担保作出专门规定，并且采取不同的物权变动模式，且《民法典》已将"以招标、拍卖、公开协商等方式取得的土地承包经营权"重构为土地经营权，《民法典》第 395 条不再作例示性规定，而是增列海域使用权这一沿海地区较为典型的融资担保客体。其二，《民法典》第 399 条删去《物权法》关于禁止"耕地……集体所有的土地使用权"抵押的规定，以配合《农村土地承包法》第 47 条关于农地融资担保能力的规定。此外，《民法典担保制度解释》第 46～53 条专设"不动产抵押"部分，回应包括未登记的不动产抵押合同的效力、不动产登记簿效力、违法建筑抵押后果等特殊问题，亦可见不动产抵

---

1 参见［日］近江幸治：《担保物权法》，祝娅等译，法律出版社，2000，第 61 页。
2 王泽鉴：《"动产担保交易法"上登记之对抗力、公信力与善意取得》，见王泽鉴：《民法学说与判例研究》（重排合订本），北京大学出版社，2015，第 1477 页。

押特殊规则的重心所在。

关于动产抵押，世界银行集团《全球营商环境报告》迎合国际动产担保制度改革的总体趋势，在其指标体系中将各国是否采行基于功能主义的一元化动产担保交易制度作为评估指标之一。动产抵押权是典型的动产担保交易形态。《民法典》的编纂正值我国提出要持续优化营商环境之际，功能主义的立法潮流必然影响到《民法典》动产抵押部分的体系重构和规则设计。考虑到动产非典型担保的规则适用主要以动产抵押权为参照，动产抵押规则的体系化工作主要集中于如何对接非典型担保，以及为动产担保交易实践中的疑难问题提供明确的规则指引。首先，《民法典》第403条规定未登记的动产抵押权不得对抗善意第三人，与第641条、第745条表述一致，但未明确此处"善意第三人"的范围，《民法典担保制度解释》第54条指明包括已占有抵押财产的善意受让人与租赁权人、查封或扣押债权人、参与分配债权人、破产债权人或破产管理人。其次，《民法典》第414条增设第2款，为非典型担保的权利顺位提供规范基础，同时基于电子化登记系统不太可能出现相同登记时间的实际情况，删去了"顺序相同，按照债权比例清偿"的规定。再次，《民法典》第404条将正常经营活动中的买受人规则扩及适用于动产抵押情形，豁免正常经营活动中交易相对人事先查询登记簿的义务，维护基本的交易秩序。但正常经营活动中的买受人阻断抵押权人的利益过于强势，应当谨慎地作出认定，因此《民法典担保制度解释》第56条给出较为清晰的认定标准，对《民法典》第404条进行必要限制。复次，《民法典》第416条新设购买价金担保权超优先顺位规则，旨在针对交易实践中普遍存在的借款人借款购买货物，同时将该货物抵押给贷款人作为价款的担保的情形，以保护融资人的权利，促进融资。[1] 在此基础上，《民法典担保制度解释》

1　参见沈春耀：《关于〈民法典各分编（草案）〉的说明——2018年8月27日在第十三届全国人民代表大会常务委员会第五次会议上》，《中华人民共和国全国人民代表大会常务委员会公报》2020年特刊。

第 57 条具体阐释了第 416 条的适用范围与限制，以及竞存购买价金担保权之间的优先顺位规则。最后，在最高额抵押中，由于抵押财产并非由抵押权人实时占有，抵押权人对于抵押财产的信息获取处于劣后状态，《民法典》第 423 条第 4 项在"抵押财产被查封、扣押"前增加"抵押权人知道或者应当知道"的表述，更有利于保护抵押权人的权利。

至于作为转移占有型担保物权的质权与留置权，《民法典》所作体系化整合较少。在质权部分，《民法典》第 441 条、第 443 条至第 445 条删去了"当事人应当订立书面合同"的表述，但自第 446 条表明动产质权是作为质权的一般形式加以规定，此一立法变动乃立法体系化的体现。同时，这些规则还删去了《物权法》关于各权利质权具体登记机构的规定，旨在为统一的动产和权利登记改革预留空间。此外，《物权法》第 224 条与《票据法》第 35 条有关票据质押设立要件的规定存在冲突，《民法典》第 441 条明确"法律另有规定的，依照其规定"，在解释上，《票据法》上就此作了特别规定，自应适用其规定。而关于留置权部分，《民法典》仅在《物权法》的基础上作文字上的调整，未有实质的修改。

五、非典型担保的体系化

（一）非典型担保合同与物权效力的体系化

在动产担保已成现代担保制度核心的背景下，从商业现实情况来看，非典型担保已在动产担保中占据绝对优势地位。[1]虽然非典型担保制度不以担保物权为原型设计权利架构，但在功能上足以实现担保债务履行之目的，且因可以弥补典型担保的缺陷和不足而获实践认可。如此，非典型担保在大陆法系国家是否合于物权法定原则进而取得合法性，是其能否纳入该国担保物权体系的关键。在《民法典》第 388 条第 1 款"其他具有担保功能的合同"

---

[1] See Frederique Dahan, *Secured Transactions Law in Western Advanced Economics: Exposing Myths*, Law in Transition, Autumn 2000, pp. 40-43.

之下，非典型担保得以进入民法典担保制度，非典型担保交易的合同不因该交易本身的"非典型"属性而影响其效力。具体而言，对于物保型非典型担保合同效力，由于其涉及所有权等物权，在认定其合同效力时需综合考虑是否存在违反物权法定、禁止流抵（质）的约定等，在不违反效力禁止性规定的情况下一般不应轻易否定非典型担保的合同效力。另外，在现行法律的区分原则之下，应当将物权变动的原因和结果进行区分认定，物保型非典型担保合同是否无效不应因其违反物权法定原则而定，而应从债权债务关系未出现违反法律法规强制性规定的角度出发。如果在债务人没有其他债权人的情形下，将因交易所产生的权利认定为物权还是债权，在实体处理结果上并无差别。因为只要担保合同有效，债权人就物本身执行的法律效果并无不同，是否具备优先性在单一债权人下并无意义。而如果存在其他债权人，则会对债权人的权利实现产生实质影响。此时，非典型担保仅具债法效力，而无创设物权的效力，并不因此取得标的物上的优先受偿权。

至于其是否具有物权优先效力，《民法典担保制度解释》第 63 条强调以登记为标准，仅认可在法定的登记机构依法进行登记的担保具有物权效力。非典型物的担保合同不因违反物权法定原则而无效，但在物权公示原则之下，如未采取适当的公示手段将标的财产之上的担保负担向不特定的第三人周知，即未满足赋予其物权效力所应具备的公示要求，此际，债权人就标的财产尚未取得物权。未以适当的公示方法就非典型担保权予以公示的，该非典型担保不具有物权效力。但债权人可以基于非典型担保合同的约定请求担保人承担责任，主要体现为债权人可以请求按照担保合同的约定就担保财产折价、变卖或者拍卖所得价款等方式清偿债务。就变价款，债权人并无优先受偿的权利。

不过，仅有以上规定尚不足以实现非典型担保的体系化，其在设立、效力、顺位与实现等关键问题上应与典型担保一样具备完整的规则体系。由于在诸多的非典型担保形式中，所有权移转型的非典型担保占据主流，形式上的所有权与实质上的担保权之间存在名实不符的问题，对此种交易的法律构造也就存在"所有权构造"与"担保权构造"两套方案，需要经由规则解释消弭矛盾与冲突。以《民法典》第388条所规定的"其他具有担保功能的合同"为规范基础，非典型担保的效力可获认可，但其并未言明在我国《民法典》之下非典型担保该采纳何种法律构造。从我国《民法典》基于功能主义而对动产担保的登记顺位、受偿规则等进行统一规定来看，既然让与担保、所有权保留、融资租赁及保理等非典型担保"具有担保功能"，其法律构造理应与担保权构造具有亲近性。担保权构造较之所有权构造，仅仅更侧重于非典型担保的担保功能，进而以之为解释起点对其外在形式进行改造，使当事人之间的权利义务关系"偏离"了外在形式的本来内涵，故只要符合这一特征的解释结论皆可归入担保权构造之中。担保物权说或抵押权说仅是符合担保权构造的学说之一，毕竟在不动产等权利移转存在外在表征的情形下，债权人通过权利移转登记而取得了标的物之上的所有权等权利，若将债权人所享有的所有权解释为"担保物权"或"抵押权"，而将不再保有所有权等权利的登记名义的债务人仍视为所有权人，与登记理论并不完全相符。准以此言，在我国《民法典》及《民法典担保制度解释》施行之后，从非典型担保具有的担保功能出发，在担保权构造之下，探寻合适的解释路径，仍有较大的解释空间可为。继而，让与担保、所有权保留、融资租赁等非典型担保方式能否完全适用担保规则，是否有必要将所有权等外在形式的效果完全虚置，乃至于类推适用或完全套用动产抵押权等担保物权制度的相关规则，也不无解释的余地。[1]

1　参见张家勇：《体系视角下所有权担保的规范效果》，《法学》2020年第8期；周江洪：《所有权保留买卖的体系性反思》，《社会科学辑刊》2022年第1期。

（二）非典型担保设立和公示规则的体系化

非典型担保取得物权效力的前提条件之一是满足物权公示的要件，这与《民法典》消灭隐形担保的立法态度相一致。《民法典》第208条明定了物权公示原则，除了法律另有规定之外，物权变动均须依登记或者交付的方法予以公示。这也是物权具有与债权相区分的社会机能的技术工具。按照目前登记制度发展的整体趋势，不动产登记与动产和权利担保登记均已在各自的领域取得了统一。但由于两大登记系统所基于的登记法理存在重大差异，故在非典型担保中，登记的展开也境遇不同。

就非典型担保中涉及不动产（权利）的部分，担保登记的展开较受限制。在不动产登记的连续原则之下，不动产担保登记以其基础权利（标的财产）在不动产登记簿上先登记为前提，如担保财产未登记，其上的担保权利亦不能登记。如此，金融担保创新中的新类型不动产担保在登记环节即受限制。如就商铺租赁权担保，有的地方办理了抵押登记手续，自应认可商铺租赁权抵押权的效力。[1]但大多数地方并不办理商铺租赁权抵押登记，实践中，当事人之间大多采取了变通的登记方法，如在出租人或物业管理人处办理了相应的登记手续，司法实践中也予以认可。[2]《民法典担保制度解释》第63条明显采取登记机构法定的方法，只有在法定的抵押登记机构登记，才能发生物权变动的效力。

就非典型担保中涉及动产和权利的部分，《民法典》采取了统一动产和权利担保登记的立法态度。《民法典》第403条规定："以动产抵押的，抵押权自抵押合同生效时设立；未经登记，不得对抗善意第三人。"第641条第2款规定："出卖人对标的物保留的所有权，未经登记，不得对抗善意第三人。"第745条规定："出租人对租赁物享有的所有权，未经登记，不得对抗

1　参见广西壮族自治区横县人民法院（2017）桂0127执异2号执行裁定书。

2　参见浙江省海宁市人民法院（2015）嘉海商初字第492号民事判决书。

善意第三人。"如此，所有权保留、融资租赁与动产抵押在设立及公示效力上就统一化为登记对抗主义。在此之下，《民法典担保制度解释》第67条更是规定，在所有权保留买卖、融资租赁等合同中，出卖人、出租人的所有权未经登记不得对抗的"善意第三人"的范围及其效力，参照该解释第54条未办理登记的动产抵押权的效力规则处理。对于保理而言，尽管保理人还提供资金融通、应收账款管理或者催收、应收账款债务人付款担保等服务，但其性质仍以债权转让为核心。在解释上，保理人应自保理合同生效时就取得应收账款债权，只是未经通知债务人的，该转让对应收账款债务人不发生效力。[1]但是，《民法典》第768条区分了应收账款保理是否登记，"已经登记的先于未登记的取得应收账款；均已经登记的，按照登记时间的先后顺序取得应收账款；均未登记的，由最先到达应收账款债务人的转让通知中载明的保理人取得应收账款；既未登记也未通知的，按照保理融资款或者服务报酬的比例取得应收账款"。由此可知，应收账款保理在设立及公示效力上也是采取登记对抗主义，并未赋予保理人以应收账款的完整效力。[2]但存有不足之处在于，《民法典》就动产质权和权利质权仍然采行公示生效主义，就以登记作为公示方法的权利质权并未如前述动产担保交易一样改采登记对抗主义，在一定程度上造成了规则的不统一，例如应收账款融资形式内部的不统一（保理与应收账款质押），已如前述。

（三）非典型担保顺位与实现规则的体系化

在担保物权的优先顺位规则上，典型担保与非典型担保均采取"先登记（公示）者优先"的基本规则。以公示的时间先后为基本判断标准是《民法典》上确立的竞存权利之间优先顺位的一般规则。《民法典》第414条新增了第2款，"其他可以登记的担保物权，清偿顺序参照适用前款规定"。只

1　参见蔡睿：《保理合同中债权让与的公示对抗问题》，《政治与法律》2021年第10期。

2　参见何颖来：《〈民法典〉中有追索权保理的法律构造》，《中州学刊》2020年第6期。

要是可以登记的担保物权，均可适用这一优先顺位规则，旨在"进一步明确实现担保物权的统一受偿规则"。在解释上，《民法典》中"其他可以登记的担保物权"包括了权利质权中的没有权利凭证的财产权利。与此同时，经由《民法典》第388条第1款，所有权保留交易中出卖人的所有权、融资租赁交易中出租人的所有权也就具有了担保物权的性质，从而为"其他可以登记的担保物权"的文义所能涵盖，自可准用《民法典》第414条关于优先顺位的一般规则。至于包括保理在内的不同应收账款融资方式之间优先顺位的确定问题，《民法典》仅对同一应收账款订立多个保理合同时的权利优先顺位问题作出规定，因此《民法典担保制度解释》第66条第1款明确，在保理、质押及一般债权转让并存时，其优先顺位的确定规则与《民法典》第768条的规则相同，即登记在先，顺位优先；均未登记的，通知先到达债务人的优先；既未登记也未通知的，按照保理融资款或者服务报酬的比例取得应收账款。如此，交易的形式对于确定担保权人之间以及担保权人与第三人之间竞存权利的优先顺位就没有了关联，动产担保交易内部典型担保与非典型担保之间的优先顺位规则也就基本统一。此外，《民法典》第416条关于购买价金担保权超优先顺位规则的规定，是基于购买价金融资的特殊政策考量，也一体适用于动产抵押交易、所有权保留交易和融资租赁交易。应当指出的是，就在先担保是固定抵押的情形下能否适用购买价金担保权超优先顺位规则，学界存在争议。有观点认为，无论从比较法经验还是从各方当事人的合理期待来看，只有将适用范围限缩在浮动抵押的情形才能体现购买价金担保权超优先顺位规则的正当性。[1] 对此，《民法典担保制度解释》第57条第2款予以明确，即使在先抵押是固定抵押，只要满足《民法典》第416条的构成要件，购买价金担保权人同样具有超级优先顺位，该情形下可能存在的交

1　参见王利明：《价金超级优先权探疑——以〈民法典〉第416条为中心》，《环球法律评论》2021年第4期。

易安全问题可以交由尽职调查等方式解决。[1] 虽然购买价金担保权超优先顺位规则在诞生之初旨在限制设立在先的浮动抵押的效力，但是在制度发展的过程中不再局限于这种情形，为了充分发挥促进财产流动、便利担保融资、鼓励金融创新等制度功效，《民法典担保制度解释》的立场可兹肯定。解释上可以认为，立法者经利益衡量认为，此时《民法典》第 416 条适用于在先固定担保的收益将大于由此增加的成本与不便。[2]

通过《民法典》第 388 条第 1 款，非典型担保交易中权利的实现自可准用《民法典》关于担保物权的实现规则，权利人可直接申请人民法院拍卖、变卖标的物，并以变价款优先受偿；或直接向应收账款债务人收取应收账款，并优先受偿。对此，《民法典担保制度解释》进一步细化非典型担保权利实现的细节。针对所有权保留交易中出卖人还享有取回权的事实，第 64 条明确在出卖人不能自力取回标的物的情形下，其既可通过诉讼请求取回标的物，也可以直接申请法院启动"实现担保物权案件"的特别程序，拍卖、变卖标的物并以变价款优先受偿。同时也明确了可请求启动"实现担保物权案件"特别程序的主体为"当事人"，即除出卖人外，买受人亦可请求参照民事诉讼法"实现担保物权案件"的有关规定，拍卖、变卖标的物。在出卖人以诉讼方式取回标的物时，出卖人仍然负有《民法典》第 643 条第 2 款"自行变卖标的物"的情形下对买受人所负的清算义务。而对于融资租赁交易中出租人权利的实现，第 65 条在坚持融资租赁交易的融资本性的基础上统合了出租人救济路径：其一，不管当事人约定租赁期限届满租赁物归出租人抑或承租人所有，承租人未按照约定支付租金，经催告后在合理期限内仍不支付，出租人均可主张租金加速到期，并可依普通民事诉讼程序或者"实现担保物权案件"特别程序，就拍卖、变卖租赁物的变价款优先受偿，以此

1　参见最高人民法院民事审判第二庭：《最高人民法院民法典担保制度司法解释理解与适用》，人民法院出版社，2021，第 488 页。

2　参见谢鸿飞：《价款债权抵押权的运行机理与规则构造》，《清华法学》2020 年第 3 期。

进一步明确融资租赁交易中所有权的担保功能化。其二，不管当事人约定租赁期限届满租赁物归出租人抑或承租人所有，承租人未按照约定支付租金，经催告后在合理期限内仍不支付，出租人均可主张解除融资租赁合同并收回租赁物，并负有清算义务。此外，《民法典》中虽并未直接规定让与担保，但完善了流抵（质）的有关规定，明确当事人事先作出流抵（质）约定的，仍享有担保权益，但只能依法就担保财产优先受偿。这一流抵（质）契约的缓和规定，对于承认让与担保提供了解释基础，也为归属清算和处分清算的展开预留了空间。在此基础上，《民法典担保制度解释》第 68 条明确，仅已经完成财产权利变动公示的让与担保才可以请求参照民法典关于担保物权的有关规定就该财产优先受偿。不过，以上非典型担保形式的权利实现规则还存在不协调之处，例如所有权保留交易中的出卖人享有取回权，服务于担保权的实现，而在融资租赁交易中的出租人则没有类似的权利，后者只能通过解除合同后的返还请求权间接实现取回效果。

由此，在非典型担保的体系化方面，《民法典》首先采取的步骤是通过第 388 条第 1 款"其他具有担保功能的合同"确认非典型担保的"担保属性"，为非典型担保具体规则的展开提供了规范基础。此后在功能主义立法思路的指导下，非典型担保通过对接典型担保在担保不同阶段的规则实现自身规则的体系化。

六、本书的结构安排

基于上述总结，本书除引言外，依循渐次"提取公因式"的体系化方法，采取以下结构予以展开。

第一章"民法典担保合同制度体系"，旨在就共通适用于保证和担保物权的规则予以抽象，并展开体系化的解释论研究。本章主要涉及：其一，担保合同中的担保人资格问题。民法典上就担保人资格的限制散见于各处，对部分民事主体的担保人资格尚未提及，尚须结合特定民事主体制度的规范意旨进行体系化的观察，尤其是就实践中存在广泛争议的公司担保问题、上市公司担保问题，均须借助于监管规则，寻求妥适的解释结论。其二，担保合同的从属性问题。担保的从属性是理解民法典担保制度的基石，无论是效力上的从属性，还是范围和强度上的从属性，都离不开民法典相关规则的体系解释。其三，共同担保问题。在民法典只规定了共同保证、混合共同担保的情形之下，共同担保规则尚须进行体系性的协调，诸如债权人在行使权利之时有否对担保人的选择权，如何行使选择权，担保人之间是否具有内部分担关系，如何行使分担请求权。其四，第三人担保的权利保护体系问题。第三人提供担保之时，无论是保证人，还是物上保证人，都促成了主合同交易的发生，其权利均须给予特殊保护，以求债权人、主债务人和担保人之间的利益平衡。

第二章"民法典典型担保物权制度体系"，旨在就共通适用于担保物权的规则予以抽象，并展开体系化的解释论研究。本章主要涉及：其一，担保物权的追及效力问题。担保物权本属物权，追及力是其基本效力，但民法典上只规定了抵押权的追及效力，对于其他担保物权的该项权能却付之阙如。不仅如此，《民法典担保制度解释》就抵押权的追及效力问题作了特定的安排，采行契据登记制法理，赋予当事人之间的禁转约定以登记能力，其影响尚须评估。其二，公示生效主义之下未公示担保物权的法律效果问题。这一问题来源于《民法典》第215条所规定的物权变动的原因和结果相区分的原则（通称区分原则）。基于区分原则，未公示并不影响担保合同的效力。此时，债权人基于有效的担保合同可得向"担保人"主张何种权利，相关的解释论尚须结合《民法典》合同编的相关规则而展开。其三，动产担保权的登记对抗效力问题。我国民法典上就债权人在所有权保留交易、融资租赁交易、保理交易、动产抵押贷款交易中享有的权利，均采取登记对抗主义，未经登记，不得对抗善意第三人。"善意"指的是什么？是否适用于所有情形？

第三人的范围如何界定？不能对抗第三人的"物权"还是物权吗？这些问题的回答均须经由解释而确定。其四，动产担保权的优先顺位规则体系问题。基于其物理属性，动产极易流动，其上出现竞存权利即更为常见，明确这些竞存权利之间的优先顺位，旋即成为基础性的制度设计问题。我国民法典上就竞存动产抵押权之间、动产抵押权与动产质权之间、意定动产担保物权与留置权之间、复数保理人之间的权利顺位规则，以及购买价金担保权的超优先顺位等作了相应规定，但同一标的物上融资租赁交易和动产抵押贷款交易并存，或者融资租赁交易与所有权保留买卖交易并存，或者浮动抵押贷款交易与固定动产抵押贷款交易并存，等等，不无解释上的疑问。其五，动产和权利担保统一登记问题。动产和权利担保登记的功能迥异于不动产登记，由此而决定，其登记内容、程序、登记机构的审查责任等均与不动产登记不同。在采行声明登记制的前提之下，相关制度的设计应仅限于提醒（潜在的）交易相对人注意标的财产上可能存在担保负担，除此之外的规则设计均为冗余。中国人民银行已经颁行了《动产和权利担保统一登记办法》，但其中的规则仍有解释的余地。诸如，担保财产如何概括描述，对于登记错误如何救济，就未纳入统一登记系统的财产如何做到信息共享，人的编成主义如何适用于高价值动产。

第三章"民法典非典型担保物权制度体系"，旨在梳理民法典上的非典型担保规则，并展开体系化的解释论研究。本章主要涉及：其一，非典型担保的法律构造。我国民法典明确承认非典型担保的合同效力，明显采取担保权构造，使物权法定原则在担保物权领域的严格适用得以缓和。由此带来的问题是，是否进一步承认非典型担保的物权效力，如何承认非典型担保的物权效力。就此而言，尽管《民法典担保制度解释》已经作出政策选择，但其中解释分歧仍然不少。其二，所有权保留交易、融资租赁交易、保理交易的法律构成问题。在功能主义和形式主义相结合的立法态度之下，我国民法典既承认这些交易模式在形式上的彼此区分，又明确这些交易基于其经济功能的担保物权化。相关规则之间的冲突大量存在。诸如，既然还原融资租赁交易的融资实质和担保功能，为什么取回租赁物要先解除融资租赁合同？为什么规定那么多的法定解除事由？而相反，同样纳入担保合同予以规整的所有权保留买卖合同，取回标的物却以不解除的有权保留买卖合同为前提。与此类似的是，既然《民法典》上将融资租赁交易和所有权保留买卖交易中的所有权重构为担保物权，为什么其权利实现机制与动产抵押权的实现机制相差那么大？为什么出租人、买受人处分标的物构成无权处分？这些冲突均须经由解释论而化解。其三，让与担保的合同效力与物权效力问题。作为经由实践而成长起来的非典型担保交易形式，让与担保的司法应对成了不可回避的一大解释难题。《民法典担保制度解释》就让与担保的构成和案型作了相应的规定，但区区两条裁判规则无法面对丰富多彩的金融创新实践，留下了广泛的解释空间。诸如，让与担保的案型是否仅限于《民法典担保制度解释》规定的三种，所谓买卖型担保是否可以被涵盖其中，让与担保中所谓"财产权利变动的公示"包括哪些，是否可以包括预告登记，股权让与担保权利人的权利，除优先受偿权之外，是否可得由当事人约定，如此等等，均有待解释论的发展。

第四章"民法典担保权利实现规则体系"，旨在梳理民法典上的担保权实现规则，并展开体系化的解释论研究。本章主要涉及：其一，担保物权的实现途径和方式问题。《民法典》上就担保物权的实现规则散见于"一般规定""抵押权""质权""留置权"各章，尚须进行体系化的整理。如何理解"发生当事人约定的实现担保物权的情形"？在《民法典》只规定了"实现担保物权案件"这一担保物权实现途径之外，当事人是否可以径行提起民事诉讼？是不是只要被申请人提出异议，就要终止"实现担保物权案件"特别程序？《民法典担保制度解释》新增的抵押权庭外实现方式，是否可以类推适用于质权和留置权？其二，时间的经过对于保证债权行使的影响。就保证债权而言，时间的民法意义既体现在保证期间，也体现在保证债务诉讼时效，《民法典》及其担保制度司法解释中就保证期间的适用范围、计算、效果以及与保证债务诉讼时效之间的关系与衔接均作出了相对明确的规定，但也留下了很多解释上的疑问。诸如，预期违约或者主合同解除之时保证期间如何起算？当事人之间就保证期间的始期的约定是否有效？就履行期限已经届满的主债务提供担保之时，如何计算保证期间？保证期间与主债务诉讼时效之间的关系如何？保证债务诉讼时效期间晚于主债务诉讼时效期间届满的情形如何处理，等等，均须结合保证期间制度的规范意旨展开深入研究。其三，时间的经过对于担保物权行使的影响。担保物权本属他物权，基于其与无期限限制的所有权之间的区别，本也有期限限制。同时，基于担保物权的从属性，担保物权又依附于主债权，主债权的效力状况又直接影响着担保物权的行使。《民法典》第419条语焉不详的文字，增加了法律效果解释上的困难，所谓"人民法院不予保护"，究竟是担保物权消灭，还是抗辩权发生？《民法典担保制度解释》第44条第1款既规定"主债权诉讼时效期间届满后，抵押权人主张行使抵押权的，人民法院不予支持"，又规定"抵押人以主债权诉讼时效期间届满为由，主张不承担担保责任的，人民法院应予支持"，那么，人民法院对主债务诉讼时效是否经过，是要依职权主动审查，还是尚须抵押人提出抗辩？这些问题都面临着任务艰巨的解释论作业。

本书将围绕上述问题，渐次展开民法典担保制度体系研究。

第一章
民法典担保合同制度体系

第一节　担保合同之担保人资格论

一、问题的提出

担保人的资格，系指担保法律关系中提供担保之人所应具备的条件。作为民事法律行为，担保合同有效设立的必要条件之一即为担保人具备民事权利能力及相应的民事行为能力。我国《民法典》上，具有民事权利能力的主体包括自然人、法人和非法人组织三类，其中对保证人、抵押人、出质人、让与担保人，以及功能主义担保下所有权保留买卖交易中的买受人、融资租赁交易中的承租人、保理交易中的应收账款债权人的资格未作一般意义上的特殊限制。基于担保活动的特殊性，我国实定法上对特殊场景下的担保人资格作出了相应限制，如《民法典》第 683 条、《公司法》第 16 条。《民法典担保制度解释》第 5～12 条统一了部分担保人资格问题的司法规则。此外，《民法典》关于自然人民事行为能力的规定也构成自然人担保人资格的限制。担保人资格限制规范的解释之于担保人资格的确认至为重要。

二、自然人的担保人资格

自然人的担保人资格，应依自然人是否具有民事行为能力而确定。《民法典》对自然人的民事行为能力采取三分法，划分为完全民事行为能力、限制民事行为能力和无民事行为能力三种。《民法典》第 18 条规定，完全民事行为能力人可以独立实施民事法律行为，其中自然包括订立担保合同。限制民事行为能力人与无民事行为能力人是否具备担保人资格，取决于法定代表人的同意或者追认，以及订立担保合同是否属于《民法典》第 19 条、第 22条规定的有权单独实施民事法律行为的范围。

（一）代偿能力不是担保人资格的必要条件

在《担保法》出台之前，包括保证在内的担保交易方兴未艾，极大地促进了社会融资的发展，但民事主体滥用担保制度的情形也屡见不鲜，即使是根本不具备代偿能力者也向他人提供担保，其后果是使相应的保证担保形同虚设，并最终损害债权人利益。[1] 为此，《担保法》第 7 条特设规定，具有代偿能力的公民可以作为保证人；《担保法解释》第 14 条进一步指出：不具有完全代偿能力的自然人以保证人身份订立保证合同后，又以自己没有代偿能力要求免除保证责任的，人民法院不予支持。司法实践中，有的法院以此为据，认为不具备代偿能力的担保人所签订的担保合同，应当以主体不合格为由确认为无效。[2] 更多的法院则认为，上述规定实属倡导性规范，代偿能力是对担保人的一般要求，并非必备条件，担保人无代偿能力并不导致保证合同的无效。[3]

本书作者赞同大部分法院的观点，即不能仅以担保人无代偿能力为由而认定担保合同无效。理由主要在于以下几点：第一，在《担保法》对代偿能力的内涵、外延均未作明确界定，以及我国欠缺完备信用征信制度的情况下，担保人是否具有代偿能力难以判断，法院亦难以认定。债权人是否接受

1　参见全国人大常委会法制工作委员会民法室编：《中华人民共和国担保法释义》，法律出版社，1995，第 11 页。

2　参见广东省高级人民法院（2013）粤高法民二终字第 97 号民事判决书、广西壮族自治区百色市中级人民法院（2017）桂 10 民再终字第 6 号民事判决书等。

3　参见山东省高级人民法院（2013）鲁商终字第 159 号民事判决书、广东省广州市中级人民法院（2016）粤 01 民终 15341 号民事裁定书等。

担保人提供的担保,由其基于对担保人的尽职调查而自行确定。第二,担保人的责任财产并非一成不变。在担保合同订立之时担保人具有代偿能力,但在债权实现之时担保人未必具有代偿能力,反之亦然。第三,认定担保合同无效对债权人未必有利。担保人即使不具备完全代偿能力,亦应以其责任财产承担担保责任,债权可望得到部分实现,若以担保人无代偿能力为由认定担保合同无效,担保人仅在有过错时才承担缔约过失责任。而缔约过失责任仅限于信赖利益,只会小于履行利益和担保利益。因此,《担保法》第7条关于保证人代偿能力的规定,应理解为一种提示性条款(训示规则),意在要求担保人本着诚实、谨慎的原则,有能力才为担保,同时也提醒债权人对担保人的代偿能力应做尽职调查,避免接受无代偿能力人提供的担保。[1]《民法典》在合同编第十三章新增"保证合同",将原有调整保证合同的规范集于一处,其中删去了《担保法》第7条的规定,应当认为保证人资格不以保证人具有代偿能力为必要条件。结合《民法典》第388条、《民法典担保制度解释》第1条的规定,解释上,代偿能力亦不应是其他形式担保人资格的限制。

(二)限制民事行为能力人的担保人资格

依据《民法典》第19条、第22条的规定,8周岁以上的未成年人以及不能完全辨认自己行为的成年人为限制民事行为能力人,其实施民事法律行为由法定代理人代理或者经法定代理人同意、追认,但其可以独立实施纯获利益的民事法律行为或者与其年龄、智力、精神健康状况相适应的民事法律行为。

首先,"纯获利益"不同于"纯获法律上利益",后者系指既不负担义务,也不发生权利丧失结果,而可以获取利益的行为,强调全无义务负担。[2]"纯

---

1 参见邹海林、常敏:《债权担保的方式和应用》,法律出版社,1998,第55页。
2 参见梅仲协:《民法要义》,中国政法大学出版社,1998,第108页。

获利益"不仅包括不负担任何义务的民事法律行为，还包括负担义务明显小于所获利益且该义务不会过分加重义务人负担的民事法律行为。[1] 在担保法律关系中，担保合同的目的在于保护债权人的利益，属于单务合同，担保人在担保合同关系中纯受不利益，充当担保人不属于"纯获利益"的民事法律行为。

其次，限制民事行为能力人可以独立实施与其"年龄、智力"或者"智力、精神健康状况"相适应的民事法律行为，本质上是认可限制民事行为能力人可以在与其意思能力相适应的范围内，如同完全民事行为能力人般进行法律交往。如此便要求从限制民事行为能力人的理解、辨识能力出发，考察其能否认识法律行为的性质、理解法律行为的内容与后果，并对交易风险有所辨识。[2] 例如，8周岁的未成年人对于购买文具、零食拥有完整认知，可以单独实施这些行为。但是，订立担保合同意味着在主债务人不履行债务或者发生当事人约定的情形时，担保人须按照约定履行债务或者承担担保责任。8周岁以上的未成年人尚处受照料阶段，智识阅历尚浅，客观上缺乏对订立担保合同可能产生的法律风险的认知能力，对由此可能产生的法律后果以及该后果对自己生活学习的现实影响难以形成充分的认识。因此，8周岁以上的未成年人订立担保合同不属于与其"年龄、智力相适应的民事法律行为"。

同样，限制民事行为能力的成年人不能完全辨认自己行为，其意思能力处于限制状态，仅能在"与其智力、精神健康状况相适应"的范围内独立实施民事法律行为。依据已失效的《最高人民法院关于贯彻执行〈中华人民共和国民法通则〉若干问题的意见（试行）》第5条规定，限制民事行为能力的成年人对于"比较复杂的事物或者比较重大的行为"缺乏判断能力和自我保护能力，不能预见其后果。"复杂的事物"主要是指交易标的与内容的表

1　参见王利明主编：《中国民法典释评·总则编》，中国人民大学出版社，2020，第55页。

2　参见陈甦主编：《民法总则评注》，法律出版社，2017，第133页。

现形式不能被简单直观地理解，"重大的行为"主要是指民事法律行为对限制民事行为能力的成年人将会产生较大的影响。实践中，房屋价值较高，为房屋设定物上负担或进行处分无疑对所有权人具有较大的影响，作为限制民事行为能力人的所有权人断无独立在其房屋之上设定担保或者进行处分的意思能力。[1]因而在解释上，限制民事行为能力的成年人不具有担保人资格。需要强调的是，若担保人在订立担保合同时具有完全民事行为能力，即使担保人嗣后沦为限制民事行为能力人，担保人也应为自己在具有行为能力时作出的真实意思表示负责，如在"赵某与徐某保证合同纠纷案"中，徐某为债务人马某的借款提供保证担保，此后债务人马某未按时归还借款，债权人赵某要求徐某承担保证责任，但徐某以担保他人借款当时不具有控制、辨认能力为由进行抗辩。经司法鉴定，认定彼时徐某具有辨认、控制能力，并未受精神病理性因素影响，故应评定为完全民事行为能力。因此，法院认为受监护的成年人在有行为能力时可以作保证人，徐某应当承担保证责任。[2]可见，判断是否可以作为担保人的关键在于，担保人在作出担保意思表示之时是否具有完全民事行为能力：当担保人不具有完全民事行为能力时，其不具有担保人资格；反之则具有担保人资格。在证明责任上，应由担保人举证证明其在作出担保意思表示时不具有完全民事行为能力。[3]

最后，法定代理人制度旨在保护限制民事行为能力人的利益，法定代理人代理或者同意从事民事法律行为以维护限制民事行为能力人的利益为条件。一般而言，订立担保合同不符合限制民事行为能力人的利益，法定代理人代理或者同意限制民事行为能力人订立担保合同的，担保合同对于限制

1　参见最高人民法院（2013）民申字第 344 号民事裁定书、北京市第二中级人民法院（2016）京02 民终 5950 号民事判决书等。

2　参见新疆维吾尔自治区福海县人民法院（2017）新 4323 民初 290 号民事判决书。

3　参见山东省聊城市中级人民法院（2017）鲁 15 民终 432 号民事判决书、浙江省余姚市人民法院（2015）甬余商初字第 690 号民事判决书等。

民事行为能力人一般无效，不发生限制民事行为能力人的担保债务。[1] 然而，不能否认限制民事行为能力人确有充当担保人具有利益的情形，如限制民事行为能力人突遭重病，急需大笔现金用于支付高额的医药费用，此时应当认可限制民事行为能力人以其财产设定抵押获得借款。

值得注意的是，在信贷实践中，父母以未成年人房产设定抵押的情况屡见不鲜。此种抵押效力如何，不无可议，问题的关键在于该行为是否符合"为被监护人利益"的要求。有裁判认为，若未成年人与其父母共同在担保合同上签字，应认为作为法定代理人的父母依《民法典》第 19 条对未成年人设立担保行为的同意或者追认，担保合同因而有效。[2] 然而，未成年人的父母兼具法定代理人和监护人身份，在为未成年子女代理时应当受《民法典》第 35 条"为被监护人利益"的限制。在现实生活中，未成年子女多听命于父母的指示在担保合同上签字，由此使父母极易规避《民法典》第 35 条所设限制，无益于未成年子女利益的保护。本书作者认为，考虑到法定代理人与监护人身份的重合，父母以未成年子女房产设定抵押的行为可以借鉴"代表权法定限制说"[3] 的思路，将《民法典》第 35 条第 1 款第二句视为对法定代理人代理范围的法定限制。父母作为法定代理人，以未成年子女的名义在未成年子女的房产上设定抵押，符合代理的行为特征。同时从监护人的角度出发，《民法典》第 35 条第 1 款第二句规定"监护人除为维护被监护人利益外，不得处分被监护人的财产"，该内容构成监护人法定代理权的法定

1　参见云南省曲靖市中级人民法院（2020）云 03 民再 32 号民事判决书。

2　参见最高人民法院最高法（2016）民申 900 号民事裁定书、最高人民法院（2013）民申 344 号民事裁定书等。

3　"代表权法定限制说"的具体论述可参见周伦军：《公司对外提供担保的合同效力判断规则》，《法律适用》2014 年第 8 期；高圣平、范佳慧：《公司法定代表人越权担保效力判断的解释基础——基于最高人民法院裁判分歧的分析和展开》，《比较法研究》2019 年第 1 期。

限制。[1] 如父母非为未成年子女的利益而在未成年子女房产上设定抵押，其行为超越法定代理权限，应被评价为无权代理，该行为对未成年人不生效力，有关法律责任由父母承担。由是，为未成年子女利益成为判断无权代理成立与否的标准。与《民法典》第 19 条、第 22 条限制民事行为能力人可以单独实施的"纯获利益"的法律行为不同，是否有利于未成年子女利益的判断不以财产得丧为唯一依据，也不追求不负担任何法律义务与责任，而是着眼于未成年子女的综合生活质量、成长环境是否得到提升。就此而言，单纯为监护人与被监护人以外的第三人的债务提供担保显然不是"为被监护人利益"[2]；而将抵押所得借款用于未成年人教育、医疗等的，应属于为未成年子女利益。[3] 此外，以未成年人财产为子女自身的债务设立担保，也属于"为被监护人利益"，如父母以按揭贷款的方式为子女购买房产，此时需以该房产为银行设立抵押权。[4]

较为复杂的情形在于，以未成年子女房产为父母或其经营的公司设立抵押是否属于"为被监护人利益"？有裁判认为，未成年子女所有的房产多为父母赠与，其自身没有足够的收入购买房产，父母以之设定抵押不会损害未成年子女的权益[5]；在为父母或其经营的公司所负债务设定抵押的场景之下，借款被用于发展生产经营，增长的经营收益使未成年子女间接受益。[6] 多数

1　参见最高人民法院民法典贯彻实施工作领导小组主编：《中华人民共和国民法典总则编理解与适用》（上），人民法院出版社，2020，第 213 页；张新宝：《〈中华人民共和国民法典·总则〉释义》，中国人民大学出版社，2020，第 68-70 页。

2　北京市第二中级人民法院（2016）京 02 民终 5865 号民事判决书、江苏省无锡市中级人民法院（2018）苏 02 民再 24 号民事判决书等。

3　参见浙江省杭州市中级人民法院（2019）浙 01 民终 10715 号民事判决书。

4　参见王泽鉴：《民法学说与判例研究》，北京大学出版社，2015，第 1574 页。

5　参见上海市第二中级人民法院（2018）沪 02 民申 270 号民事裁定书、江西省永丰县人民法院（2021）赣 0825 民初 1978 号民事判决书等。

6　参见广东省高级人民法院（2014）粤高法民二申字第 500 号民事裁定书、江苏省苏州市中级人民法院（2014）苏中商初字第 0117 号民事判决书等。

裁判则将父母为未成年子女出资购买的房产认定为家庭共有财产。[1] 以上裁判见解或是回避是否属于为未成年人利益的判断，或是默认该行为对未成年人有利，实际上系以如下认识为基础：父母与未成年子女的利益一致性，以及父母可能通过将房产转移至未成年子女名下以躲避债务。[2] 就前者而言，父母以未成年子女房产为第三人借款提供抵押时，子女亦得从父母与该第三人之间的某种利益关联中间接受益，如此便架空《民法典》第35条第1款第二句，理据尚值商榷。就后者而言，相对人的信赖利益成为潜在考量因素，对此应当认识到未成年人法定代理的特殊性所在：一方面，法定代理不同于意定代理，被代理人既不能自由选任代理人，也不能通过授权行为限制代理权，法定代理不是作为被代理人自由意志的延伸，而是为了弥补被代理人意志能力的不足。另一方面，法定代理也不同于法定代表，相对人在法定代表之下对公司章程、公司内部决议等负有审查义务，以确定法定代表人是否超越代表权限[3]；而在法定代理中，代理权限公开且清晰，不会对相对人形成相对独立、封闭的内部关系。[4] 此外，《民法典》第172条表见代理旨在维护相对人的积极信赖，以被代理人具有可归责性为要件。[5] 在法定代理之下，作为被代理人的未成年子女不具有归责事由，因此表见代理于此并无适用空间。正因如此，被代理人的利益保护优于相对人信赖的保护，对于是否"为被监护人利益"的判断仍属必要，"应斟酌当时之一切情形定之"[6]。基于前述价值衡量的结果，应当推定父母以未成年子女房产设定抵押的行为非为其利

1　参见最高人民法院（2020）最高法民申6800号民事裁定书、最高人民法院（2017）最高法民申3404号民事裁定书等。相反裁判可见最高人民法院（2016）最高法民申2472号民事裁定书。

2　参见夏昊晗：《父母以其未成年子女房产设定抵押行为的效力——最高人民法院相关判决评析》，《法学评论》2018年第5期。

3　参见高圣平：《公司担保中相对人的审查义务——基于最高人民法院裁判分歧的分析和展开》，《政法论坛》2017年第5期。

4　参见朱广新：《论监护人处分被监护人财产的法律效果》，《当代法学》2020年第1期，第25页。

5　参见朱虎：《表见代理中的被代理人可归责性》，《法学研究》2017年第2期，第58-74页。

6　史尚宽：《亲属法论》，中国政法大学出版社，2000，第676页。

益，除非相对人能够提供证据证明此抵押行为对未成年人有利。[1]

（三）无民事行为能力人的担保人资格

依据《民法典》第20条、第21条的规定，无民事行为能力人只能通过法定代理人实施民事法律行为。与上述限制民事行为人担保人资格的解释论方案一致，无民事行为能力人不具有一般意义上的担保人资格，仅在其法定代理人"为被监护人利益"在其财产上设定担保时，无民事行为能力人可以充当担保人。

三、营利法人的担保人资格

依据《民法典》第76条的规定，营利法人是指以取得利润并分配给股东等出资人为目的成立的法人，包括有限责任公司、股份有限公司和其他企业法人等。这里的"其他企业法人"，系指不是按照公司法成立的、没有采取公司组织机构的企业法人[2]，主要包括没有采取公司制的国有企业法人、集体企业法人、乡镇企业法人。[3] 营利法人以取得利润为目的，如其作为担保人为他人债务提供担保，必将危及营业资产的安全。但我国法上基于融资活动的实际需要，并未否定营利法人的担保人资格，不过对于营利法人签订担保合同施加了相应的程序控制。其中，《公司法》以及《民法典担保制度解释》对公司担保问题作了相应的规范[4]；《企业国有资产法》对国有企业担保问题作了限制。至于其他非公司企业法人的担保问题，自可类推适用公司担

1　参见夏昊晗：《父母以其未成年子女房产设定抵押行为的效力——最高人民法院相关判决评析》，《法学评论》2018年第5期；解亘：《论监护关系中不当财产管理行为的救济——兼论"利益相反"之概念的必要性》，《比较法研究》2017年第1期。

2　参见黄薇主编：《中华人民共和国民法典总则编解读》，中国法制出版社，2020，第232页。

3　依据《外商投资法实施条例》第44条的规定，在《外商投资法》施行后5年内，现有外商投资企业可以依照《公司法》《合伙企业法》等法律的规定调整其组织形式、组织机构等，并依法办理变更登记，也可以继续保留原企业组织形式、组织机构等。自2025年1月1日起，对未依法调整组织形式、组织机构等并办理变更登记的现有外商投资企业，市场监督管理部门不予办理其申请的其他登记事项，并将相关情形予以公示。由此可见，自2025年1月1日起，法人形态的外商投资企业事实上只能采取公司制。

4　本书作者就此另有专文，详见高圣平：《再论公司法定代表人越权担保的法律效力》，《现代法学》2021年第6期。

保的相关规则。

（一）公司的担保人资格

我国实定法上对于公司以其财产为自身债务提供担保并无限制。就公司为他人债务提供担保，《公司法》第 16 条并未从资格上加以限制，仅对内部程序作出了较为严格的规范。首先，公司提供非关联担保的，应依公司章程由公司董事会或者股东（大）会决议，具体的决议机构由公司章程规定；其次，公司提供关联担保的，必须由股东（大）会决议；再次，上市公司担保金额超过公司资产总额 30% 以上的，应当由股东大会作出决议，并经出席会议的股东所持表决权的 2/3 以上通过；最后，若公司章程对担保总额及单项担保数额有限额规定的，不得超过规定的限额。

《公司法》第 16 条构成对法定代表人代表权的法定限制，旨在防止法定代表人随意代表公司对外提供担保给公司造成损失，损害中小股东利益。未经公司股东会或者股东大会、董事会等公司机关的决议，法定代表人并无代表公司为他人债务提供担保的权限。这意味着担保行为不是法定代表人所能单独决定的事项，而必须以公司股东会或者股东大会、董事会等公司机关的决议作为授权的基础和来源。这里，"法定代表人的身份" + "公司担保决议"才是相对人的信赖基础。

《民法典》第 504 条规定："法人的法定代表人或者非法人组织的负责人超越权限订立的合同，除相对人知道或者应当知道其超越权限外，该代表行为有效，订立的合同对法人或者非法人组织发生效力。"根据法律一经公布即推定所有人明知及不知法律不免责的法理，相对人在接受公司提供担保时，应对公司担保决议负有合理审查义务，否则不构成善意。[1]《民法典担保制度解释》第 7 条以代表权限制理论作为相关裁判规则的解释基础，相对人

---

[1]　参见贺小荣主编：《最高人民法院民事审判第二庭法官会议纪要：追寻裁判背后的法理》，人民法院出版社，2018，第 192 页。

不知道且不应当知道法定代表人越权代表的，主观上即为善意，担保合同对公司发生效力；反之，主观上非为善意，担保合同对公司不发生效力。[1] 相对人有证据证明已对公司决议进行了合理审查，人民法院应当认定其构成善意，但是公司有证据证明相对人知道或者应当知道决议系伪造、变造的除外。法定代表人超越权限提供担保造成公司损失，公司可以请求法定代表人承担赔偿责任。

既然相对人非善意时担保合同对公司不发生效力，公司自不应承担担保责任。但就公司此际是否应当承担其他民事责任，学说和裁判中存在重大分歧。《民法典担保制度解释》区分上市公司和非上市公司采取了不同的观点。就上市公司而言，上市公司既不承担担保责任，也不承担赔偿责任（第9条第2款），否则既损害证券市场上广大中小投资者的权利，也无法根治上市公司违规违法担保。[2] 就非上市公司而言，参照适用《民法典担保制度解释》第17条第1款第1项的规定，公司基于其过错应承担不超过债务人不能清偿部分的1/2的赔偿责任（第7条）。相对人明知决议是伪造或者变造仍然接受担保的，可以认为公司并无过错，据此无须承担缔约过失责任。[3] 这一观点值得商榷。无论担保合同是否有效，其法律效果均不由公司承受，公司均不是相应法律责任的归属主体，无须承担赔偿责任。[4]

（二）国有企业的担保人资格

国有企业，又称国家出资企业，是指国家出资的国有独资企业、国有独

---

[1] 参见最高人民法院民事审判第二庭：《最高人民法院民法典担保制度司法解释理解与适用》，人民法院出版社，2021，第134-135页。

[2] 参见最高人民法院民事审判第二庭：《最高人民法院民法典担保制度司法解释理解与适用》，人民法院出版社，2021，第156-157页。

[3] 参见最高人民法院民事审判第二庭：《最高人民法院民法典担保制度司法解释理解与适用》，人民法院出版社，2021，第138页。

[4] 详细论证参见高圣平、范佳慧：《公司法定代表人越权担保效力判断的解释基础——基于最高人民法院裁判分歧的分析和展开》，《比较法研究》2019年第1期；高圣平：《再论公司法定代表人越权担保的法律效力》，《现代法学》2021年第6期。

资公司，以及国有资本控股公司、国有资本参股公司。《企业国有资产法》对国有企业对外提供担保问题作了特别规定。其中，第30条规定："国家出资企业……为他人提供大额担保……等重大事项，应当遵守法律、行政法规以及企业章程的规定，不得损害出资人和债权人的权益。"第32条规定："国有独资企业、国有独资公司有本法第三十条所列事项的，除依照本法第三十一条和有关法律、行政法规以及企业章程的规定，由履行出资人职责的机构决定的以外，国有独资企业由企业负责人集体讨论决定，国有独资公司由董事会决定。"第33条规定："国有资本控股公司、国有资本参股公司有本法第三十条所列事项的，依照法律、行政法规以及公司章程的规定，由公司股东会、股东大会或者董事会决定。由股东会、股东大会决定的，履行出资人职责的机构委派的股东代表应当依照本法第十三条的规定行使权利。"第45条规定："未经履行出资人职责的机构同意，国有独资企业、国有独资公司不得有下列行为……（二）为关联方提供担保……"结合以上规定，可以得出以下结论。

第一，国有企业为自身债务提供担保，无须经履行出资人职责的机构同意。

第二，国有独资企业、国有独资公司为关联方提供担保，须经履行出资人职责的机构同意。此外，国有独资企业由企业负责人集体讨论决定，国有独资公司由董事会决定。这里，关联方，是指本企业的董事、监事、高级管理人员及其近亲属，以及这些人员所有或者实际控制的企业。履行出资人职责的机构，是指代表本级人民政府履行出资人职责的机构、部门；国务院国有资产监督管理机构和地方人民政府按照国务院的规定设立的国有资产监督管理机构，根据本级人民政府的授权，代表本级人民政府对国家出资企业履行出资人职责；国务院和地方人民政府根据需要，可以授权其他部门、机构代表本级人民政府对国家出资企业履行出资人职责。

第三，国有独资企业、国有独资公司为非关联方提供担保，无须经履行出资人职责的机构同意，国有独资企业由企业负责人集体讨论决定，国有独资公司由董事会决定。

第四，国有资本控股公司、国有资本参股公司为他人提供担保，无须经履行出资人职责的机构同意。依照法律、行政法规以及公司章程的规定，由公司股东会或者董事会决定。由股东（大）会决定的，履行出资人职责的机构委派的股东代表应当依照《企业国有资产法》第13条的规定行使权利。

四、非营利法人的担保人资格

《民法典》第87条规定："为公益目的或者其他非营利目的成立，不向出资人、设立人或者会员分配所取得利润的法人，为非营利法人。""非营利法人包括事业单位、社会团体、基金会、社会服务机构等。"如此，非营利法人就有了"公益目的"和"其他非营利目的"的区分。结合《民法典》第399条第3项和第683条第2款的规定，以公益为目的的非营利法人（以下简称公益法人）不得为保证人，公益法人的教育设施、医疗卫生设施和其他公益设施不得抵押。[1] 此处对非营利法人担保能力的限制，局限在"为公益目的成立"。《民法典担保制度解释》第6条第1款贯彻了《民法典》的这一规定，同时就新增公益设施允许以融资租赁和所有权保留买卖的方式获取担保融资；第2款对于登记为营利法人的学校、幼儿园、医疗机构、养老机构等的担保能力给予明确承认。

（一）公益法人担保人资格的否定

公益法人为社会化公共利益而设立，充当担保人与其设立宗旨不相符。公益法人的财产主要体现为教育设施、医疗卫生设施和其他公益设施，如允

1　为公益目的而设立的非营利非法人组织的担保人资格，同于为公益目的而设立的非营利法人。《民法典》第683条第2款对此作了明确。但《民法典》第399条第3项仅及于公益法人的公益设施，在解释上，公益非法人组织的公益设施亦不得作为担保财产。本书以下以公益法人为中心讨论相关问题。

许其担任担保人，有可能变卖这些公益设施来承担担保责任，势必影响教育、医疗等公益事业的展开。实践中大量存在着民办学校、民办医院，该类主体所从事的事业关系着社会的发展，但与公立学校、公立医院相比，又具有一定程度的营利性，学说和实务一直就民办学校、民办医院的担保人资格存在争议。

《民办教育促进法》第19条中规定，民办学校可以出资人是否可以"取得办学收益"及办学结余是否"全部用于办学"为标准，分为非营利性民办学校与营利性民办学校。依据《民办学校分类登记实施细则》第7条、第9条以及《国家工商行政管理总局、教育部关于营利性民办学校名称登记管理有关工作的通知》（工商企注字〔2017〕156号）第1条的规定，非营利性民办学校可根据条件登记为民办非企业单位与事业单位，营利性民办学校则应登记为公司法人。目前绝大部分民办学校被登记为民办非企业单位，在实际管理中在人事制度、社会保险、税收等具体运营事项上也与公办学校有别。裁判实践就民办学校担保人资格的司法态度主要有两种：一种是依据《民办教育促进法》第3条"民办教育事业属于公益性事业"及第5条"民办学校与公办学校具有同等的法律地位"之规定，直接认定民办学校属于公益性的事业单位，依法不具有担保人资格。[1]另一种则是以民办学校是否以公益为目的作为判断其担保人资格的核心，并以民办学校的营利性与否作为判断公益目的的基础。其中，有的裁判认为，民办非企业单位的民办学校具有一定的营利性，并非是以公益为目的，性质有别于事业单位与社会团体，具备对外提供担保的资格。[2]有的裁判则认为应当结合登记情况与实际运营情况来判断其是否以公益为目的：若涉案民办学校登记为非营利性，则其公

1　参见重庆市第一中级人民法院（2017）渝01民终5842号民事判决书、重庆市第五中级人民法院（2016）渝05民终5168号民事判决书等。

2　参见湖北省高级人民法院（2017）鄂民申1620号民事裁定书。福建省泉州市中级人民法院（2017）闽05民终1822号民事判决书等。

益目的可被初步认定，而若该民办学校的实际运用情况符合"举办者不得取得办学收益，学校的办学结余全部用于办学"的条件，则其公益属性可被最终认可，其所签订的担保合同无效。[1]

裁判实践在民营医疗机构纠纷与民办学校纠纷中所面临的困境相同，即在主体所从事的为公益性事业的前提下，如何判断由社会资本所设立的民办机构是否也具有公益性。司法实践的裁判路径是在遵循医疗机构分类管理的基础上，以非营利性作为民办医疗机构公益性的核心，认为其不具有担保人资格。[2] 裁判实践往往从形式与实质两项要件上予以把握：一是形式要件，即涉案民办医疗机构应登记为非营利法人；二是实质要件，即涉案民办医疗机构的运营不以营利为目的，收入用于弥补医疗服务成本，收支结余也只用于自身发展。同样，在养老机构担保问题上，就其是否有担保人资格的限制，实践中亦存在争议。

本书作者认为，"事业"的公益性不等于"主体"的公益性，虽然《民办教育促进法》第 3 条规定了"民办教育事业属于公益性事业"，但该条是从整个"事业"的角度对民办教育所做的功能定位，该事业范围内的每个主体并不必然具有公益性。[3] 同时，《民法典》第 683 条第 2 款的"以公益为目的的非营利法人"是指主体的公益性。因此，即使民办学校所致力的事业是公益性事业，其是否具有担保人资格仍须结合该民办学校的具体情况进行分析。[4] 换言之，若该民办学校本身为在民政部门或者事业单位登记机关登记的公益性机构，则其不具有担保人资格，所签订的担保合同无效；民办学校本身为在市场监管部门登记的营利法人，则其具有担保人资格，对外可以提

---

[1] 参见最高人民法院（2017）最高法民终 297 号民事判决书。

[2] 否认具有担保人资格的裁判可见青海省高级人民法院（2019）青民终 55 号民事判决书等；认可具有担保人资格的裁判可见重庆市两江新区人民法院（2019）渝 0192 民初 401 号民事判决书等。

[3] 参见杨翱宇：《民办学校的商事主体地位判定》，《河北法学》2018 年第 7 期。

[4] 参见司伟、肖峰：《担保法实务札记——担保纠纷裁判思路精解》，中国法制出版社，2019，第 138 页。

供担保。

《民法典担保制度解释》第6条第2款规定："登记为营利法人的学校、幼儿园、医疗机构、养老机构等提供担保，当事人以其不具有担保资格为由主张担保合同无效的，人民法院不予支持。"这一规定是对既有裁判经验的总结。《担保法解释》第16条规定："从事经营活动的事业单位、社会团体为保证人的，如无其他导致保证合同无效的情况，其所签定的保证合同应当认定为有效。"该规定与《民法典》第683条第2款的规定并不矛盾。[1]非公益的非营利法人、非法人组织即属《担保法解释》第16条所述情形。随着我国经济体制改革的不断深入，出现了一些企业化管理、自负盈亏的事业单位，以及其他类型的非公益的事业单位和社会团体。这些领有《企业法人营业执照》《营业执照》或国家政策允许从事经营活动的事业单位，其经营性决定了它具有从事保证活动的民事权利能力和民事行为能力，可以充当担保人。[2]

总之，以公益为目的的非营利学校、幼儿园、医疗机构、养老机构等法人，不论是公办的还是民办的，原则上不具有担保人资格；民办的营利性学校、幼儿园、医疗机构、养老机构等法人，则具有担保人资格，既可以提供保证，也可以提供物的担保。[3]实践中，可以依登记的表象加以判断非营利法人是否具有担保能力。但凡在市场监管部门登记的，可以确定为"营利法人"或者"以其他非营利目的设立的非营利法人"，具有担保能力；在民政部门或者事业单位登记机关登记的非营利法人（包括民办非企业事业单位），可以认定为"以公益目的设立的非营利法人"，不具有担保能力。

（二）公益法人担保人资格的例外承认

虽然《民法典》第683条就公益法人与机关法人的担保人资格作了同

1　参见最高人民法院民法典贯彻实施工作领导小组主编：《中华人民共和国民法典合同编理解与适用》（二），人民法院出版社，2020，第1302页。

2　参见黄薇主编：《中华人民共和国民法典合同编解读》，中国法制出版社，2020，第698页。

3　参见最高人民法院民事审判第二庭：《最高人民法院民法典担保制度司法解释理解与适用》，人民法院出版社，2021，第127-128页。

一处理，但公益法人在设立目的、资金来源与适用等方面不同于机关法人，其事业发展尚须借助于商业融资。因此，不能完全断绝其融资渠道。[1] 在学校、幼儿园、医院、养老机构等公益法人的日常运营过程中，通常需要价值不菲的设备、设施作为支撑，例如学校教学过程中的投影仪，幼儿园的游乐设备，医院检查过程中所需要的 CT 设备及各种化验机器，以及养老机构中的检查设备，等等。在财政资金无法满足这些公益设施的购置需求的情形之下，为新增公益设施提供融资支持，融资提供者以该新增公益设施设立担保物权，公益法人可据此提高提供公益服务的能力。即使公益法人届期不能履行债务，融资提供者以该新增公益设施的变价款优先受偿，也仅仅只是使公益法人恢复到原有的公益服务水平，对其实现公益目的并不产生实质上的影响，自无不许之理。《民法典担保制度解释》第 6 条第 1 款第 1 项明确指出，在购入或者以融资租赁方式承租教育设施、医疗卫生设施、养老服务设施和其他公益设施时，出卖人、出租人为担保价款或者租金实现而在该公益设施上保留所有权。也就是说，公益法人为新增公益设施，可以以融资租赁合同或者所有权保留买卖合同的形式从事担保交易。不无遗憾的是，本项仍然禁止公益法人为新增公益设施从事抵押贷款交易，商业银行或者其他放贷人仍然不得基于公益设施叙做抵押贷款业务。

与此同时，《民法典担保制度解释》第 6 条第 1 款第 2 项明确规定，公益法人可以公益设施以外的不动产、动产设立担保物权。就公益设施的区分，实践中存在不同的观点。有裁判认为，登记在学校名下的建筑物或建设用地使用权担保的，担保合同违反《物权法》第 184 条第 3 项（《民法典》第 399 条第 3 项与该项大致相同）的规定，应为无效。[2] 不同的裁判则认为，应当以相关设施的用途来区分是否属于公益设施。即使建筑物及建设用地使

1　参见最高人民法院民事审判第二庭：《最高人民法院民法典担保制度司法解释理解与适用》，人民法院出版社，2021，第 128 页。

2　参见山东省高级人民法院（2011）鲁商终字第 149 号民事判决书。

用权虽登记在非学校的法人名下，但不动产登记簿和不动产权利证书上登记的用途为学校，且上述资产实际上已为学校办学使用，应当认定为学校的教学设施，担保合同亦应被认定为无效。[1] 如该设施虽然登记在公益法人名下，但是该公益法人并未将相关设施用作公益用途，则应当肯定其担保合同的效力。[2] 本书作者认为，一般应当以相关设施的用途来加以区分，如某一设施是公益法人从事公益活动所必需，则可认定属于公益设施。[3] 值得注意的是，《民法典担保制度解释》并未区分是否为公益法人自身债务还是为他人的债务进行担保，拓宽了公益法人就公益设施以外的财产的融资能力和融资渠道。

除此之外，依据《民法典担保制度解释》第 6 条第 1 款第 2 项的规定，公益法人可以以公益设施以外的财产权利设定担保物权。实践中常见的非营利法人"财产权利"主要表现为知识产权、收费权。其中的争议主要集中于各类收费权。

就公寓收费权而言，在解释上，公寓收费权属于《应收账款质押登记办法》第 2 条第 2 款第 1 项"销售、出租产生的债权，包括销售货物，供应水、电、气、暖，知识产权的许可使用，出租动产或不动产等"之一种，因此，公寓收费权质押属于《民法典》规定的应收账款质押的一种亚类型。[4]

就学费、杂费、择校费、借读费等教学收费权是否可以设定质押，裁判中观点并不一致。否定的观点认为，现行法律、行政法规并未规定公办中学的教学收费权可以质押，以之设定质押有违物权法定原则[5]，且公益性社会组

1　参见广东省高级人民法院（2013）粤高法民二申字第 1010 号民事裁定书、浙江省丽水市中级人民法院（2014）浙丽商终字第 312 号民事判决书等。

2　参见最高人民法院（2018）最高法民再 321 号民事判决书。

3　参见最高人民法院民事审判第二庭：《最高人民法院民法典担保制度司法解释理解与适用》，人民法院出版社，2021，第 129 页。

4　参见安徽省高级人民法院（2014）皖民二终字第 00426 号民事判决书。

5　参见湖南省娄底市（地区）中级人民法院（2014）娄中民三初字第 101 号民事判决书。

织的财产不得对外进行担保[1]，否则有悖立法目的。[2]肯定的观点认为，只要满足质押设立的条件，即可以教学收费权作为质押财产。[3]但是在认可质押效力的同时，应优先保障学校的正常教育活动经费。[4]对此，在解释上可以认为，教学收费权属于《应收账款质押登记办法》第 2 条第 2 款第 2 项"提供医疗、教育、旅游等服务或劳务产生的债权"之一种，可以设立应收账款质权。

就医院收费权而言，相较于抵押财产，法院在裁判实践中更多地认可医院就收费权设立的应收账款质权。[5]对于医院的收费权质押，法院大多认为只要满足法律所规定的应收账款质权设立要件即可。在解释上，医院收费权属于《应收账款质押登记办法》第 2 条第 2 款第 2 项"提供医疗、教育、旅游等服务或劳务产生的债权"之一种，可以设立应收账款质权。

（三）非公益非营利法人的担保人资格

对于《民法典》第 87 条第 2 款依据组织形态列举的事业单位、社会团体、基金会、社会服务机构等非营利法人类型而言，还可以根据其成立目的进一步区分为为公益目的成立的非营利法人（公益法人）与为其他非营利目的成立的非营利法人（非公益非营利法人）。非公益非营利法人的成立目的在于"互益性"和"自益性"[6]。但无论何者，非公益非营利法人均与营利法人之"营利性"相区别。但是，这不表明禁止非公益非营利法人从事经营活动，并从中赚取利润。换言之，非营利目的并不妨碍非公益非营利法人具体从事营利性的经营行为。《民法典》上仅否定公益法人的担保人资格，基于"法不禁止即为允许"的基本法理，非公益非营利法人具有从事担保活动的

1　参见内蒙古自治区呼和浩特市赛罕区人民法院（2018）内 0105 民初 1681 号民事判决书。

2　参见广东省佛山市禅城区人民法院（2017）粤 0604 民初 9641 号民事判决书。

3　参见贵州省思南县人民法院（2019）黔 0624 民初 1291 号民事判决书。

4　参见广东省茂名市电白区人民法院（2014）茂电法民二初字第 280 号民事判决书。

5　参见广东省东莞市中级人民法院（2018）粤 19 民初 16 号民事判决书。

6　张新宝、汪榆淼：《论"为其他非营利目的"成立的法人》，《法学评论》2018 年第 4 期。

民事权利能力和行为能力，可以充当担保人。上文已重点述及事业单位的担保人资格，以下仅就社会团体法人、基金会等捐助法人展开。

就社会团体法人而言，虽然《民法典》第 683 条第 2 款否认公益社会团体的担保人资格，但是并未言明非公益性社会团体的担保人资格问题。考虑到实践中，有的社会团体法人或是向社会提供有偿服务赚取了利润，或是在企业化管理之下自负盈亏，否认这些社会团体法人的担保人资格不甚妥当。甚至有的社会团体法人的设立目的就是为其会员提供担保，不认可其担保人资格无异于否认其本身，如地方的小微企业互助中心等。[1] 因此，《担保法解释》第 16 条考虑到这些客观情况，确认从事经营活动的社会团体为保证人的，若无其他导致保证合同无效事由，保证合同应为有效。该条因符合《民法典》有关精神，未来的司法裁判中应当沿袭其依审判的思路。[2] 然而，非公益性社会团体法人的担保人资格并非无限制，仍应结合其章程判断。依据《民法典》第 91 条第 1 款的规定，社会团体法人应当依法制定法人章程。社会团体法人的章程规范内部成员行为，是明确法人活动准则的重要依据，在内容上包括法人资产的管理和使用规则。[3] 由此，社会团体法人充当担保人的范围自然应当遵循章程的规定。实践中多数裁判亦认为，非营利性法人中的社会团体法人可以在章程允许范围内充当担保人。[4]

就基金会等捐助法人而言，捐助法人不依赖国家、政府投入资金，其行为应当由捐助者负责监督和限制。[5] 在解释上，捐助法人无须受制于《民法典》第 683 条第 2 款的担保人资格限制，原则上具有担保人资格。实践中亦

1　参见湖北省武汉市江汉区人民法院（2017）鄂 0103 民初 2858 号民事判决书。

2　参见最高人民法院民事审判第二庭：《最高人民法院民法典担保制度司法解释理解与适用》，人民法院出版社，2021，第 668 页。

3　参见黄薇主编：《中华人民共和国民法典总则编释义》，法律出版社，2020，第 233-234 页。

4　参见浙江省嘉善县人民法院（2015）嘉善商初字第 633 号民事判决书；江苏省昆山市人民法院（2016）苏 0583 民初 10100 号民事判决书。

5　参见曹士兵主编：《担保纠纷案件裁判规则（一）——保证人主体资格与担保效力》，法律出版社，2019，第 85 页。

有裁判从此见解。[1]值得强调的是，自《民法典》与《民法典担保制度解释》的政策选择观之，法律对公益法人的担保人资格总体上呈否认态度，而依据《民法典》第 92 条以下之规定，捐助法人多以公益目的设立，由是即可能存在抵牾之处。如此，对于捐助法人而言，似乎仍然存在区分"为公益目的"和"为其他非营利目的"的必要。依据《民法典》第 93 条第 1 款与第 94 条第 2 款的规定，捐助法人亦有法人章程；捐助法人的决策机构、执行机构或者法定代表人作出决定的程序违反法律、行政法规、法人章程，或者决定内容违反法人章程的，捐助人等利害关系人或者主管机关可以请求人民法院撤销该决定。但是，捐助法人依据该决定与善意相对人形成的民事法律关系不受影响。在解释上，担保行为自属其列，而关于"善意相对人"的判断不可径行适用前述公司担保的解释论方案。捐助法人原则上不从事商业性质的民事活动，构成社会一般常识，因此相对人不构成善意第三人。[2]

五、特别法人的担保人资格

《民法典》第 96 条规定："本节规定的机关法人、农村集体经济组织法人、城镇农村的合作经济组织法人、基层群众性自治组织法人，为特别法人。"特别法人是指，因与一般意义上的法人相比具有特殊性而不宜纳入营利法人或非营利法人类别的法人。[3]"对上述这些法人，单独设立一种法人类别，有利于其更好地参与民事生活，也有利于保护其成员和与其进行民事活动的相对人的合法权益。"[4]特别法人各有特别之处，其担保人资格问题尚须

1　参见河南省郑州市中级人民法院（2017）豫 01 民终 10352 号民事判决书。

2　参见曹士兵主编：《担保纠纷案件裁判规则（一）——保证人主体资格与担保效力》，法律出版社，2019，第 85-86 页。《民法典担保制度解释》生效后的裁判可见四川省成都市中级人民法院（2021）川 01 民终 9195 号民事判决书。

3　参见最高人民法院民法典贯彻实施工作领导小组主编：《中华人民共和国民法典总则编理解与适用》（上），人民法院出版社，2020，第 487 页。

4　李适时：《全国人民代表大会法律委员会关于〈中华人民共和国民法总则（草案）〉修改情况的汇报——2016 年 12 月 19 日在第十二届全国人民代表大会常务委员会第二十五次会议上》，见《民法总则立法背景与观点全集》编写组：《民法总则立法背景与观点全集》，法律出版社，2017，第 28 页。

进行类型化分析。

（一）机关法人的担保人资格问题

机关法人是指依照法律和行政命令组建的履行公共管理职能的各级国家机关，包括各级权力机关、行政机关、审判机关、检察机关、军事机关。在解释上，参公管理的社会团体法人、事业单位法人，包括各级党的机关、妇联、共青团等，也按照规定履行公共管理职能，在此范围内准用机关法人的相关规则。机关法人的主要职责是依法履行管理社会的公共职能，进行日常的公务活动，而且，机关法人的财产和经费由国家财政和地方财政划拨，用以维持国家机关的公务活动和日常的开支，保障国家机关正常履行其职责。因此，机关法人不能直接参与经济活动[1]，不得为他人的债务提供担保。否则，当债务人不履行债务或发生当事人约定的情形时，机关法人就应承担担保责任，以机关法人的财产和经费承担担保责任。这不仅与其活动宗旨不符，也会影响其职能的正常发挥。[2]因此，机关法人没有担保人的资格，不得为自身债务或者他人债务提供担保。机关法人违反规定提供担保的，担保合同无效。机关法人所签订的担保合同无效，因此给债权人造成损失的，应当依据《民法典》第682条第2款以及《民法典担保制度解释》第17条的规定处理。[3]需要注意的是，若担保合同无效，机关法人承担的赔偿责任并不一定是债务人不能清偿部分的1/2，而应根据机关法人的过错情形予以具体认定。[4]

《民法典》第683条第1款但书规定，机关法人可以为经国务院批准为使用外国政府或者国际经济组织贷款进行的转贷提供担保。根据财政部发布的《国际金融组织和外国政府贷款赠款管理办法》的规定，项目实施单位依

1　虽然机关法人也进行一些民事活动，如购置办公用品、兴建或购买公务员住宅等，但仍以必要和可能为前提。参见黄薇主编：《中华人民共和国民法典合同编解读》，中国法制出版社，2020，第697页。

2　参见黄薇主编：《中华人民共和国民法典合同编解读》，中国法制出版社，2020，第697页。

3　参见最高人民法院（2017）最高法民终84号民事判决书。

4　参见四川省高级人民法院（2016）川民终654号民事判决书。

法直接向国际金融组织和外国政府举借，并经国务院批准的贷款，可以由财政部代表中央政府为其提供担保；政府负有担保责任的贷款，财政部门应当向上一级财政部门提供担保。由此可见，依法定程序经国务院批准后，机关法人可以为此类贷款的转贷活动提供担保，相应的担保合同也即有效。[1]

（二）农村集体经济组织法人的担保人资格问题

农村集体经济组织是在乡镇人民政府管辖的区域内设立的农村经济组织，其以村民小组、行政村、乡镇等社区为单位建立，以实现集体成员共同发展、共同受益为目的，具有管理集体资产、开发集体资源、发展集体经济和服务集体成员等职能。[2]《民法典》第 99 条第 1 款规定："农村集体经济组织依法取得法人资格。"农村集体经济组织作为特殊法人，其设立、变更和终止，管理的财产性质，成员的加入和退出，承担的职能等都有其特殊性。[3]具体体现在：农村集体经济组织依据农村社区层级而相应设立，且多从人民公社时期转化而来；其所管理的财产主要是本集体成员集体所有的财产；其成员的加入和退出，原则上具有法定性，和身份密切相关，与农民集体成员具有同质性；其职能主要体现在经营管理集体资产、开发集体资源、发展集体经济和服务集体成员等。[4]但是，承认农村集体经济组织的特殊性，并不否定其营利性，其成员尚须通过该组织的经营活动取得分红等收入。[5]基于此，不宜否定农村集体经济组织的担保人资格。[6]

1　参见高圣平：《担保法前沿问题与判解研究——最高人民法院新担保制度解释条文释评》（第五卷），人民法院出版社，2021，第 46 页。

2　参见谭启平：《特别法人》，见张鸣起主编：《民法总则专题讲义》，法律出版社，2019，第 281 页。

3　参见李适时：《全国人民代表大会法律委员会关于〈中华人民共和国民法总则（草案）〉修改情况的汇报——2016 年 12 月 19 日在第十二届全国人民代表大会常务委员会第二十五次会议上》，见《民法总则立法背景与观点全集》编写组编：《民法总则立法背景与观点全集》，法律出版社，2017，第 28 页。

4　参见谭启平：《特别法人》，见张鸣起主编：《民法总则专题讲义》，法律出版社，2019，第 282-284 页。

5　参见黄薇主编：《中华人民共和国民法典总则编解读》，中国法制出版社，2020，第 311 页。

6　参见浙江省海宁市人民法院（2010）嘉海商初字第 361 号民事判决书；河南省许昌市魏都区人民法院（2016）豫 1002 民初 3383 号民事判决书等。

《农村集体经济组织示范章程（试行）》第 6 条规定："本社……开展以下业务：……（二）经营管理本社成员集体所有或者国家所有依法由本社集体使用的经营性资产，并组织转让、出租、入股、抵押等……"；第 15 条规定："成员大会行使下列职权：……（九）审议、决定土地发包、宅基地分配、集体经营性资产份额（股份）量化等集体资产处置重大事项……"。由此可见，农村集体经济组织具有担保人资格，不过，和公司一样，其对外提供担保之时，仍须按照相关法律法规和法人章程履行内部决策程序。

《农村集体经济组织示范章程（试行）》第 16 条第 2 款规定："召开成员大会应当有三分之二以上具有表决权的成员参加。成员大会对一般事项作出决议，须经本社成员表决权总数过半数通过；对修改本社章程，决定相关人员取得或丧失本社成员身份，本社合并、分立、解散以及变更法人组织形式，以及集体资产处置等重大事项作出决议，须经本社成员表决权总数的三分之二以上通过。"在解释上，如农村集体经济组织章程没有相反规定，农村集体经济组织为他人债务提供担保，属于"集体资产处置"，应采行绝大多数决，由成员大会成员表决权总数的 2/3 以上通过。

（三）城镇农村的合作经济组织法人的担保人资格问题

城镇农村的合作经济组织是按照自愿互利、民主管理、协作服务原则组建的经济组织[1]，是指城市居民或者农民等小生产者，在自愿互助和平等互利的基础上，联合从事特定经济活动所组成的具有企业性质的特别法人，经依法登记取得法人资格。[2]《民法典》第 100 条第 1 款规定："城镇农村的合作经济组织依法取得法人资格。"城镇农村的合作经济组织法人，"既具有公益

1　参见黄薇主编：《中华人民共和国民法典总则编解读》，中国法制出版社，2020，第 313 页。

2　参见杨立新主编：《中华人民共和国民法总则要义与案例解读》，中国法制出版社，2017，第 371 页。

性或者互益性，又具有营利性"[1]，主要采取按劳分配、按惠顾额或者交易额分配的利益分配机制，由此而决定，城镇农村的合作经济组织法人在法人目的、治理结构、经营管理方式等各方面均不同于营利法人。[2] 但是，承认城镇农村的合作经济组织法人的特殊性，亦不否定其营利性，其社员尚须通过该组织的经营活动分享盈余。[3] 基于此，不宜否定城镇农村的合作经济组织法人的担保人资格。

以农民专业合作社为例。依照《农民专业合作社法》的规定，合作社可以开展各种与农业生产、乡村旅游资源开发相关的经营项目，同时其对由成员出资、公积金、国家财政直接补助、他人捐赠以及合法取得的其他资产所形成的财产，享有占有、使用和处分的权利，并以上述财产对债务承担责任。[4]《农民专业合作社法》第36条中规定，农民专业合作社的理事长、理事和管理人员不得违反章程规定或者未经成员大会同意，将本社资金借贷给他人或者以本社资产为他人提供担保。这就表明，农民专业合作社可以作为担保人，只不过要符合章程的规定或者满足特定的程序。

依据《农民专业合作社法》第29条、第32条的规定，农民专业合作社对外担保应经合作社成员大会或者成员代表大会表决通过。[5] 其中，成员代表大会经农民专业合作社章程明确授权，才具有农民专业合作社对外担保的决议权。此外，依据《农民专业合作社法》第33条的规定，农民专业合

1 李适时：《全国人民代表大会法律委员会关于〈中华人民共和国民法总则（草案）〉修改情况的汇报——2016年12月19日在第十二届全国人民代表大会常务委员会第二十五次会议上》，见《民法总则立法背景与观点全集》编写组：《民法总则立法背景与观点全集》，法律出版社，2017，第28页。

2 参见谭启平：《特别法人》，见张鸣起主编：《民法总则专题讲义》，法律出版社，2019，第286-287页。

3 参见王瑞贺主编：《中华人民共和国农民专业合作社法释义》，法律出版社，2018，第117-120页。

4 参见王瑞贺主编：《中华人民共和国农民专业合作社法释义》，法律出版社，2018，第16-17页。

5 《农民专业合作社法》第32条规定："农民专业合作社成员超过一百五十人的，可以按照章程规定设立成员代表大会。成员代表大会按照章程规定可以行使成员大会的部分或者全部职权。""依法设立成员代表大会的，成员代表人数一般为成员总人数的百分之十，最低人数为五十一人。"

作社可以根据自身发展的实际情况决定是否设立理事会。[1]《农民专业合作社示范章程》第24条指出，理事会"履行成员大会授予的其他职权"。由此看来，经成员大会授权（可以是在章程中概括授权，也可以是就担保事项的具体授权），理事会也可能具有农民专业合作社对外担保的决议权。值得注意的是，不设理事会之时，理事长也可以"履行成员大会授予的其他职权"（《农民专业合作社示范章程》第24条），但在解释上，基于农民专业合作社对外担保的高风险性，参照《公司法》第16条就公司担保程序控制的规范意旨，理事长作为农民专业合作社的法定代表人，未经农民专业合作社有权机构决议，并无代表农民专业合作社签订担保合同的权限。《农民专业合作社法》第36条第1款第2项指出："农民专业合作社的理事长、理事和管理人员不得……违反章程规定或者未经成员大会同意，将本社资金借贷给他人或者以本社资产为他人提供担保。"如此，农民专业合作社成员大会不得将农民专业合作社对外担保的决议权委由理事长行使，即使农民专业合作社章程中作出此类概括授权，亦为无效。

就成员大会决议而言，《农民专业合作社法》第30条规定："农民专业合作社召开成员大会，出席人数应当达到成员总数三分之二以上。""成员大会选举或者作出决议，应当由本社成员表决权总数过半数通过；作出修改章程或者合并、分立、解散，以及设立、加入联合社的决议应当由本社成员表决权总数的三分之二以上通过。章程对表决权数有较高规定的，从其规定。"农民专业合作社对外担保不属于该条中的特别决议事项，除非章程另有规定，农民专业合作社担保决议由本社成员表决权总数过半数通过。至于农民专业合作社各成员的表决权，《农民专业合作社法》第22条规定："农民专业合作社成员大会选举和表决，实行一人一票制，成员各享有一票的基本表决权。""出资额或者与本社交易量（额）较大的成员按照章程规定，可以享

---

[1] 参见王瑞贺主编：《中华人民共和国农民专业合作社法释义》，法律出版社，2018，第91页。

有附加表决权。本社的附加表决权总票数，不得超过本社成员基本表决权总票数的百分之二十。享有附加表决权的成员及其享有的附加表决权数，应当在每次成员大会召开时告知出席会议的全体成员。"

就成员代表大会决议而言，《农民专业合作社法》和《农民专业合作社示范章程》并未明确成员代表大会决议的最低表决权数，但基于决议的团体性，在解释上应以多数决或者绝大多数决为宜。至于成员代表大会会议的出席人数占比、代表的表决权占比，由农民专业合作社章程规定。如章程中可以规定："召开成员代表大会会议，出席人数应当达到成员代表总数三分之二以上。成员代表大会作出决议，应当由成员代表总数过半数通过。"值得注意的是，《农民专业合作社示范章程》第22条第2款指出："成员大会选举或者做出决议，须经本社成员表决权总数过半数通过；对修改本社章程，改变成员出资标准，增加或者减少成员出资，合并、分立、解散、清算和对外联合等重大事项做出决议的，须经成员表决权总数2/3以上的票数通过。成员代表大会的代表以其受成员书面委托的意见及表决权数，在成员代表大会上行使表决权。"这里的第二句似乎意味着，据以确立成员代表大会决议形成的，不是同意决议内容的成员代表人数，而是同意决议内容的成员代表所代表的表决权。亦即，只有同意决议内容的成员代表所持本人表决权以及其受成员书面委托的表决权，达到本社成员表决权总数过半数，才能通过一般决议。这里的表决权，既包括基本表决权，也包括附加表决权。但如此解释，一是有违成员代表制度的本旨，二是有损成员代表大会决议形成的效率。既然成员代表已依选举而产生[1]，即有权代表成员行使表决权，这本是代议制民主的本意，成员代表在行使表决权之时，如仍须事先征求各成员的书面意见，还不如直接召开成员大会会议予以表决。

1　《农民专业合作社示范章程》第19条规定："本社成员超过150人时，每_____名成员选举产生1名成员代表，组成成员代表大会。成员代表大会履行成员大会的_____、_____等【注：部分或者全部】职权。成员代表任期_____年，可以连选连任。"

就理事会决议而言，《农民专业合作社法》第 30 条规定："理事会会议、监事会会议的表决，实行一人一票。"《农民专业合作社示范章程》第 25 条指出："理事会会议的表决，实行 1 人 1 票。重大事项集体讨论，并经 2/3 以上理事同意方可形成决定。理事个人对某项决议有不同意见时，其意见记入会议记录并签名。理事会会议邀请执行监事或者监事长、经理和＿＿＿名成员代表列席，列席者无表决权。"由此可见，理事会决议实行人数多数决，如章程没有相反约定，同意农民专业合作社对外担保的理事人数达到全体理事过半数的，即可通过理事会决议。

（四）基层群众性自治组织法人的担保人资格问题

基层群众性自治组织法人是居民（村民）自我管理、自我教育、自我服务的组织，负责办理本社区的公共事务和公益事业，同时担负一定的社会服务和联结人民政府与群众管理工作。[1]《民法典》第 101 条第 1 款规定："居民委员会、村民委员会具有基层群众性自治组织法人资格，可以从事为履行职能所需要的民事活动。"《民法典》明确其具备法人资格，有助于其开展履行职能所需的民事活动，也有利于保护其成员和与其进行民事活动的相对人的合法权益。[2]实践中就居民委员会的担保人资格存在分歧。肯定说认为，居民委员会并非以公益为目的的实业单位或社会团体，其担保资格不应当受法律禁止。[3]否定说则主张，居民委员会是基层群众性自治组织，具有公益性，不属于经济实体单位，不应当具有担保资格。[4]《民法典担保制度解释》第 5 条第 2 款采取了"否定说"。依据《居民委员会组织法》第 2 条第 1 款、第 16 条和第 17 条关于居民委员会职责与任务、经费管理的规定，居民委

---

1 参见谭启平：《特别法人》，见张鸣起主编：《民法总则讲义》，法律出版社，2019，第 276 页。

2 参见黄薇主编：《中华人民共和国民法典总则编解读》，中国法制出版社，2020，第 320 页。

3 参见山东省青岛市中级人民法院（2017）鲁 02 民终 9726 号民事判决书；河北省石家庄市中级人民法院（2016）冀 01 民再 78 号民事判决书。

4 参见广东省汕头市濠江区人民法院（2014）汕濠法民二初字第 25 号民事判决书；广东省东莞市第一人民法院（2013）东一法民二初字第 726 号民事判决书。

员会虽然管理相应的财产和费用，但是系为本居住地区公益事业服务，不得以此从事经济活动，不得进行营利活动，更何况作为担保人参与经济活动。[1]如允许其从事担保活动，社区居民的社会利益难以获得保护。[2]

　　与居民委员会的性质相同，村民委员会也是基层群众性自治组织法人。但是相比于居民委员会，村民委员会在实践中的情形较为复杂。就村民委员会的担保人资格问题，村民委员会是具有公益性质的自治组织，原则上并不允许其从事担保活动。[3]实践中亦有裁判持相反观点，认为村民委员会并不在法律禁止作为保证人的范围内。[4]《村民委员会组织法》第2条第2款规定："村民委员会办理本村的公共事务和公益事业，调解民间纠纷，协助维护社会治安，向人民政府反映村民的意见、要求和提出建议。"因此，村民委员会不能作为担保人，其违反规定提供的担保无效。值得注意的是，村民委员会在特定情况下也提供担保。依据《民法典》第101条第2款的规定，"未设立村集体经济组织的，村民委员会可以依法代行村集体经济组织的职能"。此时，依法代行村集体经济组织职能的村民委员会可以作为担保人，裁判实践中也认可了这一观点。[5]但是，村民委员会代行村集体经济组织职能时并非完全不受限制，《民法典担保制度解释》第5条第2款即规定，村民委员会需依照村民委员会组织法规定的讨论决定程序对外提供担保，否则担保合同对村委会不生效力。这里将决定程序指向了《村民委员会组织法》。

　　村民委员会代行村集体经济组织职能，和他人签订担保合同，在性质上属于《村民委员会组织法》第24条第1款第8项"以借贷、租赁或者其他

　　1　参见高圣平、谢鸿飞、程啸：《最高人民法院民法典担保制度司法解释理解与适用》，中国法制出版社，2021，第43页。

　　2　参见最高人民法院民事审判第二庭：《最高人民法院民法典担保制度司法解释理解与适用》，人民法院出版社，2021，第118页。

　　3　参见安徽省高级人民法院（2009）皖民二终字第0134号民事判决书。

　　4　参见浙江省金华市中级人民法院（2018）浙07民终2648号民事判决书。

　　5　参见广东省东莞市第一人民法院（2013）东一法民二初字第726号民事判决书。

方式处分村集体财产"。依据该条规定，村民委员会对外担保，"经村民会议
讨论决定方可办理"；村民会议可以授权村民代表会议讨论决定这一事项。
据此，村民委员会对外担保，既可由村民会议讨论决定，也可由村民会议授
权村民代表会议讨论决定。决定程序需遵循《村民委员会组织法》第四章的
规定。如第22条第1款规定："召开村民会议，应当有本村十八周岁以上村
民的过半数，或者本村三分之二以上的户的代表参加，村民会议所作决定应
当经到会人员的过半数通过。法律对召开村民会议及作出决定另有规定的，
依照其规定。"第26条第2款规定："村民代表会议有三分之二以上的组成
人员参加方可召开，所作决定应当经到会人员的过半数同意。"

　　实践中有观点认为，代行村集体经济组织职能的村民委员会对外提供担
保未经村民会议讨论决定的，担保合同无效。[1]虽然经过村民代表会议讨论
决定，但是未经过村民会议授权，担保合同亦无效。[2]本书作者对此不敢苟
同。依法代行村集体经济组织职能的村民委员会具有担保人资格，没有依照
《村民委员会组织法》规定的讨论决定程序对外提供担保，仅表明法定代表
人的代表权受到限制。此时，同样应以《民法典》第504条作为规范依据，
依相对人主观上的善恶意来认定越权担保合同对村民委员会是否发生效力，
而不能径直否定担保合同本身的效力。

六、非法人组织和法人分支机构的担保人资格

（一）非法人组织的担保人资格问题

　　《民法典》及《民法典担保制度解释》对非法人组织的担保人资格问题
未作规定。在解释上，法律没有明确限制非法人组织担保人资格的，应当肯
认其担保人资格。依据《民法典》第102条的规定，非法人组织是不具有法

1　参见山西省临汾市中级人民法院（2014）临民终字第1099号民事判决书；山西省高级人民法院
（2015）晋民申字第500号民事裁定书。

2　参见最高人民法院民事审判第二庭：《最高人民法院民法典担保制度司法解释理解与适用》，人民
法院出版社，2021，第120页；贵州省高级人民法院（2019）黔民终779号民事判决书。

人资格，但是能够依法以自己的名义从事民事活动的组织，非法人组织主要包括个人独资企业、合伙企业、不具有法人资格的专业服务机构等。在担保责任的承担上，可以参照《民法典》第 104 条非法人组织债务承担的规定确定责任主体。

1. 个人独资企业

个人独资企业是指依照《个人独资企业法》在中国境内设立，由一个自然人投资，财产为投资人个人所有，投资人以其个人财产对企业债务承担无限责任的经营实体。实践中，多数裁判在个人独资企业、不具有法人资格的专业服务机构作担保人时，将其视为自然人。[1] 如此见解具有合理性。就个人独资企业而言，与"一人公司"不同，个人独资企业的特征在于其财产为投资人个人所有，投资人对企业债务承担无限责任（《个人独资企业法》第 2 条）。个人独资企业的独立财产并不存在，其与投资人个人财产无实质区别，故在个人独资企业对外提供担保时，应视为以投资人个人所有财产对外提供担保。

2. 合伙企业

合伙企业是指自然人、法人和其他组织依照《合伙企业法》在中国境内设立的普通合伙企业和有限合伙企业。普通合伙企业由普通合伙人组成，除法律另有规定外，合伙人对合伙企业债务承担无限连带责任，有限合伙企业则由普通合伙人和有限合伙人共同组成，其中普通合伙人对合伙企业债务承担无限连带责任，有限合伙人则仅以其认缴的出资额为限对合伙企业债务承担责任。依据《民法典》第 970 条、《合伙企业法》第 31 条的规定，合伙事务的执行原则上须经全体合伙人一致同意，除非合伙协议另有约定。盖因合伙企业具有较强人合性，单一合伙人需对合伙债务承担无限连带责任，在

1　参见吉林省长白山市中级人民法院（2015）白山民二初字第 19 号民事判决书；湖南省浏阳市人民法院（2016）湘 0181 民初 5651 号民事判决书；湖南省长沙市中级人民法院（2016）湘 01 民终 3618 号民事判决书。

利益衡量上应适当向合伙人倾斜。在解释上，与公司对外担保相似，合伙事务执行的程序要求应为法定限制，可为相对人知晓，提供担保的行为自属其列。实践中的裁判观点亦多从此见解。[1]

3. 不具有法人资格的专业服务机构

不具有法人资格的专业服务机构主要是指律师事务所、会计师事务所等，这类事业服务机构一般多采用合伙制，不具有法人资格，所从事的活动为提供律师、会计师等专业服务。以律师事务所为例，依据《律师事务所管理办法》第7条和《律师法》第15条以下之规定，不论是合伙制律师事务所还是个人律师律师事务所，其成员仍要以自己的财产承担律师事务所的债务与责任，如此即与合伙企业、个人独资企业一致。视其是合伙制律师事务所还是个人律师律师事务所，直接适用相关规则即可。

（二）法人分支机构的担保人资格问题

法人分支机构是指由法人依法设立，在法人主要活动地点以外的一定领域内，实现法人的全部或部分职能的机构。分支机构以自己的名义所从事的民事活动对法人直接产生权利义务，并构成整个法人权利义务的一部分。[2]《民法典》第102条对非法人组织的列举中没有法人的分支机构。由此可见，《民法典》并未将法人分支机构明确为非法人组织。依据《民法典》第74条第2款的规定，法人的分支机构可以自己的名义从事民事活动，其后果则由法人承担。由此可见，作为有权代表法人从事民事活动的机关，法人分支机构的民事活动，实际上就是法人的民事活动。在法人不具备担保人资格的情形之下，法人分支机构自无担保人资格。在法人具备担保人资格的情形之下，法人分支机构签订担保合同必须获得法人的授权。在这一授权通常由法人的法定代表人实施的通常情形之下，法律上对于法定代表人权限的限制也

1　参见湖北省荆门市中级人民法院（2016）鄂08民初26号民事判决书、上海市黄浦区人民法院（2015）黄浦民四（民）初字第2074号民事判决书等。

2　参见黄薇主编：《中华人民共和国民法典总则编解读》，中国法制出版社，2020，第223页。

就影响着法人分支机构所提供担保的效果归属和效力判断。[1]《民法典担保制度解释》第 11 条对于公司分支机构提供担保的问题明确了以下几点。[2]

第一，公司分支机构为他人债务提供担保应经公司内部决策机构的决议。公司分支机构的权限，不能大于公司的权限，在公司权限受到限制的情形之下，公司分支机构的权限至少应当受到同等限制。公司分支机构对外代表公司提供担保不仅要获得公司的个别授权，而且该授权本身也须经董事会或者股东（大）会决议。[3]《民法典担保制度解释》第 11 条第 1 款据此规定："公司的分支机构未经公司股东（大）会或者董事会决议以自己的名义对外提供担保，相对人请求公司或者其分支机构承担担保责任的，人民法院不予支持，但是相对人不知道且不应当知道分支机构对外提供担保未经公司决议程序的除外。"

第二，金融机构本身具有提供担保的权利能力和行为能力，在其为他人债务提供担保之时，也就无须按照《公司法》第 16 条的规定提供相关决议。金融机构的分支机构提供担保也就有其特殊性。《民法典担保制度解释》第 11 条第 2 款规定："金融机构的分支机构在其营业执照记载的经营范围内开立保函，或者经有权从事担保业务的上级机构授权开立保函，金融机构或者其分支机构以违反公司法关于公司对外担保决议程序的规定为由主张不承担担保责任的，人民法院不予支持。金融机构的分支机构未经金融机构授权提供保函之外的担保，金融机构或者其分支机构主张不承担担保责任的，人民法院应予支持，但是相对人不知道且不应当知道分支机构对外提供担保未经金融机构授权的除外。"由此可见，其一，金融机构的分支机构在其营业执

1　参见最高人民法院民事审判第二庭：《最高人民法院民法典担保制度司法解释理解与适用》，人民法院出版社，2021，第 169 页。

2　参见高圣平：《担保法前沿问题与判解研究——最高人民法院新担保制度解释条文释评》（第五卷），人民法院出版社，2021，第 113–118 页。

3　参见最高人民法院民事审判第二庭：《最高人民法院民法典担保制度司法解释理解与适用》，人民法院出版社，2021，第 171 页。

照记载的经营范围内开立保函的,就表明金融机构已经就该分支机构对外提供担保作出书面授权,只不过属于概括授权而已。其二,金融机构分支机构的营业执照记载的经营范围中,不包括开立保函的,经有权从事担保业务的上级机构授权可以开立保函,此时也无须金融机构依据《公司法》第16条的规定提供相关决议。其三,金融机构分支机构提供保函之外的担保应经金融机构授权。此时的授权无须金融机构通过董事会或者股东(大)会以公司决议的形式为之,而仅须由法定代表人代表金融机构为之。在解释上,既已超出其正常的业务范围,金融机构对其分支机构的授权就应当是个别授权。

第三,担保公司本身具有提供担保的权利能力和行为能力,在其为他人债务提供担保之时,也就无须按照《公司法》第16条的规定提供相关决议。担保公司的分支机构提供担保也就有其特殊性。《民法典担保制度解释》第11条第3款规定:"担保公司的分支机构未经担保公司授权对外提供担保,担保公司或者其分支机构主张不承担担保责任的,人民法院应予支持,但是相对人不知道且不应当知道分支机构对外提供担保未经担保公司授权的除外。"由此可见,虽然担保公司分支机构的营业执照记载了担保业务,但亦不能视为担保公司已就其分支机构对外提供担保进行了概括授权。考虑到担保公司本身对外提供担保无须公司决议,且其从事的大多是非标准化的担保行为,担保公司分支机构代表担保公司对外提供担保亦无须公司决议,但须取得担保公司的授权。[1]

《民法典担保制度解释》第11条第2款、第3款相对于第1款,属于特别规定,自应优先于第1款而适用。依据《民法典担保制度解释》第11条第4款的规定,"公司的分支机构对外提供担保,相对人非善意,请求公司承担赔偿责任的,参照本解释第十七条的有关规定处理"。这里,"相对人非

---

[1] 参见最高人民法院民事审判第二庭:《最高人民法院民法典担保制度司法解释理解与适用》,人民法院出版社,2021,第167、172页。

善意"是指排除前三款中的但书所述情形。在解释上，相对人非为善意时，担保合同对公司不发生效力，但在效果上参照担保合同无效规则进行处理，适用《民法典担保制度解释》第17条第1款。一般情形之下，对于担保合同对公司不发生效力，债权人与担保人均有过错，因此，公司承担的赔偿责任不应超过债务人不能清偿部分的1/2。

七、小结

民事主体是否具有担保人资格对于担保活动的开展至关重要。在法律未明确限制民事主体担保人资格的情形下，应一般性认可其具有担保人资格。具有完全民事行为能力的自然人可以充当担保人，但非完全民事行为能力人的法定代理人为被监护人利益而为担保时，非完全民事行为能力人可以例外作为担保人。法人、非法人组织等组织体是否具有担保人资格，不可一概而论。营利法人具有担保人资格，自属当然，但其对外担保需遵循内部决议程序；相对人对越权担保情形下的公司内部决议负有审查义务，相对人非为善意的，法定代表人与相对人签订的担保合同不归属于公司。一般而言，公益性质的组织体不具有担保人资格，但《民法典担保制度解释》采取了实质标准认定组织体是否具有公益性质，承认组织体可以非公益性质的财产对外进行担保。

第二节　担保合同从属性规则的适用与限度

一、问题的提出

就担保合同和主合同之间的关系，立法例上向有从属性和独立性两种安排，前者置重于担保的保全债权实现的功能，后者则顾及担保权利的流通和投资功能。[1]从《民法典》第386条、第681条有关担保物权和保证合同的定

---

[1]　参见刘得宽：《民法诸问题与新展望》，中国政法大学出版社，2002，第399-400页。

义性法条来看,《民法典》上所称"担保"以保障主债权的实现为目的,忽略了担保的独立性和流通功能。这一政策选择是基于我国目前特定社会经济背景:经济"下行"的形势使保全债权实现的功能被置于优先考虑的位置;金融风险的防控在一定程度上需要限制担保的独立性。由此,担保对于主债权而言,也就具有了从属性。

在《担保法》第5条第1款以及《物权法》第172条第1款的基础上,《民法典》第388条第1款和第682条第1款分别规定:"担保合同是主债权债务合同的从合同""保证合同是主债权债务合同的从合同",将担保合同的从属性定为明文。在解释上,"担保合同从属于主债权债务合同""保证债权或担保物权从属于主债权"[1]等两者之间,应属同义,但后者更为严谨。[2]保证债权因保证合同而生,《民法典》上规定"保证合同是主债权债务合同的从合同",就表明保证债权从属于主债权。尽管《民法典》规定了物权变动的原因和结果相区分的原则,但担保物权的设立仍然以担保合同的依法成立为前提,在我国法上不承认债权行为和物权行为的区分以及物权行为的独立性和无因性的前提之下[3],担保合同被认定无效或被撤销,因其而设立的担保物权亦属无效,即使担保物权已行登记且未注销登记,亦无不然。由此可见,《民法典》上规定"担保合同是主债权债务合同的从合同",也就表明因物上担保合同所产生的担保物权从属于主债权。[4]

这一担保目的上的从属性,又进一步被解释为发生的从属性、范围及强

---

1 从债务的视角,亦可称为"保证债务或担保物权从属于主债务"。

2 参见李运杨:《担保从属性:本质、功能及发展》,《澳门法学》2020年第2期。

3 参见王利明:《物权法研究》(上卷)(第四版),中国人民大学出版社,2018,第242-245页;梁慧星、陈华彬:《物权法》(第七版),法律出版社,2020,第88页;崔建远:《物权:规范与学说——以中国物权法的解释论为中心》(上册)(第二版),清华大学出版社,2021,第105-198页。

4 就法定担保物权(留置权)而言,其发生原因是法律的直接规定,当事人之间并无担保合同。虽《民法典》第388条第1款仅规定"担保合同是主债权债务合同的从合同",但不宜据此否认留置权的从属性。在解释上仍然可以认为,留置权从属于主债权。

度的从属性、效力的从属性、处分的从属性及消灭的从属性。[1]《民法典》上的相关规则也依此而展开。就《担保法》《物权法》所规定的从属性规则的解释论，司法实践中的把握并不一致，《民商事审判会议纪要》和《民法典担保制度解释》在一定程度上统一了相关司法态度，但其中的规则不无检讨的必要。《民法典》修改了《担保法》《物权法》的相关规则，如何在从属性之下寻求相关规则的妥适解释结论，即成为《民法典》担保制度贯彻实施中的一大任务。

二、主债权的特定化与担保发生上的从属性

（一）被担保债权的特定化

担保以保障主债权的实现为目的，因此，担保应以主债权的先行或同时存在为发生要件，如主债权实际上并不存在或尚未发生，即使已经满足了担保权利据以成立的其他要件，担保权利在法律上也无从单独发生，此时承认担保权利的存续并无实际功用。此即所谓担保发生上的从属性。[2] 担保权利所欲确保实现的债权尚须特定，在担保权利可得行使之时，必须以被担保的特定债权未受清偿为前提。此即所谓担保债权（主债权）的特定原则。[3]

《民法典》第 387 条第 1 款、第 681 条中"为保障实现其债权""为保障债权的实现"的表述，即体现了担保在发生上的从属性。[4] 为与同属债权性质的保证债权相区分，这里的"债权"又被称为"主债权"。值得注意的是，《民法典》担保规则体系中所使用的"主债权"具有两种不同含义：一种是

1　参见史尚宽：《债法各论》，中国政法大学出版社，2000，第 878 页；郭明瑞：《担保法》，法律出版社，2010，第 27-28 页；刘保玉、吕文江主编：《债权担保制度研究》，中国民主法制出版社，2000，第 84-85 页；刘春堂：《民法债编各论》（下）（修订版），作者自版，2012，第 345-346 页。还有的学者提出"抗辩的从属性"，参见李运杨：《第三担保人的抗辩权体系》，《政治与法律》2021 年第 8 期。

2　参见林诚二：《论债务担保制度的从属性》，见陈荣隆教授六秩华诞祝寿论文集编辑委员会：《物权法之新思与新为——陈荣隆教授六秩华诞祝寿论文集》，瑞兴图书股份有限公司 2016，第 51 页。

3　参见谢在全：《担保物权制度的成长与蜕变》，《法学家》2019 年第 1 期；王利明：《合同法研究》（第四卷）（第二版），中国人民大学出版社，2018，第 259 页。

4　参见刘保玉：《第三人担保的共通规则梳理与立法规定的完善》，《江西社会科学》2018 年第 10 期。

在从属性之下使用，系指与保证债权或担保物权相对而称的被担保的债权，例如，《民法典》第388条、第682条中所称"主债权"，在内容上包括了主债权（指原本债权）及其利息、违约金、损害赔偿金、保管担保财产和实现担保物权的费用；一种是在债权债务关系内部使用，系指与利息、违约金、损害赔偿金等从债权相对而称的原本债权，例如，《民法典》第389条、第684条中所称"主债权"。在这个意义上，借款合同法律关系中的贷款人请求借款人返还借款本金的债权即为"主债权"，因该"主债权"而派生的利息、违约金、损害赔偿金等其他请求权为从债权。[1]

　　适用担保的主债权范围，是指哪些主债权的实现可以通过设立担保的方式予以保障。[2]《担保法》第2条第1款将可以担保的债权范围限定为"借贷、买卖、货物运输、加工承揽等经济活动"所生的债权。这里"借贷、买卖、货物运输、加工承揽"是典型的合同行为，亦即，被担保的主债权必定是合同债权。该款中同时使用了"等"字，若严格地按照例示规定解释，被担保的必须是合同之债，而身份关系之债、不当得利之债、无因管理之债则不得设立担保。[3]但这一理解有欠周全。为了避免理解上的歧义，《担保法解释》第1条对此作了专门规定："当事人对由民事关系产生的债权，在不违反法律、法规强制性规定的情况下，以担保法规定的方式设定担保的，可以认定为有效。"这一规定使担保债权范围更加明确。《民法典》第387条第1款规定："债权人在借贷、买卖等民事活动中，为保障实现其债权，需要担保的，可以依照本法和其他法律的规定设立担保物权。"这一规则自可类推适用于保证。在体系解释上，该款"借贷、买卖等民事活动"的范围，尚须结合后

　　1　参见尹田：《物权法》（第三版），北京大学出版社，2022，第496页。为避免混淆，本处以下以"原本债权"指称第二种意义上的"主债权"。

　　2　参见王利明：《物权法研究》（下卷）（第四版），中国人民大学出版社，2018，第327页。

　　3　参见李国光等：《最高人民法院〈关于适用中华人民共和国担保法若干问题的解释〉理解与适用》，吉林人民出版社，2000，第48页；孔祥俊：《担保法及其司法解释理解与适用》，法律出版社，2001，第8页。

段"为保障实现其债权"进行理解。这里，妥适的解释结论是，担保适用于民事活动中所发生的所有债权，借贷、买卖仅为其中的典型。[1] 所有的担保手段均旨在担保债务的履行，亦即只要是其履行需要担保的主债务均可以设定担保，至于该债务的发生原因如何，则非所问。因此，不仅因合同而产生的债权可以作为担保债权，而且因侵权行为、无因管理、不当得利或者其他法律规定而发生的债权，均可以作为担保债权。不过，对于因侵权行为、无因管理、不当得利产生的债权不能先行设定担保方式来加以保障，仅在因上述行为已经产生债权后，才可以担保方式来保障实现。[2]

早期，主债权均系现有债权，例如，基于主债权债务合同（买卖合同），出卖人已经给付适格的标的物，但买受人尚未履行给付价款的义务。不管买受人给付价款义务的履行期是否届满，出卖人的相对债权均为现有债权。此际，担保发生上的从属性也就体现为担保设立之时必有特定主债权的存在。一般情况下，先有主合同的存在，而后有担保合同，具体表现上可以是二者同时订立，或主合同订立在先，担保合同嗣后订立。随着经济发展，商业经营模式不断更新，债权发生形式已不再局限于现有债权。客观上已有发生基础且于将来有发生可能性的债权，例如，当事人之间已经签订买卖合同，在出卖人没有给付标的物的情形之下，出卖人请求买受人给付价款的债权即属将来可能发生的债权，此类将来特定债权是否可以作为担保的对象？再如，信贷实践中，贷款人基于风险控制的需要，往往先设立有效的担保，再签订借款合同并发放贷款；当事人之间签订反担保合同以担保保证人追偿权的实现，但在保证人尚未履行保证债务之时，其对主债务人的追偿权无由发生，就此将来债权是否可以设立担保？此外，在当事人之间存在持续交易的情形之下，连续发生不特定的多数债权，就此类主债权，也有了一次性设立担保

1　参见王利明:《物权法研究》(上卷)(第四版)，中国人民大学出版社，2018，第328-329页。

2　参见邱聪智:《新订债法各论》(下)，姚志明校订，中国人民大学出版社，2006，第346页；曹士兵:《中国担保制度与担保方法》(第五版)，中国法制出版社，2022，第24页。

的制度需求，以达到迅速、安全及低成本、高效率的目标。学说上认为，只要将来债权已可得特定[1]，或发生确定债权的原因事实在担保权设立之时即已存在且数额预定[2]，即不违背担保从属性和担保债权特定原则。

（二）担保将来债权时的从属性

担保发生上的从属性和担保债权（主债权）的特定原则不宜作严格解释。[3] 保证合同生效，债权人与保证人之间的保证债权债务关系即已发生，但此时，保证人并无须履行保证债务，只有在"债务人不履行到期债务或者发生当事人约定的情形"时，保证人才履行保证债务（《民法典》第 681 条）。动产抵押合同生效，动产抵押权设立；其他物上担保合同生效，担保物权在满足公示要件之时设立，但此时担保人无须承担担保责任，只有在"债务人不履行到期债务或者发生当事人约定的实现担保物权的情形"时，担保人才承担物上担保责任（《民法典》第 386 条）。由此可见，主债权并不以担保设立时即已现实存在为必要，仅需在担保权利可得行使之时满足特定化要求即可。如此，为将来可能发生的债权设立担保，非法所不许，但该将来债权嗣后若未发生，则担保权利不生效力。[4] 这也是《民法典》最高额担保制度据以展开的理论前提。如此，担保发生上的从属性，不能仅从其与主债权成立的时序上来观察，而主要应置重于其与主债权的主从关系上。留置权因为保护特定债权而生，因此，只能对现有债权成立担保物权，其发生上的从属性至为明显。至于为融资媒介的抵押权、质权、保证债权等，其发生

1　参见谢在全：《担保物权制度的成长与蜕变》，《法学家》2019 年第 1 期。

2　参见朱伯松：《论不同抵押权之效力》，《月旦法学杂志》2005 年第 9 期；林诚二：《论债务担保制度的从属性》，见陈荣隆教授六秩华诞祝寿论文集编辑委员会：《物权法之新思与新为——陈荣隆教授六秩华诞祝寿论文集》，瑞兴图书股份有限公司 2016，第 54-55 页。

3　参见邹海林、常敏：《债权担保的理论与实务》，社会科学文献出版社，2005，第 121 页；崔建远：《物权：规范与学说——以中国物权法的解释论为中心》（下册）（第二版），清华大学出版社，2021，第 380 页。

4　参见刘春堂：《判解民法物权》（修订七版），三民书局股份有限公司，2010，第 438 页；郑冠宇：《民法物权》（第四版），新学林出版股份有限公司，2014，第 459 页。

上的从属性较为缓和，可就将来的债权或附条件的债权而设定。[1]

《民法典》第 420 条、第 439 条第 2 款、第 690 条关于最高额抵押权、最高额质权、最高额保证的规定，已表明我国法允许为将来债权设立担保。由此可见，被担保的主债权无须于担保设立时即已现实存在，但这并不表明可就债权人与主债务人之间所有可能发生的债权设立担保。为了防止过度担保问题，《民法典》规定，最高额担保是为一定范围内的不确定债权所提供的担保，"一定范围内的债权"受到"最高债权额限度""一定期间""连续发生"等三方面的限制。

其一，"最高债权额限度"是债权人可得行使担保权利的最高债权金额，也是担保人承担担保责任的最高风险值。基础关系最高债权额的存在，是最高额担保与一般担保的显著区别。应当注意的是，"连续发生的债权"的数额在担保设立时应不确定。如为将来特定债权提供担保，债权之发生虽属将来，但其数额已经确定，即构成为将来特定债权所设立的一般担保，而非最高额担保。当双方当事人之间约定的最高限额不足以清偿全部债权时，若在担保合同中约定的是"最高债权限度"，而未明确范围是债权总额最高额标准还是本金最高额标准时，则会对担保人承担的责任产生较大影响：依照债权总额最高限额标准，超出限额的债权不属于担保责任的范围；依照本金最高限额的标准，债权本金余额小于最高限额，所对应的从债权也属于担保责任的范围。根据优先保护担保人的原则，"除当事人另有约定，原则上应当按照债权总额最高限额的标准认定最高额担保中的最高债权额"[2]。

其二，"一定期间"即为被担保债权的确定期间，又称最高额担保的发生期间、存续期间或决算期间，超过该期间而发生的主债权不属于担保范围。至于确定期间起算之前已经存在的债权，经当事人同意，也可以转入最

---

[1]　参见谢在全：《民法物权论》（修订五版），中国政法大学出版社，2011，第 608 页。

[2]　最高人民法院民事审判第二庭：《最高人民法院民法典担保制度司法解释理解与适用》，人民法院出版社，2021，第 198 页。

高额担保的债权范围。最高额担保的本质特征不在于其所担保的主债权为将来的债权，而在于所担保的债权为不特定债权，且有最高债权额限度。[1]即使将现有债权纳入最高额担保范围之内，该现有债权也仅仅是作为最高额担保范围内所有债权的一部分而存在，并不失其最高额担保债权的不特定性。最高额担保不以主债权的存在和特定为前提，仅在确定事由发生之时才可确定最高额担保的主债权实际数额。此外，纳入最高额担保范围的现有债权在最高额担保设立之后，也可因主债务人清偿等原因而消灭，而最高额担保不受其影响，并不随之消灭，此也与最高额担保的法理相符。[2]

其三，"连续发生"是指决算期内所发生的债权次数不确定，且接连发生。[3]"连续发生的债权"仅强调其将来接连发生，并不以同一基础交易关系所发生者为限，也不以同种类的系列债权为限。因被担保的主债权已有最高数额限制，担保人之其他债权人可据此评价担保人的财产负担或信用能力，担保财产的剩余价值亦可呈现，不宜再限制债权的发生原因。[4]

综上，担保发生上的从属性，并不仅限于在担保设立之时主债权已经存在；在担保权利可得行使时主债权具有特定性，并不违反担保从属性原则。亦即，在担保权利设立或行使之际，必须有被担保的主债权存在。[5]以将来债权作为担保债权范围的，其担保数额并不以已现实具体确定者为必要，但必须可得确定，如其数额或范围完全不能预先确定，在解释上应认为担保合同因无意识的不合意而不成立。[6]值得注意的是，《民法典担保制度解释》第16条明确指出，借新还旧之时，旧贷因清偿而消灭，为旧贷设立的担保物权

1　参见黄薇主编：《中华人民共和国民法典物权编解读》，中国法制出版社，2020，第549页。

2　参见高圣平：《担保法论》，法律出版社，2009，第421页。

3　参见黄薇主编：《中华人民共和国民法典物权编解读》，中国法制出版社，2020，第548页。

4　参见谢在全：《担保物权制度的成长与蜕变》，《法学家》2019年第1期。

5　参见谢在全：《民法物权论》（修订五版），中国政法大学出版社，2011，第621页；刘保玉、吕文江主编：《债权担保制度研究》，中国民主法制出版社，2000，第247页。

6　参见邱聪智：《新订债法各论》（下），姚志明校订，中国人民大学出版社，2006，第348页。

也随之消灭，但当事人约定继续为新贷提供担保的除外。此为发生上从属性的例外。

（三）受托持有不违反从属性

《民法典担保制度解释》第 4 条即顺应时代的发展，对一般担保情形中的部分交易模式中担保人为将来债权的担保进行肯定。其中规定的担保物权受托持有即为典型。原则上债权人与担保物权人在身份上具有"同一性"和"统一性"，但基于当事人之间的特别约定，债权人与担保物权人可能会在身份上存在着形式上的分离，对于此种情况下担保物权是否生效，谁享有担保物权存有争议。[1]《民法典担保制度解释》第 4 条对于担保物权受托持有作出规定，明确债权人或受托人均可主张担保物权，并在兜底条款中将此规则限制在担保人知道债权人与他人之间存在委托关系的其他情形中。作为委托人的债权人虽并非登记的担保物权人，但也能主张行使担保物权，是因为其与受托持有人之间的委托合同的本质实际是如何确定权利归属的问题，而非物权变动的问题，因而并不适用物权变动规则。

担保物权受托持有的典型场景包括委托贷款、P2P 网络借款以及债券发行。《债券座谈会纪要》第 18 条规定，为债券设定的担保物权可登记在受托管理人名下，并且受托管理人具有主张行使担保物权的权利；依照《债券座谈会纪要》第 6 条的规定，债券持有人单独行权须以债券持有人会议的相关决议为前提，此项特殊规则构成《民法典担保制度解释》第 4 条第 1 项中"债权人"主张担保物权的前提[2]；同时，《债券座谈会纪要》18 条规定"受托管理人仅代表部分债券持有人提起诉讼的"裁判中应当按照"债券持有人份额占当期发行债券的比例明确其相应的份额"，以此判断其享有担保物权的

1　参见曹明哲：《〈民法典担保制度司法解释〉对担保从属性的贯彻与适用》，《法律适用》2021 年第 9 期，第 84 页。

2　参见曹明哲：《〈民法典担保制度司法解释〉对担保从属性的贯彻与适用》，《法律适用》2021 年第 9 期，第 85 页。

变价款。[1]

（四）反担保的从属性

反担保同样具有从属性，只不过其依附的主债权变成了担保人的追偿权。《民法典担保制度解释》第 19 条就担保合同无效后反担保人所需承担的责任加以规定，同时规定"当事人仅以担保合同无效为由主张反担保合同无效，人民法院不予支持"，此即明确了反担保合同并非从属于担保合同。在反担保为第三人提供的保证或者担保物权时，担保人和债务人之间的委托关系或者无因管理等关系为主债权债务关系，提供反担保的第三人和担保人之间的关系为担保合同关系。[2] 如认为担保合同是主合同，担保合同的债权即为主债权，反担保即是为主债权承担担保责任，主债权人即可直接请求反担保人承担担保责任，此逻辑并不合理。[3]

《民法典担保制度解释》第 3 条规定的担保责任范围从属性也适用于反担保责任范围，若担保人承担的责任超过了主合同债务人的责任范围，就超出部分不得向反担保人追偿。[4] 最高人民法院在"乌兰察布市白乃庙铜业有限责任公司、甘肃建新实业集团优先公司保证合同纠纷案"的判决书中指出，反担保责任范围不能大于担保责任的范围。[5] 不过，此时，基于前述反担保从属性的认知，反担保人的担保责任范围所从属的是，主债务人在委托或无因管理关系中对担保人所应承担的责任。

1　参见福建省南安市人民法院（2021）闽 0583 民特 30 号民事判决书；上海金融法院（2019）沪 74 民初 874 号民事判决书。

2　参见最高人民法院民事审判第二庭：《最高人民法院民法典担保制度司法解释理解与适用》，人民法院出版社，2021，第 218-219 页。

3　参见高圣平、谢鸿飞、程啸：《最高人民法院民法典担保制度司法解释理解与适用》，中国法制出版社，2021，第 128 页。

4　参见高圣平、谢鸿飞、程啸：《最高人民法院民法典担保制度司法解释理解与适用》，中国法制出版社，2021，第 130 页。

5　参见最高人民法院（2020）最高法民终 156 号民事判决书。

三、担保范围和强度上的从属性与担保合同违约金条款的效力

（一）约定担保范围和法定担保范围之间的关系

担保合同是主合同的从合同，由此而决定，担保人承担担保责任的范围和强度不得大于或重于主债务。[1] 担保范围和强度，是指在主债务人不履行债务或者发生当事人约定的实现担保权的其他情形之时，担保人向债权人承担担保责任的限度。[2] 担保制度并非使权利人全面地支配标的物的交换价值或掌控担保人之资力，而仅在其所担保的主债权范围内借由标的物的交换价值或担保人之资力获偿。[3] 就担保范围和强度上的从属性，在解释论上应予明确的有以下几点。

第一，债权人和担保人是否可以在担保合同中约定小于主债权的担保范围？就此，《民法典》第 389 条规定："担保物权的担保范围包括主债权及其利息、违约金、损害赔偿金、保管担保财产和实现担保物权的费用。当事人另有约定的，按照其约定。"第 691 条规定："保证的范围包括主债权及其利息、违约金、损害赔偿金和实现债权的费用。当事人另有约定的，按照其约定。"这就意味着，《民法典》上就担保范围的规定属于任意性规定，采取了约定担保范围和法定担保范围的区分，且以约定担保范围优先。当事人可就担保范围作出约定，明确排除或者确认相关债权是否属于担保责任的范围；如当事人就此未作约定，则适用法定的担保范围。

以保证为例。保证债务系别异于主债务的另一种债务，具有相对独立性，其内容未必与主债务完全相同，但仍不得超过主债务。因此，保证人和债权人约定的保证债务可以小于或者弱于主债务。例如，债权人与保证人

1　参见王利明：《合同法研究》（第四卷）（第二版），中国人民大学出版社，2018，第 244 页；邱聪智：《新订债法各论》（下），姚志明校订，中国人民大学出版社，2006，第 363 页；刘春堂：《民法债编各论》（下）（修订版），作者自版，2012，第 346 页。

2　参见高圣平：《担保法论》，法律出版社，2009，第 164 页。

3　参见林诚二：《论债务担保制度的从属性》，见陈荣隆教授六秩华诞祝寿论文集编辑委员会：《物权法之新思与新为——陈荣隆教授六秩华诞祝寿论文集》，瑞兴图书股份有限公司，2016，第 51 页。

有以下减轻约定的，其约定应属有效，并依该约定减轻保证人的保证责任：（1）约定仅保证原本债务而不保证利息等从债务；（2）约定仅保证原本债务的一部而不保证其全部；（3）约定仅保证债务不履行的损害赔偿而不担保主债务的履行本身；（4）约定仅就债务人的故意或者重大过失所致不履行提供保证，而不及于主债务不履行的全面。[1]

第二，债权人和担保人是否可以在担保合同中约定大于主债权的担保范围？就此，《民法典》未设明文规定。多数学者认为，担保的范围和强度从属于主债务，债权人与担保人虽可约定担保的范围，但其约定的担保范围与强度不得大于或强于主债务，否则应减缩至主债务的限度内。[2]但亦有观点认为，在约定担保范围超过法定担保范围时，应按法定担保范围强制执行。对于约定担保范围超过法定担保范围的部分，不影响担保合同的效力，超出部分依然成立，但不具有强制执行力，如担保人自愿加以履行，则视为赠与；担保人在自愿履行后反悔的，也不予支持。[3]

以保证为例。在体系解释上，《民法典》第691条关于保证范围的但书规定"保证合同另有约定的，按照约定"，应结合《民法典》第682条第1款"保证合同是主债权债务合同的从合同"的从属性规定进行限缩解释：债权人与保证人之间就担保范围的意思形成自由应受限制，亦即，当事人在保证合同中就保证范围的例外约定，应仅限于保证责任的范围或数额小于主债务，或保证责任之强度低于主债务的情形。例如，保证债务的利率不得高于主债务的利率；主债务不必支付利息的，不得约定保证债务支付利息；主债务附有条件的，不得约定保证债务为无条件；保证债务的履行期不得先于主债务的履行期；债务人仅就重大过失负责的，不得约定保证人就抽象过失或

---

1 参见邱聪智：《新订债法各论》（下），姚志明校订，中国人民大学出版社，2006，第363-364页。

2 参见王利明：《合同法研究》（第四卷）（第二版），中国人民大学出版社，2018，第244页；邹海林、常敏：《债权担保的理论与实务》，社会科学文献出版社，2005，第63页；全国人大常委会法制工作委员会民法室编：《中华人民共和国担保法释义》，法律出版社，1995，第29页。

3 参见孔祥俊主编：《担保法例解与适用》，人民法院出版社，1996，第157-158页。

具体过失负责；等等。[1]当事人约定的保证责任的范围大于主债务的，均应当认定大于主债务部分的约定无效，从而使保证责任缩减至主债务的范围。但《民法典担保制度解释》并未采纳这一观点。该解释第 3 条第 1 款规定："当事人……约定的担保责任范围超出债务人应当承担的责任范围，担保人主张仅在债务人应当承担的责任范围内承担责任的，人民法院应予支持。"由此可见，当事人约定的担保责任的范围大于主债务的，大于主债务部分的约定并不当然无效，而担保人主张仅在债务人应当承担的责任范围内承担责任的抗辩之时，法院才将担保责任缩减至主债务的范围。

担保人承担担保责任之后，自得向主债务人追偿，该追偿权以担保人代偿金额为限，但同时受到主债务的限制。担保人承担担保责任，属于代负履行责任或代为承担债务不履行的赔偿责任，因此，担保人的代偿金额自不得超过主债务。[2]债权人向担保人的请求数额超过主债务人应予承担的数额的，担保人自应主张本属于主债务人的抗辩权，以对抗债权人的请求。担保人怠于主张该抗辩权，导致其所承担的责任超过主债务的，自不得就超过部分向主债务人追偿。《民法典担保制度解释》第 3 条第 2 款规定："担保人承担的责任超出债务人应当承担的责任范围，担保人向债权人追偿，债务人主张仅在其应当承担的责任范围内承担责任的，人民法院应予支持；担保人请求债权人返还超出部分的，人民法院依法予以支持。"这里，由此可见，如担保范围和强度超过主债务，担保人就超过部分承担了担保责任之后，也可以向主债务人追偿。如债务人主张仅在其应当承担的责任范围内承担责任的抗辩的，担保人就超过部分的追偿请求将不能实现，但此际担保人可以请求债权人返还超出部分；如债务人没有主张仅在其应当承担的责任范围内承担责任

1　参见程啸：《保证合同研究》，法律出版社，2006，第 223 页。

2　值得注意的是，就物上保证人的代偿金额而言，因《民法典》第 389 条所定担保范围中包括"保管担保财产和实现担保物权的费用"，必然超过主债务。此部分代偿金额为保全和实现担保物权所必需，虽超过主债务，但亦属追偿范围。

的抗辩的，担保人就超过部分的追偿请求将予实现。

第三，担保范围和强度大于或强于主债务的例外情形。在债务人破产时，债权人通过破产程序未能实现的债权，保证人仍然承担清偿责任（《企业破产法》第 124 条）；债权人对保证人享有的权利不受重整计划或和解协议的影响（《企业破产法》第 92 条第 3 款、第 101 条）。《企业破产法规定（三）》第 5 条规定："债权人向债务人、保证人均申报全部债权的，从一方破产程序中获得清偿后，其对另一方的债权额不作调整，但债权人的受偿额不得超出其债权总额。"此外，《民法典担保制度解释》第 23 条第 3 款规定："债权人在债务人破产程序中未获全部清偿，请求担保人继续承担担保责任的，人民法院应予支持；担保人承担担保责任后，向和解协议或者重整计划执行完毕后的债务人追偿的，人民法院不予支持。"这些都说明在债务人企业破产、重整、和解程序中，保证债务的范围或数额例外地可以大于主债务。

《企业破产法》第 46 条第 2 款规定了破产债权的停止计息，但裁判实践中对于此时在担保合同约定的利息继续计算是否突破了担保责任范围的从属性，产生了较大的分歧。一种观点认为，担保责任的范围中的利息亦应同时停止计算。[1]另一种观点认为，担保责任的范围中的利息不应同时停止计算，其并未违反担保责任范围从属性的要求。[2]

《民法典担保制度解释》第 22 条将破产程序中担保债权的利息计算规则加以明确，人民法院受理债务人破产案件后，债权人请求担保人承担担保责任，担保人主张担保债务自人民法院受理破产申请之日起停止计息的，人民法院对担保人的主张应予支持。理由主要在于：第一，将担保人应当承担的利息计算至受理破产申请之时，既保护了债权人的合理信赖和交易安全，也

1　参见最高人民法院（2020）最高法民申 1041 号民事裁定书。
2　参见最高人民法院（2020）最高法民申 1054 号民事裁定书。

保护了担保人的合理预期；第二，停止计息说更加符合《民法典》强化担保从属性的基本立场。[1]

（二）保证合同中约定单独违约金条款的效力

信贷和司法实践中，债权人与保证人签订的部分保证合同，就保证债务的履行单独约定了违约金条款，如在保证合同中约定，"保证人为主债务人的债务提供连带责任保证，保证人不承担保证责任或违反合同约定的其他义务的，保证人应按主合同项下主债务本金的15%（或特定的数额）向债权人另外支付违约金"。由此引发的问题是，上述保证合同中的违约金条款是否有效？是否有违保证合同从属性特征？

对于前述保证合同违约金条款的效力，司法实践中存在三种裁判观点。第一种观点认为此类条款有效。其主要理由在于保证责任的范围属于债权人与保证人意思自治的范畴，只要不违反法律的禁止性规定，则合法有效。[2]第二种观点认为此条款无效。其主要理由在于：保证合同对保证责任范围的约定，虽属意思自治范畴，但因保证合同是主合同的从合同，基于从属性原则，保证责任的范围及强度不能超过主债务；保证债务超过主债务的部分，使债权人获得了从主债务人处不能获得的利益，保证人就该部分承担责任后无法向主债务人追偿，对保证人产生不公平的结果。[3]第三种观点认为该条款有效，但是可以适用违约金酌减规则。[4]其主要理由在于：就保证合同的从属性并无对应的法律条文予以明确，否定单独违约金条款的效力缺乏明确的法律规定。该约定并未违反社会公共利益，属于当事人之间利益调整的范

---

[1]　参见最高人民法院民事审判第二庭：《最高人民法院民法典担保制度司法解释理解与适用》，人民法院出版社，2021，第242页。

[2]　参见北京市朝阳区人民法院（2016）京0105民初65061号民事判决书。

[3]　参见四川省成都市中级人民法院（2014）成民终字第5894号民事判决书。关于此案的详细分析详见胡建萍、王长军：《保证人承担保证责任的范围应以主债务为限》，《人民司法·案例》2015年第24期，第55-57页。持有类似观点的还有广东省中山市中级人民法院（2017）粤20民终1530号民事判决书；四川省成都市中级人民法院（2019）川01民终7681号民事判决书。

[4]　参见最高人民法院（2015）民提字第126号民事判决书。

畴，自应有效。主债务不履行的违约金和保证债务的违约金自可并行不悖，但两者针对的债务毕竟具有同一性，如两者相加明显过高，则可通过调整违约金来解决。[1]

本书作者认为，该条款对保证人不发生效力，理由如下。

第一，就保证责任而言，虽然《民法典》上规定了"履行债务或者承担责任"两种形式，但在解释上，如主债务属于金钱债务，保证人的保证责任仅为代主债务人履行债务。在此前提之下，只要保证人没有代为履行主债务，主债务不履行的违约金就一直在计算和累积之中，且属于保证范围。如承认保证合同中单独约定的违约金条款的效力，保证人就将承担主债务不履行和保证债务不履行的双重违约责任。

第二，基于保护保证人的法政策，保证人的责任不宜过重。《民法典》上就保证人权利保护体系的设计在一定程度上体现了这一政策考量。就保证债权的从属性，《民法典》已定有明文，已如前述。保证范围和强度上的从属性在这一法政策之下就应作严格解释。在保证人不及时应债权人的请求代为履行主债务的情形之下，主债权债务合同的违约责任条款已经起着惩戒保证人的作用。

第三，保证人代为履行债务之后，自得向主债务人追偿。如承认保证合同中单独的违约金条款的效力，且不能就此向主债务人追偿，明显加重了保证人的责任。实定法上否定保证人追偿权的情形并不多见，主要体现在保证人本可主张的主债务人的抗辩权却不主张。以主债务时效经过抗辩权为例，保证人怠于主张，就丧失对主债务人的追偿权，否则主债务人本来享有的时效利益旋即丧失殆尽。就超过主债务范围和强度的保证债务违约金，基于债的相对性，主债务人不负清偿责任，自可就保证人的追偿请求进行抗辩。

---

[1] 参见刘贵祥主编：《最高人民法院第一巡回法庭精选案例与裁判思路解析（一）》，法律出版社，2016，第47页。

上述就保证合同中约定单独违约金条款效力的分析，自可适用于物上担保合同。

《民法典担保制度解释》第 3 条没有采纳上述绝对无效的观点。第 1 款中规定："当事人对担保责任的承担约定专门的违约责任……担保人主张仅在债务人应当承担的责任范围内承担责任的，人民法院应予支持。"这里规定了担保人违约条款的法律效果，严格贯彻担保范围和强度上的从属性。如债权人依专门的违约责任约定向担保人主张权利之时，担保人可以主张仅在债务人应当承担的责任范围内承担责任的抗辩。如担保人已经主张前述抗辩，债权人依专门的违约责任约定向担保人主张权利的请求，将不获支持；如担保人没有主张前述抗辩，担保人将承担这一专门的违约责任。此际，担保人向债务人追偿时，债务人享有抗辩权；如债务人主张抗辩，担保人可以向债权人主张不当得利返还请求权。[1]

对《民法典担保制度解释》第 3 条应当进行目的性限缩，其仅适用于担保人承担全部责任而非按份责任时；因为在担保人承担按份责任时，此担保人的违约责任和约定的按份担保责任总和可能未超过债务人责任范围，而对于超出其按份承担的债务范围外的数额，担保人不能向债务人追偿，此时担保人可以援引主债务人抗辩，所以对承担按份责任的担保人约定的专门违约责任无效。[2]

人民法院是否可以依职权审查担保人违约责任条款？有观点认为，人民法院可以依职权审查，理由在于《民商事审判会议纪要》第 55 条并未废除，与《民法典担保制度解释》第 3 条并未产生冲突，并且《民法典担保制度解释》第 3 条第 2 款意味着债权人无权获得此部分的利益，隐含着此类条款

1　参见曹明哲：《〈民法典担保制度司法解释〉对担保从属性的贯彻与适用》，《法律适用》2021 年第 9 期。

2　参见最高人民法院民事审判第二庭：《最高人民法院民法典担保制度司法解释理解与适用》，人民法院出版社，2021，第 104 页。

无效的价值判断。[1] 但最高人民法院认为，担保责任在性质上属于替代责任，虽然《民法典担保制度解释》第 3 条回避了超出部分的效力，但从其表述来看，就超出部分尚须担保人提出抗辩，法院不得依职权认定超出部分无效。[2]

四、担保效力上的从属性和独立保函的体系定位

（一）主合同被认定无效或被撤销对担保合同的影响

主合同无效之时，担保合同也无由发生。因此，主合同无效，则担保合同绝对无效；担保合同无效，则不影响主合同的效力。但《担保法》第 5 条第 1 款规定："担保合同是主合同的从合同，主合同无效，担保合同无效。担保合同另有约定的，按照约定。"此所谓"另有约定，按照约定"，是指当事人可依其明示的意思表示排除从属性的适用，如无约定，仍得依从属性特征决定担保合同的效力。[3] 在解释上，在主合同无效，担保合同有效的情况下，担保人系就主合同无效所产生的民事责任负担保责任。[4] 但是《物权法》第 172 条第 1 款中规定："主债权债务合同无效，担保合同无效，但法律另有规定的除外。"这就排除了当事人另作约定的可能性。这里的"法律另有规定的除外"，是指《物权法》中最高额抵押权、质权中关于最高额抵（质）押合同的相对独立性的规定。[5]

《民法典》就此作了相应修改与统合，其第 388 条第 1 款和第 682 条第 1 款分别规定："主债权债务合同无效，担保合同无效，但是法律另有规定的除外"；"主债权债务合同无效，保证合同无效，但是法律另有规定的除外"，

1　参见曹明哲：《〈民法典担保制度司法解释〉对担保从属性的贯彻与适用》，《法律适用》2021 年第 9 期。

2　参见最高人民法院民事审判第二庭：《最高人民法院民法典担保制度司法解释理解与适用》，人民法院出版社，2021，第 102-103 页。

3　就《担保法》第 5 条第 1 款解释上的分歧，参见高圣平：《独立保证的典型化与类型化》，《武汉大学学报（哲学社会科学版）》2016 年第 1 期。

4　参见高圣平：《独立保证的典型化与类型化》，《武汉大学学报（哲学社会科学版）》2016 年第 1 期。

5　参见黄薇主编：《中华人民共和国民法典物权编解读》，中国法制出版社，2020，第 458 页。

明确排除了当事人之间就保证合同效力上从属性的例外约定，在一定程度上限缩了当事人的意思自治空间，置重于担保制度的保全功能。在解释上，这两款也类推适用于主债权债务合同被撤销的情形，即主债权债务合同被撤销，担保合同也归于无效。[1] 此处所谓"法律另有规定的除外"，系指《民法典》上关于最高额抵（质）押合同、最高额保证合同相对独立性的规定。[2] 在最高额担保法律关系中，最高额担保与连续发生的具体债权之间并无一一对应关系，其中某一主合同被认定无效，并不影响担保合同的效力。在最高额担保确定之时，可将该主合同被认定无效之后债务人所应承担的损害赔偿责任一并计入，由最高额担保所担保。但在解释上，如最高额担保所担保的综合授信协议被认定无效的，担保合同应随之无效，不适用这一例外规则。

在《民法典》之下，当事人有关排除担保合同效力上从属性的约定，应当认定无效。《民法典担保制度解释》第2条第1款对此加以明确："当事人在担保合同中约定担保合同的效力独立于主合同，或者约定担保人对主合同无效的法律后果承担担保责任，该有关担保独立性的约定无效。"这一规定严格契合《民法典》的规范主旨。这一政策选择与最高人民法院的司法态度相一致。"独立担保的实质是否定担保合同从属性，不再适用担保法律中为担保人提供的各种保护措施，诸如未经担保人同意而变更担保合同场合下担保人的免责，担保人因主债权债务合同无效、被撤销、诉讼时效或强制执行期限完成而产生的抗辩权，以及一般保证人独有的先诉抗辩权等，因此独立

1　参见王利明：《物权法研究》（下卷）（第四版），中国人民大学出版社，2018，第375页；崔建远：《物权：规范与学说——以中国物权法的解释论为中心》（下册）（第二版），清华大学出版社，2021，第304页。

2　值得注意的是，《民法典》上就担保合同效力上从属性的例外，并未作出明确规定。《民法典》第421条规定："最高额抵押担保的债权确定前，部分债权转让的，最高额抵押权不得转让，但是当事人另有约定的除外。"这一规则明显不同于一般抵押权（第407条规定："抵押权不得与债权分离而单独转让或者作为其他债权的担保。债权转让的，担保该债权的抵押权一并转让，但是法律另有规定或者当事人另有约定的除外。"）由此可以得出，最高额抵押权与连续发生的具体债权之间并无一一对应关系。最高额担保合同在效力上的例外，是经由第421条的解释而得出的。

担保是一种担保责任非常严厉的担保。"[1]"本院的审判实务已明确表明：考虑到独立担保责任的异常严厉性，以及使用该制度可能产生欺诈和滥用权利的弊端，尤其是为了避免严重影响或动摇我国担保法律制度体系的基础，独立担保只能在国际商事交易中使用，不能在国内市场交易中运用。"[2]

排除担保合同效力上从属性的约定不影响担保合同其他部分的效力。《民法典担保制度解释》第 2 条第 1 款同时规定："主合同有效的，有关担保独立性的约定无效不影响担保合同的效力"。依《民法典》第 156 条的规定，"民事法律行为部分无效，不影响其他部分效力的，其他部分仍然有效"。由此可见，担保合同中关于被担保债权的种类和数额、主债务人履行债务的期限、担保范围等的约定仍然有效。就担保合同与主债权债务合同之间的关系，在认定排除担保从属性的约定无效之后，应依《民法典》第 388 条第 1 款和第 682 条第 1 款所规定的效力上的从属性判定当事人之间的权利和义务。如此，即呈现出不同的责任分担机制。

第一，主债权债务合同有效且担保合同有效的情形之下，按照从属性担保处理当事人之间的纠纷。《民商事审判会议纪要》第 54 条指出："此时，如果主合同有效，则担保合同有效，担保人与主债务人承担连带保证责任。"这一司法态度值得商榷之处在于以下三个方面。其一，并非主合同有效，担保合同就一定都有效。否定排除担保从属性的约定的效力，仅仅表明担保合同不因其中排除从属性约定的无效而无效，并不排除担保合同因其他原因而无效的情形。例如，约定了排除从属性的担保合同，自可因违反公序良俗原则而无效。因此，该条中"如果主合同有效，则担保合同有效"有失偏颇。其二，"担保人与主债务人承担连带保证责任"的表述，指向在从属性保证

---

1 最高人民法院民事审判第二庭：《民商事审判指导》，2007 年第 1 辑（总第 11 辑），人民法院出版社，2007，第 57 页。

2 最高人民法院（2007）民二终字第 117 号民事判决书。相同处理的还可参见浙江省高级人民法院（2008）浙民二终字第 70 号民事判决书；最高人民法院（2018）最高法民申 6281 号民事裁定书；等等。

之下保证方式的推定。在担保合同中已就保证方式作出明确约定的情形之下，排除从属性约定的无效并不影响保证方式约定的效力，此时自无推定规则的适用。仅在担保合同中没有约定保证方式或约定不明确的情形之下，才推定"担保人与主债务人承担连带保证责任"。此处的"连带保证责任"，应为"连带责任保证责任"。我国实定法上将保证方式规定为"一般保证"和"连带责任保证"。"连带保证责任"与"按份保证责任"相并而称，是就共同保证中保证人之间关系的分类。《民法典》已就保证方式的推定规则作了不同于《担保法》的制度安排，其第 686 条第 2 款规定："当事人在保证合同中对保证方式没有约定或者约定不明确的，按照一般保证承担保证责任。"在《民法典》实施之后，此时应推定保证人承担的是"一般保证"。其三，该条尚未涉及物上担保合同中排除从属性约定被认定无效后的处理规则。此时，物上担保合同并不因排除从属性约定的无效而无效，如无其他令其无效的事由，物上担保合同自属有效。在解释上，此时担保物权如已设定，债权人自可依法行使其担保物权，担保人并无顺序利益。此与保证的情形存在重大差异。

《民法典担保制度解释》第 2 条第 1 款也并未规定在认定排除担保合同效力上从属性的约定无效的情形之下保证人承担保证责任的方式。司法实践中，在以下三种情形下可以认定保证人承担保证责任的方式是连带责任保证。其一，担保人有承担连带责任的意思表示。如当事人在担保合同中预先约定了对于主债务承担连带责任[1]；当事人通过其他方式对于连带责任的承担进行认同。[2] 其二，担保合同约定担保人无条件承担担保责任。如在"史钟琴与郎雪飞保证合同纠纷案"[3] 中，借条中载明："无论何种情形，担保人均愿意无条件承担担保责任直至全部赔偿责任。"其三，独立保函由非金融机

1　参见北京市高级人民法院（2018）京民终 89 号民事判决书。
2　参见吉林省长春市宽城区人民法院（2017）吉 0103 民初 227 号民事判决书。
3　浙江省海宁市人民法院（2016）浙 0481 民初 2032 号民事判决书。

构开立的情形下，债权人可以请求担保人承担连带责任。如在"深圳市国信融资担保有限公司与山西熙和集团有限公司、刘能超保证合同纠纷案"[1]中，被告出具的《反担保函》虽载明担保方式为"见索即付，连带责任保证担保"，但其并非金融机构，因此，《反担保函》的性质不能认定为独立保函，但被告应承担连带责任保证责任。[2]最高人民法院认为，独立保函被认定无效之时，首先应当将其解释为从属性保证，但其性质属于一般保证还是连带责任保证，尚须依据《民法典担保制度解释》第25条的规定进行解释；难以解释的，再依据《民法典》第686条的规定推定其为一般保证。[3]

第二，在主债权债务合同有效但担保合同无效的情形之下，适用《民法典》第388条第2款和第682条第2款，就债权人因担保合同被认定无效所受损失，在有过错的当事人之间进行分配。此处的"担保合同无效"，指的是约定了排除从属性的担保合同因自身原因被认定无效的情形。就此，《民法典》第388条第2款规定："担保合同被确认无效后，债务人、担保人、债权人有过错的，应当根据其过错各自承担相应的民事责任。"第682条第2款规定："保证合同被确认无效后，债务人、保证人、债权人有过错的，应当根据其过错各自承担相应的民事责任。"这里的"相应的民事责任"，在性质上属于与其过错相对应的缔约过失责任。就此，《担保法解释》第7条规定："主合同有效而担保合同无效，债权人无过错的，担保人与债务人对主合同债权人的经济损失，承担连带赔偿责任；债权人、担保人有过错的，担保人承担民事责任的部分，不应超过债务人不能清偿部分的二分之一。"《民法典担保制度解释》第17条第1款规定："……（一）债权人与担保人均有过错的，担保人承担的赔偿责任不应超过债务人不能清偿部分的二分之一；

1　广东省深圳市罗湖区人民法院（2019）粤0303民初16129号民事判决书。

2　参见高圣平：《民法典担保制度及其配套司法解释理解与适用》，中国法制出版社，2021，第44-45页。

3　参见最高人民法院民事审判第二庭：《最高人民法院民法典担保制度司法解释理解与适用》，人民法院出版社，2021，第98页。

（二）担保人有过错而债权人无过错的，担保人对债务人不能清偿的部分承担赔偿责任；（三）债权人有过错而担保人无过错的，担保人不承担赔偿责任。"与《担保法解释》第7条相比，《民法典担保制度解释》第17条第1款增加了债权人有过错而担保人无过错的情形，此时担保人不承担赔偿责任。同时，将担保人有过错而债权人无过错的情形下，担保人的赔偿责任由"连带赔偿责任"修改为"对债务人不能清偿的部分承担赔偿责任"（即补偿责任）[1]。在担保人与债务人恶意串通欺骗债权人的，依据《民法典》第1168条"二人以上共同实施侵权行为，造成他人损害的，应当承担连带责任"的规定，债权人在撤销主合同和保证合同时，基于债务人和担保人的共同侵权行为，可以请求债务人和担保人承担连带责任。[2]

第三，在主债权债务合同无效导致担保合同也随之无效的情形之下，适用《民法典》第388条第2款和第682条第2款，视担保人是否存在过错，判定担保人是否承担相应的缔约过失责任。就此，《担保法解释》第8条规定："主合同无效而导致担保合同无效，担保人无过错的，担保人不承担民事责任；担保人有过错的，担保人承担民事责任的部分，不应超过债务人不能清偿部分的三分之一。"《民商事审判会议纪要》第54条中指出："主合同无效，则该所谓的独立担保也随之无效，担保人无过错的，不承担责任；担保人有过错的，其承担民事责任的部分，不应超过债务人不能清偿部分的三分之一。"《民法典担保制度解释》第17条第2款规定："主合同无效导致第三人提供的担保合同无效，担保人无过错的，不承担赔偿责任；担保人有过错的，其承担的赔偿责任不应超过债务人不能清偿部分的三分之一。"这里，"担保人的过错"，不是担保人对于主合同无效的过错，而主要体现为担保人

---

1 高圣平：《民法典担保制度及其配套司法解释理解与适用》，中国法制出版社，2021，第38页。

2 参见高圣平、谢鸿飞、程啸：《最高人民法院民法典担保制度司法解释理解与适用》，中国法制出版社，2021，第113页。

明知主合同无效仍为之提供担保或担保人对无效主合同的成立起过中介、促成的作用。[1]在解释上可以认为，担保合同的存在促成了主合同的成立，债权人的信赖利益应予保护，担保人承担的仍是缔约过失责任。[2]

若当事人在担保合同订立后，又以原担保为主合同无效的后果设立担保，最高人民法院认为，此时，依据《民法典担保制度解释》第 2 条的规定，该约定无效。[3]但也有观点认为对此规则应当采用限缩解释，如当事人约定对主合同——债务重组协议提供担保，订立附生效条件的担保合同、约定担保人为债务重组协议无效或被撤销后债务人应承担的赔偿责任提供担保，主合同被认定无效或被撤销后，担保合同生效。在解释上，此时不属于《民法典担保制度解释》第 2 条第 1 款的涵摄范围。[4]

（二）独立保函的体系定位

《民法典》如何规定经由国际贸易实践发展起来的独立保函制度，不无争议。在立法过程中，学者间即有观点认为，《民法典》中应予承认包括独立保函在内的独立担保制度。[5]根据《独立保函规定》的规定，独立保函是指银行或非银行金融机构作为开立人，以书面形式向受益人出具的，同意在受益人请求付款并提交符合保函要求的单据时，向其支付特定款项或在保函最高金额内付款的承诺。"独立保函的性质是付款承诺，开立人的义务在于依条件付款，而非在债务人不履行债务时代负履行责任。开立人付款义务的

1　参见李国光等：《最高人民法院〈关于适用中华人民共和国担保法若干问题的解释〉理解与适用》，吉林人民出版社，2000，第 72-73 页。

2　参见王利明：《物权法研究》（下卷）（第四版），中国人民大学出版社，2018，第 379 页。批评意见可参见殷秋实：《公司担保无效责任的复位——基于责任性质、主体与效果的区分视角》，《法学》2022 年第 2 期。

3　参见最高人民法院民事审判第二庭：《最高人民法院民法典担保制度司法解释理解与适用》，人民法院出版社，2021，第 92 页。

4　参见高圣平：《担保法前沿问题与判解研究——最高人民法院新担保制度解释条文释评》（第五卷），人民法院出版社，2021，第 13-14 页。

5　参见高圣平：《民法典担保物权法编纂：问题与展望》，《清华法学》2018 年第 2 期；刘斌：《论民法典分则中人的担保之体系重构》，《当代法学》2018 年第 5 期；徐同远：《民法典合同编草案中保证制度的完善》，《北京航空航天大学学报（社会科学版）》2019 年第 2 期。

独立性和单据性特点，使得独立保函在效力、履行、付款金额、有效期、转让等方面均排除了对基础交易的从属性，具有依文本自足自治的特点。"[1]独立保函独立于基础交易关系，是对传统从属性担保的重大突破和创新。只要债权人达到独立保函约定的条件，除现有证据证明债权人的请求明显存在滥用或欺诈之外，开立人即应承担责任，从而使得债权人快速地实现债权，提高了交易的效率，同时，开立人也无须像从属保证人那样负有审慎审查基础交易关系中违约情事的义务，只需就债权人提供的文件进行形式审查。开立人向债权人承担责任之后，自可向主债务人追偿或向反担保人主张担保权利。这一特殊的担保模式满足了特定交易的需要，在金融实践和国际贸易中得到了越来越广泛的应用，已然成为相关领域的交易惯例。民事立法和司法实践不能漠视商事实践的发展，更不能以违反从属担保的法理为由而轻易否定这一金融创新。

在《独立保函规定》公布之前，裁判中多以《担保法》第 5 条第 1 款"但书"的规定，作为承认国际贸易中见索即付保函（独立保函）适法性的规范基础，全国人大常委会法工委民法室的释义书中也将凭要求即付担保（即"见索即付保函"）作为《担保法》第 5 条第 1 款"但书"的例证。[2]《独立保函规定》肯定了这一司法态度，并将其扩及国内交易中的独立保函。其中，第 23 条规定："当事人约定在国内交易中适用独立保函，一方当事人以独立保函不具有涉外因素为由，主张保函独立性的约定无效的，人民法院不予支持。"其理由主要体现为两点。其一，近年来，为国内交易开具独立保函已经成为我国金融机构的一项重要业务，基于我国经济发展、完善信用保障制度的现实需要，有必要承认国内交易中独立保函的效力。通过将开立

1　张勇健、沈红雨：《〈关于审理独立保函纠纷案件若干问题的规定〉的理解和适用》，《人民司法·应用》2017 年第 1 期。

2　参见全国人大常委会法制工作委员会民法室编：《中华人民共和国担保法释义》，法律出版社，1995，第 6 页。

人的范围限于对独立保函风险有成熟认知的金融机构，在一定程度上可以防止独立保函可能存在的欺诈及滥用付款请求权风险。其二，遵循当事人意思自治和市场主体平等保护原则，以独立保函不具有涉外因素为由主张保函无效，缺乏法律依据；在国际和国内交易的界限模糊的背景之下，同一基础交易同时涉及国内独立保函和涉外独立保函的情况大量存在，如分别采行不同的效力模式，将直接导致当事人权利义务失衡。[1]《民商事审判会议纪要》第54条坚持了最高人民法院既有的司法态度：承认金融机构出具的独立保函的效力，以与《独立保函规定》第23条相一致；否定其他情形之下的独立担保约定的效力，依从属性担保判断当事人的权利和义务。《民法典担保制度解释》第2条2款更是直接指明："因金融机构开立的独立保函发生的纠纷，适用《最高人民法院关于审理独立保函纠纷案件若干问题的规定》。"但以上司法文件均未涉及国际贸易中非金融机构出具的独立保函的效力问题。最高人民法院民事审判第二庭在其出版的理解与适用书中表达的态度与《民商事审判会议纪要》第54条相一致，非金融机构出具的独立保函不符合独立保函的法定要求，因而不具有独立保函的效力，此时可以根据"无效法律行为的转换"原理将无效的独立保函认定为从属性担保。[2]

在最高人民法院看来，独立保函在性质上不属于《民法典》上所规定的典型担保形式即保证。"独立保函虽然客观上具有担保债权实现的功能，但与担保法规定的保证有本质区别，与信用证性质相同。"[3]"当事人主张独立保函适用担保法关于一般保证或连带保证规定的，人民法院不予支持。"[4]在《民

1　参见张勇健、沈红雨：《〈关于审理独立保函纠纷案件若干问题的规定〉的理解和适用》，《人民司法·应用》2017年第1期。

2　参见最高人民法院民事审判第二庭：《最高人民法院民法典担保制度司法解释理解与适用》，人民法院出版社，2021，第98页。

3　张勇健、沈红雨：《〈关于审理独立保函纠纷案件若干问题的规定〉的理解和适用》，《人民司法·应用》2017年第1期。

4　《独立保函规定》第3条第3款。

法典》之下，是否通过对第 682 条第 1 款"主债权债务合同无效，担保合同无效，但是法律另有规定的除外"的解释解决独立保函的适法性问题？虽然在解释上可以将《独立保函规定》纳入"法律另有规定"的"法律"之内[1]，但即便如此，也仅仅只解决了效力从属性上的例外问题，而独立保函中还涉及保证人（开立人）放弃主债务人的抗辩权等要素。因此，独立保函在《民法典》上尚无"立足之地"，将其界定为一种实定法之外的非典型担保形式，应为妥适的解释选择。就此，《民法典担保制度解释》第 2 条第 2 款强调因金融机构开立的独立保函发生的纠纷适用《独立保函规定》。

如此，当事人的意思表示是否认定为独立保函，就显得尤为重要。根据《独立保函规定》的规定，几个核心要素如下。

其一，开立人仅限于"银行或非银行金融机构"。金融机构包括政策性银行、商业银行、农村合作银行、城市信用社、农村信用社、村镇银行、贷款公司、农村资金互助社、金融资产管理公司、信托公司、企业集团财务公司、金融租赁公司、汽车金融公司、货币经纪公司等[2]，在外观表象上，金融机构持有"金融许可证"，但凡不持有"金融许可证"的机构，如担保公司、融资租赁公司等，所开立的独立保函，均应认定为无效。但《最高人民法院关于新民间借贷司法解释适用范围的批复》（法释〔2020〕27 号）第 1 条关于"……由地方金融监管部门监管的小额贷款公司、融资担保公司、区域性股权市场、典当行、融资租赁公司、商业保理公司、地方资产管理公司等七类地方金融组织属于经金融监管部门批准设立的金融机构，其因从事相关金融业务引发的纠纷，不适用新民间借贷"的规定引起了争议，这里被认定为金融机构的七类地方金融组织是否具有开立独立保函的资格，不无疑问。

最高人民法院认为，该条只是规定了此类地方金融组织在从事金融业

1　参见最高人民法院民事审判第二庭：《最高人民法院民法典担保制度司法解释理解与适用》，人民法院出版社，2021，第 94-95 页。

2　参见《金融许可证管理办法》第 3 条第 2 款。

务时，其利息计算不受《民间借贷规定》确定的"一年期 LPR 利率上限的
4 倍"这一限制，而非一般性地认定此类组织属于金融机构，不宜将法释
〔2020〕27 号轻易地适用于《独立保函规定》以及其他司法解释。[1] 以下金
融机构开立的符合《独立保函规定》要求的独立保函，才适用《独立保函规
定》："一是受银保监会监管的银行业金融机构。主要包括政策性银行、开
发性银行、住房储蓄银行、商业银行、农村金融机构五大类。二是受银保监
会监管的其他银行业金融机构。指的是受银保监会监管的除银行之外的其他
银行业金融机构。三是受银保监会监管的保险类机构，具体又包括财产险公
司、人身险公司、养老险公司、再保险公司、保险资产管理公司、保险集团
和保险控股公司。四是受证监会监管的证券期货类机构，包括证券、基金、
期货三类，如证券交易所、证券公司，基金管理公司，期货交易所、期货
公司。"[2]

其二，文件中存在开立人见索即付的承诺，如保函中载明适用国际商会
《见索即付保函统一规则》等独立保函交易示范规则；根据保函文本内容，
开立人的付款义务独立于基础交易关系及保函申请法律关系，其仅承担相符
交单的付款责任。至于独立保函记载了对应的基础交易，不影响独立保函的
定性。

司法实践中，法院一般依照《独立保函规定》的规定，根据保函的文
本是否符合独立保函的形式要件来判断是否属于独立保函。就保函在性质
上的争议，有裁判认为，如保函载明开立人承担付款责任以申请人违约为
条件、担保方式为连带责任担保等，则表明该保函为保证，而非独立保函。[3]
但也有相反观点认为，尽管存在申请人违约等表述，但仅此不影响保函的

1　参见最高人民法院民事审判第二庭：《最高人民法院民法典担保制度司法解释理解与适用》，人民
法院出版社，2021，第 98 页。

2　最高人民法院民事审判第二庭：《最高人民法院民法典担保制度司法解释理解与适用》，人民法院
出版社，2021，第 96-97 页。

3　参见最高人民法院（2017）最高法民终 647 号民事判决书。

定性。[1]此外，保函中同时存在见索即付以及担保责任的条款，亦存在保函的定性之争。[2]本书作者认为，即便存在着连带责任担保以及申请人违约的表述，只要对于开立人的付款责任而言未增加实质性的条件，即不影响保函的定性。因此，只要证明保函文本具备《独立保函规定》第3条所规定的要件，即应将案涉保函定性为独立保函。

五、担保处分上的从属性与金融不良资产处置

在主从关系之下，债权人与担保权人属于同一人，因此，担保权利不能与主债权相分离而单独转让或者作为其他债权的担保。据此，担保权利应与其担保的主债权共同处分，主合同权利、义务的转移，原则上导致担保合同所生权利、义务的转移。[3]此即所谓担保在处分（移转）上的从属性，又称担保的随伴性。

（一）主债权转让对担保权利的影响

主债权转让仅涉及债权人的变化，对主债务人的履约能力不发生影响，一般不会增加担保人的风险和负担，因此，担保权利随同主债权一并移转，就成了一般规则。[4]《民法典》第547条第1款规定："债权人转让债权的，受让人取得与债权有关的从权利，但是该从权利专属于债权人自身的除外。"保证债权和担保物权自属从权利，应为该条文义所能涵盖。这一一般规则在适用于保证债权和担保物权之时，《民法典》上又分别规定了特殊规则（第696条、第407条）。

就保证债权而言，其实现端赖于保证人的履行行为，通知保证人也就

1　参见浙江省杭州市中级人民法院（2011）浙杭商外初字第16号民事判决书；河南省高级人民法院（2020）豫民申4422号民事裁定书。

2　参见湖北省武汉海事法院（2014）武海法商字第00823号民事判决书。

3　参见王利明：《合同法研究》（第四卷）（第二版），中国人民大学出版社，2018，第244-245页；程啸：《保证合同研究》，法律出版社，2006，第213页。

4　参见杨明刚：《论免责债务承担》，见崔建远主编：《民法九人行》（第2卷），金桥文化出版（香港）有限公司，2004，第62页。

成了此时的考量因素。主债权转让之时债权人通知保证人的，保证人对受让人承担相应的保证责任：全部转让时，受让人成为保证债权人，保证法律关系在受让人和保证人之间得以存续；部分转让时，债权人和受让人均为保证债权人。未通知保证人的，该转让对保证人不发生效力。保证人与债权人约定仅对特定的债权人承担保证责任或者禁止主债权转让，债权人未经保证人书面同意转让全部或者部分债权的，保证人就受让人的债权不再承担保证责任。（《民法典》第 696 条第 2 款）在解释上，此类约定不得对抗（善意）第三人。此外，最高额保证所担保的主债权确定前，部分债权转让的，最高额担保不得转让，但是当事人另有约定的除外（准用《民法典》第 421 条）。

就担保物权而言，债权人自可在实现条件成就之时，追及至标的物之所在而行使其担保物权，就标的物进行变价并优先受偿，此前是否通知担保人则非所问。《民法典》第 407 条规定："抵押权不得与债权分离而单独转让或者作为其他债权的担保。债权转让的，担保该债权的抵押权一并转让，但是法律另有规定或者当事人另有约定的除外。"在解释上，质权和留置权自可类推适用这一规则。此处的"法律另有规定"，指的是《民法典》第 421 条关于最高额抵押权确定之前，部分债权转让时，最高额抵押权并不随同转让的规定；"当事人另有约定"，包括担保合同中约定担保物权不随主债权一并转让、担保人仅对特定的债权人承担担保责任或者禁止主债权转让等情形。值得注意的是，担保物权随同主债权一并移转予受让人之时，受让人自可据此办理担保物权转移登记，且无须担保人同意。

依据《民法典》第 407 条之规定，其一，债权人不得将担保物权单独转让予他人，而自己保留其债权。此时的担保物权转让行为无效，受让人无法据此取得担保物权，因无其所担保的主债权，担保物权登记也无法办理。其二，债权人不得将其债权单独转让予他人，而自己保留担保物权。此时，该保留担保物权的意思并无法律效力，担保物权仍与主债权一起被转让予受让人。[1] 但当事人明确约定债权人仅转让债权，担保物权并不随同移转的，受让人仅取得债权；债权人所保留的担保物权因无主债权存在，而归于无效，担保人自可请求注销担保物权登记。[2] 其三，债权人不得将其债权和担保物权分别转让予不同的两人。此时，担保物权的转让行为无效，债权人存留的担保物权因无主债权而归于无效。就债权转让而言，因债权人将其担保物权另行转让予他人，当事人之间仅转让债权的意思可堪确认，此时，受让人仅取得无担保的债权，担保人可请求注销担保物权登记。[3] 其四，担保物权不得脱离原债权为其他债权提供担保。此时，担保物权之抵押权或质权，违反物权法定原则，自属无效。但本规定并不妨碍债权可以连同担保物权一起为其他债权提供担保。[4] 例如，某一应收账款本有抵押权担保，该应收账款为其他债权的履行提供担保之时，担保权人取得附有抵押权担保的应收账款质权，该应收账款质权的效力及于抵押权。此外，债权人亦可仅以主债权（限于应收账款）出质，而自己保留担保物权。此时，担保权人仅取得无附随担保的应收账款质权；债权人虽以其应收账款出质，但在解释上并不失其应收账款，自不发生其担保物权无主债权存在的问题。[5]

《民法典担保制度解释》第39条第1款规定："主债权被分割或者部分转让，各债权人主张就其享有的债权份额行使担保物权的，人民法院应予支持，但是法律另有规定或者当事人另有约定的除外。"这里"法律另有规定"

1　参见黄淳钰：《普通抵押权从属性之研究》，《高大法学论丛》2010年第1期。

2　参见谢在全：《民法物权论》（修订五版），中国政法大学出版社，2011，第638页；崔建远：《物权：规范与学说——以中国物权法的解释论为中心》（下册）（第二版），清华大学出版社，2021，第383页。

3　参见谢在全：《民法物权论》（修订五版），中国政法大学出版社，2011，第638页；崔建远：《物权：规范与学说——以中国物权法的解释论为中心》（下册）（第二版），清华大学出版社，2021，第383页。

4　参见谢在全：《民法物权论》（修订五版），中国政法大学出版社，2011，第638页；崔建远：《物权：规范与学说——以中国物权法的解释论为中心》（下册）（第二版），清华大学出版社，2021，第383页。

5　参见谢在全：《民法物权论》（修订五版），中国政法大学出版社，2011，第638-639页。

主要是指《民法典》第 421 条的规定。除非当事人特别约定的情况下，部分债权的转让并不导致最高额抵押权的随同转让，受让人并未取得（部分）最高额抵押权。如此，主债权被部分转让，各债权人就不能主张就其享有的债权份额行使抵押权。以上分析同样适用于最高额质权的情形。[1]

（二）主债务转移对于担保权利的影响

主债务转移，又称债务承担，是就原债务人的债务在不失其同一性的前提下转由第三人承担而言。其中，转由第三人对债权人负债务履行责任的，为免责的债务承担；由第三人与原债务人共同对债权人负连带责任的，为并存的债务承担。[2] 主债务的转移涉及履行主债务的义务人的变化，担保人基于对原债务人的履约能力为主债务的履行提供担保，承担人是否如原债务人一样具有相应的履约能力，非担保人在提供担保时所能预估。如此，主债务的转移关涉担保人利益，未经担保人同意的主债务转移虽可在当事人之间发生效力，但不得对担保人主张，担保人在转移的主债务范围内免除担保责任。[3]《民法典》第 697 条、第 391 条均规定，未经保证人或物上保证人书面同意，债权人允许债务人转移全部或者部分债务，保证人或物上保证人对未经其同意转移的债务不再承担担保责任。但前条但书规定"债权人和保证人另有约定的除外"，后条并无此规定。在解释上，如债权人和物上保证人在担保合同中另有约定的，亦不适用前述规定。值得注意的是，《民法典》第 391 条仅限于第三人提供物的担保的情形，债务人自己提供物的担保之时，即使主债务转移且未经债务人（担保人）同意，债务人仍应承担担保责任。《民法典担保制度解释》第 39 条第 2 款延续以上规定，区分了债务人自己提

1　参见高圣平：《民法典担保制度及其配套司法解释理解与适用》，中国法制出版社，2021，第 668 页。

2　参见王利明：《合同法研究》（第四卷）（第二版），中国人民大学出版社，2018，第 299 页。

3　参见王利明：《物权法研究》（下卷）（第四版），中国人民大学出版社，2018，第 371-372 页；杨明刚：《论免责债务承担》，见崔建远主编：《民法九人行》（第 2 卷），金桥文化出版（香港）有限公司 2004，第 62 页；程啸：《担保物权研究》（第二版），中国人民大学出版社，2019，第 45 页。

供物的担保与第三人提供物的担保两种情形。主债务被分割或者部分转移之时，若是债务人自己提供物的担保，此时，担保人也是主债务人，不会因此而加重担保人的担保责任，因此，无须经过担保人书面同意，担保人仍继续承担担保责任；若此时是第三人提供物的担保，主债务的分割或者转让可能会加重物上保证人的担保责任。[1]

学说上认为，就并存的债务承担而言，原债务人并未脱离债的关系，未超出保证人或物上保证人提供担保之时的预期，且在并存的债务承担的情形，第三人加入债的关系，与原债务人共负连带责任，增加了债权受偿的可能性，对于保证人或物上保证人并无不利。[2]因此，《民法典》第697条、第391条不适用于并存的债务承担的情形。《民法典》在《合同法》上的债务承担规则之外，新增债务加入规则（《民法典》第552条），在解释上可以认为《民法典》第551条仅指免责的债务承担的情形。[3]经债权人同意，债务人将部分债务转移给第三人之时，就该部分债务而言，原债务人并不负连带之责，亦属免责的债务承担的亚类型——部分免责债务承担。[4]而《民法典》第552条所定债务加入规则即属并存的债务承担情形。与此相对应，《民法典》第697条、第391条所称"债务人转移全部或者部分债务"，也仅限于发生免除原债务人全部或者部分债务的情形。

《民法典》第697条只是关于约定的债务承担对保证人保证责任的影响，并未涉及法定的债务承担对保证人保证责任影响的问题。如在保证期间，主

1　参见高圣平：《民法典担保制度及其配套司法解释理解与适用》，中国法制出版社，2021，第347-348页。

2　参见王利明：《合同法研究》（第四卷）（第二版），中国人民大学出版社，2018，第300页；邹海林、常敏：《债权担保的理论与实务》，社会科学文献出版社，2005，第69页。

3　我国学说上就《合同法》第84条（《民法典》第551条与此内容相同，未作修改）是否承认了并存的债务承担一直存在争议。参见崔建远主编：《民法九人行》（第2卷），金桥文化出版（香港）有限公司，2004，第20页以下。

4　参见杨明刚：《论免责债务承担》，见崔建远主编：《民法九人行》（第2卷），金桥文化出版（香港）有限公司2004，第20页；程啸：《担保物权研究》（第二版），中国人民大学出版社，2019，第46页。

债务根据法定原因转让的，保证人仍应承担保证责任。比如《民法典》第67条规定的法人合并、分立引起的债务法定移转，即使债务之转移未取得保证人的同意，保证人仍得承担保证责任。[1]

（三）金融不良资产处置中的担保物权移转

金融不良资产处置实践中，涉及贷款债权转让时原担保权利随同移转的问题。相关解释论的展开与前述"主债权转让对于担保权利的影响"相同，但《城市房地产抵押管理办法》第37条第1款规定："抵押权可以随债权转让。抵押权转让时，应当签订抵押权转让合同，并办理抵押权变更登记。抵押权转让后，原抵押权人应当告知抵押人。"如此，实践操作中，受让人享有抵押权是否应以办理抵押权转移登记为前提条件？如受让人未办理抵押权转移登记手续，是否可就抵押财产优先受偿并对抗其他债权人？有观点认为，不动产抵押权以登记为生效要件，虽抵押权因其所担保的债权的转让随同转移予受让人，且无须抵押人同意，但必须办理抵押权的转移登记，未经登记，不生效力。[2]但也有观点认为，债权转让之时，抵押权随同转移予债权受让人，受让人在抵押权转移登记之前即因法律的直接规定而取得该抵押权，自不以登记为生效要件。[3]

《最高人民法院关于审理涉及金融资产管理公司收购、管理、处置国有银行不良贷款形成的资产的案件适用法律若干问题的规定》（现已废止）第9条规定："金融资产管理公司受让有抵押担保的债权后，可以依法取得对债权的抵押权，原抵押权登记继续有效。"由此可见，就金融资产管理公司受

---

[1] 参见曹士兵：《中国担保制度与担保方法》（第五版），中国法制出版社，2022，第181页。

[2] 参见崔建远：《物权：规范与学说——以中国物权法的解释论为中心》，清华大学出版社，2011，第760页；程啸：《担保物权研究》（第二版），中国人民大学出版社，2019，第29页。值得注意的是，崔建远教授已在其新版著作中转持更为温和的态度，认为当事人可以持相关材料申请抵押权的转移登记。参见崔建远：《物权：规范与学说——以中国物权法的解释论为中心》（下册）（第二版），清华大学出版社，2021，第382页。

[3] 参见刘春堂：《判解民法物权》（修订七版），三民书局股份有限公司，2010，第440页。

让国有银行不良债权而言，是否办理抵押权转移登记对于金融资产管理公司行使抵押权不发生影响。但是对于一般债权人，或者资产管理公司受让的非国有银行不良债权，是否能够适用该规则？

本书作者认为，抵押权是主债权的从权利，抵押权随主债权的转让而转移，在性质上属于抵押权的法定转移，不属于基于法律行为的物权变动，与依法律行为所为的意定转移须经登记才发生转移效力的情形有异，不以办理抵押权转移登记为前提，也不以通知担保人为生效条件。[1] 即使非属金融资产管理公司受让国有银行不良资产的情形，亦无不然。[2]《城市房地产抵押管理办法》第 37 条第 1 款的前引规定，应属倡导性规定，鼓励当事人之间在抵押权转让之时办理抵押权转移登记，以明晰标的财产之上的权利归属，并通知抵押人，以使抵押人知悉抵押权人。即使认为该规定属于强制性规定，亦非属效力性强制性规定，不能以此确定转让抵押权的效力。[3]

为防止解释上的分歧，《民商事审判会议纪要》第 62 条指出："抵押权是从属于主合同的从权利，根据'从随主'规则，债权转让的，除法律另有规定或者当事人另有约定外，担保该债权的抵押权一并转让。受让人向抵押人主张行使抵押权，抵押人以受让人不是抵押合同的当事人、未办理变更登记[4] 等为由提出抗辩的，人民法院不予支持。"在此基础上，《民法典》第 547 条第 2 款增设规定："受让人取得从权利不因该从权利未履行转移登记手续或者未转移占有而受到影响。"在解释上，担保物权随主债权的转让而移转的，受让人所取得的担保物权的顺位同于原担保物权人。即使其后办理了担

1　参见最高人民法院（2014）民申字第 1725 号民事裁定书；最高人民法院（2015）民申字第 2040 号民事裁定书等。

2　参见河南省高级人民法院（2015）豫法立二民申字第 00323 号民事裁定书。

3　参见河南省南阳市中级人民法院（2015）南民再终字第 00026 号民事判决书；天津市第二中级人民法院（2015）二中民二终字第 951 号民事判决书等。

4　在《不动产登记暂行条例》及其实施细则之下，不动产权利的转移，应办理"转移登记"。此处的"变更登记"实为"转移登记"。

保物权的转移登记，受让人的担保物权亦自原担保物权登记之日取得相应的优先顺位，而不应依转移登记的时点确定担保物权的顺位。

在解释上，受让人依法律规定直接取得的担保物权，其情形与《民法典》第 232 条所及者无异，根据该条规定，非经登记不得处分。申请法院拍卖、变卖担保财产，自属担保物权的处分。因此，受让人因受让债权而取得其附随的担保物权的，未经转移登记，不得申请启动实现担保物权案件程序。至于受让人经普通民事诉讼程序取得胜诉裁判，并据此申请执行者，不在此限。

六、担保消灭上的从属性与"借新还旧"时的担保责任

担保权利以保障主债权实现为唯一目的，主债权如因清偿、提存、抵销、免除等原因而全部消灭的，担保权利随之消灭。基于物上担保合同所为的担保物权登记，虽未注销，但因担保物权的消灭而仅具形式上的意义，已无物权的效力。担保人此际自可基于担保合同的消灭请求注销担保物权登记。主债权部分消灭，担保权利亦部分消灭，基于担保物权的不可分性，担保财产的全部仍然担保剩余的主债权，不过，担保物权的效力自当缩减至该剩余主债权范围，且担保人可请求就消灭部分为抵押权变更登记。[1]

关于担保物权在消灭上的从属性，《民法典》第 393 条第 1 项定为明文："主债权消灭"的，"担保物权消灭"；就保证债权在消灭上的从属性，《民法典》并未作出明文规定。但基于以下两条的体系解释，亦可得出相同结论。其一，《民法典》第 393 条第 1 项所定规则自可类推适用于保证债权。其二，《民法典》第 701 条规定："保证人可以主张债务人对债权人的抗辩。债务人放弃抗辩的，保证人仍有权向债权人主张抗辩。"由此，若主债权消灭时，保证人有权向债权人主张主权利已消灭的抗辩，《民法典》上关于保证合同

1　参见谢在全：《民法物权论》（修订五版），中国政法大学出版社，2011，第 641 页。

消灭上的从属性亦至为明显。

信贷实践中的"借新还旧",即贷款到期后,借款人与贷款人签订新的借款合同,将新贷出的款项用于归还旧贷的情形,是贷款的发放和收回过程中经常采用的一种贷款重组手段。就这一合意安排,法律上并无禁止性规定,应属当事人意思自治范畴。就此,司法实践中较为一致的观点认为,新的借款合同不因旨在归还"旧贷"而无效,担保人亦不得以贷款用途的"改变"损及其利益而提出抗辩。[1]此际,"旧贷"因清偿而消灭[2],担保"旧贷"的从权利也随之消灭。《担保法解释》第39条针对"借新还旧"情形之下,担保"新贷"清偿的保证人是否承担保证责任作了规定。其一,该保证人同时也是"旧贷"的保证人的,应承担保证责任。其二,该保证人不是"旧贷"的保证人,但其知道或者应当知道主合同系"借新还旧"的,应承担保证责任。其三,该保证人不是"旧贷"的保证人,也不知道或者不应当知道主合同系"借新还旧"的,"显系主合同双方当事人恶意串通欺骗保证人"[3],依据《担保法》第30条第1项"主合同当事人双方串通,骗取保证人提供保证的""保证人不承担民事责任"的规定,保证人既不承担保证责任,也不承担缔约过失责任。

《民法典》删去了《担保法》第30条的规定。《担保法》第30条第1项的内容,涉及《民法典》第154条即"行为人与相对人恶意串通,损害他人合法权益的民事法律行为无效"的适用。《担保法》第30条第2项的内容,涉及《民法典》第148条、第150条的适用(一方以欺诈或胁迫手段,使对

1　参见李国光等:《最高人民法院〈关于适用中华人民共和国担保法若干问题的解释〉理解与适用》,吉林人民出版社,2000,第152页。

2　裁判实践中也有观点认为,"借新还旧"在本质上是对"旧贷"的一种特殊形式的展期,即延长了旧贷款的还款期限,原债权债务关系继续存续。参见上海市高级人民法院(2016)沪民初7号民事判决书。这一观点属于少数说。

3　李国光等:《最高人民法院〈关于适用中华人民共和国担保法若干问题的解释〉理解与适用》,吉林人民出版社,2000,第166页。

方在违背真实意思的情况下实施的民事法律行为，受欺诈方或受胁迫方有权请求人民法院或者仲裁机构予以撤销）。由此可见，保证人意思表示的瑕疵，不再适用特别规定，而直接适用《民法典》总则编的一般规定。至于其法律后果，《民法典》第157条中规定："有过错的一方应当赔偿对方由此所受到的损失；各方都有过错的，应当各自承担相应的责任。"在解释上可以认为，前述情形之下，如保证人没有过错，无须承担缔约过失责任，如此即与《担保法》第30条的效果相同。

就《担保法解释》第39条可否类推适用于物上担保的情形，尤其是以登记为公示方法的物上担保，不无疑问。不同裁判中体现的解释论并不相同。一种观点认为，在物上担保的情形，"借新还旧"同样会改变担保人在提供担保时对担保风险的预期，同样会加重担保人的担保责任，且导致对其不公平的结果，可以类推适用《担保法解释》第39条关于保证担保的相关规定。[1]另一种观点认为，《担保法解释》第39条的规定仅适用于担保人承担保证责任的情形。不动产抵押权经依法登记即发生效力，无论抵押人是否知道所抵押担保的借款改变了用途，均不影响抵押权的效力。[2]

《民法典担保制度解释》第16条大致继承了《担保法解释》第39条的规则，并作了进一步的发展。该条一改此前"保证人""保证责任"之措辞，在文义上使用的语词是"担保人""承担担保责任"，可见并未强调物的担保与人的担保的区分，实际上肯定了物上担保的适用空间。换言之，该条既可以适用于保证也可以适用于第三人提供物的担保的情形。在解释上，抵押合同、质押合同与保证合同一样，均属担保合同，同样存在着主合同当事人双方串通而骗取第三人提供抵押、质押，或者主合同债权人采取欺诈、胁迫等

1　参见最高人民法院（2010）民二终字第72号民事判决书；最高人民法院（2014）民提字第136号民事判决书；最高人民法院（2015）民提字第178号民事判决书。另参见最高人民法院民事审判第二庭：《〈全国法院民商事审判工作会议纪要〉理解与适用》，人民法院出版社，2019，第355页。

2　参见最高人民法院（2015）民申字第2592号民事裁定书。

手段使第三人在违背真实意思的情况下提供抵押、质押的情形。《担保法解释》第 39 条关于"借新还旧"下的解释方案，自有类推适用于抵押合同、质押合同的空间。就此，上述《担保法解释》第 39 条关于"借新还旧"下的第二、三种解释方案准用于抵押人、出质人，应无歧义，但关于"新贷"和"旧贷"的保证人为同一人时的第一种解释方案，是否仍得类推适用，尚值研究。

在保证的情形，"旧贷"因清偿而消灭，担保"旧贷"的保证合同也消灭，同一保证人为"新贷"再次提供保证，无意思表示上的瑕疵，自应承担保证责任。但在抵押、质押的情形，"旧贷"因清偿而消灭，担保"旧贷"的抵押权或质权也消灭，此时，基于原担保合同所为的担保物权登记，即使未注销，也无实体法上的登记效力；虽然同一担保人就"新贷"和同一债权人签订了抵押合同或质押合同，但未就重新设立的抵押权或质权办理登记，对于采行登记生效主义的抵押权或质权而言，即为抵押权或质权未设定，债权人就担保财产并不取得优先受偿权。此时，即使抵押人或出质人就"新贷"和"旧贷"都提供了物上担保，但就"新贷"因未办理设立登记而无法起到物上担保的作用，上述《担保法解释》第 39 条关于"借新还旧"下的第一种解释方案也就无法类推适用于抵押、质押的情形。《民商事审判会议纪要》第 57 条因此指出，"旧贷"因清偿而消灭，其上的担保物权也随之消灭；债权人以担保人尚未进行注销登记为由，主张担保人仍应承担相应的担保责任的，人民法院不予支持。

关于当事人约定原已登记的担保物权继续担保"新贷"的处理，裁判实践中存在分歧。一种观点认为，抵押人和债权人约定将"旧贷"已清偿但未办理注销登记的不动产抵押权用以担保"新贷"，因双方未重新办理抵押权设立登记，应认定该抵押权未有效设立，未注销的抵押权不具有担保"新贷"的法律效果，抵押人不应承担抵押担保责任。此时，可以基于各方当事人真实的意思表示,运用法律行为转换理论,将抵押人的责任界定为"新贷"承担保证担保责任。[1]但也有另一种观点认为,"旧贷"已因清偿归于消灭,但当事人并未在主债权受偿后在登记机构申请注销抵押登记并缴销他项权利证书,因此,在其所担保的主债权消灭后并不必然发生抵押权也随之消灭的法律后果,抵押登记仍然发生法律效力。抵押人与抵押权人约定将此未注销的抵押权用于担保"新贷"并不违反法律的禁止性规定。[2]就此,《民商事审判会议纪要》第 57 条认为,当事人约定继续为新贷提供担保的,未注销登记的担保物权仍然可以担保"新贷"。担保人"仅须对新贷承担担保责任,对其并无不公"[3]。同时,标的物上担保登记的持续存在,足以公示标的物上的权利负担,不会危及与担保人就标的物进行交易的其他第三人的利益。在此基础上,《民法典担保制度解释》第 16 条对"借新还旧"情形的担保责任作了体系化规定。第 2 款规定了若旧贷的物上保证人同意继续为新贷提供担保物权且未注销登记时,此担保物权效力优先于"在订立新的贷款合同前又以该担保财产为其他债权人设立担保物权"的新贷债权人。新债和旧债为同一法律关系,旧贷上的担保物继续为新贷提供担保,债权人对于担保物仍享有顺位利益,只要旧贷担保人同意继续为新贷提供担保且登记仍未注销,债权人的担保顺位应予确认,且有利于维护现行金融秩序。[4]

这一司法态度有其政策考量因素。[5]不过,如此仍然可能危及他人的利益,并引发既有通说的改变。例如,抵押人以其不动产为债权人设定抵押权之后,又将该不动产出租予承租人,此后抵押人"借新还旧"并约定原不动

---

1 参见最高人民法院(2015)民申字第 2354 号民事裁定书。

2 参见最高人民法院(2017)最高法民终 210 号民事判决书。

3 最高人民法院民事审判第二庭:《〈全国法院民商事审判工作会议纪要〉理解与适用》,人民法院出版社,2019,第 355 页。

4 参见最高人民法院民事审判第二庭:《最高人民法院民法典担保制度司法解释理解与适用》,人民法院出版社,2021,第 205 页。

5 参见曹明哲:《〈民法典担保制度司法解释〉对担保从属性的贯彻与适用》,《法律适用》2021 年第 9 期。

产抵押权继续为"新贷"提供抵押担保。此时，如采该纪要所持观点，并认可"新贷"的不动产抵押权的顺位为原登记时的顺序，则承租人的租赁权不能对抗该抵押权；但如坚持担保在消灭上的从属性，担保"旧贷"的不动产抵押权因主债权清偿而消灭，即使抵押人再以同一不动产为"新贷"设定抵押权，抵押权的顺位亦应以新的登记时间为判断时点，承租人的租赁权也就可以对抗在其后设立的不动产抵押权。再如，抵押人以同一不动产先后为债权人甲、乙、丙设定了三个抵押权，此后甲与抵押人约定"借新还旧"，并约定原抵押权继续为"新贷"提供抵押担保。此时，甲的抵押权顺位固定，仍为以原登记时间为标准而确定的顺位。如此，将改变既有抵押权顺位升进的主张[1]，而采纳抵押权顺位固定的观点。这一解释论又与《民商事审判会议纪要》和《民法典担保制度解释》坚守的担保从属性存在评价冲突。

七、小结

《民法典》所规定的债权担保方式均具保全性[2]，担保的从属性也就成了理解《民法典》上担保制度的基石，裁判实践中出现的众多解释分歧均与此相关。从《民法典》的既有担保规则体系来看，不同种类的担保权利，在从属性上尚有强弱之别，在从属性的效力或认定上亦产生不同影响。[3]为担保具体、明确的特定债权而成立的保证债权、一般抵押权、一般质权、留置权，从属性体现得尤为明显，举凡担保权利的发生、范围、效力、处分和消灭，均高度依附于主债权；上述担保权利在担保将来可得特定的债权之时，出现了从属性缓和的趋势，以因应社会经济的发展，但以将来特定债权的

---

[1]　参见王利明：《物权法研究》（下卷）（第四版），中国人民大学出版社，2018，第447-448页；梁慧星、陈华彬：《物权法》（第七版），法律出版社，2020，第318-319页；崔建远：《物权：规范与学说——以中国物权法的解释论为中心》（下册）（第二版），清华大学出版社，2021，第450-451页。

[2]　参见崔建远：《物权：规范与学说——以中国物权法的解释论为中心》（下册）（第二版），清华大学出版社，2021，第380页。

[3]　参见程啸：《担保物权研究》（第二版），中国人民大学出版社，2019，第29页。

原因事实既已存在为前提[1]；为担保一定范围内不特定债权而成立的最高额保证、最高额抵押权、最高额质权，从属性进一步弱化和缓和[2]，上述担保权利所担保的主债权是否发生、移转或消灭，均不确定，因此，其原则上不受主债权债务关系变动的影响，但在最高额担保确定事由发生之时，其从属性要求再度严格，与担保特定债权而成立的担保权利已无差异。在《民法典》否认独立担保的基本政策选择之下，基于担保制度的规范目的，尚无法否定从属性的存在。一个欠缺从属性的担保制度，在法律上应无独立存在的实益。[3]

第三节　共同担保规则的体系解释

一、问题的提出

债权人为强化其债权，对于同一债权采取多重担保者不在少数。其中，有主债务人（或第三人）提供物的担保的，也有第三人提供人的担保的。物的担保是主债务人或者第三人以其特定的动产、不动产或者其他财产权利为主债务的履行提供的担保，包括抵押担保、质押担保和留置担保三种，但在解释上，物的担保不以上述三种方式为限，凡民法规定的具有优先受偿性质的物的担保，如船舶优先权、民用航空器优先权等，均在其列。[4]物的担保关系中，以其特定财产为主债务的履行提供担保的第三人，又称物上保证人。人的担保是主债务人以外的第三人以其全部责任财产为主债务的履行提供的担保，以保证担保为其基本形式。保证关系中，"主债务人以外的第三

1　参见林诚二：《论债务担保制度的从属性》，见陈荣隆教授六秩华诞祝寿论文集编辑委员会：《物权法之新思与新为——陈荣隆教授六秩华诞祝寿论文集》，瑞兴图书股份有限公司，2016，第53-55页。

2　参见陈荣隆：《台湾最高额抵押权立法之评析（上）》，《台湾本土法学杂志》2008年第1期，第20页。

3　参见林诚二：《论债务担保制度的从属性》，见陈荣隆教授六秩华诞祝寿论文集编辑委员会：《物权法之新思与新为——陈荣隆教授六秩华诞祝寿论文集》，瑞兴图书股份有限公司，2016，第62页。

4　参见邹海林、常敏：《债权担保的方式和应用》，法律出版社，1998，第69页。

人"又称保证人。各种担保方式之组合呈现出不同的形态，有同种类担保方式之结合，如共同抵押、共同质押、共同保证等；也有异种类担保方式之结合，如抵押和质押组合之共同抵质押、保证与物的担保并存之混合共同担保。

与单一担保相比，共同担保所面临的特殊问题在于：就债权人与担保人之间的关系而言，即有债权人如何选择向哪一担保人主张担保权以实现其债权的问题；就担保人之间的关系而言，应债权人的请求承担了担保责任的担保人是否有权请求其他担保人分担其损失。就此，《民法典》与《民法典担保制度解释》提供了一定的规则供给，但语焉不详的文句增加了共同担保规则适用上的困难。

二、共同担保人承担担保责任的顺序

在主债务人不履行到期债务或者发生当事人约定的情形之时，债权人如何就共同担保实现其债权，不仅关涉债权人的选择权，在限制共同担保人之间分担请求权的法政策选择之下，同时也影响着共同担保人之间担保风险的分配。《民法典》中涉及共同担保人承担担保责任的顺序和份额的有两条，第 392 条前句规定："被担保的债权既有物的担保又有人的担保的，债务人不履行到期债务或者发生当事人约定的实现担保物权的情形，债权人应当按照约定实现债权；没有约定或者约定不明确，债务人自己提供物的担保的，债权人应当先就该物的担保实现债权；第三人提供物的担保的，债权人可以就物的担保实现债权，也可以请求保证人承担保证责任。"第 699 条规定："同一债务有两个以上保证人的，保证人应当按照保证合同约定的保证份额，承担保证责任；没有约定保证份额的，债权人可以请求任何一个保证人在其保证范围内承担保证责任。"由这两条的规定可见，尽管第 392 条仅及于担保人之间的责任顺序，第 699 条仅规定担保人之间的责任份额，但在解释上可以认为，共同担保人承担担保责任的顺序和份额可由当事人自由约定，债权人应当按照约定实现债权。当事人之间就此没有约定或者约定不明确的，主债务人自己提供的物的担保责任优先，其他担保人享有类似先诉抗辩权的权利（即顺序利益），债权人此际应先就主债务人提供的物的担保实现债权；数个保证人和物上保证人处于同一清偿顺序，债权人既可以要求保证人承担保证责任，又可以要求物上保证人承担担保责任。

在解释上，在同一债权有数个担保之时，债权人究竟按照何种顺序实现其债权，因无关公益，宜彰显私法自治精神，由债权人与各担保人自由约定。《民法典》第 392 条中所谓"债权人应当按照约定实现债权"，明确了该规范的任意法属性。这里的"约定"，尚有以下问题应予明确。

（一）债权人和谁的"约定"？

《民法典》第 392 条中"债权人应当按照约定实现债权"的"约定"原则上是债权人与保证人、物上担保人之间的约定，而不能仅仅只是债权人与个别担保人之间的约定。[1] 这一约定的一方当事人是债权人，另一方当事人是全部担保人。从担保交易实践来看，由债权人与保证人、物上保证人共同签订三方协议约定债权人实现担保权顺序的，占极小的比例。[2]《民法典》第 699 条中"保证人应当按照保证合同约定的保证份额，承担保证责任"，并未将"约定"限制在债权人与各保证人共同约定，债权人与甲保证人约定承担全部保证责任的 30%，与乙保证人约定承担全部保证责任的 70%，亦无不可。

将"债权人应当按照约定实现债权"的"约定"限缩为债权人与数个担保人共同约定，排除债权人与各担保人分别约定实现担保权利的条件，实际限缩了当事人意思自治的空间，不具正当性。而允许债权人与各担保人单独

1　参见王利明：《物权法研究》（下卷）（第四版），中国人民大学出版社，2018，第 1112 页；刘平：《民法典编纂中混合共同担保之再认识》，《西南政法大学学报》2017 年第 6 期。

2　参见四川省高级人民法院（2013）川民终字第 37 号民事判决书、福建省高级人民法院（2016）闽民终 57 号民事判决书等所反映的交易实践，属于三方约定的情形。

约定实现债权的条件，其负面效应在于单独约定可能发生效果"外溢"，直接约束债权人实现债权的选择权，也间接约束了其他担保人。这仍需借助第 392 条中的"约定不明"加以解决。如果仅是债权人与个别担保人之间的约定，原则上不能拘束其他担保人。[1] 但是，并非债权人与个别担保人之间的约定均为无效。[2] 例如，在混合共同担保中，债权人与保证人约定债权人有权首先对保证人主张权利，"因这种约定对抵押人（无论抵押人是债务人或者是第三人）有利无害，故其应为有效，保证人不得拒绝首先承担其担保责任"[3]。

在解释上，担保人之间承担担保责任顺序的约定，主要体现为谁先承担担保责任或者谁后承担担保责任。换而言之，无论抵押合同中约定不管是否存在其他担保债权人均可首先行使抵押权，还是保证合同中约定仅在债权人就抵押权实现其债权之后才承担保证责任，这些虽然是债权人与个别担保人之间的约定，但却具有限制或者赋予债权人选择权行使的作用，均应为有效的约定。

（二）"约定"针对的是什么？

《民法典》第 392 条"债权人应当按照约定实现债权"中的"约定"旨在确定或者限制人的担保与物的担保并存时债权人的选择权，其内容仅限于人的担保与物的担保之间的责任顺序，亦即对债权人实现债权的选择权起到确定或者限制作用的约定。"所谓当事人的约定，包括当事人可以约定无论在何种情形下，债权人均可自由选择实现任何一种担保，当事人也可以约定即便物的担保是债务人提供的，债权人也必须先实现保证。"[4]《民法典》

---

[1]　裁判实践中即有当事人主张，担保权利实现顺序的约定仅在债权人、债务人和物上保证人三方达成合意的情况之下才能生效。参见湖南省高级人民法院（2015）湘高法民二终字第 134 号民事判决书。

[2]　参见崔建远：《物权：规范与学说——以中国物权法的解释论为中心》（下册）（第二版），清华大学出版社，2021，第 337 页；尹田：《物权法》（第三版），北京大学出版社，2022，第 515 页。

[3]　尹田：《物权法》（第三版），北京大学出版社，2022，第 515 页。

[4]　程啸：《混合共同担保中担保人的追偿权与代位权》，《政治与法律》2014 年第 6 期。

第 699 条中"保证人应当按照保证合同约定的保证份额，承担保证责任"中的"约定"旨在确定债权人实现其债权之时就各保证人可得主张的责任份额。但在契约自由的观念之下，《民法典》第 392 条并不排斥混合共同担保之下约定各担保人承担担保责任的份额，如约定保证人承担担保范围中 30% 的保证责任，物上保证人以担保财产的价值为限承担担保范围的 70% 的担保责任。这一按份的共同担保约定，同样限制债权人实现债权时选择权的行使，债权人仅享有向各担保人主张约定份额范围内的担保权利。[1] 由此可见，当事人之间约定各担保人仅承担按份的共同担保责任的，"债权人应当按照约定实现债权"。《民法典》第 699 条也不排斥共同保证之下约定甲保证人先于乙保证人承担无限连带责任保证责任。此类约定的法律意义均在于限制债权人实现债权时的选择权，从而排除《民法典》上缺省规则的适用。由此，"债权人应当按照约定实现债权"中的"约定"应指各担保人之间的责任顺序或者份额的约定。

在《民法典》第 392 条中，还存在另外一个"约定"："债务人不履行到期债务或者发生当事人约定的实现担保物权的情形"[2]。这一表述指的是混合共同担保中各担保权可得行使的条件，这里"发生当事人约定的实现担保物权的情形"的"约定"，系指当事人之间在"债务人不履行到期债务"之外，其他关于实现担保物权情形的"约定"，与后句"按照约定实现债权"的"约定"意义迥异。担保合同围绕担保权的内容和行使条件而展开，但人的担保与物的担保并存时，"债权人应当按照约定实现债权"的"约定"，非指单个担保合同中就某一具体担保权的担保范围与行使条件的约定。准此，

---

[1] 裁判实践中即存在此种情形：就 400 万元主债务，债务人就其中 160 万元提供物的担保，保证人就其中 240 万提供人的担保。参见最高人民法院中国应用法学研究所：《人民法院案例选（分类重排本）》商事卷·4，人民法院出版社，2017，第 1965–1967 页。

[2] 《民法典》第 392 条直接来源于《物权法》第 176 条，但未虑及《民法典》第 681 条对《担保法》第 6 条关于保证债权行使条件的修改。《民法典》第 392 条规定的"债务人不履行到期债务或者发生当事人约定的实现担保物权的情形"，并未完全涵盖《民法典》第 681 条所增加的"发生当事人约定的情形"。

并不是有了"实现担保物权情形的约定"，就得先就物的担保实现债权。最高人民法院在"中国农业发展银行乾安县支行与江苏索普（集团）有限公司、上海儒仕实业有限公司保证合同纠纷上诉案"[1]中认为："'当事人约定的实现担保物权的情形'，即是否对实现担保物权作出明确约定，有此约定的，即应优先按照该类约定进行处理，无论该类关于实现担保物权的约定是就债务人提供的物保所作约定，还是就第三人提供的物保所作约定，均应当按照该明确约定实现债权。""本案《保证合同》的前述约定[2]，仅仅是关于实现保证债权而非实现担保物权的约定，而且本案《保证合同》的前述条款也并没有明确涉及实现担保物权的内容，不能得出已就担保物权的实现顺序与方式等作出了明确约定，故不能将本案《保证合同》中的以上约定即理解为《物权法》第 176 条规定的'当事人约定的实现担保物权的情形'。""乾安支行无疑应当先依照两份《最高额抵押合同》中关于实现担保物权的明确约定，先行向债务人天安公司以及第三人丁醇公司主张实现其债权，而不应当依照本案《保证合同》的约定实现其债权。"这里，将《物权法》第 176 条（即《民法典》第 392 条）"债务人不履行到期债务或者发生当事人约定的实现担保物权的情形"中的"约定"直接地套入同条后段"债权人应当按照约定实现债权"，即成了"债权人应当按照实现担保物权的情形的约定实现债权"，在保证合同中不可能约定"实现担保物权的情形"的情况下，直接导致物的担保合同中如约定了"实现担保物权的情形"时物上保证人即应优先承担担保责任的结果，《民法典》第 392 条所确立的当事人之间就人的担保和物的担保的责任顺序和份额没有约定或者约定不明确时"人的担保与物的担保平等"的规则即失去意义，这一解释方案颇值质疑。

就"债权人应当按照约定实现债权"的"约定"内容，参与立法者的表

述是"物的担保和人的担保的关系"[1]；有的学者表述为"担保人承担责任的顺序"[2]、"担保责任的承担顺序"[3]；有的学者表述为"担保人承担责任的顺序、形式和承担担保责任的份额、范围"[4]；有的学者表述为"权利行使的方式"[5]；有的学者认为"可以是关于各类担保权行使先后顺序的约定，也可以是各类担保权各自担保的债权份额的约定"[6]。从《民法典》第392条前句后段"没有约定或者约定不明确，债务人自己提供物的担保的，债权人应当先就该物的担保实现债权；第三人提供物的担保的，债权人可以就物的担保实现债权，也可以请求保证人承担保证责任"来看，这里的"约定"应指人的担保责任与物的担保责任之间的顺序。这一解释结论得到了相关司法解释的支持。如《担保法解释》第75条第2款规定："同一债权有两个以上抵押人的，当事人对其提供的抵押财产所担保的债权份额或者顺序没有约定或者约定不明的，抵押权人可以就其中任一或者各个财产行使抵押权。"[7]这里明确将约定的内容界定为"份额或者顺序"；《民事诉讼法解释》第363条明确指出："依照民法典第三百九十二条的规定，被担保的债权既有物的担保又有人的担保，当事人对实现担保物权的顺序有约定，实现担保物权的申请违反该约定的，人民法院裁定不予受理；没有约定或者约定不明的，人民法院应当受理。"这里明确将"债权人应当按照约定实现债权"的"约定"解释为"对实现担保物权的顺序"的"约定"。不过，虽然该条仅为就实现担保物权案

1　黄薇主编：《中华人民共和国民法典物权编解读》，中国法制出版社，2020，第467页。

2　最高人民法院物权法研究小组：《〈中华人民共和国物权法〉条文理解与适用》，人民法院出版社，2007，第520页。

3　崔建远：《物权：规范与学说——以中国物权法的解释论为中心》（下册）（第二版），清华大学出版社，2021，第337页。

4　王利明：《物权法研究》（下卷）（第四版），中国人民大学出版社，2018，第1112页。

5　曹士兵：《中国担保制度与担保方法》（第五版），中国法制出版社，2022，第69页。

6　程啸：《担保物权研究》，中国人民大学出版社，2017，第143页。

7　该款符合《民法典》的精神，在《民法典》实施之后，裁判实践仍然可以沿袭原来的裁判思路。参见最高人民法院民事审判第二庭：《最高人民法院民法典担保制度司法解释理解与适用》，人民法院出版社，2021，第681页。

件特别程序所作的解释，自不包括实现保证债权的情形，但就其所规制的内容而言，条文中的"实现担保物权的顺序"应为"实现担保权的顺序"。因为，仅在数个担保物权并存时，才有所谓实现担保物权顺序的约定，在物的担保和人的担保并存时，两者之间的顺序约定仅为实现担保权顺序的约定。

综上，《民法典》第 392 条规定的债权人"按照约定实现债权"中的"约定"仍包括人的担保和物的担保的责任顺序或者份额的约定。[1] 此类约定不管文义如何，其需产生赋予债权人实现债权的选择权、担保人不可主张债权人先就债务人的物的担保或者他人提供的担保实现债权的抗辩的效果。如此即符合第 392 条的规定。债权人与担保人的约定，可以是担保人承担担保责任的具体顺序，也可以是交由债权人根据具体情况作出选择的顺序暂时不确定；担保份额可以是数个担保人之间确定的份额，也可以是各担保人与债权人约定的应当承担的份额，而实际承担的份额取决于债权人具体如何实现债权。"约定不明"主要表现为不同担保人（包括债务人提供物的担保情形）与债权人约定享有的抗辩权存在效果上的冲突，导致债权人无法向任何一方主张实现债权。

（三）"约定"明确到什么程度？

在《民法典》第 392 条前句的文义之下，只有在就人的担保与物的担保之间的责任顺序或者责任分担范围约定明确的情形之下，债权人才能依该约定实现债权。裁判实践中即有当事人认为，这里的"约定"，只有在排定债权人实现债权时各担保权之间的顺位的情况下，才属于明确的约定，亦即"有第一顺位、第二顺位及最后顺位等明确的排序"[2]，由此引发了当事人意思表示解释上的争议。

---

[1] 参见高圣平：《民法典担保制度及其配套司法解释理解与适用》，中国法制出版社，2021，第364页。

[2] 广东省珠海市中级人民法院（2015）珠中法民二终字第 314 号民事判决书。

1. 约定在其他担保人不能承担担保责任时承担担保责任的法律意义

第三人提供担保之时，自可与债权人约定有利于自己的承担担保责任的条件，包括且不限于其在其他担保人不能承担担保责任时才承担担保责任。[1] 从双方在担保交易中的博弈而言，担保人与债权人均约定仅在其他担保人承担担保责任后才承担保证责任，存在的可能性极低。因为所有担保人都与债权人作此约定，将直接导致债权人无法向任何提供担保的第三人主张实现债权。但依《民法典》第 392 条的文义，债权人与担保人之间存在作此约定的可能性。这又可区分两种情形。

第一，债权人与所有的担保人均约定在其他担保人承担担保责任后才承担担保责任。债权人与每一担保人的约定，属于履行担保责任附停止条件，且构成不确定条件。但债权人与所有担保人均作此约定，则在效果上所附条件不具有发生的可能性。如此，在裁判结果上，要么认定所附条件都有效从而导致债权人无法向任何一个担保人主张承担担保责任，要么采穿透性思维认定所附条件都无效从而认可债权人实现担保权利的选择权。两相比较，较为妥善的处理方法可能是，此类约定在整体上属于《民法典》第 392 条所规定的"约定不明"情形，债权人应先就债务人提供的物的担保实现债权，再自主选择第三人的保证或者物的担保实现债权。

第二，债权人与部分担保人约定在其他担保人承担担保责任后才承担担保责任。此类情形不直接涉及其他担保人的利益，不违背合同相对性，起着限制债权人实现债权的选择权的作用，尚未超出《民法典》第 392 条的文义，故而有效。尚须注意的是，在数人保证中，若甲、乙两个保证人均与债权人约定承担连带责任保证责任，乙保证人与债权人约定在甲承担保证责任后再行承担，乙的保证方式并不因此而变成一般保证，仅仅只表明乙承担连

---

[1] 参见叶金强：《〈民法典〉共同担保制度的法教义学构造》，《吉林大学社会科学学报》2021 年第 3 期。

带责任保证的顺序劣后于甲。一般保证和连带责任保证等保证方式，仅反映着保证人相对于主债务人而言就债权的实现是否存在顺序利益，并不及于担保人之间是否存在顺序利益。这在乙保证人与债权人约定债权人先就债务人提供的物的担保实现债权中，亦是如此。此类约定在效果上赋予了担保人先就其他担保人实现债权的抗辩权。

2. 约定担保人在任何情形下都承担担保责任的法律意义

此约定并非全然无效，只是与《民法典》中关于担保物权的禁止性规范相违背时才无效，例如违反第 388 条、第 393 条中的禁止性规范内容。债权人与担保人作此约定的目的在于保障自己选择实现债权方式的灵活性，排除《民法典》第 392 条要求先就债务人提供的物的担保实现债权的限制，从而能高效率地实现其债权。债权人通常会与担保人作此类似约定——债权人与担保人约定不论债权人对主合同项下的债权是否拥有其他担保（包括但不限于保证、抵押、质押、保函、备用信用证等担保方式），不论上述其他担保何时成立、是否有效、债权人是否向其他担保人提出权利主张，也不论是否有第三方同意承担主合同项下的全部或者部分债务，也不论其他担保是否由债务人自己所提供，担保人在本合同项下的担保责任均不因此减免，债权人均有权直接要担保人承担担保责任，担保人同意不提出任何异议或者抗辩。[1]就此类条款是否构成债权人实现债权顺序的明确约定，裁判实践中存在较大争议。

第一种观点认为，此类约定的核心在于表明担保人承担担保责任不受债权人享有的其他担保权利之影响。只要担保人与债权人的约定包含此意图，就可以认定其对债权人实现债权的选择权或者实现顺序作出明确约定，尽管从当事人所作约定的文义不可得出此结论。[2]债权人与担保人单独作此类约

---

[1] 参见辽宁省高级人民法院（2022）辽执复 288 号民事裁定书、广西壮族自治区高级人民法院（2022）桂执复 29 号裁定书。

[2] 参见广东省广州市中级人民法院（2022）粤 01 民终 7432 号民事判决书。

定，在于明确债权人实现债权的选择权，不构成其他担保人对债权人实现担保权利顺序的正当抗辩理由。例如，保证人与债权人约定"如主合同项下除本保证外又有物的担保的，保证人愿意就所担保的全部债务先于物的担保履行连带保证责任"，表明其放弃要求债权人先就物的担保实现债权的顺序抗辩，并非是关于物的担保与人的担保之间实现顺序的约定，不能作为限制债权人实现债权的选择权的约定。[1] 此类约定虽要求保证人放弃要求债权人先就物的担保实现债权的抗辩，但属于《民法典》第 392 条允许当事人以约定方式放弃抗辩的内容，故而不构成无效的格式条款，只要债权人与保证人订立合同时履行了提示说明义务。[2] 债权人选择向数个担保人中一个主张实现债权，会产生免除其他担保人担保责任的客观效果，但这不构成其他担保人依据《民法典》第 409 条第 2 款或者第 435 条主张免除担保责任的正当理由。因为债权人与担保人作出符合《民法典》第 392 条的约定，属于《民法典》第 409 条第 2 款或者第 435 条中但书规定"其他担保人承诺仍然提供担保"情形。债权人与第三担保人未作此约定或者约定不明，则债权人需先就债务人提供的物的担保实现债权，否则构成放弃担保权利，第三担保人可就此主张在相应担保范围内免除担保责任。[3]

第二种观点认为，该约定"没有明确表明是物的担保优先还是人的担保优先，故属于法律规定的约定不明确情形"[4]，"不能认定为是对本案担保债权实现顺序的约定，无法推导出［债权人］对此担保债权的实现顺序享有选择权"[5]。当事人"债务既有保证又有物的担保的，贷款人有权自主决定实现担

1　参见江苏省淮安市中级人民法院（原江苏省淮阴市中级人民法院）（2021）苏 08 民终 2842 号民事判决书。

2　参见山东省德州市（地区）中级人民法院（2022）鲁 14 执复 84 号民事裁定书、山东省威海市中级人民法院（2022）鲁 10 民终 1345 号民事判决书。

3　参见广东省江门市中级人民法院（2022）粤 07 民终 1216 号民事判决书。

4　贵州省高级人民法院（2016）黔民初 73 号民事判决书。类似的案例还有贵州省高级人民法院（2014）黔高民商初字第 33 号民事判决书；贵州省高级人民法院（2016）黔民终 272 号民事判决书。

5　最高人民法院（2015）民二终字第 280 号民事判决书。

保的顺序，担保人承诺不因此而提出抗辩"的约定，未就实现担保物权的顺序作出明确约定，因而仍应适用"债务人自己提供物的担保的，债权人应当先就该物的担保实现债权"规则。[1]"贷款人有权同时向保证人和物的担保人主张实现债权，保证人和物的担保人对此被担保的债权均负有清偿义务"的约定，只约定贷款人可以同时向保证人和物的担保人主张债权，内容相对比较宽泛，没有对保证人和物的担保人的承担顺序作出具体约定，无法得出保证人向债权人作出了放弃物的担保优先抗辩承诺的结论，因而其属于约定不明的情形。[2]

本书作者认为，《民法典》第 392 条中"债务人自己提供物的担保的，债权人应当先就该物的担保实现债权；第三人提供物的担保的，债权人可以就物的担保实现债权，也可以请求保证人承担保证责任"，属于债权人实现债权的缺省规则，在规则适用上处于"候补"地位。该条赋予债权人选择权并允许其以约定排除"先就债务人提供的物的担保实现债权"的限制，目的在于保障债权人能够高效地实现债权，让其判断如何实现债权更便利且自主决定。正如前述，"债权人应当按照约定实现债权"的"约定"目的在于确定或者限制人的担保与物的担保并存时债权人的选择权，只要当事人之间的约定内容达到了这一程度，即应认定为当事人之间就债权人实现其债权有了明确约定。这里，既包括限制债权人选择权的约定，也包括确定或者赋予债权人选择权的约定。所谓就债权人实现债权顺序的明确约定，并不仅限于"是物的担保优先还是人的担保优先"，还包括债权人在担保权可得行使之时，可以自由选择主张何种担保权的情形。如担保合同中约定："当债务人未履行债务时，无论债务人对主合同项下的债权是否拥有其他担保，债权人均有权直接要求担保人承担担保责任。"这里，当事人之间的意思至为明确，

1　参见山东省潍坊市中级人民法院（2022）鲁 07 民终 2924 号民事判决书。
2　参见安徽省安庆市中级人民法院（2022）皖 08 民终 508 号民事判决书。

在债务人不履行债务时，债权人既可以直接要求保证人承担保证责任，又可以直接就物的担保实现债权，而不管这些担保是以什么形式由谁提供的。准此，此类约定即为债权人实现债权顺序的明确约定。[1]再如保证合同中约定："如有主合同债务人为主合同项下债务履行提供物的担保，债权人有权选择实现担保权的顺序，可以先行要求保证人承担连带责任保证责任，保证人放弃债务人自身物保的先诉抗辩权。"这里，保证人明确放弃了其本可享有的债权人应先就债务人自己提供的物的担保实现债权的抗辩，赋予债权人以自由选择权，亦应属于债权人实现其债权顺序的明确约定。前引信贷实践中普遍存在的条款亦应作相同解释。

债权人在与各担保人签订的数份担保合同中均有"可以或有权直接要求担保人承担担保责任"的约定，相互之间是否存在冲突，并进而构成"约定不明确"？这里，"可以""有权"等文句仅是赋予了债权人选择的权利，其并未改变其他担保合同中有关债权人有权直接要求相应担保人承担担保责任的约定[2]，相互之间不存在冲突，经由债权人的选择，担保人承担担保责任的顺序得以明确，因而也不属于"约定不明确"的情形。此类约定正好表明，在主合同债权有复数担保时，债权人可以（有权）直接就人的担保或者物的担保实现债权，并不是必须直接就物的担保实现债权。准此，此类约定并未限制混合共同担保中债权人的选择权，相反，抵押权人"有权直接要求担保人承担担保责任"赋予了债权人的任意选择权，而不管该担保人是债务人、保证人还是物上保证人。

1　有裁判认为，"如借款人在担保阶段内未能依照本合同约定按时偿还贷款本息及相关费用的，在保证期间内，贷款人有权直接要求保证人承担保证责任，并有权从保证人账户中直接扣划。""从该约定的内容看，仅是对连带保证责任所作的解释性约定，并非系对人的担保与物的担保两者的清偿顺位所作的约定。"浙江省高级人民法院（2016）浙民再 142 号民事判决书这一解释并未考虑到当事人在合同中所使用的"贷款人有权直接要求保证人承担保证责任"这一文句的意义，值得商榷。

2　参见黑龙江省高级人民法院（2016）黑民终 543 号民事判决书。

（四）债务人提供的物的担保绝对优先？

《民法典》第 392 条不排除债务人提供物的担保时与债权人约定后者先向其他担保人主张承担担保责任的可能性。倘若此时，其他担保人与债权人未作实现债权的约定或者约定不明，抑或约定担保人在债权人放弃主张提供物的担保的债务人先承担担保责任范围内免责。[1] 那么，债权人应先就债务人提供的物的担保实现债权，还是先向其他担保人主张担保责任？依《民法典》第 392 条第一句第二分句的文义，在没有约定或者约定不明时，债权人才应当先就债务人的物的担保实现债权。这给债务人在提供物的担保时后于其他担保人承担担保责任，提供了可能性。另外，在此情形下，债权人与提供物的担保的债务人约定先主张其他担保人承担担保责任，是否构成放弃债务人的物的担保？债务人与债权人的约定直接约束债权人实现债权的选择权，不存在约束合同以外第三人或者违反禁止性规定情形，理应有效。而其他担保人无论是基于《民法典》第 392 条的缺省规则抑或与债权人的约定，其享有债权人先就债务人提供的物的担保实现债权之顺序利益，亦是有效存在。两者之间的冲突，无法简单以约定违反强制性规定或者其他规则加以化解，仍需回到《民法典》第 392 条寻找答案。不同担保人基于约定或者缺省规则享有的顺序利益，在效果上存在冲突，属于《民法典》第 392 条规定的"约定不明确"的情形。

对于"没有约定或者约定不明确"时债权人应先就债务人的物的担保实现债权问题，有学者主张，仅在一般保证与债务人提供的物的担保并存的场合，债权人才须先主张就债务人提供的物的担保实现债权，而在其他情形，债权人可自由选择向任意担保人实现债权。[2] 反对者认为，"在各担保合同对担保责任顺序无约定或约定不明时，无须区分保证方式和物上保证人种类，

1　参见刘贵祥：《担保制度一般规则的新发展及其适用》，《比较法研究》2021 年第 5 期。

2　参见凌捷：《混合共同担保若干争议问题研究》，《政治与法律》2016 年第 6 期；温世扬、梅维佳：《混合共同担保之内部追偿权研究》，《学习与实践》2019 年第 6 期。

债权人自由选择权均应不受影响"[1]。这实际涉及两个问题：一是《民法典》第 392 条要求债权人在就实现债权的顺序无约定或者约定不明时先就债务人提供的物的担保实现债权，是否合理；二是一般保证人基于《民法典》第 687 条享有的先诉抗辩权，对于债权人先就债务人提供的物的担保实现债权，存在何种影响。

就第一个问题而言，《民法典》第 392 条限制债权人实现债权时的选择权，立法原意在于，"债务人是最终的债务承担者，保证人在承担了担保责任后，对债务人享有追偿权"[2]。在债务人自己提供物的担保的情况下，债权人首先就该物的担保实现债权，可以避免保证人和其他物上保证人日后再向债务人追偿，减少权利实现的成本和费用[3]，"而且，在债务人自己提供物的担保的情况下，要求保证人先承担保证责任，对保证人也是不公平的"[4]。从立法论角度来看，此制度设计大可不必，反而增加价值判断上的冲突。《民法典》第 392 条的首要功能在于保障债权人便利地实现债权，其次是降低帮助实现债权的担保人行使追偿权的成本。这两种功能应通过不同的制度安排来实现，而不应在同一制度安排中实现，因为降低帮助实现债权的担保人行使追偿权的成本，是以限制债权人实现债权的便利与自由为代价。妥当的处理方法是，在实现债权阶段，无约定或者约定不明时，债权人可自主选择就何种担保实现债权，不受先就债务人提供的物的担保实现债权的限制；在追偿阶段，享有追偿权的担保人应先主张就债务人提供的物的担保实现权利。因此，本书在立法论立场上赞同反对者的观点。但在解释论上，从《民法典》第 392 条的文义与目的无法解释出，在就实现债权的顺序无约定或者约定不明时，债权人可排除"先就债务人提供的物的担保实现债权"之限制的

---

1 刘平：《民法典编纂中混合共同担保之再认识》，《西南政法大学学报》2017 年第 6 期。
2 曹士兵：《中国担保制度与担保方法》（第五版），中国法制出版社，2022，第 69-70 页。
3 参见黄薇主编：《中华人民共和国民法典物权编解读》，中国法制出版社，2020，第 468 页。
4 全国人大常委会法制工作委员会民法室：《中华人民共和国物权法释义》，法律出版社，2007，第 380 页。

结论，即使该条作此规定欠缺一定的合理性。

就第二个问题而言，债权人向一般保证人主张保证债权时，只要不存在《民法典》第 687 条第 2 款规定的四种除外情形，一般保证人即可主张先诉抗辩权，要求债权人先就债务人的财产实现债权。这自然包括债权人就债务人提供的物的担保实现债权情形。然而，债权人可以向一般保证人之外的担保人主张实现债权。此时，除非其他担保人与债权人存在实现债权顺序的约定，债权人完全可以向其他担保人主张实现债权，从而不触发一般保证人的先诉抗辩权，也不必先就债务人提供的物的担保实现债权。前述肯定说的观点，将本只应在一般保证人与债权人之间产生的抗辩权效果，扩大适用于其他担保人。即使无债务人提供的物的担保，债权人向一般保证人主张实现债权时，后者也可主张先诉抗辩权。其他担保人被动地享受了一般保证人的先诉抗辩权"福利"。债权人先向其他担保人主张实现债权不能时，一般保证人仍可主张先诉抗辩权，但《民法典》第 687 条第 2 款规定的四种除外情形除外。然而，《民法典》第 392 条要求债权人在无约定或者约定不明时先就债务人提供的物的担保实现债权，其主要目的是减少担保人行使追偿权的成本，但在客观效果上赋予了包括一般保证人在内的所有担保人以顺序利益。不论债权人与保证人约定后者承担一般保证是否属于《民法典》第 392 条中的"约定"，一般保证人被请求承担担保责任之时，均可主张债权人先就债务人的物的担保实现债权的抗辩。保证方式为一般保证的情形，并不需要通过限制债权人的选择权来达到保证人对于债权人的顺序利益，因为，如债权人选择先向保证人主张保证债权，保证人自可主张其本可行使的先诉抗辩权，要求债权人先向债务人主张债权。此际，一般保证之下的保证人的顺序利益仅仅指向债务人，而非其他担保人。

与此相关的问题是，同时存在债务人提供的物的担保，第三人提供的连带责任保证之时，债权人与第三人约定的连带责任保证，是否属于《民法典》第 392 条中的"约定"？若属于，则债权人可自由选择就债务人的物的担保或者第三人的保证实现债权；反之，这属于《民法典》第 392 条中的"没有约定"，债权人应先就债务人提供的物的担保实现债权，不能受偿的部分才可向连带责任保证人请求承担保证责任。本书作者认为，《民法典》第 392 条中债权人"按照约定实现债权"中的"约定"，是指各担保人之间的责任顺序或者份额的约定，已如前述。尽管连带责任保证的制度安排"本就抛弃了必须先从负担终局责任的债务人处实现债权的道德感情"[1]，连带责任保证人对于主债务人而言就债权的实现并无顺序利益之可言，但是债权人与担保人之间关于连带责任保证的约定，也不宜解释为是否已就担保人之间的责任顺序或者份额作出了约定。此时，并不因连带责任保证人对于主债务人无顺序利益，就当然地认为连带责任保证人对于主债务人提供的物的担保无顺序利益。基于《民法典》第 392 条在债务人提供的物的担保的情形限制债权人选择权的规范目的，连带责任保证人承担担保责任之后同样存在向主债务人追偿的问题，此种情形仍然属于各担保人之间就实现债权的顺序或者份额"没有约定或者约定不明确"的情形。

（五）《民法典》第 392 条适用的担保情形

《民法典》第 392 条中"约定的实现担保物权情形"在文义上不包含约定实现保证债权的情形。在解释上，即使债权人与保证人之间存在实现保证债权的约定，也不影响债权人先就债务人的物的担保实现债权后再自由选择向其他担保人主张权利以完全实现债权。《民法典》第 681 条表明保证责任的承担也存在债权人与保证人进行约定的可能，容许债权人与保证人在不履行到期债务之外另行约定实现保证债权的情形。一般保证与连带责任保证的区分即为例证。严格依照《民法典》第 392 条的文义，同样可由当事人对实现担保条件作出约定的保证与物上担保，在效果上存在差别。这无法对混

---

1 孙鹏、王勤劳、范雪飞:《担保物权法原理》,中国人民大学出版社,2009,第75页。

合共同担保情形如何实现债权提供规范依据，违背保证与物上担保平等性原理。这也不当地限制了当事人在实现担保条件上的意思自治，不符合当事人在担保交易中的习惯性约定。现实交易中，债权人往往会与担保人约定：当债务人未按约定履行其债务时，无论债权人对主合同项下的债权是否拥有其他担保（包括但不限于保证、最高额保证、抵押、最高额抵押、质押、最高额质押、保函、备用信用证等担保方式），其均有权要求担保人承担担保责任实现债权，并且同意由债权人在各项担保中自主选择实现担保权利的顺序和额度。[1] 此约定也存在于保证情形。因此，有必要对第 392 条中"发生当事人约定的实现担保物权的情形，债权人应当按照约定实现债权"作目的性扩张解释，将"约定实现保证债权的情形"纳入其中。

作此解释需兼顾的是，其与《民法典》第 699 条的规定是否存在冲突，亦即如何理解第 699 条中的"约定"。第 699 条的前半句与后半句均使用了"约定"这个词，且约定的对象是区别于"保证范围"的"保证份额"。单个保证人与债权人所约定的是"保证范围"，而非"保证份额"。后者适用于保证人之间的约定场合，既可以是保证人之间的私下约定，也可以是约定在与债权人订立的保证合同条款中。通常而言，共同保证中的保证人与债权人约定各自的保证份额，即属于按份共同保证。[2] 但"此数额并非保证人之间按份关系建立的基础，数额约束存在于保证人和担保权人之间；没有约定担保数额，也并不意味着就是连带关系，连带关系之建立需要担保人之间的合意支持"[3]。这不排除各保证人与债权人在保证合同中约定其在保证范围内承担连带保证责任，同时约定各保证人内部分担的保证份额。这属于连带共同保证而非按份共同保证。因此，《民法典》第 699 条前半句要求保证人按照

1　参见最高人民法院（2020）最高法民终 1264 号民事判决书、新疆维吾尔自治区高级人民法院（2022）新执复 67 号民事判决书。

2　参见徐涤宇、张家勇主编：《〈中华人民共和国民法典〉评注》（精要版），中国人民大学出版社，2022，第 756 页。

3　叶金强：《〈民法典〉共同担保制度的法教义学构造》，《吉林大学社会科学学报》2021 年第 3 期。

保证合同约定的保证份额承担保证责任，应排除债权人与保证人约定保证人在保证范围而非保证份额内承担保证责任的情形。此外，按份共同保证人也不必然按其在保证合同中约定的保证份额承担保证责任。例如，乙从甲处借贷 1000 万元，并以自己价值 600 万元的房屋做抵押。保证人丙和丁与甲约定在 1000 万元范围内承担按份共同保证，约定各自份额为 600 万元和 400 万元。丙和丁在保证合同中约定其在债务人不能清偿范围内承担按份共同保证。乙不履行到期债务时，因丙和丁享有先诉抗辩权，甲不得不先就乙提供的房屋抵押实现债权，然后就不能清偿的债权向丙和丁主张实现。丙和丁只需在不能清偿的 400 万元范围内承担保证责任。由于丙和丁是按份共同保证而非连带共同保证，债权人不可随意主张丙或者丁清偿，而只能由丙和丁按照 600∶400 即 3∶2 的比例共同清偿。因此，第 699 条中的"保证份额"是按份保证人承担保证责任的最高数额，也是计算按份保证人之间分担保证责任比例的基数。在连带共同保证场合，债权人可主张任一保证人承担全部保证责任，更不影响债权人实现债权的选择权。因此，按份共同保证或者连带共同保证，一定程度上影响着债权人向共同保证人主张实现债权。但《民法典》第 699 条中的"约定"不会引发"债权人是否需先就债务人提供的物的担保实现债权"问题，这与一般保证或者连带责任保证存在本质区别。《民法典》第 699 条中的"约定"不可等同于第 392 条中的"按照约定实现债权"中的"约定"。

三、担保人之间分担请求权的正当性

《民法典》第 392 条基本完全延续《物权法》第 176 条的规定。其中就担保人承担担保责任后的追偿权，主要表现为两处：一是在就各担保人之间的责任顺序或者份额没有或者约定不明确时，强制性地要求债权人先就债务人提供的物的担保实现债权，以降低担保人承担担保责任以及行使追偿权的可能性与成本；二是规定承担担保责任的第三人"有权向债务人追偿"。《民

法典》第 392 条主要以债权人实现债权的选择权为切入点展开，对担保人之间的分担请求权未置可否。那么，除可向主债务人追偿外，担保人（包括保证人和物上保证人）之间是否可以主张内部追偿权或者分担请求权？[1] 这是共同担保的一个持续性核心争议问题。

（一）担保人之间享有分担请求权的法定情形

《民法典》第 392 条就担保人之间的分担请求权未置明文，但同样调整共同担保的第 699 条与第 700 条，尚存担保人之间享有分担请求权的解释空间。从法条之间的关系而言，虽然第 392 条在体系上位于物权编"担保物权分编"的"一般规定"章，第 699 条与第 700 条位于合同编"典型合同分编"之"保证合同"章，但两者之间相互类推适用亦属当然。

《民法典担保制度解释》所持代表性观点认为，虽然《民法典》第 392 条对担保人之间的分担请求权未予表态，但"立法机构已经明确表达了反对共同担保人之间相互追偿的意见"[2]，既然《民法典》在混合共同担保人分担请求权问题上作出了明确的否定，保证人之间有无分担请求权也应遵循此规则处理。[3] 据此，担保人之间原则上并不享有分担请求权，但担保人明确约定或者因共同关系而形成连带债务关系的除外。[4] 例如，担保人约定可以相互追偿、约定承担连带共同担保责任，或者虽未约定但在同一份合同书上签字、盖章或者按指印。

《民法典担保制度解释》第 13 条第 1 款规定："同一债务有两个以上第三人提供担保，担保人之间约定相互追偿及分担份额，承担了担保责任的担

1　《民法典》和《民法典担保制度解释》在两者意义上使用担保人追偿权，一是担保人对主债务人的追偿权，二是（共同）担保人之间的追偿权。其中，学说上多将后者称为内部追偿权。为免生疑义，本书将后者称为担保人之间的分担请求权。

2　刘贵祥：《担保制度一般规则的新发展及其适用》，《比较法研究》2021 年第 5 期。

3　最高人民法院民事审判第二庭：《最高人民法院民法典担保制度司法解释理解与适用》，人民法院出版社，2021，第 186 页。

4　参见林文学、杨永清、麻锦亮、吴光荣：《〈关于适用民法典有关担保制度的解释〉的理解和适用》，《人民司法》2021 年第 4 期。

保人请求其他担保人按照约定分担份额的，人民法院应予支持；担保人之间约定承担连带共同担保，或者约定相互追偿但是未约定分担份额的，各担保人按照比例分担向债务人不能追偿的部分。"这里认可了担保人之间在约定追偿或者约定连带共同担保时的分担请求权，符合当事人的意思表示，也与《民法典》第 519 条的规定相一致；第 2 款规定："同一债务有两个以上第三人提供担保，担保人之间未对相互追偿作出约定且未约定承担连带共同担保，但是各担保人在同一份合同书上签字、盖章或者按指印，承担了担保责任的担保人请求其他担保人按照比例分担向债务人不能追偿部分的，人民法院应予支持。"这里，担保人在"同一份合同书上"签字、盖章或者按指印，"从平衡当事人利益角度出发，应推定担保人之间具有相互分担责任的意思表示"[1]。与第 1 款认可的约定分担请求权情形不同，此推定带有意思表示假定成分，拟制在同一担保合同上签字、盖章或者按指印的担保人具有约定分担请求权的意思表示。值得反思的是，相比担保人与债权人分别签订担保合同且未约定相互追偿权或者连带共同担保情形，数个担保人在同一担保合同上签字、盖章或者按指印，担保人大概率相互知晓。但由此认定有平衡数个担保人之间利益的必要，难免有些草率。数个担保人之间的利益衡量的必要性源于《民法典》第 392 条，后者主要保障债权人实现债权的选择权且对担保人的分担请求权保持"沉默"。为避免"部分担保人不幸地被主张实现债权，其他担保人有幸地免于承担担保责任"这种于担保人而言利益失衡的局面，才是认可担保人分担请求权的正当性基础。这与担保人在同一担保合同上签字、盖章或者按指印，不存在逻辑上的联系。

基于此，有学者主张应对此作一定限缩，要求"推定的担保人意思应以各担保人知晓其他担保人存在为前提，若数担保人非同时签署合同，即可

---

[1]　最高人民法院民事审判第二庭：《最高人民法院民法典担保制度司法解释理解与适用》，人民法院出版社，2021，第 183-184 页。

能存在先签署者不知道后签署者的存在，此时即无法推定数担保人有共同担保的意思"[1]。这里将"担保人在同一担保合同上签字、盖章或者按指印"强化为担保人之间应相互知晓，看似更合理，但仍未解决推定欠缺正当性的问题。还有学者主张，数个担保人在同一合同中约定提供担保属于同时提供担保，即加入担保债务关系[2]，这与分别提供担保存在法律结构上的差异，因而前者构成连带而后者不构成。[3]此情形之所以能构成连带关系，是因为可以类推适用《民法典》第 552 条关于债务加入构成连带债务的规定，再适用第 519 条得出担保人之间享有法定分担请求权的结论。[4]本书作者不赞成这一解释路径，因为证成此情形中担保人之间的连带关系，无须类推适用第 552 条。此情形较为常见地适用于保证，而实践中较难产生数个担保人在同一份担保物权设立合同上签字、盖章或者按指印的情形。保证人虽在同一份合同书上签字、盖章或者按指印，但若合同文本未表明各保证人对债权人承担的具体保证份额，则属于对保证份额未约定情形。债权人可依第 699 条的规定请求任何一个保证人在合同约定的保证范围内承担保证责任。因此，在同一份合同书上签字、盖章或者按指印，且未约定各保证人之间存在连带关系以及保证份额时，保证人仍可基于《民法典》第 699 条与第 178 条的规定成立连带共同保证关系；若保证合同里写明保证人对债权人均摊保证范围，且未约定连带共同担保关系，则保证人之间依第 699 条前半句的规定成立按份共同保证。按份保证人之间并不存在分担请求权。可见，《民法典担保制度解释》第 13 条第 2 款属于《民法典》第 699 条后半句规定的推定连带共同保证，但其未排除构成第 699 条前半句规定的按份共同保证情况，实为不足。

《民法典担保制度解释》第 13 条最大的不足在于第 3 款。该款规定："除

1　叶金强：《〈民法典〉共同担保制度的法教义学构造》，《吉林大学社会科学学报》2021 年第 3 期。

2　参见刘贵祥：《担保制度一般规则的新发展及其适用》，《比较法研究》2021 年第 5 期。

3　参见吴光荣：《共同担保人之间的追偿问题》，《法律适用》2021 年第 3 期。

4　参见刘贵祥：《担保制度一般规则的新发展及其适用》，《比较法研究》2021 年第 5 期。

前两款规定的情形外，承担了担保责任的担保人请求其他担保人分担向债务人不能追偿部分的，人民法院不予支持。"这一规定应至少满足两个正当性理由：一是纵览《民法典》相关条文，在体系上确实无法找出担保人之间存在分担请求权的其他情形。从学界的争议来看，这个论断不一定绝对成立。二是司法解释制定者有足够的理由确定将来不会出现其他需要承认担保人之间享有分担请求权的情形。《民法典担保制度解释》第13条第3款不当地否定共同担保中其他可能存在的连带责任关系。[1]最高人民法院就该款的解释选择的最大理由是"全国人大常委会法工委在《中华人民共和国民法典释义》和《中华人民共和国物权法释义》两书中均明确，担保人之间不能相互追偿"[2]。这一观点在裁判实践中具有误导性，裁判实践中即有观点认为《民法典》第392条否定了混合担保人相互之间的追偿权。[3]即便如此，这也不能完全杜绝以目的解释和历史解释，基于自由、效率等价值，援用《民法典》的其他规范对第392条进行解释，得出可推定其他情形存在担保人之间分担请求权的结论。[4]

（二）无意思联络担保人分担请求权的价值判断

担保人之间约定相互追偿权、连带共同担保，或者虽未约定但在同一份合同书上签字、盖章或者按指印时，担保人之间的分担请求权才成立（《民法典担保制度解释》第13条）。除了这些情形之外，在当事人之间未作约定甚至无意思联络之时，担保人之间是否存在分担请求权，学界一直主要存在肯定说与否定说[5]两种截然相反的观点。这一争议可追溯至《物权法》

1　参见杨代雄：《〈民法典〉共同担保人相互追偿权解释论》，《法学》2021年第5期。

2　最高人民法院民事审判第二庭：《最高人民法院民法典担保制度司法解释理解与适用》，人民法院出版社，2021，第185页。

3　参见山东省泰安市中级人民法院（2021）鲁09民初157号民事判决书。

4　参见贺剑：《担保人内部追偿权之向死而生》，《中外法学》2021年第1期。

5　为便于表述，全文所用"肯定说"与"否定说"分别特指肯定与否定无意思联络的混合共同担保人之间的分担请求权。

时期。[1]

在《物权法》第 176 条未置明文的情形之下,《民商事审判会议纪要》第 56 条直接否定了担保人之间的分担请求权,但是无论担保人是否明确约定内部追偿权,多数裁判依《担保法解释》第 38 条第 1 款认可混合共同担保人的内部追偿权。[2]民法典编纂时期,肯定说建议将混合共同担保中担保人之间的连带关系予以法定化,并承认主债权的法定转移与分担请求权或者清偿承受权[3];或主张未约定或者约定不明时,担保人在担保份额重合部分构成连带共同担保[4];或主张将混合共同担保人之间的分担请求权法定化。[5]否定说则主张明确否定分担请求权[6],依担保人之间是否有主观意思联络区分为混合共同担保与混合担保,仅在前者中担保人才构成连带关系,享有分担请求权。[7]不同于《担保法》第 12 条规定的共同保证人的分担请求权、《担保法解释》第 75 条第 3 款规定的共同抵押人的分担请求权、第 38 条第 1 款

---

1 《物权法》时期,持肯定说者,参见高圣平:《混合共同担保之研究》,《法律科学》2008 年第 2 期;杨文杰:《混合共同担保人内部追偿问题研究》,《河北法学》2009 年第 10 期;程啸:《混合共同担保中担保人的追偿权与清偿承受权》,《政治与法律》2014 年第 6 期;黄忠:《混合共同担保之内部追偿权的证立及其展开》,《中外法学》2015 年第 4 期;凌捷:《混合共同担保若干争议问题研究》,《政治与法律》2016 年第 6 期;张尧:《混合共同担保中担保人内部求偿的解释论》,《法学家》2017 年第 3 期;贺剑:《走出共同担保人内部追偿的"公平"误区》,《法学》2017 年第 3 期;沈森宏:《混合共同担保的偿债顺序》,《华东政法大学学报》2017 年第 4 期;等等。持否定说者,参见黄喆:《保证与物的担保并存时法律规则之探讨——以〈物权法〉第 176 条的规定为中心》,《南京大学学报(哲学·人文科学·社会科学)》2010 年第 3 期;江海、石冠彬:《论混合共同担保》,《海南大学学报人文社会科学版》2012 年第 3 期;李红建、雷新勇:《人保与第三人物保的相互追偿及担保物权未设立的责任问题探讨》,《法律适用》2014 年第 8 期;等等。

2 参见刘智慧:《混合担保中担保人之间的追偿权证成》,《贵州省党校学报》2020 年第 5 期。

3 参见耿林:《比较法视野下的混合共同担保》,《江汉论坛》2017 年第 6 期;刘保玉:《第三人担保的共通规则梳理与立法规定的完善》,《江西社会科学》2018 年第 10 期;杨代雄:《共同担保人的相互追偿权》,《四川大学学报(哲学社会科学版)》2019 年第 3 期;高圣平:《混合共同担保的法律规则:裁判分歧与制度完善》,《清华法学》2017 年第 5 期;何颖来:《混合共同担保内部求偿算定规则体系的构建》,《交大法学》2017 年第 4 期。

4 参见汪洋:《共同担保中的推定规则与意思自治空间》,《环球法律评论》2018 年第 5 期;程啸:《民法典物权编担保物权制度的完善》,《比较法研究》2018 年第 2 期。

5 参见王利明:《民法典物权编应规定混合共同担保追偿权》,《东方法学》2019 年第 5 期。

6 参见石冠彬:《论民法典担保物权制度的体系化构建》,《法学评论》2019 年第 6 期。

7 参见刘平:《民法典编纂中混合共同担保之再认识》,《西南政法大学学报》2017 年第 6 期。

规定混合共同担保人的分担请求权,《民法典》第 392 条与第 700 条均仅规定了担保人对主债务人的追偿权,对担保人之间的分担请求权仍未明确表态。立法有搁置争议之嫌,但司法解释打造了否定无意思联络担保人之间的分担请求权之制度体系。

《民法典》一体化地肯定还是否定担保人的分担请求权,尚须在体系解释之下寻求解释结论。横向观之,这关涉担保人之间是否构成连带关系以及在债权人放弃某一担保时其他担保人是否相应地免除担保责任问题;纵向观之,其理由上的争论,包括意思自治、公平、效率及道德风险等价值判断分歧,以及条文解释结论差异。《民法典》第 392 条与第 700 条均未明确否定无意思联络担保人之间的分担请求权,而司法解释却明确否定之,其正当性尚需从法政策选择即价值判断与体系解释层面进行检视。

1. 意思自治

否定说认为,在担保人之间未明确约定内部分担请求权或者承担连带担保责任的情形之下,否定分担请求权是尊重当事人的意思自治。[1] 而肯定担保人之间的分担请求权,即硬性地使担保人之间连带负责,不顾当事人的意思,设定法定之债,违背意思自治原则。[2] 担保人全然不知还存在其他担保人时,作为理性人,其预期是自己独立承担担保责任以及仅向主债务人追偿。[3] 而肯定分担请求权即要求未履行担保义务的担保人除为债务人提供担保外,还必须为其他担保人提供担保,这不符合担保人的担保初衷。[4]

严格依照意思自治原则的含义,一方面,每个担保人均应承担担保责任。因此,否定担保人之间的分担请求权,即意味着免除了某一(或部分)共同担保人的担保责任,将向债务人追偿不能的风险分配给承担了担保责任

1　参见叶金强:《〈民法典〉共同担保制度的法教义学构造》,《吉林大学社会科学学报》2021 年第 3 期。

2　参见崔建远:《混合共同担保人相互间无追偿权论》,《法学研究》2020 年第 1 期。

3　参见崔建远:《混合共同担保人相互间无追偿权论》,《法学研究》2020 年第 1 期。

4　参见黄薇主编:《中华人民共和国民法典物权编解读》,中国法制出版社,2020,第 624 页。

的担保人，这种担保责任被意外免除也不符合担保人自己独立承担担保责任的预期。[1]此外，担保人的预期还受法律规定的影响，即法律明确肯定担保人的分担请求权时，承担担保责任的担保人完全有向其他担保人主张分担请求权的预期。"即使担保人没有意思联络，依约承担担保责任也是每个担保人共同的、真实的法效意思……亦未增加担保人的负担。"[2]所谓未承担担保责任的担保人还需为其他担保人担保，仍不改变为债务人担保的客观事实。

另一方面，担保人之间往往无内部分担请求权的约定，甚至可能不知晓其他担保人的存在，除非理由充分，否则很难以违背意思自治原则为代价来肯定担保人的分担请求权。有学者主张，从最大多数担保人更愿意法律肯定还是否定分担请求权观察可知，否定分担请求权引发的投机行为——担保人向债权人支付低于法定责任的经济代价博取免于被债权人选择主张实现担保权利，使担保人更愿意法律肯定分担请求权，且意思自治原则在未作约定或者约定不明时，应发挥积极设置契合最大多数人意愿之规定的功能。[3]但相比侥幸地不承担担保责任，最大多数担保人未必愿意抵制否定分担请求权时的投机行为。

综上，意思自治的秉持虽更有利于否定说的证成，但也并非滴水不漏，而肯定说在意思自治层面的式微，使其更需从其他价值上寻找充分且正当的理由。

2. 公平

担保人之间的分担请求权所涉的公平问题，肯定说主张，共同担保人对债权人承担连带责任，其原因并非各担保人的责任位于同一层次，而是物的

1　参见黄忠：《混合共同担保之内部追偿权的证立及其展开》，《中外法学》2015 年第 4 期。

2　谢鸿飞：《共同担保一般规则的建构及其限度》，《四川大学学报（哲学社会科学版）》2019 年第 4 期。

3　参见贺剑：《担保人内部追偿权之向死而生》，《中外法学》2021 年第 1 期。

担保人和保证人的法律处遇平等。[1]

否定说内部对此存在不同认识:(1)保证人与物上担保人同质性的反对论认为,物上担保人对债务人所负义务并非债务,不同于保证人承担的担保债务。[2](2)相反观点认为,物上担保人与债权人之间仍是债权债务关系,债权人就标的物享有的优先受偿权只影响债权人与物上担保人的其他债权人之间的关系,且《民法典》第392条明确了保证人与物上保证人之间的平等性。[3](3)保证人与物上保证人在承担担保责任上的实质平等,不表现为肯定分担请求权,而是承担担保责任概率的机会平等。[4]但担保人之间的平等,是承担担保责任的实质平等还是机会平等,本就是两种不同的公平观念。并且,所谓机会平等也会因道德风险或者债权人的个人偏好而被实质不平等化,因为以《民法典》第392条为核心的规则赋予债权人以充分的债权实现选择权。当然,不同主体所持的公平理念未必相同,这导致难以排除不同主体评价同一法律现象公平与否的结论差异[5],且无法一方说服另一方。(4)某一担保人承担担保责任协助实现债权,是其与主债务人甚至债权人交易所必须承担的成本,若其向其他担保人行使分担请求权即攫取他人利益,这有失公平。[6]履行担保责任的担保人所承担的向债务人追偿不能之风险,是其设定担保时可预见的,只能在设定担保时进行特别约定加以避免,而不可向其他担保人请求分担,这才符合公平原则。[7]准以此解,其他担保人承担担保责任也是其与主债务人甚至债权人交易所必须承担的成本,其承担担

1　参见谢鸿飞:《共同担保一般规则的建构及其限度》,《四川大学学报(哲学社会科学版)》2019年第4期;凌捷:《混合共同担保若干争议问题研究》,《政治与法律》2016年第6期。

2　参见崔建远:《混合共同担保人相互无追偿权论》,《法学研究》2020年第1期。

3　参见吴光荣:《共同担保人之间的追偿问题》,《法律适用》2021年第3期。

4　参见刘凯湘:《混合共同担保内部追偿权之否定》,《兰州大学学报(社会科学版)》2021年第2期。

5　参见崔建远:《混合共同担保人相互无追偿权论》,《法学研究》2020年第1期。

6　参见崔建远:《补论混合共同担保人相互间不享有追偿权》,《清华法学》2021年第1期。

7　参见黄薇主编:《中华人民共和国民法典物权编解读》,中国法制出版社,2020,第624页;叶金强:《〈民法典〉共同担保制度的法教义学构造》,《吉林大学社会科学学报》2021年第3期。

保责任后所承担的向债务人追偿不能的风险也是其设定担保时可预见的，为何可基于未被债权人选中而免责，从而被其他担保人追偿其应承担的担保责任份额，就是被夺取应得的利益而有失公平呢？此外，在知晓其他担保人的情形下，担保人可以预见自己需承担担保责任，也可希望自己承担部分担保责任甚至不被债权人选中而不用承担担保责任。

因此，从公平角度考量担保人的预期、承担担保责任所得利益以及担保人之间属于何种平等，也难得出肯定说或者否定说何者具有绝对说服力之结论。

3. 效率

否定说认为，肯定担保人之间的分担请求权不经济：（1）肯定分担请求权可能导致多轮次追偿，因为全部担保人名单可能难以确定、有遗漏，或者其他担保人存在无偿付能力或者下落不明，导致法律关系复杂化，增加交易成本和司法成本。[1]但这些情况在债权人主张实现债权时就会出现，均为法律制度外的原因，并非肯定分担请求权制度本身的缺陷。多轮次追偿问题可采固定追偿标准加以解决，其也不构成否定担保人之间分担请求权的充分理由。（2）在肯定担保人之间的分担请求权场合，被追偿的其他担保人承担责任后仍需向作为最终责任人的债务人追偿，这在程序上不经济，且向其他担保人行使分担请求权的可操作性差，因为分担份额较难计算。[2]这还增加了担保人之间的法律关系，且复杂的分担规则体系会增加司法成本、法律学习成本等社会成本。[3]最终仍需向债务人追偿导致的程序不经济问题，完全可通过将向债务人追偿不能作为前置程序解决。分担份额较难计算与分担请求权可操作性差，则有夸大事实难度之嫌。而所谓增加社会成本问题的观

---

1 参见崔建远：《补论混合共同担保人相互间不享有追偿权》，《清华法学》2021 年第 1 期。

2 参见黄薇主编：《中华人民共和国民法典物权编解读》，中国法制出版社，2020，第 624 页。

3 参见叶金强：《〈民法典〉共同担保制度的法教义学构造》，《吉林大学社会科学学报》2021 年第 3 期。

点，只分析了肯定担保人之间的分担请求权之成本，而未考量其收益，更未分析否定说带来的成本问题。（3）从规则的激励效果来看，担保人未必被债权人选中清偿债权的"侥幸"规则，相比肯定其相互之间的分担请求权后担保人必定会承担一定担保责任，更利于提高参与担保的积极性，更符合共同担保保障债权实现的目的。[1] 此观点忽视具有不确定性的"侥幸"规则之另一面，即担保人可能被债权人选中清偿债权，如此思考的担保人必然不愿参与担保。参与担保的主体往往对承担担保责任有所预期。在肯定说场合，多一个担保人分担担保责任份额的确定性预期，未必会减弱主体参与担保的积极性。

肯定说认为，相比肯定分担请求权产生的追偿成本，否定说引发的投机行为成本和责任转嫁成本，更不符合效率。[2] 否定担保人之间的分担请求权时，担保人向债权人输送利益避免自己被选择主张实现担保权利的投机行为，不构成恶意串通无效行为或者商业贿赂，因为投机行为并未损害其他担保人的利益，只是在理论上提高了其他担保人被选择的概率。[3]

否定说引发的投机行为必然会带来司法应对等社会成本，因此即使作为解决方法的肯定说会造成一定的社会成本，其也更符合效率原则。因为肯定说下的社会成本支出，能带来解决否定说下投机行为或者道德风险的收益，而否定说下投机行为或者道德风险所造成的社会成本无其他收益。并且，在担保人是否承担以及承担多少担保责任问题上，肯定说比否定说能提供更明确的规则，更利于担保交易的展开。

4. 道德风险

肯定说主张，否定担保人之间的分担请求权，那么"某一担保人与债权人串通或者借助'债权转让'的规则，使其他担保人最终担责的问题无法回

---

1 参见刘凯湘：《混合共同担保内部追偿权之否定》，《兰州大学学报（社会科学版）》2021年第2期。
2 参见贺剑：《担保人内部追偿权之向死而生》，《中外法学》2021年第1期。
3 参见贺剑：《担保人内部追偿权之向死而生》，《中外法学》2021年第1期。

避；如果债权人对各担保人一并主张权利并获得裁判支持后，在执行程序中执行法官所具有的任意选择权极易滋生司法腐败现象"[1]。否定说对此作出批驳，但未完全正面提出应对策略，转而揭露肯定分担请求权制度的缺陷：其一，认可担保人之间的分担请求权，同样会导致其他担保人与享有分担请求权的担保人或者执行法官的恶意串通，延后其被追偿；其二，这还会导致多轮追偿，从而增加成本，而一轮追偿方法因无法确定全部担保人而无法顺利展开；其三，未经债务人委托而自主提供担保的担保人，有机会与债权人恶意串通，明面上承担担保责任，实际上借助绕开其他担保人或者债务人的抗辩权、抵销权攫取其他担保人的利益；其四，否定担保人之间的分担请求权所产生的问题并非天然存在，而是被"歪用"的结果。[2]

否定说对此分别提出的论据，但各个论据都有对应的解决办法，有些问题并非肯定说本身的问题。否定说认为其他担保人与享有分担请求权的担保人或者执行法官的恶意串通来延后其被追偿，在一定程度上可以通过分担请求权的行使次数与方式的规定加以解决。为减少成本，分担请求权完全可以是"一次性的"，即终局地确定其他担保人被追偿的范围。故而，被追偿的各个担保人均处于同一顺序，不分先后。这就不会产生循环追偿与其他担保人与享有追偿权的担保人或者执行法官的恶意串通以延缓被追偿问题。否定者认为需要多次追偿是因为容易遗漏担保人，无法用"一次性"追偿解决担保人之间的分担请求权问题。这显然高估了确定担保人的难度，低估了人民法院的办案能力。否定说关于某一担保人与债权人恶意串通绕开债务人或者其他担保人的抗辩权、抵销权损害其他担保人或者债务人利益的论断，忽视了分担请求权本身的特点。承担担保责任的担保人享有分担请求权的法理在于清偿承受或者法定的债权移转，属于继受取得，并非原始取得。债务人或

1　刘保玉：《民法典担保物权制度新规释评》，《法商研究》2020 年第 5 期。

2　参见崔建远：《补论混合共同担保人相互间不享有追偿权》，《清华法学》2021 年第 1 期。

者其他担保人对该债权享有的抗辩权，不因分担请求权而消灭，尤其是基于保证期间或者担保物权期间经过产生的抗辩。另外，对于某一担保人与债权人恶意串通，滥用分担请求权制度，损害其他担保人或者债务人合法权益，自可适用《民法典》第 154 条来处理。因此，这并非肯定说存在的问题，且有相应的制度供给加以解决。否定说所产生的问题，是法律制度被"歪用"的结果，这一结论具有一定合理性。因为任何法律制度在现实生活中都有可能被滥用或者"歪用"，这也表明法律制度本身存在一定的缺陷，不应将原因归结于使用者灵活运用了条文的文义空间，而应当正视其缺陷并加以改正。

也有否定说观点认为，借助债权转让规则产生的道德风险，只能依赖于担保人约定相互追偿权或者约定共同连带担保或者要求在同一份合同书签字、盖章或者按指印解决。[1] 但这也不足以解决禁止无意思联络担保人之间的分担请求权引发的道德风险。[2] 因此，否定说引发的投机行为或者道德风险现实存在，且其他规则难以作为应对良策，更需求助于肯定说。

否定说认为，肯定担保人之间的分担请求权会引发以下道德风险："（1）本来，债权人甲与保证人丙互负债务，予以抵销。因有追偿权制度，丙又向抵押人丁甚至还向出质人戊追偿，'双重获利'。（2）债务人乙和保证人丙为关联企业，丙实际承担保证责任后，以乙丧失清偿能力为由向丁或戊或其他担保人追偿，使其非法获利。（3）甲和丙存在系列交易，依其内部相互制约关系，丙宜不实际承担担保责任，但因追偿权制度的存在，丙被承担了担保责任的丁或戊追偿时却实际承担了责任。"[3] 在（1）中，保证人丙对债权人甲的债权，和债权人甲对保证人丙享有的担保权利，属于两个不同的法

1　参见刘贵祥：《担保制度一般规则的新发展及其适用》，《比较法研究》2021 年第 5 期。

2　参见高圣平、谢鸿飞、程啸：《最高人民法院民法典担保制度司法解释理解与适用》，中国法制出版社，2021，第 127 页。

3　崔建远：《混合共同担保人相互间无追偿权论》，《法学研究》2020 年第 1 期。

律关系。保证人丙在承担保证责任后向其他担保人追偿与其可向债权人甲主张债权并不冲突，并无双重获利。对于（2）中的问题，担保人的分担请求权以先向债务人追偿为前提，即可化解。否定说的（3）实际是否定无意思联络担保人之间的分担请求权下的道德风险问题，即丙想借助与债权人存在系列交易逃避责任，这正是肯定说可以解决的。在肯定说之下，丙完全能预见自己大概率要承担一定的担保责任，除非债务人能清偿债务，故完全可不参与担保，若参与则责任自负。因此，这三个所谓肯定说引发的道德风险，要么不存在，要么能采其他规则解决。

总之，虽然担保人之间无意思联络，但是肯定说较少引发道德风险或者引发的道德风险可借助其他规则解决，且能解决否定说中无法借助其他规则化解的投机行为或者道德风险问题。相比之下，否定说下的道德风险问题重于肯定说的情形。

综合分析否定说与肯定说在意思自治、公平、效率与道德风险方面的优劣，可以总结出：首先，担保人之间无内部分担请求权的约定，并非否定其分担请求权的充分理由，即不能仅以意思自治作为唯一的理由，因为意思表示的欠缺在法律技术上可采意思表示拟制或者缺省规则加以解决。其次，《民法典》第392条是从债权人实现债权的选择权角度进行设计，并未充分考虑担保人之间的分担请求权问题，制造出承担担保责任的机会平等而非责任承担上的平等，给予担保人不被债权人选中承担担保责任即不用担责的心理预期。这导致难以用统一的公平标准来判断否定说与肯定说何者更优。再次，肯定说下的社会成本支出，能带来解决否定说下投机行为或者道德风险的收益，而否定说下投机行为或者道德风险所造成的社会成本无其他收益。并且，肯定说以明确规则消除否定说下担保人承担担保责任的投机性带来的负面影响，更有利于商事交易的展开。最后，否定说下的道德风险确实存在，且无法借助部分肯定担保人之间的分担请求权加以解决。因此，肯定无意思联络担保人之间的追偿权，并规定详细的分担请求权行使条件与分担份额规则，更能解决否定说下的问题，并改变担保人在承担担保责任上的投机心理，利于担保交易的展开。但即使肯定说在价值判断上总体占优，也仍需从《民法典》具体条文中寻找正确的解释路径加以落实。

（三）无意思联络担保人分担请求权的解释论

1. 能否类推适用《民法典》第 700 条得出肯定说

类推适用得出肯定说的前提是，保证人享有分担请求权。肯定说认为，保证人依《民法典》第 700 条享有"债权人对债务人的权利"，即在清偿债务限度内基于清偿代位法理取得主债权和担保权利，故保证人"有权向债务人追偿"相应地包括对主债务人和对其他保证人的双重追偿权。[1]

否定说反对此解释论：（1）依《民法典》第 700 条中享有"债权人对债务人的权利"，"经由代位而取得的仅限于对债务人的担保权，而不涉及对第三人的担保权"[2]，因法条未表述成"享有债权人的权利"[3]。"该条款中保证人'享有债权人对债务人的权利'，此权利应仅指债权人对主债务人的本金请求权、担保权利等，不应及于其他担保人。"[4]（2）若对第 700 条作法定债权移转的解释，这使得承担保证责任的保证人可以向其他保证人主张全部保证责任，导致保证人之间地位不平等。[5]这一对法定债权转移范围的理解有待商榷，因为承担保证责任的保证人向其他保证人主张保证责任总体上应以其承担保证责任范围为限，且向某一具体保证人主张保证责任也应以后者本应分担的份额为限，否则行使分担请求权超出的部分构成不当得利。（3）担保

1　参见贺剑：《担保人内部追偿权之向死而生》，《中外法学》2021 年第 1 期；邹海林：《我国〈民法典〉上的"混合担保规则"解释论》，《比较法研究》2020 年第 4 期；高圣平：《民法典担保制度及其配套司法解释理解与适用》，中国法制出版社，2021，第 236 页。

2　叶金强：《〈民法典〉共同担保制度的法教义学构造》，《吉林大学社会科学学报》2021 年第 3 期。

3　刘贵祥：《担保制度一般规则的新发展及其适用》，《比较法研究》2021 年第 5 期。

4　山东省泰安市中级人民法院（2021）鲁 09 民初 157 号民事判决书。

5　参见吴光荣：《共同担保人之间的追偿问题》，《法律适用》2021 年第 3 期。

代债务人而非其他担保人清偿债权，因此而取得债权人对债务人而非其他担保人的权利。[1] 学说上，担保人取得债权人对债务人的权利，不仅包括主债权，还可取得从属于主债权的担保权利，包括债务人自己提供的物上担保和他人的担保。因此，此观点割裂了主债权与担保权利的主从关系。（4）尽管承担保证责任的保证人可依据《民法典》第 700 条与第 547 条，基于债权的法定移转取得从债权，还需注意到依第 393 条第 1 项的规定，主债权因保证人承担保证责任在清偿范围内消灭，则对应的担保物权也消灭。因此，承担保证责任的保证人只能基于第 700 条与第 547 条向未承担保证责任的保证人主张追偿权，而不享有原债权人享有的担保物权，即不可向未承担担保责任的物上保证人主张追偿。[2] 肯定说作此解释："保证人承担保证责任后，消灭的系自己对债权人的保证债务，债权人对债务人的主债权则并未因此而消灭，而是转移于保证人。"[3] 如此，主债权仅仅只是相对于债权人与主债务人之间消灭，而仍然存续于承担了担保责任的保证人与主债务人之间，因此，担保主债权的担保物权并不因第 393 条第 1 项的规定而消灭，担保物权可随主债权一并移转于承担担保责任的保证人。

因此，能否类推适用《民法典》第 700 条得出肯定说的核心争议点：第 700 条中"享有债权人对债务人的权利"在代位取得债权人对债务人的债权的同时，是同时取得该债权的从权利，还是仅取得债务人提供的物上担保。肯定说与否定说均未提出有力的理由。第 700 条未肯定也未否定无意思联络担保人之间的分担请求权，不能作为否定说或者肯定说的主要论据。

2. 担保人之间是否存在连带关系

对于能否依《民法典》第 178 条与第 518 条或者采类推适用方法得出担保人之间存在连带关系的结论，肯定说与否定说亦是各执己见。学界能否

---

[1] 参见崔建远：《补论混合共同担保人相互间不享有追偿权》，《清华法学》2021 年第 1 期。

[2] 参见崔建远：《补论混合共同担保人相互间不享有追偿权》，《清华法学》2021 年第 1 期。

[3] 谢鸿飞、朱广新主编：《民法典评注·合同编·典型合同与准合同（2）》，中国法制出版社，2020，第 125 页。

就担保人之间的关系类推适用连带关系规则达成一致，有赖于价值共识的形成。前述价值判断分歧的分析表明，这一共识基础是不存在的。

肯定说主张：（1）《民法典》未明确否定担保人之间的分担请求权，那么除明确约定为按份共同担保外，数个担保人在同一位阶上为同一债务承担担保责任，债权人可以选择一个或者数个担保实现债权[1]，应适用或者参照适用《民法典》第178条或者第518条的连带债务（责任）规定。[2]（2）依《民法典》第520条第2款的规定，债权人对某一担保人免除或者放弃担保债权，其他担保人在对应的担保债权范围内免除担保责任。此即体现连带关系。换言之，担保人可就此情形主张免除对应的担保责任，即担保人之间存在分担请求权。肯定在债权人放弃他物担保物权或者其他担保权利时物上担保人和保证人免责者，认为《民法典》第700条肯定了保证人的清偿承受权，且可类推适用于物上保证人，故债权人放弃他物担保物权或者其他担保权利有损其他物上保证人或者保证人的清偿承受权利益，后者理应在利益损失范围内免责。[3]

前述肯定说理由不是很充分。具言之，对于数个保人在同一位阶上为同一债务承担担保责任，债权人可以选择一个或者数个担保实现债权，能否构成连带关系，不可直接类推适用第178条或者第518条的规定得出结论。在方法论上尚须首先论证《民法典》对于数个担保人在同一位阶上为同一债务承担担保责任时是否构成连带并无规定，再证成此种关系与连带债务之间具有很大相似性、具备类推的前提。然而，第699条规定了数个保证人在同一位阶上为同一债务承担保证责任，这表明数个担保人在同一位阶上为同一债务承担担保责任是否构成连带，不必直接类推适用连带债务规则。第二个理

1　参见黄忠：《混合共同担保之内部追偿权的证立及其展开》，《中外法学》2015年第4期；杨代雄：《〈民法典〉共同担保人相互追偿权解释论》，《法学》2021年第5期。

2　参见刘保玉：《民法典担保物权制度新规释评》，《法商研究》2020年第5期。

3　参见邹海林：《我国〈民法典〉上的"混合担保规则"解释论》，《比较法研究》2020年第4期。

由从债权人放弃某一担保权利致使其他担保人免于承担相应担保责任角度论证担保人之间的连带关系，但其容易遭遇此障碍：从前述裁判来看，债权人为保障其债权的实现，多数会与担保人约定后者放弃抗辩，从而享有债权实现的自由选择权。这无法证成担保人之间的连带关系，反而成为否定说的一个重要依据。

批判的观点认为：（1）"在无担责顺序约定的情况下担保权人当然享有选择行使任何一项保证债权的权利，但并不能由此直接得出为连带关系，这仅是权利内含的选择权能之体现。"[1]（2）在数个担保人为同一债务承担担保责任中，数个担保人不是真正意义上的共同，其无共同的意思表示或者共同参与的事件，给付内容以及担保人与担保权人之间的法律关系都独立形成或者发生。[2]（3）依据《民法典》第 518 条第 2 款的规定，连带债务或者连带责任必须是法律规定或者当事人约定，《民法典》未对共同担保采用连带债务或者连带责任的表述，因而除非当事人约定，否则共同担保不构成连带关系，因为《民法典》规定的债权人享有选择权且债务人不构成连带关系的例子并不少见。[3]（4）连带债务不构成，突破债的相对性和自己责任原则从而拟制担保人之间存在共同关系的充分且必要之理由，因为物上担保人对债务人所负义务并非债务，不可类推适用债法规则，且多数人责任平等只是成立多数人之债的必要非充分条件。[4]共同担保中数担保人的关系与连带债务（第518 条）、连带责任（第 178 条）规范的关系存在重大差异，因而前者不可类推适用后者。[5]（5）《民法典》仅在第 409 条第 2 款和第 435 条规定债权人

1　叶金强：《〈民法典〉共同担保制度的法教义学构造》，《吉林大学社会科学学报》2021 年第 3 期，第 69 页。持相同观点者参见刘凯湘：《混合共同担保内部追偿权之否定》，《兰州大学学报（社会科学版）》2021 年第 2 期。

2　参见刘凯湘：《混合共同担保内部追偿权之否定》，《兰州大学学报（社会科学版）》2021 年第 2 期。

3　参见吴光荣：《共同担保人之间的追偿问题》，《法律适用》2021 年第 3 期。

4　参见崔建远：《混合共同担保人相互间无追偿权论》，《法学研究》2020 年第 1 期。

5　参见崔建远：《补论混合共同担保人相互间不享有追偿权》，《清华法学》2021 年第 1 期。

在放弃债务人提供的物的担保时，其他担保人在对应范围内免除担保责任，而未规定放弃第三人保证或者物上担保时的担保责任免除，实为与否定分担请求权进行体系关照。[1]

依据《民法典》第519条与第520条的规定，担保人之间若构成连带债务便可突破债的相对性，除向债务人追偿外，还可向其他未承担担保责任的担保人行使分担请求权，且在债权人放弃担保权利范围内免除担保责任。连带责任或者连带债务须由法律规定或者当事人约定。而无意思联络的担保人之间显然无此约定，第392条也未明确规定担保人之间构成连带关系，且从第409条第2款和第435条的规定只能推导出担保人与提供物上担保的债务人之间的连带关系。虽然担保人之间可构成平等关系，但类推适用连带债务或者连带责任的一般条款似乎确实存在一定障碍。

不过，批评的理由并非十分充分：（1）似乎强调保障债权人实现债权的自由选择权，就无法认定担保人之间构成连带关系。这割裂了"义务人之间的连带"与"权利人的选择权"之间的关系，两者本就是一体两面，只是一个从义务人视角出发而另一个从权利人视角出发。（2）仍是从担保人之间无意思联络角度否认担保人之间构成连带关系，强调意思表示在连带关系中的重要性。如本书前述价值判断分析，是否存在意思联络不是判断是否构成连带关系的决定性因素。解决否定无意思联络担保人之间分担请求权引发的效率与道德风险问题，才是判断是否应当构成连带关系的重要理由。（3）要求法律另有规定的连带关系须有连带债务或者连带责任的表述，但该表述未必需要直接出现"连带"字眼，也可以是从权利人的角度表述其实现权利的选择权。这同样构成连带责任的"另有规定"。《民法典》规定的债权人享有选择权且债务人不构成连带关系的例子并不少见，也不足以证明无意思联络的担保人之间一定不是连带关系，只能证明可能不是。（4）强调担保债务与

---

1 参见刘凯湘：《混合共同担保内部追偿权之否定》，《兰州大学学报（社会科学版）》2021年第2期。

一般债务的差别，从而推导出无意思联络担保人之间的关系不可类推适用连带债务或者连带责任规则的结论。然而，《民法典》第178条规定的连带责任包括且不限于第518条规定的连带债务，否则是重复规定。法条体系或者文义都表明，第178条可以涵盖担保人之间的连带关系。不过，直接依据第178条或者第518条认定无意思联络担保人之间成立连带，其理由仍欠缺。

3. 能否适用第三人清偿代位规则

肯定说还主张，当某个担保人超越自己的担保份额向债权人承担担保责任时，其是代其他担保人履行担保责任，成立第三人清偿，发生消灭其他担保人全部或者部分担保责任的法律效果，可向因此而全部或者部分免责的担保人追偿；倘若无法认定为承担担保责任超越自己份额之担保人是在代其他担保人承担担保责任，那么债权人构成不当得利，该担保人有权依不当得利请求返还。[1]"担保人超越自己的担保份额"，并非指担保人与债权人约定的担保份额，而是在约定基础上结合其他担保人的担保责任范围综合确定的份额。其隐含的前提是，担保人之间的关系存在分担关系。唯有如此，才能判断出担保人承担的担保责任是否超出自己本应承担的份额。否则如否定说者所言，"各担保人承担责任乃基于自己设定担保物权或者订立保证合同的法律行为，并非代人担责。"[2]承担全部担保责任的担保人也无法向其他未承担担保责任的担保人主张不当得利，因为在未认可分担请求权情形下，其他担保人免于承担担保责任，并不属于获得无法律根据的利益。因此，此解释路径亦不可行。

4. 以《民法典》第699条为起点的解释路径展开

前述解释路径主要分别表现为"担保人取代债权人地位而取得担保权利以向其他担保人追偿"、"担保人之间存在连带关系而可内部追偿"与"承担

1　参见程啸：《担保物权研究》（第二版），中国人民大学出版社，2019，第187页。

2　刘凯湘：《混合共同担保内部追偿权之否定》，《兰州大学学报（社会科学版）》2021年第2期。

担保责任的担保人代其他担保人履行担保责任"。其目的都旨在认可共同担保人之间的分担请求权。有学者同时主张前述解释路径，认可共同担保人的分担请求权[1]，也有学者驳其一而择另一。[2]这些路径殊途同归，只是解释选择问题，且各有优劣。但前述解释路径都存在障碍，以致有观点认为，我国并不存在"拟制混合共同担保中各担保人对债权人承担连带责任"，缺乏担保人之间构成连带关系的教义学基础。[3]

从条文表述来看，《民法典》第 699 条后句的文义与第 178 条、第 518 条的表述最为接近。依据第 518 条的规定，第 699 条规定同一债务上的两个保证人未约定保证份额时，债权人可以请求任何一个保证人承担保证责任，此即保证人之间存在连带关系。[4]

否定说认为，第 699 条后句规定的是不真正连带，保证人之间不能追偿，因为保证人之间无意思联络。[5]第 699 条后句只是明确债权人的选择权，而无法得出在无约定时保证人之间有法律上的关联甚至是享有分担请求权。[6]共同担保人之间的分担请求权，以担保人之间存在连带债务的意思表示为原则性前提，可例外地存在于数个担保人在同一合同书上签字、盖章或者按指印情形。[7]"区分混合担保与混合共同担保，混合担保中担保人各自承担责任，无相互求偿之可能；混合共同担保乃基于担保人之间的意思联络。"[8]其反对连带关系的推定："保证人相互之间的关系，在有约定时依约定，无约定时

1　参见程啸：《混合共同担保中担保人的追偿权与清偿承受权》，《政治与法律》2014 年第 6 期。

2　参见温世扬、梅维佳：《混合共同担保之内部追偿权研究》，《学习与实践》2019 年第 6 期；张尧：《混合共同担保中担保人内部求偿的解释论》，《法学家》2017 年第 3 期。

3　参见邹海林：《我国〈民法典〉上的"混合担保规则"解释论》，《比较法研究》2020 年第 4 期。

4　参见郭金良：《〈民法典〉共同担保中内部追偿规则的解释论》，《北方法学》2022 年第 2 期。

5　参见黄薇主编：《中华人民共和国民法典合同编释义》（下），法律出版社，2020，第 513 页。

6　参见叶金强：《〈民法典〉共同担保制度的法教义学构造》，《吉林大学社会科学学报》2021 年第 3 期。

7　参见崔建远：《论保证规则的变化》，《中州学刊》2021 年第 1 期。

8　刘平：《民法典编纂中混合共同担保之再认识》，《西南政法大学学报》2017 年第 6 期。

原则上相互之间无法律上关联。"[1]

认定第 699 条后句规定的是不真正连带而非连带，首先在于正确认识不真正连带与连带之间的关系。不真正连带表明主体之间对外仍是连带关系，但内部关系上有终局责任人，即最终由其中一个主体承担所有责任。非终局责任人承担责任后可向终局责任人追偿。其将本应由一人承担的责任对外拟制成连带关系，同样是为了保障债权的实现。而连带关系中的主体最终是按约定的份额或者比例承担责任，这是其与不真正连带存在的最大差别。数人担保中，担保人内部不存在终局责任人，因为最终应当承担责任的主体是债务人。否定说将被债权人选择实现债权的担保人拟制为终局责任人，也不属于不真正连带，因为后者中终局责任人是确定而非随机的。否定说主张的理由，依然主要是担保人之间未约定成立连带关系，以及第 699 条规定的是债权人的选择权。但第 178 条与第 518 条也是从权利人实现权利的选择权角度进行法律表达的，与第 699 条相同。至于第 699 条规定的保证人之间的连带是否需要有其意思联络，否定说的观点有待进一步澄清。第 178 条第 3 款与第 518 条第 2 款表明，连带关系可以约定，也可由法律规定。若法定连带情形仍需当事人之间的意思联络甚至明确的意思表示，则法律作此规定的意义大大减损。除约定外，构成共同担保不以担保人之间存在意思联络为要件[2]，尤其是法定连带情形。"即使共同保证人之间未约定对债权人连带负责，也因《民法典》第 699 条后段的规定而成立连带保证债务，从而衍生出追偿权"，但《民法典担保制度解释》第 13 条在此基础上对混合共同担保人之间的分担请求权增加了"存在连带债务的意思表示"这一要求。[3]《民法典》第 699 条未要求保证人之间存在连带的意思表示，而是直接拟制保证人之间存在连带关系。否定说的反驳观点不可成立，因其要求保证人之间的法定连带

1　叶金强：《〈民法典〉共同担保制度的法教义学构造》，《吉林大学社会科学学报》2021 年第 3 期。

2　参见刘保玉：《第三人担保的共通规则梳理与立法规定的完善》，《江西社会科学》2018 年第 10 期。

3　参见崔建远：《论保证规则的变化》，《中州学刊》2021 年第 1 期。

关系也有保证人之间的意思联络，违背连带关系可法定也可约定的原理。同理，这也是《民法典担保制度解释》第 13 条的另一个缺陷。

前文已论证，《民法典担保制度解释》第 13 条第 2 款规定的数个担保人在同一合同上签字、盖章或者按指引构成连带关系，其正当性在于依据《民法典》第 699 条的规定，不必类推适用债务加入规则。本书不认为第 699 条所包含的保证人连带关系仅限于保证人之间的约定和《民法典担保制度解释》第 13 条第 2 款规定的情形。依文义解释，《民法典》第 699 条的后半句中"没有约定保证份额"，可以是数个保证人在同一保证合同中未约定彼此之间的保证份额，也可以是保证人单独与债权人订立保证合同未约定与其他保证人之间的保证份额。后一种情况中，保证人与债权人约定承担的保证范围，其数额不一定等同于主债权额，且每个保证人与债权人约定的保证范围不完全相同。这与第 518 条"债务人履行全部债务"要件不一致，但也不能推导出此情形不构成连带关系的结论。有观点认为，第 518 条中"履行全部债务"的要求不构成阻碍连带债务成立的正当理由，担保人可在共同的担保范围内成立连带关系。[1] 本书赞同这不是担保人之间成立连带关系的构成要件，因为第 178 条规定的连带责任并无此要求，但不认同担保人在共同的担保范围内成立连带关系。这仍是将连带债务规则类推适用到数人担保中。每个担保人都只在与债权人约定的担保范围内承担担保责任，故而每个担保人在其担保债权范围内与其他担保人成立连带关系。至于其本应承担的担保份额，应将其担保债权范围与其他担保人的按比例计算。

《民法典》第 699 条后句构成法定连带关系，从而可适用第 519 条第 2 款的规定，即承担保证责任的保证人对其他保证人享有分担请求权。即使认定第 700 条中的"享有债权人对债务人的权利"不同于第 519 条第 2 款中的"享有债权人的权利"，其只规定保证人对债务人的追偿权，这也不能阻碍保

---

[1] 参见吴光荣：《共同担保人之间的追偿问题》，《法律适用》2021 年第 3 期。

证人依第 699 条、第 178 条第 2 款与第 519 条第 2 款享有对其他未承担保证责任的保证人之分担请求权。

否定说还主张《民法典》原则上否认混合共同担保人的分担请求权，依体系解释，共同保证人之间原则上也无分担请求权。[1]但在能经由体系解释得出承担保证责任的保证人可向其他保证人或者物上担保人行使分担请求权结论时，仍以第 392 条对混合共同担保人的分担请求权未作表态而否认分担请求权，会造成体系解释冲突；若仅否认物上担保人的分担请求权，显然于其不公。因此，不因《民法典》未明确表态而否定分担请求权，相反肯定担保人的分担请求权，更符合民事权利不因法律未作规定而扣减的私法精神。第 392 条规定债权人在对实现债权的顺序和份额无约定或者约定不明时，可以选择实现物的担保或者请求保证人承担保证责任，这为混合共同担保人之间构成连带关系提供了解释的基础。再加上采类似表述的第 699 条可以解释出保证人之间的连带关系，以及物的担保与人的担保平等对待的考量，第 392 条的规定也可以解释出无意思联络担保人之间被推定的连带关系。

（四）担保人承担担保责任后的清偿承受权

有学者主张以清偿承受权来解释担保人分担请求权的正当性，避免以连带关系解释担保人分担请求权存在的解释论障碍。[2]"担保人承担担保责任后针对其他共同担保人的内部追偿是一种代位追偿，源自债权人针对各担保人的权利。"[3]所谓代位是指担保人承担担保责任后取得债权人的法律地位，从而能够主张原本债权人享有的权利，包括对债务人的债权、担保物权以及对其他担保人的担保权利。由此，承担担保责任的担保人在其清偿债权范围内，取得清偿承受权，从而能向其他担保人主张实现担保权利。故而，有学

1　参见黄薇主编：《中华人民共和国民法典合同编解读》（上册），中国法制出版社，2020，第 780 页；最高人民法院民事审判第二庭：《最高人民法院民法典担保制度司法解释理解与适用》，人民法院出版社，2021，第 186 页。

2　参见张尧：《混合共同担保中担保人内部求偿的解释论》，《法学家》2017 年第 3 期。

3　汪洋：《共同担保中的推定规则与意思自治空间》，《环球法律评论》2018 年第 5 期。

者认为："追偿权是基础性的权利，决定了法定清偿承受权的成立及其范围。法定清偿承受权最重要的功能是使追偿权人取得债权上的从权利，以扩张追偿权的效力。"[1]

依据第 519 条第 2 款的规定，承担保证责任的保证人依法定债权转移承受债权，享有债权人的权利，在法效果上可类推适用第 547 条的规定，享有债权人本享有的担保权利。但这条解释路径依然是延续前述的逻辑——依据第 699 条、第 391 条与第 178 条、第 518 条得出担保人之间的连带关系，并非断层式地采用赋予承担担保责任的担保人享有法定清偿承受权的方法。并且，结合第 519 条第 2 款与第 547 条得出的结论，可以限制第 393 条适用效果的扩张，即在此情形，担保人承担担保责任仅导致主债权相对地消灭，主债权仍然存续于承担担保责任的担保人和债务人之间，由此并不必然导致其他担保人的担保责任因从属性而消灭。否定说或者反驳：法定债权移转或者清偿承受权能让承担保证责任的保证人在清偿债务后取得债权人的其他担保权利，但当其他担保人约定仅为特定债权人提供担保时，保证人便不可基于清偿承受权向其他物上担保人追偿。这一顾虑不构成否定担保人分担请求权的正当理由，因为这一约定不能排斥第 547 条的适用，且即使约定有效也不能完全消除肯定担保人分担请求权的功效。

承担保证责任的保证人可向其他保证人请求分担后者本应承担的份额，而向其他物上担保人可主张实现全部担保权利，这于物上担保人不公，因而其代位取得的担保权益应以物上担保人本应承担的担保份额为限。另外，类推适用《民法典》第 519 条第 2 款第二句"其他连带债务人对债权人的抗辩，可以向该债务人主张"，其他担保人取得的抗辩不因被主张分担请求权或者清偿承受权而消灭，仍可向主张分担请求权的担保人主张。对于担保人不能向其他担保人追偿的部分，其可类推适用第 519 条第 3 款的规定，由其他担

---

1 谢鸿飞：《连带债务人追偿权与法定清偿承受权的适用关系》，《东方法学》2020 年第 4 期。

保人（包括主张分担请求权的担保人）按比例再次分担。尚须注意的是，此处的再次分担不等于程序上的再次主张分担请求权，否则将增加成本。

担保人以约定方式从债权人处受让债权，依据《民法典》第 547 条的规定，同时受让包括其他担保权利在内的从权利，从而能够向其他担保人主张担保权利。对此，《民法典担保制度解释》第 14 条作出限制，否定担保人在债权受让中受让对其他担保人的担保权利，达到否定该司法解释第 13 条之外的其他担保人应该享有分担请求权情形的目的。支持如此处理的观点认为，债权受让人的限制会降低担保人受让债权以消灭自己的担保责任之可能性，且担保人以从债权人受让债权的方式免除自己的担保责任构成权利滥用，因而其担保责任仍存在并且类推适用《民法典》第 392 条"债务人自己提供物的担保的，债权人应当先就该物的担保实现债权"的规定先自行承担担保责任。[1] 反对观点认为，《民法典担保制度解释》第 14 条否定担保人在承担担保责任后依债权法定移转规则取得担保债权实现的从权利，违背了结合《民法典》第 700 条与第 547 条得出的结论，应仅适用于通过法律行为受让债权情形。[2]

本书作者倾向于反对《民法典担保制度解释》第 14 条的处理方法。该条旨在解决否定无意思联络担保人分担请求权引发的道德风险问题。但这不仅违背了《民法典》第 547 条的基本文义，以及结合第 699 条与第 519 条第 2 款得出的结论，还不当地限制了当事人的意思自治。当事人受让债权的意思表示在不违背强制性规定的情形下，被《民法典担保制度解释》第 14 条强制拟制为承担担保责任，从而推导出其他担保人的担保责任因主债权被清偿而消灭的结论。因此，《民法典担保制度解释》第 14 条不能适用于承担担保责任的担保人享有清偿承受权场合，更不可适用于担保人通过法律行为

1　参见崔建远：《补论混合共同担保人相互间不享有追偿权》，《清华法学》2021 年第 1 期。

2　参见杨代雄：《〈民法典〉共同担保人相互追偿权解释论》，《法学》2021 年第 5 期。

受让债权情形。担保人从债权人处受让债权，使债务人脱离债权债务关系的约束，等同于帮助债权人实现债权，难谓权利滥用。类推适用《民法典》第392条"债务人自己提供物的担保的，债权人应当先就该物的担保实现债权"的规定，认定此时担保人的担保责任仍然存在，无疑是否定担保人受让债权的效力。另外，此类推适用是否妥适尚值商榷。因为《民法典》第392条"债务人自己提供物的担保的，债权人应当先就该物的担保实现债权"的规定，适用于债权人与债务人并非同一主体场合，而担保人从债权人处受让债权后会发生担保人与债权人身份的合一。

《民法典担保制度解释》第14条未及的情形在于，如非担保人的第三人通过法律行为受让债权的情形。此际，依据《民法典》第547条的规定，第三人即取得该债权的担保权。如此，《民法典担保制度解释》第14条的规范目的极易被破除。担保人延请第三人受让债权，即可规避第14条的适用，从而回归《民法典》第547条。尤其是在第三人与担保人之间不属于一致行动人的情形。

（五）小结与展望

在《民法典》第392条未明确否定担保人分担请求权时，肯定担保人的分担请求权在价值判断与法教义学层面更具说服力。其一，在否定说下，担保人未约定内部分担请求权、连带关系甚至无意思联络时，债权人实现担保债权的选择权会引发担保人的投机行为或者道德风险。并且，否定说下的投机行为或者道德风险所造成的社会成本无其他效益，而作为解决方法的肯定说制造的社会成本却能带来解决否定说下投机行为或者道德风险的效益，更具效率。意思自治固然神圣，但民事主体的意思出现缺漏或者偏差时，比如担保人未约定分担请求权时，其需借助民法的其他价值加以补充或者矫正，以明确的法律规则替代意思表示的虚无，为交易主体提供明确的规则预期。因此，在法政策选择上，肯定担保人的分担请求权更为有益。其二，《民法典》第 699 条后句符合第 178 条规定的法定连带关系，因而即使认定第 700 条只规定保证人对债务人的追偿权，这也不能阻挡保证人依据第 699 条、第 178 条与第 519 条第 2 款享有对其他未承担保证责任的保证人之分担请求权。另外，依据第 519 条第 2 款的规定，承担保证责任的保证人依法定债权转移承受债权，在法效果上可类推适用第 547 条的规定，享有债权人本享有的担保权利，从而取得对其他未承担担保责任的物上担保人之分担请求权。基于平等性，物上保证人也应享有此类权利。

《民法典担保制度解释》第 13 条第 2 款的正当性，并非类推适用债务加入规则处理在同一份合同上签字、盖章或者按指印的担保人之间的关系，而是直接适用《民法典》第 699 条后半句的规定。《民法典担保制度解释》第 13 条第 3 款明确地表明其立场，否定无意思联络的担保人之间的分担请求权。但其未充分评估否定担保人分担请求权引发的投机行为或者道德风险带来的后果，而是在第 14 条限制受让债权的担保人基于主从关系取得对应的担保权利，试图解决否定说下的投机行为或者道德风险问题。然而，这显然不当地限缩了《民法典》第 547 条中"受让人"的范围，违背第 547 条的本意。可见，《民法典担保制度解释》第 14 条在第 13 条第 3 款的基础上，走出了更为失当的一步。相反，若肯定担保人的分担请求权，不会出现对应的道德风险问题，也无须违背第 547 条的精神。肯定说与否定说在司法解释层面的效果，高下立判。虽然《民法典担保制度解释》否定了无意思联络的担保人之间的分担请求权，但《民法典》并非毫无认可担保人的分担请求权之解释余地。将来《民法典担保制度解释》再修订时，有必要遵循《民法典》第 178 条、第 699 条、第 392 条、第 519 条与第 547 条的文义，进行体系化的整合，认可无意思联络担保人之间的分担请求权，修正《民法典担保制度解释》第 13 条与第 14 条存在的失当之处。

四、担保人分担请求权的行使与计算

（一）担保人分担请求权行使的限制

《民法典担保制度解释》第 13 条第 1 款与第 2 款虽然认可了部分情形下担保人之间的分担请求权，但其除要求特定情形中承担担保责任的担保人应先向债务人追偿外，并没有规定其他限制条件。其要求享有分担请求权的担保人，在担保人之间未约定分担份额时，先向债务人追偿不能，才可向其他担保人行使分担请求权。由此需要理清：一是要求享有分担请求权的担保人先向债务人追偿，是否合理；二是若此要求合理，第 13 条不要求担保人在担保人之间约定分担份额时先向债务人追偿不能，是否合理；三是向债务人追偿不能在司法实践中应该如何认定。

对于第一个问题，持反对态度的学者认为，《民法典》第 392 条并未要求承担担保责任的担保人必须先向主债务人追偿，后者理应可自主决定向主债务人或者其他担保人主张追偿，而《民法典担保制度解释》第 13 条要求行使分担请求权以先向主债务人追偿而不能清偿为前提，其将程序成本与风险强加给承担担保责任的担保人，让其陷入对债务人的无尽追偿诉讼中，有悖民法的基本精神。[1] 而肯定者认为，除非有明确约定，否则分担请求权应以先向主债务人追偿而不能清偿为前提，这利于避免循环追偿，也便于在判决主文中就分担问题作出裁判以减少诉累[2]，还与一般保证人的先诉抗辩权制度相协调。[3]

本书对此亦持肯定态度。《民法典担保制度解释》第 13 条要求享有分担请求权的担保人先向债务人追偿，其正当性来源于《民法典》第 392 条的

---

1 参见杨代雄：《〈民法典〉共同担保人相互追偿权解释论》，《法学》2021 年第 5 期。

2 参见林文学、杨永清、麻锦亮、吴光荣：《〈关于适用民法典有关担保制度的解释〉的理解和适用》，《人民司法》2021 年第 4 期。

3 参见黄忠：《混合共同担保之内部追偿权的证立及其展开》，《中外法学》2015 年第 4 期；刘贵祥：《民法典关于担保的几个重大问题》，《法律适用》2021 年第 1 期。

规定。第 392 条要求债权人在对实现债权无约定或者约定不明时，先就债务人提供的物的担保实现债权。这可类推适用到担保人行使分担请求权中，要求享有分担请求权的担保人，在担保人之前对于如何实现分担请求权无约定或者约定不明时，先就债务人提供的物的担保实现债权。这主要针对债权人依据第 392 条，凭借与担保人的约定可自由选择实现债权情形。实践中常有此现象——债权人与多个担保人之间分别约定不论债权人是否拥有对主债权的其他担保，在主债务人未依约履行债务时有权直接要求担保人承担担保责任。[1] 为高效地实现债权，债权人必会选择保证人的银行账户资金实现债权，而不会选择债务人提供的物的担保实现债权。此时，要求享有分担请求权的担保人先就债务人的财产实现追偿权，再就不能追偿部分向其他担保人追偿更为合理。毕竟，债务人才是终局责任人。至于反对者的担忧，为防止循环追偿，以及减少向债务人追偿的诉累，法院应当允许享有分担请求权的担保人同时起诉其他担保人与债务人，在一个裁判中解决所有担保人与债务人以及担保人之间的债权债务关系问题。并且，为终局地解决此债权债务关系且存在一般保证人时，其享有的先诉抗辩权必然会影响承担担保责任的担保人行使追偿权。此即一般保证人的先诉抗辩权在连带担保人之间产生的"外溢"效应。

对于第二个问题，《民法典担保制度解释》第 13 条第 1 款规定的"约定分担份额"与《民法典》第 392 条中的"约定"不具有相似性。考虑到担保人之间的约定主要是涉及与担保人应向债务人追偿不同的内容，此约定应当是指担保人之间明确约定担保人承担担保责任后可直接向其他担保人追偿，而不必先向债务人追偿不能。《民法典担保制度解释》第 13 条第 1 款中的"约定"在内容上显得宽泛，应当限缩。担保人之间作此约定，且其中一人为一

---

[1]　参见最高人民法院（2019）最高法民终 1528 号民事判决书、最高人民法院（2019）最高法民终 878 号民事判决书。

般保证人时，这符合《民法典》第 687 条第 2 款第 4 项规定的一般保证人书面放弃先诉抗辩权情形。当然，这要求担保人之间的约定为书面约定，或者虽不是书面约定，但一般保证人明确表示放弃。

为解决第三个问题，法院在审理担保人分担请求权纠纷案件时，应将债务人列为共同被告，确保债务人无可被执行的财产。另外，《民法典》第 687 条第 2 款规定的免除一般保证人先诉抗辩权的情形中，"债务人下落不明，且无财产可供执行"；"人民法院已经受理债务人破产案件"；"债权人有证据证明债务人的财产不足以履行全部债务或者丧失履行债务能力"，也可适用于此情形。要求承担担保责任的担保人先就债务人的财产实现追偿权，在效果上等同于赋予其他担保人先诉抗辩权。

另外，为减少司法成本，实现终局性追偿，承担担保责任的担保人起诉实现分担请求权时，法院应同时将其他担保人与债务人列为被告，在一次裁判中明确担保人之间的分担份额，以及对主债务人享有共同债权。[1] 除非担保人之间就分担请求权实现有顺序约定，否则这实际上将被追偿的担保人之间认定为构成一种按份担保关系，而非继续维持连带关系。有学者主张，"在同一责任顺位下，各担保人在担保份额重叠部分构成连带共同担保（担保连带），非重叠部分构成按份共同担保"[2]。本书不敢赞同，因为此时还认定被追偿的担保人之间构成连带关系，实际赋予行使分担请求权的担保人以选择权，会引发被要求承担超过其应承担份额的担保人也享有分担请求权从而导致重复追偿问题。即使数个担保人中有约定为连带保证的多个保证人，其约定的连带关系也因其他担保人主张分担请求权而转化为按约定会推定的份额承担按份责任。被追偿的担保人以其担保范围计算出的担保份额承担按份责任。承担担保责任的担保人可以在行使分担请求权时，向提供物的担保的担

---

1 参见耿林：《比较法视野下的混合共同担保》，《江汉论坛》2017 年第 6 期。
2 汪洋：《共同担保中的推定规则与意思自治空间》，《环球法律评论》2018 年第 5 期。

保人主张实现担保物权，但担保人也有权通过向分担请求权人支付相应数额的金钱使指向担保财产的分担请求权归于消灭。[1]

（二）分担份额的计算

成立连带关系的担保人之间的担保份额如何确定，直接影响承担担保责任的担保人可向其他担保人追偿的债权额，以及被追偿的担保人应承担的责任范围。数人担保享有分担请求权但未约定份额时，如何按比例分担，《民法典担保制度解释》第13条对此并未规定是按人头平均还是按担保财产价值的比例进行分担。[2]学界对无约定份额时分担份额的计算主要存在两种观点，即按人头均摊与按担保范围比例计算分担。

少数观点主张，为解决保证人可能也是物上担保人问题，担保人应按人头平均分担。[3]或者，原则上按人头平均分担，仅在某个担保财产价值低于人均分担数额时，该担保人以担保财产的价值为限承担担保责任，其他担保人对剩余的债务按人头均担。[4]"在追偿权的具体行使上，追偿份额的确立原则上应予以平摊，特定情况下需按比例确定。"[5]多数观点主张不论人的担保或者物的担保，都按比例分担[6]，但对于计算比例的基数，各有主张。相比较而言，按比例计算，"对当事人意思的拟制更接近真实，其结果也更为合理"[7]。这更能考量到其中的一些特殊情况，例如担保财产价值不足以清偿全部债权、担保财产价值波动、部分担保人丧失承担担保责任的能力或者为其生活考量不应使其承担过重的保证责任等。物的担保的财产价值不足以清偿全部债权时，以担保财产价值而非人头平均承担担保责任，更为

---

1 参见杨代雄：《〈民法典〉共同担保人相互追偿权解释论》，《法学》2021年第5期。

2 参见杨代雄：《〈民法典〉共同担保人相互追偿权解释论》，《法学》2021年第5期。

3 参见程啸：《混合共同担保中担保人的追偿权与清偿承受权》，《政治与法律》2014年第6期。

4 参见杨代雄：《共同担保人的相互追偿权》，《四川大学学报（哲学社会科学版）》2019年第3期。

5 王利明：《民法典物权编应规定混合共同担保追偿权》，《东方法学》2019年第5期。

6 参见凌捷：《混合共同担保若干争议问题研究》，《政治与法律》2016年第6期。

7 高圣平、谢鸿飞、程啸：《最高人民法院民法典担保制度司法解释理解与适用》，中国法制出版社，2021，第117页。

公平。[1]

对于担保人之间担保责任分担比例如何确定，有学者主张，"各担保人的内部责任分担比例为其在基准时的期待责任之间的比例"[2]。还有学者主张以担保人可能承担的担保责任进行计算——"将全部担保人可能承担的全部担保责任相加作为分子，再将每位担保人可能承担的全部担保责任作为分子，即可得出每个担保人应承担的比例，再以已经承担担保责任的担保人实际承担的担保责任乘以每个担保人应承担的比例，即可得出追偿的具体份额。"[3]还有观点主张分成保证和物的担保两个团体分别计算后，再综合计算。[4]本书主张，以实际担保额或者担保财产价值中最小者计算应承担的担保债权额。在担保人行使分担请求权时担保人之间的连带关系已转化为按份关系，故而即使多个保证人之间约定连带保证，在计算上也可确定其应当承担的保证责任范围。至于担保财产价值波动影响物上担保人责任份额计算问题，以担保人对担保财产价值贬损是否存在过错来判断：若存在过错，应以贬值前的价值计算，否则按贬值后的价值计算。[5]另外，类推适用《民法典》第519条第3款的规定，某个担保人丧失偿债能力时，应由其他担保人对其本应承担的份额进行再分担。[6]如何认定担保人丧失偿债能力，可类推适用《民法典》第687条第2款处理。

1　参见耿林：《比较法视野下的混合共同担保》，《江汉论坛》2017 年第 6 期。

2　贺剑：《走出共同担保人内部追偿的"公平"误区》，《法学》2017 年第 3 期。

3　吴光荣：《共同担保人之间的追偿问题》，《法律适用》2021 年第 3 期。

4　参见何颖来：《混合共同担保内部求偿算定规则体系的构建》，《交大法学》2017 年第 4 期。

5　参见高圣平、谢鸿飞、程啸：《最高人民法院民法典担保制度司法解释理解与适用》，中国法制出版社，2021，第 118 页。

6　参见杨代雄：《共同担保人的相互追偿权》，《四川大学学报（哲学社会科学版）》2019 年第 3 期。

表 1　担保人之间分担数额的计算[1]

	保证人应分担额	物上保证人应分担额
担保财产的价值小于或等于担保债权额时	代偿金额 × ［保证债权额 ÷（保证债权额＋担保财产的价值）］	代偿金额 × ［担保财产的价值 ÷（保证债权额＋担保财产的价值）］
担保财产的价值大于担保债权额时	代偿金额 × ［保证债权额 ÷（保证债权额＋物的担保债权额）］	代偿金额 × ［物的担保债权额 ÷（保证债权额＋物的担保债权额）］

值得注意的是，在《民法典担保制度解释》第 13 条就担保人分担请求权的行使已作限制的情形之下，表 1 中的"代偿金额"应指应债权人的请求承担了担保责任的担保人的代偿金额减去已自主债务人追偿的金额。表 1 中的计算公式是否适用于保证人为复数或 / 和物上保证人为复数时各担保人应分担额的计算，存在疑问。就此，学说上素有"人保群团与物保群团之分担计算说""人保群团与物保个别责任分担计算说""物保群团与人保个别责任分担计算说""个别担保人分担计算说"等观点之争。其中，"人保群团与物保群团之分担计算说"认为，人保与物保本身属性不同，"共同保证人之间仅需连带负担一个履行责任"而共同抵押人之间实为"共同负清偿一个债权额之责任"，因而在计算混合共同担保人之间的应分担额时，全体共同保证人与全体物上保证人应作为两个群团，先确定两个群团彼此应当分担的内部数额之后，再在群团内部计算各个保证人或抵押财产所应分担的具体数额。[2]"人保群团与物保个别责任分担计算说"认为，人保为债的连带，因债之满足保证责任可予直接消灭；物保为物的连带，债务完全清偿后也仍需通过物保之从属性解释担保责任消灭之原因。由此，物上保证部分仅能采取个别物上保证人责任分担方式计算应分担额；人保部分应作为一个整体首先计算全体保证人与各物上保证人之间的应分担额，再在全体保证人内部计算各

1　参见高圣平：《混合共同担保研究——以我国〈物权法〉第 176 条为分析对象》，《法律科学》2008年第 2 期。

2　参见张剑男：《保证人与物上保证人之内部分担——兼评"最高法院"99 年度台上字第 1204 号民事判决》，《法令月刊》2011 年第 9 期；谢哲胜：《人保与物保的分担责任——"最高法院"99 年度台再字第 59 号民事判决评释》，《法令月刊》2012 年第 3 期。

保证人的应分担额。[1]"物保群团与人保个别责任分担计算说"认为，每一连带责任保证人均在主债务届期未获清偿时与主债务人负同一清偿责任，系每一连带责任保证人所个别应负的履行责任，而全部物上保证人应以各担保财产价值之合计金额为计算基础，因此，在计算混合共同担保中担保人之间的应分担额时，首先应算出全体物上保证人所提供的担保责任数额与每一位连带责任保证人所应承担的履行责任数额的比例及其分担额之后，再就全体物上保证人内部计算各位物上保证人应分担的金额。[2]"个别担保人分担计算说"则认为，人保与物保均系担保人以其自身财产提供担保，共同保证人对于债权人亦系负担多个内容相同的保证债务，其与共同抵押并无本质上的不同。为寻求实质公平，避免两个群团内因人数不同而产生不均衡的分担结果，在应分担额的计算上似采个别担保人分担计算方式更为妥当。[3]

本书认为，共同保证与共同抵押内部均采比例分担制计算担保人内部的应分担额[4]，在混合共同担保的情形，不管保证人或物上保证人为单数还是复数，均应以每一担保人所承担的担保责任为基础按比例而计算应分担额，如此，才符合共同担保［共同保证与共同抵押］内部的比例分担法理。[5]由此，本书倾向于赞成"个别担保人分担计算说"。

当第三人既提供物的担保，又提供保证时，其责任份额如何确定？有观点认为，当保证人提供全额保证又提供物的担保时，应当认定保证吸收物的

---

1 参见吴志正：《论共同担保内部应分担额之算定》，《物权与民事法新思维》，元照出版有限公司，2014，第 623-627 页。

2 参见曾品杰：《我国担保法之实务发展——以物保与人保平等说为中心》，见《物权与民事法新思维》，元照出版有限公司，2014，第 413-414 页。

3 参见林诚二：《多数保证人与物上保证人间之责任分担计算方式》，《台湾法学杂志》2012 年第 12 期。

4 均承担无限保证责任的保证人之间系以人数为基础计算各保证人之间的内部应分担额，在解释上，也系以各保证人承担的保证债务数额为基础依比例分担制而为计算，只不过此时各保证人承担的保证债务数额相同而已，可见，表象上以人数为基础的计算实际上也是比例分担制。

5 参见陈重见：《双重身份者在共同担保中之责任分担》，《辅仁法学》2012 年第 6 期。

担保。[1] 还有观点主张以额度来判断，即取保证与物的担保的担保额和债权额中最小值。[2] 本书主张，当第三人既提供物的担保，又提供保证时，两种担保责任的份额都应当计算。因为担保人行使追偿权时，担保人之间的关系应从连带责任转变为按份责任。第三人担保人同时提供的物的担保与保证，但其承担的担保责任不会超出本应担保的债权范围，因而两种方式的担保责任不会因混同消灭。并且，认定其中一个吸收另一个，对其他担保人不公平，因为担保人都不是终局责任人。

五、小结

在主债务人已经陷入财务危机的情形之下，共同担保规则的设计不仅涉及债权人实现债权的选择权，而且攸关承担了担保责任的担保人对其他担保人的分担请求权。就前者而言，《民法典》相关规则的解释应本于债权人设置共同担保的缔约目的——便于债权人在主债权届期未获清偿之时参酌具体情事，及时、便捷地实现担保权利；就后者而言，《民法典》相关规则的解释既要兼顾《民法典》其他规则的已有政策选择，又要平衡意思自治、公平等民法价值目标，以防免体系冲突的道德风险。就此而言，《民法典担保制度解释》本于限制担保人之间分担请求权的既定方案，相关规则的设计彼此之间的矛盾和冲突较为明显，也未准确反映《民法典》相关规则的文义和规范目的，偏离相关规则的体系解释结论，实为《民法典担保制度解释》中的一大败笔。值得深入研究的是，限制担保人之间分担请求权的法理基础和规范依据何在？除了在一定程度上减少案件数量之外，所谓计算困难，实际上低估了法官的算术水平。既有的研究尚未在基本的共识之下展开讨论，更是罔顾其他国家和地区的成熟经验，并未为司法解释的制定提供有力的学理支

1　参见刘平：《民法典编纂中混合共同担保之再认识》，《西南政法大学学报》2017 年第 6 期。

2　参见高圣平、谢鸿飞、程啸：《最高人民法院民法典担保制度司法解释理解与适用》，中国法制出版社，2021，第 118 页。

撑。可以预见的是,《民法典担保制度解释》相关规则并不会取得良好的社会效果。

第四节　第三人担保时的权利保护体系

一、问题的提出

第三人担保,是指由主债权债务关系之外的第三人为主债务之履行而向债权人提供的担保。此际,涉及三方主体,即债权人、债务人及第三担保人,法律关系颇为复杂。[1]第三人提供保证时称为保证人,提供物的担保时称为物上保证人。在第三人提供担保的法律关系之中,第三人(保证人或者物上保证人)承担担保责任,但债权人对于该第三人并无对待给付义务,担保合同亦因此被视为最为典型的无偿合同。为衡平保证人或者物上保证人与债权人、主债务人之间的权益,各国法上大多赋予第三人以一系列的权利,债权人向其主张担保权利之时,第三人可以援引其基于担保合同所生之抗辩,还可以主张主债务人基于基础法律关系所生的抗辩[2];在第三人承担担保责任之后,可以向主债务人行使清偿承受权或追偿权,如担保合同被认定无效或撤销,第三人还可向债权人主张不当得利返还请求权[3],以此形成较好的利益平衡机制。第三人提供担保,以保证为其典型,保证人的权利保护规则也就可以类推适用于物上保证人。本书以下以保证人为中心而展开。《民法典担保制度解释》第 20 条明确物上保证人可享有民法典规定的保证人的

---

[1] 参见李运杨:《第三担保人的抗辩权体系》,《政治与法律》2021 年第 8 期。

[2] See Nelson Enonchong, *The Independence Principle of Letters of Credit and Demand Guarantees* Oxford University Press, 2011, p.50.

[3] See Geraldine Andrews and Richard Millett, *Law of Guarantees*, 3rd Revised ed., Sweet & Maxwell, 2001, pp. 373-390.

权利。[1]

在我国法上，与保证人权利保护有关的规定，最早可见于《民法通则》第 89 条第 1 款。该条明确了保证人对主债务人的追偿权，即"保证人履行债务后，有权向债务人追偿"。《担保法》除在第 31 条肯定此种权利后，还在第 12 条规定了保证人对其他承担连带保证的保证人的分担请求权，第 17 条明确了一般保证的保证人的先诉抗辩权，以及第 20 条明确了保证人享有债务人的抗辩权。《担保法解释》进一步阐明了担保法规定的保证人权利的行使条件和适用范围（第 20 条、第 21 条、第 42 条），并且第 24 条新增了一般保证的保证人保证责任除去请求权。基于此，保证人权利保护体系初步成形，大体可以分为两个方面：保证人对债权人的权利，包括保证人的一般抗辩权和保证人的专属抗辩权（先诉抗辩权），以及保证人对主债务人的权利，包括求偿权和保证责任除去请求权。[2]

《担保法》是"为了促进资金融通和商品流通，保障债权的实现，发展社会主义市场经济"而制定的。[3] 在计划经济向市场经济转型的特定期间，整个市场经济活动中"三角债"问题比较普遍，严重影响到了经济的发展。受此影响，《担保法》的立法遵循"保证功能主义"的导向，条文设计上倾向于保护债权人的权益，而强调保证人的保证责任，此种背景下，《担保法》对保证人权利保护的规定并不全面，"市场主体视保证为畏途，从而使保证契约难以达成"，甚至导致保证制度的社会功能降低。[4] 为了克服此种弊端，《民法典》合同编专设了保证合同一章，并主要集中于保证人权利保护体系

1　《民法典担保制度解释》第 20 条规定："人民法院在审理第三人提供的物的担保纠纷案件时，可以适用民法典第六百九十五条第一款、第六百九十六条第一款、第六百九十七条第二款、第六百九十九条、第七百条、第七百零一条、第七百零二条等关于保证合同的规定。"由此可见，《民法典》所定保证人的相关权利，物上保证人也享有。

2　参见高圣平：《担保法论》，法律出版社，2009，第 150-163 页。

3　参见孔祥俊：《担保法及其司法解释的理解与适用》，法律出版社，2001，第 339-340 页。

4　参见鲁篱、叶明：《论保证契约的权利衡平——〈担保法〉漏洞管窥》，《现代法学》1998 年第 6 期。

的完善之上，以期通过强化对保证人权利的保护，契合现代市场经济融通资金功能的需要。[1] 相较担保法，《民法典》保证合同章在保证人对债权人的权利方面，完善了保证人可以向债权人主张主债务人的抗辩（第701条）、明确了保证人可以援用主债务人的抵销权或撤销权（第702条）、修改了保证人的专属抗辩权（第687条）；在保证人对主债务人方面，延续了保证人责任除去请求权的规定（第698条）、明确了保证人追偿权的适用例外和追偿范围、增加了保证人清偿承受权（第700条）。至此，保证人权利保护体系基本成形。

从《担保法》到《民法典》规定的修改，不仅体现了法律对于债权人、保证人和主债务人之间利益衡平的重新考量，而且反映出了不同社会经济背景下法政策选择的变化。此种转变意味着保证人权利保护体系趋于完善。[2] 一方面，债权人向保证人主张保证债权时，保证人可以援引其基于保证合同所生之抗辩权，还可以主张主债务人基于基础法律关系所生的抗辩权；在保证人履行保证债务之后，保证人可以向主债务人行使清偿承受权或追偿权，如保证合同被认定无效或撤销，保证人还可向债权人主张不当得利返还请求权，以此能够形成较好的利益平衡机制。另一方面，保证制度实则是以保证人的信用为基础的制度，全方位地强化对保证人权利的保护，有助于促进资金融通和商品流通，完善我国的信用体系、健全社会信用系统，以及建立良好的符合社会经济运行的法律制度，从而更好地契合现代市场经济的发展。[3] 从《民法典》的编纂体例来看，合同编保证合同章保证人的权利保护规则还可以作为担保关系的一般规则，类推适用于物上保证人的权利保护，以此能够增加担保制度法律适用上的灵活性。《民法典担保制度解释》第20条也

1　参见高圣平：《民法典担保制度及其配套司法解释理解与适用》，中国法制出版社，2021，第1页。

2　参见高圣平、何颖来：《论独立保证中保证人的权利保护体系——兼评独立保函司法解释征求意见稿》，《社会科学》2016年第4期。

3　参见程啸、高圣平、谢鸿飞：《最高人民法院新担保司法解释理解与适用》，法律出版社，2021，第118-120页。

明确物上保证人可享有民法典规定的保证人的权利。保证合同归于合同法分则，不仅有利于梳理现行关于保证的规定，"也能够进一步明确合同法总则规定与保证合同之间的关系，实现民法典体系化的目标"[1]。可见，保证人权利保护体系在整个担保规则体系中起到了至关重要的作用。

此种体系下，保证人是否履行保证债务是保证人对债权人和主债务人主张权利的关键。比较法上，各国学说和立法例也多从保证人履行保证债务之前和之后分阶段对其权利进行保护，从属保证和独立保证莫不如此。由此，保证人权利保护体系可以进一步从这两个阶段展开。[2]

二、保证人在履行保证债务之前的权利：一般抗辩权和专属抗辩权

保证人的抗辩权大体可以分为一般抗辩权和专属抗辩权，前者是保证人在保证合同关系中作为一般债务人所享有的抗辩权，以及保证人基于保证合同的从属性可得援引的主债务人的抗辩权，如同时履行抗辩权、先履行抗辩权、不安抗辩权、时效抗辩权以及抵销和撤销的抗辩权等；后者则是基于保证合同的补充性和相对独立性，针对保证法律关系而享有的其作为保证人专有的抗辩权，主要包括先诉抗辩权。

（一）保证人基于保证合同本身的抗辩

保证合同的单务性和无偿性，决定了保证人对债权人并无任何请求权，但在债权人向保证人主张保证债务履行请求权时，保证人可以依照保证合同约定或者法律规定的事由，反驳债权人的请求，此即保证人基于保证合同所产生的抗辩，保证人以一般债务人的地位可以主张相应的抗辩以对抗债权人的请求权。此类抗辩主要针对保证债务的发生、变更、消灭等事项，如保证合同未成立的抗辩、保证债务已消灭的抗辩、保证债务未届清偿期的抗辩、

1　陈洁蕾：《保证的罗马法基础与法典化构建》，《比较法研究》2019 年第 4 期。

2　参见最高人民法院民事审判第二庭：《最高人民法院民法典担保制度司法解释理解与适用》，人民法院出版社，2021，第 53-58 页。

保证期间已经过的抗辩、保证债务罹于时效的抗辩权等。

（二）保证人援引主债务人对债权人的抗辩

保证债务具有从属于主债务的属性，主债务人对债权人所享有的任何抗辩，保证人均可以主张以对抗债权人的履行请求。为了保护保证人的合法权益，主债务人自己主张了抗辩，其效力自然及于保证人，若主债务人有对抗债权人的抗辩而不主张，又不赋予保证人行使主债务人抗辩的权利，势必损害保证人的利益。反之，在主债务人不主张抗辩之时，由保证人自己来主张主债务人的抗辩，则能保护保证人的合法利益。因此，《民法典》第701条规定，保证人可以主张债务人对债权人的抗辩。这里尚需注意的是，尽管保证人主张的是主债务人的抗辩，但保证人是以自己的名义而非以主债务人或主债务人的代理人的名义主张该项抗辩，因此，保证人的抗辩属于其依法享有的抗辩，独立于主债务人的抗辩而发生效力。

《担保法》第20条第1款规定："一般保证和连带责任保证的保证人享有债务人的抗辩权。债务人放弃对债务的抗辩权的，保证人仍有权抗辩。"这里，将保证人可得援引的抗辩局限于抗辩权，在文义上无法涵盖诉讼上的非抗辩权的防卫手段。[1] 学说上认为，诉讼中旨在挑战原告诉讼请求正当性的诉讼抗辩，依其效力，有权利阻却（未发生的）抗辩、权利消灭抗辩和权利阻止抗辩。其中，前两者又合称权利否认抗辩或事实抗辩；权利阻止抗辩是指，被告既不否认原告请求权，亦未主张其消灭，仅以给付拒绝权阻遏原告请求权的实现。仅有其中权利阻止抗辩对应于私法上的抗辩权，而权利阻却（未发生的）抗辩、权利消灭抗辩均旨在否认对方请求权之存在，并非简

1　参见程啸：《保证合同研究》，法律出版社，2006，第238—239页。

单阻止请求权效力，故不属于实体法上的抗辩权。[1]由此可见，抗辩与抗辩权具有不同的法律内涵[2]，也有着不同的效力，抗辩权须由权利人主张，法官不得主动适用；而权利否认抗辩则无此限制，即使当事人未予援引，法官亦得主动适用。[3]基于此，《民法典》第701条将《担保法》第20条中的"抗辩权"修改为"抗辩"。

所谓"债务人对债权人的抗辩"，是指主债务人所得对抗债权人的事由，举凡主债务人所有，而与主债务自身之发生、消灭或履行有牵连关系的一切抗辩，均包括在内，但不包括主债务发生、变更或消灭以外独立原因事由所生的抗辩。例如，抵销之抗辩即不在本条适用范围之内。[4]本条所定"债务人对债权人的抗辩"中的抗辩系采广义，既包括所谓权利否认抗辩，又包括所谓权利阻止抗辩（抗辩权）。举其要者，有以下几类：其一，主债权未发生的抗辩。即主债权所据以发生的债权债务合同或其他法律事实，因法律规定而有不成立、未发生或无效的原因，导致债权人权利未发生者。其二，主债权已消灭的抗辩。主债权虽曾有效发生，但因清偿、提存、抵销等法定事由而消灭的，保证债务亦随同消灭，保证人自可援用该抗辩。但主合同解除时，主债务人负有恢复原状及损害赔偿的义务，除保证合同另有约定外，保证人就此仍负保证责任，尚无抗辩可言。其三，拒绝给付的抗辩。即狭义的抗辩（权），亦即债权人行使债权时，债务人根据法定事由，对抗债权人行

1　参见朱庆育：《民法总论》（第二版），北京大学出版社，2016，第506页。同旨参见史尚宽：《债法各论》，中国政法大学出版社2000，第906-907页；张俊浩主编：《民法学原理》（上册）（修订第3版），中国政法大学出版社，2000，第79页；［德］卡尔·拉伦茨：《德国民法通论》（上册），王晓晔等译，法律出版社，2003，第333页；王泽鉴：《民法总论》（增订版），中国政法大学出版社，2001，第95页；尹腊梅：《保证人抗辩权的类型化及其适用》，《法学杂志》2010年第4期。

2　参见柳经纬、尹腊梅：《民法上的抗辩与抗辩权》，《厦门大学学报（哲学社会科学版）》2007年第2期。

3　参见朱庆育：《民法总论》（第二版），北京大学出版社，2016，第507页；费安玲、龙云丽：《信用担保人权利救济之研究——以保证人权利制度完善为研究视角》，中国政法大学出版社，2013，第96-97页。

4　参见邱聪智：《新订债法各论》（下），姚志明校订，中国人民大学出版社，2006，第377页。

使请求权的权利。无论是减却性的抗辩，还是延期性的抗辩，保证人均可援用。前者如主债务时效经过抗辩权；后者如同时履行抗辩权、不安抗辩权、先履行抗辩权、违约金酌减。[1]

保证人主张主债务人对债权人的抗辩，并非代主债务人为主张，而乃基于保证人的地位而独立主张。易言之，保证人以主债务人之抗辩为自己的抗辩事由，借以拒绝自己的债务清偿，故即使主债务人抛弃其抗辩，保证人仍得主张之。[2]

（三）保证人的抵销抗辩权和撤销抗辩权

《民法典》第 701 条和第 702 条则采用了广义概念上的"抗辩"，即认为保证人的抗辩权是保证人对债权人享有消极性、防御性的权利，包括权利已消灭、权利未发生以及拒绝履行等抗辩权。[3] 这也为学理上的通说，"兹所谓抗辩，应从广义解释"[4]。至于其他类似权利，也有学者提出进一步将抗辩权扩大解释而包括抵销抗辩权和撤销抗辩权。[5]

结合《民法典》第 701 条进行体系解释，可以认为第 702 条将这两种权利纳入了抗辩权的范畴。还有学者认为，除撤销权和抵销权外，保证关系中主债务人对债权人享有的其他形成权，如解除权和选择权，应当类推适用《民法典》第 702 条的规定，故保证人抗辩权的范围还包括其他形成权的抗辩权。[6] 本书作者不赞同做此种类推扩张。一是依据《民法典》第 702 条的文义，该条采用的是列举式，并且仅列举了撤销权和抵销权，解释上并无

1　参见邱聪智：《新订债法各论》（下），姚志明校订，中国人民大学出版社，2006，第 377-378 页；刘春堂：《民法债编各论》（下）（修订版），作者自版，2012，第 358-359 页。

2　参见杜怡静：《保证》，见黄立主编：《民法债编各论》（下），中国政法大学出版社，2003，第 868 页；林诚二：《债编各论新解——体系化解说》（下）（修订三版），瑞兴图书股份有限公司，2015，第 310 页。

3　参见黄薇主编：《中华人民共和国民法典合同编解读》（上册），中国法制出版社，2020，第 783-784 页。

4　史尚宽：《债法各论》，中国政法大学出版社，2000，第 907 页。

5　参见邱聪智：《新订债法各论》（下），中国政法大学出版社，2006，第 379 页。

6　参见程啸：《论〈民法典〉第 702 条上的保证人抗辩权》，《环球法律评论》2020 年第 6 期。

扩张适用其他形成权的空间。二是根据保证法规范的立法历程，从《民法通则》《担保法》到《民法典》，法律上对保证人的权利保护是逐步通过立法规定而完善的。换言之，保证人的权利来源于法律的规定，是直接通过法律赋予的，未有法律规定而类推适用第 702 条存在滥用保证人权利保护制度之嫌。三是比较法上，《德国民法典》《日本民法典》《欧洲示范民法典草案》等法律上均未有保证人可基于解除权、选择权而抗辩的规定，更何况，就保证人基于主债务可抵销和撤销而享有的抗辩权也设定了特定的条件和情形，如恶意抗辩权制度。[1] 在我国台湾地区，基于利益平衡之需，更是明确保证人不得行使"民法"第 208 条规定的主债务人的选择权。综上，主债务人的其他形成权，在法律未有明确规定赋权的情形下，不得纳入保证人抗辩权的范畴。

主债务人对债权人享有抵销权或撤销权的形成权且尚未主张时，主债权债务关系处于不确定的状态，此时，各国与地区保证法倾向于赋予保证人以抗辩的权利。就此种权利的保护模式而言，目前主要存在三种规范类型：一是以德国为代表，规定保证人可以拒绝履行主债务人可撤销或抵销的债务的保证责任；二是以法国为代表，仅规定保证人可以直接享有主债务人对债权人的抵销权；三是我国台湾地区，既规定了对于主债务人对债权人的抵销权，保证人可直接行使，也规定了对于主债务人对债权人的撤销权，保证人有权拒绝承担相应的保证责任。[2] 上述模式的差异，本质上是法律对抗辩权性质认定的不同。理论上，对于抵销抗辩权和撤销抗辩权的性质，也存在形成权抑或抗辩权的争论。[3] 一种观点认为，保证人享有的是可以直接消灭或变动主债务的形成权；相反观点则认为，保证人不享有抵销权或抗辩权本

1　参见尹腊梅：《保证人抗辩权的类型化及其适用》，《法学杂志》2010 年第 4 期。
2　参见程啸：《论〈民法典〉第 702 条上的保证人抗辩权》，《环球法律评论》2020 年第 6 期。
3　参见林诚二：《民法债编各论》（下），中国人民大学出版社，2007，第 238-243 页。

身，而是享有阻止债权人行使保证债权的抗辩权。[1]

本书作者认为，就我国立法而论，保证人的抵销抗辩权和撤销抗辩权性质上应当为抗辩权：其一，依文义，《民法典》第 702 条明确"保证人可以在相应的范围内拒绝承担保证责任"，保证人享有的是通过拒绝承担的方式，以对抗债权人请求其承担保证责任的权利，而非直接行使抵销权或撤销权的权利[2]；其二，依法理，抵销权和撤销权作为形成权属于债务人专属的权利，保证人不得代为行使；其三，依保证的从属性，保证债务执行依托于主债务的执行，"主债务可以通过形成权排除其债务"，"只要主债务人保有形成权，保证人就享有抗辩权"[3]；其四，依体系，该条与《民法典》第 701 条均旨在平衡保证人与主债务人、债权人的利益，保证人在可抵销或撤销的债务范围内享有抗辩权，既强化了对保证人的权利保护，也有利于保障主债务人和债权人处分其债权债务的自由。[4]

（四）保证人的先诉抗辩权

一般保证中，保证人对于债权人未就主债务人的财产强制执行而确定不能获得清偿前，可以对抗债权人提出清偿债权的请求，此即先诉抗辩权。《民法典》第 686 条第 2 款采用了各国所通行的一般保证"当然设立"的方式，即规定在未约定或约定不明时，设立的保证为一般保证。这就扩大了一般保证的适用范围，也强化了先诉抗辩权的重要性。早期，部分学者认为此种抗辩权一种特别的形成权。[5] 但依现行通说，先诉抗辩权性质上属于一种防御性和阻却性的延期抗辩权，而非消灭请求权的形成权，这一点并无疑问。

1　参见邹海林、常敏：《债权担保的方式和应用》，法律出版社，1998，第 78-79 页。

2　参见黄薇主编：《中华人民共和国民法典合同编解读》（上册），中国法制出版社，2020，第 783-784 页。

3　[德] 迪特尔·梅迪库斯：《德国债法分论》，杜景林等译，法律出版社，2007，第 191 页。

4　参见徐同远：《主债务人对债权人有抵销权时保护保证人的两种模式及其选择》，《南大法学》2021 年第 5 期。

5　参见汪渊智、侯怀霞：《论保证人的先诉抗辩权》，《中国法学》1997 年第 1 期。

目前争议主要集中在：其一，先诉抗辩权行使的期限，即二审程序中是否依然可以行使。一种观点认为先诉抗辩权可在二审辩论终结前行使[1]；另一种观点则认为保证人未在一审程序中行使先诉抗辩权的，不可在二审程序中继续行使。[2]本书作者认为，先诉抗辩权是民法而非诉讼法上的实体权利，但基于程序安定性的考虑，保证人未能在一审辩论终结前提出抗辩主张的，其后再行使或主张权利不能产生对抗债权人履行请求权的效力，否则会危及司法效率。此外，基于先诉抗辩权与时效抗辩权权利性质的共同性，可以类推适用《诉讼时效规定》第4条的规定，即保证人的先诉抗辩权"在二审期间提出的，人民法院不予支持"。

其二，对于起诉时是否应当先起诉主债务人，理论上存在两种不同的观点：一种观点认为，债权人只有在就主债务人起诉、执行仍不能完全清偿时，才可以起诉保证人，以此充分保障保证人的先诉利益；另一种观点则认为，债权人单独起诉保证人的，可以追加主债务人为被告，但判决须言明只有在执行主债务人财产无果的情形下，才可以执行保证人财产。本书作者赞同后者。原因如下：从《民法典》第687条的文义来看，该条将先诉抗辩权的行使对应在强制执行阶段。先诉抗辩权的实质是"赋予保证人享有'顺序利益'或'先诉利益'，即保证人与主债务人承担责任有顺序之分，其中主债务人是第一顺序，保证人则是第二顺序"[3]。而顺序利益是对债务履行阶段的具体顺序产生影响，对应为诉讼法上的执行阶段的顺序。可见，先诉抗辩权本质上是一种先执行抗辩权。[4]从立法目的来看，此种定位既有利于解决保证期间的问题，又解决了诉讼成本的问题，更符合司法的社会效果原则。

其三，先诉抗辩权受到的限制条件是否限定在《民法典》规定的情形。

1　参见史尚宽：《债法各论》，中国政法大学出版社，2000，第911页。

2　参见程啸：《保证人先诉抗辩权的疑点分析》，《人民司法》2005年第7期。

3　高圣平：《担保法论》，法律出版社，2009，第155页。

4　参见宋春龙：《诉讼法视角下的先诉抗辩权研究——兼评民法典各分编草案中的先诉抗辩权》，《政治与法律》2019年第3期。

一种观点认为先诉抗辩权是为保证人利益而设定，故对其限制应当坚持法律规定"穷尽性"的情形，大陆法系多数国家民法典均作了此种明文规定[1]；另一种观点则认为列举式规定无法穷尽地列举合理的限制情形，而且实践中，仍然存在大量在法律规定之外，保证人行使先诉抗辩权而严重损害债权人合法利益的案件，因此不应当严格限定限制条件。[2] 本书作者认为，先诉抗辩权的限制条件应当具有法定性。原因如下：一是，依据《民法典》第687条的文义，该条采用的是列举式的立法模式，并未设立兜底条款，其他情形无适用的空间。二是，从立法发展来看，《担保法解释》仅列举了三项限制条件，《民法典》在其基础上，修改了前置性条件并新增了一项。可见，立法对先诉抗辩权的限制条件采取了法律明确规定的立法模式。先诉抗辩权限制条件的适用情形和适用范围，均需严格遵循法律的规定。三是，从规范意旨来看，法律规定先诉抗辩权限制条件的目的正在于平衡保证人与债权人的利益关系。因此，立法本身已经蕴含了一种价值选择和价值判断，理论上或实践中不可轻易改变或自行作出其他的价值判断。[3] 四是，比较法上，法律均明确规定了先诉抗辩权限制条件的基本情形和适用方式。如瑞士民法即规定除了保证人以书面形式放弃先诉抗辩权外，不得预先抛弃保证人之权利。[4]

此外，一般保证中，债权人应先就主债务人的财产受偿，此际，债权人自主债务人处获偿，直接决定了保证人承担保证责任的程度。若债权人积极主张权利，也在相应的范围内减轻了保证人的保证责任，相反，债权人放弃或怠于行使其权利致使财产不能被执行的，则会加重保证人的保证责任。此

---

[1] 参见周宇：《〈民法典〉第六百八十七条评注（一般保证及先诉抗辩权）》，《法大研究生》2020年第2期。

[2] 参见席振波：《民法典编纂视角下保证人先诉抗辩权限制的立法完善》，《山东青年政治学院学报》2017年第2期，第98—103页。

[3] 参见高圣平：《民法典担保制度及其配套司法解释理解与适用》，中国法制出版社，2021，第4页。

[4] 参见詹森林、朱晓喆主编：《比较民法与判例研究》（第一卷），法律出版社，2015，第370—371页。

时，保证人的先诉抗辩权演变为了一种新的免责抗辩权，即《民法典》第698条规定的保证人向主债务人的保证责任除去请求权。[1]其依据在于保证人与主债务人的委托关系推导而出的，即"主债务人负有注意于不增加受任保证人的责任之义务"[2]。在比较法上，《德国民法典》第775条、《瑞士债法》第512条均确定了保证责任之除去请求权的规定。至于适用的情形，理论上存在分歧：一种观点认为应当遵循法定的情形；另一种观点则认为保证责任除去请求权并不具有法定性，当事人可依约定确定具体的适用情形。本书作者认为，保证责任去除请求权并无强行性。依据《民法典》第698条的文义，无论是法定事由或者约定事由，都可满足特定的条件，致使债权人放弃或怠于行使权利而不能被强制执行，由此，保证人可在相应的范围内请求免除承担保证责任。

三、保证人在履行保证债务之后的权利：追偿权

在保证法律关系中，当主债务人不履行到期债务或者发生当事人约定的情形时，保证人自应向债权人承担保证责任。[3]保证人承担保证责任虽系履行其自身基于保证合同所生的保证债务，但通常将导致主债务人相应地免责。如此，保证人承担保证责任实质上是履行主债务人的债务，自得向主债务人追偿。[4]

1　参见黄薇主编：《中华人民共和国民法典合同编解读》（上册），中国法制出版社，2020，第776-777页。

2　史尚宽：《债法各论》，中国政法大学出版社，2000，第930页。

3　我国《民法典》上同时使用"保证责任"和"保证债务"。从债法上"债务"和"责任"的区分来看，保证合同的生效仅在债权人与保证人之间产生保证权债务关系，在保证债权可得行使之时，债权人自可请求保证人履行保证债务。不过，保证债务的内容在解释上包括代为履行主债务和代为承担主债务不履行的赔偿责任。如此，所谓"保证人承担保证责任"，严谨的表达应是"保证人履行保证债务"。本书在相同意义使用这两种表达。但涉及转述法条内容之时，维系法条本身的表述。

4　参见王利明：《合同法研究》（第四卷）（第二版），中国人民大学出版社，2018，第289页。

（一）保证人追偿权的发生依据

1.法律直接规定抑或基础法律关系

保证人追偿权，学说上又称保证人求偿权[1]，是指保证人承担保证责任或者赔偿责任之后，可以向主债务人请求偿还的权利。[2]实定法上，我国《民法典》于两处规定了保证人的追偿权。其一，第392条最后一句规定："提供担保的第三人承担担保责任后，有权向债务人追偿。"这里，虽然该条所规范的是保证人与物上担保人之间的关系，但在解释上，保证人和物上保证人（提供抵押担保或者质押担保的第三人）均属该句"提供担保的第三人"的文义涵摄范围。其二，第700条前句规定："保证人承担保证责任后，除当事人另有约定外，有权在其承担保证责任的范围内向债务人追偿。"相较前者，《民法典》第700条就保证人的追偿权增加了两个限定："除当事人另有约定外""在其承担保证责任的范围内"。如此即生解释上的疑问：保证人的追偿权是基于法律规定而直接发生的（前者），仅须保证人承担保证责任这一构成，即生保证人取得追偿权的效果；抑或保证人的追偿权产生于保证人与主债务人之间的基础法律关系（原因关系），如保证人与主债务人之间另有约定，保证人即无法取得追偿权。

从立法史观察，《民法典》第392条来源于《物权法》第176条，除将"要求"修改为"请求"之外，未作修改。《物权法》第176条最后一句"提供担保的第三人承担担保责任后，有权向债务人追偿"，则来自《担保法》

1　值得注意的是，《民法典》第392条和第700条使用的是"追偿"而非"求偿"，一是因为更符合中国人的心理，有助于对主债务人造成心理上的压力（参见邓曾甲：《中日担保法律制度比较》，法律出版社，1999，第117页）；二是基于对最终责任承担者的确认。这里的"追偿权"实为担保人与主债务人之间的求偿。参见张尧：《论担保人的求偿权——以担保人对主债务人的求偿权为中心》，见肖海军主编：《岳麓法学评论》（第7卷），湖南大学出版社，2012，第162页。

2　参见郭明瑞：《担保法》（第二版），法律出版社，2004，第50页；王利明：《合同法研究》（第四卷）（第二版），中国人民大学出版社，2018，第289页；黄薇主编：《中华人民共和国民法典合同编释义》，法律出版社，2020，第514页；崔建远：《论保证规则的变化》，《中州学刊》2021年第1期。

第 57 条、第 72 条的规定，并与《担保法》第 31 条保持一致。[1] 在《物权法》第 176 条规定了物上保证人的追偿权之后，其抵押权、质权等章即不再出现《担保法》的前述规定。解释论上有观点认为，保证人的追偿权来源于法律的直接规定，具有法定性，无须再从保证合同的原因关系中寻找请求权基础。[2] 本书作者以为，在体系解释上，就保证人追偿权的发生与行使，在《民法典》第 392 条与第 700 条之间，自应适用第 700 条的明确规定。《民法典担保制度解释》第 20 条规定："人民法院在审理第三人提供的物的担保纠纷案件时，可以适用民法典……第七百条……等关于保证合同的规定。"据此，物上保证人追偿权的发生与行使，亦应准用《民法典》第 700 条的规定。如此可以认为，保证人追偿权的发生是基于保证人与主债务人之间的基础法律关系。[3]

《民法典》第 700 条的但书规定表明，保证人在"当事人另有约定"时无权向主债务人追偿。由此，保证人与主债务人关于其基础法律关系的特别约定可以阻却保证人追偿权的发生。具体而言，保证人与主债务人之间系赠与关系时，保证人对主债务人则无追偿权[4]；保证人与主债务人之间系委托关

1　《担保法》第 57 条规定："为债务人抵押担保的第三人，在抵押权人实现抵押权后，有权向债务人追偿。"第 72 条规定："为债务人质押担保的第三人，在质权人实现质权后，有权向债务人追偿。"第 31 条规定："保证人承担保证责任后，有权向债务人追偿。"

2　参见邹海林、常敏：《债权担保的理论与实务》，社会科学文献出版社，2005，第 95 页；费安玲、龙云丽：《信用担保人权利救济之研究——以保证人权利制度完善为研究视角》，中国政法大学出版社，2013，第 136 页。

3　全国人大常委会法制工作委员会民法室的释义书也认为："如果保证人系基于主债务人的委托而产生的，那么保证人和主债务人之间的关系属于委托合同关系，应适用委托合同规范处理。""如果保证人和主债务人之间为无因管理关系，保证人承担保证责任符合法律规定、社会常理及主债务人意见的，那么，保证人就此支付的成本、利息和必要费用可请求主债务人偿还，如有损害尚可请求赔偿。"黄薇主编：《中华人民共和国民法典合同编释义》，法律出版社，2020，第 514-515 页。同一观点，参见谢鸿飞、朱广新主编：《民法典评注·合同编·典型合同与准合同（2）》，中国法制出版社，2020，第 122 页（夏昊晗执笔）。

4　即使是在商业有偿性担保中，担保人可能基于与主债务人未来进行商业合作、与主债务人进行债务抵销等考量，放弃担保人追偿权，这种商业安排不涉及公序良俗，应当承认其效力。参见最高人民法院民法典贯彻实施工作领导小组主编：《中华人民共和国民法典合同编理解与适用》（二），人民法院出版社，2020，第 1393 页。

系或无因管理关系时，保证人对主债务人享有追偿权。[1] 在担保实践中，担保公司为主债务人提供有偿担保服务，往往会单独与主债务人订立委托担保合同，其中大多含有追偿权的约定，以此作为实现风险控制的工具之一。[2]

2. 借款担保合同中关于管辖法院的约定能否及于保证人追偿权纠纷

信贷实践中，债权人、主债务人与保证人一同签订三方协议的情形并不少见。其中约定债权人向主债务人提供借款，保证人为债权人提供担保；当债务人不履行债务或发生约定情形时，债权人有权要求保证人履行保证债务。但一般不会专门约定保证人对于主债务人的追偿权。当保证人以追偿权纠纷为案由将主债务人诉至法院主张偿还代偿债务时，主债务人通常会提出管辖权异议，双方就追偿权纠纷的地域管辖产生争议。司法实践对此主要呈现出以下两种观点。

一种观点认为，保证人与主债务人之间的追偿关系产生于保证人与主债务人之间的基础法律关系，而非借款担保合同。因此，借款担保合同关于地域管辖的约定不及于保证人与主债务人的追偿纠纷，追偿权纠纷的地域管辖应当依据保证人与主债务人之间的基础法律关系而确定。[3] 如保证人与主债务人之间在委托担保合同之中约定了或者专门约定了追偿权纠纷的地域管辖，即可据此确定管辖法院。[4] 如保证人与主债务人之间未有管辖约定或约

---

[1] 在比较法上，《美国担保法重述》（第三次）第 22 条与第 26 条分别规定了债务人对保证人的偿还义务（duty to reimburse）与返还义务（restitution），前者来源于双方的明示或默示合同；后者则发生于双方无合同关系时，通常是主债务人不知道保证人的存在。在英国法，如果保证人履行保证债务是基于主债务人的请求，则其追偿权的基础是双方的合同关系；如果并非基于主债务人的请求，保证人追偿权的基础只能是返还关系。See W Courtney, J C Phillips, J. O'Donovan, *The Modern Contract of Guarantee*, Sweet & Maxwell, 2016, pp. 688-690. 德国法上并无保证人追偿权的专门规则，原因是可以适用委任和无因管理规则。参见［德］梅迪库斯：《德国债法分论》，杜景林、卢谌译，法律出版社，2007，第 424 页。

[2] 参见云南省高级人民法院（2019）云民辖 30 号民事裁定书；安徽省高级人民法院（2019）皖民辖终 41 号民事裁定书；江苏省高级人民法院（2021）苏民辖终 23 号民事裁定书。

[3] 参见北京市高级人民法院（2017）京民辖终 379 号民事裁定书；最高人民法院（2018）最高法民辖 173 号民事裁定书；海南省高级人民法院（2019）琼民辖 26 号民事裁定书。

[4] 参见北京市高级人民法院（2020）京民辖终 70 号民事裁定书；甘肃省高级人民法院（2021）甘民辖 19 号民事裁定书；黑龙江省高级人民法院（2021）黑民辖 73 号民事裁定书。

定不明，法院应依据《民事诉讼法》第 23 条、《民事诉讼法解释》第 18 条第 2 款的规定，以合同履行地（接受货币的一方，即保证人）或被告（主债务人）住所地确定地域管辖。[1]

另一种观点认为，债权人依法可以单独起诉保证人且仅起诉保证人的，应当根据担保合同确定管辖法院。《担保法解释》第 129 条曾规定："主合同和担保合同发生纠纷提起诉讼的，应当根据主合同确定案件管辖。"《民法典担保制度解释》第 21 条第 2 款也规定，"债权人一并起诉债务人和担保人的，应当根据主合同确定管辖法院"。既然债权人、主债务人以及保证人均为借款担保合同的当事人，表明其就约定管辖条款达成合意，约定管辖条款对追偿权法律关系亦生效力。[2]保证人不是主债权债务关系的当事人，而只是"代为履行债务或代负赔偿责任"的第三人，当保证人使主债务在相应范围内消灭之时，基于法定的债权转让，保证人便承受债权人的地位，而对主债务人行使债权人之权利。既属债权的法定转让，债权人与主债务人之间的管辖约定亦随债权转让而约束保证人。最高人民法院经济审判庭《关于生效判决的连带责任人代偿债务后应以何种诉讼程序向债务人追偿问题的复函》（法经〔1992〕121 号）也认为："根据生效的法律文书，连带责任人代主债务人偿还了债务，或者连带责任人对外承担的责任超过了自己应承担的份额的，可以向原审人民法院请求行使追偿权。"

以上裁判分歧的原因在于对保证人追偿权发生依据的不同理解。本书作者赞成第一种观点。

第一，保证人追偿权的发生依据在于保证人与主债务人之间的基础法律关系。虽然《担保法解释》第 129 条、《民法典担保制度解释》第 21 条规定，

1　参见海南省高级人民法院（2019）琼民辖 26 号民事裁定书；江苏省高级人民法院（2020）苏民辖 202 号民事裁定书；四川省高级人民法院（2020）川民辖终 40 号民事裁定书。

2　参见最高人民法院（2019）最高法民辖终 378 号民事裁定书；云南省高级人民法院（2019）云民辖 11 号民事裁定书。

"担保合同纠纷"根据主合同确定管辖法院，但借款合同、担保合同以及追偿权关系分属不同的法律关系。借款合同法律关系的主体是债权人与主债务人；担保合同法律关系的主体是债权人与保证人；追偿权法律关系的主体则是保证人与主债务人。此处存在三对不同的法律关系，保证人追偿权纠纷发生于保证人与主债务人之间，但如借款担保合同仅为借款合同和担保合同之联立，不涉及主债务人与保证人之间的基础法律关系，则不能以三方均为借款担保合同的当事人，就当然地认为借款担保合同中约定了保证人与主债务人之间的基础关系、借款合同或担保合同是保证人追偿权的发生依据，进而认为保证人追偿纠纷的管辖受借款担保合同的管辖权约定的约束。[1]

第二，依据《民法典》第 700 条、《民法典担保制度解释》第 20 条的规定，保证人为履行保证债务而对债权人为清偿或其他消灭债务的行为，导致主债务人对债权人免责的，保证人同时享有追偿权与清偿承受权。追偿权系保证人自己对主债务人的权利，属于新成立的权利；清偿承受权系保证人承受债权人对于主债务人的债权，保证人承受取得的实为债权人原有的权利，并非新成立的权利。二者同时并存，保证人自可选择行使追偿权，亦可于承受债权之后，行使原债权人的权利。二者为请求权竞合，其中一权利因行使而达目的之时，则另一种权利于所达目的的范围内即归消灭。[2]因此，保证人的追偿权与清偿承受权有不同的发生依据，如保证人选择行使追偿权，自不能再以清偿承受权作为讨论保证人追偿权纠纷管辖的解释前提。

《民法典》第 700 条明确了保证人追偿权，但在解释上仍受保证人与主债务人之间的基础法律关系的影响。具体而言，如主债务人委托保证人提供

---

1 早在罗马法时期学理即已明确，保证人不是根据保证合同拥有诉权，清偿了债务的保证人要针对债务人提出要求，必须有诸如委托或无因管理之类的根据。参见［意］彼德罗·彭梵得：《罗马法教科书》（2017 年校订版），黄风译，中国政法大学出版社，2018，第 278 页；［英］巴里·尼古拉斯：《罗马法概论》，黄风译，法律出版社，2021，第 239-240 页。

2 参见邱聪智：《新订债法各论》（下），姚志明校订，中国人民大学出版社，2006，第 399 页；刘春堂：《民法债编各论》（下）（修订版），作者自版，2012，第 373 页。

担保，保证人追偿权基于委托合同而产生，适用《民法典》第 919～936 条关于委托合同的规定处理；如保证人并无提供保证义务，保证人与主债务人之间可能成立无因管理关系，此时应适用《民法典》第 979～984 条关于无因管理的规定处理[1]；如保证人出于赠与的意思为主债务提供担保，依据《民法典》第 657 条的规定，保证人则对主债务人不享有追偿权。

3. 保证人追偿权关系的当事人

保证人追偿权是保证人在代偿主债务后保障自身利益的权利，追偿权行使对象应是因代偿而获益的主债务人。如此，保证人和主债务人是保证人追偿权关系的当事人。但在借名贷款的情形下，借款担保合同或者委托担保合同中的主债务人仅为作为融资平台的名义借款人。此时应秉持穿透式审判思维认定实际借款人，确定保证人追偿权的对象。[2] 在个案中，应当结合案件的证据情况，考察实际借款人与名义借款人的内部协议[3]、是否向债权人或保证人披露名义借款人或借名贷款情形等因素。[4] 如有的法院认为，虽然保证人提交了以名义借款人个人名义办理贷款的股东会决议，但该决议上仅有作为股东的名义借款人签字与公司公章，不能仅以此认定公司为实际借款人，还需要结合其他证据。[5]

（二）保证人追偿权的行使条件

《民法典》第 700 条及《民法典担保制度解释》第 18 条第 1 款规定，承

---

1 参见崔建远：《论保证规则的变化》，《中州学刊》2021 年第 1 期；黄薇主编：《中华人民共和国民法典合同编释义》，法律出版社，2020，第 514-515 页。

2 参见周春梅：《借名贷款中担保追偿权的行使对象》，《人民司法》2020 年第 11 期。具体案例还可参见河北省高级人民法院（2018）冀民申 997 号民事裁定书。

3 如兼为保证人的实际借款人与名义借款人约定就所借款项按比例使用，则保证人在履行保证债务之后仅能向名义借款人追偿其实际使用比例的部分。参见贵州省贵阳市中级人民法院（2021）黔 01 民终 1572 号民事判决书。

4 参见湖南省高级人民法院（2018）湘民再 557 号民事判决书；辽宁省沈阳市中级人民法院（2020）辽 01 民终 7847 号民事判决书；河南省安阳市中级人民法院（2021）豫 05 民终 5990 号民事判决书。

5 参见福建省高级人民法院（2020）闽民申 1449 号民事裁定书。

担了保证责任的保证人，有权在其承担责任的范围内向主债务人追偿。保证人追偿权的行使应当具备一定的条件，前述规定仅有保证人承担了保证责任这一个要件，有观点即认为，只要保证人承担了保证责任即取得对主债务人的追偿权。[1] 但结合《民法典》的相关条文，保证人追偿权的行使应当具备以下条件。

1. 保证人已经承担保证责任或者赔偿责任

第一，"保证人已经承担保证责任"的认定。在保证人向债权人承担保证责任之前，保证人对主债务人有将来之追偿权，并非既得权，不得对主债务人主张。保证人承担保证责任之后，债权人与保证人之间的保证债务得以消灭，主债务在相应的范围内亦对债权人消灭，保证人对主债务人的追偿权即转化为既得权，始可向主债务人行使。[2] 保证人的追偿，必须限于保证人的给付致使有偿地消灭主债务人对债权人的债务的情形。依据《民法典》第557 条规定的债权消灭情形，保证人承担保证责任并不以清偿保证债务为限，在解释上，以物抵债、提存、抵销等方式均无不可，但须以有偿方式承担保证责任[3]，在后果上表现为保证人自身财产的减少或负债的增加。实践中，有的保证人以自有的股权向债权人以物抵债，或者保证人与债权人另行达成和解协议而使保证人对债权人负债的，裁判实践中均认可保证人已承担保证责任。[4] 倘若保证人毫无给付，仅因其尽力致使主债务消灭，如说服债权人，使债权人免除主债务人的债务，则不得向主债务人追偿。[5]

值得注意的是，司法实践中有观点认为，保证人行使追偿权并不以保证

1　参见刘保玉、吕文江：《债权担保制度研究》，中国法制出版社，2000，第 167 页。

2　参见邹海林、常敏：《债权担保的理论与实务》，社会科学文献出版社，2005，第 95 页。

3　参见程啸：《保证合同研究》，法律出版社，2006，第 288 页；崔建远：《论保证规则的变化》，《中州学刊》2021 年第 1 期。

4　参见江西省石城县人民法院（2014）石法执字第 159 号执行裁定书；辽宁省高级人民法院（2019）辽民申 4365 号民事裁定书。

5　参见黄薇主编：《中华人民共和国民法典合同编释义》，法律出版社，2020，第 514 页。

人实际承担保证责任为前提，如生效裁判或者民事调解书已然确定保证人应承担相应的保证责任，法律上关于"保证人承担保证责任后"的规定，应限缩解释为"在主债务履行期届满之日后保证期间内，非经诉讼程序保证人履行保证责任后"。因此，案涉保证人不必等到实际承担保证责任之后即可行使追偿权。[1]本书作者对此不敢苟同。即使保证人的保证责任已经生效裁判或者民事调解书确认，保证人的清偿能力尚不确定，但只要保证人未实际承担保证责任，保证债务并未消灭，也就不发生使债权人对主债务人的债权得以消灭的后果，保证人的追偿权自无由发生。在债权人仅起诉连带责任保证人的情形之下，即使取得胜诉裁判，其胜诉债权是否可得经由保证人责任财产的强制执行程序得以完全清偿，尚不得而知。债权人如未获足额清偿，尚可就剩余债权向主债务人追偿。此时，保证人仅得就其承担保证责任的部分取得追偿权，并无权就其未承担责任的部分向主债务人追偿。在债权人同时起诉主债务人与连带责任保证人的情形之下，债权人自可基于生效裁判就主债务人和保证人的责任财产强制执行，保证人也仅在其承担保证责任的范围内向主债务人追偿。

第二，"保证人已经承担赔偿责任"的情形。担保人在担保合同无效且其具有过错时，担保人向债权人承担的赔偿责任是否属于担保人追偿权的范围？《民法典》第682条第2款规定："保证合同被确认无效后，债务人、保证人、债权人有过错的，应当根据其过错各自承担相应的民事责任。"此处的"相应的民事责任"是指缔约过失责任，赔偿范围是债权人相信保证合同有效但实际上却无效所受的损失，即信赖利益的赔偿。[2]对此，有观点主张，过错责任是当事人因其自身的过错而承担的责任，担保人应自担其责而

1　参见汪云林：《保证人未完全承担保证责任不影响行使追偿权》，《人民司法》2014年第12期。

2　参见崔建远：《我国担保法的解释与适用初探》，《吉林大学社会科学学报》1996年第2期。

不应再向主债务人追偿。[1] 不过，《担保法解释》第 9 条规定："担保人因无效担保合同向债权人承担赔偿责任后，可以向债务人追偿"，肯定担保人可以向债务人追偿。《民法典担保制度解释》第 18 条第 1 款沿袭了上述规定，原因在于：保证人缔约过失赔偿责任的承担是基于担保关系而产生，在性质上仍为代偿责任，主债务人是最终责任人，不允许追偿不符合公平原则。[2] 由此可见，保证人追偿权的发生不仅限于保证人实际承担了保证责任，还包括保证人实际承担了保证合同无效时的赔偿责任。[3]

第三，主债务人破产时的例外。在特殊情形之下，保证人即使并未承担保证责任或者赔偿责任，仍然可以行使追偿权，此即保证人追偿权的预先行使。保证人追偿权旨在弥补保证人因承担保证责任所受损失，但在主债务人破产的情形下，如保证人待债权人自主债务人破产财产分配完毕之后再承担担保责任，主债务人已无任何财产可用以清偿债务，保证人的追偿权也就无法实现。法律为避免保证人承担保证责任后不能实现追偿权，特别规定了保证人追偿权的预先行使制度，以使保证人在主债务人进入破产程序时，可在未承担保证责任之前即向主债务人就其将要承担的保证责任向主债务人追偿。对此，《企业破产法》第 51 条第 2 款规定："债务人的保证人或者其他连带债务人尚未代替债务人清偿债务的，以其对债务人的将来求偿权申报债权。但是，债权人已经向管理人申报全部债权的除外。"如此，保证人追偿权的预先行使以债权人未申报被担保债权为前提。《民法典担保制度解释》第 24 条规定："债权人知道或者应当知道债务人破产，既未申报债权也未通知担保人，

1　参见程啸：《主合同无效时担保人的责任问题——兼评最高人民法院〈担保法解释〉第 8、9 条》，《法学论坛》2005 年第 6 期。

2　参见李国光等：《最高人民法院关于适用〈中华人民共和国担保法〉若干问题的解释理解与适用》，吉林人民出版社，2000，第 77 页；曹士兵：《中国担保制度与担保方法》（第四版），中国法制出版社，2017，第 105-106 页；最高人民法院民事审判第二庭：《最高人民法院民法典担保制度司法解释理解与适用》，人民法院出版社，2021，第 214-215 页。

3　参见曹士兵：《关于担保人的追偿权》，见最高人民法院民事审判第二庭：《经济审判指导与参考》第 4 卷，法律出版社，2001，第 78 页；崔建远：《论保证规则的变化》，《中州学刊》2021 年第 1 期。

致使担保人不能预先行使追偿权的，担保人就该债权在破产程序中可能受偿的范围内免除担保责任，但是担保人因自身过错未行使追偿权的除外。"

保证人预先行使追偿权，直接关系到保证人承担保证责任后所受损失的补偿，而预先行使追偿权又以保证人在债权申报期限内知道债权人不申报债权为前提，因此，债权人应在债权申报期内的适当时间将其不申报债权的意思告知保证人。依照《企业破产法》第 56 条的规定，虽然债权人在破产财产最后分配前可以补充申报，但对此前已经进行的分配不得再请求补充分配，由此，保证人预先行使追偿权即受限制，补充申报阶段的保证人也就可以依据《民法典担保制度解释》第 24 条在相应的范围内主张免责。实践中，债权人在提起担保诉讼时，保证人依然可以预先行使追偿权，亦可视为债权人在客观上通知了保证人。[1] 如债权人在其知道或者应当知道主债务人破产后，既不申报债权，又不通知保证人，导致保证人错过债权申报期限而未能预先从主债务人破产财产中得到补偿的，保证人在其如及时申报债权可从破产财产中受偿的范围内免责。[2] 同时，保证人免除保证责任以其没有过错为前提，如保证人因自身过错未行使追偿权，则不能免除保证责任。[3]

鉴于破产程序的特殊性，"任何实质上源于同一债务的普通债权，在破产程序中只能得到与其他普通债权相同的受偿比率，而不能得到二次清偿，并因此得到高于其他普通债权人的清偿比率"[4]，《民法典担保制度解释》第 23

1　参见安徽省淮南市中级人民法院（2020）皖 04 民终 1355 号民事判决书。

2　参见浙江省瑞安市人民法院（2017）浙 0381 民初 9440 号民事判决书。

3　参见江苏省南京市秦淮区人民法院（2014）秦商初字第 278 号民事判决书；河南省漯河市郾城区人民法院（2020）豫 1103 民初 1021 号民事判决书；江苏省宿迁市中级人民法院（2021）苏 13 民终 4235 号民事判决书。

4　最高人民法院在答复山东省高级人民法院《关于代为清偿的连带债务人是否有权向破产和解的债务人继续追偿问题请示的复函》（〔2010〕民二他字第 15 号）指出："债权人如果已在主债务人的破产和解或者重整程序中全额申报了债权，其未受偿的部分可以向保证人或者连带债务人主张。但保证人或连带债务人履行完剩余的清偿义务后，由于对于任何实质上源于同一债务的普通债权，在破产程序中只能得到与其他普通债权相同的受偿比率，而不能得到二次清偿，并因此得到高于其他普通债权人的清偿比率；因此，保证人或连带债务人承担清偿责任后不得向破产和解、破产重整的债务人追偿。"

条第 3 款后句规定,"担保人承担担保责任后,向和解协议或者重整计划执行完毕后的债务人追偿的,人民法院不予支持"。禁止担保人向和解后或重整后的主债务人追偿。而且,当主债务人、保证人均进入破产程序时,债权人向主债务人、保证人均申报全部债权的,《企业破产法规定(三)》第 5 条第 2 款规定,"保证人履行保证责任后不再享有求偿权"。

2. 因保证人承担保证责任而使主债务人全部或者部分免责

保证人履行保证债务的效力及于主债务,保证人履行保证债务实际上发生代偿主债务的效力。虽然保证债务发生于债权人与保证人之间的保证合同,独立于债权人与主债务人之间的主债权债务关系,但保证债务从属于主债务,保证人履行保证债务之时,通常的效力是主债务人在相应的范围内对债权人免责。[1]所谓使主债务人免责,是指主债务人对债权人的债务因保证人履行保证债务而消灭,主债务人不再负有向债权人履行债务的责任[2],并非指主债权债务关系消灭。在承认保证人清偿承受权的情形之下,保证人履行保证债务的法律效力除了消灭保证债权债务关系之外,仅能在保证人承担保证责任的范围内相对地消灭债权人与主债务人之间的主债权债务关系,主债权债务关系仍然存在于保证人与主债务人之间。

保证人承担保证责任与主债务人免责之间具有因果关系,追偿权才能成立,如主债务在债权人与主债务人之间的消灭并非保证人承担保证责任的结果,则保证人不享有追偿权。如主债务人本人已经履行主债务,或者主债务因不可抗力而不复存在等,保证人不得主张追偿权;已经承担保证责任的保证人,可以依不当得利规则而请求债权人返还。

如保证人未完全履行保证债务,保证人是否有权向主债务人进行追偿?保证人仅履行部分保证债务的,也发生主债务部分相对消灭的效力,保证人

1　参见张尧:《论担保人的求偿权——以担保人对主债务人的求偿权为中心》,见肖海军主编:《岳麓法学评论》第 7 卷,湖南大学出版社,2012,第 155 页。

2　参见郭明瑞:《担保法》(第二版),法律出版社,2004,第 50 页。

在被相对消灭的主债务部分应被视为承担了保证责任，保证人自然有权就该部分向主债务人进行追偿。[1] 在解释上，无论保证人的履行行为是使全部主债务还是部分主债务相对地消灭，保证人均可取得追偿权，只是追偿权的范围依主债务相对地消灭的范围不同而不同。如在约定了分期还款的借款担保合同中，保证人代偿了主债务人数月的欠付借款，主债务人认为在借款未全额还清之前保证人不享有追偿权，但法院认为债权人的相应贷款已经得到足额清偿，保证人理应享有相应的追偿权。[2]

值得讨论的是，实践中有些保证人未直接向债权人履行保证债务，而是以委托贷款的形式向主债务人发放贷款，主债务人以该贷款清偿主债务，进而使主债务消灭。此时，保证人是否享有追偿权？从形式上看，主债务之所以得以清偿，是因为主债务人以自己的名义向受托贷款人借款，并以所借款项向债权人偿付，与保证人无关。这种特殊安排往往是在保证人、主债务人以及受托贷款人三方协作下完成的，依据《民法典》第925条的规定，委托贷款合同直接约束保证人与主债务人，二者之间成立新的借贷关系。换言之，主债务人通过向保证人借款的方式，以自己的名义对债权人清偿主债务。主债务人本可通过多种途径筹措资金用以清偿债务，向保证人借款只是其中之一，不能因为保证人向主债务人提供借款就直接认定为保证人承担保证责任。司法实践中亦认为，保证人委托他人向债务人发放贷款的行为，并不属于法律意义上的担保代偿行为，应视为其与债务人之间发生新的借贷关系；保证人不享有追偿权，但可以依据新的委托贷款关系向主债务人主张借款本息的返还。[3] 反之，如保证人委托他人将代偿款项转至主债务人在债权

1　参见郭明瑞：《担保法》（第二版），法律出版社，2004，第50页；王利明：《合同法研究》（第四卷）（第二版），中国人民大学出版社，2018，第289—290页。

2　参见四川省宜宾市中级人民法院（2017）川15民终1633号民事判决书；湖南省永州市中级人民法院（2020）湘11民终2849号民事判决书；安徽省芜湖市中级人民法院（2020）皖02民终795号民事判决书。

3　参见胡四海：《以委托贷款掩盖代偿风险的担保人不享有追偿权》，《人民司法》2016年第8期。

人（通常是商业银行）处开设的账户，并由债权人直接扣划相关款项，法院通常认为保证人以委托付款的形式承担了保证责任。[1] 此际，保证人的追偿权自可成立。

3. 保证人没有赠与的意思

《民法典》第 700 条前句"当事人另有约定"，包括保证人与主债务人之间的原因关系属于赠与的情形。保证人没有赠与的意思，是保证人追偿权的消极要件。保证人在行使追偿权时不必就此举证[2]，主债务人就保证人的赠与意思负有举证责任。[3]

在实践中，保证人因特殊情形提前履行了保证债务，此时保证人能否行使追偿权，以及行使追偿权的范围，司法实践中存在争议。[4] 第一种意见认为，保证人未取得代偿债务的完全追偿权。理由是：根据合同的相对性，保证人代债务人提前向债权人偿还剩余债务，侵害了债务人依照合同的约定而享有的分期付款权，保证人只对所代付已到期月份的债务享有追偿权，对所代付未到期月份的债务不享有追偿权。第二种意见认为，保证人基于自身合理需要，作为保证人提前代被保证人履行特定债务，并未侵害债权人的利益，应当取得完全追偿权。就此，依据《民法典》第 530 条第 1 款规定的精神，债权人同意债务人提前履行债务的，债务人可以提前履行未到期债务，因而保证人提前履行债务并未对债权人造成损害，也未给债务人造成损害，在没有特别约定的情况下，保证人提前代偿亦取得追偿权。[5]

1　参见四川省高级人民法院（2015）川民终字第 42 号民事判决书；山东省高级人民法院（2016）鲁民终 1163 号民事判决书；四川省高级人民法院（2019）川民申 393 号民事裁定书。

2　参见黄薇主编：《中华人民共和国民法典合同编释义》，法律出版社，2020，第 514 页。

3　参见程啸：《保证合同研究》，法律出版社，2006，第 290 页。

4　参见戴延伟：《保证人提前代为履行债务取得追偿权》，《人民法院报》2016 年 9 月 22 日，第 7 版。

5　参见浙江省金华市中级人民法院（2019）浙 07 民终 3249 号民事判决书；浙江省杭州市上虞区人民法院（2011）绍虞乙初字第 214 号民事判决书。

（三）保证人追偿权的效力

1. 保证人追偿权的效力范围

在文义上，《民法典》第 700 条前句中"当事人另有约定"，既包括就保证人是否享有追偿权的约定，也包括保证人追偿权效力范围的约定。由此可见，保证人追偿权的效力范围可由当事人（保证人与主债务人）约定，当事人之间没有约定的，适用法定的追偿范围，即保证人"承担保证责任的范围"[1]。解释上的疑问在于，在当事人之间未就保证人追偿权行使范围作出约定之时，保证人追偿权的效力范围是否仅限于保证人"承担保证责任的范围"？是否包括利息和其他损失在内？

保证人与主债务人的基础法律关系主要有委托、无因管理以及赠与三种类型，其中仅前两者能够产生保证人追偿权。在认定保证人追偿权的具体范围时，如保证人与主债务人之间就保证人追偿权的具体范围未作特别约定，应当根据保证人与主债务人的基础法律关系适用不同的规则加以确定，已如前述。除保证人与主债务人另有约定之外，保证人追偿权的范围包括保证人因承担保证责任所受一切损失。

第一，保证人实际承担的保证责任或者赔偿责任（通称代偿金额）。保证人承担保证责任而使主债务部分或全部相对地消灭，主债务人在此范围内得以对债权人免责。保证人实际承担的保证责任的范围应与主债务人的免责范围相一致，如大于主债务的范围，则主债务人可以主张仅在主债务的范围内承担责任的抗辩（容后详述）。[2]实践中，委托担保合同和担保合同中通常会对担保范围作出较为全面的约定，包括本金、利息、逾期利息、罚息、复息、违约金、损害赔偿金和实现担保债权的费用（包括但不限于诉讼费、仲

---

[1] 不过，有学者认为，《民法典》第 700 条对保证人追偿权的范围未作明确规定。参见谢鸿飞、朱广新主编：《民法典评注·合同编·典型合同与准合同（2）》，中国法制出版社，2020，第 124 页（夏昊晗执笔）。

[2] See W Courtney, J C Phillips, J. O'Donovan, *The Modern Contract of Guarantee*, Sweet & Maxwell, 2016, p.704.

裁费等）和所有其他应付费用等。[1] 在保证人向债权人所为给付中，首先包括原本债权及其利息，此部分当然属于保证人追偿权的效力范围，对此裁判实践中并无争议。但就逾期利息等，保证人向主债务人追偿时，主债务人往往否认保证人向其追偿逾期利息的请求，理由在于，在主债务人未能如期清偿主债务之时，保证人即应主动履行保证债务以使主债务消灭。[2] 然而，主债务人未如期清偿主债务所产生的逾期利息亦属主债务之内容，主债务人本就应对包括逾期利息在内的全部债务负清偿义务。[3]

裁判分歧的主要原因在于对"主债权"的不同理解。《民法典》保证规则在两种意义上使用"主债权"一语：一种是在从属性之下使用，系指与保证债权相对而称的被担保债权；另一种是在债权债务关系内部使用，系指与利息、违约金、损害赔偿金等从债权相对而称的原本债权，前已述及。保证人代偿的"主债权"，系在第一种意义上使用，自然涵盖了原本债权及从债权，保证人与债权人在保证合同中就保证范围另有约定的除外。在解释上，只要不超过"主债务人应当承担的责任范围"，保证人代偿的"主债权"均可向主债务人追偿，而无论保证人与主债务人的基础法律关系是委托还是无因管理。主债务人和保证人之间构成委托关系的，保证人代为清偿的原本债权及其从债权属于《民法典》第 921 条的"受托人为处理委托事务垫付的必要费用"；主债务人和保证人之间构成无因管理关系的，保证人代为清偿行为属于无因管理，其所代偿的原本债权及其从债权属于《民法典》第 979 条第 1 款的"因管理事务而支出的必要费用"[4]。

1　参见上海金融法院（2020）沪 74 民终 284 号民事判决书；上海金融法院（2021）沪 74 民终 1919 号民事判决书。

2　参见浙江省绍兴市中级人民法院（2018）浙 06 民终 1469 号民事判决书。

3　参见辽宁省高级人民法院（2016）辽民初 76 号民事判决书；安徽省高级人民法院（2017）皖民终 291 号民事判决书。

4　浙江省杭州市西湖区人民法院（2009）杭西商初字第 2196 号民事判决书；江西省赣州市（地区）中级人民法院（2018）赣 07 民终 1124 号民事判决书。

第二，保证人为承担保证责任而支付的必要费用。这里的"必要费用"并不包括纳入保证范围的"实现债权的费用"。在解释上，后者是指债权人为了实现其债权而付出的费用，包括诉讼费用、仲裁费用、通知保证人的费用以及其他的合理费用，是从属于原本债权的必要负担，应属保证范围[1]，纳入本书前项所称追偿范围。委托担保合同对纳入追偿范围的必要费用的种类与标准有约定的，自应从其约定。[2] 如无约定，主债务人和保证人之间构成委托关系的，保证人为承担保证责任而支付的必要费用属于《民法典》第921条规定的"受托人为处理委托事务垫付的必要费用"；主债务人和保证人之间构成无因管理关系的，保证人为承担保证责任而支付的必要费用属于《民法典》第979条第1款的"因管理事务而支出的必要费用"。

尚存争议的是，保证人因承担保证责任支出的律师费是否属于追偿范围。[3] 就此，裁判实践中存在分歧。有法院认为，保证人追偿权的目的在于弥补其实际支出的费用和利息损失，保证人因承担保证责任支出的律师费用为履行代偿义务所发生的费用或者损失，属于保证人追偿权的范围。[4] 亦有法院进一步认为，应对案涉律师代理费数额的合理性进行审查，就超过合理部分，保证人没有追偿权。[5] 有法院则认为，律师费用"并非其实现债权或诉讼的必要费用"，在委托担保合同未作约定的情形之下，不应纳入保证人

1　至于其中是否包括债权人支付的律师费用，尚存争议。参见高圣平：《民法典担保制度及配套司法解释理解与适用》，中国法制出版社，2021，第149-150页。

2　参见重庆市高级人民法院（2016）渝民终466号民事判决书。

3　《美国担保法重述》（第三次）第23条评论a指出：保证人为了阻却债权人请求所支出的法律费用仍然属于追偿权的范围，但保证人与债务人诉讼中的有关支出就不应包括在内。See Peter A. Alces, *The Law of Suretyship and Guaranty*, Thomson Reuters, 2014. pp. 334-336. 在英国法上，这一问题则有所争议，但基本的原则是仅在相关费用的支出是合理且符合债务人利益，保证人对此才有求偿权。See Geraldine M. Andrews, Richard M. Millett, *Law of Guarantees*, Sixth edition, Sweet & Maxwell, 2008, p.460.

4　参见北京市第一中级人民法院（2019）京01民终7064号民事判决书；福建省高级人民法院（2020）闽民终1132号民事判决书。

5　参见安徽省高级人民法院（2016）皖民终155号民事判决书。

的追偿范围。[1]本书作者认为，在当事人就追偿范围中已经明确约定律师费的情形之下，基于意思自治，自应予以承认，但以合理和必要为限，可以参照有权部门制定的律师收费标准，根据律师的工作量等因素酌定。[2]

第三，保证人自承担保证责任之日起，保证人代偿金额的利息（资金占用费）。《民法典》第700条前句将保证人追偿权的法定范围限定于"承担保证责任的范围"（代偿金额），在当事人未作明确约定的情形之下，保证人的追偿范围是否包括代偿金额的利息，存在疑问。第一种裁判观点认为，在当事人未将代偿金额的利息约定为追偿范围的情形之下，保证人追偿权的行使范围"应当以代偿的实际金额为限"，代偿金额的利息并不包括在内。[3]不过，当事人之间虽未明确约定追偿权的范围包括代偿金额的利息，但约定追偿权的范围包括保证人因承担保证责任所受损失的，该损失在解释上主要是保证人代偿金额的资金占用损失，即代偿款所产生的利息，应属保证人的追偿范围。[4]第二种裁判观点认为，主债务人因保证人承担保证责任而免责，自保证人承担保证责任之日起即无须再就主债务支付利息，主债务人亦因此而获益，而保证人因履行保证债务而占用自有资金，将直接产生利息损失，对此，主债务人亦应明知。因此，代偿金额的利息亦应纳入保证人追偿权的效力范围，并不以当事人就此存在明确约定为前提。[5]

本书作者赞成第二种裁判观点，在当事人之间就保证人的追偿范围未作约定的情形之下，保证人和主债务人之间构成委托关系的，代偿金额的利息属于《民法典》第930条所称"受托人……因不可归责于自己的事由受到损

---

[1] 参见新疆维吾尔自治区高级人民法院（2016）新民终123号民事判决书。

[2] 参见最高人民法院民法典贯彻实施工作领导小组主编：《中华人民共和国民法典合同编理解与适用》（二），人民法院出版社，2020，第1340页。

[3] 参见河北省石家庄市中级人民法院（2018）冀01民初1954号民事判决书；山东省济南市槐荫区人民法院（2021）鲁0104民初4123号民事判决书。

[4] 参见安徽省高级人民法院（2017）皖民终291号民事判决书。

[5] 参见河北省高级人民法院（2020）冀民终212号民事判决书；山东省济南市中级人民法院（2022）鲁01民终429号民事判决书。

失"的情形，应属保证人追偿权的效力范围。保证人和主债务人之间构成无因管理关系，如符合主债务人的真实意思，代偿金额的利息属于《民法典》第 979 条第 1 款后句所称"管理人因管理事务受到损失"的情形[1]，亦属保证人追偿权的效力范围；如不符合主债务人的真实意思，依据《民法典》第 980 条的规定，管理人仅在受益人的获益范围内主张费用返还请求权和损失补偿请求权。[2] 有观点认为，就保证人与主债务人的不适当无因管理关系而言，主债务人的获益范围表现为代偿金额及必要费用，如此就保证人自承担保证责任时起的利息损失及其他损失，无权向主债务人请求补偿。[3] 本书作者认为，在借款担保的情形，主债务人作为其获益范围包括了保证人的代偿金额和保证人自承担保证责任时起的利息。前者相对地消灭了主债务人对债权人的债务；后者系如保证人不承担保证责任主债务人本应负担的债务。两者均属主债务人的获益范围。

融资担保实践中，委托担保合同中就保证人的追偿范围仅约定了资金占用费的，有法院认为，当事人在收取担保费用之外按年利率24% 计收资金占用费的约定在本质上属于违约金约定，主债务人未依约偿还代偿款造成的损失主要是资金占用损失，按照违约金酌减规则，将资金占用费的计算标准调整为中国人民银行同期贷款利率（2019 年 8 月 20 日之前）、全国银行间同业拆借中心公布的贷款市场报价利率（2019 年 8 月 20 日之后）。[4] 就委托担保合同中就保证人的追偿范围同时约定了资金占用费（利息）和违约金的情形，一种裁判观点认为，应将两者合并计算，并受利率控制规则的约束。其中，有的法院未详细区分资金占用费、违约金的性质，而是将其统一视作

1　参见浙江省杭州市西湖区人民法院（2009）杭西商初字第 2196 号民事判决书；上海市第二中级人民法院（2015）沪二中民一（民）终字第 461 号民事判决书。

2　参见黄薇主编：《中华人民共和国民法典合同编释义》，法律出版社，2020，第1038 页。

3　参见谢鸿飞、朱广新主编：《民法典评注·合同编·典型合同与准合同（2）》，中国法制出版社，2020，第 125 页（夏昊晗执笔）。

4　参见青海省高级人民法院（2020）青民终 16 号民事判决书。

违约金，并将其调整为 24% 的年利率[1]，或者参酌案涉具体情形将其调整为中国人民银行同期贷款利率、全国银行间同业拆借中心公布的贷款市场报价利率的 300%。[2] 这里明显参照了民间借贷的利率控制标准。[3] 有的法院虽区分了资金占用费、违约金的性质，但仍然参照民间借贷的利率控制标准将两者合计控制年利率 24% 以内。[4] 另一种裁判观点认为，应按照合同约定的标准分别支持保证人主张的资金占用费和违约金。[5]

　　本书作者认为，保证人主张的资金占用费，实为保证人因代偿主债务而丧失以该资金获取其他收益的补偿，性质上属于代偿金额的利息，如当事人之间就此未作约定，则应以代偿金额为基数按中国人民银行同期贷款利率[6]、全国银行间同业拆借中心公布的贷款市场报价利率（LPR）从代偿之日起至计算至主债务人清偿之日止[7]，不宜适用主债权债务合同中约定的罚息利率。[8] 如当事人就主债务人返还保证人代偿金额约定了资金占用费和 / 或逾期利息和 / 或违约金，在解释上，资金占用费、逾期利息、违约金的约定，均属违约金的约定[9]，应当在尊重合同约定的基础上，对过分高于实际损失的违约金约定适用《民法典》第 585 条第 2 款予以适当调整。值得注意的是，保证

　　1　参见安徽省高级人民法院（2018）皖民终 675 号民事判决书；重庆市高级人民法院（2019）渝民终 1882 号民事判决书；青海省高级人民法院（2020）青民终 16 号民事判决书。

　　2　参见最高人民法院（2020）最高法民再 359 号民事判决书。

　　3　参见湖北省高级人民法院（2015）鄂民二终字第 00135 号民事判决书；安徽省亳州市中级人民法院（2019）皖 16 民初 396 号民事判决书。

　　4　参见重庆市万州区人民法院（2018）渝 0101 民初 14246 号民事判决书。

　　5　参见四川省高级人民法院（2020）川再民 141 号民事判决书。

　　6　参见安徽省高级人民法院（2017）皖民终 291 号民事判决书。

　　7　参见河北省高级人民法院（2020）冀民终 212 号民事判决书；贵州省兴义市人民法院（2020）黔 2301 民初 10137 号民事判决书；山东省济南市中级人民法院（2022）鲁 01 民终 429 号民事判决书。具体利率参照标准采取分段计算的方法。2019 年 8 月 20 日之前按照中国人民银行同期贷款利率；2019 年 8 月 20 日之后按照全国银行间同业拆借中心公布的贷款利率（LPR）。参见青海省高级人民法院（2020）青民终 16 号民事判决书。

　　8　参见上海市第二中级人民法院（2015）沪二中民一（民）终字第 461 号民事判决书。

　　9　参见最高人民法院民事审判第一庭：《最高人民法院新民间借贷司法解释理解与适用》，人民法院出版社，2021，第 416-418 页。

人既可能是融资担保公司，也可能是其他非金融机构的市场主体，就后者而言，《最高人民法院关于审理民间借贷案件适用法律若干问题的规定》（法释〔2020〕17 号修正）第 29 条规定："出借人与借款人既约定了逾期利率，又约定了违约金或者其他费用，出借人可以选择主张逾期利息、违约金或者其他费用，也可以一并主张，但是总计超过合同成立时一年期贷款市场报价利率四倍的部分，人民法院不予支持。"参照这一规定处理违约金酌减问题具有正当性。就前者而言，《最高人民法院关于新民间借贷司法解释适用范围问题的批复》（法释〔2020〕27 号）指出，"由地方金融监管部门监管的……融资担保公司……等七类地方金融组织，属于经金融监管部门批准设立的金融机构，其因从事相关金融业务引发的纠纷，不适用新民间借贷司法解释。"这是否意味着融资担保公司可以突破上述限制？最高人民法院认为，"为促进金融和实体经济实现良性循环，有效降低企业用资成本，对于金融机构的变相利息也应予以规范。""一般而言，金融借款利率应比民间借贷利率低，因此，金融借款的总成本应该低于民间借贷利率的上线。"[1]准此，前述违约金酌减规则对于融资担保公司仍应参照适用。

第四，担保费（报酬）。主债务人和保证人之间构成有偿委托关系的，作为受托人的保证人有权依据《民法典》第 928 条向作为委托人的主债务人主张报酬给付请求权[2]，但此项报酬是保证人完成委托担保事务的对价，而不是向债权人履行保证债务所支出的费用，因而不属于保证人追偿权的范围[3]，保证人应另行向主债务人主张报酬给付请求权。不过，《民事案件案由规定》虽将"追偿权纠纷"列为独立的案由，但同时也将"委托合同纠纷"列为第三级案由。如保证人选择提起委托担保合同纠纷诉讼，自可同时主张因其承

1　最高人民法院民法典贯彻实施工作领导小组主编：《中华人民共和国民法典合同编理解与适用》（二），人民法院出版社，2020，第 1271、1273 页。

2　实践中，融资担保公司与主债务人的委托担保合同之中，大多会约定一定比例的担保费。

3　参见郭明瑞：《担保法》（第二版），法律出版社，2004，第 51 页。具体案例参见吉林省高级人民法院（2021）吉民申 2997 号民事裁定书。

担担保责任所受损失的追偿权以及报酬请求权。如此，即使保证人提起担保人追偿权纠纷诉讼，基于诉讼经济的考虑，亦应允许其同时主张报酬（担保费）给付请求权。

2. 保证债务的从属性对保证人追偿权效力范围的影响

就保证人的追偿范围而言，《民法典》第700条明确为"承担保证责任的范围"，即以代偿金额为限。保证人承担担保责任，属于代负履行责任或代为承担债务不履行的赔偿责任，因此，保证人的代偿金额自不得超过主债务。[1]保证人承担保证责任之后，自得向主债务人追偿，"从主债务人的角度看，是自己责任原则的一种迂回体现，同时决定了担保人追偿的范围应限于主债务人自己清偿时的负担总额"[2]。如此体现了保证债务的从属性对保证人追偿权效力范围的影响。

债权人向保证人的请求数额超过主债务人应予承担的数额的，保证人自应主张本属于主债务人的抗辩权，以对抗债权人的请求。保证人怠于主张该抗辩权，导致其所承担的责任超过主债务的，自不得就超过部分向主债务人追偿。[3]如允许保证人对主债务人的追偿范围大于主债务人应当承担的责任范围，首先即意味着保证人的责任范围可以大于主债务的范围，这将降低保证人提供担保的意愿，增加达成担保交易的难度，无助于"觅保难"问题的解决。其次，保证人因自身的原因加重了担保责任，强令主债务人一并承担，并不符合公平原则，主债务人的期待利益将难以获得保护，反而增加了

---

[1] 参见崔建远：《论保证规则的变化》，《中州学刊》2021年第1期。在解释上，此处的"主债权""主债务"是指主合同项下的全部债权债务，而不仅是债权债务本金。参见王利明：《合同法研究》（第四卷）（第二版），中国人民大学出版社，2018，第290页。相关裁判案例参见最高人民法院（2018）最高法民申289号民事裁定书。

[2] 崔建远：《论保证规则的变化》，《中州学刊》2021年第1期。相关裁判案例参见四川省成都市中级人民法院（2019）川01民终13533号民事判决书；河南省高级人民法院（2020）豫民申5847号民事裁定书。

[3] 参见高圣平：《民法典担保从属性规则的适用及限度》，《法学》2020年第7期。

主债务人的将来融资成本，对主债务人的其他债权人而言亦不公平。[1]再次，主债务人不履行到期债务的情形，通常表明其已不再具有相应的偿还能力，此时突破主债务人应当承担的责任范围，亦仅具有形式意义，并不能增加主债务人履行义务的积极性。

《民法典担保制度解释》第3条第2款规定："担保人承担的责任超出债务人应当承担的责任范围，担保人向债务人追偿，债务人主张仅在其应当承担的责任范围内承担责任的，人民法院应予支持；担保人请求债权人返还超出部分的，人民法院依法予以支持。"由此可见，如担保范围和强度超过主债务，保证人就超过部分承担了保证责任之后，也可以向主债务人追偿。如主债务人主张仅在其应当承担的责任范围内承担责任的抗辩的，保证人就超过部分的追偿请求将不能实现，但此际担保人可以请求债权人返还超出部分；如债务人没有主张仅在其应当承担的责任范围内承担责任的抗辩的，保证人就超过部分的追偿请求将予实现。

3. 保证人的过错对保证人追偿权效力范围的影响

《民法典》第701条规定，保证人对债权人享有主债务人所有的抗辩。保证人应当以之对抗债权人的履行请求，如保证人怠于行使主债务人的抗辩，而为大于主债务人应承担债务范围的清偿，以及保证人支出非必要的费用使得主债务范围扩大，对超过部分或者扩大部分，保证人虽仍得向主债务人追偿，但在保证人行使追偿权时主债务人有权提出抗辩。解释上可以认为，保证人对超过部分或者扩大部分的清偿具有过错，体现在就可主张的抗辩而未主张。如债权人依保证合同中专门的违约责任约定向保证人主张权利之时，保证人可以主张仅在主债务人应当承担的责任范围内承担责任的抗辩。保证人已经主张前述抗辩，债权人的此项请求将不获支持；保证人没有

---

[1] 实践中有裁判认为，担保人在法院主持调解下履行担保责任的，不宜以此限制保证人追偿权行使的范围。如此见解是否妥当，值得进一步探讨。参见安徽省高级人民法院（2019）皖民再88号民事判决书。

主张前述抗辩，将承担这一专门的违约责任。但保证人向主债务人追偿时，主债务人享有抗辩权；如主债务人主张抗辩，保证人就此的追偿请求将不获支持，保证人此时仅得向债权人主张不当得利返还请求权。[1] 再如，保证人知悉主债务诉讼时效已经经过但怠于主张主债务诉讼时效经过抗辩权而承担保证责任，法律上对此并不限制，但在保证人向主债务人主张追偿权之时，主债务人自可提出抗辩，否则主债务人本来享有的时效利益旋即丧失殆尽。[2]

此际，保证人过错的认定，尚以保证人知悉相应的抗辩事由为前提。[3]如此，保证人在履行保证债务之前，依据《民法典》第509条第2款的规定，自有通知主债务人并了解相关抗辩事由的义务。保证人在承担保证责任后，同样有义务及时通知主债务人，其实定法基础在于第924条、第983条关于受托人（无因管理人）报告委托事务情况（管理事务情况）义务的规定，以及第509条第2款关于"当事人应当遵循诚信原则，根据合同的性质、目的和交易习惯履行通知、协助、保密等义务"的规定。[4] 如保证人怠于通知主债务人，致使主债务人无过失地又向债权人履行主债务的，保证人丧失追偿权，仅得依不当得利规则请求债权人返还。不过，即使保证人在承担保证责任后并未通知主债务人，但并未造成主债务人向债权人重复清偿的后果，保

1　参见曹明哲：《〈民法典担保制度司法解释〉对担保从属性的贯彻与适用》，《法律适用》2021年第9期。

2　相反的观点参见曹士兵：《关于担保人的追偿权》，见最高人民法院民事审判第二庭：《经济审判指导与参考·第4卷》，法律出版社，2001，第80-82页。不过，该文的分析系基于诉讼时效期间经过的法律效果为胜诉权消灭的观点而展开，且与《民法典担保制度解释》第3条的法政策选择不一致，不足为采。

3　《美国担保法重述》（第三次）第24条（1）（e）规定若保证人"知道"（had notice of）主债务人的抗辩事由仍为清偿，主债务人无偿还义务，除非保证人是基于"商业压迫"（business compulsion）而清偿。但有争议的情况在于，保证人并不确定主债务人是否有可主张的抗辩时，是课以主债务人以告知义务，还是使保证人承担主动询问的义务。《美国担保法重述》第24条第（2）项则规定，如根据具体情形保证人询问主债务人是合理的，而且通过询问可以知道抗辩，就属于第24条（1）（e）规定的"知道"。See Peter A. Alces, *The Law of Suretyship and Guaranty*, Thomson Reuters, 2014. pp. 320-324.

4　参见谢鸿飞、朱广新主编：《民法典评注·合同编·典型合同与准合同（2）》，中国法制出版社，2020，第124页（夏昊晗执笔）。

证人仍然享有追偿权。[1]

4."不得损害债权人的利益"是否适用于保证人追偿权

依据《民法典》第700条的规定，保证人向债权人承担保证责任后所享有的权利除了追偿权之外尚有清偿承受权。不过，在解释上尚存疑问的是，"不得损害债权人的利益"这一对保证人权利的限制，是否及于保证人的追偿权？"不得损害债权人的利益"的限制对象有两种解释可能：第一，保证人行使清偿承受权时，不得损害债权人的利益；第二，保证人行使追偿权时，也不得损害债权人的利益。[2]两种解释结论的区别在于，保证人追偿权的行使是否受"不得损害债权人的利益"限制。

"不得损害债权人的利益"原为保证人清偿承受权的限制，主要适用于保证人履行保证债务仅使主债务部分相对消灭的情形，包括保证人本就提供有限保证，未担保主债权之全部，也包括保证人虽提供无限保证，就主债权之全部提供保证，但保证人仅清偿部分保证债务的情形。[3]此际，保证人承受的部分债权与债权人的剩余债权并存，但无法主张与债权人的剩余债权平等受偿，债权人的利益不因保证人清偿承受部分债权而受影响。[4]因此，在保证人和债权人均向主债务人主张债权之时，强制执行主债务人责任财产的变价款，应优先清偿债权人的剩余债权。

保证人追偿权是保证人履行保证债务之后对主债务人原始取得的新权利，在性质上亦属一般债权。保证人的追偿权与债权人的剩余债权在形式上同为一般债权，理应按比例平等受偿。但如坚持债权平等原则，将有违担保

1　参见海南省高级人民法院（2000）琼经终字第9号民事判决书。

2　《民法典》第700条与《民法典》第519条第2款关于连带债务人追偿权与清偿承受权的规定表述一致，因此二者可以适用相同的文义解释结论。参见谢鸿飞：《连带债务人追偿权与法定代位权的适用关系——以民法典第519条为分析对象》，《东方法学》2020年第4期。

3　参见高圣平：《民法典担保制度及配套司法解释理解与适用》，中国法制出版社，2021，第236页。

4　参见邱聪智：《新订债法各论》（下），姚志明校订，中国人民大学出版社，2006，第397页；刘春堂：《民法债编各论》（下）（修订版），作者自版，2012，第371页。

设立的目的——强化债权的实现。就保证人提供无限保证的情形，债权人的债权因保证人的部分代偿而未获全部清偿，保证人仍应担保债权人的剩余债权，如保证人追偿权与债权人剩余债权平等受偿，将导致债权人的循环求偿。例如，债权人对主债务人享有 200 万元的债权，保证人为其提供无限保证。保证人履行了 100 万元的保证债务后取得了对主债务人 100 万元的追偿权，但保证人仍应就剩余的 100 万元债权承担保证责任。如此时主债务人的责任财产价值仅为 100 万元，在债权平等受偿原则之下，保证人与债权人分别得以清偿 50 万元，但债权人仍有权请求保证人履行剩余 50 万元的保证债务。如此即增加了权利实现成本。就保证人提供有限担保的情形，债权人自可首先就主债务人的责任财产实现债权，并按照约定或者《民法典》第 561 条的规定首先清偿实现债权的有关费用、利息之后清偿原本债权，再就未受清偿的债权请求保证人承担保证责任。如此即可有效规避保证人的追偿权与债权人剩余债权的平等受偿规则。如此看来，原本旨在促进债权实现的担保反而成为了拖沓债权受偿的滞碍，影响债权人向主债务人主张债务清偿的效果。[1]

在债权人的债权未获全部清偿之前，主债务人的责任财产应当优先用于清偿主债务，而非满足于保证人的追偿权。[2]因此，保证人的追偿权应劣后于债权人的剩余债权，与清偿承受权在行使限制方面保持一致。否则，债权人剩余债权的受偿将完全听任于保证人的权利选择，正当性不足。实际上，最高人民法院也认为，对于债权人而言，主债务人与保证人都是债权人的债务人，两者之间的关系属于内部关系，债权人与主债务人之间的主债权债务关系以及债权人与保证人之间的保证债权债务关系属于外部关系，当内部关

1　参见河南省南阳市宛城区人民法院（2021）豫 1302 民初 7744 号民事判决书。

2　参见邱聪智：《新订债法各论》（下），姚志明校订，中国人民大学出版社，2006，第 397 页；金永熙：《贷款担保诉讼》（第二版），人民法院出版社 2002，第 414 页；最高人民法院民法典贯彻实施工作领导小组主编：《中华人民共和国民法典合同编理解与适用》（二），人民法院出版社，2020，第 1392 页。

系与外部关系发生冲突之时，自应优先满足外部关系。[1]《民法典担保制度解释》第 23 条第 2 款关于"债权人的债权未获全部清偿前，担保人不得代替债权人在破产程序中受偿"的规定亦表明，如保证人仅清偿部分保证债务，债权人未获得全部清偿的，虽然保证人仍然享有追偿权，但此时保证人无权基于清偿承受权取得债权人的地位在破产程序中受偿。在解释上，保证人自然也不得以追偿权申报债权，否则将架空《民法典担保制度解释》第 23 条第 2 款。[2] 裁判实践亦认可保证人行使追偿权不得损害债权人利益。[3]

四、保证人在履行保证债务之后的权利：清偿承受权

保证人的清偿承受权，又称保证人的代位权，是指保证人承担保证责任之后，在其承担保证责任的范围内承受债权人对主债务人的债权，而对主债务人行使原债权人之权利的权利。保证人承担保证责任之后，对主债务人并非新取得一个名曰"代位权"的权利，而是在清偿限度内取得债权人对于主债务人的权利，其情形与具有合法利益的第三人清偿后取得债权人对债务人的权利（《民法典》第 524 条）相同，但与债的保全制度中的债权人代位权仅能代位行使债务人的权利（《民法典》第 535 条）存在重大差异。保证人行使的权利不是"代位权"，而是从债权人移转而来的权利，属于法定的债权移转。[4] 为避免混淆，本书以清偿承受权称之。

（一）保证人的清偿承受权的规范目的

保证人清偿承受权的法理基础在于，保证人不是基础法律关系的当事

1　参见最高人民法院民法典贯彻实施工作领导小组主编：《中华人民共和国民法典合同编理解与适用》（二），人民法院出版社，2020，第 1392 页。

2　最高人民法院民事审判第二庭：《最高人民法院民法典担保制度司法解释理解与适用》，人民法院出版社，2021，第 250-251 页。相关裁判案例参见广东省东莞市第一人民法院（2021）粤 1971 民初 26937 号民事判决书。

3　参见江西省婺源县人民法院（2021）赣 1130 民初 2115 号民事判决书；广东省佛山市三水区人民法院（2021）粤 0607 民初 3264 号民事判决书；浙江省绍兴市中级人民法院（2022）浙 06 民终 214 号民事判决书。

4　参见陈自强：《契约责任与契约解消》，元照出版有限公司，2016，第 362-363 页。

人，而只是"代为履行债务或代负赔偿责任"的第三人，当保证人清偿保证债务使主债务在相应范围内消灭之时，基于法定的债权转让，保证人承受债权人的地位，行使除专属于债权人自身之外的一切权利，包括享有担保该债权的其他担保权。也就是说，保证人清偿承受权是以担保责任的从属性为基础，担保责任是第二性的债务，而主债务才是本位意义上的债务，保证人只是代替主债务人履行债务。

保证人清偿承受权和追偿权各有其保护担保人的视角和独特作用，在比较法上大多数国家亦予承认[1]，但我国《担保法》上是否存在保证人清偿承受权制度则尚存疑问。从我国《担保法》第31条的文义来看[2]，尚无法得出我国法上已经规定保证人清偿承受权的结论。[3]在《担保法》上，保证人承担保证责任后，保证人所行使的并不是原债权人的权利，保证人对主债务人的追偿权的解释基础并不是清偿承受权[4]，而是保证人与主债务人之间的基础关系。有学者经由体系解释得出我国法律已承认保证人清偿承受权。其主要理由为：第一，《担保法》第28条第2款关于"债权人放弃物的担保的，保

1　参见史尚宽：《债法总论》，中国政法大学出版社，2000，第809页；郑玉波：《民法债编各论》（下），作者自版，1981，第857页；杜怡静：《保证》，见黄立主编：《民法债编各论》（下），中国政法大学出版社，2003，第872-873页；邱聪智：《新订债法各论》（下），姚志明校订，中国人民大学出版社，2006，第390页；[日]於保不二雄：《日本民法债编总论》，庄胜荣校订，五南图书出版公司，1998，第366-367页。

2　值得注意的是，《担保法》第31条使用的是"追偿"而非"求偿"，一是因为更符合中国人的心理，有助于对主债务人造成心理上的压力（参见邓曾甲：《中日担保法律制度比较》，法律出版社，1999，第117页）；二是基于对最终责任承担者的确认。"追偿"这一概念可谓针对所欲处理的事物，相对于借助该法律概念所欲达成的规范功能，趋向于所欲实现的价值而发生（参见黄茂荣：《法学方法与现代民法》，法律出版社，2007，第108页）。因此，这里的"追偿权"应系指担保人与主债务人之间的求偿权。参见张尧：《论担保人的求偿权——以担保人对主债务人的求偿权为中心》，《岳麓法学评论》（第7卷），湖南大学出版社，2012，第162页。

3　参见邹海林、常敏：《债权担保的理论与实务》，社会科学文献出版社，2005，第101页；陈本寒主编：《担保法通论》，武汉大学出版社，1998，第90页以下；崔建远主编：《合同法》，法律出版社，2007，第180页。

4　有学者认为，在保证人承担保证责任后，债权人的权利当然于其受偿范围内或保证人承担保证责任范围内移转给有追偿权的保证人，使保证人得以部分或者全部取代债权人的地位行使权利，以确保保证人的求偿权得以实现。参见孔祥俊主编：《担保法例解与适用》，人民法院出版社，2001，第211页。

证人在债权人放弃权利的范围内免除保证责任"的规定，只有在承认保证人代位权的基础上才能得到解释[1]，否则，无论债权人是否放弃担保物权都与保证人无关，就不会出现保证人能够在"债权人放弃权利的范围内免除保证责任"这种相当于保证人实现担保物权的规定。第二，《担保法解释》第38条第1款后段关于"承担了担保责任的担保人……也可以要求其他担保人清偿其应当分担的份额"的规定，也只有在承认保证人代位权的前提下才能得到合理解释，否则，不能要求其他担保人清偿其应当分担的份额。[2]

　　本书作者认为，上述相关两个条文均涉及人的担保与物的担保并存时的相互分担关系的问题。姑且不论《物权法》已对相关规则作了修改，明确保证人与物上保证人之间已不存在内部分担关系[3]，即使承认保证人与物上保证人之间存在内部分担关系[4]，其解释路径也并非一定要借助保证人清偿承受权理论。在人保和物保并存时，"为同一债务担保"的共同目标实际上已经使他们之间建立了联系。[5]虽然保证人与物上保证人之间并非连带债务人，亦非不真正连带债务人，但是，因为同一债务提供担保的事实而使各担保人与债权人之间构成担保之连带或竞合[6]，这也是债权人在主张担保权利时可以就保证人和物上保证人之间享有选择权的逻辑前提。这一"担保之连带"并无须当事人作出约定，也并不意味着各担保人之间构成相互担保或者反担保。在大多数国家，通说认为，数个从属保证人在不存在特别协议且为同一债务提供担保的情况下，一般要像连带债务人那样负担内部责任，多数连带债务

　　1　参见费安玲、龙云丽：《信用担保人权利救济之研究——以保证人权利制度完善为研究视角》，中国政法大学出版社，2013，第153页。

　　2　参见程啸、王静：《论保证人追偿权与代位权之区分及其意义》，《法学家》2007年第2期。

　　3　参见全国人民代表大会常务委员会编：《中华人民共和国物权法释义》，法律出版社，2007，第381-382页。

　　4　本书作者即赞成保证人与物上保证人之间存在相互分担关系，参见高圣平：《混合共同担保之研究》，《法律科学》2008年第2期。

　　5　参见高圣平：《担保物权司法解释起草中的重大争议问题研究》，《中国法学》2016年第1期。

　　6　参见郑冠宇：《再论担保之竞合》，《山东科技大学学报（社会科学版）》2010年第5期。

人之间的内部分担规则也适用于多数保证人之间，因为所有保证人的处境是一样的。多数保证人之间的内部分担规则同样适用或类推适用于物上保证人。[1]《欧洲示范民法典草案》也因此而明定了保证人与物上保证人对债权人的担保连带关系以及相互之间的分担关系。由此可见，保证人与物上保证人之间的分担关系无须借助担保人清偿承受法理。

本书作者认为，为使担保人承担担保责任后对担保主债务清偿的其他担保人的分担请求权更具解释力，应规定担保人的清偿承受权。虽然保证人与物上保证人之间存在内部分担关系的解释路径并非一定要借助担保人清偿承受法理，但担保人清偿承受权确实能解决信贷交易实践中的问题。例如，借款人向商业银行申请贷款，担保公司提供保证，同时借款人依其生产设备、原材料、半成品、产品为担保公司提供动产浮动抵押反担保，贷款人之所以不直接接受借款人提供的物上担保，是因为商业银行在浮动抵押交易中监管责任过重。但在办理动产浮动抵押登记时，登记机构不接受抵押权人是非商业银行的登记申请，担保公司遂委托商业银行与借款人签订抵押合同，并办理动产抵押登记。后借款人未如期偿还债务，担保公司代为偿还。此时，主债务因清偿而消灭，动产抵押权因主债务消灭而消灭，因该抵押权是担保主债务的清偿，而非担保担保公司求偿权的实现，担保公司无法基于基础交易关系——委托而主张动产抵押权。此种情形之下，如承认担保人的清偿承受权，担保公司不仅可以代位商业银行向借款人主张主债权，而且可以代位商业银行行使担保该主债权的动产抵押权。

（二）保证人清偿承受权的成立与效力

依据《民法典》第 700 条的规定，"保证人承担保证责任后，除当事人

---

[1] See Study Group on a European Civil Code and Research Group on EC Private Law（Acquis Group）, *Principles Definitions and Model Rules of European Private Law Draft Common Frame of Reference DCFR Full Edition Volume 3.* Sellier. European Law Publishers GmbH, 2009, pp. 2563, 2558, 2565.

另有约定外，有权在其承担保证责任的范围内……享有债权人对债务人的权利，但是不得损害债权人的利益"。由此可见，保证人清偿承受权的成立仅以"保证人承担保证责任"为要件。在解释上，"保证人承担保证责任"包括保证人自行清偿保证债务、经强制执行或破产清算而清偿保证债务在内。此外，依"保证人承担保证责任"之目的——在相应范围内消灭债权人与主债务人之间的债权债务关系而言，保证人以代物清偿、提存、抵销等其他方式足以消灭主债务的，亦发生保证人的清偿承受权。[1]

保证人承担保证责任后，即在其承担保证责任的范围内"享有债权人对债务人的权利"，即债权人对主债务人的债权在保证人的清偿限度内移转予保证人。此种移转属于债权的法定移转，无须当事人的意思表示。保证人承担保证责任使主债务在债权人与主债务人之间全部消灭的，债权人的债权即由保证人全部承受；保证人承担保证责任仅使主债务在债权人与主债人之间部分消灭的，债权人的该部分债权即由保证人承受。

由于保证人承受债权人的债权属于债权的法定移转，在法效果上应与债权的约定移转相同。依据《民法典》第547条第1款的规定，债权人转让债权的，受让人取得与债权有关的从权利，但是该从权利专属于债权人自身的除外。由此，在解释上，保证人承受取得的不仅仅是原债权人对主债务人的债权，该债权的担保权利，如抵押权、质权、留置权或保证债权，以及该债权的其他从权利，亦一并移转于保证人。保证人承受取得的债权与原债权全然相同。保证人取得从权利也不因该从权利未办理转移登记手续或者未转移占有而受到影响。"享有债权人对债务人的权利"不宜简单地依其文义解释为，保证人仅取得债权人对主债务人的债权，否则保证人的清偿承受权即与保证人追偿权并无多大差异，《民法典》增设这一权利类型即实无必要。

---

1 参见邱聪智：《新订债法各论》（下），姚志明校订，中国人民大学出版社，2006，第397页；刘春堂：《民法债编各论》（下）（修订版），作者自版，2012，第370页。

《民法典担保制度解释》对此采取了不同的解释方案，其第 18 条规定：
"承担了担保责任或者赔偿责任的担保人，在其承担责任的范围内向债务人
追偿的，人民法院应予支持"（第 1 款）。"同一债权既有债务人自己提供的
物的担保，又有第三人提供的担保，承担了担保责任或者赔偿责任的第三
人，主张行使债权人对债务人享有的担保物权的，人民法院应予支持"（第 2
款）。这里，《民法典担保制度解释》从字面意义上绝对化地理解了《民法典》
第 700 条，将"享有债权人对债务人的权利"解释为债权人对债务人的债权
以及债权人对债务人的担保物权。这一限缩解释背离了保证人清偿承受权的
立法原意，降低了《民法典》增设这一制度的意义。

保证人清偿承受权的行使"不得损害债权人的利益"。这主要是指保证
人承担保证责任仅使主债务部分消灭的情形，包括保证人本就提供有限保
证，未担保主债权的全部；也包括保证人虽提供无限保证，就主债权之全部
提供保证，但保证人仅清偿部分保证债务的情形。此际，保证人承受的部分
债权与原债权人的剩余债权并存。原债权人的利益不应因保证人履行保证债
务而受影响，因此，保证人清偿承受权的行使"不得损害债权人的利益"[1]。
如保证人承担保证责任仅使主债务部分消灭，虽也承受部分债权，但在原债
权人全部债权受偿之前，尚无法主张与原债权人的剩余债权平等受偿，以免
害及原债权人的利益。[2]

（三）保证人的追偿权与清偿承受权之间的关系

依据《民法典》第 700 条的规定，保证人为履行保证债务而对债权人为
清偿或其他消灭债务的行为，导致主债务人对债权人免责的，保证人同时享
有追偿权与清偿承受权。在权利关系上，追偿权系保证人自己对主债务人的
权利，属于新成立的权利；清偿承受权系保证人承受债权人对主债务人的债

---

1 刘春堂：《民法债编各论》（下）（修订版）作者自版，2012，第 371 页。
2 参见邱聪智：《新订债法各论》（下），姚志明校订，中国人民大学出版社，2006，第 397 页。

权，保证人承受取得的实为债权人原有的权利，并非新成立的权利。追偿权与清偿承受权同时并存，且清偿承受权为法定当然移转于保证人，但是，保证人仍得选择行使追偿权，亦得于承受债权之后，行使原债权人的权利。两者为请求权竞合，其中一权利因行使而达目的时，则另一种权利于所达目的之范围内即归消灭。[1]

五、保证人向债权人的返还请求权

保证人履行保证债务后，如债权人的履行请求不符合条件或其后不再符合条件，或明显存在滥用或欺诈的，债权人的受领即无正当基础，此时产生不当得利返还请求权，但不当得利返还请求权由保证人行使还是由主债务人行使，各国之间差异较大，学说见解分歧也不小。[2]

第一种观点认为，应由保证人行使不当得利返还请求权。其主要理由是：虽然保证债务的履行通常也会在相应范围内消灭主债务，但这种效果仅是附带发生的。此时，由保证人行使不当得利返还请求权更具有说服力：其一，保证人作为履行人在矫正不当履行中具有最大的利益；其二，保证人对履行情况，以及保证人对债权人不得主张的抗辩权等情况更为了解；其三，避免了救济的重复，不用先由主债务人请求债权人返还，再由保证人请求主债务人返还。基于此，《欧洲示范民法典草案》第 4.7—3：106 条第（1）款明确规定："在以下情况下，保证人有权请求债权人返还其取得的利益：（a）债权人的履行请求不符合条件，或其后不再符合条件；（b）债权人的履行请求明显存在滥用或欺诈。"

第二种观点认为，应由主债务人行使不当得利返还请求权。其主要理由是：保证合同具有基础法律关系当事人地位转换的功能，亦即保证合同使债

1　参见邱聪智：《新订债法各论》（下），姚志明校订，中国人民大学出版社，2006，第 399 页；刘春堂：《民法债编各论》（下）（修订版），作者自版，2012，第 373 页。

2　参见高圣平、何颖来：《论独立保证中保证人的权利保护体系——兼评独立保函司法解释征求意见稿》，《社会科学》2016 年第 4 期。

权人先获得付款，再由主债务人依基础法律关系向债权人请求返还的程序角色互换功能。保证人应债权人的请求而为给付，原则上具有终局决定性，保证人不得再依不当得利的规定请求债权人予以返还，以避免剥夺债权人得先使用担保金、再与主债务人于基础法律关系中争论是非的合法权益。

本书作者认为，应区分不当得利的具体情形分别处理。在一般情况之下，债权人不当得利的发生，多与基础法律关系的欠缺有关，此时应由主债务人行使不当得利返还请求权。例如，基础法律关系存在瑕疵、保证人的给付构成非债清偿、基础法律关系所约定的给付在保证人付款后又被履行等情形。主要理由在于：其一，债权人与主债务人基础法律关系存在欠缺时，仅仅只有该基础法律关系的当事人才能主张该欠缺所生法律后果，无法且不得以该欠缺对抗基础法律关系之外的第三人。保证人履行保证债务之后，发现债权人的履行请求不符合条件或其后不再符合条件，如与基础法律关系的欠缺相关，则应由主债务人向债权人主张该欠缺，如由保证人直接向债权人请求返还，无异于使债权人与主债务人之间基础法律关系的欠缺对抗保证人。其二，保证人就基础法律关系的效力及履行情况很难精准确定，且对于债权人与主债务人之间的基础法律关系，并不存在自身的利益，从公平分配当事人之间的地位与诉讼角色出发，也应使不当得利的法律关系存在于基础法律关系存在欠缺的债权人与主债务人之间。准此，在保证人已为给付之后，即使出现"债权人的履行请求不符合条件，或其后不再符合条件"，一般由主债务人基于基础法律关系行使不当得利返还请求权。

但不当得利返还请求权的发生有时与基础法律关系并无关系，例如因保证合同无效或其内容而使保证人嗣后并无给付义务，前者如保证合同的签署违反法律的规定或违反公序良俗、担保当事人之间存在通谋虚伪意思表示、债权人无相应行为能力等；后者如保证合同约定的保证期间已经经过等。此时，如将不当得利返还请求权归由主债务人行使，即会破坏不当得利返还请求权的构造。由此，在出现上述情形时，保证人本得在债权人提出履行请求时予以抗辩，但其未为抗辩，已为给付，保证人自应依相关规定主张不当得利返还请求权。应当注意的是，如当事人间认为，由主债务人行使返还请求权更为便宜，可以约定将返还请求权转让给主债务人。[1]

六、小结

第三人提供担保所涉及的法律关系颇为复杂：除债权人与债务人之间的主债权债务关系、担保人与债权人之间的担保法律关系之外，在债务人与担保人之间，通常还存在一个委托法律关系。不同于债务人自己提供的担保，第三人提供担保时存在第三人利益保护的特殊问题。在面对债权人的权利主张时，第三人除了可以基于其与债权人之间的担保法律关系享有一定的防御手段外，更需要借助于担保的从属性和补充性构建完备的防御体系。基于从属性，第三人不仅原则上可向担保权人主张主债务人享有的各种抗辩权。主债务人放弃抗辩权也不影响第三人的抗辩权。[2] 第三人是为主债务人代负履行责任或者赔偿责任，其对于主债务人通常只有权利主张而无义务之负担。[3]按照我国《民法典》的规定，第三人对主债务人的权利主要体现在两个方面：保证人追偿权和保证人清偿承受权。保证人与主债务人之间原因关系不同，保证人对主债务人的权利亦不同。保证人与主债务人之间系委托关系或无因管理关系时，保证人对主债务人享有追偿权、清偿承受权；保证人与主债务人之间系赠与关系时，保证人对主债务人则无上述权利。上述规则对于物上保证人亦有适用价值。

1　参见民法典立法背景与观点全集编写组：《民法典立法背景与观点全集》，法律出版社，2020，第46-49页。

2　参见李运杨：《第三担保人的抗辩权体系》，《政治与法律》2021年第8期。

3　参见邱聪智：《新订债法各论》（下），姚志明校订，中国人民大学出版社，2006，第390页。

第二章
民法典典型担保物权制度体系

第一节　担保物权追及效力规则的解释论

一、问题的提出

学说上认为，所有权人不因抵押权的设立而丧失其所有权，因此，所有权人就其所有物仍然享有法律上的处分权能。如此，抵押人在设立抵押权之后仍然有权转让抵押财产，抵押权人不得因此而主张转让合同无效或所有权移转无效。[1] 就抵押财产的转让，我国实定法上从完全禁止到限制转让、自由转让，再到限制转让，体现了不同经济社会背景下的不同政策考量。学说和裁判就此争论不断，解释论[2]、立法论[3]、裁判实践[4]，均有承认不动产抵押权追及效力的观点和论证。[5]

1　参见谢在全：《民法物权论》（修订五版），中国政法大学出版社，2011，第700页。

2　解释论上，主张不动产抵押权追及效力的，参见罗思荣、梅瑞琦：《我国一般抵押权的体系构建》，《杭州师范大学学报（社会科学版）》2008年第5期；高圣平、王琪：《不动产抵押物转让规则的解释论：〈物权法〉第191条及其周边》，《法律科学（西北政法大学学报）》2011年第5期；王洪亮：《不动产抵押物转让规则新解》，《财经法学》2015年第2期；郑倩：《法律解释视角下抵押物转让的效力——对〈物权法〉第191条的新诠释》，《山东社会科学》2015年第5期等等。

3　参见孙宪忠、徐蓓：《〈物权法〉第191条的缺陷分析和修正方案》，《清华法学》2017年第2期；邹海林：《论抵押权的追及效力及其缓和》，《法学家》2018年第1期；高圣平：《民法典担保物权法编纂：问题与展望》，《清华法学》2018年第2期；等等。

4　参见广东省高级人民法院（2008）粤高法民一终字第110号民事判决书、最高人民法院（2012）民二终字第113号民事判决书。

5　本书以不动产抵押权的追及效力为中心而展开。

《物权法》第 191 条规定:"抵押期间,抵押人经抵押权人同意转让抵押财产的,应当将转让所得的价款向抵押权人提前清偿债务或者提存。转让的价款超过债权数额的部分归抵押人所有,不足部分由债务人清偿"(第 1 款)。"抵押期间,抵押人未经抵押权人同意,不得转让抵押财产,但受让人代为清偿债务消灭抵押权的除外(第 2 款)。"这一规则的规范意旨在于,通过严格限制抵押财产的转让,维护抵押权人和抵押财产第三取得人的利益。[1] 依此规则,抵押财产的转让以注销其上的抵押负担为前提,第三取得人所取得的是没有物上负担的财产,自无所谓抵押权的追及效力问题。[2] 裁判的发展表明,抵押人未经抵押权人同意而转让抵押财产,转让合同的效力虽不受影响,但第三取得人尚无法取得抵押财产的所有权。[3]

《民法典》第 406 条规定:"抵押期间,抵押人可以转让抵押财产。当事人另有约定的,按照其约定。抵押财产转让的,抵押权不受影响"(第 1 款)。"抵押人转让抵押财产的,应当及时通知抵押权人。抵押权人能够证明抵押财产转让可能损害抵押权的,可以请求抵押人将转让所得的价款向抵押权人提前清偿债务或者提存。转让的价款超过债权数额的部分归抵押人所有,不足部分由债务人清偿"(第 2 款)。所谓"抵押财产转让的,抵押权不受影响",是指抵押权不因抵押财产的转让而受损害[4],亦即抵押人在抵押权设定后,将抵押财产的所有权让与第三人,其原设定的抵押权,仍随抵押财产之所在而存在,抵押权人于债务人不履行到期债务或者发生当事人约定的实现抵押权的情形之时,仍得追及至抵押财产之所在而行使抵押权,依《民法

---

1 参见全国人大常委会法制工作委员会民法室编:《中华人民共和国物权法条文说明、立法理由及相关规定》(第二版),北京大学出版社,2017,第 397 页。

2 参见全国人大常委会法制工作委员会民法室编:《中华人民共和国物权法条文说明、立法理由及相关规定》(第二版),北京大学出版社,2017,第 396 页。

3 《第八次全国法院民事商事审判工作会议纪要》第 14 条规定:"物权法第一百九十一条第二款并非针对抵押财产转让合同的效力性强制性规定,当事人仅以转让抵押房地产未经抵押权人同意为由,请求确认转让合同无效的,不予支持。受让人在抵押登记未涂销时要求办理过户登记的,不予支持。"

4 参见郑玉波:《民法物权》(修订十八版),黄宗乐修订,三民书局股份有限公司,2012,第 326 页。

典》第410条之规定就抵押财产优先受偿。[1] 由此可见，《民法典》明确承认了抵押权的追及效力，对《物权法》第191条限制抵押财产转让规则作了全面修整。《民法典》中抵押权追及效力规则将如何展开适用，尚有待交易实践和裁判实践的检验。[2] 由于当事人之间的约定在不动产登记中具有相应的登记能力，《民法典担保制度解释》第43条以是否登记作为区分标准，规定了两种不同的法律效果。

二、《民法典》第406条的价值目的转向

抵押权追及效力规则与限制抵押财产转让规则所实现的价值目的大相径庭。与限制抵押财产转让规则相比，抵押权追及效力规则能更好地实现保障抵押权、促进物尽其用和平衡当事人间利益的价值目的。

（一）物尽其用的经济效用

《民法典》物权编调整因物的归属和利用产生的民事关系（第205条），彰显着物权法的两大基本功能，即定分止争和物尽其用。其中，物尽其用以资源的有限性为基本前提，通过各种物权制度促进物的效用的充分实现。[3] 抵押权追及效力规则使需用不动产的市场主体，在不能以租赁等债权方式获得不动产利用权之时，取得存在抵押权负担的不动产所有权。[4] 而限制抵押财产转让规则剥夺了抵押人在抵押权实现之前的处分权，忽视了潜在受让人对不动产的利用需求。

---

1 参见刘春堂：《判解民法物权》（修订七版），三民书局股份有限公司，2010，第461页；谢在全：《民法物权论》（修订五版），中国政法大学出版社，2011，第701页。

2 虽然《民法典》第406条对其适用范围未作限定，在解释上应一体适用于动产和不动产，但动产抵押权与不动产抵押权在登记公示的效力、财产的流动性、被追及的难度以及阻却追及事由上均存重大差别，应予区分讨论。本处仅及于不动产抵押权，至于动产抵押权的追及效力问题，拟另撰专文予以探讨。

3 参见王利明：《物权法研究》（上卷）（第四版），中国人民大学出版社，2018，第95页。

4 根据《民法典》关于抵押财产范围的规定，不动产抵押权并不限于在建筑物和其他土地附着物（所有权）上设立，还得在建设用地使用权、海域使用权等不动产权利上设立。因此，所谓抵押财产转让的法律效果，并不仅限于受让人取得抵押财产的所有权，还包括受让人取得作为抵押权标的物的不动产权利。为叙述上的便宜，本书主要以前者指称抵押财产转让的法律效果。

第一，限制抵押财产转让规则的适用实践表明，负担抵押权的不动产存在市场需求。不动产抵押财产转让交易典型是房屋转按揭交易。抵押人转让抵押房屋时，虽未经抵押权人的同意，但转让双方约定由受让人继续按期交纳银行按揭贷款，将偿还按揭贷款的义务移转予受让人。少数裁判认为，这种约定既保障了抵押权人的利益，也符合意思自治原则，不违反法律规定。[1]但多数法院恪守限制抵押财产转让规则，买受人能否替代抵押人完全取决于抵押权人是否同意。"提前清偿或提存"具有加速买受人还款义务到期的效果，抵押人及其受让人的期限利益丧失殆尽。在抵押人无力清偿按揭贷款，而买受人愿意取得负担抵押权的不动产的情形之下，不承认抵押权追及效力，无疑限制了不动产的流转，不利于物尽其用经济效用的实现。[2]此外，限制抵押财产转让还制约着抵押财产的出资入股。有学者认为，"以设有抵押权的财产作为出资标的，一旦抵押权人主张优先受偿，将会危及公司财产的完整性，并降低公司的对外偿付能力，从而有违公司资本确定原则，故抵押物不是适格的公司出资标的"[3]。相反观点则认为，股东以抵押财产出资，公司即取得抵押财产的所有权，只不过不能对抗抵押权而已。[4]此外，为满足土地经营权人的融资需求，以符合"放活土地经营权"的政策目标，应允许土地经营权在抵押后入股合作社。[5]房屋转按揭和抵押财产的出资入股两例均表明，法律的制约并不能消除负担抵押权的不动产财产之市场需求。

第二，限制抵押财产流通的，不是抵押权负担，而是限制转让模式。限制抵押财产转让规则将抵押财产的流转系于抵押权人的同意，即使抵押权

1　参见新疆维吾尔自治区高级人民法院（2013）新民一提字第00095号民事判决书。类此处理的裁判有四川省高级人民法院（2016）川民再47号民事判决书。

2　参见廖焕国：《我国不动产抵押物流转的制度安排》，《法学》2009年第4期。

3　关晓海：《抵押物不是适格的公司出资标的——河南高院判决山西临猗湖滨果汁有限公司诉工行三门峡湖滨支行确认之诉案》，《人民法院报》2012年1月5日，第6版。

4　参见石冠彬：《论抵押物出资》，《法学评论》2015年第2期。

5　参见李晓聪、任大鹏：《设定抵押的土地经营权入股合作社研究》，《中国土地科学》2016年第12期。

已经消灭，但只要没有办理注销登记，抵押权人依然有权干涉抵押财产的处分。裁判实践中，部分判决过于恪守"所有权移转登记，除法院生效判决书外，还需抵押权人同意"这一"金科玉律"，忽视法院生效判决所生消灭抵押权的效力。比如，有裁判认为，虽抵押合同经生效判决确认无效，但相应的抵押权登记尚未被注销，当事人持确认涉案房屋归其所有的生效判决，请求登记机构为其办理所有权转移登记手续，登记机构以抵押权登记尚未注销为由不予办理所有权转移登记，并无不当。[1]

有学者认为，"对抵押财产限制转让模式的批评理由恰恰忽视了抵押财产更多是在现实意义上而非法律意义上的流通性不足"[2]。这一观点并未关注到负担抵押权的不动产之交易需求。通说以为，财产的流通性是物尽其用的前提，强化当事人之间基于自主意思形成的转让协议的效力，减少法律障碍，让有限的资源流通至最能有效利用的市场主体之中。[3]增强抵押财产的流通性，要么允许抵押财产附负担的流转，要么先实现抵押权再流转不动产。显然，抵押财产附负担的流转对抵押财产流通的限制，少于先实现抵押权再流转的情形。抵押财产附负担流转时，物尽其用的"用"，就是在抵押权实现之前由第三取得人对抵押财产进行支配并使用。承认抵押权追及效力，即承认附抵押负担的不动产的流通性，不仅认可转让合同的效力，还认可第三取得人取得抵押财产的所有权。这无疑增加了利用方式的选择方案，有利于抵押人在抵押权实现条件成就之前以多种方式利用不动产，避免了抵押财产的资源浪费。如基于其他价值考量必须采取限制抵押财产转让规则，则应提供其他配套制度来降低财产流转的成本，从而减少对财产流通的阻碍。[4]然而，限制抵押财产转让的"事前同意"规则，目的在于保障抵押权

1　参见山东省高级人民法院（2017）鲁行申 176 号行政裁定书。

2　麻锐：《抵押财产转让规则的模式选择》，《政治与法律》2017 年第 12 期。

3　See Luke Meier and Rory Ryan, "Aggregate Alienability", 60 *Villanova Law Review* 1014（2015）.

4　See Lee Anne Fennell, "Adjusting Alienability", 122 *Harvard Law Review* 1408（2009）.

的实现，不存在限制抵押财产流转的绝对正当性，且无其他替代措施以减少财产流通的阻碍。

第三，不动产抵押权追及效力规则有着财产属性与登记技术的依托，在促进物尽其用的经济效用的同时，也能保障抵押权的实现。不动产具有不可移动性与不易消耗性，其财产价值更多地受到社会环境与公共政策而非其自身物理属性的影响。无论不动产所有权如何流转，其物理位置不变。同时，借助于登记技术的发展，不动产登记簿以不动产单元为基础而展开，不动产所有权、抵押权及其他物权均在同一登记簿上清晰地记载。不动产抵押权负载于特定不动产单元之上，在不动产所有权移转之时，仅须在同一不动产登记簿的"所有权登记信息"页中变更所有权人即可，此一移转登记并不影响不动产抵押权的存续与行使。如此，承认不动产抵押权的追及效力，不会害及抵押权人的利益。所谓未经抵押权人同意即可转让抵押财产，将加重抵押权人风险的诘难[1]，并无事实根据。在抵押权追及效力规则足以保障抵押权实现的情形之下，采行限制财产流转的"抵押权人同意"事前机制并无必要，其过分限制不动产流转与保障权利实现之间并不符合比例原则。

（二）利益平衡的考量

抵押财产转让规则的设计，涉及抵押人、抵押财产第三取得人与抵押权人之间利益冲突的平衡，前者置重于不动产利用价值的充分发挥，后者则关注不动产抵押权的届期实现。[2] 限制抵押财产转让规则以牺牲抵押权的追及效力这一具有体系价值的制度为代价，来寻求抵押人、第三取得人和抵押权

1　参见黄薇主编：《中华人民共和国民法典物权编解读》，中国法制出版社，2020，第508页。该书以机动车抵押权未办理登记之时，第三取得人善意取得机动车所有权，抵押权即无法实现为例，证成否定抵押权追及效力的正当性。抵押权人未登记其抵押权，自应承担由此带来的风险。即使在限制抵押财产转让规则之下，第三取得人善意取得标的物所有权，亦属当然的结论。

2　Cf.Jean-Baptiste Seube*Driot des sûretés*, 8e édition, Dalloz, 2016, p.371.

人之间的利益平衡，已广受批评。[1] 抵押权追及效力规则是实现三者之间利益平衡的最佳方式。

第一，限制抵押财产转让规则不是保全抵押财产交换价值的最佳选择。限制抵押财产转让规则之下，"抵押物转让，交换价值已经实现。以交换所得的价款偿还债务，消灭抵押权，可以减少抵押物流转过程中的风险，避免抵押人利用制度设计的漏洞取得不当利益"[2]，如此，这一规则保全抵押财产交换价值的功能尚须仰赖价金的物上代位。但价金物上代位究竟属于请求权还是支配权尚存疑问，在未认可价金物上代位具有法定债权质权效力的情形下，不可避免地会遭遇金钱混同、优先受偿权沦为普通债权的现实困境，抵押财产的交换价值难以保全。更何况，转让价金取决于当事人间的约定，如双方恶意串通或无偿转让，极有可能出现抵押财产的转让价金并不足以完全实现抵押债权的情形。此际，虽抵押权人尚有债权人撤销权以为救济，但这一事后的补救手段运行不彰，难以发挥实际作用。裁判实践中多数观点认为，抵押权人出具同意销售商品房相关函件或者同意办理抵押房屋预售许可，即为同意抵押人转让抵押财产，视为抵押权人放弃抵押权，其不再对该不动产享有抵押权。[3] 在办理抵押财产所有权移转登记之时，抵押人已无可供物上代位的价金的情形不在少数。如此看来，限制抵押财产转让规则并不足以保障抵押权的实现。

抵押权追及效力体现抵押权人就不动产实现抵押权的支配权。不动产抵

1　参见梁上上、贝金欣：《抵押物转让中的利益衡量与制度设计》，《法学研究》2005 年第 4 期；孙鹏、王勤劳、范雪飞：《担保物权法原理》，中国人民大学出版社，2009，第 183 页；王洪亮：《不动产抵押物转让规则新解》，《财经法学》2015 年第 2 期；孙宪忠、徐蓓：《〈物权法〉第 191 条的缺陷分析和修正方案》，《清华法学》2017 年第 2 期。

2　黄薇主编：《中华人民共和国民法典物权编解读》，中国法制出版社，2020，第 509 页。

3　参见最高人民法院（2016）最高法民申 887 号民事裁定书、黑龙江省高级人民法院（2016）黑执异 10 号执行裁定书、黑龙江省高级人民法院（2016）黑执异 15 号执行裁定书、四川省高级人民法院（2016）川民初 36 号民事判决书。

押权具有从属于债权的基本属性[1]，抵押权不得与债权分离而单独转让或者作为其他债权的担保；债权转让的，担保该债权的抵押权一并转让（《民法典》第 407 条）。由此，只要抵押权所担保的债权不消灭，抵押权即从属于该债权而持续存在。在抵押权追及效力规则之下，抵押权不因抵押财产的所有权移转而消灭，也不异其从属性，而是仍然附着于该抵押财产之上。无论抵押财产落于何人之手，抵押权的效力仍然及于该抵押财产，抵押权人对该抵押财产之执行效力并不受影响。[2] 如此，对于保全抵押财产交换价值而言，抵押权追及效力规则更具优势。

在立法政策上，在限制抵押财产转让规则与抵押权追及效力规则之间的选择，取决于抵押财产的转让是否影响抵押财产的交换价值。[3] 事实上，抵押财产的转让并不会减损不动产的交换价值。至于抵押权人所关注的第三取得人能否维持抵押财产的物理价值，实为两种规则之下的共通问题，并不因采行不同的政策选择而受到影响。在限制抵押财产转让规则之下，同样存在抵押人能否维持抵押财产物理价值的问题。抵押人或第三取得人对不动产的不当利用，均可能危及抵押权的实现。抵押人利用不动产的方法，虽有债权人放贷之前的审慎审查，同样也无法保证不损害不动产价值。无论是抵押人，还是第三取得人，其是否保全抵押财产的价值，均有待抵押权人的主动监督。换言之，限制抵押财产转让规则与抵押权追及效力规则本身，均无法也无必要解决抵押人或第三取得人对不动产如何利用的问题。

第二，抵押权追及效力更能保护不动产真实权利人的利益。以不动产所有权已经移转（已办理移转登记），受让人在该不动产上为他人设定抵押权，但此后不动产转让合同被认定无效为例。此时，出让人自有权请求返还不动

---

[1]　参见高圣平：《民法典担保从属性规则的适用及限度》，《法学》2020 年第 7 期。

[2]　参见林清汶：《对于"民法"第八六七条抵押权追及性之研究与建议》，《月旦法学杂志》2013 年第 9 期。

[3]　参见徐银波：《我国抵押物转让制度的"体"冲突与完善》，《武汉理工大学学报（社会科学版）》2014 年第 4 期。

产，如此即发生与抵押权间的冲突。在限制抵押财产转让规则之下，如抵押权人不同意将所有权恢复至真实所有权人名下且抵押权并未消灭，出让人的请求不能获得支持。[1]出让人愿意清偿抵押权所担保的债权的，抵押权消灭之日为诉争不动产所有权得以回复之时。[2]由此产生的问题是，法院确认不动产转让合同无效，是否等于认定出让人的不动产所有权？持否定观点的裁判认为，合同无效产生返还原物的请求权，但能否返还，尚须考察标的物权属的变动因素，并不必然得出不动产所有权归属于出让人的结论。[3]依限制抵押财产转让规则，转让抵押财产须经抵押权人同意，因此，合同无效涉及抵押财产的权属变动时，出让人起诉确认所有权缺乏请求权基础。[4]此际，因抵押权的阻碍，标的物的所有权仍登记在非真实权利人的受让人名下，出让人的所有权处于不受登记公示保护的状态。相反，在抵押权追及效力规则之下，出让人无须抵押权人同意，也无须清偿抵押权所担保的债权，便可主张返还原物请求权，将不动产变更登记至自己名下。[5]如此，法院自可将不动产确权给真实权利人，也不影响抵押权的正常实现。

第三，抵押权追及效力与第三取得人利益的保护。否定抵押权追及效力的另一理由是，第三取得人因抵押权人实现抵押权而丧失其所有权，同时对于原抵押人的转让价金返还请求权又不一定能够实现，如此，第三取得人的利益无法得到有效保护。[6]但不动产抵押权记载于不动产登记簿之上，第三取得人受让抵押财产之时，负有查询不动产登记簿以控制交易风险的审慎注意义务。一旦第三取得人查询，即知悉标的物上的抵押负担，抵押权实现所

---

1 参见北京市朝阳区人民法院（2014）朝民初字第 15431 号民事判决书、北京市第三中级人民法院（2015）三中民终字第 05038 号民事判决书。

2 参见北京市朝阳区人民法院（2013）朝民初字第 19616 号民事判决书、北京市第三中级人民法院（2014）三中民终字第 11919 号民事判决书。

3 参见北京市第三中级人民法院（2016）京 03 民终 8298 号民事判决书。

4 参见北京市第三中级人民法院（2016）京 03 民终 8298 号民事判决书。

5 参见河南省高级人民法院（2021）豫民申 3443 号民事判决书。

6 参见黄薇主编：《中华人民共和国民法典物权编解读》，中国法制出版社，2020，第 508 页。

生的风险即属可得预见，第三取得人自可基于此就交易价格作出理性判断，与原抵押人之间就交易条件的谈判也就在信息对称的背景之下得以展开。第三取得人如怠于查询，则应自担风险。

值得注意的是，《民法典》第 406 条删去了《物权法》第 191 条第 2 款"受让人代为清偿债务消灭抵押权的除外"的规定，但《民法典担保制度解释》第 43 条第 2 款后段规定了"受让人代替债务人清偿债务导致抵押权消灭的除外"。在解释上，虽然抵押财产的转让，其所担保的主债务并不随同转让，而仍由债务人负担，但抵押财产的第三取得人为避免抵押权人实现抵押权而损及其利益，自可向抵押权人清偿以消灭抵押权。但这是抵押财产受让人的权利，而非义务。[1]就此，《民法典》第 524 条规定："债务人不履行债务，第三人对履行该债务具有合法利益的，第三人有权向债权人代为履行；但是，根据债务性质、按照当事人约定或者依照法律规定只能由债务人履行的除外。""债权人接受第三人履行后，其对债务人的债权转让给第三人，但是债务人和第三人另有约定的除外。"抵押财产的第三取得人对履行主债务自当具有合法利益。被担保债务因抵押人的清偿而相对地消灭，担保其履行的该抵押权亦行消灭，债权人对主债务人的权利法定地移转于第三取得人。

综上，就不动产抵押而言，相较抵押权追及效力规则，限制抵押财产转让规则不利于保障抵押权的实现、物尽其用经济效用的贯彻和当事人利益的平衡。抵押权追及效力规则的功能，乃在于抵押财产的流转得以便捷的展开，在未经抵押权人同意或通知抵押权人的情形下，抵押人均得以完全自由移转抵押财产的所有权于他人，但抵押权仍然存续于该抵押财产之上，维系

1　参见郑玉波:《民法物权》(修订十八版)，黄宗乐修订，三民书局股份有限公司，2012，第 327 页；谢在全:《民法物权论》(修订五版)，中国政法大学出版社，2011，第 701 页。

了抵押权的固有利益。[1] 抵押财产的第三取得人仍然应负担物上担保的有限责任，但经由登记簿的记载，第三取得人就交易价格和交易条件已作预判，不致因抵押权的实现而危及自身利益。如此，在保障物畅其流的基本市场交易规则之下，实现了抵押权人、抵押人、第三取得人的利益平衡。

三、不动产抵押权追及效力规则的文义范围

（一）抵押人转让抵押财产的行为模式

不动产抵押权追及效力规则在《民法典》第406条的核心体现，即为"抵押财产转让的，抵押权不受影响"。所谓"抵押财产转让"，当然系指抵押财产上权利的转让。不动产充任抵押财产之时，依《民法典》第395条和第418条之规定，计有"建筑物和其他土地附着物"、"建设用地使用权"、"海域使用权"、"集体所有土地的使用权"[2]、"法律、行政法规未禁止抵押的其他财产"[3]等数种。其中，后四种系以不动产权利（其中以不动产用益物权为常态）作为抵押财产，所谓抵押财产的转让，也就以不动产用益物权的转让为常态；第一种"建筑物和其他土地附着物"作为抵押财产之时，由于《民法典》奉行"房地一体处分原则"，基于第397条的规定，其占用范围内的建设用地使用权一并抵押，所谓抵押财产的转让，同时包括建筑物和其他土地附着物所有权的转让以及其占用范围内建设用地使用权的转让（第357条）。如此，《民法典》上"抵押财产转让"主要体现为不动产物权的转让，例外地包括不动产债权的转让，如土地经营权[4]以及法律、行政法规未禁止抵押

1　参见林清汶：《对于"民法"第八六七条抵押权追及性之研究与建议》，《月旦法学杂志》2013年第9期。

2　涵盖集体建设用地使用权、土地承包经营权和土地经营权。参见高圣平：《民法典视野下农地融资担保的解释论》，《广东社会科学》2020年第4期。

3　在解释上，"法律、行政法规未禁止抵押的其他财产"自应包括探矿权、采矿权、取水权、养殖权、捕捞权（《民法典》第329条）在内。

4　就《民法典》上土地经营权的定性，尚存争议。新近的文献有高圣平：《完善农村基本经营制度之下农地权利的市场化路径》，《社会科学研究》2019年第2期；高圣平：《土地经营权制度与民法典物权编编纂——评〈民法典物权编（草案二次审议稿）〉》，《现代法学》2019年第5期；宋志红：《再论土地经营权的性质——基于对〈农村土地承包法〉的目的解释》，《东方法学》2020年第2期。

的其他不动产债权。

准此以解，"抵押财产转让"中的"转让"，基本上与《民法典》物权编第二章所谓"物权的转让"同其意义，系指当事人基于合同约定和法律的直接规定移转物权，从而使物权的主体发生变化[1]，大抵与学说上所称物权的移转继受取得相当。至于物权的创设继受取得，应属物权的设立。[2] 由此可见，"抵押财产转让"中的"转让"，既包括抵押财产上基于法律行为所发生的物权移转，"无论基于买卖或赠与，均无不可"[3]，也包括抵押财产上非基于法律行为所发生的物权移转。在解释上，只要抵押财产的权利主体发生变化，即有抵押权追及效力的讨论空间。至于物权的创设继受取得，如在抵押财产上再次设立抵押权，或设立地役权、居住权，也属于抵押人对抵押财产的处分，但不在"抵押财产的转让"的文义范围之内，也不在抵押权追及效力规则框架下讨论。就在抵押财产上再次设立抵押权而言，两个抵押权之间的冲突，适用《民法典》第414条的抵押权顺位规则予以解决；就在抵押财产上设立地役权、居住权或其他利用权而言，类推适用《民法典》第406条，抵押权不受影响，抵押权人在实现抵押权之时，自可申请除去抵押财产上的地役权、居住权或其他利用权负担。

基于法律行为所发生的物权移转，自属《民法典》第406条"抵押财产转让"的文义涵摄范围，就此并无争议。抵押财产上非基于法律行为发生物权移转之时，抵押权是否受到影响？《担保法解释》承认抵押权追及效力，其中相关规则及其实施后的司法态度，值得参照。《民法典》物权编第二章第三节所规定的非基于法律行为的不动产物权变动，包括法律文书或者征收决定（第229条）、继承（第230条）和合法建造、拆除房屋等事实行为（第231条）。以下依次梳理。

---

1 参见王利明：《物权法研究》（上卷）（第四版），中国人民大学出版社，2018，第95页。
2 参见尹田：《物权法》（第三版），北京大学出版社，2022，第76页。
3 郑玉波：《民法物权》（修订十八版），黄宗乐修订，三民书局股份有限公司，2012，第326页。

裁判实践中，就因人民法院、仲裁机构的法律文书所引起的物权变动，多数观点认为，所有权基于非法律行为而发生移转，不影响抵押权的行使，抵押权不因抵押财产的流转而丧失，其具有物权追及效力。[1] 标的物设定抵押后被法院生效裁判文书确权给第三人的，抵押权人仍可行使其抵押权，无论抵押财产归何人所有。[2] 至于因人民政府的征收决定所引起的物权变动，《民法典》第 390 条规定："担保期间，担保财产毁损、灭失或者被征收等，担保物权人可以就获得的保险金、赔偿金或者补偿金等优先受偿。被担保债权的履行期限未届满的，也可以提存该保险金、赔偿金或者补偿金等。"对此，《民法典担保制度解释》第 42 条第 2 款进一步规定："给付义务人已经向抵押人给付了保险金、赔偿金或者补偿金，抵押权人请求给付义务人向其给付保险金、赔偿金或者补偿金的，人民法院不予支持，但是给付义务人接到抵押权人要求向其给付的通知后仍然向抵押人给付的除外。"由此可见，抵押权人此时可就抵押财产被征收的补偿金请求权主张物上代位。[3] 在解释上可以认为，在抵押财产发生形态或者性质的变化而有代位物时，抵押权仍可追及至抵押财产的代位物，此为抵押权的追及效力之扩张。[4]

《担保法解释》第 68 条规定："抵押物依法被继承或者赠与的，抵押权不受影响。"基于《民法典》的规定，继承开始，直接发生抵押财产移转的效果。准此，抵押权不因抵押财产被继承发生影响，即承认抵押权的追及效

1　参见浙江省永嘉县人民法院（2008）永民瓯初字第 221 号民事判决书、浙江省温州市中级人民法院（2009）浙温商终字第 309 号民事判决书。

2　参见刘贵祥、范向阳：《〈关于人民法院办理执行异议和复议案件若干问题的规定〉的理解与适用》，《人民司法》2015 年第 11 期。

3　参见最高人民法院民事审判第二庭：《最高人民法院民法典担保制度司法解释理解与适用》，法律出版社，2021，第 382—382 页。

4　参见刘得宽：《论抵押权之物上代位性》，见刘得宽：《民法诸问题与新展望》，作者自版，1979，第 356 页；邹海林：《论抵押权的追及效力及其缓和——兼论〈物权法〉第 191 条的制度逻辑和修正》，《法学家》2018 年第 1 期。

力。审判实践也依此处理继承中所有权与抵押权之间的冲突关系。[1]至于抵押财产被赠与时，有裁判认为，赠与行为不影响抵押权的行使，赠与行为不因未经抵押权人同意而无效。[2]在离婚纠纷中，将夫妻共有的房屋约定赠与给另一方的行为，不属于应经抵押权人同意的情形，而属于《担保法解释》第68条"抵押权不受影响"的情形。[3]《民法典》已将因赠与、遗赠所生的物权变动定性为基于法律行为的物权变动，因赠与、遗赠所引起的抵押财产移转，属于《民法典》第406条"抵押财产转让"的文义涵摄范围，抵押权人自可行使追及权。

就抵押财产因事实行为发生的移转对抵押权行使的影响，《担保法解释》第62条规定："抵押物因附合、混合或者加工使抵押物的所有权为第三人所有的，抵押权的效力及于补偿金；抵押物所有人为附合物、混合物或者加工物的所有人的，抵押权的效力及于附合物、混合物或者加工物；第三人与抵押物所有人为附合物、混合物或者加工物的共有人的，抵押权的效力及于抵押人对共有物享有的份额。"这一规则认可了此际抵押权的追及效力。就《民法典》第231条所定因合法建造而取得物权的情形，如在建设用地使用权上设立抵押权，该抵押权的效力不及于此后在该土地上因合法建造而新增的建筑物。就此，《民法典》第417条定有明文。虽在建设用地使用权实现抵押权时，可就新增的建筑物与建设用地使用权一并变价，但新增建筑物所得的价款，抵押权人无权优先受偿。由此可见，抵押权就新增建筑物并无追及效力。但就原属抵押财产的建筑物进行重建的情形，裁判中有观点认为，应类推适用《担保法解释》第62条，使抵押权效力及于重建后的建筑物。[4]在实行"房地权利一体抵押"的背景之下，对抵押建筑物进行重建涉及拆除

1　参见福建省莆田市中级人民法院（2015）莆民再终字第29号民事判决书、贵州省安顺市中级人民法（2014）安市民初字第180号民事判决书。

2　参见广西壮族自治区梧州市中级人民法院（2016）桂04民终217号民事判决书。

3　参见广东省深圳市中级人民法院（2014）深中法民终字第1224号民事判决书。

4　参见浙江省嘉兴市中级人民法院（2015）浙嘉商外初字第15号民事判决书。

原建筑物。就此，《民法典》第 408 条规定："抵押人的行为足以使抵押财产价值减少的，抵押权人有权请求抵押人停止其行为；抵押财产价值减少的，抵押权人有权请求恢复抵押财产的价值，或者提供与减少的价值相应的担保。抵押人不恢复抵押财产的价值，也不提供担保的，抵押权人有权请求债务人提前清偿债务。"这里确认了抵押权人的抵押权保全请求权。由此可见，抵押人实施影响不动产价值的行为不应允许，此时，抵押权人可主张实现抵押权，但最终能够达到提高不动产价值效果的拆除、重建行为除外。[1] 重建建筑物虽起初是降低了抵押财产的价值，但最终却有利于维持或提升不动产的价值。在"房地权利一体抵押"之时，拆除建筑物并不导致抵押财产的绝对消灭，相反，重建完成的建筑物当然属于抵押财产范围。此际，应承认因合法建造建筑物的事实行为导致不动产物权变动时抵押权的追及效力。在解释上，重建完成的建筑物，不构成《民法典》第 417 条中所称的"新增的建筑物"，抵押人以第 417 条主张免受抵押权的追及，不应支持。《民法典》物权编认可了建设用地使用权到期后自动续期，必将面临建筑物因质量减损而重新建造的问题。此时，承认抵押权追及效力在重建建筑物上的适用，有利于建设用地使用权人的融资安排。

（二）当事人约定抵押人不得转让抵押财产的法律效果

《民法典》第 406 条第 1 款："抵押期间，抵押人可以转让抵押财产。当事人另有约定的，按照其约定。抵押财产转让的，抵押权不受影响。"结合前句，"当事人另有约定"应指抵押人不得转让抵押财产的约定。在解释上，抵押人仅得附条件地转让抵押财产，亦应包括在内。如当事人之间约定，未经抵押权人同意不得转让抵押财产；抵押财产的转让价格不低于公开市场的平均交易价格；抵押人转让抵押财产以抵押人清偿主债务为前提。从"当事

1　See Cf.Christophe Albiges、Marie-Pierre Dumont-Lefrand, *Driot des sûretés*, 6e édition, Dalloz 2017, n0643.

人另有约定的，按照其约定"的位置来看，当事人之间关于禁止或附条件转让抵押财产的约定，仅在抵押合同当事人之间发生效力。抵押财产转让的，抵押权仍具追及效力。这一解释结论，与《民法典》第 545 条第 2 款"当事人约定非金钱债权不得转让的，不得对抗善意第三人。当事人约定金钱债权不得转让的，不得对抗第三人"的规范意旨相一致。但尚存疑问的是，当事人之间关于禁止或附条件转让抵押财产的约定，是否可以对抗受让人，是否以受让人善意为前提。似乎是，如类推适用《民法典》第 545 条第 2 款，应以受让人善意为其构成，但如仅依《民法典》第 406 条第 1 款，则不考虑受让人是否善意，抵押权人均可就抵押财产主张优先受偿权。

我国现行不动产登记制度在奉行权利登记制之下植入了契据登记制的合理元素，当事人在法定内容之外的约定内容，经由登记而对第三人发生效力。例如，《民法典》就地役权的利用用途没有作出直接规定，在解释上，除了建造并保有建筑物、农业生产、生活居住等用途之外均属之。由此可见，地役权中的利用用途本属当事人约定范畴，当事人约定的利用用途自可拘束当事人，但经由登记即可对抗第三人，地役权的受让人自应受其约束。当事人之间关于禁止或附条件转让抵押财产的约定，亦可借助契据登记制记载于不动产登记簿。经由登记，该约定即对第三人产生效力。相应地，受让人经查询不动产登记簿，即可知悉该约定，或者受让人怠于查询不动产登记簿而不知该约定，均无法主张其受让抵押财产之时的善意。如此，《民法典》第 545 条第 2 款也就有了类推适用的空间。值得注意的是，对于抵押财产非基于法律行为而发生移转之时，第三取得人自无查询不动产登记簿之义务，其取得抵押财产当属善意。此后，《民法典担保制度解释》第 42 条明确规定，允许对当事人之间所达成的禁止或限制转让抵押财产的约定进行登记，在当事人已将该约定登记的情形下，即使抵押财产已经交付或者登记之义务，抵押权人也有权主张抵押财产的转让不发生物权效力。2021 年 4 月 6 日，自然资源部下发《关于做好不动产抵押权登记工作的通知（自然资发〔2021〕54 号）》，为保障抵押不动产依法转让，允许不动产登记机构在不动产登记簿上记载"是否存在禁止或限制转让抵押不动产的约定"[1]。由此，当事人之间关于禁止或附条件转让抵押财产的约定获得了登记能力。[2] 此际抵押财产的受让人的善意或者恶意可经由不动产登记簿的查询来确定，如当事人之间的此种约定已在不动产登记簿上登记，则抵押财产的受让人不得主张自己为善意，自然无法取得抵押财产的所有权。但若当事人并未进行此种登记，则在抵押财产已经交付或登记的情形下，抵押权人无权请求确认该转让不发生物权效力，除非其能够通过其他事实证明受让人知道抵押当事人之间有此类约定。[3]

当事人之间关于禁止或附条件转让抵押财产的约定，是否可以对抗受让人的问题，解决的仅仅只是受让人是否可以取得抵押财产的所有权，对于抵押权的行使并不发生实际影响。亦即，无论抵押财产的受让人是否善意，抵押权均不受影响。受让人为善意时，取得抵押财产的所有权，抵押权人可基于追及效力规则对其行使抵押权；受让人为恶意时，不能取得抵押财产的所有权，抵押权人自可直接对抵押人行使抵押权。

1　该《通知》规定："当事人申请办理不动产抵押权首次登记或抵押预告登记的，不动产登记机构应当根据申请在不动产登记簿'是否存在禁止或限制转让抵押不动产的约定'栏记载转让抵押不动产的约定情况。有约定的填写'是'，抵押期间依法转让的，应当由受让人、抵押人（转让人）和抵押权人共同申请转移登记；没有约定的填写'否'，抵押期间依法转让的，应当由受让人、抵押人（转让人）共同申请转移登记。约定情况发生变化的，不动产登记机构应当根据申请办理变更登记。"

2　对此，有学者指出："绝对限制本身已过度限制抵押人的处分自由，背离了第 406 条的规范目的，举轻以明重，更不应贸然允许其记载于登记簿（参见常鹏翱：《限制抵押财产转让约定的法律效果》，《中外法学》2021 年第 3 期）。"但也有学者认为："第 406 条第 1 款所规定'当事人另有约定的，按照其约定'不具有登记能力，仅应在抵押合同当事人之间产生债的效力，不影响抵押物转让的效力（参见刘家安：《〈民法典〉抵押物转让规则的体系解读》，《山东大学学报（哲学社会科学版）》2020 年第 6 期）。"

3　参见王利明：《〈民法典〉抵押物转让规则新解——兼评〈民法典〉第 406 条》，《法律科学（西北政法大学学报）》2021 年第 1 期；程啸：《禁止或限制抵押财产转让的约定的法律效力》，《人民法院报》2021 年 4 月 1 日第 5 版。

（三）通知抵押权人的法律意义

《民法典》第 406 条第 2 款规定："抵押人转让抵押财产的，应当及时通知抵押权人。抵押权人能够证明抵押财产转让可能损害抵押权的，可以请求抵押人将转让所得的价款向抵押权人提前清偿债务或者提存。转让的价款超过债权数额的部分归抵押人所有，不足部分由债务人清偿。"与《物权法》第 191 条仅承认抵押权人的价金物上代位不同的是，《民法典》第 406 条在承认抵押权追及效力的同时，也承认抵押权人的价金物上代位，但将价金物上代位仅适用于"抵押权人能够证明抵押财产转让可能损害抵押权的"情形。

通知抵押权人的作用之一，在于保障抵押权人在抵押财产的转让可能损及抵押权之时据以判断主张价金物上代位的必要性。通知义务本身并不是要取得抵押权人的同意，即使抵押人提前告知，抵押权人也无权阻止抵押人转让抵押财产。抵押财产的转让一般不会导致抵押财产价值的减少，《民法典》第 408 条所规定的抵押权保全请求权自无适用余地。因市场原因导致抵押财产交换价值的减损，不因抵押财产是否转让而发生影响，且在当事人预期范围之内。也就是说，抵押财产的转让不属于抵押财产价值减损的考量因素。《民法典》并未就抵押人违反通知义务的法律后果作出规定。如将通知义务解释为附随义务，抵押人违反附随义务的赔偿责任范围较小，偏离对抵押权人应当救济其价金物上代位的重心，反增诉累。由于违反通知义务的后果轻微，抵押人将面临商业道德与获得利益之间的纠结。在抵押权追及效力下，履行通知义务的抵押人可能面临须将价款提前清偿债务或者提存，而未履行通知义务的抵押人尚能保有已经收取的转让价款。[1] 抵押人的通知义务可能使其遭受不利，理性的抵押人自会选择不通知抵押权人。更何况，"抵押财产转让可能损害抵押权"的证明难度较大，相比强化抵押人转让抵押财产时

1　参见孙鹏主编：《最高人民法院担保法司法解释精释精解》，中国法制出版社，2016，第 276 页。

的通知义务，不如强化价金物上代位具有债权质权效力[1]，后者对抵押权人利益的保护更为有利。

通知抵押权人的作用之二，在于使抵押权人知晓抵押财产的归属，以便其行使追及权。不动产抵押权虽属权利人对特定的不动产所享有的直接支配和排他的权利（《民法典》第114条第2款），但其实现却是针对特定的抵押人。在诉讼结构上，抵押权人作为原告或申请人，尚须以明确的抵押人为被告或被申请人。在抵押财产发生转让的情形之下，原抵押人即脱离抵押关系，抵押权人本于追及其物之效力实现抵押权，受让抵押财产的第三取得人即成为抵押人，并作为适格的被告或被申请人。此际，将抵押财产转让的事实通知抵押权人也就有了意义。在抵押人未履行通知义务之时，由于抵押财产所有权的移转在不动产登记簿上得以明确的记载，不动产抵押权人作为权利人经由查询登记簿即可便捷地获取相应的信息，查询证书即可作为其提起诉讼、申请仲裁、申请启动实现担保物权案件特别程序的表面证据。此时，相关查询费用的支出，即为抵押人未履行通知义务时抵押权人所受损失，自应由抵押人赔偿。如抵押人未履行通知义务，抵押权人以其持有的不动产权利证书（抵押权）为表面证据，向原抵押人启动诉讼程序、仲裁程序或实现担保物权案件特别程序，在程序进行过程中发现抵押财产已经发生转让之时，可以通过变更被告或被申请人加以解决。抵押权人因此而支出的费用，应由抵押人赔偿。

《民法典》第406条第2款设置了抵押人应当通知抵押权人的行为模式，但未规定违反该义务的法律后果，反而增加抵押人所获价款提前用于清偿债务的风险。从规则设立的激励机制角度，理性人必然不会履行该义务，将该义务作为主合同义务，必然引发大量违约问题。由此可见，《民法典》第406条第2款虽使用"当为"字眼，但实属于倡导性规范。从该款文义来看，通

---

[1]　参见程啸：《民法典物权编担保物权制度的完善》，《比较法研究》2018年第2期。

知义务仅在抵押财产转让可能害及抵押权的行使且存在可供抵押权人物上代位的价金的场合才有必要。

应当注意的是，抵押人转让抵押财产，涵盖抵押财产非基于法律行为而发生物权移转的情形。非基于法律行为导致抵押财产移转时，应依相应的特殊变动规则处理，非以登记为物权变动的生效要件。此际，抵押人并无"通知抵押权人"的义务，甚或不可能通知抵押权人，如抵押人死亡，由继承人取得抵押财产，即无法通知抵押权人。在未发生抵押财产消灭事由，也未注销抵押权登记的情形之下，不动产抵押权依然有效，抵押权人有权依法定方式实现抵押权。至于此时抵押财产的权利主体变更，非为抵押权人所知悉，至抵押权人在相关程序中知悉抵押财产权利主体变更事实时，由其申请变更被告或被申请人即可。

四、不动产抵押权追及效力的例外

特定事由的出现会阻断抵押权追及效力的行使。这些特定事由规定于《民法典》第 406 条第 2 款及其他条款或其他规定之中，尚须借助体系解释加以梳理。

（一）不动产消费者买受人的优先保护

消费者购买不动产，其债权（抑或物权期待权）与他人抵押权发生冲突之时，不同法院在不同时期，依据不同的请求权基础作出了不一致的处理。

其一，依《担保法解释》第 67 条第 1 款。不动产抵押登记具有公示公信力，买受人对于既存的抵押登记应当知晓，如抵押人转让抵押财产时未履行通知义务，抵押权人仍可行使抵押权。[1]这实际上依抵押权追及效力规则处理买受人与抵押权人的权益冲突，且未特别保护不动产消费者买受人的利益，认为抵押权一律优先于不动产消费者买受人的期待权或所有权。

---

[1] 参见北京市第一中级人民法院（2012）一中民初字第 6910 号民事判决书。

其二，依《工程款优先受偿批复》与《执行异议和复议规定》第29条。[1]
《工程款优先受偿批复》明确建设工程价款优先受偿权优于抵押权，不动产
消费者买受人交付全部或者大部分价款后，建设工程价款优先受偿权不得对
抗买受人，因此，不动产消费者买受人优先于抵押权人。[2]《执行异议和复议
规定》第29条指出，买受人购买房地产开发企业的商品房，在未办理过户
登记前房屋被查封的，不动产消费者买受人主张其期待权优先于不动产抵押
权，应满足以下条件：在法院查封之前已签订合法有效的书面买卖合同；所
购商品房系用于居住且买受人名下无其他用于居住的房屋；已支付的价款超
过合同约定总价款的50%。结合现有规定，各权利之间的顺位应为：不动产
消费者买受人的物权期待权＞建设工程价款优先受偿权＞不动产抵押权＞一
般不动产买受人的物权期待权。因此，能够优先于不动产抵押权的，只有不
动产消费者买受人的物权期待权，而非一般不动产买受人的物权期待权。[3]

《工程款优先受偿批复》与《执行异议和复议规定》第29条旨在保护不
动产消费者买受人的权益，不仅赋予不动产消费者买受人的物权期待权以类
似于物权的效力，而且允许不动产消费者买受人的物权期待权对抗不动产抵
押权的强制执行。认为不动产消费者买受人对执行标的（房屋）享有足以排
除不动产抵押权强制执行的权益，即为不动产消费者买受人的物权期待权可
以对抗不动产抵押权[4]，实为买受人可以取得无抵押权负担的房屋所有权。这

1　参见最高人民法院（2021）最高法民申7426号民事裁定书；最高人民法院（2021）最高法民终
1001号民事判决书。

2　参见陕西省高级人民法院（2017）陕民终247号民事判决书；重庆市高级人民法院（2020）渝民
终1044号民事判决书。值得注意的是，《工程款优先受偿批复》已经废止，取而代之的《民法典建设工程
解释（一）》并未保留第1条的规定。据悉，最高人民法院已经制定相应司法解释，保留了本规定。

3　参见王毓莹：《房屋买受人提起执行异议之诉如何处理》，见最高人民法院民事审判第一庭：《民事
审判指导与参考》（总第75辑），人民法院出版社，2018，第199页。

4　参见新疆维吾尔自治区克拉玛依市中级人民法院（2016）新02民初36号民事判决书。相类似
处理的判决书参见新疆维吾尔自治区高级人民法院（2016）新民终字496号；江苏省新沂市人民法院
（2014）新民初字第03034号民事判决书；上海市第二中级人民法院（2017）沪02民终86号民事判决书；
陕西省高级人民法院（2017）陕民终570号民事判决书；陕西省高级人民法院（2017）陕民终243号民
事判决书；最高人民法院（2021）最高法民终551号民事判决书等。

些司法解释基于特定的公共政策考量，保护了不动产消费者买受人的权益，却贬损了不动产抵押权的效力。[1]

赋予不动产消费者买受人的物权期待权以强势效力，不仅突破了登记生效主义，而且阻断了不动产抵押权的追及效力，使得不动产消费者买受人的物权期待权足以对抗不动产抵押权。如此，不动产消费者买受人在满足特定条件的前提之下，经由登记而取得无抵押权负担的所有权。不动产消费者买受人只要满足《执行异议和复议规定》第29条规定的要件，标的物上的不动产抵押权等同于消灭，继而，不动产消费者买受人可主张注销抵押权登记。抵押权人只能向抵押人主张价金物上代位。[2]

（二）抵押权因行使期间届满而效力减损

《民法典》第419条就抵押权的行使期间沿袭《物权法》第202条，规定："抵押权人应当在主债权诉讼时效期间行使抵押权；未行使的，人民法院不予保护。"就抵押权人未在主债权诉讼时效期间行使抵押权的法律后果，一直存在着抵押权消灭说和抵押人抗辩权发生说两种不同的观点。依抵押权消灭说，抵押权人未在主债权诉讼时效期间行使抵押权的，抵押权消灭，自无抵押权追及效力的讨论空间；依抵押人抗辩权发生说，抵押权人在主债权诉讼时效期间届满之后行使抵押权的，抵押人自可类推适用《民法典》第701条主张本属于债务人的时效经过抗辩权，如抵押人转让抵押财产，抵押权人的追及效力有何影响，值得讨论。

《民商事审判会议纪要》采取了消灭说的观点："抵押权人应当在主债权的诉讼时效期间内行使抵押权。抵押权人在主债权诉讼时效届满前未行使抵押权，抵押人在主债权诉讼时效届满后请求涂销抵押权登记的，人民法院依法予以支持。"这里虽然没有明确抵押权消灭的法律后果，但"涂销抵押权

1　参见程啸：《民法典物权编担保物权制度的完善》，《比较法研究》2018年第2期。

2　参见最高人民法院民事审判第二庭：《最高人民法院民法典担保制度司法解释理解与适用》，人民法院出版社，2021，第393页。

登记"的前提即为抵押权消灭。采行这一司法态度的主要原因在于，抵押权的存在限制了抵押财产的流转。《物权法》第191条第2款规定："抵押期间，抵押人未经抵押权人同意，不得转让抵押财产，但受让人代为清偿债务消灭抵押权的除外。"而《物权法》第202条的规范目的在于，"如果允许抵押权一直存续，可能会使抵押权人怠于行使抵押权，不利于发挥抵押财产的经济效用，制约经济的发展"[1]。依限制抵押财产转让规则，抵押人未经抵押权人同意亦不得转让抵押财产。如此，抵押权不能实现，也不能消灭，极大地限制了抵押财产的流通。只有令抵押权人怠于行使的抵押权消灭，才能达到上述规范目的。基于此，学界多数主张将《物权法》第202条"人民法院不予保护"修改成抵押权消灭。[2]

但是，《民法典》第406条明确承认了抵押权的追及效力，抵押权的存在对于抵押财产的流转并不形成障碍，抵押权人也不能仅以抵押财产发生转让就认为损害了其抵押权。此际，解释论上应重新考量。由于"抵押权人未在主债权诉讼时效期间行使抵押权"不属于《民法典》第393条上所定担保物权消灭事由之一，"人民法院不予保护"自不宜解释为抵押权消灭。[3]此际，主债权因诉讼时效期间届满而效力减弱，但并不消灭，仅使主债务人取得时效经过抗辩权。本于从属性，抵押权此时不消灭，而仅仅只是效力减损，抵押人自可行使本属于主债务人的时效经过抗辩权。如抵押人转让抵押

1　胡康生主编：《中华人民共和国物权法释义》，法律出版社，2007，第439-440页；最高人民法院民事审判第二庭：《〈全国法院民商事审判工作会议纪要〉理解与适用》，人民法院出版社，2019，第360页。

2　参见高圣平：《论担保物权"一般规定"的修改》，《现代法学》2017年第6期；程啸：《民法典物权编担保物权制度的完善》，《比较法研究》2018年第2期；邹海林：《抵押权时效问题的民法表达》，《法学研究》2018年第1期；徐洁：《担保物权与时效的关联性研究》，《法学研究》2012年第5期；戴永盛：《论债权之罹于时效与担保物权之存续》，《法律科学（西北政法大学学报）》2014年第3期。

3　参见湖南省张家界市中级人民法院（2011）张中民二终字第36号民事判决书；广东省英德市人民法院（2012）清英法民二初字第348号民事判决书；广东省清远市中级人民法院（2013）清中法民三终字第160号民事判决书；湖南省郴州市中级人民法院（2015）郴民一终字第670号民事判决书；吉林省高级人民法院（2021）吉民申3423号民事裁定书等。

财产，第三取得人自得承受抵押人的时效经过抗辩权，以对抗抵押权人的追及。如此，在抵押权追及效力规则之下，第三取得人不仅要计算主债权诉讼时效期间是否届满，还要对能否接受抵押权人主张的提前清偿或提存尽较高的注意义务；否则，第三取得人在承担了担保责任之后无法向主债务人主张追偿权。

（三）发生物上代位的情形

一般物上代位与价金物上代位，都面临金钱因混同而不特定、优先受偿权沦为普通债权甚至无对应价款的现实难题。但一般物上代位与价金物上代位存在差异：其一，在主债权履行期限届满之前，一般物上代位只能提存，而价金物上代位可以提前清偿或提存。其二，一般物上代位中，抵押财产毁损、灭失或者被征收，抵押权人完全丧失对抵押财产的支配，并无行使追及权的可能。而价金物上代位中，抵押财产并未毁损、灭失或者被征收，抵押权人仍可对抵押财产进行支配、变价。其三，一般物上代位中交换价值取决于保险金、赔偿金或者补偿金等请求权的实现，而价金物上代位中交换价值的实现取决于抵押人的信用、交易能力和抵押财产的市场价值，会因抵押人与受让人恶意串通或无偿转让导致抵押权人权利受损。其四，一般物上代位基于事件（毁损、灭失）或者征收而发生，而价金物上代位基于法律行为（转让获得价款）而发生。因此，一般物上代位与价金物上代位有着不同的请求权基础，但两者的结果都是抵押权消灭，阻断抵押权的追及效力。

价金物上代位在一定程度上可以弥补抵押权追及效力规则的不足。[1] 在因优先保护不动产消费者买受人权益而阻断抵押权追及效力的情形中，实现不动产抵押权只能依赖于价金物上代位。价金物上代位中所代位的价金系为抵押人转让时的价款，但抵押财产第三取得人代位清偿而消灭抵押权负担，亦为可选路径之一。提前清偿或提存只适用于因转让所生价款的情形，而第

1　参见景光强：《抵押物转让新规则释论》，《山东法官培训学院学报（山东审判）》2021 年第 5 期。

三取得人代位清偿可适用于抵押财产转让的任何情形。因此，第三取得人代位清偿规则比价金物上代位规则，更具优势。第三取得人清偿债务，消灭不动产上的抵押权负担，更有利于不动产的利用和处分。为兼顾第三取得人和抵押权人的权益，《物权法》第191条设计了清偿债务的统一标准。不动产价值或高于或低于债务，第三取得人支付的是不动产价值在法律拟制下的价款。法律推定第三取得人代位清偿债务而使抵押权得以实现时，抵押权人不会拒绝。表象上，第三取得人代位清偿属于形成权，抵押权人不得拒绝，但第三取得人代位清偿实为请求权，只是法律推定抵押权人会接受第三取得人代位清偿债务。

在《民法典》抵押权追及效力规则下，价金物上代位规则的适用空间极为有限。从资源流通的角度，抵押权追及效力规则足以保障不动产在抵押权实现之前的流通；从抵押权人的权利保障视角，抵押权追及效力规则比价金物上代位规则更为充分。在解释上，抵押权人就转让价金的请求权取得法定的债权质权，其是否可得实现存在较大的不确定性。因而，限制抵押权人任意主张价金物上代位具有必要性。[1]

依据《民法典》第406条第2款的规定，价金物上代位规则的适用前提是"抵押财产转让可能损害抵押权"，其证明难度大，尚须总结相应的审判实践经验加以解释说明。例如，在前述不动产消费者买受人优先保护的情形，抵押权人无法主张追及权，只能依赖于价金物上代位，即属此类。但买受人是否符合不动产消费者买受人优先保护的条件，在签订转让合同时无法判断，只能在主张排除抵押权强制执行或办理抵押财产移转登记时才加以考量。此时，抵押权人不能主张抵押权追及效力的损害才得以明确，权利人只能向抵押人主张价金物上代位。

---

[1]　参见张静：《物上代位的体系整合与教义学结构》，《环球法律评论》2021年第4期；最高人民法院民法典贯彻实施工作领导小组主编：《中华人民共和国民法典物权编理解与适用》（下），人民法院出版社，2020，第1093页。不同的主张可参见张尧：《抵押财产转让规则的适用》，《政治与法律》2021年第8期。

五、小结

《民法典》第 406 条规定的抵押权追及效力规则未对动产与不动产加以区分，且在承认抵押权追及效力的同时，允许当事人通过约定限制抵押财产的转让，也就没有完全抛弃《物权法》第 191 条规定的限制转让抵押财产规则。[1] 由此，该条在解释适用上更需通过类型化方法，来对动产与不动产场合分别进行解释。与限制转让规则绝对侧重保护抵押权不同，抵押权追及效力规则能够兼顾实现保障抵押权、物尽其用和利益平衡的价值目标。不动产抵押后的流动需求比动产更大，更应追求物尽其用的经济效用。此外，相比动产，不动产的不可移动性、不易消耗性和不动产统一登记技术是不动产抵押权追及效力得以实现的重要保障条件。因此，在抵押财产转让场合，应减少限制转让情形的出现，鼓励适用抵押权追及效力规则。不过，《民法典》第 406 条毕竟就抵押财产流转的态度发生了彻底的转向，相关规则的适用是否能够达到该条的规范目的，尚有待实践的检验。

第二节　公示生效主义之下未公示担保物权的法律效果

一、问题的提出

我国《民法典》上就担保物权的物权变动同时采取公示生效主义和公示对抗主义，其中前者主要体现在不动产抵押权（土地承包经营权抵押权、土地经营权抵押权除外）、动产质权和权利质权。在公示生效主义之下，如未公示，担保物权自始未设立，债权人无从主张担保物权。对此并无争议。但接下来的问题是，在《民法典》第 215 条采纳物权变动的原因和结果相区分的原则（通称区分原则）的情形之下，未公示并不影响担保合同的效力。此

---

[1] 参见常鹏翱：《限制抵押财产转让约定的法律效果》，《中外法学》2021 年第 3 期。

时，债权人基于有效的担保合同可得向"担保人"主张何种权利，不无疑问。在物债两分的体系之下，我国民法典物权编就此未置明文，相关的解释论展开就导向了民法典合同编。为分析上的便宜，本书以未登记的不动产抵押权为核心展开相关问题的讨论。至于未交付的动产质权和部分权利质权，以及未登记的部分权利质权的法律效果，自可参照本书本部分的研究结论。

就登记对于不动产抵押权的影响，我国实定法上前后发生了重大变化。依据《担保法》第 41 条的规定，登记是抵押合同的生效要件，不动产抵押权未登记，不仅不发生优先受偿效力，而且抵押合同亦不生效。这一规则广受学界质疑：在物债两分的民法体系之下，抵押合同的成立和生效主要依债法规则予以判断，而抵押权是否设定则受物法上物权变动规则的影响；抵押合同是产生抵押权的前提和基础，具体体现为，抵押合同的生效使抵押人负有办理抵押登记并使抵押权得以设立的义务，本属当事人之间产生效力的权利经由登记随即取得对抗第三人的效力；既然抵押合同尚未生效，抵押人自无义务办理抵押登记，抵押权人亦无权利请求抵押人办理登记，将登记作为抵押合同的生效要件自是不合法理[1]，不仅损及担保交易的效率，而且危及当事人的行为自由。[2] 基于此，《物权法》修改了《担保法》的上述规则，在第 9 条明定登记是不动产物权变动生效要件的一般规则之后，于第 187 条规定不动产抵押权自登记时设立。同时，基于第 15 条的物权变动原因和结果相区分的规则，合同仅为物权变动的基础关系，并不必然与登记发生联系；登记是物权变动的公示方式，其效力仅及于物权变动。[3] 如此，登记对不动产

1　参见孙宪忠：《论物权变动的原因与结果的区分原则》，《法学研究》1999 年第 5 期；杨洁、李洁：《不动产的抵押登记与抵押合同之关系——兼评〈担保法〉第 41 条》，《现代法学》2002 年第 6 期；崔建远：《物权：规范与学说——以中国物权法的解释论为中心》（下册）（第二版），清华大学出版社，2021，第 400-401 页；程啸：《担保物权研究》（第二版），中国人民大学出版社，2019，第 331-333 页。

2　参见徐蓓：《不动产抵押未经登记之"无效"转换的适用探析》，《河北法学》2018 年第 5 期。

3　参见全国人大常委会法制工作委员会民法室编：《〈中华人民共和国物权法〉条文说明、立法理由及相关规定》（第二版），北京大学出版社，2017，第 316 页。

抵押合同的效力不发生影响，仅为不动产抵押权的生效要件，不动产抵押合同自成立时生效。这一规则在《民法典》物权编中得以保留。但就不动产抵押合同生效后未办理抵押登记的法律后果，《民法典》并未给出明确的答案，尚须结合合同编的相关规则得出解释结论。《民法典担保制度解释》解决了部分争议问题，也搁置了部分争议较大的问题。

二、未登记不动产抵押权具有物权效力的特定情形

在《民法典》第402条之下，未登记不动产抵押权的法效果至为明确，即不动产抵押权不设立，在解释上自无物权效力，债权人不得就抵押财产优先受偿。但我国登记制度尚不健全，法律上明定的登记部门并未践行其登记职责的，不在少数。如此，将不动产抵押权因未登记所生风险全部分配给抵押权人，有失公允。"当事人有充分的证据证明进行了抵押登记，因登记部门的原因致使当事人无法办理抵押权登记的，不能据此认定抵押合同无效"[1]，《担保法解释》对此作了积极的回应。其第59条规定："当事人办理抵押物登记手续时，因登记部门的原因致使其无法办理抵押物登记，抵押人向债权人交付权利凭证的，可以认定债权人对该财产有优先受偿权。但是，未办理抵押物登记的，不得对抗第三人。"这一规则虽然是基于登记是抵押合同的生效要件而展开，但"因登记部门的原因致使其无法办理抵押物登记"的，不仅不影响抵押合同的效力，而且不影响不动产抵押权的优先受偿效力，对于改采登记是不动产抵押权的生效要件的《民法典》，仍有解释说明价值。

《物权法》实施之后，《不动产登记暂行条例》及其实施细则颁行，我国登记制度渐趋完善，但因登记部门的原因导致当事人无法办理抵押权登记，

---

[1] 李国光等：《最高人民法院〈关于适用中华人民共和国担保法若干问题的解释〉的理解与适用》，吉林人民出版社，2000，第230页。这里的"抵押合同无效"，在《物权法》之下，实为"不动产抵押权未设立"。

如拒绝为自然人、非金融机构办理不动产抵押登记，拒绝为数量超过特定限额的债权人办理抵押登记，等等，仍非鲜见。[1]例如，根据《国土资源部关于规范土地登记的意见》（国土资发〔2012〕134号）的规定，"依据相关法律、法规规定，经中国银行业监督管理委员会批准取得《金融许可证》的金融机构、经省级人民政府主管部门批准设立的小额贷款公司等可以作为放贷人申请土地抵押登记。"各不动产登记部门大多根据国土资发〔2012〕134号文，排除上述放贷人之外的债权人所提出的抵押权登记申请。如此，前引《担保法解释》第59条仍有适用空间。

裁判实践中，较为一致的观点认为，《担保法解释》第59条的适用条件有三："一是当事人已办理过抵押登记；二是未办理抵押登记是由于登记部门的原因；三是抵押财产的权利凭证已向债权人交付。"[2]值得讨论的是，既然登记部门尚未开展相关抵押权的登记事务，当事人的登记申请又有何意义？上述第一个要件和第二个要件之间的关系自得在个案中具体考量，以达到该条的规范目的。

就这两个要件之间的关系，各法院之间把握的标准不一。第一种观点认为，仅需债权人举证证明登记部门尚未开展相关抵押权登记事务即可，不考虑或不置重于债权人是否提出抵押登记申请。就债权人举证的程度，可以是提交相关登记部门的文件[3]，也可以是陈述曾向登记部门询问[4]，未提供证据证明系因登记部门的原因致使其无法办理抵押登记的，《担保法解释》第59条即不予适用。[5]与此不同的是，在不少案例中，登记部门尚未开展相关抵押

1　原国土资源部发布的《关于完善建设用地使用权转让、出租、抵押二级市场的试点方案》指出，要"放宽对抵押权人的限制"，即印证了限制的普遍存在。

2　江西省高级人民法院（2018）赣民申206号民事裁定书。

3　参见浙江省绍兴市中级人民法院（2009）浙绍商终字第118号民事判决书；云南省瑞丽市人民法院（2016）云3102民初164号民事判决书等。

4　参见福建省福州市中级人民法院（2018）闽01民终第6781号民事判决书。

5　参见山西省太原市中级人民法院（2017）晋01民终3222号民事判决书；云南省陆良县人民法院（2017）云0322民再2号民事判决书。

权登记事务的事实也可由法院依职权查明。[1] 第二种观点认为，登记部门办理相关抵押权登记以当事人提出登记申请为前提，如债权人不能举证证明曾经提出过登记申请，即使登记部门尚未开展相关抵押权登记事务，也不能适用《担保法解释》第 59 条。[2] 有判决甚至认为，"本案当事人未向登记部门申请办理抵押登记，不能认定是登记部门的原因，如已申请抵押登记而登记部门不予登记造成的损害，权利人也有另行的救济途径。既然不是登记部门的原因致使未办理抵押登记，抵押人将权利凭证交付债权人的，债权人也就不必然享有优先受偿权"[3]。

在满足上述要件的情形之下，《担保法解释》第 59 条前句规定"可以认定债权人对该财产有优先受偿权"，这实际上是认可了未登记不动产抵押权的物权效力，因为就不动产抵押权而言，优先受偿权是其物权效力之核心。但该条后句规定"不得对抗第三人"，如此一来，该条的前后句之间似乎存在着矛盾，既然债权人已就抵押财产享有优先受偿权，为何又不能对抗第三人？[4] 实则不然。我国《民法典》上存在采行登记对抗主义的物权形态，此类物权虽可基于当事人之间的合意而设立，但未经登记，不得对抗第三人。在解释上，这里的"第三人"仅指物权人而言，亦即，此类物权虽然未经登记，但也可以对抗转让人或抵押人的一般债权人。就此，《民法典物权编解释（一）》已予明确。[5] 基于此，《担保法解释》第 59 条虽赋予未登记不动产抵押权以不得对抗第三人的物权效力，但此类抵押权仍得对抗抵押人的一般

---

1 参见福建省惠安县人民法院（2014）惠民初字第 993 号民事判决书；云南省保山市中级人民法院（2015）保中民二初字第 51 号民事判决书；云南省瑞丽市人民法院（2018）云 3102 民再 3 号民事判决书。

2 参见江西省高级人民法院（2018）赣民申 206 号民事裁定书。

3 云南省陆良县人民法院（2017）云 0322 民再 2 号民事判决书。

4 参见杨代雄：《抵押合同作为负担行为的双重效果》，《中外法学》2019 年第 3 期。

5 该解释第 6 条规定："转让人转让船舶、航空器和机动车等所有权，受让人已经支付合理价款并取得占有，虽未经登记，但转让人的债权人主张其为民法典第二百二十五条所称的'善意第三人'的，不予支持，法律另有规定的除外。"该条虽是就登记对抗主义之下特殊动产物权变动可得对抗第三人范围的规定，自可准用于《民法典》上其他采行登记对抗主义的物权变动。不过，新近的学说和司法实践将强制执行债权人、参与分配债权人、破产管理人排除于债权人之外。

债权人。

裁判实践就此的把握并不一致。有的裁判仅认定未登记不动产抵押权就抵押财产具有优先受偿效力，对其是否可以对抗第三人未置明文。[1]大多数裁判均在主文中表明，未登记的不动产抵押权不能对抗第三人。在解释上，即使裁判中就未登记不动产抵押权的对抗范围未作判定，该抵押权不得对抗的第三人也可以在执行程序中借由案外人异议之诉寻求救济。就未登记不动产抵押权不得对抗的"第三人"范围，最高人民法院法函〔2006〕51号（以下简称"法函〔2006〕51号"）认为，系指"抵押当事人之外的第三人"，多数裁判以此为据对相关纠纷予以判定。[2]但这一解释方案显与《担保法解释》第59条的规范目的相违。如未登记不动产抵押权的优先受偿权，不得对抗"抵押当事人之外的第三人"，即与债权无异。在有第三人与抵押权人就标的财产发生争夺的情形，如抵押人的债权人基于胜诉裁判行使强制执行请求权，就该标的财产求偿，在法函〔2006〕51号之下，抵押权人即不得对抗该第三人，在解释上仅得与该债权人就标的财产的变价款平等受偿，此际未登记不动产抵押权仅具债权效力；在没有第三人与抵押权人就标的财产发生争夺的情形，抵押权人就标的财产的变价款取偿，是否赋予未登记不动产抵押权物权效力没有意义，抵押权人是基于物权还是债权，在行使效果上并无差异。如此，以法函〔2006〕51号解释"第三人"的范围，《担保法解释》第59条将沦为具文。

从不动产登记实践来看，因登记部门的原因导致无法办理不动产抵押权设立登记的，主要集中于抵押权人非为金融机构的情形。应当注意的是，《民法典》上并未就抵押权人作身份性的限制。在解释上，为保障自身债权的实现，任何民事主体均可作为抵押权人，举凡诸如自然人、法人或者非法人组

---

[1]　参见福建省惠安县人民法院（2014）惠民初字第993号民事判决书；最高人民法院（2016）最高法民再416号民事判决书。

[2]　参见福建省福州市中级人民法院（2018）闽01民终第6781号民事判决书。

织，均无不可。在不动产登记法上，《不动产登记暂行条例》将不动产抵押权登记的申请人规定为"当事人"（第14条），《不动产登记暂行条例实施细则》进一步将抵押权人界定为"自然人、法人或者其他组织"（第66条），均未将抵押权人限定为金融机构。前述国土资发〔2012〕134号等规范性文件的限定即无上位法支撑。在现行规则之下，当事人提出不动产抵押权登记申请，登记部门不予受理登记的，应书面告知申请人不予受理；申请人可以据此向人民法院提起行政诉讼以为救济。[1] 如这一救济程序运转正常，应维系登记对于不动产抵押权的法律意义，未经登记者，不动产抵押权不设立，《担保法解释》第59条大可废止。但现有的登记实践显示，为防免行政诉讼，登记部门书面告知申请人不予受理的情形尚属少数，申请人就登记部门的不作为提起行政诉讼即缺乏表面证据，由此而引发的行政诉讼无法顺畅地展开。同时，抵押权人借由行政诉讼保护自己的权利，还面临着冗长的诉讼程序和诉讼结果不确定的风险。[2] 在此背景之下，维系《担保法解释》第59条的规则具有正当性。不过，在该条的适用上，前述第一个要件和第二个要件宜从宽把握，在当事人就"登记部门的原因"无法自行收集证据的情形之下，法院可以基于当事人的申请依职权调查收集相关证据。在认定不动产抵押权未登记系因登记部门的原因的前提下，承认该不动产抵押权具有不得对抗第三人的物权效力，该第三人仅限于抵押当事人之外就标的财产具有物权利益的人。

　　《民商事审判会议纪要》对因登记机构的过错致使其不能办理抵押登记

　　1　《最高人民法院关于审理房屋登记案件若干问题的规定》第1条即规定："公民、法人或者其他组织对房屋登记机构的房屋登记行为以及与查询、复制登记资料等事项相关的行政行为或者相应的不作为不服，提起行政诉讼的，人民法院应当依法受理。"

　　2　如"北大荒物流股份有限公司与营口北方钢铁贸易有限公司等合同纠纷上诉案"最高人民法院（2018）最高法民终252号民事判决书中揭示，在抵押登记因国土局无登记专用章、无权办理抵押登记手续为由予以拒绝的情形之下，抵押权人提起行政诉讼并取得了胜诉裁判，但国土局在履行行政判决确定的登记职责时，仍然以上引国土资发〔2012〕134号文以及登记申请后抵押财产已被查封为由拒绝办理抵押登记。

情形，未作规定。《民法典担保制度解释》第 48 条在一定程度上可以遏制前述情形，其规定"当事人申请办理抵押登记手续时，因登记机构的过错致使其不能办理抵押登记，当事人请求登记机构承担赔偿责任的，人民法院依法予以支持"。这改变了过去的司法态度。抵押权人则不得再以《担保法解释》第 59 条为依据主张优先受偿权，而以登记部门的赔偿责任为救济途径。[1] 但亦如前述，当事人以登记机构不作为提起诉讼时，无论是行政诉讼或民事诉讼，登记机构的过错怎么证明与认定，以及赔偿责任范围大小问题，仍有待具体化。

三、不动产抵押合同有效之下的救济路径

依《担保法》的规定，除了因登记部门的原因导致不动产抵押权无法办理登记之外，登记是抵押合同的生效要件。有的裁判则因此认为，不动产抵押权未登记，抵押合同不生效力，就其法律后果而言，《担保法解释》第 56 条第 2 款就此作了明确，即由抵押人承担赔偿责任。[2] 更多的观点认为，不动产抵押权未登记，抵押合同无效，抵押权人与抵押人对抵押合同的无效均有过错，依据《担保法解释》第 7 条的规定，抵押人应在债务人不能清偿部分的 1/2 范围内对抵押权人的经济损失承担连带赔偿责任。[3] 这些规则明显将抵押合同未生效或无效之时抵押人的责任界定为缔约过失责任。

在《民法典》之下，物权变动的原因和结果相区分，是否登记仅涉及不动产抵押权是否设立，抵押合同的效力并不因此受到影响。如无其他令其无效的事由，抵押合同自属有效，以缔约过失责任为基础的《担保法解释》第

1　参见高圣平：《民法典担保制度及其配套司法解释理解与适用》，中国法制出版社，2021，第 528 页。

2　《担保法解释》第 56 条第 2 款规定："法律规定登记生效的抵押合同签订后，抵押人违背诚实信用原则拒绝办理抵押登记致使债权人受到损失的，抵押人应当承担赔偿责任。"

3　如吉林省松原市中级人民法院（2013）松民一终字第 725 号民事判决书；海南省高级人民法院（2014）琼民二终字第 7 号民事判决书；广西壮族自治区高级人民法院（2016）桂民再 81 号民事判决书等。

56 条第 2 款也就没有了适用可能。在不动产抵押权未设定但抵押合同却为有效的前提之下，债权人自无权行使不动产抵押权并就抵押财产优先受偿。债权人在向主债务人请求履行主债务之外，是否可得基于抵押合同向抵押人主张权利，主张何种权利，如何主张权利，学说和实务中均存不同观点。

第一种观点"无责任说"认为，不动产抵押权因未登记而不生效力，抵押权人就抵押财产并无优先受偿权，抵押人无须承担责任。[1]这一观点无法说明的是，虽然不动产抵押权未设定，但抵押合同有效，此际抵押权人和抵押人如何分配抵押合同中约定的权利和义务？这一观点逐渐成为司法实践中的少数说，实不足采。

新近有观点认为，抵押人的抵押登记义务，如同赠与人的转移财产义务，因而抵押合同应先参照适用赠与合同的规则，即抵押人在办理抵押登记前享有撤销权，从而排除抵押人的违约责任，其仅在抵押合同经公证得以强化抵押登记义务场合才承担违约责任。[2]抵押合同参照适用赠与合同实为类推，而两种义务类比基础有所差别：抵押合同有较强的合同拘束力，而赠与合同更多依赖于"慷慨德性"。这也导致两者在法律后果上理应有所差别，而不可等同视之。

第二种观点"缔约责任说"认为，抵押合同因不动产抵押权未登记而不生效力，抵押权人与抵押人没有依照法律规定或合同约定申请办理抵押登记，属于《合同法》第 42 条第 3 项规定的"其他违背诚实信用原则的行为"，依据《合同法解释（二）》第 8 条的规定，应当承担缔约过失责任。在抵押权人与抵押人都不能举证证明自己已经申请不动产抵押登记的情况下，双方

---

1 参见湖南省长沙市天心区人民法院（2015）天民初字第 00253 号民事判决书。类似的裁判还有上海市第二中级人民法院（2010）沪二中民一（民）终字第 730 号民事判决书。不过，该案所涉担保行为发生在《物权法》实施之前。

2 参见唐勇：《抵押合同债法效力的解释进路》，《法商研究》2022 年第 1 期。

均存在过错，应各自承担相应的赔偿责任。[1]

第三种观点"担保责任说"认为，在《民法典》第215条区分原则之下，债权人即可依据有效之抵押合同请求抵押人承担抵押合同上的担保义务。基于无效法律行为转换理论，如果当事人在订立担保合同之时就知道不办理抵押登记并不能使抵押权产生法律效力，双方会选择由抵押人提供保证这一合法有效的担保方式。相反，若仅机械适用法律，认定不动产抵押权因未登记就不发生任何法律效力，抵押人无须承担担保责任，将会明显背离一般社会大众的公平认知，亦显然有违诚实信用原则。因此，应将抵押合同转换为连带责任保证合同。[2] 就抵押人承担担保责任的范围，有裁判认为以抵押财产的价值为限承担有限责任[3]；也有裁判认为承担无限连带责任保证责任。[4] 还有裁判依据《民法典担保制度解释》第46条第3款认为，抵押人在约定的担保范围内承担一般保证责任[5]，或仅对债务人财产依法强制执行后仍不能履行部分承担保证责任[6]，或在该抵押合同中约定的抵押财产价值范围内承担担保义务，但抵押权人不能就该抵押财产主张优先受偿，即抵押人在抵押财产价值范围内对债务承担连带清偿责任。[7]

第四种观点"违约责任说"认为，抵押合同的订立和不动产抵押权的设定是两个不同的法律事实，不动产抵押权因未登记而未设立，并不影响抵押

---

[1] 参见最高人民法院（2018）最高法民申1987号民事裁定书。不过，本案虽发生于《物权法》实施之后，但当事人在抵押合同中明确约定，抵押合同"自抵押登记手续办理完毕之日起生效"。值得讨论的是，在法律明定登记不影响抵押合同效力的情形之下，当事人是否可作出相反约定，而且在抵押合同尚未生效的情形之下，当事人的登记义务的产生依据又是什么？

[2] 参见最高人民法院（2015）民申字第2354号民事裁定书。

[3] 参见最高人民法院（2015）民申字第2354号民事裁定书。

[4] 参见贵州省高级人民法院（2016）黔民终430民事判决书。不过，案涉担保合同中有"未能办理抵押备案登记，则仍需承担无限连带责任"的约定。判决中自可直接依当事人的约定为基础，而无须判令抵押人承担"连带保证责任"（实为连带责任保证责任）。

[5] 参见湖南省永州市中级人民法院（2021）湘11民终3076号民事判决书；辽宁省黑山县人民法院（2021）辽0726民初1214号民事判决书。

[6] 参见山西省浑源县人民法院（2022）晋0225民初17号民事判决书。

[7] 参见江西省永丰县人民法院（2021）赣0825民初1803号民事判决书。

合同的法律约束力。登记义务人未履行其义务，导致抵押权人订立抵押合同的目的不能实现，构成违反抵押合同，自应承担相应的违约责任，包括继续办理抵押登记以及不能办理抵押登记情况下的损害赔偿责任。[1]

本书作者赞同违约责任说，理由如下。

第一，在是否登记不影响抵押合同效力的情形之下，抵押人基于有效的抵押合同无须承担任何民事责任，就意味着有效的抵押合同没有任何拘束力，其效力还不若无效或未生效的抵押合同，因为在后一情形，当事人尚须承担缔约过失责任。同时，抵押合同并不属于《合同法解释（二）》第 8 条中所述的"依照法律、行政法规的规定经批准或者登记才能生效的合同"，自无上述规定适用之空间。[2] 在《物权法》实施之后[3]，"缔约过失责任说"尚属少见。既然不动产抵押合同不因抵押权未登记而发生影响，自无缔约过失责任发生的可能。

第二，无效法律行为转换理论以存在一个无效法律行为为前提，但在我国《民法典》之下，不动产抵押权未经登记对抵押合同的效力并不发生影响，如无令其无效的事由，抵押合同有效，自无转换成其他法律行为的必要。[4] 前引最高人民法院（2015）民申字第 2354 号民事裁定书，系以案涉法律行为发生于《物权法》之前为基础，在《担保法》之下，不动产抵押权未经登记，抵押合同不生效或无效，才有必要转换成另一法律行为——连带责任保证。此际借由传统民法理论得出妥适的解释结论，值得赞同。但在《民法典》之下，这一理论的适用即值怀疑。抵押合同与保证合同的主给付义务

---

1 参见最高人民法院（2017）最高法民终 934 号民事判决书；

2 参见倪龙燕：《不动产抵押合同的效力探析——以实务中法律救济裁判路径为出发点》，《法治研究》2019 年第 1 期。

3 发生在《物权法》实施之前的类似纠纷，均采此种观点。如吉林省高级人民法院（2014）吉民提字第 93 号民事判决书；山东省高级人民法院（2014）鲁商终字第 334 号民事判决书等等。

4 参见倪龙燕：《不动产抵押合同的效力探析——以实务中法律救济裁判路径为出发点》，《法治研究》2019 年第 1 期。

仍存在差别，将生效的抵押合同认定为保证合同，有过度干预当事人意思之嫌。[1] 即使认为抵押人提供担保的意思表示明确，将其转换成连带责任保证也不违反当事人的真实意思，但以连带责任保证界定抵押人的义务，明显加重了抵押人的负担，也不合该理论的适用要件。连带责任保证所及的是抵押人的全部责任财产，抵押人所承担的是无限责任，而即使办理了抵押登记，抵押人的担保责任也仅以抵押财产价值为限承担有限责任。在抵押财产的价值远超主债权数额的情形之下，因为抵押财产意外毁损灭失的风险由作为保证人的抵押人负担，也不能据此认为未加重抵押人的负担。[2] 至于有学者在理论上的肯定主张[3]，明显系以承认债权行为和物权行为的区分为前提，不动产抵押权未经登记，物权行为无效，将其转换为有效的债权行为。姑且不论债权行为和物权行为的区分尚未成为主流学说，即使在此学说之下，不动产抵押权未经登记也仅仅只是物权行为不生效力，尚不具备法律行为转换的前提。[4] 而在物权变动的原因和结果相区分原则之下，合同的效力不因是否登记而受到影响，在解释上更具说服力。由此可见，这一观点"不仅于法无据，理论上也过于迂回曲折，法官解释色彩过浓"[5]。

第三，在抵押合同有效的前提之下，基于违反登记义务的事实，确定当事人的违约责任，在合同法上寻找规范基础，符合物债两分的体系要求，是为妥适的解释路径。基于抵押合同的相对独立性，违反登记义务导致不动产抵押权未设立，抵押权人就抵押财产的优先受偿权已然丧失，其损失（违约后果）可得确定，自可由违约方负担。有学者认为，"违约责任说""实际上将当事人的利益回复至合同订立之前的状态，而当事人要想实现原本意欲

1　参见唐勇：《抵押合同债法效力的解释进路》，《法商研究》2022年第1期。
2　参见杨代雄：《抵押合同作为负担行为的双重效果》，《中外法学》2019年第3期。
3　参见徐蓓：《不动产抵押未经登记之"无效"转换的适用探析》，《河北法学》2018年第5期。
4　参见杨代雄：《抵押合同作为负担行为的双重效果》，《中外法学》2019年第3期。
5　葛洪涛：《未办理登记的不动产抵押合同的效力》，见贺小荣主编：《最高人民法院民事审判第二庭法官会议纪要：追寻裁判背后的法理》，人民法院出版社，2018，第243页。

通过不动产抵押行为获得的利益，则需要再进行协商以重新达成新的法律行为"，进而认为，在贯彻当事人意思自治和节约交易成本方面相较"担保责任说"要逊色得多。[1]这一观点仍然是以登记行为系物权行为为出发点，但此时，当事人之间的设定不动产抵押权的物权合意已经体现在有效的抵押合同之中，只需履行物权合同办理抵押登记即可，而无须进一步协商达成新的物权合意。在不承认物权行为的背景之下，不动产抵押权因未登记而不设立，并不导致"将当事人的利益回复至合同订立之前的状态"，相反，抵押权人因有效抵押合同的违反所受的损失经由违约责任请求权得以填补。因此，"违约责任说"可谓"简洁明快，且既有合同依据又有法理依据"[2]。

四、"违约责任说"之下的解释论

"违约责任说"是目前学说和实务中的主流观点，在我国未就抵押合同的违约责任作出专门规定的情形下，作为一般法的合同法规则就有了规范基础上的意义。但无论是违约行为的判断，还是违约责任的承担方式，都存在重大争议，尚须结合实定法规范予以明确。

（一）不动产抵押权未登记时违约行为的判断

依据《民法典》第 577 条的规定，违约责任的承担以"当事人一方不履行合同义务或者履行合同义务不符合约定"为前提。"违约责任说"首先要回答的是，办理不动产抵押登记的义务是不是合同义务？

抵押合同以设定不动产抵押权为缔约目的，而办理抵押登记是实现这一缔约目的的手段。由此，登记义务是抵押合同的当然内容，不以当事人明确约定为前提。即使当事人没有在抵押合同中约定登记义务，因其选择了"抵

1　参见徐蓓：《不动产抵押未经登记之"无效"转换的适用探析》，《河北法学》2018 年第 5 期。

2　葛洪涛：《未办理登记的不动产抵押合同的效力》，见贺小荣主编：《最高人民法院民事审判第二庭法官会议纪要：追寻裁判背后的法理》，人民法院出版社，2018，第 243 页。

押合同"这一有名合同,登记义务也构成抵押合同的默示内容。[1]准此,不动产抵押权未登记即构成了"不履行合同义务或者履行合同义务不符合约定"。尚存疑问的是,在《不动产登记暂行条例》就不动产抵押登记采行当事人双方共同申请(第14条第1款)的前提下,未办理抵押登记是谁在"不履行合同义务或者履行合同义务不符合约定"?

司法实践中,在抵押合同中已经明确约定由抵押人办理登记的情形之下,较多的判决认为应由抵押人承担违约责任[2];但也有判决认为在共同申请登记主义之下,抵押权人亦负有催促及协助办理抵押登记的义务,应依当事人的过错程度分担抵押人的损失。[3]在抵押合同没有明确约定抵押登记的情形之下,裁判中有三种观点。第一种观点认为,抵押权人和抵押人均有登记义务,就未办理抵押登记过错相当。抵押人有办理抵押登记的义务,抵押权人亦有积极请求抵押人配合办理抵押登记的义务[4];抵押权人和抵押人均未申请办理抵押登记,均构成违约,且责任相当,应当承担同等违约责任[5],因而抵押权人主张抵押人承担连带责任不成立。[6]第二种观点认为,抵押权人和抵押人均有登记义务,但就未办理抵押登记,抵押权人的过错更重。就未办理不动产抵押登记,当事人均存在过错,但相对而言,抵押人在办理抵押登记过程中处于被催促的地位,对未办理抵押登记应当承担次要责任。[7]第三种观点认为,抵押人负担登记义务。抵押合同中虽未明示约定抵押人的登记义务,但抵押人办理抵押登记以使抵押权有效设立,是其依据诚实信用原则

---

1 参见倪龙燕:《不动产抵押合同的效力探析——以实务中法律救济裁判路径为出发点》,《法治研究》2019年第1期。

2 参见江西省高级人民法院(2015)赣民二终字第49号民事判决书;广东省高级人民法院(2016)粤民再32号民事判决书等。

3 参见四川省高级人民法院(2015)川民终字第129号民事判决书。

4 参见贵州省高级人民法院(2014)黔高民初字第61号民事判决书。

5 参见山东省高级人民法院(2016)鲁民终1076号民事判决书。

6 参见广西壮族自治区梧州市中级人民法院(2021)桂04民终870号民事判决书。

7 参见最高人民法院(2017)最高法民终436号民事判决书。

应当履行的合同义务，抵押人未履行抵押登记义务导致抵押权未设立，构成违约，其应当承担违约责任。[1]

依申请而登记是不动产登记的基本原则。[2]在现行登记规则之下，不动产抵押登记采行共同申请原则，这主要是因为抵押权是不动产上的权利负担，且具有限制抵押人处分抵押财产的作用，登记部门自得详加审查，确保抵押权设立登记符合当事人间的真实意思，并确保不动产登记簿的真实与准确，以免损及当事人及第三人的权利。[3]由当事人共同提出抵押登记申请，在一定程度上可以减轻登记部门的审查负担，如允许当事人单方提出登记申请，登记机构还须审查当事人、主合同和抵押合同等是否真实，这无疑延缓了登记程序，增加了登记错误的可能性。然而，登记程序法上的共同申请原则并不意味着当事人在实体法上均有登记义务。

就不动产抵押登记而言，抵押权人和抵押人并不处于完全相同之地位。抵押权人是否依抵押合同就标的物取得抵押权，端赖于是否登记，而不动产抵押登记是抵押财产上的权利负担，作为抵押财产权利人的抵押人是否办理登记，在实现抵押合同缔约目的上起着决定性作用。因此，抵押合同的生效在抵押权人与抵押人之间产生了约束力——抵押人负有办理抵押登记并最终使抵押权得以设立的义务[4]，登记义务是抵押合同中作为债务人的抵押人的主给付义务，共同申请原则仅表明抵押权人在抵押登记中亦应配合，即所谓的受领给付。[5]

正如不动产买卖合同所生的移转登记，虽亦采共同申请原则，但办理移

1　参见最高人民法院（2017）最高法民终 718 号民事判决书。

2　参见孙宪忠：《不动产登记基本范畴解析》，《法学家》2014 年第 6 期。

3　参见国土资源部政策法规司、国土资源部不动产登记中心：《不动产登记暂行条例释义》，中国法制出版社，2015，第 120 页；程啸：《不动产登记法研究》（第二版），法律出版社，2018，第 389 页。

4　参见杨洁、李洁：《不动产的抵押登记与抵押合同之关系——兼评〈担保法〉第 41 条》，《现代法学》2002 年第 6 期。

5　参见倪龙燕：《不动产抵押合同的效力探析——以实务中法律救济裁判路径为出发点》，《法治研究》2019 年第 1 期；杨代雄：《抵押合同作为负担行为的双重效果》，《中外法学》2019 年第 3 期。

转登记并使买受人取得标的物所有权，是出卖人的主给付义务；该给付义务的履行仍然有赖于买受人的协力（配合办理移转登记），但买受人仅为受领给付，不能据此认为买受人也有登记义务；出卖人未履行移转登记义务的，买受人的缔约目的无法实现，出卖人自应承担违约责任。

就不动产抵押权设立登记而言，抵押权人不配合办理登记，仅仅使其无法取得抵押权，抵押人并无损失，抵押人也无针对抵押权人的独立诉权。因此，抵押权人的配合既不是给付义务，也不是附随义务，仅为不真正义务。[1] 抵押人未积极履行登记义务，未向抵押权人提出履行主张，或在抵押权人请求办理登记时不予积极回应，导致不能共同申请抵押登记的，抵押人构成违约。当然，在确定抵押人违约损害赔偿的具体数额之时，还应考虑抵押权人的受领因素。抵押人积极履行登记义务，向抵押权人提出主张，但抵押权人迟延受领，不配合申请的，不构成违约，而应适用受领迟延规则，须自己承担不利后果[2]，亦即减轻或免除抵押人的责任。因此，同为配合办理登记，但抵押权人和抵押人在性质上有根本的区别。[3] 即使主张受领给付既是债权人的权利，也是债权人的义务，在解释结论上亦无实质上的差异。

至于当事人在抵押合同中合意不登记[4]，这显已改变抵押合同的经典设计。虽在契约自由原则之下，这一排除抵押登记的约定自属有效，但当事人之间的关系已非属抵押合同关系。就此类纠纷，应依当事人在合同中约定的具体权利义务加以判断。

1　参见倪龙燕：《不动产抵押合同的效力探析——以实务中法律救济裁判路径为出发点》，《法治研究》2019 年第 1 期。

2　参见王利明：《合同法研究》（第二卷）（第三版），中国人民大学出版社，2018，第 474 页；杨代雄：《抵押合同作为负担行为的双重效果》，《中外法学》2019 年第 3 期。

3　参见倪龙燕：《不动产抵押合同的效力探析——以实务中法律救济裁判路径为出发点》，《法治研究》2019 年第 1 期。

4　参见最高人民法院（2015）民申字第 2354 号民事裁定书。

（二）不动产抵押权未登记时违约责任的具体承担

不动产抵押权未登记时，抵押人自应承担违约责任。在当事人已在抵押合同中约定未办理抵押登记的违约责任的情形之下，约定优先，抵押人应依约定承担违约责任。[1] 在当事人未作约定的情形之下，自应在合同法之下展开具体分析。

1. 抵押权人在继续履行和赔偿损失之间是否享有选择权？

如无约定，抵押人违约责任的承担方式自应依《民法典》第 577 条后段"继续履行、采取补救措施或者赔偿损失"予以确定。其中，"采取补救措施"，在我国实定法上是"修理、更换、重作"的统称[2]，学说上多认为系继续履行的特殊形式[3]，自不应适用于抵押人违约责任的承担。如此，《民法典》第 577 条在抵押人违约责任的讨论中，有意义的承担方式在于"继续履行"和"赔偿损失"。

学说上就"继续履行"和"赔偿损失"的适用顺序，一直存在争议。有观点认为，债权人可以选择适用，不能以法律规定的先后顺序而当然认定在适用上有先后次序[4]；也有观点认为，继续履行的规范目的在于严守合同，债权人亦应附有努力使合同存续并获得合同上所负担之给付的义务，继续履行请求权也就有必要取得优先顺位。[5]

在债权构成和合同构成之间，我国合同法上选择了后者，继续履行也就不再只是债权的效力，而是与赔偿损失等相并列的违约救济方式，不再具有

1　参见最高人民法院（2015）民二终字第 337 号民事判决书；贵州省高级人民法院（2016）黔民终 430 民事判决书；最高人民法院（2017）最高法民申 4503 号民事裁定书。在这些案件中，法院均判令抵押人依合同约定对案涉债务承担连带清偿责任。

2　参见王利明：《合同法研究》（第二卷）（第三版），中国人民大学出版社，2018，第 567-568 页。

3　参见谢鸿飞：《合同法学的新发展》，中国社会科学出版社，2014，第 467 页。

4　参见王利明：《合同法研究》（第二卷）（第三版），中国人民大学出版社，2018，第 566 页；崔建远：《合同法学》，法律出版社，2015，第 274 页；韩世远：《合同法总论》（第四版），法律出版社，2018，第 774 页。

5　参见王洪亮：《债法总论》，北京大学出版社，2016，第 265 页。

优先适用的效力。[1] 这一观点得到了司法实践的多数支持。绝大多数裁判认为，在继续履行和赔偿损失之间，抵押权人享有选择权。抵押权人自可选择主张继续履行抵押合同，诉请抵押人履行抵押登记义务[2]，也可选择主张赔偿损失，诉请抵押人承担违约损害赔偿责任。[3]

不过，在《民法典》第 580 条但书规定之下，"法律上或者事实上不能履行""债务的标的不适于强制履行或者履行费用过高""债权人在合理期限内未请求履行"等几种情形下，排除继续履行的救济路径。例如，有判决即认为，因主债务履行期已经届至，继续履行抵押合同办理不动产抵押权设立登记，已无必要。[4] 但这一观点值得商榷。虽然主债务履行期届至而未获清偿，此时抵押合同约定的条件成就，但抵押权人就抵押财产因未登记而无法取得优先受偿权。如抵押权人主张继续履行抵押合同，就抵押财产办理抵押登记，使得抵押权人的权利优先，自有其积极意义。至于抵押权人未在主债权诉讼时效期间内请求办理不动产抵押登记的，应属"债权人在合理期限内未要求履行"的情形，因为即使抵押权已经办理设立登记，此际抵押权亦不受保护。在解释上，抵押财产已经毁损灭失或被转让、被查封的，或者抵押合同因主合同消灭而消灭的，属于"法律上或者事实上不能履行"，自无法寻求继续履行的救济路径。

司法实践中，亦有裁判认为，在抵押权人诉请抵押人办理不动产抵押登记，但抵押人当庭明确表示不同意继续办理的，应驳回抵押权人的诉讼请求。[5] 就此，只要符合继续履行的构成要件，法院自应作出胜诉裁判，而不

1　参见谢鸿飞：《合同法学的新发展》，中国社会科学出版社，2014，第 467 页。

2　参见重庆市第二中级人民法院（2015）渝二中法民终字第 2170 号。该案虽然是针对采矿权抵押权，但其解释原理与不动产抵押权相同。

3　参见最高人民法院（2017）最高法民终 934 号民事判决书；最高人民法院（2017）最高法民终 718 号民事判决书。

4　参见山东省高级人民法院（2016）鲁民终 1076 号民事判决书。

5　参见江苏省南京市中级人民法院（2016）苏 01 民终 9999 号民事判决书。

待抵押人同意。在抵押权人请求抵押人继续履行抵押合同、办理不动产抵押登记，并得到胜诉裁判的情形之下，如抵押人拒不执行生效裁判，抵押权人自得以胜诉裁判为依据，直接请求登记部门办理抵押登记手续。[1]

《民法典担保制度解释》第 46 条第 1 款规定："不动产抵押合同生效后未办理抵押登记手续，债权人请求抵押人办理抵押登记手续的，人民法院应予支持。"这明确了债权人的继续履行请求权。但从第 2 款与第 3 款所规定的损害赔偿请求权来看，《民法典担保制度解释》似在继续履行与损害赔偿之间已作出顺序安排，即不动产抵押合同生效后抵押权尚未登记的，债权人先主张继续履行请求权不能时，才可行使损害赔偿请求权。[2] "继续履行"与"赔偿损失"之间无先后顺序是学界通说。就未办理抵押登记的违约责任而言，虽然"继续履行"可以使债权人就抵押财产取得优先受偿权，貌似债权人选择继续履行补办抵押登记更为有利，但"继续履行"的请求是否最终得到满足，取决于诸多不确定的因素，不仅要取得胜诉裁判，而且需要抵押人的配合，这无疑延缓了权利的实现，增加了成本。此际，债权人直接请求抵押人承担违约损害赔偿责任，亦无不可，强制性地要求债权人先主张继续履行请求权，正当性不足。因此，认定《民法典担保制度解释》第 46 条对"继续履行"与"赔偿损失"之间的先后顺序未作规定，较为妥当。

2. 抵押权人的损失是主债务未受清偿的部分还是不能清偿的部分？

在主从关系的原理之下，抵押合同为担保主债务清偿的工具。《民法典》第 584 条第 1 款前段"当事人一方不履行合同义务或者履行合同义务不符合约定，造成对方损失的"中的"损失"，应考虑主债务的履行情况。裁判中就此形成两种不同的观点。一种观点认为，这里的"损失"系指主债务未

---

1 参见尹田：《物权法》（第三版），北京大学出版社，2022，第 526 页；倪龙燕：《不动产抵押合同的效力探析——以实务中法律救济裁判路径为出发点》，《法治研究》2019 年第 1 期；范小华：《未办理抵押登记的不动产抵押合同中抵押人责任研究》，《法律适用》2015 年第 4 期。

2 参见王叶刚：《论未办理抵押登记时不动产抵押合同的效力》，《现代法学》2022 年第 1 期。

受清偿的部分。"债权人选择通过诉讼的方式维护自身的权利，主债务人到期不履行生效判决确定的债务时，债权人即可要求抵押人以抵押物的价值为限，在债务人未履行部分的范围内承担损害赔偿责任，并不需以人民法院对债务人的财产进行强制执行为前提。"[1]另一种观点认为，这里的"损失"系指主债务不能清偿的部分。"[抵押人]承担的是抵押权损失赔偿责任，应当以债务人[主债务人]不能清偿的部分为限。"[2]

在《民法典》第584条第1款之下，抵押人未履行登记义务，自属违约，但因此给抵押权人造成的损失，尚无法仅依抵押合同加以判断。因为，就抵押合同而言，抵押人未履行登记义务仅使抵押权人丧失就抵押财产的优先受偿权。不动产抵押权未设定时抵押权人损失的认定，可类推适用担保无效之时，担保权人的损失认定规则。就此，《民法典担保制度解释》以"债务人不能清偿部分"作为债权人的损失（第17条），抵押权人的损失也就应体现为就主债务人方便执行的责任财产强制执行仍然未受清偿的部分，亦即主债务不能清偿的部分。同时，基于抵押合同的从属性，抵押合同中就担保范围有特别约定的（即仅提供有限抵押的），尚须在"主债务不能清偿的部分"与抵押担保范围之间进行比较，以其中较小者作为抵押人的违约损害赔偿范围。

3. 抵押人相对于主债务人而言是补充责任还是连带责任？

如不动产抵押登记依约办理完毕，在抵押权实现条件成就之时，抵押权人自可选择向主债务人主张主债权，亦可选择向抵押人行使抵押权。此际，抵押人并无顺序利益，不得以抵押权人应先向主债务人主张主债权而为抗辩。在不动产抵押权因未登记而未设定、抵押合同仍然有效的情形之下，抵押人对于主债务人而言是否存在顺序利益，亦即抵押人的违约损害赔偿责任

1　四川省高级人民法院（2015）川民终字第129号民事判决书。

2　山东省高级人民法院（2016）鲁民终字第1076号民事判决书。

相对于主债务的履行责任而言是补充责任还是连带责任，不无疑问。

裁判中呈现出两种不同的观点。一种观点认为，抵押人应在抵押财产价值范围内对案涉债务承担连带清偿责任[1]，或者未直接表明抵押人应承担连带责任还是补充责任，判决抵押人承担的赔偿"损失范围相当于在抵押财产价值范围内主债务人未清偿债务数额部分"[2]；另一种观点认为，抵押人应在抵押财产价值范围内承担补充赔偿责任。[3]"[债权人]要求[主债务人]履行还款义务与[债权人]依据《抵押反担保合同》要求[抵押人]承担损害赔偿的违约责任系基于不同的请求权基础，[主债务人]对[债权人]的还款责任与[抵押人]对[债权人]承担的损害赔偿责任并不构成连带责任。"[4]抵押人承担的是抵押权损失赔偿责任，应当以债务人不能清偿的部分为限[5]，因为法律对未办理不动产抵押登记时抵押担保人的责任形态未作规定，双方亦没有明确约定抵押人承担连带责任，则抵押人对抵押权人的赔偿请求享有先诉抗辩权。[6]

对本论题的回答与上一论题一脉相承。既然抵押权人的损失是主债务不能清偿的部分，抵押人对于主债务人而言即享有顺序利益，仅在主债务人不能清偿主债务时承担补充责任。不过，在解释上亦可认为，即使认为抵押人仅在主债务人不能清偿主债务时承担违约损害赔偿责任，也不妨认定抵押人与主债务人承担连带责任，但此时令主债务人承担连带清偿责任，已无实际意义。主张抵押人承担连带责任的主要理由在于：其一，"抵押人承担的类似于保证责任的非典型担保责任，则根据我国《担保法》以连带保证为原则

---

1 参见最高人民法院（2015）民申字第 3299 号民事裁定书。类似的裁判还有山西省高级人民法院（2016）晋民终 718 号民事判决书；甘肃省高级人民法院（2017）甘民申 174 号民事裁定书。

2 上海金融法院（2021）沪 74 民终 1365 号民事判决书。

3 参见最高人民法院（2017）最高法民终 718 号民事判决书。类似的裁判还有广东省高级人民法院（2016）粤民再 32 号民事判决书；山东省高级人民法院（2016）鲁民终 1076 号民事判决书。

4 四川省高级人民法院（2015）川民终字第 129 号民事判决书。

5 参见新疆维吾尔自治区阿克苏地区中级人民法院（2021）新 29 民终 1365 号民事判决书。

6 参见江西省修水县人民法院（2021）赣 0424 民初 2691 号民事判决书。

的法理，抵押人自然应当与债务人承担连带责任，只不过其责任范围并不以主债务为限，而是以抵押物的价值为限罢了"[1]。其二，抵押人存在过错时仅需对债务人不能清偿的债务承担补充赔偿责任，这违背违约责任的"完全赔偿原则"，加重抵押权人实现债权的负担，因而债权人在实现抵押权条件成就时，有权直接要求抵押人对其损失承担赔偿责任，无须以对债务人强制执行为前提。[2]其三，债权人的损失为债务人无法履行的债务，而非未履行的债务，因而其可直接向抵押人主张赔偿。[3]其四，抵押人因违约承担的损害赔偿责任在性质上应属于不真正连带债务，仅在其自身引起的损害范围内承担赔偿责任，并在承担责任后可向债务人代位求偿。[4]

依据《民法典》第178条第3款的规定，连带责任的承担以法律的直接规定或者当事人的明确约定为前提。就不动产抵押权未登记之时抵押人和主债务人之间的关系，法律上并无连带责任的直接规定，在解释上即可认为，如当事人之间并无这种抵押人与主债务人之间承担连带责任的明确约定，抵押人所承担的应是具有补充性的违约损害赔偿责任，判令抵押人承担连带责任"既超出抵押合同约定范围，也不符合违约损害赔偿责任的法理"[5]。《民法典担保制度解释》第46条第2款与第3款分别规定，在抵押财产因不可归责于抵押人自身的原因灭失或者被征收等导致不能办理抵押登记的情形，债权人仅能请求抵押人在其所获金额范围内承担赔偿责任；在因抵押人转让抵押财产或者其他可归责于抵押人自身的原因导致不能办理抵押登记的情形，

1　葛洪涛：《未办理登记的不动产抵押合同的效力》，见贺小荣主编：《最高人民法院民事审判第二庭法官会议纪要：追寻裁判背后的法理》，人民法院出版社，2018，第244页。

2　参见高燕竹、王晶晶：《不动产未办理抵押登记情形下抵押人责任的裁判路径分析》，《法律适用》2020年第12期。

3　参见杨代雄：《抵押合同作为负担行为的双重效果》，《中外法学》2019年第3期；王叶刚：《论未办理抵押登记时不动产抵押合同的效力》，《现代法学》2022年第1期。

4　参见冉克平：《论未登记不动产抵押合同的效力》，《法律科学（西北政法大学学报）》2020年第1期。

5　最高人民法院（2017）最高法民终718号民事判决书。

债权人可以请求抵押人在约定的担保范围内承担赔偿责任。就抵押人与主债务人是连带责任还是补充责任关系,《民法典担保制度解释》未作规定。即使抵押人承担补充的违约赔偿责任,也能保障债权人的债权权益。在第三人抵押场合,要求抵押人承担连带赔偿责任,意味着抵押人承担责任后,还需向债务人追偿。这增加了相应成本。因此,从合比例性角度而言,抵押人承担补充的违约赔偿责任即可解决问题,完全不必将其加重为连带责任。

4. 抵押人承担违约损害赔偿责任的财产范围

抵押人的违约损害赔偿责任范围的判定,自应适用《民法典》第 584 条第 1 款。抵押合同履行后,抵押权人的利益体现为就抵押财产优先受偿,抵押合同尚未履行时,抵押人可预见的给抵押权人造成的损失,也就是就抵押财产无法取得优先受偿权。如此,抵押人的违约损害赔偿责任也就应以抵押财产的价值为限,否则,如抵押人承担违约损害赔偿责任的财产范围超过抵押财产的价值,即与《民法典》第 584 条第 1 款所定可预见规则相违。正如有裁判中主张的那样:"债权人与抵押人、质押人签订物的担保合同时,对于其只能在担保物价值范围内享有优先受偿权有着明确的预见,〔抵押人〕、质押人未办理房产抵押登记以及股权质押登记,给〔债权人〕所造成的损失应当限于本应抵押的房产、本应质押的股权价值范围内。至于担保物价值嗣后的变动,属于当事人在订立合同时应当预见的正常风险。"[1]

有裁判认为,抵押人"承担主合同债务人同等义务的赔偿责任"[2],将抵押人的违约损害赔偿责任认定或类推为保证责任,忽略了保证责任与抵押合同责任的区分。保证责任的效力及于保证人的全部责任财产,但抵押合同责任的效力仅及于抵押人的抵押财产。从这个角度上讲,抵押人的违约损害赔

---

1 最高人民法院(2017)最高法民终 934 号民事判决书;

2 江西省高级人民法院(2015)赣民二终字第 49 号民事判决书。

偿责任"类似于有限保证，本质上属于非典型担保的一种"[1]。由此，绝大多数的裁判将抵押人的违约损害赔偿责任限定在抵押财产的价值范围内，值得赞同。

至于抵押财产价值的认定时点，在抵押财产仍然现实存在且处分权没有限制的情形之下，抵押权人自可就抵押财产请求变价，并以变价款填补其因主债务不能清偿所受的损失，只不过没有优先受偿权。在解释上，抵押人承担违约损害赔偿责任的财产范围自是抵押权人权利实现之时抵押财产的价值。"至于担保物价值嗣后的变动，属于当事人在订立合同时应当预见的正常风险。"[2] 不过，在因抵押人的原因导致抵押财产毁损灭失或被转让、查封的情况下，抵押权人就抵押财产的变价款受偿的请求即不能实现，此时，应以抵押合同成立时抵押财产的价值为限就抵押人的其他责任财产求偿。

《民法典担保制度解释》第46条第3款规定："因抵押人转让抵押财产或者其他可归责于抵押人自身的原因导致不能办理抵押登记，债权人请求抵押人在约定的担保范围内承担责任的，人民法院依法予以支持，但是不得超过抵押权能够设立时抵押人应当承担的责任范围。"本条中的"抵押权能够设立时抵押人应当承担的责任范围"，在解释上还需比较抵押合同中约定的担保范围与抵押财产的价值，即在抵押合同中约定的担保范围大于抵押财产的价值时，"抵押人应当承担的范围"以抵押合同生效时抵押财产的价值为限；在抵押合同中约定的担保范围小于抵押财产的价值时，"抵押人应当承担的范围"以抵押合同约定的担保范围为限。[3]

5. 过错在抵押人违约损害赔偿中的意义

在抵押人违约损害赔偿责任的归责原则上，实务中还存在着过错责任与

---

[1]　葛洪涛：《未办理登记的不动产抵押合同的效力》，见贺小荣主编：《最高人民法院民事审判第二庭法官会议纪要：追寻裁判背后的法理》，人民法院出版社，2018，第243页。

[2]　最高人民法院（2017）最高法民终934号民事判决书；

[3]　参见高圣平：《民法典担保制度及其配套司法解释理解与适用》，中国法制出版社，2021，第544页。

严格责任的认识分歧。[1] 如有裁判认为，"由于［抵押人］与［抵押权人］存在同等程度的违约行为，负有同等违约责任，［抵押人］赔偿损失的范围应为抵押物价值的二分之一，而非抵押物价值的全部"[2]。这里明确了过错（过失）在认定抵押人违约损害赔偿责任中的意义。

就《民法典》第 577 条违约责任的一般规定，多数学者认为，我国法上违约责任以严格责任（无过错责任）为一般归责原则；例外地也承认特殊情形之下以过错责任为特殊的归责原则。[3] 即使主张《民法典》第 577 条不是为了确立各种违约责任方式适用条件的学者，也认为违反结果性义务的违约损害赔偿责任系采严格责任，不考虑违约方的主观状态。[4] 抵押合同下的登记义务，是为了产生一个约定的结果——使不动产抵押权得以设定，而不是要求践行合理的注意与技能。由此，登记义务是结果性义务，而非方式性义务，如抵押人届期未使抵押权人获得约定的结果，除违约因不可抗力免责外，不管抵押人的主观状态如何，均应承担损害赔偿责任。

本节"不动产抵押权未登记时违约行为的判断"部分所引关于抵押人和抵押权人对于不动产抵押权未登记均有过错的裁判观点，系以《民法典》第592 条关于双方违约规则为规范基础，判令由抵押人和抵押权人各自承担相应的责任。但正如前述，办理不动产抵押权设立登记仅为抵押人的义务，抵押权人未协助配合办理登记在性质上属于受领迟延，并不构成抵押权人的违约，自无《民法典》第 592 条双方违约规则的适用。为设定不动产抵押权，需要抵押权人在办理抵押登记时予以配合，抵押权人的协助与配合属于债务

1　参见葛洪涛：《未办理登记的不动产抵押合同的效力》，见贺小荣主编：《最高人民法院民事审判第二庭法官会议纪要：追寻裁判背后的法理》，人民法院出版社，2018，第 243 页。

2　山东省高级人民法院（2016）鲁民终 1076 号民事判决书。

3　参见王利明：《合同法研究》（第二卷）（第三版），中国人民大学出版社，2018，第 435-437 页；梁慧星：《从过错责任到严格责任》，见梁慧星主编：《民商法论丛》（第 8 卷），法律出版社，1997，第 1页以下；崔建远：《合同法学》，法律出版社，2015，第 250-251 页；韩世远：《合同法总论》（第四版），法律出版社，2018，第 748 页。

4　参见朱广新：《合同法总则研究》（下册），中国人民大学出版社，2018，第 669-670 页。

履行的受领。学说上认为，受领并非债权人的义务，相反，是债权人享有的权利（给付受领权），其行使与否，当属债权人的自由。[1]此时，抵押权人也存在一定过错，例如在知晓案涉房屋无法办理抵押登记后，未采取降低授信额度、不予（或减少）发放贷款、要求提供补充担保等措施防止损失扩大，也应承担一定责任，从而可适当减轻抵押人的责任。[2]在抵押人已经向抵押权人提出协助办理抵押登记的请求，而抵押权人未予以协助的，构成受领迟延。受领迟延责任不属于违约责任的范畴，不以抵押权人的主观状态为前提，其法律效果大多体现为抵押人责任的减轻或者免除。

《民法典担保制度解释》第46条第2款规定："抵押财产因不可归责于抵押人自身的原因灭失或者被征收等导致不能办理抵押登记，债权人请求抵押人在约定的担保范围内承担责任的，人民法院不予支持；但是抵押人已经获得保险金、赔偿金或者补偿金等，债权人请求抵押人在其所获金额范围内承担赔偿责任的，人民法院依法予以支持。"结合第3款可知，对于"不能办理抵押登记"的事实，抵押人仅在因其转让抵押财产或者其他可归责于自身的原因导致不能办理抵押登记时，才承担赔偿责任，而在抵押财产因不可归责于抵押人自身的原因灭失或者被征收等导致不能办理抵押登记，且未获得保险金、赔偿金或者补偿金等替代性财产时，无须承担赔偿责任；但抵押人的登记义务发生于抵押合同生效时，即使抵押财产因不可归责于抵押人自身的原因灭失或者被征收等导致不能办理抵押登记，也不能改变抵押人违约的客观事实，因而此时豁免抵押人的违约赔偿责任，值得商榷。[3]因为依《民法典》第590条的规定，因不可抗力履行不能的，可部分或全部免除责任，但迟延履行后发生不可抗力，则不能免除违约责任。"存在不可抗力等免责

1　参见朱广新：《合同法总则研究》（下册），中国人民大学出版社，2018，第764页。

2　参见高燕竹、王晶晶：《不动产未办理抵押登记情形下抵押人责任的裁判路径分析》，《法律适用》2020年第12期。

3　参见高圣平：《民法典担保制度及其配套司法解释理解与适用》，中国法制出版社，2021，第546页。

事由，则抵押人有权主张不承担违约损害赔偿责任"[1]，但这只是其一种可能性，不能完全排除抵押人承担违约责任。另外，抵押财产因不可归责于抵押人自身的原因灭失且不构成不可抗力进行免责时，抵押人的违约责任不可免除，除非抵押人未获得对应的损害赔偿等代位物。例如，房屋共有人以房屋为标的物签订抵押合同，因其他共有人被强制执行而导致不能办理房屋抵押登记时，一审法院依据《民法典担保制度解释》第 46 条第 2 款判决免除抵押人的违约责任；二审法院则认为抵押财产不能办理抵押登记的事由是抵押财产被另案查封，这与第 46 条第 2 款中所列举的"灭失""征收"不属于相同性质的事件，不属于免于承担赔偿责任的情形。[2] 可见，一方面，《民法典担保制度解释》第 46 条第 2 款实际误把责任承担中的过错考量纳入责任承担中，将违约责任的严格责任原则当作过错责任原则。[3] 另一方面，本条认可债权人在抵押人获得的保险金、赔偿金或者补偿金等替代性财产范围内获得赔偿，是一种担保责任思维，而非违约责任承担的考量，以至未具体区分抵押人在承担违约责任时的免责情形。

五、小结

在我国实定法上，不动产抵押权未登记在物权变动上的法律效果至为清晰，即不动产抵押权未设立，但基于不动产登记制度尚不健全的现实，在例外的情形亦承认其物权效力，只不过不能对抗抵押财产上的物权人。不动产抵押权未登记，并不影响抵押合同的效力，此为《民法典》上物权变动的原因与结果相区分规则的当然反映。此时，厘清登记义务的归属，把握共同申请登记原则之下抵押权人配合登记的行为性质，对于认定抵押合同的违约责任具有重大意义。与不动产转让时的移转登记相当，办理抵押登记是抵押人

1　王叶刚：《论未办理抵押登记时不动产抵押合同的效力》，《现代法学》2022 年第 1 期。

2　参见上海金融法院（2021）沪 74 民终 1365 号民事判决书。

3　参见王叶刚：《论未办理抵押登记时不动产抵押合同的效力》，《现代法学》2022 年第 1 期。

的义务，共同申请之下抵押权人配合登记，仅为受领给付。抵押人未尽登记义务，导致不动产抵押权未设立的，构成违约，自应依据合同法上的一般规则承担违约责任。

《民法典担保制度解释》第46条与第48条就本节所及论题已作规定，其中明确了不动产抵押权未登记时抵押人责任的几个关键点：其一，抵押人是登记义务人，抵押权人不是登记义务人，抵押权人怠于履行协助义务的，属于受领迟延，可以减轻甚至免除抵押人的责任；其二，抵押人未履行登记义务所承担的责任在性质上属于违约责任，承担方式可以是继续履行抵押合同、办理抵押登记，也可以是违约损害赔偿；其三，抵押人承担违约责任，先补办抵押登记手续，在"怠于履行办理登记义务"时才承担赔偿责任，在"继续履行"与"赔偿损失"之间也就有了先后顺序；其四，抵押人的违约损害赔偿责任是补充责任，范围限定于主债务人不能清偿的部分，但当事人另有约定的除外；其五，抵押人承担违约损害赔偿责任"以抵押权能够设立时抵押人应当承担的责任范围"；其六，登记机构对于当事人不能办理抵押登记存在过错时，应承担赔偿责任。

这里，值得商榷的有两点。第一，抵押人与主债务人是连带责任还是补充责任关系，尚无明文规定，裁判实践对此亦不统一。在当事人就此没有约定的情形之下，利益平衡上，有必要将抵押人的违约责任确定为补充责任，以债务人不能清偿的范围为限。第二，上述第五项并未考虑具体案型。正如前述，在案涉抵押财产仍为抵押人的责任财产的情形之下，抵押人的违约损害赔偿责任应以抵押权人实现其权利时抵押财产的价值为限；在案涉抵押财产已不构成抵押人责任财产的情形之下，抵押人的违约损害赔偿责任应以抵押合同成立时抵押财产的价值为限。同时，如抵押合同中约定的担保范围小于主债务人不能清偿部分之时，抵押人的违约损害赔偿范围应以前者为准，否则与《民法典》第584条第1款可预见规则相违。

第三节　动产担保权登记对抗规则的统一解释

一、问题的提出

"担保物权成长史，亦为工商经济发展史之反映。"[1]由 1981 年《经济合同法》、1986 年《民法通则》到 1995 年《担保法》、2007 年《物权法》，再到 2020 年《民法典》，我国担保法制的变迁无疑证明了这一判断。在《担保法》制定之初，我国立法者即关注到了动产融资的制度需求，在传统动产质权之外，引入美国动产抵押制度。[2]不过，其时对这一制度的认识尚不深入，在体例安排上仅将其作为抵押权的一种亚类型，与不动产抵押权适用近乎相同的规则，不仅在设立上主要奉行登记生效主义[3]，将动产担保登记与不动产抵押登记等量齐观，而且在实现上排除私力救济，债权人仅得依普通民事诉讼程序才能实现其担保权利。如此制度设计已经偏离动产抵押制度的基本功能。及至《物权法》，虽然就动产抵押权在设立上统一改采登记对抗主义，在实现上可以选择直接申请拍卖、变卖抵押财产，但在体例上仍将动产抵押权作为"一般抵押权"之一，适用的规则也与不动产抵押权大致相同，除了承认浮动抵押权之外，并没有比《担保法》改进多少。

《物权法》的这一立法现状不尽人意，世界银行集团《全球营商环境报告》（Doing Business）对此的评分就不高。该报告旨在对各国中小企业经营过程中所处的法治环境进行横向比较，并寻找全球范围内的良好做法。[4]其中，信贷人权利保护指标（Strength of legal rights index）所反映的是中小企业借由动产获得信贷的便利度，主要涉及动产担保交易制度。2020 年报告中信贷人权利保护指标，我国仅得 4 分（总分 12 分），位列 199 个经济体

1　谢在全：《担保物权制度的成长与蜕变》，《法学家》2019 年第 1 期。
2　参见江平：《制定民法典的几点宏观思考》，见《江平文集》，中国法制出版社，2000，第 364 页。
3　在《担保法》上尚有除交通运输工具、企业动产之外的少数动产实行登记对抗主义。
4　参见张志铭、王美舒：《中国语境下的营商环境评估》，《中国应用法学》2018 年第 5 期。

的第 80 位。[1]

为进一步改善营商环境，增强我国在吸引投资方面的优势，《民法典》对担保制度的修改，也就集中在了动产担保制度部分。[2]在动产担保规则的体系化上，《民法典》没有采行基于功能主义的一元化动产担保交易制度。囿于我国既有的物权体系，《民法典》没有将在功能上起担保作用的交易重构为担保物权。其中，物权编以所有权（自物权）为基础展开其制度逻辑，推及至用益物权与担保物权等他物权，由此，担保物权就被定位于在他人财产上所设立的定限物权，自不包括所有权在内。凡以所有权为担保者，无法在物权编担保物权分编中找到其体系位置；所有权保留交易、融资租赁交易等起着担保功能的交易也就无法植入既有的担保物权体系之中。但是，《民法典》对国际动产担保交易法制的发展给予了充分的关注，不仅采纳了《联合国动产担保立法指南》的部分建议，而且吸收了我国已经加入的《开普敦公约》[3]的成熟经验。其中最具方法论意义的是，《民法典》将这些起着担保功能的非典型动产担保交易与动产抵押交易在规则上作了类似的设计，统一适用登记对抗规则，均规定"未经登记，不得对抗善意第三人"，为动产担保交易其他规则的一体化提供了解释前提。例如，竞存动产担保权之间的优先顺位规则自可（类推）适用第 414 条关于抵押权优先顺位的规定；非典型动产担保权的实现也可类推适用第 410 条关于抵押权实现的规定。[4]如此看来，《民法典》上动产担保交易规则的设计是功能主义与形式主义相结合的产物，

1　See The World Bank Group, *Doing Business 2020Economy Profile of China*The World Bank, 2020, p.4.

2　参见沈春耀：《全国人民代表大会宪法和法律委员会关于〈民法典物权编（草案）〉修改情况的汇报——2019 年 4 月 20 日在第十三届全国人民代表大会常务委员会第十次会议上》，《民法典立法背景与观点全集》编写组编：见《民法典立法背景与观点全集》，法律出版社，2020，第 42 页。

3　我国于 2001 年 11 月 16 日签署了《移动设备国际利益公约》和《移动设备国际利益公约关于航空器设备特定问题的议定书》，并于 2008 年 10 月 28 日由第十一届全国人民代表大会常务委员会通过了《关于批准〈移动设备国际利益公约〉和〈移动设备国际利益公约关于航空器设备特定问题的议定书〉的决定》，批准了上述公约和议定书。上述公约和议定书自 2009 年 6 月 1 日起对我国生效。

4　关于物权规范之间的类推适用，参见王泽鉴：《民法物权》，北京大学出版社，2009，第17-18页。

与《开普敦公约》的处理模式相一致，也与同具大陆法传统的《加拿大魁北克民法典》颇为类似。

《民法典》第 403 条规定："以动产抵押的，抵押权自抵押合同生效时设立；未经登记，不得对抗善意第三人。"第 641 条第 2 款规定："出卖人对标的物保留的所有权，未经登记，不得对抗善意第三人。"第 745 条规定："出租人对租赁物享有的所有权，未经登记，不得对抗善意第三人。"其中，动产抵押权是典型的动产担保交易形态，也属定限物权性质，权利人就标的物并不享有所有权；所有权保留交易中出卖人对标的物的所有权、融资租赁交易中出租人对租赁物的所有权，实际上已经"功能化"为担保权，不再是《民法典》物权编意义上的所有权，其权利内涵更接近于动产抵押权这一定限物权。[1]"未经登记，不得对抗善意第三人"这一登记对抗规则明显不同于我国《民法典》上登记（公示）生效的物权变动模式，从而使得我国动产担保法制具有了典型的混合继受特点[2]，也增加解释适用上的难度。《民法典担保制度解释》解决了部分争议问题，也搁置了部分争议较大的问题。

二、动产担保权的性质与对对抗的理解

（一）债权意思主义之下的解释困境

在我国《民法典》所确立的"物权变动的原因与结果相区分原则"之下，基于法律行为所引起的物权变动采行债权形式主义（公示生效主义）：

---

1 基于此，本书以动产担保权统称《民法典》上典型的动产担保物权（动产抵押权）和非典型的动产担保权（包括所有权保留交易中出卖人对标的物的所有权、融资租赁交易中出租人对租赁物的所有权）。值得注意的是，《民法典》上典型的动产担保物权还包括动产质权和权利质权（在比较法上，动产担保中的"动产"所指称的财产，均不仅限于有体动产，还包括无体动产），以及留置权。就动产质权和权利质权，《民法典》上采取公示生效主义；就留置权，《民法典》上将其定性为依法律规定直接产生的法定担保物权。本书以《民法典》上明文规定采行登记对抗主义者为限，如非必要，不将前述其他权利纳入讨论范围，特此叙明。

2 参见王洪亮：《动产抵押登记效力规则的独立性解析》，《法学》2009 年第 11 期；龙俊：《中国物权法上的登记对抗主义》，《法学研究》2012 年第 5 期；庄加园：《登记对抗主义的反思与改造：〈物权法〉第 24 条解析》，《中国法学》2018 年第 1 期。

当事人之间关于物权变动的合同仅发生债的效力，即使在当事人之间也不发生物权变动的效力；一旦登记或交付，物权变动不仅在当事人之间发生效力，权利人亦可以之对抗第三人。[1] 如此，在公示生效主义之下，担保物权的设立与其对抗第三人的效力之间并无区分，担保物权一旦设立即具有对抗第三人的效力；只要相应的公示手续尚未完成，根本不存在所谓担保物权。[2]

《民法典》上"未经登记，不得对抗善意第三人"的表达明显区分了动产担保权的设立与对抗第三人的效力，与上述物权变动模式迥异，而采取债权意思主义的物权变动模式。当事人之间关于物权变动的合同生效，物权变动在当事人之间已生效力，但未经登记或交付，当事人不得以之对抗第三人，此所谓公示对抗主义。[3] 以动产抵押权为例，依据《民法典》第 403 条的规定，动产抵押合同生效，动产抵押权即设立，物权变动的结果已然因合同的生效而发生，但未经登记，不得对抗善意第三人。但《民法典》第 114 条第 2 款规定："物权是权利人依法对特定的物享有直接支配和排他的权利，包括所有权、用益物权和担保物权。"由此，登记对抗这一具有体系异质性的规则带来的解释困难在于：未登记的动产担保权在解释上亦属物权，典型动产担保权——动产抵押权、非典型动产担保权——所有权保留交易和融资租赁交易中的所有权，均为如此；既属物权，权利人本可依法对特定的物享有直接支配和排他的权利，依物权的对世效力对抗第三人[4]，但为何已经设立

1　参见王利明：《物权法研究》（上卷）（第四版），中国人民大学出版社，2018，第 228、248 页；梁慧星、陈华彬：《物权法》（第七版），法律出版社，2020，第 83 页。

2　See Meinhard Lukas, Attachment/Creation of a Security Interest-Commentary, in Horst Eidenmüller and Eva-Maria Kieninger eds., *The Future of Secured Credit in EuropeEuropean Company and Financial Law Review Special Volume 2*, De Gruyter Recht, 2008, p.139.

3　参见王利明：《物权法研究》（上卷）（第四版），中国人民大学出版社，2018，第 249 页；梁慧星、陈华彬：《物权法》（第七版），法律出版社，2020，第 89 页。

4　参见王利明：《物权法研究》（上卷）（第四版），中国人民大学出版社，2018，第 16 页；梁慧星、陈华彬：《物权法》（第七版），法律出版社，2020，第 9 页。

的动产担保权却又不能对抗第三人？[1]

（二）未登记动产担保权的物权属性

对于这一体系冲突，国内学者尝试引入法国法、日本法、英美法上登记对抗理论给出解释方案[2]，均具有一定的合理性。我国法上动产抵押制度来源于美国，美国法上的解释论自有重要参考价值。从其制度内容来看，美国法上所谓"security interests"直接对应的是我国法上的动产担保（物）权[3]，其制度构造基础也在于区分动产担保权的设立与对抗第三人的效力。其中，动产担保权设立（attachment）之后，其效力并不仅在当事人之间发生，同样可对第三人强制执行（对受让人和债权人发生效力），但法律另有规定的除外[4]；动产担保权的公示（perfection）使已经设立的动产担保权的效力得以更加丰满，公示时间的先后也就成了确立同一标的物上竞存权利优先顺位的基本判断因素。[5]竞存动产担保权之间的优先顺位规则总是与动产担保权的登记对抗效力关联在一起，因为优先顺位的确定是以相关权利取得对抗效力的时间先后为一般判断标准。结合美国法的具体规定，已经设立但未公示的动产担保权，虽然具有对抗第三人的效力，但不得对抗善意买受人、善意承租人、已公示的动产担保权、执行债权人、破产管理人。如此，承认未登记动

1　参见徐海燕、柴伟伟、冯建生：《动产担保权公示及优先顺位规则研究》，法律出版社，2016，第108 页以下。

2　参见龙俊：《中国物权法上的登记对抗主义》，《法学研究》2012 年第 5 期；郭志京：《也论中国物权法上的登记对抗主义》，《比较法研究》2014 年第 3 期；赵忠丽：《论登记对抗规则下第三人范围的确定》，《研究生法学》2015 年第 2 期；庄加园：《登记对抗主义的反思与改造：〈物权法〉第 24 条解析》，《中国法学》2018 年第 1 期；庄加园：《动产抵押的登记对抗原理》，《法学研究》2018 年第 5 期。

3　参见高圣平：《动产担保交易法比较研究》，中国人民大学出版社，2008，第 8 页。

4　《美国统一商法典》第 9-201 条（a）规定："除〔《统一商法典》〕另有规定外，担保合同依其条款在当事人之间发生效力，并可对抗担保物的购买人和债权人。"《美国统一商法典》第九编的最新译本，参见高圣平：《担保法前沿问题与判解研究》（第三卷），人民法院出版社，2019，第 431 页以下。本书所征引的该法典条文，均出自该书。

5　See Harry C. Sigman, Security in Movables in the United States-Uniform Commercial Code Article 9: A Basis for Comparison, in Eva-Maria Kieninger (ed), *Security Rights in Movable Property in European Private Law*, New York: Cambridge University Press, 2004, pp.54 et seq.

产担保权对抗效力（物权属性）的实际意义已经很小。[1]

学说上有观点以为，在登记对抗主义之下，动产担保权因当事人之间的合同而设定，仅在登记之后才能取得对抗第三人的效力，已经设立但未登记的动产担保权仅在当事人之间发生效力。[2] 这一论断易生误解。与其他物权种类一样，动产担保权的功用在于其对抗第三人的效力，并以此与仅具有相对效力的债权相区分。未登记的动产担保权自可适用物权编关于当事人之间有关担保财产的权利和义务的规则，如担保物权的实现规则，可就标的物进行变价，并可优先于无担保债权人受偿[3]；如未登记的动产担保权仅具债权效力，权利人就无权对标的物行使变价权，也无权申请启动实现担保物权案件的特别程序。如此即体现了动产担保权作为担保物权的一种，就标的物价值的直接支配性。

我国裁判实践中有观点认为，动产抵押权未经登记，即不能就抵押财产优先受偿。[4] 本书作者认为，动产抵押权虽未登记，但已因抵押合同生效而设立。既已设立，却不具有优先受偿效力，这一解释结论与《物权法》第188条（《民法典》第403条）前句的文义不符。但未登记动产担保权的对世性不如已经公示的物权，不能对抗善意第三人。[5] 具体裁判中只须在判决主文中写明："［债权人］有权就本判决主文第一项确定的债权在［优先受偿的数额］范围内对［抵押人］提供抵押的［抵押财产］折价或者拍卖、变卖

1　See Anna Veneziano, Attachment/Creation of a Security Interest, in Horst Eidenmüller and Eva-Maria Kieninger (eds.), *The Future of Secured Credit in Europe**European Company and Financial Law Review Special Volume 2*, Berlin: De Gruyter Recht, 2008, p.119；龙俊：《中国物权法上的登记对抗主义》，《法学研究》2012年第5期。

2　参见尹田：《物权法》（第三版），北京大学出版社，2022，第510页；郭志京：《也论中国物权法上的登记对抗主义》，《比较法研究》2014年第3期。

3　See Ronald C.C. Cuming, Catherine Walsh and Roderick J. Wood, *Personal Property Security Law*, 2nd ed., Irwin Law Inc., 2012, p.242；王利明：《物权法研究》（下卷）（第四版），中国人民大学出版社，2018，第517页。

4　参见福建省福州市中级人民法院（2017）闽01民终2265号民事判决书。

5　参见崔建远：《物权：规范与学说——以中国物权法的解释论为中心》（上册）（第二版），清华大学出版社，2021，第22页。

的价款优先受偿，但不得对抗善意第三人。"[1]

动产担保权虽未登记，但亦属物权，只不过效力没有那么完备而已。[2]采行债权意思主义的物权变动模式，未登记动产担保权的物权效力自不应完全同于基于债权形式主义的物权变动模式。与债权形式主义不同的是，债权意思主义下的物权不再限于能有效对抗所有第三人的权利，未经登记的动产担保权是能有效对抗当事人及"某些"第三人的物权，与有效对抗"所有"第三人的物权存在着区别。[3]有学者即主张，"物权具有优先于债权的效力，在公示对抗主义模式下成了一个值得怀疑的命题。在构建我国的公示对抗主义制度时，我们不能简单地以物权、债权的二元划分作为分析工具，而应该具体分析每一组权利间的优先顺位关系"[4]。最高人民法院在其出版的理解与适用书中亦指出，"我们在理解登记对抗主义时，不能再将物权和债权的区分视为当然之理"[5]。然而，物债两分体系仍然是我国《民法典》的架构基础，在解释论上亦为重要的分析工具。担保人的无担保债权人仅得请求给付，并不能支配作为担保财产的责任财产，与担保权人的变价权和优先受偿权所体现的支配性不在同一层次，在进入强制执行程序和破产清算程序之前，尚无法及于该财产，也不会与动产担保权人就担保财产发生争夺关系。[6]此时，动产担保权虽未登记，但亦可对抗无担保债权人，无担保债权人也就不属于

---

[1] 裁判实践中类似的处理，参见广东省佛山市中级人民法院（2017）粤 06 民终 11379 号民事判决书；云南省昆明市中级人民法院（2018）云 01 民终 6806 号民事判决书；北京市第一中级人民法院（2019）京 01 民终 428 号民事判决书。

[2] 参见最高人民法院民法典贯彻实施工作小组编：《中华人民共和国民法典物权编理解与适用》（下），人民法院出版社，2020，第 1077 页。

[3] See Ulrich Drobnig and Ole Böger eds., *Proprietary Security in Movable Assets*, Oxford University Press, 2015, p.276.

[4] 龙俊：《公示对抗下"一般债权"在比较法中的重大误读》，《甘肃政法学院学报》2014 年第 4 期。

[5] 最高人民法院民事审判第二庭：《最高人民法院民法典担保制度司法解释理解与适用》，人民法院出版社，2021，第 470 页。

[6] 参见庄加园：《动产抵押的登记对抗原理》，《法学研究》2018 年第 5 期。

法律保护的"善意第三人"之列。[1]

就此，我国包括《民法典》在内的法律规定并不明确。[2]《民法典物权编解释（一）》第 6 条规定："转让人转让船舶、航空器和机动车等所有权，受让人已经支付合理价款并取得占有，虽未经登记，但转让人的债权人主张其为民法典第二百二十五条所称的'善意第三人'的，不予支持，法律另有规定的除外。"这里明确，未经登记的物权变动，亦可对抗债权人[3]，其理由在于："在物权与债权的关系上，根据物权的排他性、优先性特征以及物权与债权的基本性质差异，在一物之上既有物权又有债权时，一般情况下，物权优先于债权。因此，在法律无明确排斥性规定的情况下，如果物权和债权发生冲突，则应当适用这一基本规则。"[4]值得注意的是，该司法解释的起草者认为，《物权法》第 24 条（现《民法典》第 225 条）关于特殊动产物权变动的规则并未采行债权意思主义。[5]本书作者无意对此予以置评，所有权的登记对抗与动产抵押权的登记对抗固然存在差异[6]，但就未经登记的物权变动的对抗问题，两者应具同一性。

（三）"对抗"的广义与狭义

如此一来，"对抗"一语就有了广狭两义。从广义上讲，物权的对抗效

---

1 参见王轶：《物权变动论》，中国人民大学出版社，2001，第 132 页；最高人民法院民法典贯彻实施工作小组编：《中华人民共和国民法典物权编理解与适用》（下），人民法院出版社，2020，第 1080 页。

2 参见王洪亮：《动产抵押登记效力规则的独立性解析》，《法学》2009 年第 11 期。

3 参见最高人民法院（2020）最高法民申 332 号民事裁定书。

4 罗书臻：《进一步提升保障财产权利及市场交易安全与效率的法治化程度——最高人民法院民一庭负责人就物权法司法解释（一）答记者问》，《人民法院报》2016 年 2 月 24 日，第 2 版。值得注意的是，可得对抗债权人的受让人，尚须"已经支付对价并取得占有"。就未支付对价并取得占有的受让人，尚无法得出可以对抗转让人的债权人的结论。

5 参见最高人民法院民事审判第一庭：《最高人民法院物权法解释（一）理解与适用》，人民法院出版社，2016，第 183-185 页。

6 参见庄加园：《动产抵押的登记对抗原理》，《法学研究》2018 年第 5 期。在目前司法解释所持解释论之下，特殊动产所有权的变动除了转让合同之外，尚须移转标的物的占有；但动产抵押权的设立只需动产抵押合同即可生效。

力，是指物权人可以对世界上任何人主张其物权，任何人都不能予以剥夺。[1]
从这个意义上讲，未登记动产担保权和无担保债权之间的关系，亦可在登记
对抗效力中予以讨论，无担保债权人亦属"第三人"。从狭义上讲，"对抗"
是"以权利依其性质有竞存抗争关系为前提"[2]，所谓"第三人"，是指对标的
物有物权关系的相对人。[3] 未登记动产担保权系属物权，与无担保债权人之
间不发生对抗关系，所谓未登记的动产担保权可以对抗无担保债权人，只是
一种便宜说法。

不管采取哪种意义，"第三人"的范围是理解"对抗"含义的必由之路。
就"未经登记，不得对抗善意第三人"的文义而言，如采广义的"对抗"观
念，解释论上的作业也就转向对"第三人"的范围进行限缩，将部分无担保
债权人排除予外；如采狭义的"对抗"概念，无担保债权人自不属于"第三
人"，但解释论上仍应将部分无担保债权人包括在内，以避免危及交易安全
和社会秩序。

由此，前述《民法典》第 114 条第 2 款的规定应作限缩解释，未登记的
动产担保权仅具相对性的物权地位[4]，其排他性和对世效力仅得向具有相对效
力的债权人主张，而不能扩及至全部第三人。如此，在债权、未登记的动产
担保权、已登记的动产担保权之间形成逐渐递进的效力层次，在物债两分的
体系之下，也就有了传统物权与债权之外的效力中间形态。[5] 我国民事权利
体系中也就存在着一种只能对抗某些第三人，不能对抗其他人的物权。[6] 这

1　参见梁慧星：《〈物权法司法解释（一）〉解读》，《法治研究》2017 年第 1 期。

2　王泽鉴：《民法学说与判例研究》（重排合订本），北京大学出版社，2015，第 1481 页。同旨参见
最高人民法院民事审判第一庭：《最高人民法院物权法解释（一）理解与适用》，人民法院出版社，2016，
第 189 页。

3　参见全国人大常委会法制工作委员会编：《中华人民共和国物权法释义》，法律出版社，2007，第
412 页。

4　参见张双根：《论股权让与的意思主义构成》，《中外法学》2019 年第 6 期。

5　参见叶林、王艺璇：《我国动产担保混合模式的规范解释》，《甘肃社会科学》2022 年第 1 期。

6　参见庄加园：《登记对抗主义的反思与改造：〈物权法〉第 24 条解析》，《中国法学》2018 年第
1 期。

种情形不仅出现在《民法典》的动产抵押制度，还体现在所有权保留交易和融资租赁交易之中。

　　我国《民法典》上坚持形式主义的立法方法的同时，试图将在功能上起担保作用的交易与动产抵押交易在设立规则上实现统一，不仅都规定采行登记对抗主义，而且在第 388 条中明确指出，"担保合同包括抵押合同、质押合同和其他具有担保功能的合同"[1]。与动产抵押权依动产抵押合同生效而设立不同的是，在所有权保留交易和融资租赁交易中，出卖人、出租人对标的物的所有权已依物权变动规则而取得，并不依赖于所有权保留买卖合同或融资租赁合同的生效。但所有权保留交易中出卖人所保留的所有权、融资租赁交易中出租人所享有的所有权，与动产抵押权一样，也是"未经登记，不得对抗善意第三人"。如此，第 641 条第 2 款和第 745 条中所规定的"所有权"，也就不再具有《民法典》物权编所规定的所有权的完整内容，而具有动产担保权的属性，所有权保留买卖合同和融资租赁合同也就具有了担保合同的性质。[2] 如此一来，担保合同也就不仅限于设立动产担保权的合同，也包括规定动产担保权的合同。[3] 在实行统一的动产和权利担保登记制度[4]之下，所有权保留买卖交易和融资租赁交易中出卖人、出租人对标的物的所有权，亦和动产抵押权一样，均在同一系统中登记，只不过，出卖人、出租人登记的是

1　王利明：《担保制度的现代化：对〈民法典〉第 388 条第 1 款的评析》，《法学家》2021 年第 1 期。

2　最高人民法院民事审判第二庭：《最高人民法院民法典担保制度司法解释理解与适用》，人民法院出版社，2021，第 558 页。司法实践中也已有法院适用该规则，参见上海市高级人民法院（2020）沪民终 423 号民事判决书。

3　See United Nations Commission on International Trade Law, *UNCITRAL Legislative Guide on Secured Transactions*, United Nations, 2010, pp.339-340.

4　《民法典》删除了有关动产抵押和权利质押具体登记机构的内容，为建立统一的动产抵押和权利质押登记制度留下空间。参见沈春耀：《关于〈民法典各分编（草案）〉的说明——2018 年 8 月 27 日在第十三届全国人民代表大会常务委员会第五次会议上》，见《民法典立法背景与观点全集》编写组：《民法典立法背景与观点全集》，法律出版社，2020，第 23 页。国务院《优化营商环境条例》第 47 条第 2 款规定："国家推动建立统一的动产和权利担保登记公示系统，逐步实现市场主体在一个平台上办理动产和权利担保登记。纳入统一登记公示系统的动产和权利范围另行规定。"由此可见，统一的动产和权利担保登记制度指日可待。

形式意义上的标的物所有权。[1] 出卖人、出租人的法律地位类似于动产抵押权人，买受人、承租人的法律地位类似于动产抵押人。[2] 出卖人、出租人所有权的登记对抗效力亦应与动产抵押权作同一解释。

三、未登记动产担保权可得对抗的第三人的客观范围

针对未登记动产担保权这一相对性物权，首先要解决的是绝对性、对世权在义务主体上的范围问题。[3]《民法典》第 403 条、第 641 条第 2 款、第 745 条中所规定的"第三人"，除了"善意"之外未加其他任何限制。仅从文义上看，所谓"第三人"，自是当事人及其承受人之外的人。但如此理解，可能造成不合理、不妥当的结果。

（一）关于第三人客观范围的学说争议和裁判分歧

就第三人的客观范围[4]，学者间分歧较大，裁判中也观点不一。

第一种观点认为，第三人应指对同一标的物享有物权之人[5]，债务人的无担保债权人并不包括在内。动产担保权若已成立，则无论登记与否，均属物权，其效力应优先于债务人的无担保债权人。[6] 裁判中即有观点认为，"因抵押权系担保物权，其本义即为抵押权人就其债权对抵押物享有优先受偿的权利，即使未经登记亦不能否认其作为担保物权的性质，天然地具有优于一般债权人的效力，只是因未经登记不得对抗对抵押物同样享有物权的权利人"[7]。

第二种观点认为，第三人是指对同一标的物有权利要求的任何第三人[8]，

1　参见张家勇：《体系视角下所有权担保的规范效果》，《法学》2020 年第 8 期。

2　参见河南省高级人民法院（2021）豫民终 1039 号民事判决书。

3　参见张双根：《论股权让与的意思主义构成》，《中外法学》2019 年第 6 期。

4　这里，暂不考虑第三人善意、恶意的因素，容后详述。

5　参见王泽鉴：《民法学说与判例研究》（重排合订本），北京大学出版社，2015，第 1505 页。全国人大常委会法制工作委员会民法室的释义书所列举的示例，也表明了这一点。参见全国人大常委会法制工作委员会民法室编：《中华人民共和国担保法释义》，法律出版社，1995，第 62-63 页；全国人大常委会法制工作委员会编：《中华人民共和国物权法释义》，法律出版社，2007，第 412 页。

6　参见王泽鉴：《民法学说与判例研究》（重排合订本），北京大学出版社，2015，第 1481 页。

7　浙江省杭州市中级人民法院（2014）浙杭商终字第 2307 号民事判决书中一审法院的观点。

8　参见梁慧星主编：《中国物权法草案建议稿》，社会科学文献出版社，2000，第 615 页；刘竞元：《民法典动产担保的发展及其法律适用》，《法学家》2021 年第 1 期。

或者与抵押财产有利害关系的人，例如抵押财产的受让人、承租人、其他担保权人、抵押人的无担保债权人等。未登记的抵押权，只有债权的效力，不得对抗所有的第三人。[1]裁判中有观点认为，"目前我国现行的法律法规并未对第三人做限制规定，法未禁止即可为，故一般债权的第三人同样具有对抗未经登记的抵押权［的效力］"[2]。

第三种观点认为，第三人仅限于就同一标的物与抵押权人形成物的竞争关系的人，不管是物权人还是债权人，只要"取得某种物的支配关系"，未登记的抵押权均不得对抗。[3]这些人包括但不限于抵押财产的受让人或其他物权取得人、查封或扣押债权人、参与分配债权人、破产债权人或破产管理人。[4]这一观点得到了比较法资料的多数支持。[5]

《物权法解释（一）》第 6 条［《民法典物权编解释（一）》第 6 条］明显采纳上述第一种观点。"转让人的一般债权人，包括破产债权人、人身损害债权人、强制执行债权人、参与分配债权人，均应排除于物权法第二十四条所称的'善意第三人'范畴之外。"这"几类所谓所谓特殊债权人，在某种意义上，虽有优先保护的特殊利益价值，但该种保护应在不改变司法解释所要解释的法律条文本身含义和整体法律逻辑基础上而为之。上述特殊利益

1　参见李国光等：《最高人民法院〈关于适用中华人民共和国担保法若干问题的解释〉理解与适用》，吉林人民出版社，2000，第 226 页以下。

2　江苏省徐州市中级人民法院（2015）徐民终字第 03066 号民事判决书。

3　参见龙俊：《中国物权法上的登记对抗主义》，《法学研究》2012 年第 5 期，第 150 页。

4　参见谢在全：《民法物权论》（修订五版），中国政法大学出版社，2011，第 935 页；孙鹏：《物权公示论——以物权变动为中心》，法律出版社，2004，第 243-246 页；郭志京：《也论中国物权法上的登记对抗主义》，《比较法研究》2014 年第 3 期；赵忠丽：《论登记对抗规则下第三人范围的确定》，《研究生法学》2015 年第 2 期；最高人民法院民法典贯彻实施工作领导小组主编：《中华人民共和国民法典物权编理解与适用》（下），人民法院出版社，2020，第 1077-1080 页。司法实践中也已接受这一观点，参见甘肃省高级人民法院（2018）甘民终 757 号民事判决书。

5　比较法上的观察，详见孙鹏：《物权公示论——以物权变动为中心》，法律出版社，2004，第 238-243 页；龙俊：《中国物权法上的登记对抗主义》，《法学研究》2012 年第 5 期；郭志京：《也论中国物权法上的登记对抗主义》，《比较法研究》2014 年第 3 期；赵忠丽：《论登记对抗规则下第三人范围的确定》，《研究生法学》2015 年第 2 期。

保护问题应由其他民法保护机制予以解决"[1]。当然，这里所称的债权人自然不应包括针对该标的物享有担保物权的债权人，因为此时因其债权已设定担保，该债权人已经成为该物的担保物权人，就抵押或质押担保的财产享有优先受偿的权利。[2] 不过，在未登记的动产抵押权效力方面，《民法典担保制度解释》第 54 条未采前述观点，而是明确未经登记的动产抵押权不得对抗善意的受让人、承租人、抵押人的查封、扣押债权人以及抵押人的破产债权人或者管理人。

（二）第三人客观范围：物权人

仅就《民法典》第 403 条前句的文义来看，自抵押合同生效之时，动产抵押权即已设立，抵押权人自可依第 410 条的规定，在债务人不履行到期债务或发生当事人约定的实现抵押权的情形之时，就抵押财产行使变价权，并优先受偿。此时，如有第三人争夺同一财产，即发生所谓对抗问题。动产抵押权人享有的是排除其他债权人优先受偿的特殊地位，而非享有排除任何权利人的优先受偿性。当动产抵押权与其他担保物权竞存之时，抵押权人能否就同一抵押财产优先于其他权利人受偿，无法根据物权支配性获得支持，而应依优先顺位规则加以确定。[3]

在《民法典》所确立的优先顺位规则体系中，一般规则是以取得对抗效力的时间先后作为判断竞存动产担保权之间优先顺位的客观标准。[4] 如此，登记对抗规则也就成了优先顺位规则的基础。依据《民法典》第 414 条和第

1　最高人民法院民事审判第一庭：《最高人民法院物权法解释（一）理解与适用》，人民法院出版社，2016，第 14、182 页。

2　参见黄薇主编：《中华人民共和国民法典物权编释义》，法律出版社，2020，第 520 页。

3　参见庄加园：《动产抵押的登记对抗原理》，《法学研究》2018 年第 5 期。

4　详细分析，参见高圣平：《民法典动产担保权优先顺位规则的解释论》，《清华法学》2020 年第 3 期。值得注意的是，我国《民法典》上尚未普遍性地承认未来财产作为担保财产，仅在浮动抵押、应收账款质权、保理等有限的交易模式之下才例外地允许。在解释上，虽然动产担保权可以在未来财产上设立并依公示（主要是登记）的时间确立其优先顺位，但动产担保权仅得在担保人取得担保财产之时，才具有对抗效力。因此，此处的论断就我国《民法典》目前的实施状况而言是可行的，但如普遍地承认未来财产上设立动产担保权，本处所及论题应重作考量。特此说明。

415 条的规定，未登记的动产担保权劣后于已登记的动产担保权、已设立的动产质权。因此可以认为，未经登记的动产担保权，不得对抗已登记的动产担保权、已设立的动产质权。[1] 就未登记的动产担保权之间是否发生对抗的问题，可以从《民法典》第 414 条第 1 款第 3 项所定优先顺位规则之中得出解释结论。该项与《物权法》第 199 条第 3 项同样规定，同一财产向两个以上债权人抵押的，拍卖、变卖抵押财产所得的价款，抵押权未登记的，按照债权比例清偿。与此不同的是，《担保法》第 54 条第 2 项规定："未登记的，按照合同生效的先后顺序清偿，顺序相同的，按照债权比例清偿。"最高人民法院在起草担保法司法解释时认为，未登记的动产抵押权按照设立先后确定优先顺位的规则与登记对抗的法理不合，其理由在于："在同一财产上设定数个抵押权的，各抵押权人互为第三人，相互之间不得对抗。"[2]《担保法解释》第 76 条随之规定："同一动产向两个以上债权人抵押的，当事人未办理抵押物登记，实现抵押权时，各抵押权人按照债权比例受偿。"这一规则经由《物权法》[3]，最终在《民法典》中得以保留。这一规则将会削弱未登记担保权的对抗效力，并使未登记的担保权被误认为仅具有债权效力。[4]

这一制度变迁并不表明我国法上已就未登记动产抵押权的物权性作出否定评价，相反，正是对于登记对抗的不同理解，才作出如此的政策选择。优先顺位规则体系在国与国之间差异较大，体现着各国的不同政策选择。[5] 采行未登记动产抵押权平等清偿的规则，其中暗含着如下政策考量：在我国目前的社会信用现状之下，动产抵押合同生效时间这一貌似客观的标准，极易

---

1 参见最高人民法院民法典贯彻实施工作小组主编：《中华人民共和国民法典物权编理解与适用》（下），人民法院出版社，2020，第 1126 页。

2 李国光等：《最高人民法院〈关于适用中华人民共和国担保法若干问题的解释〉理解与适用》，吉林人民出版社，2000，第 283 页。

3 《物权法》该条的释义书所表达的理由与司法解释的起草者相同。参见全国人大常委会法制工作委员会编：《中华人民共和国物权法释义》，法律出版社，2007，第 437 页。

4 参见庄加园：《动产抵押的登记对抗原理》，《法学研究》2018 年第 5 期。

5 参见高圣平：《动产担保交易法比较研究》，中国人民大学出版社，2008，第 363 页。

因部分当事人之间恶意篡改而失去其本来的意义[1]，不若采行平等受偿论更为合理，这样也鼓励当事人及时办理登记，为登记制度的推行提供前提。[2] 在平等受偿论之下，未登记的动产担保权之间彼此不发生对抗效力。也就是说，任一未登记动产担保权人向其他未登记动产担保权人主张其动产担保权之时，该其他未登记动产担保权人即具有"未经登记不得对抗第三人"中的"第三人"地位，自得以权利主张者的权利未经登记并无对抗效力而为抗辩。[3]

在担保人转让担保财产的情形之下，我国学说上均认为受让人属于动产担保权未登记而不得对抗的"第三人"之列。[4]《民法典担保制度解释》第54条第1项规定，动产抵押权设立后未办理登记的，抵押权人不得向取得抵押物所有权的善意受让人主张抵押权。在解释上，这里的受让人，应以已依物权变动规则取得所有权者为限；已经签订买卖合同但未受领交付的受让人，在法律地位上仍属债权人，自不属于不得对抗的"第三人"。未登记的动产担保权不得对抗受让人，虽然"不得对抗"并不意味着动产担保权的消灭，而仅指未经登记的动产担保权，在当事人之间已经完全有效成立，在对第三人的关系上也非绝对无效，仅该当事人不得对第三人主张有动产担保权的效力而已，但在受让人取得标的物的所有权之后，该当事人不得对其主张动产担保权，此时动产担保权仅具形式上的意义。因此可以认为，此时，动产担保权亦消灭，担保权人也就无法行使变价权和优先受偿权。

准此以解，未经登记的动产担保权与其他担保物权之间，以及未经登记

1　参见刘保玉：《论担保物权的竞存》，《中国法学》1999年第2期。

2　参见王闯：《动产抵押制度研究》，见梁慧星主编：《民商法论丛》（第3卷），法律出版社，1995，第459页以下。

3　参见刘春堂：《动产担保交易登记之对抗力》，见《物权法之新思与新为——陈荣隆教授六秩华诞祝寿论文集》，瑞兴图书股份有限公司，2016，第396页。

4　参见龙俊：《动产抵押对抗规则研究》，《法学家》2016年第3期；郭志京：《也论中国物权法上的登记对抗主义》，《比较法研究》2014年第3期；庄加园：《动产抵押的登记对抗原理》，《法学研究》2018年第5期。

的动产担保权与受让人之间的对抗关系存在差异。[1] 在前者，动产担保权并不消灭，只是与其他担保物权进行优先顺位的排序；在后者，动产担保权消灭，受让人取得无负担的所有权。尽管如此，也可以认为，未经登记的动产担保权，不得对抗同一担保财产的受让人。

（三）第三人客观范围：特定债权人

前已述及，未登记动产担保权这一隐蔽性的权利，基于其物权地位可以对抗无担保债权。有学者主张，这一解释论"可能导致交易信赖基础的丧失和正常预期的破坏，直接损害社会整体的交易安全"[2]，但无担保债权人是否享有主张登记欠缺的正当利益，尚存疑问。无担保债权人以债务人（担保人）的全部责任财产作为求偿基础，一则债务人责任财产变动不居，无担保债权人求偿不能的风险本属其在债权债务关系形成之初即可得预见[3]，二则在债务人以其财产为自身债务提供物上担保的情形之下，债务人已取得相应的财产，并不影响其责任财产的总量和偿债能力。[4] 尽管如此，在法政策上，对无担保债权人的范围进行限缩，降低未登记动产担保权的隐蔽性可能对交易安全所致损害，应属妥适的方案。

第一，承租人。就未登记的动产担保权与租赁权之间的关系，《物权法》第 190 条中原规定："抵押权设立后抵押财产出租的，该租赁关系不得对抗已登记的抵押权。"由此可见，未登记的动产抵押权不得对抗租赁权。[5] 但《民法典》第 405 条删去了这一规定。这一修改，并不能当然表明未登记动产抵

1　参见最高人民法院民法典贯彻实施工作小组编：《中华人民共和国民法典物权编理解与适用》（下），人民法院出版社，2020，第 1077-1080 页。

2　李文涛、龙翼飞：《"不登记不得对抗第三人"规则中"第三人"范围的界定——以对传统民法形式逻辑的检讨为思路》，《法学杂志》2012 年第 8 期。

3　参见王泽鉴：《民法学说与判例研究》（重排合订本），北京大学出版社，2015，第 1481 页。

4　参见王稳：《登记对抗模式下的信赖保护问题研究》，《江西社会科学》2018 年第 4 期；最高人民法院民事审判第一庭：《最高人民法院物权法解释（一）理解与适用》，人民法院出版社，2016，第 189 页。

5　参见王洪亮：《动产抵押登记效力规则的独立性解析》，《法学》2009 年第 11 期。

押权可以对抗租赁权。在"买卖不破租赁"规则在《民法典》中得以延续的情形之下，承租人的租赁权被置于类似于他物权的地位而受到强势的保护，承租人对于标的物（担保财产）的支配关系至为明显。为充分保护承租人的利益，保护对标的物的利用关系和租赁的信赖关系，未登记动产担保权不能对抗租赁权人[1]，《民法典担保制度解释》第54条第2项对此予以确认。不过，这一结论尚以承租人善意为前提（容后详述）。

第二，查封、扣押债权人。无担保债权人基于执行名义已经申请启动强制执行程序，且执行法院已就抵押财产采取查封、扣押措施之时，未登记的动产担保权是否可得对抗之，我国实定法上并无明文规定。就强制执行程序中查封、扣押在私法上的效力，除了限制债务人处分标的物之外，我国法上并未明确查封、扣押债权人是否就标的物取得优先受偿权。在比较法上，德国《民事诉讼法》和法国《民事执行程序法》均规定查封、扣押债权人依照法律的直接规定取得对标的物的扣押质权与保全抵押权、裁判抵押权，并依查封、扣押的时点取得相应的优先顺位。[2] 在美国法上，依据《美国统一商法典》第9-317条（a）（2）的规定，未登记的动产担保权劣后于法定担保权人（lien creditor）。这里的"法定担保权人"之中即包括通过查封、扣押或者其他类似程序，对相应财产取得法定担保权（lien）的债权人。[3]

相关国际文件也倡导采取这一方法，如《联合国动产担保立法指南》建议："法律应当规定，担保权人具有优先于无担保债权人的权利，除非在担保权取得对抗第三人的效力之前，无担保债权人根据其他法律获得针对担保

---

1 参见李文涛、龙翼飞：《"不登记不得对抗第三人"规则中"第三人"范围的界定——以对传统民法形式逻辑的检讨为思路》，《法学杂志》2012年第8期。

2 参见于海涌：《法国保全性裁判抵押权制度研究——兼论我国不动产查封制度的完善》，《清华大学学报（哲学社会科学版）》2006年第3期；刘哲玮：《论民事司法查封的效力》，《国家检察官学院学报》2019年第4期。

3 值得注意的是，美国法上明确指出，无担保债权人基于查封、扣押等取得法定担保权的时间，由各州具体规定。See Barkley Clark and Barbara Clark, *The Law of Secured Transactions Under the Uniform Commercial Code*, 3rd ed., New York: LexisNexis, 2017, pp.3-26.

人的一项判决或法院临时令，并根据该项判决或法院临时令为取得对担保财产的权利而采取了必要步骤。"[1] 这一规定的法政策目标在于鼓励无担保债权人积极主张自己的权利。[2]《欧洲示范民法典草案》第9-3：101条第1款也指出，未登记的担保物权不具有对抗已经进入担保财产执行程序并依法取得优先保护地位以对抗轮候执行的债权人。至于无担保债权人取得该地位的确切时间，则由启动执行所在国的法律具体规定。[3] 第9-4：107条（执行债权人的优先顺位）更是明确规定："就优先顺位的确立而言，只要根据执行地的程序规则，对这些财产的执行程序的所有前提条件都已经满足，执行债权人自对特定财产开始执行之时起，即被视为取得有效的担保物权。"[4]

我国法上虽无类似的明确规定，但结合《民法典担保制度解释》第37条第2款关于查封、扣押限制被执行人处分权，以查封、扣押财产设定抵押不得对抗执行债权人的态度[5]，在解释论上可以认为，无担保债权人已经通过强制执行程序查封、扣押抵押财产的情形之下，其对该抵押财产已经取得了对物的支配权，与抵押权人形成了对物的争夺关系。[6] 同时可以认为，无担保债权人此时已取得对该财产的（间接）占有，债权人的胜诉债权就该财产

1　United Nations Commission on International Trade Law, *UNCITRAL Legislative Guide on Secured Transactions*, United Nations, 2010, p.231.

2　See United Nations Commission on International Trade Law, *UNCITRAL Legislative Guide on Secured Transactions*, United Nations, 2010, p.210.

3　See Ulrich Drobnig and Ole Böger eds., *Proprietary Security in Movable Assets*, Oxford University Press, 2015, p.399.

4　欧洲民法典研究组、欧盟现行私法研究组：《欧洲示范民法典草案：欧洲私法的原则、定义与示范规则》，高圣平译，中国人民大学出版社，2012，第380页。本书所引该草案的条文均出自该书，特此叙明。

5　参见张尧：《以民事司法查封财产设定抵押的效力分析》，《法学家》2022年第1期；最高人民法院民事审判第二庭：《最高人民法院民法典担保制度司法解释理解与适用》，人民法院出版社，2021，第349-350页。

6　参见李文涛、龙翼飞：《"不登记不得对抗第三人"规则中"第三人"范围的界定——以对传统民法形式逻辑的检讨为思路》，《法学杂志》2012年第8期；赵忠丽：《论登记对抗规则下第三人范围的确定》，《研究生法学》2015年第2期。相关案例参见山东省滨州市中级人民法院（2021）鲁16执复65号执行裁定书；广东省广州市中级人民法院（2021）粤01民终16567号民事判决书。

也就取得了担保权（动产质权）。在利益衡量上，无担保债权人在交易时是基于标的物上不存在担保负担的责任财产状态，在债务人的财产被查封、扣押时，债权人即与未登记担保权人的利益发生实质性冲突，此际，对于未登记担保权人和无担保债权人应实行平等保护。[1]《民法典担保制度解释》即采此论，其第 54 条第 3 项规定："抵押人的其他债权人向人民法院申请保全或者执行抵押财产，人民法院已经作出财产保全裁定或者采取执行措施，抵押权人主张对抵押财产优先受偿的，人民法院不予支持。"这里，未登记的动产抵押权不得对抗查封、扣押债权人，且不要求查封、扣押债权人主观上为善意。《民法典担保制度解释》第 54 条第 3 项理由还在于否定未登记的动产抵押权对执行债权人的对抗力，可以防止被执行人与案外人恶意串通以倒签合同等方式损害申请执行人合法权益。[2]

第三，其他与查封或扣押债权人法律地位类同的债权人。上述查封、扣押债权人自当包括在强制执行程序中申请参与分配的债权人。这一解释结论与同采登记对抗主义的我国台湾地区的制度相同。我国台湾地区"动产担保交易法"引入美国法，但采行各别物权分别规定的形式主义立法模式。就动产担保交易，规定未经登记不得对抗善意第三人（第 5 条）。裁判实践中认为，"参与分配的他债权人即为善意第三人"，未经登记的动产抵押权自不得对抗。[3]

《民法典担保制度解释》第 54 条第 4 项规定："抵押人破产，抵押权人主张对抵押财产优先受偿的，人民法院不予支持"。由此可见，未经登记的动产抵押权人不得对抵押财产优先受偿。[4] 破产清算程序在性质上属于对破

---

1 参见龙俊：《中国物权法上的登记对抗主义》，《法学研究》2012 年第 5 期。

2 参见最高人民法院民事审判第二庭：《最高人民法院民法典担保制度司法解释理解与适用》，人民法院出版社，2021，第 473 页。

3 参见王泽鉴：《民法学说与判例研究》（重排合订本），北京大学出版社，2015，第 1504-1505 页。

4 参见最高人民法院民事审判第二庭：《最高人民法院民法典担保制度司法解释理解与适用》，人民法院出版社，2021，第 562 页。

产债务人的概括执行程序，破产债权人、破产管理人的法律地位亦应与查封、扣押债权人作相同理解。[1] 准此，未经登记的动产担保权，不得对抗查封或扣押债权人、参与分配债权人、破产债权人或破产管理人。

值得注意的是，《民法典》就所有权保留交易和融资租赁交易改行登记对抗主义，第 641 条第 2 款、第 745 条中未经登记的所有权不得对抗的第三人客观范围，亦应与《民法典》第 403 条中未经登记的动产抵押权作同一理解。《合同法》第 242 条原规定："出租人享有租赁物的所有权。承租人破产的，租赁物不属于破产财产。"《民法典》第 745 条将其修改为："出租人对租赁物享有的所有权，未经登记，不得对抗善意第三人。"两者相较，《民法典》删去了"承租人破产的，租赁物不属于破产财产"的规定。在承租人破产之时，出租人自不得依其所有权主张破产取回权，而仅得在其所有权已行登记的情形之下向破产管理人主张优先受偿权；如未登记，即不具有对抗善意第三人的效力，也不得对抗破产管理人。为明确非典型担保的对抗力范围，《民法典担保制度解释》第 67 条通过准用性规范的技术，将不得对抗的第三人范围进行补充规定。[2]

四、未登记动产担保权可得对抗的第三人的主观范围

《担保法》第 43 条对未经登记的动产抵押权不得对抗的"第三人"，并未附加主观范围的限定；《海商法》和《民用航空法》上就船舶抵押权和航空器抵押权的规定亦是如此。及至《物权法》，第 188 条和第 189 条分别就未经登记的动产抵押权、浮动抵押权不得对抗的"第三人"增加了主观上"善意"的要求，但从立法说明、审议报告和相关释义书中尚无法探寻增加

---

[1]　司法实践中亦有采纳该观点者，参见江苏省无锡市中级人民法院（2020）苏 02 民终 1345 号民事判决书；但也存在反对观点，如在北京市第一中级人民法院（2019）京 01 民终 428 号民事判决书中，法院认为未登记的抵押权可以对抗破产管理人。

[2]　参见最高人民法院民事审判第二庭：《最高人民法院民法典担保制度司法解释理解与适用》，人民法院出版社，2021，第 558 页。

这一主观范围的立法理由。从物权立法所参引的立法例来看，本条受到了我国台湾地区"动产担保交易法"的影响。[1] 其第 5 条第 1 款规定："动产担保交易以书面订立契约，非经登记，不得对抗善意第三人。"在日本法上，即使《日本民法典》第 177 条对非经登记所不得对抗的第三人没有作出主观范围的限制，但通说上将背信的恶意者排除予外。[2] 我国《民法典》前引相关法条均坚持，未经登记不得对抗的"第三人"应属"善意"，但是否全部"第三人"均受主观上"善意"之限制，不无疑问。

（一）受让人的"善意"限制及其认定

我国学说上均认为，标的物的受让人作为动产担保权未登记而不得对抗的"第三人"时，尚须以受让人的主观"善意"为前提。[3] 这里所谓"善意"，是指不知道标的物上存在动产担保负担，且无重大过失。受让人不知情且存在轻过失者，不在此限，否则无异于强制性地要求所有动产交易的相对人均须注意交易标的物上是否存在动产担保权，害及大量动产交易的效率和安全。[4] 动产担保权既未登记，第三人亦难以注意到标的物上存在动产担保权，为贯彻登记对抗制度的规范意旨，应将"善意"限定在重大过失，不强求第三人在登记簿之外再作详尽的调查，以降低交易成本、促进交易效率。这一解释方案也与我国实践中关于善意认定的一般标准相合。[5]

值得注意的是，《民法典》第 403 条、第 641 条第 2 款、第 745 条中关

1　参见全国人大常委会法制工作委员会民法室编：《中华人民共和国物权法条文说明、立法理由及相关规定》（第二版），北京大学出版社，2017，第 390 页。

2　参见郭志京：《也论中国物权法上的登记对抗主义》，《比较法研究》2014 年第 3 期；刘春堂：《动产担保交易登记之对抗力》，见《物权法之新思与新为——陈荣隆教授六秩华诞祝寿论文集》，瑞兴图书股份有限公司，2016，第 399-402 页。

3　参见龙俊：《动产抵押对抗规则研究》，《法学家》2016 年第 3 期；郭志京：《也论中国物权法上的登记对抗主义》，《比较法研究》2014 年第 3 期；庄加园：《动产抵押的登记对抗原理》，《法学研究》2018 年第 5 期。

4　参见刘春堂：《动产担保交易登记之对抗力》，见《物权法之新思与新为——陈荣隆教授六秩华诞祝寿论文集》，瑞兴图书股份有限公司，2016，第 404 页。

5　《民法典物权编解释》第 14 条第 1 款即规定："受让人受让不动产或者动产时，不知道转让人无处分权，且无重大过失的，应当认定受让人为善意。"

于登记对抗的规定表述简略。在美国法和加拿大法上，未登记动产担保权对抗买受人的前提条件是：该买受人不知道标的物上存在未登记的动产担保权，且有偿取得该财产。[1] 其法律后果是，买受人取得不受动产担保权约束的清洁所有权，标的物上的动产担保权消灭。但我国《民法典》上相关条文的表述仅有"善意"的限制，并无其他条件，由此在解释上是否与美国法和加拿大法作相同理解，亦即，该"第三人"是否以已善意取得标的物的所有权为前提？依据《物权法》第 191 条的规定，未经抵押权人的同意，抵押人不得转让抵押财产，这一规则自当准用于未登记的动产抵押权。在其动产上已为债权人设定抵押，即使未登记，该动产抵押权亦已设立，未经动产抵押权人同意，抵押人自不得转让标的物。动产抵押人未经抵押权人同意即转让标的物，构成无权处分，如此，受让人是否取得标的物的所有权即受善意取得制度的限制。动产抵押权未经登记不得对抗善意第三人中的"第三人"，也就仅在依善意取得规则取得标的物所有权之时，才具有对抗未登记动产抵押权的地位。否则，该第三人尚未取得物权人的地位，尚无法依善意取得制度消灭标的物上的权利负担，自不得对抗未登记动产抵押权。由此可见，善意取得制度就成了登记对抗规则的理论基础和逻辑起点。[2] 学说争议进一步上升到登记对抗规则与善意取得制度之间的关系。[3]

在《民法典》修改了抵押财产的转让规则的情形之下，解释论上应当发

1　《美国统一商法典》第 9-317 条（b）〔受领交付的买受人〕规定："除第（e）款另有规定外，有体担保债权凭证、物权凭证、有体动产、票据或者凭证式证券的买受人（担保权人除外），在其上担保权或者农业担保权公示之前，已给付对价并受领担保物之交付，且不知其上该担保权或者农业担保权的负担的，不受担保权或者农业担保权的约束。"美国法上的介绍，参见 William H. Lawrence，William H. Henning and R. Wilson Freyermuth, *Understanding Secured Transactions*，5th ed., Matthew Bender & Company, Inc., 2012, p.258；加拿大法上的观点，参见 Ronald C.C. Cuming, Catherine Walsh and Roderick J. Wood, *Personal Property Security Law*, 2nd ed., Irwin Law Inc., 2012, p.378。

2　参见刘竞元：《登记对抗下的物权变动及其对抗性问题研究》，华东政法大学 2012 年博士学位论文，第 246 页。

3　参见郭志京：《也论中国物权法上的登记对抗主义》，《比较法研究》2014 年第 3 期。学说的整理，参见魏振华：《登记对抗与善意取得：关系辨析与法律适用》，《社会科学》2018 年第 11 期。

生改变。其第 406 条第 1 款规定："抵押期间，抵押人可以转让抵押财产。当事人另有约定的，按照其约定。抵押财产转让的，抵押权不受影响。"由此可见，自《民法典》实施之日起，抵押权人转让抵押财产不再需要抵押权人的同意。[1] 在解释上，抵押人并不因抵押权的设定而丧失对抵押财产的处分权[2]，抵押人未经抵押权人同意转让抵押财产也就不再构成无权处分，《民法典》第 311 条所定善意取得规则随即没有了适用前提，受让人自无法基于善意取得标的物所有权而主张其上未登记抵押权的消灭。值得注意的是，虽然《民法典》第 406 条第 1 款允许当事人就抵押财产的转让作出相反约定，且当事人之间的禁转约定具有登记能力，但这一约定对受让人不当然产生效力，抵押权人自不得径直以这一禁转约定主张受让人为恶意，除非该禁转约定已经登记或者受让人对于这一禁转约定知情且有重大过失。[3]

由此可见，登记对抗规则与善意取得制度之间，分别适用不同的场景，各有其不同的制度功能和体系分工。[4] 未经登记不得对抗的是善意第三人，并不是要求第三人善意取得标的物的所有权，第三人取得标的物上无负担的所有权也无须在善意取得制度之下寻求解释基础。在将未登记动产担保权不得对抗的第三人的客观范围界定为物权人和特殊债权人的前提之下，受让人是否取得标的物所有权意义重大，但受让人是否取得标的物所有权不是登记对抗规则的任务，自应适用《民法典》上动产物权变动的一般规则。由此可进一步认为，登记对抗规则所涉及的仅仅只是未登记动产担保权人与第三人之间的关系，并不解决第三人是否取得物权问题。[5]

在将标的物的受让人纳入"第三人"的客观范围之后，其主观上的善

1　参见山东省高级人民法院（2021）鲁民再 231 号民事判决书。

2　参见谢在全：《民法物权论》（修订五版），中国政法大学出版社，2011，第 700 页。

3　参见孙宪忠、朱广新主编：《民法典评注：物权编》，中国法制出版社，2020，第 174 页。

4　参见郭志京：《也论中国物权法上的登记对抗主义》，《比较法研究》2014 年第 3 期；尹田：《论物权对抗效力规则的立法完善与法律适用》，《清华法学》2017 年第 2 期。

5　参见郭志京：《也论中国物权法上的登记对抗主义》，《比较法研究》2014 年第 3 期。

意、恶意分别产生不同的法律后果。以普通动产（担保财产）的买卖为例，买受人为善意之时，如该买受人已依《民法典》上一般物权变动规则，受领标的物的交付取得标的物所有权，未登记的动产担保权不得与之对抗，此时，并不以买受人给付合理对价为前提。此际的"不得对抗"宜解释为动产担保权消灭。[1] 虽然动产担保权已因当事人之间的担保合同而设立，对抗问题仅仅涉及与第三人的关系，但此时担保人已经丧失对标的物的所有权，担保权人亦因没有对抗力而失去对标的物的追及力，作为在已丧失的所有权上的动产担保权自当消灭。如认为未登记动产担保权不消灭，买受人取得的标的物所有权上仍然存在担保负担，只是后者的顺位劣后，一则没有实际意义，二则可能危及标的物的进一步流转。买受人为善意之时，如该买受人并未取得标的物所有权，未登记动产担保权自可对抗之，已如前述。买受人为恶意之时，该买受人亦可依《民法典》上一般物权变动规则，受领标的物的交付而取得标的物所有权。只不过，未登记的动产担保权可以对抗该买受人，自可依《民法典》第 406 条第 1 款关于"抵押财产转让的，抵押权不受影响"的规定，追及至标的物之所在，向买受人主张动产担保权，就标的物变价并优先受偿。[2] 基于此，《民法典担保制度解释》第 54 条第 1 项明确，动产抵押权设立后未办理登记的，抵押权人不得向取得抵押物所有权的善意受让人主张抵押权。一言以蔽之，未经登记的动产抵押的对抗力问题中，买受人的主观状态其实是平衡抵押权人和第三人利益、抵押人处分自由和交易安全两组关系的钥匙，而与《民法典》第 311 条关于善意取得物权无关。对此，《民法典担保制度解释》第 54 条第 1 项规定，未经登记的抵押权人不得对抗已经占有抵押财产的善意受让人，且受让人被推定为善意，须由抵押权

1　参见最高人民法院民法典贯彻实施工作小组编：《中华人民共和国民法典物权编理解与适用》（下），人民法院出版社，2020，第 1078 页。

2　参见广西壮族自治区高级人民法院（2021）桂民终 877 号民事判决书。

人举证推翻。[1]

第三人为受赠人之时，解释结论与上相同。至于担保人低价处分或无偿赠与财产对债权人（未登记动产担保权人）带来的不利影响，债权人自可依据《民法典》上债权人撤销权规则主张权利。在解释上，虽然未登记动产担保权已经消灭，但其债权人地位并未消灭；在满足相应要件的情形之下，自可行使债权人撤销权。

在第三人为承租人之时，同样有主观上善意的要求（《民法典担保制度解释》第 54 条第 2 项）。在美国法和加拿大法上，未登记动产担保权对抗承租人的前提条件是：该承租人不知道标的物上存在未登记的动产担保权，且有偿受领该财产的交付。此时，承租人的租赁权不受动产担保权的约束，但法律后果上动产担保权是否消灭，在两国之间略有差异，美国法上是标的物上的动产担保权消灭，但加拿大法上是标的物上的动产担保权并不消灭，只是在顺位上劣后于租赁权。[2] 我国法上对此的解释论可以与买卖的情形大致相当，《民法典担保制度解释》第 54 条第 2 项对此已予明确，与买卖的情形也相同的是，此时举证责任在抵押权人一方，即需要抵押权人举证证明承租人明知或应当知道租赁物上设有抵押权。[3]

（二）其他担保权人的"善意"要件之否定

"未经登记，不得对抗善意第三人"，是否可依反对解释方法理解为"虽

1　参见最高人民法院民事审判第二庭：《最高人民法院民法典担保制度司法解释理解与适用》，人民法院出版社，2021，第 472-473 页。

2　《美国统一商法典》第 9-317 条（c）〔受领交付的承租人〕规定："除第（e）款另有规定外，有体动产的承租人在其上担保权或者农业担保权人公示之前，已给付对价并受领担保物的交付，并不知其上有该担保权或者农业担保权的负担的，不受该担保权或者农业担保权的约束。"美国法上的介绍，参见 William H. Lawrence，William H. Henning and R. Wilson Freyermuth, *Understanding Secured Transactions*, 5thed., Matthew Bender & Company, Inc., 2012, pp.258-262；加拿大法上的观点，参见 Ronald C.C. Cuming, Catherine Walsh and Roderick J. Wood, *Personal Property Security Law*, 2nd ed., Irwin Law Inc., 2012, p.378。

3　参见最高人民法院民事审判第二庭：《最高人民法院民法典担保制度司法解释理解与适用》，人民法院出版社，2021，第 467 页以下。

未经登记，但可以对抗恶意第三人"，不无疑问。第一种观点认为，恶意不受保护是民法最基本的价值判断，动产担保权即使未经登记，也优先于其后设立但知道在先担保权存在的登记动产担保权。[1]第二种观点认为若采反对解释，亦只能解释为未登记的动产担保权可以对抗标的物的恶意受让人，而不能对抗已依法公示的恶意抵押权人、质权人。[2]在自由竞争的市场秩序之下，竞存的担保权人之间依具有确定性的规则争夺就同一标的物的清偿顺位，在法律后果上并不导致某一担保权的消灭。即使后设立担保权的权利人知道在先担保权的存在，亦未超过社会生活上正当的自由竞争范围，主观上也不具有可归责性，而怠于登记的担保权人自应承担相应的不利后果。[3]正是基于此，美国法、加拿大法、新西兰法和澳大利亚法在确立竞存动产担保权之间的优先顺位之时，均不考虑后顺位动产担保权人是否知悉在先未公示担保权的存在。我国已经加入的《开普敦公约》也采取了这一态度。

《民法典》的规则体系也存在明显的解释冲突。其第403条、第641条第2款、第745条的规定，未登记动产担保权，不得对抗善意第三人；但依据第414条第1款第2项的规定，已登记的动产担保权优先于未登记的动产担保权，而不管两者之间的设立先后，也不论设立在后的动产担保权人是否善意，依据第415条的规定，已经设立的动产质权优先于未登记的动产担保权，也不管动产质权人是否善意。两者之间的法适用结果并不一致。例如，

1　参见王泽鉴：《民法学说与判例研究》（重排合订本），北京大学出版社，2015，第1480页；曹士兵：《中国担保制度与担保方法》（第五版），中国法制出版社，2022，第313页；董学立：《如何理解〈物权法〉第199条》，《法学论坛》2009年第2期；王洪亮：《动产抵押登记效力规则的独立性解析》，《法学》2009年第11期；石冠彬：《论民法典担保物权制度的体系化构建》，《法学评论》2019年第6期；席志国：《民法典编纂视野下的动产担保物权效力优先体系再构建——兼评〈民法典各分编（草案）二审稿〉第205-207条》，《东方法学》2019年第5期。

2　参见王闯：《冲突与创新——以物权法与担保法及其解释的比较为中心而展开》，见梁慧星主编：《民商法论丛》（第40卷），法律出版社，2008，第291页。

3　参见李文涛、龙翼飞：《"不登记不得对抗第三人"规则中"第三人"范围的界定——以对传统民法形式逻辑的检讨为思路》，《法学杂志》2012年第8期；庄加园：《动产抵押的登记对抗原理》，《法学研究》2018年第5期。

在后设立的动产担保权已行登记，但其权利人在主观上非为善意，其已知道标的物上已经存在未登记的动产担保权的情形之下，如采第一种观点，适用第 403 条、第 641 条第 2 款、第 745 条，则设立在先但未登记的动产担保权，可以对抗设立在后但已登记的动产担保权；如依第二种观点，适用第 414 条和第 415 条的规定，则设立在先但未登记的动产担保权，不得对抗设立在后但已登记的动产担保权或设立在后的动产质权。

在解释上，可以认为《民法典》第 414 条、第 415 条与第 403 条、第 641 条第 2 款、第 745 条两个规范群之间是特殊规定和一般规定的关系，自应优先适用。[1] 如此，《民法典》第 403 条、第 641 条第 2 款、第 745 条应作限缩解释，善意要件只适用于第三人为非为担保权人的情形。在确定竞存动产担保权之间的优先顺位之时，不考虑动产担保权人的主观心理态度，直接以登记先后作为判断标准，有其正当性。其一，贯彻经由登记制度形成的透明度，与动产担保登记制度之间相协调。作为替代动产质权中交付公示的工具，登记充任着公示非移转占有型动产担保权的功能，以警示其后拟再次提供信用支持的查询者。动产担保登记的制度功能也就在于使后续债权人免受欺诈，并使其免受在先未登记动产担保权的约束。[2] 其二，增加法律上的确定性和可预见性。不考虑权利人的主观心理态度，以当事人不易篡改的客观标准——登记的时间作为判断竞存权利之间优先顺位的一般标准，清晰而简明，债权人可得据以预估其法律地位，进而作出理性的商事判断。[3] 主观

1　参见龙俊：《动产抵押对抗规则研究》，《法学家》2016 年第 3 期。

2　See Eva-Maria Kieninger and Harry C. Sigman, Introduction, in Eva-Maria Kieninger and Harry C. Sigman eds., *Cross-Border Security over Tangibles*, Sellier. European Law Publishers GmbH, 2007, p.40; Jolyn Ang Yi Qin, "Rationalizing the Cape Town Convention and Aircraft Protocol's First-to-Register Rule and Its Exceptions in the Context of Aviation Finance", 79 *Journal of Air Law and Commerce* 747, 757（2014）.

3　See Harry C. Sigman, "Security in Movables in the United States-Uniform Commercial Code Article 9: A Basis for Comparison", in Eva-Maria Kieninger ed., *Security Rights in Movable Property in European Private Law*, Cambridge University Press, 2004, p.59.

善意标准的介入，将带来事实认定上的困难，徒增诉讼成本和风险。[1] 其三，降低动产担保交易的成本，提高动产担保交易的效率。不考虑权利人的主观心理态度，降低了债权人的征信成本，债权人无须在登记簿之外就潜在债务人的资信现状进行调查。[2] 而在电子化的统一动产担保登记制之下，债权人自可在线自助查询登记系统，成本低廉。法经济学视角的分析表明，这将有利于降低信贷交易成本，促进融资交易的发展，提高交易效率。[3] 其四，有利于预防和减少风险。不考虑权利人的主观心理态度，将交易风险在当事人之间进行确定性的分配，在一定程度上降低了融资交易的风险。即使后设立动产担保权的权利人知悉同一标的物上存在在先的未登记动产担保权，其动产担保权亦依登记而优先。这一规则极大地激励了债权人在法律框架内展开其交易活动，及时办理登记，以保全其优先顺位[4]，同时也赋予债权人以谨慎的注意义务，对标的物上是否已经存在已登记动产担保权进行尽职调查。[5]

在解释上，查封或扣押债权人、参与分配债权人、破产债权人或破产管理人在债务人的相应财产之上取得法定担保权。在未登记动产担保权与这些特定债权之间，也仅仅只是顺位问题，并不具有否定或消灭未登记动产担

1　See Jeffrey Wool, "The Next Generation of International Aviation Finance Law: An Overview of the Proposed UNIDROIT Convention on International Interests in Mobile Equipment as Applied to Aircraft Equipment", 20 *University of Pennsylvania Journal of International Law 499*, 535（1999）.

2　See Jeffrey Wool, "The Next Generation of International Aviation Finance Law: An Overview of the Proposed UNIDROIT Convention on International Interests in Mobile Equipment as Applied to Aircraft Equipment", 20 *University of Pennsylvania Journal of International Law* 499, 535（1999）.

3　See Mark Arundell and F. Scott Wilson, "The Need for International Secured Transactions and Leasing Rules for Aircraft Engines through the Proposed UNIDROIT Convention", 23 *Air & Space Law* 283, 285-286（1998）.

4　See Jeffrey Wool, "The Next Generation of International Aviation Finance Law: An Overview of the Proposed UNIDROIT Convention on International Interests in Mobile Equipment as Applied to Aircraft Equipment", 20 *University of Pennsylvania Journal of International Law* 499, 535（1999）.

5　See Eva-Maria Kieninger and Harry C. Sigman, Introduction, in Eva-Maria Kieninger and Harry C. Sigman eds., *Cross-Border Security over Tangibles*, Sellier. European Law Publishers GmbH, 2007, p.42; Jolyn Ang Yi Qin, "Rationalizing the Cape Town Convention and Aircraft Protocol's First-to-Register Rule and Its Exceptions in the Context of Aviation Finance", 79 *Journal of Air Law and Commerce* 747, 757（2014）.

保权的效力。此际，在主观要件上应与竞存动产担保权之间作同一解释，亦即，不要求这些债权人在主观上系属善意。[1]

经过以上分析，大抵可以得出如下结论：就未登记动产担保权可得对抗的第三人的主观范围而言，凡是否定此前动产担保权存在的第三人而言，主观上应属善意；并不否定此前动产担保权存在的第三人，主观上无须善意。

五、正常经营活动中的买受人规则的解释与适用

《民法典》上并未限制充任担保财产的财产范围，在解释上，只要法律上未禁止转让的财产均可作为担保财产。如此，是否接受某一财产作为担保财产，全由担保权人自行判断。由此出现的问题是，在担保人的正常经营活动（如正常销售存货）中，交易相对人是否有义务事先查询登记簿以探知标的物上是否存在担保负担？动产种类众多、交易频繁，且大多属于日常生活必需品，如强制性地要求交易相对人在每一笔交易中均要查询担保登记簿，耗时费力，不仅增加交易成本，而且影响交易便捷、害及交易安全。[2]为维护基本的交易秩序，应对正常经营活动中的买受人提供更好的保护。当然，也应存在一个强势的体制以增加交易结果的确定性。[3]

基于此，《民法典》第404条规定："以动产抵押的，不得对抗正常经营活动中已支付合理价款并取得抵押财产的买受人。"这一规则将原仅适用于浮动抵押交易的《物权法》第189条第2款上升为普遍适用于动产抵押交易

1　参见最高人民法院民事审判第二庭：《最高人民法院民法典担保制度司法解释理解与适用》，人民法院出版社，2021，第472-473页。

2　参见刘春堂：《动产担保交易登记之对抗力》，见《物权法之新思与新为——陈荣隆教授六秩华诞祝寿论文集》，瑞兴图书股份有限公司2016，第379-380页；董学立：《美国动产担保交易制度研究》，法律出版社，2007，第163页。

3　See Jan Dalhuisen, *Dalhuisen on Transnational Comparative CommercialFinancial and Trade LawVolume 3Financial Products Financial Services and Financial Regulation*, Hart Publishing, 2010, pp.41-42.

的一般规范。[1] 就此，有学者主张，《民法典》既已承认抵押权的追及效力，且该效力不因抵押财产的种类不同而有所差异，为了买受人的利益而否定动产抵押权的追及效力，虽符合动产买卖交易中信用接受者的基本预期，但也损害了动产买卖之前为了融资或其他交易而设定的担保物权的信用，将会动摇抵押担保制度的存在基础。[2]

依据《民法典》第 395 条第 1 款第 4 项和第 396 条的规定，"原材料、半成品、产品"既可以设立动产（固定）抵押权[3]，也可以设定浮动抵押权，而这些财产在性质上属于"存货"，且常见于"正常经营活动"之中，如"正常经营活动中的第三人"仅能对抗浮动抵押权人，不能对抗固定抵押权人，就意味着正常经营活动中的所有第三人在交易之前均有查阅担保登记簿的义务。果若如此，将损害交易效率，增加交易成本，也不合交易习惯和市场交易主体的合理商业预期。[4] 因此，不应区分固定抵押与浮动抵押，只要是"正常经营活动中的买受人"均适用相同的规则。[5]"如果当事人不再信赖转让人对财产的占有，并且还必须调查相关财产上是否存在着已登记的担保物权或保留所有权交易，则会对日常商业构成重大障碍。"[6]《民法典》第404 条与现代动产担保交易法的发展趋势相吻合：不关注当事人采取的法律

1　参见最高人民法院民法典贯彻实施工作小组编：《中华人民共和国民法典物权编理解与适用》（下），人民法院出版社，2020，第 1082 页。

2　参见邹海林：《论〈民法典各分编（草案）〉"担保物权"的制度完善——以〈民法典各分编（草案）〉第一编物权为分析对象》，《比较法研究》2019 年第 2 期。

3　在类型化上，浮动抵押权自是动产抵押权之一种。由此，两者之间构成种属关系，其中，动产抵押权是属概念、上位概念；浮动抵押权是种概念、下位概念。在动产抵押权这一属概念之下与浮动抵押权这一种概念相并而称的另一种概念，应是固定抵押权。为行文方便，本书仅在需要与浮动抵押权相对而称时，才括注"固定"。

4　参见王利明：《论正常经营买受人规则》，《东方法学》2021 年第 4 期。

5　参见龙俊：《动产抵押对抗规则研究》，《法学家》2016 年第 3 期。

6　Study Group on a European Civil Code and Research Group on EC Private Law（Acquis Group）, *Principles Definitions and Model Rules of European Private Law Draft Common Frame of Reference Volume* 6, Sellier. European Law Publishers GmbH, 2007, pp.5604-5605.

构造，只要在事实上起到相同的功能就适用相同的法律。[1]《联合国动产担保立法指南》就正常经营活动中的买受人规则的建议，并不限定于浮动抵押[2]；《欧洲示范民法典草案》亦无不然。[3]

《民法典》第 404 条在解释适用上尚有以下问题需要明确。

（一）如何认定"正常经营活动"？

依据《民法典担保制度解释》第 56 条第 2 款的规定，"出卖人正常经营活动，是指出卖人的经营活动属于其营业执照明确记载的经营范围，且出卖人持续销售同类商品"。

首先，本条所称的"正常经营活动"是指担保人的正常经营活动，而非买受人的正常经营活动。[4]

其次，该抵押人须以销售与标的物同种类的动产为业。[5]至于从事"正常经营活动"的担保人与《民法典》第 312 条所称"具有经营资格的经营者"是否为同义语，有学者认为，两者之间没有不同，均指"从事与交易物同种类物品买卖的商人的活动"[6]。这种观点进一步认为，构成正常经营买受活动的前提条件是取得相应经营资格。[7]实践中的具体情形可能是这样，但在鼓励营业自由、"万众创业"的大背景之下，抵押人是否具有相应经营资格，并不在"正常经营活动"的文义之列。从体系层面看，《民法典》第 505

1　参见高圣平：《美国动产担保交易法与我国动产担保物权立法》，《法学家》2006 年第 5 期，第 84 页。

2　See United Nations Commission on International Trade Law, *UNCITRAL Legislative Guide on Secured Transactions*, United Nations, 2010, p.202.

3　See Study Group on a European Civil Code and Research Group on EC Private Law（Acquis Group）, *Principles Definitions and Model Rules of European Private LawDraft Common Frame of Reference, Volume 6*.Sellier. European Law Publishers GmbH, 2009, pp.5604-5605.

4　参见董学立：《论"正常经营活动中"的买受人规则》，《法学论坛》2010 年第 4 期。

5　参见美国法学会、美国统一州法委员会：《美国〈统一商法典〉及其正式评注》（第三卷），高圣平译，中国人民大学出版社，2006，第 212 页。

6　董学立：《论"正常经营活动中"的买受人规则》，《法学论坛》2010 年第 4 期。

7　参见纪海龙、张玉涛：《〈民法典物权编（草案）〉中的"正常经营买受人规则"》，《云南社会科学》2019 年第 5 期。

条已经明确规定超越经营范围订立的合同并非当然无效，经营范围不是限制企业生产经营的枷锁，因此完全可以设想的具体案例是，某炼油企业因提产增效的需求而拓展上流业务线，逐渐开始了钢材生产销售及炼油机械制造等业务，此时恐难谓非属其正常经营活动。然而，《民法典担保制度解释》第56条第2款就规定了"属于其营业执照明确记载的经营范围"且"出卖人持续销售同类商品"的双重限制条件。根据最高人民法院在理解与适用书中阐明的观点，其规范逻辑在于需要同时从买受人和出卖人两个角度设定限制条件：一方面，在买受人侧，《民法典担保制度解释》第56条第1款规定了异常大规模交易、购买出卖人生产设备、订立"买卖型担保"合同、买受人与出卖人存在关联关系等负面情形；另一方面，还需要通过该条第2款从出卖人侧作出限制。[1] 如前所述，《民法典》第404条旨在豁免正常经营活动中买受人的查询义务，保护消费者合理信赖并促进交易效率，因而在逻辑上仅须考察买受人端是否存在倾斜保护的必要性，也即判断是否属于具有社会典型性的买卖活动。之所以考虑在出卖人侧再进一步作出限制，其目的则是防止出卖人故意地单独或者与买受人串通以损害担保权人利益。这两方面的考量宛如天平两端，彼此之间形成一种相互制约的紧张关系。应当承认的是，即使经营活动没有落在出卖人营业执照载明的经营范围内，或者出卖人只是间歇性销售某类商品，均不必然损害担保权人的权益。毕竟在日常生活中发生的大量交易活动，买受人都不会去查阅出卖人的营业执照，这甚至比要求买受人在动产融资统一登记公示系统查询更加费劲。因此就算要在出卖人端设置限制条件，毋宁需要更精细的利益衡量和类型化分析。事实上，《民法典》已经配备了诸如虚伪意思表示（第146条）、恶意串通（第154条）、债权人撤销权（第539条）等规则，不妨就让法官利用该等规则在个案中予以妥善

处理。

最后，交易标的物在性质上属于"原材料、半成品、产品"（存货）[1]。基于正常经营活动中的买受人规则的规范目的，交易标的物应属具有市场流通性的种类物（原材料、半成品、产品）。当然，交易标的物是否构成存货，尚须对所销售的标的物与出卖人（担保人）的正常经营范围进行比较，如出卖人是销售洗衣机等家用电器的销售商，则家用电器构成存货，该销售商销售家用电器，即构成正常经营活动，但如其销售家用电器的生产设备，则生产设备不具有存货性质，就不构成正常经营活动。[2]当然，该生产设备对于生产该类生产设备的制造商来说，就可能构成存货。

（二）如何认定"已支付合理价款"？

在比较法上，《美国统一商法典》和《联合国动产担保立法指南》均不要求正常经营活动中的买受人规则的适用以买受人已支付合理价款为前提，但《欧洲示范民法典草案》上要求受让人为取得动产已经支付对价。[3]在解释上，该草案第9-6：102条第（2）款仅构成第8-3：102条第（1）款中所定善意要件具体认定上的补充，正常经营活动中的买受人规则的适用还应满足后者所定其他要件。

---

1 参见张素华、李鸣捷：《〈民法典〉"正常经营买受人规则"的解释论》，《北方法学》2021年第3期。

2 参见黄薇主编：《中华人民共和国民法典物权编释义》，法律出版社，2020，第522页。

3 该草案第9-6：102条"因所有权的善意取得而导致担保物权的丧失"规定："（1）第三人善意取得担保财产的所有权并免受担保物权的约束，是否导致担保物权的丧失，适用第8-3：102条（善意取得所有权并免受定限物权的约束）的规定。""（2）就第8-3：102条（善意取得所有权并免受定限物权的约束）第（1）款第（d）项第1句而言，担保物权已依本卷第三章第三节的规定登记的，即视为受让人知道转让人没有权利或权限转让免受担保物权约束的所有权，但以下情形除外：（a）转让人是在从事正常的经营活动中实施交易行为；（b）登记簿显示的担保人并非转让人。"而第8-3：102条规定："（1）尽管动产之上有第三人的定限物权，且转让人没有权利或权限处分该动产并免受该第三人权利的约束，但在以下情况下，受让人仍然取得免受该第三人权利约束的所有权：（a）受让人以第二章或前条所规定的方式取得所有权；（b）满足第8-2：101条（所有权移转的一般要件）第（1）款第（e）项所规定的交付或等同于交付的条件；（c）受让人为取得该动产已支付对价；（d）受让人在所有权移转时不知道也不应当知道转让人没有权利或权限移转该动产所有权并免受第三人权利的约束。受让人必须举证证明其不应当知道转让人没有权利或权限。""（4）本条适用于担保物权时，应补充适用第9-6：102条（因所有权的善意取得而导致担保物权的丧失）第（2）款的规定。"

我国《民法典》上，登记对抗规则与善意取得制度之间各有其不同的制度功能和体系分工，已如前述。本条与《民法典》第311条所定善意取得的构成要件上虽在条文表述上相同，但其基于的政策考量尚存差异。规定"已支付合理价款"要件在一定程度上是"为了防止抵押人与他人合谋欺诈抵押权人"[1]。不过，对"已支付合理价款"这一要件亦应契合商业实践作出灵活解释。同时，"已支付合理价款"不以支付金钱为限，各种替代金钱的方式均在其列。例如，我国司法实践中即有观点认为，即使买受人与抵押人将作为种类物的抵押物进行互换，也应当认定这种互易行为是一种支付对价的交易行为，买受人取得的抵押物亦不受抵押权人抵押权的追及。[2]

（三）正常经营活动中的买受人规则的适用是否以买受人的善意为前提？

《民法典》第404条上非如美国法一样要求正常经营活动中的买受人在主观上须为善意，《美国统一商法典》要求正常经营活动中的买受人不知其购买行为侵害了他人的权利。学说上认为，正常经营活动中的买受人规则在物上存在负担（例如动产抵押权）的场合，也存在善意受让人的保护问题。正常经营活动中的买受人规则本质上是一种特殊的善意取得，自应以买受人的善意为前提。[3] 只不过，此时的善意，并非是指受让人不知道也不应当知道其受让的标的物上存在担保负担，而是指受让人不知道也不应当知道担保权人不允许担保人无负担地转让担保财产。因此，受让人虽然对标的物上存在担保权并非善意（尤其是在动产担保权已经登记的情形之下），但可善意信赖担保权人同意担保人可以无负担地处分该物。此即为对处分权限的信赖。[4] 而且，这里的"善意"是推定的。若有证据证明担保权人禁止担保人

---

1 程啸：《担保物权研究》（第二版），中国人民大学出版社，2017，第545页。

2 参见湖北省高级人民法院（2013）鄂民二终字第00041号民事判决书。

3 See Barkley Clark and Barbara Clark, *The Law of Secured Transactions Under the Uniform Commercial Code*, 3rd ed., Newark, NJ: LexisNexis, 2017, pp.3-38.

4 参见纪海龙、张玉涛：《〈民法典物权编（草案）〉中的"正常经营买受人规则"》，《云南社会科学》2019年第5期。

的特定销售行为为买受人知悉，则不适用正常经营活动中的买受人规则，担保权人的权利不受影响。例如，制造商在其提供给销售商的存货上设定了动产抵押权，担保合同中明确约定禁止该销售商将存货销售给其他销售商，以免后者打折销售，买受人，即销售商知道该项禁止约定，则其权利劣后于制造商的抵押权。[1]《民法典》第 404 条并不以买受人主观善意为适用前提，而以"已支付合理价款"作为平衡正常经营活动中的买受人与其他债权人之间利益的工具，与美国法上不要求支付合理对价、但要求买受人主观善意的考量因素不同，自不得作相同理解。[2]

（四）《民法典》第 404 条与第 403 条之间的适用关系

在适用关系上，《民法典》第 404 条构成第 403 条的特别规定，且其适用并不以动产抵押权未登记为前提。无论抵押权是否登记，买受人均可取得标的物上无负担的所有权。[3]因此，第 403 条中的"第三人"涉及受让人时，也就局限在了"非正常经营活动中的买受人"。也就是说，仅在非正常经营活动中，买受人在动产抵押权登记之前就取得标的物所有权，并且不知道动产抵押权存在时，买受人可以对抗动产抵押权人。[4]

（五）《民法典》第 404 条的规定是否可以准用于所有权保留交易和融资租赁交易

就文义而言，《民法典》第 404 条的适用范围以动产抵押交易为限。在解释上，所有权保留交易和融资租赁交易与动产抵押交易同属动产担保交易，自可准用本条规定，《民法典担保制度解释》第 56 条第 2 款第二句亦从

1　See Barkley Clark and Barbara Clark, *The Law of Secured Transactions Under the Uniform Commercial Code*, 3rd ed., Newark, NJ: LexisNexis, 2017, pp.3-39.

2　参见龙俊:《民法典中的动产和权利担保体系》,《法学研究》2020 年第 6 期。

3　参见崔建远:《中国民法典释评·物权编》(下卷)(第二版),中国人民大学出版社,2021,第 407-408 页。

4　参见龙俊:《动产抵押对抗规则研究》,《法学家》2016 年第 3 期。

之。[1] 在准用时，本条中，抵押人（出卖人）的正常经营活动，应指所有权保留交易中的买受人、融资租赁交易中的承租人。《联合国动产担保立法指南》和《欧洲示范民法典草案》的建议亦是如此。[2]

六、小结

动产担保交易法制的发展，是债法和物法观念不断融合的产物，将契约自由植入传统物法领域，直接导致动产担保交易形式的多样化。[3] 动产担保权的登记对抗规则，旨在弥补债权意思主义物权变动模式对于交易安全保护的不足，强化登记的公示效力，在交易安全和交易效率之间寻求合理的平衡方案。[4]《民法典》在《物权法》的基础上完善了动产担保权的登记对抗规则，但这一具有体系异质性的规则如何在物债两分体系之下解释适用，是《民法典》贯彻实施中的重要任务。中小微企业的融资需求是否得以满足，在很大程度上也取决于动产担保交易规则的确定性，动产担保权登记对抗规则在解释论上的统一，即为其中重要一环。在把握未登记动产担保权的物权属性的前提之下，承认其具有相对性的物权地位，权利人可据以对抗无担保债权人。同时，未登记动产担保权在对世效力上存在欠缺，结合登记对抗规则的规范意旨以及其他相关规则的规制目标，应对"第三人"的范围进行限缩。在第三人的客观范围上，并非所有第三人均在不得对抗之列，要考量物权人和特定债权人与未登记动产担保权人之间就标的物的竞争关系；在第三人的

1　参见最高人民法院民事审判第二庭：《最高人民法院民法典担保制度司法解释理解与适用》，人民法院出版社，2021，第483页。

2　See United Nations Commission on International Trade Law, *UNCITRAL Legislative Guide on Secured Transactions*, United Nations, 2010, p.202；Study Group on a European Civil Code and Research Group on EC Private Law（Acquis Group），*Principles Definitions and Model Rules of European Private Law Draft Common Frame of Reference Volume 6 Munich*：Sellier. European Law Publishers GmbH，2007, pp.5604-5605.

3　See Jan Dalhuisen, *Dalhuisen on Transnational Comparative Commercial Financial and Trade Law Volume 3 Financial Products Financial Services and Financial Regulation*, Oxford and Portland, Oregon：Hart Publishing, 2010, p.1.

4　参见肖厚国：《物权变动研究》，法律出版社，2002，第279页。

主观范围上，不宜要求所有第三人在主观上均属善意，要分别考虑对于动产担保权不同的法律效果就第三人主观上作不同要求。

第四节　动产担保权优先顺位规则的体系解释

一、问题的提出

近世以来，随着经济的快速发展，社会财富的形态发生了重大变化，动产（包括动产型权利）[1]不仅是中小微企业的主要财产构成，而且其经济价值也非昔日阿蒙，在"不动产—抵押权、动产—质权"的传统担保物权体系之外，非移转占有型的动产担保也就越来越重要。[2]为满足动产融资的制度需求，许多国家对本国担保法制做了重大改革。其中，英美法系国家以美国为其典型，由《美国统一商法典》第九编所引领的功能主义动产担保交易立法方法取得了压倒性的优势，不仅影响到北美洲国家及其他许多国家的国内立法，还直接影响到国际统一示范法和实体法的发展[3]；大陆法系国家以法国为其著例，《法国民法典》修正之时，在施行二百多年的"三编制"之外，新增"担保编"以因应新的社会经济秩序[4]，其实，在此之前，作为大陆法和英美法融合之典范的《加拿大魁北克民法典》早已在既有的法国法传统之外，

1　在动产担保交易法（secured transactions）的国际话语体系中，动产担保中的"动产"所指称的财产，均不仅限于有体动产，还包括无体动产（或称动产型权利）。本书即依此而展开，特此叙明。

2　See Ulrich Drobnig, *Security Rights in Movables*, in Arthur Hartkamp, Martijn Hesselink, Ewoud Hondius, Chantal Mak and Edgar du Perron eds., *Towards a European Civil Code*, Fourth Revised and Expanded Edition, Kluwer Law International BV, The Netherlands, 2011, p.1025；谢在全：《担保物权制度的成长与蜕变》，《法学家》2019 年第 1 期。

3　关于动产担保法制改革的介绍，参见 Louise Gullifer and Orkun Akseli eds., *Secured Transactions Law Reform Principles Policies and Practice* Hart Publishing, 2016, pp. 7ff；Spyridon V Bazinas and N Orkun Akseli（eds）, *International and Comparative Secured Transactions Law Essays in honour of Roderick A Macdonald* Hart Publishing, 2017, pp.1ff。

4　参见李世刚：《法国担保法改革》，法律出版社，2011，第 1 页以下；魏磊杰：《新千年前后民法典重构的基本特点与最新趋势》，见何勤华主编：《外国法制史研究》（第 19 卷），法律出版社，2017，第 280、297-298 页。

植入了美国动产担保交易法的制度元素。[1] 世界银行集团《全球营商环境报告》（Doing Business）迎合国际动产担保制度改革的总体趋势，在其指标体系中将各国是否采行基于功能主义的一元化动产担保交易制度作为评估指标之一，对我国《民法典》的编纂产生了重大影响。[2]

"民法典物权编对担保物权部分的修改，总的立法精神是要进一步优化营商环境，进一步增强我国在吸引投资方面的优势。"[3] 如此，《民法典》物权编担保物权分编的修改也就主要集中在动产担保交易制度的完善上。就担保规则的体系化，《民法典》不仅没有采纳部分学者关于担保法独立成编的立法建议[4]，也没有采纳统一动产担保物权体例的编纂建议[5]，而是在《物权法》的基础上，结合信贷、司法实践的成熟经验和优化营商环境的要求，完善了某些具体规则。《民法典》物权编仍然奉行大陆法系国家的权利类型化方法，将约定担保物权体系架构为"抵押权 + 质权"，以是否移转标的物的占有为其区分标准。就动产而言，《民法典》既承认动产抵押权，也承认动产质权和权利质权。同时，《民法典》并未将所有权保留交易、融资租赁交易、保理交易重构为动产担保交易，但基于这些交易中所有权或应收账款在经济功

1　《加拿大魁北克民法典》动产担保制度的介绍，参见 John B. Claxton, *Security on Property and the Rights of Secured Creditors under the Civil Code of Quebec*, Les Editions Yvon Blais Inc., 1994, pp.9-10；高圣平：《动产担保交易法比较研究》，中国人民大学出版社，2008，第 105 页以下。

2　有关世行营商环境背景下我国动产担保交易法制的完善，参见罗培新：《论世行营商环境评估"获得信贷"指标得分的修法路径——以我国民法典颁布为契机》，《东方法学》2020 年第 1 期；纪海龙：《世行营商环境调查背景下的中国动产担保交易法》，《法学杂志》2020 年第 2 期。

3　黄薇：《〈民法典物权编草案〉（二审稿）对若干重点问题的回应》，《中州学刊》2019 年第 7 期，第 62 页。

4　关于我国民法典中担保法独立成编的立法建议，参见高圣平：《民法典担保物权法编纂：问题与展望》，《清华法学》2018 年第 2 期；张民安：《论〈担保法〉在我国未来〈民法典〉当中的独立地位》，《学术论坛》2018 年第 3 期；马俊驹、邵和平：《民法典担保权编的立法模式研究》，《法制与社会发展》2019 年第 1 期；刘斌：《论担保法独立成编的立法技术与决断要素》，《江海学刊》2019 年第 3 期；王康：《论〈民法典〉担保权的立法定位》，《甘肃政法学院学报》2019 年第 4 期；张素华：《论民法典分则中担保制度的独立成编》，《法学家》2019 年第 6 期等。

5　关于我国民法典中动产担保物权统一化的立法建议，参见董学立：《我国意定动产担保物权法的一元化》，《法学研究》2014 年第 6 期。

能上起着担保作用，《民法典》也朝着统一动产担保交易规则的方向改变了原有的交易规则。其中，《民法典》第 641 条第 2 款规定："出卖人对标的物保留的所有权，未经登记，不得对抗善意第三人。"第 745 条规定："出租人对租赁物享有的所有权，未经登记，不得对抗善意第三人。"《民法典》第 768 条虽未明确规定保理人在受让取得的应收账款上的权利的性质，但通过与第 414 条的体系解释，大抵可以得出如下结论：保理人就受让的应收账款上所取得的权利，未经登记，不得对抗第三人（第 768 条）。这些规则与《民法典》第 403 条的规定"以动产抵押的，抵押权自抵押合同生效时设立；未经登记，不得对抗善意第三人"已经趋同。由此，《民法典》已基本实现了动产担保权设立、公示规则上的统一。

正是基于此，本书以动产担保权统称《民法典》上典型的动产担保物权（包括动产抵押权、动产质权[1]、权利质权[2]）和非典型的动产担保权（包括所有权保留交易中出卖人对标的物的所有权、融资租赁交易中出租人对租赁物的所有权、保理交易中保理人对其受让的应收账款上的权利、让与担保交易中受让人取得的标的财产的所有权或其他财产权利）。《民法典》这一功能主义导向在一定程度上迎合了国际动产担保法制改革的总体形势，并试图与物债两分体系下的形式主义形成相对的统一。在法继受过程中，就这些非典型动产担保交易而言，"与其重构为动产担保交易，还不如引入登记制度，因为前者不可避免地会损害债权人对标的物的所有权"[3]。由此看来，动产担保交易的形式与体系定位都不重要，重要的是各类动产担保交易规则的统一，而规则的统一绝不仅仅只是设立、公示规则的统一，更为重要的应是竞存动

1　动产质权以交付标的财产为生效要件，已与动产抵押权的公示效力存在差异。本节主要以动产抵押权为主展开讨论。特此叙明。

2　本部分暂未将权利质权纳入分析对象。一则，《民法典》上就权利质权多采登记生效主义；二则其中最主要的应收账款质权尚须与保理规则之间进行体系解释。限于篇幅，本书作者拟就后者另撰专文探讨。

3　Duncan Sheehan, "Registration, Re-Characterisation of Quasi-Security and the Nemo Dat Rules", 7 *Journal of Business Law* 584,585（2018）.

产担保权之间优先顺位规则的统一。

在动产担保权可得实现之时，担保权人就标的物变价款优先受偿，往往受到担保人的其他权利人的争夺，例如，同一标的物的其他担保权人、买受人或承租人，无担保债权人以及破产管理人等。确定这些权利之间的顺位，既是解决合理分配标的物变价款的实践需求，也是权利人预估交易风险并据此作出理性商事判断的前提。因为确定性和可预测性是动产担保交易规则的两大基本原则[1]，同一动产上竞存权利人之间的优先顺位规则也就成了动产担保交易法的核心内容。[2]"现代动产担保交易制度的一个主要特点是其解决同一财产上竞存动产担保权之间优先顺位纠纷的效率。"[3]《民法典担保制度解释》解决了部分争议问题，也搁置了部分争议较大的问题。

本书以下仅就同一标的物上竞存动产担保权之间的优先顺位展开分析。至于动产担保权人与买受人、承租人、无担保债权人以及破产管理人等之间的关系，涉及动产担保权对抗效力的理解，留待专文另行探讨。值得注意的是，竞存动产担保权之间的优先顺位规则总是与动产担保权的登记对抗效力关联在一起，因为优先顺位的确定是以相关权利取得对抗效力的时间先后为一般判断标准。

二、动产担保权优先顺位的规则体系及其适用关系

为加大担保信贷的供给，法律应当最大限度地允许债务人利用其财产本身的全部价值来获取信贷。这就意味着允许同一担保人在相同的财产上可为不同的信用提供者设定担保权。[4]如此一来，同一动产之上出现多数担保权

1　See N. Orkun Akseli, *International Secured Transactions Law Facilitation of Credit and International Conventions and Instruments* Routledge, Taylor & Francis Group, 2011, p.21.

2　See United Nations Commission on International Trade Law, *UNCITRAL Legislative Guide on Secured Transactions*, United Nations, 2010, p.185.

3　United Nations Commission on International Trade Law, *UNCITRAL Legislative Guide on Secured Transactions*, United Nations, 2010, p.195.

4　See United Nations Commission on International Trade Law, *UNCITRAL Legislative Guide on Secured Transactions*, United Nations, 2010, pp. 2、20.

的情形，就不再罕见。现代动产担保交易制度必须制定明确的规则，使潜在债权人在交易之初即能够以可靠、及时和符合成本—效益法则的方式判定其动产担保权的优先顺位。[1] 相关国际文件的建议是，动产担保权的优先顺位规则体系由一般规则和特殊规则构成。一般而言，同一动产之上竞存权利之间应依其取得对抗效力的时间来确定各自的优先顺位[2]，但权利类型或公示方法不同，取得对抗效力时间的判断标准就不一致。例如动产抵押权、所有权保留交易中出卖人对标的物的所有权、融资租赁交易中出租人对租赁物的所有权、保理交易中保理人对受让取得的应收账款上的权利，登记时间即为其取得对抗效力的时间；动产质权以交付为公示方法，交付时间即为其取得对抗效力的时间。[3] 特殊规则可能包括购买价金担保权、特定财产（如流通票据、投资财产）的担保权、法定担保物权等的优先顺位规则，这些都涉及特定的政策考量。

就动产之上竞存权利之间的优先顺位，《民法典》确立了以下规则体系：第一，动产之上竞存的抵押权之间，依其登记先后定其顺位；已登记的优先于未登记的；未登记抵押权之间顺位相同，按债权比例受偿（第414条）。[4] 第二，动产抵押权和动产质权之间，按照登记、交付的时间先后定其优先顺位（第415条）。[5] 第三，购买价金担保权，如在宽限期内办理登记的，则优

1　See United Nations Commission on International Trade Law, *UNCITRAL Legislative Guide on Secured Transactions*, United Nations, 2010, p.21.

2　See United Nations Commission on International Trade Law, *UNCITRAL Legislative Guide on Secured Transactions*, United Nations, 2010, pp.192-193; Study Group on a European Civil Code and Research Group on EC Private Law (Acquis Group), *Principles, Definitions and Model Rules of European Private LawDraft Common Frame of Reference,, Volume 6.* Sellier. European Law Publishers GmbH, pp.5547-5549.

3　See Study Group on a European Civil Code and Research Group on EC Private Law (Acquis Group), *Principles, Definitions and Model Rules of European Private LawDraft Common Frame of Reference, Volume 6.* Sellier. European Law Publishers GmbH, pp.5549-5551.

4　参见黄薇主编：《中华人民共和国民法典物权编释义》，法律出版社，2020，第534页。

5　参见最高人民法院民法典贯彻实施工作小组主编：《中华人民共和国民法典物权编理解与适用》（下），人民法院出版社，2020，第1129-1130页。

先于其他担保物权（第 416 条）。[1]第四，法定动产担保物权优先于约定动产担保物权。《民法典》第 456 条规定："同一动产上已设立抵押权或者质权，该动产又被留置的，留置权人优先受偿。"[2]这一规则自有其政策考量：留置权制度之设本属法律为保护债权人的利益而特别赋予的权利，赋予其优先效力符合保护劳动者利益和鼓励创造社会财富的政策目的。[3]第五，同一应收账款之上的复数保理之间，已登记的先于未登记的受偿；均已登记的，按照登记的先后顺序受偿；均未登记的，由最先到达应收账款债务人的转让通知中载明的保理人受偿；既未登记也未通知的，按照应收账款比例清偿（第 768 条）。[4]《民法典》第 414 条规定："同一财产向两个以上债权人抵押的，拍卖、变卖抵押财产所得的价款依照下列规定清偿：（一）抵押权已登记的，按照登记的时间先后确定清偿顺序；（二）抵押权已登记的先于未登记的受偿；（三）抵押权未登记的，按照债权比例清偿"（第 1 款）。"其他可以登记的担保物权，清偿顺序参照适用前款规定"（第 2 款）。与《物权法》第 199 条相比，本条修改了两处：其一，删去了第 1 款第 1 项后句"顺序相同的，按照债权比例受偿"，因为在统一的电子化登记系统之中，各抵押权之间的登记先后可以明确地确定，已无"顺序相同"的情形[5]；其二，新增了第 2 款，

1　参见崔建远：《中国民法典释评·物权编》（下卷）（第二版），中国人民大学出版社，2021，第 451—452 页。

2　河南省商丘市中级人民法院（2021）豫 14 民终 1399 号民事判决书。

3　留置权所担保的债权多是债权人所付出劳动的报酬请求权、所投入的材料及垫付的其他费用的返还请求权。债权人的劳动或 / 和其投入的材料等使留置物之价值得以提升，允许动产抵押权或质权优先于留置权，无异于以债权人的劳动或 / 和投入来清偿债务人的债务，有违公平原则。参见高圣平：《动产担保交易法比较研究》，中国人民大学出版社，2008，第 92 页。但在我国《民法典》上，留置权的发生原因甚多，诸如，承运人、保管人、行纪人的留置权以及商事留置权等。就标的物价值的提升，债权人并无实质贡献，是否赋予其绝对优先效力，不无商榷余地。本书以下对此规则不作讨论。

4　限于篇幅，本书对这一规则不作讨论。新近研究可参见朱晓喆、冯洁语：《保理合同中应收账款多重转让的优先顺序——以〈民法典〉第 768 条为中心》，《法学评论》2022 年第 1 期。

5　《担保法解释》第 58 条第 1 款规定："当事人同一天在不同的法定登记部门办理抵押物登记的，视为顺序相同。"但在不动产和动产担保均分别采取统一登记制度的背景之下，该款中所述情形即无法发生。

只要是可以登记的担保物权，均可适用这一优先顺位规则，旨在"进一步明确实现担保物权的统一受偿规则"[1]，有利于优化营商环境。[2]

《民法典》第 414 条位于第十七章"抵押权"之第一节"一般抵押权"，在解释上应一体适用于该章所调整的不动产抵押权、权利抵押权和动产抵押权，但第 414 条第 1 款第 2、3 项明显仅适用于动产抵押权。[3] 因为不动产抵押权、权利抵押权以登记为生效要件，未登记者，不动产抵押权不设立，此时，债权人尚未就同一财产取得抵押权，自无第 2、3 项适用之空间。[4] 这是基于立法便宜而将两类存在重大差异的抵押权杂糅在一起一并规定所带来的体系矛盾。不过，该款各项均可适用于同一动产上竞存的动产抵押权之间，在解释上应无歧义。依据该条第 2 款的规定，"其他可以登记的担保物权"，准用第 1 款所定优先顺位规则。第 414 条也因此成为竞存担保物权之间优先顺位的一般规则。[5] 这一修改克服了《物权法》上欠缺优先顺位一般规则的弊端，意义重大。在解释上，《民法典》中"其他可以登记的担保物权"包括了权利质权中的没有权利凭证的汇票、本票、支票、债券、存款单、仓单、提单质权；基金份额、股权质权；知识产权质权；应收账款质权。但这些权利质权均采登记生效主义，在准用第 414 条第 1 款之时，也仅有第 1 项才有意义，即已登记的权利质权，按照登记的时间先后确定清偿顺序。[6] 前述权利质权中未登记者，权利质权即未设定，并不与同一权利之上已登记的

1　沈春耀：《全国人民代表大会宪法和法律委员会关于〈民法典物权编（草案）〉修改情况的汇报——2019 年 4 月 20 日在第十三届全国人民代表大会常务委员会第十次会议上》，《民法典立法背景与观点全集》编写组：见《民法典立法背景与观点全集》，法律出版社，2020 版，第 42 页。

2　参见黄薇：《〈民法典物权编草案〉（二审稿）对若干重点问题的回应》，《中州学刊》2019 年第 7 期。

3　参见龙俊：《民法典中的动产和权利担保体系》，《法学研究》2020 年第 6 期。

4　参见尹田：《物权法》（第二版），北京大学出版社，2017，第 504 页；邹海林：《论〈民法典各分编（草案）〉"担保物权"的制度完善——以〈民法典各分编（草案）〉第一编物权为分析对象》，《比较法研究》2019 年第 2 期。

5　参见纪海龙：《民法典动产与权利担保制度的体系展开》，《法学家》2021 年第 1 期。

6　参见王利明：《登记的担保权顺位规则研究——以〈民法典〉第 414 条分析为中心》，《比较法研究》2021 年第 2 期。

权利质权发生竞存关系，也就没有了准用第 1 款第 2、3 项的空间。[1]

依据《民法典》第 414 条第 2 款的规定，只有"其他可以登记的担保物权"才准用第 1 款的优先顺位规则，由此产生的疑问是，《民法典》合同编所规定的所有权保留交易中出卖人对标的物的所有权、融资租赁交易中出租人对租赁物的所有权等，如发生权利的竞存，是否可准用第 414 条第 1 款？《民法典》已经赋予这些权利以登记能力，但并未将其重构为"担保物权"，简单地从文义上来看，这些权利既然不属于担保物权，自无法准用第 414 条第 1 款。

本书作者认为，在《民法典》将所有权保留交易中出卖人对标的物的所有权、融资租赁交易中出租人对租赁物的所有权"功能化"之后，所有权的权利内涵已经更接近于动产抵押权这一限制物权。与此同时，《民法典》第 388 条中规定："担保合同包括抵押合同、质押合同和其他具有担保功能的合同。"这就为非典型担保交易准用典型担保交易的相关规则提供了解释前提。[2]《民法典担保制度解释》第 1 条和第 63 条亦明确可以登记的所有权保留买卖、融资租赁等非典型担保形式涉及担保功能发生的纠纷适用该解释的规定，是为非典型担保交易准用典型担保交易的相关规则的规范基础。

将非典型动产担保交易置于《民法典》合同编，自有其特定的法政策选择。在全球商事规则统一化运动之中，基于功能主义的一元化动产担保交易制度体系确有其独特的优势：统一化的术语和法律机制可以有效避免不同担保方式之间的规则冲突，使当事人之间的法律关系更加清晰，有利于维护交易安全；同时，开放式的体系摆脱了物权法定主义的窒碍，为金融创新留下了空间，当事人之间的契约自由得到了极大的尊重，无须在既定的担保方

1　参见孙宪忠、朱广新主编：《民法典评注：物权编》，中国法制出版社，2020，第 223-224 页。

2　参见王利明：《担保制度的现代化：对〈民法典〉第 388 条第 1 款的评析》，《法学家》2021 年第 1 期。相关裁判参见河南省高级人民法院（2021）豫民终 1039 号民事判决书。

式之间做有限度的选择，有利于促进动产担保交易的便捷。[1] 国际性"软法"文件也倡导采行功能主义的动产担保立法方法。《联合国动产担保立法指南》建议将依约定在动产上设定的旨在担保债务履行的一切权利统一类型化为"动产担保（物）权"（security right），不论交易的形式如何，也不论当事人使用何种术语来界定彼此之间的权利义务，只要交易在实质上起着担保功能，均适用共同的规则，举凡动产让与担保、应收账款让与担保、所有权保留交易、融资租赁交易，概莫能外。[2]《欧洲示范民法典草案》也专章规定了包括定限担保物权和所有权融资交易在内的动产担保物权，意在统一具有物上担保功能的交易的法律适用。该草案明确，除非另有明文规定，动产所有权融资交易适用动产担保物权的设立、登记、优先顺位、违约前的救济、实现、消灭等规则。[3]

但是，在国际统一实体法公约的推进过程中，这一立法方法遇到了障碍。[4] 如《开普敦公约》[5] 虽然将在功能上起担保作用的交易形态均纳入其调整范围，但并未采行一元化的动产担保权概念，而是采取多数国家所奉行的动产交易类型化方法，区分担保交易、所有权保留交易、融资租赁交易，但这三种交易形式适用基本相同的规则，仅在违约救济等方面存在一定的差异。

1　参见高圣平：《动产担保交易法比较研究》，中国人民大学出版社，2008，第92页。

2　See United Nations Commission on International Trade Law, *UNCITRAL Legislative Guide on Secured Transactions*, United Nations, 2010, p.62.

3　See Ulrich Drobnig and Ole Böger（eds）, *Proprietary Security in Movable Assets*, Oxford：Oxford University Press，2015，pp.243-245. 另参见欧洲民法典研究组、欧盟现行私法研究组：《欧洲示范民法典草案：欧洲私法的原则、定义与示范规则》，高圣平译，中国人民大学出版社，2012，第355页以下。本书所引该草案的条文均出自该书，特此叙明。

4　See Michael Bridge, *Secured Credit LegislationFunctionalism or Transactional Co-Existence*, in Spyridon V Bazinas and N Orkun Akseli eds., *International and Comparative Secured Transactions Law Essays in honour of Roderick A Macdonald,* Hart Publishing, 2017, pp. 2-3.

5　我国是《开普敦公约》和《航空器议定书》的缔约国，于2001年11月16日签署了《开普敦公约》和《航空器议定书》，并于2008年10月28日由第十一届全国人民代表大会常务委员会通过了《关于批准〈移动设备国际利益公约〉和〈移动设备国际利益公约关于航空器设备特定问题的议定书〉的决定》，批准了《开普敦公约》和《航空器议定书》，对其中相应条款作了声明。《开普敦公约》及《航空器议定书》自2009年6月1日起对我国生效。

同时，该公约将这三种交易形态的类型化区分留由准据法调整，也就是说，美国、加拿大普通法域、新西兰、澳大利亚等采行功能主义立法方法的国家和地区，所有权保留交易、融资租赁交易被定性为动产担保交易，应统一适用该公约关于担保交易的规定。[1]

囿于不同的法制传统和既有制度体系，各国在动产担保交易制度改革中主要采行三种模式：其一，继续维系既有的典型担保和非典型担保制度（通常是所有权保留、融资租赁等），只就其中部分规则做相应修改，如英国拒绝接受单一的动产担保权概念，但所有非移转占有型动产担保交易均须登记；其二，构建统一的动产担保权概念，但将非典型担保排除于外，如比利时法规定所有权保留、融资租赁等不是动产担保交易，无须登记，但其他规则与动产担保交易规则颇为类似；其三，彻底采行功能主义立法方法，但凡具有担保功能的权利，均由一元化的"动产担保权"所涵盖，适用相同的交易规则，如美国、加拿大普通法域、新西兰、澳大利亚等国家和地区。[2]

如此看来，动产担保交易制度改革的核心问题并不在于如何宽泛地界定动产担保权的范围，而在于所有在功能上起着担保作用的交易工具如何统一地适用设立、公示、优先顺位和实现规则。亦即，采行功能主义立法方法并不意味着所有的担保交易规则均适用于所有非典型担保交易类型，只须统一这些权利的设立、公示、优先顺位和实现规则即可。[3]在我国，基于物债两分的体系是法典形式理性的基本要素，由自物权和他物权构建的物权体系也已成为《民法典》物权编的基本架构。如此，在植入现代动产担保交易制度的合理元素之时，我国《民法典》自无须采行功能主义的立法方法，而将在功能上起着担保作用的所有交易工具均构造为动产担保交易。

---

1 参见［英］罗伊·古德：《国际航空器融资法律实务——移动设备国际利益公约及航空器设备特定问题议定书正式评述》，高圣平译，法律出版社，2014，第179-180页。

2 See Louise Gullifer and Orkun Akseli eds., *Secured Transactions Law Reform Principles, Policies and Practice*, Hart Publishing, 2016, p. 517.

3 参见高圣平：《统一动产融资登记公示制度的建构》，《环球法律评论》2017年第6期。

《民法典》虽然未将所有权保留交易、融资租赁交易、保理交易等非典型动产担保交易在形式上重构为动产担保交易，但基于这些交易与典型动产担保交易在经济功能上的等同性，采取了与动产抵押权一样的登记对抗主义模式，以实现平等保护信用提供者的政策目标。[1]"减少信贷成本的有效方式是让所有潜在的信用提供者展开公开竞争。为此，有必要设计一个对以下各种信用提供者同等适用的有效的动产担保交易制度：金融机构和其他贷款人、制造商和供应商以及国内外信用提供者。"[2]由此，平等对待不同来源的信用授受行为和各种形式的动产担保交易，就成了制度设计和规范解释的基本出发点。例如，出卖人为买受人提供信用支持，既可以采取所有权保留交易形式，在买受人支付价款之前保留标的物的所有权，也可以采取动产抵押交易形式，移转标的物所有权予买受人，同时在该标的物上设立动产抵押权，还可以采取附回赎权买卖交易形式，移转标的物所有权予买受人但保留回赎权，并以买受人支付价款为解除条件。这些交易形式实际上均起着担保购买价金清偿的作用，权利人应受平等对待。这一法政策选择为这些非典型动产担保交易准用典型动产担保交易的其他规则提供了解释前提。就这三类非典型动产担保权而言，《民法典》第 768 条特别规定了保理交易的优先顺位规则[3]，但未就前两类作出特别规定。如出卖人或买受人、出租人或承租人处分标的物，在其上为他人设立动产抵押权，数项权利之间即发生竞存，如

1　参见张家勇：《体系视角下所有权担保的规范效果》，《法学》2020 年第 8 期。

2　United Nations Commission on International Trade Law, *UNCITRAL Legislative Guide on Secured Transactions*, United Nations, 2010, p.20.

3　但这一特别规定不无检讨的余地。应收账款保理和应收账款质押本属应收账款融资的两种模式，但《民法典》上采取了不同的立法主义。我国《民法典》上囿于动产质权采公示生效主义的体系强制，包括应收账款质权在内的权利质权，只不过是动产质权的一种特殊形式，同样采取公示生效主义。就竞存的应收账款质权之间，也就准用第 414 条第 1 款第 1 项的规定，即应收账款质权之间按照登记的时间先后确定其优先顺位。在解释上，应收账款质权如未登记即未设立，不与登记者发生竞存关系。《民法典担保制度解释》就这一问题在解释论上作出一定努力，其中第 66 条第 1 款规定，同一应收账款同时存在保理、应收账款质押和债权转让时，统一参照《民法典》第 768 条确定彼此之间的优先顺位。一方面，将保理与质押并列或可进一步认为对保理也试图进行功能主义的改造，加强了应收账款担保统一适用公示对抗主义的正当性；另一方面，《民法典担保制度》在面对前述质权公示生效主义的困境时也显得力不能逮。

此就出现了出卖人、出租人的所有权与第三人的抵押权之间的竞存，如何确定权利人之间的优先顺位，即存在解释空间。

基于所有权保留和融资租赁等非典型担保交易的特殊性，《联合国动产担保立法指南》指出，各国可根据本国法制现状采取统一或非统一的处理方法。但即使采行后者，将所有权保留交易之下出卖人的权利和融资租赁交易下出租人的权利定性为所有权，也应使之平等地适用与动产抵押权功能等同的规则。[1] 借助于登记公示方法的引入，所有权保留和融资租赁不再是"隐蔽"的交易，出卖人、出租人自可经由登记保全特定标的物之上的优先顺位。[2] 所有权保留交易、融资租赁交易在许多方面而非各方面与动产担保物权适用相同的规则，但是在优先顺位方面，则应当适用相同的规则。[3] 如此，所有权保留交易和融资租赁交易准用《民法典》第414条第1款的规定即无障碍。这一解释方案也符合现代动产担保交易法的发展趋势。在法律改革家看来，交易的形式对于确定担保权人之间以及担保权人与第三人之间竞存权利的优先顺位没有关联。[4] 既然《民法典》上就所有权保留交易、融资租赁交易与动产抵押交易，在权利人与第三人之间的效力冲突上采取了相同的规则（均采登记对抗模式，即均为"未经登记，不得对抗善意第三人"），则对权利人之间的优先顺位亦应作相同处理。

综上，在上述优先顺位规则体系中，第414条是确立竞存动产担保权之间优先顺位的一般规则，可以适用或准用于其他典型动产担保权和非典型动产担保权，其他优先顺位规则构成这一一般规则的例外，是为优先顺位规则

1　See United Nations Commission on International Trade Law, *UNCITRAL Legislative Guide on Secured Transactions*, United Nations, 2010, p.63.

2　参见高圣平：《民法典担保物权制度修正研究——以〈民法典各分编（草案）〉为分析对象》，《江西社会科学》2018年第10期。

3　See Ulrich Drobnig and Ole Böger eds., *Proprietary Security in Movable Assets*, Oxford University Press, 2015, p.551.

4　See N. Orkun Akseli, *International Secured Transactions Law Facilitation of Credit and International Conventions and Instruments,* Routledge, Taylor & Francis Group, 2011, p.26.

的特别规定,并得优先适用。[1] 如第 415 条关于抵押权与质权竞存时的优先
顺位规则(该条的理论基础同于第 414 条,严格意义上不属于特别规则);
第 416 条关于购买价金担保权的超优先顺位规则;第 456 条关于抵押权或质
权与留置权竞存时的优先顺位规则;第 768 条关于多数保理人之间的权利顺
位等,均为特别规定。

三、动产担保权优先顺位一般规则的解释与适用

作为确定竞存动产担保权之间优先顺位的一般规则,《民法典》第 414
条第 1 款所基于的法政策并不清晰,带来了不少解释论上的疑问。

(一)《民法典》第 414 条第 1 款的法政策依据

就非移转占有型动产担保权,《民法典》统一采取了登记对抗主义,已
如前述。在登记对抗主义之下,物权对抗其他物权的效力来源于物权的登记
公示[2],此际,登记时间的先后也就成了动产担保权之间发生冲突之时确立彼
此之间优先顺位的客观标准,这就是所谓“先登记者优先规则”[the First-
in-time(Temporal)Rule, *prior tempore potior jure*] 的理论基础。“先登记
者优先规则”具有自古典法以来的法理支撑。确立私法上所有权利之间的优
先顺位的基本原则就是 “*nemo dat quod non habet*”(不能给付不属于自己的
东西,亦即 “先来后到”)的规则。[3] 在奉行登记对抗主义的动产担保权之间,
这一规则就成了“先登记者优先规则”:在某一动产已为甲债权人设立动产
担保权且已登记的情形下,其后又为乙债权人设立的动产担保权自应受到在
先动产担保权的限制,除非有正当的相反理由。[4] 在确定同一标的物上竞存

---

1 参见纪海龙:《民法典动产与权利担保制度的体系展开》,《法学家》2021 年第 1 期。

2 参见尹田:《物权法》(第二版),北京大学出版社,2017,第 504 页。

3 See Hugh Beale, Michael Bridge, Louise Gullifer and Eva Lomnicka,*The Law of Security and Title-Based Financing*, 2nd ed.,Oxford University Press, 2012,p.460; Roy Goode, "The Priority Rules under the Cape Town Convention", (2012) *Cape Town Convention Journal* 95, 96(2012).

4 See David Fox, "Relativity of Title at Law and in Equity", 65 *Cambridge Law Journal* 330, 352(2006).

的动产担保权之间的优先顺位时，并不考察动产担保合同的订立时间或动产担保权的设立时间。[1]动产担保权的设立并不取决于是否登记，登记的先后也仅仅只决定优先顺位，并不是动产担保权的设立或生效要件，也不是动产担保权具有强制执行力的要件。如动产担保权没有有效设立，或者事实证明该动产担保权并不存在，登记本身并不能矫正这些瑕疵。[2]由此可见，"先登记者优先规则"也不否认已设立的动产担保权在当事人之间的效力，而仅仅只是对于已经设立的动产担保权排定彼此之间的受偿顺序。这一观念有力地反驳了同一标的物上"禁止重复担保，仅允许余额担保"的观点。[3]担保人在其财产上为他人设立动产担保权之后，并不丧失其处分担保财产的权利，在"先登记者优先规则"之下，担保人在已设立担保的财产上再次设立其他担保物权，并不损害在先担保权人的权利，自无限制之理。[4]

在"先登记者优先规则"之下，已依登记而公示的动产担保权，自可对抗于其后登记公示的动产担保权；亦可对抗其他未登记公示的动产担保权，而不管后者的设立先后。[5]《民法典》第414条第1款第1、2项即基于此而确立。就未登记的动产担保权之间的优先顺位，《民法典》第414条第1款第3项采取了"平等受偿"的立法态度，与《物权法》第199条第3项相同，但与《担保法》第54条第2项不同。[6]我国学说上通常认为："既然非经登

1　See Ronald C.C. Cuming, Catherine Walsh and Roderick J. Wood, *Personal Property Security Law*, 2nd ed., Irwin Law Inc., 2012, p.419.

2　See Jeffrey Wool, "The Next Generation of International Aviation Finance Law: An Overview of the Proposed UNIDROIT Convention on International Interests in Mobile Equipment as Applied to Aircraft Equipment", 20 *University of Pennsylvania Journal of International Law* 499, 540（1999）.

3　《担保法》第35条即规定："抵押人所担保的债权不得超出其抵押物的价值。""财产抵押后，该财产的价值大于所担保债权的余额部分，可以再次抵押，但不得超出其余额部分。"认为《物权法》第199条已经肯定重复抵押的观点，参见李明发、郑峰：《论抵押权之间竞存时的顺位确定》，《安徽大学学报（哲学社会科学版）》2011年第2期。

4　参见王利明：《登记的担保权顺位规则研究——以〈民法典〉第414条分析为中心》，《比较法研究》2021年第2期。

5　参见辽宁省葫芦岛市中级人民法院（2021）辽14民终2538号民事判决书。

6　该项规定："未登记的，按照合同生效的先后顺序清偿，顺序相同的，按照债权比例清偿。"

记不得对抗，那么，未经公示的先存抵押权便无凭借来主张优先于后位抵押权。如果允许先设定的抵押权优先，就与登记制度的精神背道而驰。"[1] 在比较法上，美国法和加拿大法上认为，未经登记但已设立的动产担保权，并不必然地具有不得对抗所有竞存担保权人的效力。如其他竞存担保权人也没有依登记而取得对抗效力，就其仅作为担保权人的地位而言，所有的动产担保权在不同的担保权人之间均产生对抗效力，在担保人不是主债务人的情况下更是如此。[2] 这也是其他国家的国内法以及相关国际文件均就未登记动产担保权之间按照设立时间的先后确定优先顺位的理由。但日本法的通说和判例认为，未经登记的物权之间，彼此不发生顺位之优劣问题，任何一方均不得以其物权变动对抗其他物权人。[3] 如此看来，未登记的动产担保权之间的顺位问题端赖于不同的法政策选择。

在我国，如"采行设定在先原则，亦无法防止抵押人与某一个抵押权人串通，虚填或变动签约日期，从而使其取得优先地位并以此对抗他人的抵押权的现象"[4]。《民法典》就这一问题的政策选择，可能正是基于此。实践中，未登记动产担保权之间发生竞存的可能性极少。一旦某一担保权人意识到其担保权未经登记就不具有对抗效力之时，即可立即登记其动产担保权。因此，可以认为，这一优先顺位争议可因担保权人之间登记速度之间的竞争得

1　王闯：《动产抵押制度研究》，见梁慧星主编：《民商法论丛》（第3卷），法律出版社，1995，第459-460页。

2　See Study Group on a European Civil Code and Research Group on EC Private Law（Acquis Group），*Principles, Definitions and Model Rules of European Private LawDraft Common Frame of Reference, Volume* 6. Sellier. European Law Publishers GmbH, 2009, p.5552.

3　参见［日］我妻荣：《民法讲义Ⅱ：新订物权法》，有泉亨补订，罗丽译，中国法制出版社，2008，第163页以下；［日］近江幸治：《民法讲义Ⅱ：物权法》，王茵译，北京大学出版社，2006，第17页；刘春堂：《动产担保交易登记之对抗力》，见《物权法之新思与新为——陈荣隆教授六秩华诞祝寿论文集》，瑞兴图书股份有限公司，2016，第395-396页。

4　刘保玉：《论担保物权的竞存》，《中国法学》1999年第2期。

以解决。[1] 不过，在担保财产已被查封、扣押且进入强制执行程序的情形之下，如发现已登记的动产担保权存在登记错误，使登记得以撤销的，也可能出现竞存的动产担保权均未登记的情形。

（二）浮动抵押权适用《民法典》第 414 条第 1 款的空间

《民法典》第 414 条第 1 款并未限定适用于该条的抵押权的类别与范围，在解释上，浮动抵押权属于抵押权之一种，自应适用该款。但是，正如前述该款第 2、3 项不适用于不动产抵押权一样，浮动抵押权自有其特殊性，是否适用该款，仍然存在解释的必要。由于《民法典》上浮动抵押规则并未就《物权法》的相关规定作实质上的修改，既有的学说和裁判即有参考的价值和检讨的必要。

就动产（固定）抵押权登记在先、浮动抵押权登记在后，两者之间的优先顺位适用《民法典》第 414 条第 1 款第 1 项，学说和裁判上并无争议。[2] 但就浮动抵押权登记在先、动产（固定）抵押权登记在后，两者之间的顺位关系，我国学说和裁判上存在不同认识。一种观点认为，浮动抵押权设定之后、确定之前，抵押财产尚处于抵押人正常的经营活动中而显流动状态，浮动抵押权的设定并不限定抵押人的处分权，尚不得对抗正常经营活动中已支付合理对价并取得抵押财产的买受人，自然也不能优先于浮动抵押权确定之前依法设立的其他担保物权。[3] 另一种观点认为，我国法并无严格意义上的结晶、接管制度，浮动抵押权在确定之前已经产生物权效力，在效力规则上

1　See William H. Lawrence, William H. Henning and R. Wilson Freyermuth，*Understanding Secured Transactions*，5th ed., Matthew Bender & Company, Inc., 2012, p.230; Ronald C.C. Cuming, Catherine Walsh and Roderick J. Wood, *Personal Property Security Law*, 2nd ed., Irwin Law Inc., 2012, p.421.

2　相关裁判可参见"中国农业发展银行鹤岗分行与中国建设银行股份有限公司鹤岗分行借款合同纠纷上诉案"，黑龙江省高级人民法院（2015）黑高商终字第 20 号民事判决书。

3　参见高圣平：《担保法论》，法律出版社，2009，第 455 页；席志国：《民法典编纂视野下的动产担保物权效力优先体系再构建——兼评〈民法典各分编（草案）二审稿〉第 205-207 条》，《东方法学》2019 年第 5 期。裁判上可参见山东省青岛市中级人民法院（2014）青金商初字第 473 号民事判决书；吉林省吉林市中级人民法院（2020）吉 02 民初 302 号民事判决书。

不应采行英国法的解释论，而应依设定时间的先后确定竞存权利之间的优先顺位。浮动抵押权早于动产（固定）抵押权办理登记，则浮动抵押权应优先于动产（固定）抵押权受偿。[1]《民商事审判会议纪要》采纳了第二种方案，其第 64 条规定："企业将其现有的以及将有的生产设备、原材料、半成品及产品等财产设定浮动抵押后，又将其中的生产设备等部分财产设定了动产抵押，并都办理了抵押登记的，根据《物权法》第 199 条的规定，登记在先的浮动抵押优先于登记在后的动产抵押。"在《民法典》时代，借鉴《美国统一商法典》第九编相关理论进行解释论作业的趋势日渐明显，采纳美式浮动抵押构造的论者声势更加浩大。[2] 最高人民法院在其编著的民法典理解与适用书中径直指出，"《民法典》规定的浮动抵押性质上属于美式浮动抵押，而非英式浮动抵押"[3]。

本书作者以为，作为继受法的一种，浮动抵押权的解释论自应参考制度来源国。以我国法上不存在浮动抵押权上所谓"结晶"制度为由，否定我国浮动抵押制度源自英国法，缺乏正当性。英国法上所谓"crystallization"，既可直译为"结晶"，又可意译为"固定化""特定化""具体化""确定"[4]。比较《民法典》《物权法》上关于浮动抵押权的确定事由与效力的规定与英国法上的所谓"结晶"制度，不难发现两者之间的高度相似性。但据此不能

---

[1] 参见王洪亮：《动产抵押登记效力规则的独立性解析》，《法学》2009 年第 11 期；龙俊：《动产抵押对抗规则研究》，《法学家》2016 年第 3 期；最高人民法院民事审判第二庭：《〈全国法院民商事审判工作会议纪要〉理解与适用》，人民法院出版社，2019，第 381 页。裁判上可参见浙江省温州市中级人民法院（2014）浙温商终字第 1735 号民事判决书；最高人民法院（2019）最高法民再 237 号民事判决书。

[2] 参见曹明哲：《论动产浮动抵押权与固定抵押权的竞存》，《金融理论与实践》2020 年第 10 期；纪海龙：《民法典动产与权利担保制度的体系展开》，《法学家》2021 年第 1 期；孙宪忠、朱广新主编：《民法典评注：物权编》，中国法制出版社，2020，第 89 页。

[3] 最高人民法院民法典贯彻实施工作小组编：《中华人民共和国民法典物权编理解与适用（下）》，人民法院出版社，2020，第 1050 页。

[4] 崔建远：《物权：规范与学说——以中国物权法的解释论为中心》（下册）（第二版），清华大学出版社，2021，第 489 页；高圣平：《担保法论》，法律出版社，2009，第 458 页；刘保玉：《我国担保物权制度的立法改进与规则完善》，《公民与法》2012 年第 7 期。

简单地套用英国法的解释论，英国动产担保交易形式多样，均为在不同历史时期应对不同的经济需要而创设，相互之间的规则冲突颇为明显[1]，如此形成的解释论具有多大程度的参考和借鉴价值，实值怀疑。在动产担保交易制度中，优先顺位体系最能体现各个国家的不同政策选择，其中有些规则由于国与国之间的社会、经济制度的差异而不具有可比性和可移植性。[2]

诚然，在物权特定性原则之下，担保物权只能设立在现实存在的财产之上，这一限制是为了防止债务人就其财产（尤其是未来财产），向担保权人作出过多承诺。但由于企业并不总是有现成的既有财产供作信贷担保，上述限制会使其无法借由存货和应收账款等未来财产获取信贷支持。[3]由此可见，不宜以物权特定性为由彻底否定在未来财产上设立担保物权的合同的效力。[4]我国《民法典》上虽未就未来财产上的担保物权规则作出统一规定，但在解释上可以认为，只要相关财产不存在，物上担保合同就无法产生任何物权效力；一旦拟设立担保物权的财产存在，就设立了担保物权。但应当强调的是，担保物权的延迟设立，并不必然影响其优先顺位。如果担保物权通过登记而取得对抗效力，则登记的时间决定了担保物权的优先顺位；登记时间也可以在担保物权实际设立之前。[5]在登记对抗主义之下，动产担保权的登记并不像不动产登记那样具有公信力，动产担保登记簿的记载对于第三人而言仅具提醒作用。由此，为保全在未来财产之上的动产担保权，权利人可在动产担保权设立之前即登记。这样，权利人既可以在动产担保权设立之前登

1　See Frederique Dahan, "Secured Transactions Law in Western Advanced Economics: Exposing Myths", *Law in Transition*, Autumn 2000, p.40.

2　参见李莉：《论浮动抵押财产确定制度》，《环球法律评论》2021年第2期；高圣平：《动产担保交易法比较研究》，中国人民大学出版社，2008，第363页。

3　See United Nations Commission on International Trade Law, *UNCITRAL Legislative Guide on Secured Transactions*, United Nations, 2010, p.23.

4　See Ulrich Drobnig and Ole Böger eds., *Proprietary Security in Movable Assets*, Oxford: Oxford University Press, 2015, p.279.

5　See Ulrich Drobnig and Ole Böger eds., *Proprietary Security in Movable Assets*, Oxford: Oxford University Press, 2015, p.279.

记，也可以在动产担保权设立之后登记。由此可见，动产担保权的设立，既不是动产担保权登记的前提，也不是确定竞存权利之间优先顺位的决定性因素。"在先登记足以确立动产担保权的优先顺位，即使在其他动产担保权登记公示之时在先登记的动产担保权并未有效设立，亦无不然。"[1]

尽管我国单独就浮动抵押权作出了专门规定，并可以认为在确定之前浮动抵押权的效力不及于具体的抵押财产（《民法典》第 396 条），浮动抵押权的设立并不限制抵押人对抵押财产的处分，但是，各权利人之间的顺位应依登记时间加以确定。仅依登记时间的先后，而不以浮动抵押权的确定时间与动产（固定）抵押权的登记时间之间的先后，来决定优先顺位，有利于增加优先顺位规则的统一化和确定性，也有利于提高浮动抵押制度的应用价值、推动这一交易模式的广泛采用。[2] 如采行浮动抵押权的确定时间与动产（固定）抵押权的登记时间之间的先后来决定优先顺位，一则浮动抵押权的确定时间并不为第三人所明确知悉；二则浮动抵押权人与抵押人之间就浮动抵押权的确定时间还极有可能发生争议，如此即增加了优先顺位规则适用的不确定性。应当注意的是，《民法典》第 404 条规定："以动产抵押的，不得对抗正常经营活动中已支付合理价款并取得抵押财产的买受人。"这里确立了正常经营活动中的买受人规则，系属动产抵押权登记对抗效力的例外。有学者认为，由此而推论，"付出相应对价而取得的固定财产抵押权应当优先于浮动抵押权"[3]。本书作者认为，抵押人将已经设定抵押的财产再次设定抵押的行为，非属"正常经营活动"，亦非买卖行为，因此，不宜将此时的抵押权

---

1 Ronald C.C. Cuming, Catherine Walsh and Roderick J. Wood, *Personal Property Security Law*, 2nd ed., Irwin Law Inc., 2012, p.420.

2 参见龙俊：《动产抵押对抗规则研究》，《法学家》2016 年第 3 期；最高人民法院民事审判第二庭：《〈全国法院民商事审判工作会议纪要〉理解与适用》，人民法院出版社，2019，第 381 页。

3 刘保玉：《我国担保物权制度的立法改进与规则完善》，《公民与法》2012 年第 7 期。

人与正常经营活动中的买受人的法律地位作同一解释。[1]同时，就同属未来
财产、同样具有浮动性的应收账款，《民法典》上采取了以登记作为竞存应
收账款质权优先顺位的判断标准，就浮动抵押权和动产（固定）抵押权之间
的优先顺位亦应作相同解释。准此，《民法典》第 414 条第 1 款所确立的优
先顺位一般规则适用于浮动抵押权。[2]

（三）《民法典》第 414 条第 1 款与第 403 条之间的解释冲突及其化解

依据《民法典》第 403 条的规定，未经登记的动产抵押权，不得对抗
善意第三人，但第 414 条所定优先顺位的判断标准仅有一项，即登记的时
间，这里并未考虑后设立担保权的权利人的主观态度。如此即可能出现解释
冲突。例如，后设立的动产抵押权或其他担保权已经完成登记或其他公示手
续，但其权利人知道同一动产上已经存在未登记的动产抵押权，如依第 403
条的规定，设立在先但未登记的动产抵押权，即优先于设立在后但已完成公
示手续的动产担保权（第一种解释方案）；如依第 414 条和第 415 条的规定，
则设立在先但未登记的动产抵押权，就劣后于设立在后但已完成公示手续的
动产担保权（第二种解释方案）。就此，学界存在不同意见。

有学者主张采纳第一种解释方案，认为"针对同一动产上的两个抵押
权相互之间的优先关系，并不能简单地看各抵押权是否经过登记以及登记的
先后顺序。相反，必须要结合后设立之抵押权人是善意还是恶意等全部因素
以共同定之"[3]。其主要理由在于，从第 403 条的文义上看，若后设立抵押权

1　参见最高人民法院民事审判第二庭：《〈全国法院民商事审判工作会议纪要〉理解与适用》，人民法
院出版社，2019，第 382 页；曾大鹏：《商事担保立法理念的重塑》，《法学》2013 年第 3 期。

2　相同的意见参见最高人民法院民法典贯彻实施工作小组编：《中华人民共和国民法典物权编理解与
适用》（下），人民法院出版社，2020，第 1050 页；龙俊：《民法典中的动产和权利担保体系》，《法学研
究》2020 年第 6 期；纪海龙：《民法典动产与权利担保制度的体系展开》，《法学家》2021 年第 1 期；王
利明：《登记的担保权顺位规则研究——以〈民法典〉第 414 条分析为中心》，《比较法研究》2021 年第 2
期；王乐兵：《动产担保优先顺位的立法构造与适用解释》，《法学家》2022 年第 2 期。

3　席志国：《民法典编纂视野下的动产担保物权效力优先体系再构建——兼评〈民法典各分编（草
案）二审稿〉第 205-207 条》，《东方法学》2019 年第 5 期。

的权利人知悉在同一财产上已经存在抵押权，则不论其是否办理完成登记手续，都将因其主观上知悉在先抵押权的存在而不能取得优先地位。[1]这是民法保护善意、惩罚恶意功能的体现，符合民法学最基本的价值判断[2]，具有道德上的正当性。既然后设立的抵押权人已经知晓在先的权利，就应当尊重在先的权利，而不应当利用法律制度之漏洞图一己之利，否则其行为即有悖于诚实信用原则，法律应当对其作否定性的评价[3]，"即纵先经登记，其效力仍劣于成立在先之抵押权，以贯彻恶意不受保护之基本原则"[4]。

有学者赞成第二种解释方案，认为"当发生动产抵押权的竞存时，不应适用《物权法》第188条，而应该直接适用《物权法》第199条，即不区分'善意恶意'"[5]，其主要理由在于，从体系解释上看，采纳第一种解释方案无法自洽，此时无法解释《物权法》第199条第2项和第3项是何用意，因为只有动产抵押中才存在"未登记的抵押权"。因此，可以认为《物权法》第199条和第188条之间是特殊规范和一般规范的关系。[6]从价值判断上看，抵押人在为他人设立抵押权之后，即无权处分该抵押财产，受让人的善意足以弥补抵押人处分权的缺陷，但与此不同的是，抵押人即使已在其动产上设立了抵押权，也并不妨害其在同一动产上再次设立其他担保权，每次担保权的设立均属有权处分。竞存的担保权人只是争夺就同一动产的清偿顺位，即便其在竞争中处于不利境地，也仅仅只是顺位劣后，不会引发权利丧失的法律后果。"由于担保交易更多的只是涉及清偿顺位的商业竞争，即使后顺位的

1　参见董学立：《如何理解〈物权法〉第199条》，《法学论坛》2009年第2期。

2　参见石冠彬：《论民法典担保物权制度的体系化构建》，《法学评论》2019年第6期。

3　参见席志国：《民法典编纂视野下的动产担保物权效力优先体系再构建——兼评〈民法典各分编（草案）二审稿〉第205-207条》，《东方法学》2019年第5期，第51页。

4　王泽鉴：《民法学说与判例研究》（重排合订本），北京大学出版社，2015，第1480页。

5　龙俊：《动产抵押对抗规则研究》，《法学家》2016年第3期。相同观点参见崔建远：《物权：规范与学说——以中国物权法的解释论为中心》（下册）（第二版），清华大学出版社，2021，第409-412页。

6　参见龙俊：《动产抵押对抗规则研究》，《法学家》2016年第3期。

担保权人得知在先抵押的事实，主观上也不具有可归责性。"[1]此外，从法律继受的视角，这一优先顺位规则来自美国法，而《美国统一商法典》上在确立竞存权利之间的优先顺位之时并未区分善意和恶意。[2]

本书作者认为，现代动产担保交易法制优先顺位规则的核心价值目标在于确定性，这既是提高动产担保交易的效率的需要，也是保护交易主体信赖利益使然。[3]动产担保权经公示而确立其优先顺位，是保护第三人信赖利益的最优选择。[4]如若优先顺位的确立仍须考量相关权利人的善意，则会增加交易结果的不可预测性。权利人主观上的善意"是一个很难证明的纯主观的事实问题，除非存在压倒性的政策论据有益于该标准的适用，否则应明智地抛弃这一标准，并根据一些更容易确定的客观事件来决定，比如登记日期"[5]。在我国已经加入的《开普敦公约》中，竞存权利之间依登记的先后顺序定其顺位，不考虑权利人在主观上的善意和恶意。[6]起草者认为，如坚持登记对抗主义之下，虽未登记，但仍可对抗恶意的第三人，竞存权利之间就会多一个主观判断因素，徒增优先顺位上的不确定性，只会遭致事实上的纷争，引发不必要的诉讼，终将导致成本和风险的增加。[7]最终，《开普敦公约》不考虑当事人是否知悉竞存权利的存在，仅以登记作为确定竞存权利之间优

1　庄加园：《动产抵押的登记对抗原理》，《法学研究》2018 年第 5 期。

2　参见王洪亮：《动产抵押登记效力规则的独立性解析》，《法学》2009 年第 11 期；龙俊：《动产抵押对抗规则研究》，《法学家》2016 年第 3 期。

3　参见龙俊：《民法典中的动产和权利担保体系》，《法学研究》2020 年第 6 期。

4　See Barkley Clark and Barbara Clark, *The Law of Secured Transactions Under the Uniform Commercial Code*, 3rd ed., LexisNexis, 2017, pp.3-6.

5　Grant Gilmore, *Security Interests in Personal Property*, Vol.1, Little, Brown and Company, 1965, p.902.

6　See Roy Goode, "The Priority Rules under the Cape Town Convention", （2012）*Cape Town Convention Journal* 95,97（2012）; Jolyn Ang Yi Qin, "Rationalizing the Cape Town Convention and Aircraft Protocol's First-to-Register Rule and Its Exceptions in the Context of Aviation Finance", 79 Journal of Air Law and Commerce 747, 757（2014）.

7　See Anthony Saunders and Ingo Walter, "Proposed Unidroit Convention on International Interests in Mobile Equipment as Applicable to Aircraft Equipment through the Aircraft Equipment Protocal: Economic Impact Assessment", 23 *Air & Space Law* 345, 359-360(1998).

先顺位的唯一客观因素，增加了优先顺位规则的确定性。[1]

解释论上可以认为，相对于第403条，第414条是特别规定，应当优先于第403条这一一般规定而适用。如此，《民法典》第403条应作限缩解释，善意要件只适用于第三人为买受人等具有否定未登记动产担保权存在效力的情形，而不适用于已经依法公示其担保权的权利人，即使这些权利人主观上为恶意，亦无不然。如此即增加了动产担保交易的确定性。

应值注意的是，《民法典担保制度解释》第16条第2款规定："主合同当事人协议以新贷偿还旧贷，旧贷的物的担保人在登记尚未注销的情形下同意继续为新贷提供担保，在订立新的贷款合同前又以该担保财产为其他债权人设立担保物权，其他债权人主张其担保物权顺位优先于新贷债权人的，人民法院不予支持。"此处维系以原来因"旧贷"而为的担保物权登记时点确立继续为"新贷"提供担保的担保物权的顺位，并不违反后顺位担保物权人在其担保物权设立时的合理期待。因为，在后顺位担保物权人设立担保物权之时，即已知道其位于后顺位。反而言之，"借新还旧"的本质是旧贷特殊形式的展期，旧贷上的担保财产继续为新贷提供担保，债权人对于担保财产仍享有顺位利益，只要旧贷担保人同意继续为新贷提供担保且登记仍未涂销，债权人的担保顺位应予确认，于此亦有助于维护现行金融秩序。[2]

四、动产抵押权和动产质权之间优先顺位规则的解释与适用

（一）同一标的物上动产抵押权和动产质权竞存的可能性

动产抵押权的设立不以移转标的物的占有为必要，且抵押权的设立并

1　See Roy Goode, *The Cape Town Convention on International Interests in Mobile Equipment*, in Arthur Hartkamp, Martijn Hesselink, Ewoud Hondius, Carla Joustra, Edgar du Perron and Muriel Veldman, *Towards a European Civil Code*, Third Fully Revised and Expanded Edition, AH Alphen aan den Rijn, The Netherlands: Kluwer Law International, 2004, p. 762；高圣平：《中国融资租赁法制：权利再造与制度重塑——以〈开普敦公约〉及相关议定书为参照》，《中国人民大学学报》2014年第1期。

2　参见最高人民法院民事审判第二庭：《最高人民法院民法典担保制度司法解释理解与适用》，人民法院出版社，2021，第205页。

不限制抵押人对抵押财产的处分，抵押人自可就同一动产为他人设立动产质权。如此，"先押后质"中动产抵押权和动产质权的效力均应予以承认，唯一应予明确的是两者之间的优先顺位。关于是否存在"先质后押"的情形，学界存在争议。第一种观点认为，若在同一动产上先设定质权后再设定抵押权，质权因占有标的物而生效力，而抵押权人在抵押权可得实现之时也得占有抵押财产以行使抵押权，如此，在抵押权人实行其占有时就会与质权人的占有在效力上发生冲突。基于此，在同一动产上若允许设定质权后再设定抵押权在实行上存在困难，法律上不宜承认"先质后押"[1]。第二种观点认为，动产抵押权无须移转占有，抵押人仍然占有着标的物，而抵押人对标的物的占有，并不仅限于直接占有，间接占有亦无不可。[2]因此，对于已出质的动产，出质人正居于间接占有人地位，非不得以之再为他人设定抵押权。在此情形下，纵使动产抵押权已经登记，但因登记的对抗力仅向后发生，不能影响成立在前的具有完全效力的质权。[3]第三种观点认为，若当事人同意在出质的财产上设定抵押权，且抵押权所担保的债权清偿期晚于质权人的债权，则并无不可，只是此时质权的效力应优先于抵押权。[4]

本书作者认为，法律虽然对"先质后押"没有允许的积极规定，但也无禁止的消极规定。实践中，"先质后押"的情形同样可能存在，如在同一动产先设定动产质权但所担保的债务数额相对该动产价值较少之时，为充分发挥该动产的金融价值，自应允许出质人再以该动产设定不移转占有的动产抵押权。至于债权人是否接受已经设定质权的动产作为抵押财产，自应由其自行判断。更何况，债权人有可能不知道或不应当知道同一动产上已经设立质

1　郭明瑞：《担保法原理与实务》，中国方正出版社，1995，第74页。
2　参见郑玉波：《各种动产担保相互关系之分析》，《法令月刊》1974年第8期。
3　参见王泽鉴：《民法学说与判例研究》（重排合订本），北京大学出版社，2015，第1480页。
4　参见郭明瑞：《担保法原理与实务》，中国方正出版社，1995，第74页。

权的事实。[1] "先质后押"的情形在承认动产浮动质权的情形之下更为多见。[2] 由此可见，自应承认"先质后押"，并承认动产质权和动产抵押权的效力。

（二）动产抵押权和动产质权之间优先顺位规则的变迁

就动产抵押权和动产质权之间的优先顺位，我国《物权法》上并无规定，基于"质权设定在先抵押权设定在后的情况几乎不存在"[3] 的在先判断，《担保法解释》第79条第1款规定："同一财产法定登记的抵押权与质权并存时，抵押权人优先于质权人受偿。"其主要政策选择理由在于，动产抵押权以登记为公示方法，登记的时间可得确定；动产质权以交付为公示方法，但交付的时间不易确定，且易为当事人之间恶意串通而改变。准此，登记公示的效力要优于占有的效力。[4] 由于《担保法》就动产抵押权分别采取登记生效和登记对抗两种模式，动产抵押权也就有了"法定登记的抵押权"和"自愿登记的抵押权"之分。该款中"法定登记的抵押权"是指在交通运输工具、企业动产上设定的动产抵押权，登记不仅是动产抵押权的生效要件，而且是动产抵押合同的生效要件。但是，《物权法》上就动产抵押权统一改采登记对抗主义，是否办理抵押登记全由当事人自行选择，已经不存在所谓"法定登记的抵押权"，但就《担保法解释》第79条第1款是否仍得适用，学说和裁判上存在争议。[5] 学说上多数观点认为，动产抵押权和动产质权之

1　参见高圣平：《民法典担保物权制度修正研究——以〈民法典各分编（草案）〉为分析对象》，《江西社会科学》2018年第10期。

2　参见最高人民法院民事审判第二庭：《〈全国法院民商事审判工作会议纪要〉理解与适用》，人民法院出版社，2019，第384页。

3　李国光等：《最高人民法院〈关于适用中华人民共和国担保法若干问题的解释〉理解与适用》，吉林人民出版社，2000，第283页。

4　参见李国光等：《最高人民法院〈关于适用中华人民共和国担保法若干问题的解释〉理解与适用》，吉林人民出版社，2000，第283-284页。

5　参见王利明：《物权法研究》（下卷）（第四版），中国人民大学出版社，2018，第1342-1343页；龙俊：《动产抵押对抗规则研究》，《法学家》2016年第3期；高圣平：《民法典担保物权制度修正研究——以〈民法典各分编（草案）〉为分析对象》，《江西社会科学》2018年第10期。

间应以物权设立（取得对抗效力）的时间先后确立其优先顺位。[1]但有学者坚持主张，已经登记的动产抵押权优先于动产质权，而不管其设立先后。其主要理由是，在登记和占有两种公示方法之间，就第三人利益的保护而言，前者的公示效果显著优于后者。占有作为动产担保物权的效力存续条件，并不具有公示担保物权存在的作用。以占有为动产担保物权的"公示"方法的，不产生公信力，动产担保物权的优先性更是无从谈起；以登记为公示方法的，则有公信力。若将动产质权和动产抵押权置于相同的受偿顺位，存在滥用动产质权以损害动产抵押权的巨大市场风险。[2]

本书作者认为，就竞存动产抵押权之间的优先顺位，《民法典》第414条是以动产抵押权取得对抗第三人效力的先后顺序作为判断标准。这一政策选择理应贯彻于动产抵押权和动产质权之间优先顺位的确立。同一动产上竞存的动产抵押权和动产质权之间，亦应以相关权利取得对抗第三人效力的先后顺序作为判断竞存权利之间优先顺位的标准。至于登记和交付两种公示方法之间，应维持价值中立。登记和交付同为物权变动的公示方法，其效力由法律直接作出规定，在法律上没有明确规定何种公示方法优先的情况下，两者之间并无优劣之分。[3]更何况，在登记对抗主义之下，登记的功能与不动产登记迥异，登记是否具有公信力，尚值研究。在比较法上，占有和登记之间效力平等，两者间的先后顺序可以决定动产担保权之间的优先顺位，没有理由认为先设立的动产质权就劣后于后设立且登记的动产抵押权。[4]

1　参见王利明：《我国民法典物权编中担保物权制度的发展与完善》，《法学评论》2017年第3期；高圣平：《民法典担保物权制度修正研究——以〈民法典各分编（草案）〉为分析对象》，《江西社会科学》2018年第10期；曹明哲：《刍议动产抵押权与动产质权竞存的优先顺位》，《南方金融》2019年第1期；席志国：《民法典编纂视野下的动产担保物权效力优先体系再构建——兼评〈民法典各分编（草案）〉二审稿〉第205-207条》，《东方法学》2019年第5期；最高人民法院民事审判第二庭：《〈全国法院民商事审判工作会议纪要〉理解与适用》，人民法院出版社，2019，第384页。

2　参见邹海林：《论〈民法典各分编（草案）〉"担保物权"的制度完善——以〈民法典各分编（草案）〉第一编物权为分析对象》，《比较法研究》2019年第2期。

3　参见王利明：《我国民法典物权编中担保物权制度的发展与完善》，《法学评论》2017年第3期。

4　参见龙俊：《动产抵押对抗规则研究》，《法学家》2016年第3期。

正是基于此,《民商事审判会议纪要》第 65 条规定:"同一动产上同时设立质权和抵押权的,应当参照适用《物权法》第 199 条的规定,根据是否完成公示以及公示先后情况来确定清偿顺序:质权有效设立、抵押权办理了抵押登记的,按照公示先后确定清偿顺序;顺序相同的,按照债权比例清偿;质权有效设立,抵押权未办理抵押登记的,质权优先于抵押权;质权未有效设立,抵押权未办理抵押登记的,因此时抵押权已经有效设立,故抵押权优先受偿"(第 1 款)。"根据《物权法》第 178 条规定的精神,担保法司法解释第 79 条第 1 款不再适用"(第 2 款)。《民法典》第 415 条规定:"同一财产既设立抵押权又设立质权的,拍卖、变卖该财产所得的价款按照登记、交付的时间先后确定清偿顺序。"与《民商事审判会议纪要》第 65 条相比,本条删去了其中关于"顺序相同的,按照债权比例清偿"的规定。动产抵押权和动产质权同时取得对抗效力的情形显属罕见,但并非不可能发生。此际,可以认为,既然效力同等,则顺序相同,应按照所担保的债权的比例受偿。[1]

根据《民法典》的相关规定,动产抵押权自登记之时产生对抗第三人的效力;动产质权自出质人交付质押财产时设立,未交付则动产质权不设立。在解释上,动产质权自交付时才取得对抗第三人的效力。如此,确定动产抵押权和动产质权之间的顺位关系,尚须就两者取得对抗第三人效力的时间之间进行对比,亦即对动产抵押权登记的时间和动产质物交付的时间进行比较。此时,也无须考虑担保权人在设定担保物权的善意或恶意。[2] "当某债权

---

[1] 参见刘保玉:《论担保物权的竞存》,《中国法学》1999 年第 2 期。

[2] 参见龙俊:《动产抵押对抗规则研究》,《法学家》2016 年第 3 期;高圣平:《担保法前沿问题与判解研究》(第四卷),人民法院出版社,2019,第 285 页;曹明哲:《刍议动产抵押权与动产质权竞存的优先顺位》,《南方金融》2019 年第 1 期;最高人民法院民事审判第二庭:《〈全国法院民商事审判工作会议纪要〉理解与适用》,人民法院出版社,2019,第 385 页;黄薇主编:《中华人民共和国民法典物权编解读》,中国法制出版社,2020,第 665 页。相反意见参见席志国:《民法典编纂视野下的动产担保物权效力优先体系再构建——兼评〈民法典各分编(草案)二审稿〉第 205-207 条》,《东方法学》2019 年第 5 期,第 55-56 页。

人明知抵押物上存在未登记抵押权时，仍接受该抵押人提供的该动产质押，此时该债权人即属于恶意质权人。但因交付占有是动产质权的法定公示方式，已经占有（的）恶意质权人应受到公示制度的保护，可以对抗未登记的动产抵押权。"[1] 此外，在解释上，动产所有权保留、融资租赁与动产质权相竞存时，亦应类推适用《民法典》第415条的规定，比较所有权保留、融资租赁的登记时间与动产质物的交付时间之先后，以此判断彼此之间的顺位。[2]

准此，动产抵押权登记在先，动产质权设立在后，则动产抵押权优先；动产质权设立在先，动产抵押权登记在后，则动产质权优先[3]；动产抵押权未登记的，因其尚未取得对抗第三人的效力，即使动产质权设立在后，动产质权亦优先，此时，即使动产质权人知道尚有在先的未登记动产抵押权，亦无不然；动产质权未有效设立，动产抵押权未办理抵押登记的，因此时动产抵押权已经有效设立，故动产抵押权优先。[4]

《民法典》第414条确立了"先登记者优先规则"这一优先顺位的一般规则。在其准用于其他担保权之时，公示方法虽不同但具有同等效力，如此，"先登记者优先规则"也就成了"先公示者优先规则"，《民法典》第415条即属此理。[5] 基于第414条第2款的文义，动产质权并不属于"其他可以登记的担保物权"，在动产抵押权与动产质权竞存之时，自无该条适用的空间。《民法典》单设专条专门规定动产抵押权与动产质权竞存时的优先顺位规则，有利于进一步完善动产担保权优先顺位规则体系。第415条的法政策选择与第414条相同，均以动产担保权取得对抗效力的时间先后，作为判断竞存担保权之间的顺位关系。

1　王闯：《冲突与创新——以物权法与担保法及其解释的比较为中心而展开》，见梁慧星主编：《民商法论丛》第40卷，法律出版社，2008，第292页。

2　参见纪海龙：《民法典动产与权利担保制度的体系展开》，《法学家》2021年第1期。

3　参见四川省乐山市中级人民法院（2021）川11民初235号民事判决书。

4　参见高圣平：《担保法前沿问题与判解研究》（第四卷），人民法院出版社，2019，第285页。

5　参见黄薇主编：《中华人民共和国民法典物权编解读》，中国法制出版社，2020，第714-715页。

（三）公示方法的改变对于优先顺位判断的影响

在解释上存在疑问的是，如当事人改变了公示方法，对于"先公示者优先规则"的适用有何影响？例如，甲乙两个担保权人就同一担保人的同一财产均设立了动产担保权。其中，甲担保权人于2月1日取得了标的物的占有，从而公示了其动产质权；乙担保权人于3月1日办理了动产抵押登记，从而公示了其动产抵押权。依据《民法典》第415条的规定，甲担保权人优先受偿。如甲担保权人于4月1日办理了动产抵押登记，其后将标的物返还予担保人，此时如何确定甲乙之间的权利顺位？如依第414条第1款第1项的规定，乙担保权人登记在先，应优先于后登记的甲担保权人而受偿。在解释上，针对此种公示方法发生变化的情形，只要公示状态是连续的，没有间断，同一担保权人的顺位应依初始公示的时间加以确定。就前述情形，因甲担保权人公示在先，虽然其后改变了公示方法，但担保权公示的状态没有间断，自应认为甲担保权人的权利始终优先。如此看来，登记簿上所显示的登记时间先后，并不一定是确立竞存权利之间优先顺位的依据，如在后的登记仅仅只是持续公示状态的第二阶段，则其权利顺位可能优先于在先的登记。

同理，上例中如甲担保权人先依登记而公示其动产抵押权，而后又依占有为公示者，亦无不然。例如，甲担保权人于2月1日办理了动产抵押登记，从而公示了其动产抵押权；乙担保权人于3月1日办理了动产抵押登记，也公示了其动产抵押权。依据《民法典》第414条第1款第1项的规定，甲担保权人优先受偿。甲担保权人于4月1日取得了标的物的占有，将其权利转变为动产质权，其后甲担保权人注销了动产抵押登记或者该动产抵押登记因有效期限经过而消灭。此际，虽然查询动产担保登记簿，尚无法发现甲担保权人的在先动产担保权，但因甲担保权人在动产抵押权消灭之前已依占有而公示其动产质权，甲担保权人的公示状态得以持续。在解释上，此时应以其初始公示的时间确定甲担保权人的优先顺位。不过，甲担保权人尚须举证证明公示状态没有间断，以及在持续公示状态的第一阶段其动产抵押登记尚属有效。

上述解释论的适用以公示状态的不间断为前提。先顺位担保权人维持其优先顺位，以其保持其担保权的公示状态为前提，如中间有间隔，出现了未公示其担保权的时间段，则应以其再次公示的时间确定其优先顺位。[1] 如在前例中，如甲担保权人先将标的物返还予担保人，而后再办理动产抵押登记，则公示状态并未得以持续。即使这一间断时间很短，也应以新的公示时间确立其权利顺位。此点对于存在宽限期的购买价金担保权而言尤为重要。在《民法典》第416条所确立的购买价金担保权超优先顺位规则中，自标的物交付后有一个"10日"的宽限期，在宽限期内视为该担保权已经处于暂时公示状态。但如动产担保权人在该宽限期届满之前并未登记其动产担保权，则暂时公示状态所带来的优待将丧失。[2]

五、购买价金担保权超优先顺位规则的解释与适用

《民法典》第416条规定："动产抵押担保的主债权是抵押物的价款，标的物交付后十日内办理抵押登记的，该抵押权人优先于抵押物买受人的其他担保物权人受偿，但是留置权人除外。"这是《民法典》中新增的购买价金担保权超优先顺位规则，其立法意旨在于："针对交易实践中普遍存在的借款人借款购买货物，同时将该货物抵押给贷款人作为价款的担保的情形，草案赋予了该抵押权优先效力，以保护融资人的权利，促进融资。"[3] 作为《民法典》第414条所确立的"先登记者优先规则"的例外，第416条奉行"后

1　See William H. Lawrence, William H. Henning and R. Wilson Freyermuth, *Understanding Secured Transactions*, 5th ed., Matthew Bender & Company, Inc., 2012, p.231.

2　See Ronald C.C. Cuming, Catherine Walsh and Roderick J. Wood, *Personal Property Security Law*, 2nd ed., Irwin Law Inc., 2012, p.439.

3　沈春耀：《关于〈民法典各分编（草案）〉的说明——2018年8月27日在第十三届全国人民代表大会常务委员会第五次会议上》，见《民法典立法背景与观点全集》编写组编：《民法典立法背景与观点全集》，法律出版社，2020，第23页。

登记者优先规则"，正是基于此，这一优先顺位的例外规则多被称为"超优先顺位规则"或"超级优先顺位规则"（super priority）[1]。

（一）购买价金担保权超优先顺位规则的适用范围

购买价金担保权，又称购置款担保权、购买价金担保权益[2]，比较法上多称为"purchase money security interest"（PMSI），是指债权人在动产之上取得的担保是因购买该动产所生的价金给付义务的担保权，《联合国动产担保立法指南》将其界定为"一种有体动产（而非可转让票据或可转让单证）担保权，借此为未受清偿的购买价金的付款义务或为使担保人获取该动产而产生的债务或提供的其他信贷的履行提供担保。购买价金担保权不一定如此称呼。在非统一处理处理模式之下，这一术语还包括所有权保留交易中出卖人的权利或融资租赁交易中出租人的权利"[3]。购买价金担保权总是和购买价金融资交易（acquisition financing）联系在一起，既包括赊销有体动产的出卖人对标的物所保留的所有权，也包括应承租人的指令购买租赁物的出租人对标的物所保有的所有权，还包括为购置特定有体动产提供贷款的债权人对标的物享有的抵押权。[4] 由此可见，在比较法上，购买价金担保权人既可以是贷款人，也可以是出卖人、出租人。但是，我国《民法典》将所有权保留交易和融资租赁交易没有重构为典型的动产担保交易，基于此，《民法典》在第十七章"抵押权"第一节"一般抵押权"部分规定购买价金抵押权（第416条）。在解释上，这一规则自可准用于所有权保留交易和融资租赁交易，

1　James J. White and Robert S. Summers, *Principles of Secured Transactions*, Thomson/West, 2007, p.160；Ronald C.C. Cuming, Catherine Walsh and Roderick J. Wood, *Personal Property Security Law*, 2nd ed., Irwin Law Inc., 2012, p.420.

2　参见董学立：《美国动产担保交易制度研究》，法律出版社，2007，第147页。

3　United Nations Commission on International Trade Law, *UNCITRAL Legislative Guide on Secured Transactions*, United Nations, 2010, p.455.

4　参见黄薇主编：《中华人民共和国民法典物权编解读》，中国法制出版社，2020，第717页。

本书也因此将这一权利类型称为购买价金担保权。[1]

出卖人或债权人依购买价金融资交易就标的物取得的动产担保权，并不以动产抵押权为限，所有权保留交易和融资租赁交易中的所有权亦属之。[2]如在所有权保留交易中，买受人全额支付购买价款之前，出卖人保留对标的物的所有权，出卖人为买受人购置该标的物提供信用支持。此时，出卖人的权利同样有特殊保护的必要。在解释上，所有权保留交易和融资租赁交易与动产抵押交易同属动产担保交易，自可准用本条规定。这一解释方案，一是赋予所有购买价金融资提供人以同样的法律地位，尽可能同等对待为购买价金提供融资的所有交易，与统一动产担保交易规则的政策目标相合；二是实现了改行登记对抗主义之后出卖人或出租人依传统的所有权保留交易或融资租赁交易本应得到的相同保护。[3]

（二）购买价金担保权超优先顺位规则的正当性

购买价金担保权超优先顺位规则的正当性在于，在承认未来财产之上的动产担保权依登记时间而确定其优先顺位的情形之下[4]，为防止所有的新增财产自动"流入"已设定的动产担保权，促进为担保人（债务人）购置资产提供新的信贷支持，拓宽再融资渠道，有必要承认购买价金担保权的超优先顺位。[5]在我国《民法典》上，动产抵押权、所有权保留交易中出卖人的所有权、融资租赁交易中出租人的所有权都奉行登记对抗主义，且竞存的动产

---

1 事实上，《民法典担保制度解释》第57条已经明确肯认该观点，参见最高人民法院民事审判第二庭：《最高人民法院民法典担保制度司法解释理解与适用》，人民法院出版社，2021，第492页。

2 参见谢在全：《浮动资产担保权之建立——以台湾地区"企业资产担保法草案"为中心》，《交大法学》2017年第4期。

3 See Ulrich Drobnig and Ole Böger eds., *Proprietary Security in Movable Assets*,Oxford: Oxford University Press,2015, p.569; United Nations Commission on International Trade Law, *UNCITRAL Legislative Guide on Secured Transactions*, United Nations, 2010, p.336.

4 See Thomas H. Jackson and Anthony T. Kronman, "Secured Financing and Priorities Among Creditors", 88 *Yale Law Journal* 1143, 1164–1171(1979).

5 参见董学立：《浮动抵押的财产变动与效力限制》，《法学研究》2010年第1期；龙俊：《动产抵押对抗规则研究》，《法学家》2016年第3期。

担保权之间依登记先后确定其优先顺位，已如前述。如债权人在债务人的所有未来财产上已设定浮动抵押权，在解释上，如该浮动抵押权已经登记，即具有优先于后设立的动产担保权的效力。此时，该浮动抵押权已经事实上形成了对其后信用提供者的垄断性权利，甚至构成对债务人经营活动的过度控制。[1]如债务人就这些未来财产的购置寻求新的融资之时，信用提供者即使在这些财产上设立动产抵押权或保留所有权，因这些权利的登记劣后于在先浮动抵押权的登记而只能屈居第二顺位，如此这些新信用提供者提供购买价金融资的积极性将大为降低。[2]

购买价金担保权超优先顺位的承认对于各方当事人均为有利：新的信用提供者因超优先顺位的保障，无须担心其债权担保落空，从而提高了为债务人提供新的信用支持的积极性；债务人因此也可以继续展开正常经营或者扩大再生产，充实其责任财产，增强偿债能力[3]；原担保权人的信用期待也未受到不利影响，因为担保人责任财产的增加是因新的信用提供者的介入所致，否则担保人将无法取得新的财产[4]，"通过出卖并转移相关财产给买受人，出卖人对买受人最终作为偿债基础的责任财产做出了直接贡献……由于没有出卖人的贡献，买受人的其他担保或非担保的债权人就不会从出卖的财产中获得清偿，出卖人优先于这些财产上的其他所有担保物权的担保权人，似乎

1　See William H. Lawrence, William H. Henning and R. Wilson Freyermuth, *Understanding Secured Transactions*, 5th ed., Matthew Bender & Company, Inc., 2012, p.240; Ronald C.C. Cuming, Catherine Walsh and Roderick J. Wood, *Personal Property Security Law*, 2nd ed., Irwin Law Inc., 2012, p.440.

2　参见王利明：《价金超级优先权探疑——以〈民法典〉第 416 条为中心》，《环球法律评论》2021 年第 4 期。

3　参见谢鸿飞：《民法典担保规则的再体系化——以〈民法典各分编（草案）二审稿〉为分析对象》，《社会科学研究》2019 年第 6 期；谢鸿飞：《价款债权抵押权的运行机理与规则构造》，《清华法学》2020 年第 3 期；王利明：《价金超级优先权探疑——以〈民法典〉第 416 条为中心》，《环球法律评论》2021 年第 4 期。

4　See Ronald C.C. Cuming, Catherine Walsh and Roderick J. Wood, *Personal Property Security Law*, 2nd ed., Irwin Law Inc., 2012, p.440.

更为公平"[1]; 不管购买价金担保权人是否具有超优先顺位, 只要践行登记手续, 所影响的仅仅只是竞存的已登记动产担保权之间的优先顺位, 对其他第三人并不发生影响, 交易安全亦不会受到威胁。[2]

《民法典》在改变了所有权保留交易和融资租赁交易等非典型动产担保交易的立法方法的情形之下, 增设购买价金担保权的超优先顺位规则尤为重要。[3] 此前,《合同法》上就这两类交易并未采行登记对抗主义, 所有权保留交易中出卖人所保留的和融资租赁交易中出租人所享有的, 都是所有权, 无须登记即具有对抗第三人的效力。这一所有权的权能丰满, 依《物权法》的规定, 并不受其他特别的限制。尤其是在买受人或承租人破产之时, 标的物不属于破产财产, 出卖人或出租人自得主张取回权。《民法典》就这两类交易改行登记对抗主义, 还原其经济上的担保功能, 与动产抵押权作一体的处理。所有权保留交易中出卖人所保留的和融资租赁交易中出租人所享有的所有权, 自其登记之时, 才获得强势保护。如债权人事先已在债务人嗣后取得的财产之上设定了动产担保权 (例如浮动抵押权), 并已经登记, 所有权保留交易中的出卖人和融资租赁交易中的出租人即使登记, 也不可能在前述浮动抵押权之前登记, 如仍以依登记的先后确定竞存权利之间的优先顺位, 其权利必定劣后。如此, 如不规定购买价金担保权的超优先顺位规则, 所有权保留交易和融资租赁交易的展开必受影响。增设购买价金担保权的超优先顺位规则, 作为"先公示者优先"这一一般规则的例外, 有利于促进购买价金融资的发展。基于此,《民法典担保制度解释》第57条规定, 在先设立并登记的动产抵押权不得对抗购买价金担保权。

但就在先担保是固定抵押的情形下能否适用购买价金担保权超优先顺位

1　Ulrich Drobnig and Ole Böger eds., *Proprietary Security in Movable Assets*, Oxford University Press, 2015, p.568.

2　参见谢鸿飞:《民法典担保规则的再体系化——以〈民法典各分编(草案)二审稿〉为分析对象》,《社会科学研究》2019 年第 6 期。

3　参见李运杨:《〈民法典〉中购置款抵押权之解释论》,《现代法学》2020 年第 5 期。

规则，学界存在争议。有观点认为，无论从比较法经验还是从各方当事人的合理期待来看，只有将适用范围限缩在浮动抵押的情形才能体现购买价金担保权超优先顺位规则的正当性。[1]对此，《民法典担保制度解释》第57条第2款予以明确，即使在先抵押是固定抵押，只要满足《民法典》第416条的构成要件，购买价金担保权人同样具有超级优先顺位。其理由在于，《民法典》第416条在文义上并未将先担保局限为浮动抵押，可见，该条立法原意并不禁止在先担保是固定抵押的情形，而该情形下可能存在的交易安全问题可以交由尽职调查等方式解决。[2]应当指出的是，虽然购买价金担保权超优先顺位规则在诞生之初旨在限制设立在先的浮动抵押的效力，但是在制度发展的过程中不再局限于这种情形，为了充分发挥促进财产流动、便利担保融资、鼓励金融创新等制度功效，《民法典担保制度解释》的立场可兹肯定。

（三）购买价金担保权超优先顺位规则的适用限制

购买价金担保权超优先顺位规则奉行"后登记者优先"，虽属一般优先顺位规则的例外，但也破坏了信贷担保规则的既有体系，应予严格使用。依据《民法典》第416条的规定，适用购买价金担保权超优先顺位规则，应满足以下条件。

第一，新担保权是为了担保人购置标的物，且在该标的物上设立，旨在担保该标的物全部或部分价款的清偿。该条以为债务人购置标的物而提供贷款为基本交易原型，但并不以借款合同本身记载贷款的用途是为债务人购置标的物为前提，只要其他证据能够证明此贷款用途即可。值得注意的是，购买价金担保权的产生以贷款已经发放为前提，为债务人履行买卖合同而签订

1　参见王利明：《价金超级优先权探疑——以〈民法典〉第416条为中心》，《环球法律评论》2021年第4期。

2　参见最高人民法院民事审判第二庭：《最高人民法院民法典担保制度司法解释理解与适用》，人民法院出版社，2021，第488页。

借款担保合同[1]，仅产生对债务人的应付款项的，贷款人就该应付款项并未取得购买价金担保权。此外，该笔贷款还必须实际用于债务人购置标的物。至于在债务人取得标的物之前就发放贷款是否构成购买价金担保权，尚须结合具体情形予以认定。如债务人已经自出卖人取得标的物，且并未为出卖人设立担保权；此后债务人从贷款人处取得贷款，为贷款人在该标的物上设定担保权，并将贷款支付予出卖人。此际，贷款人是否取得购买价金担保权的超优先顺位，值得怀疑。关键的判断因素在于，当事人之间是否将购置标的物的买卖交易和贷款交易作为一个交易的两个阶段。从美国和加拿大的司法实践来看，如债务人取得了贷款人的贷款承诺，其后购置标的物，并最终以自贷款人取得的贷款偿还出卖人的价款，贷款人即取得购买价金担保权；但如债务人并未获得贷款人明确的贷款承诺，只是有希望获得该笔贷款，则贷款人并未取得购买价金担保权。在借助通道业务完成购置交易的，亦应作同样解释。[2]

在解释上，出卖人在赊销交易形式下保留标的物的所有权，亦是担保该标的物价款的清偿，应符合本要件。融资租赁交易中出租人的所有权亦是如此，但该条的文义较为明显地排除了售后回租（sale-and-lease-back）的情形，其主要理由在于这种交易形式并未带来债务人责任财产的增加。[3]虽然售后回租也是融资租赁交易的一种特殊形式，出租人取得的所有权亦其担保作用，在性质上也属于非典型动产担保权，但无法取得超优先顺位。[4]售后买回（sale and repurchase）交易也是如此。在此交易模式之中，所有人将标

1　参见高圣平：《民法典担保制度及其配套司法解释理解与适用》，中国法制出版社，2021，第748页。

2　See Keith Meyer, *Purchase Money Security Interests under the Revised Article Nine of the Uniform Commercial Code*, in Iwan Davies ed., *Security Interests in Mobile Equipment*, Routledge, 2002, pp.263-264; Ronald C.C. Cuming, Catherine Walsh and Roderick J. Wood, *Personal Property Security Law*, 2nd ed., Irwin Law Inc., 2012, pp.442-444.

3　参见李运杨：《〈民法典〉中购置款抵押权之解释论》，《现代法学》2020年第5期。

4　参见刘保玉：《民法典担保物权制度新规释评》，《法商研究》2020年第5期。

的物出卖给买受人，其后立即依分期付款买卖合同再买回该标的物，同样因为此时并未增加债务人责任财产，该交易并不产生购买价金担保权。[1]基于此，《民法典担保制度解释》第 57 条第 1 款中的"新的动产"应进行限缩解释，排除融资人以"旧的动产"进行售后回租、售后买回等情形。[2]

第二，新担保权人应在标的物交付后 10 日内办理动产担保登记。这是购买价金担保权取得超优先顺位的程序要件。这一规定与比较法上的处理模式相一致，只是相比其他国家和地区比较短而已。美国法上是 20 日[3]；加拿大法上为15 日[4]；澳大利亚法上为15 日[5]；新西兰法上是 10 个工作日。[6]规定宽限期的正当性在于，出卖人不必等到自己或其他购买价金融资提供者登记，即可向买受人交付标的物，从而促进动产的有效流动。[7]在比较法上，承认和规定了购买价金担保权的国家和地区，大多对本要件的适用区分标的物是否构成存货作了不同的处理。宽限期规则一般仅适用于标的物非为存货的情形。在标的物为存货之时，为了保护非购买价金担保权人的利益，大多规定，仅在购买价金担保权人向担保人交付存货之前即已登记，且书面通知了在先登记的非购买价金担保权人的情形之下，购买价金担保权人才能取得

1　See Ronald C.C. Cuming, Catherine Walsh and Roderick J. Wood, *Personal Property Security Law*, 2nd ed., Irwin Law Inc., 2012, pp.441-442.

2　参见张玉涛：《购置款抵押权的竞存对抗规则研究》，《西南政法大学学报》2022 年第 1 期。

3　See Keith Meyer, *Purchase Money Security Interests under the Revised Article Nine of the Uniform Commercial Code*, in Iwan Davies ed., *Security Interests in Mobile Equipment*, Routledge, 2002, p.270; James J. White and Robert S. Summers, *Principles of Secured Transactions*, Thomson/West, 2007, p.165.

4　See Ronald C.C. Cuming, Catherine Walsh and Roderick J. Wood, *Personal Property Security Law*, 2nd ed., Irwin Law Inc., 2012, p.446.

5　See Jason Harris and Nicholas Mirzai, *Annotated Personal Property Securities Act*, CCH Australia Limited, 2011, p.242.

6　See Linda Widdup, *Personal Property Securities ActA Conceptual Approach*, 3rd ed., LexisNexis NZ Limited, 2013, p.172.

7　See William H. Lawrence, William H. Henning and R. Wilson Freyermuth,*Understanding Secured Transactions*, 5th ed., Matthew Bender & Company, Inc., 2012, p.241；United Nations Commission on International Trade Law, *UNCITRAL Legislative Guide on Secured Transactions*, United Nations, 2010, p.346.

优先于非购买价金担保权人的超优先顺位。亦即就存货提供购买价金融资的担保权人并不享有宽限期的恩惠。[1]但《加拿大魁北克民法典》的处理模式并不相同，该法就购买价金担保权登记的宽限期的规定，适用于所有动产标的物，并不仅限于非存货。[2]《联合国动产担保立法指南》据此建议各国在动产担保法制改革中可以根据具体情形作出政策选择，在宽限期的适用问题上，既可以区分标的物的类别，也可以不做区分。[3]我国《民法典》对此未作区分，只要对购置款提供融资的担保权人均有宽限期的适用。

在解释上，即使担保权人在标的物交付后10日内办理了动产担保登记，但该登记因未合理指明标的物、担保人姓名或名称错误等原因而无效的，此程序要件仍视为未满足，但如担保权人在10日宽限期届满之前登记了变更登记书，弥补了前述登记缺陷的，则已满足此程序要件。即使未满足此程序要件，动产担保权的性质也不发生改变。未登记并不意味着动产担保权的丧失，动产担保权仍在当事人之间有效，并具有对抗无担保债权人的效力。如担保权人在宽限期期满后才登记的，该动产担保权人就不构成购买价金担保权，不能依据第416条取得超优先顺位。[4]

值得注意的是，《民法典》第416条所称"标的物交付"应限缩解释为移转标的物所有权意义上的交付。[5]如债务人基于试用买卖而受领标的物的交付的，不宜从此时开始计算宽限期。试用买卖的买受人在试用期内可以购

1　See Keith Meyer, *Purchase Money Security Interests under the Revised Article Nine of the Uniform Commercial Code*, in Iwan Davies ed., *Security Interests in Mobile Equipment*, Routledge, 2002, pp.277-278；United Nations Commission on International Trade Law, *UNCITRAL Legislative Guide on Secured Transactions*, United Nations, 2010, p.353.

2　See Ronald C.C. Cuming, Catherine Walsh and Roderick J. Wood, *Personal Property Security Law*, 2nd ed., Irwin Law Inc., 2012, p.109.

3　See United Nations Commission on International Trade Law, *UNCITRAL Legislative Guide on Secured Transactions*, United Nations, 2010, pp.353-354.

4　参见黄薇主编：《中华人民共和国民法典物权编释义》，法律出版社，2020，第539-540页。

5　参见房绍坤、柳佩莹：《论购买价款担保权的超级优先效力》，《学习与实践》2020年第4期；纪海龙：《民法典动产与权利担保制度的体系展开》，《法学家》2021年第1期。

买标的物，也可以拒绝购买（第 638 条）。买受人拒绝购买的，自无购买价金担保权发生的空间；在试用期内买受人（债务人）决定购买标的物的，应自该日起计算宽限期；试用期间届满，买受人对是否购买标的物未作表示的，视为购买，此时，从试用期间届满之日起计算宽限期。至于试用期间，自可由试用买卖的当事人约定；没有约定或者约定不明确的，可以协议补充，不能达成补充协议，按照合同有关条款、合同性质、合同目的或者交易习惯仍然不能确定的，由出卖人确定。

第三，同一债务人为他人设立了购买价金担保权和其他竞存的动产担保权。虽然第 416 条并未明确此点，但从购买价金担保权超优先顺位的规范目的出发，不同的债务人在同一财产上为不同的担保权人分别设立购买价金担保权和其他竞存动产担保权的，购买价金担保权即不具有超优先顺位。例如，甲担保权人在丙债务人的财产上设立了动产抵押权，并办理了动产抵押登记。其后，丙债务人将该财产出卖予丁债务人，出卖该财产并未得到甲担保权人的授权，且亦不属于丙债务人的正常经营活动。乙担保权人为丁债务人购置该财产提供贷款，且及时登记从而取得购买价金担保权。此际，竞存的动产担保权并不是由同一债务人所设立，因此，乙担保权人并不能取得足以对抗甲担保权人的购买价金担保权。乙担保权人的购买价金担保权只能对丁债务人在同一财产上为他人设立的其他动产担保权取得超优先顺位。[1]

（四）竞存购买价金担保权之间的优先顺位规则

在供给侧改革的大背景下，购买价金融资的需求在不断增加，同时购买价金融资的标的物（如大型成套设备、大宗原材料和存货）的价值也越来越高，单一的出卖人、出租人或贷款人难以满足买受人的所有融资需求，同一标的物上同时存在数个购买价金担保权就成为可能。此时，针对数个购买价

1　See Ronald C.C. Cuming, Catherine Walsh and Roderick J. Wood, *Personal Property Security Law*, 2nd ed., Irwin Law Inc., 2012, pp.451-452.

金担保权之间的冲突，第416条并无适用空间。如两个商业银行分别为债务人提供部分购置款的贷款；再如贷款人向买受人提供信贷以使买受人得以支付标的物的首付款，出卖人也就该标的物价款的其余部分向买受人提出信用支持。如这些担保权人均在宽限期内登记了动产担保权，彼此之间的优先顺位如何确定？

美国法和加拿大法上规定，出卖人的购买价金担保权优先于贷款人的购买价金担保权；贷款人的购买价金担保权之间地位平等，依优先顺位的一般规则处理，即先登记者优先[1]；融资租赁交易中出租人的购买价金担保权的地位同于贷款人的购买价金担保权。[2]之所以优先保护出卖人的购买价金担保权，主要原因在于，与贷款人相比，出卖人分配融资损失的能力较弱。[3]归根到底，出卖人所受损失体现在丧失其本来享有所有权的财产，而贷款人所承担的风险则为不能就其并不享有所有权的财产的变价款受偿。两者之间，出卖人更值得同情。[4]这一处理方案也是《联合国动产担保立法指南》的推荐方案之一。[5]此外，有的学者主张，数个按期登记的购置款抵押权应按债权比例受偿，以贯彻功能主义的基本要求。[6]

本书作者认为，尽可能同等对待信用提供者，已经成为《民法典》的政

1　See William H. Lawrence, William H. Henning and R. Wilson Freyermuth, *Understanding Secured Transactions*, 5th ed., Matthew Bender & Company, Inc., 2012, p.242；Ronald C.C. Cuming, Catherine Walsh and Roderick J. Wood, *Personal Property Security Law*, 2nd ed., Irwin Law Inc., 2012, p.465. 不过，加拿大法上就后者并未作出明确规定，是经由解释而得出的结论。

2　See Ronald C.C. Cuming, Catherine Walsh and Roderick J. Wood, *Personal Property Security Law*, 2nd ed., Irwin Law Inc., 2012, p.465.

3　See William H. Lawrence, William H. Henning and R. Wilson Freyermuth, *Understanding Secured Transactions*, 5th ed., Matthew Bender & Company, Inc., 2012, p.242.

4　See Keith Meyer, *Purchase Money Security Interests under the Revised Article Nine of the Uniform Commercial Code*, in Iwan Davies ed., *Security Interests in Mobile Equipment*, Routledge, 2002, p.285；美国法学会、美国统一州法委员会：《美国〈统一商法典〉及其正式评述》（第三卷），高圣平译，中国人民大学出版社，2006，第237页。

5　See United Nations Commission on International Trade Law, *UNCITRAL Legislative Guide on Secured Transactions*, United Nations, 2010, pp.364-365.

6　参见李运杨：《〈民法典〉中超级优先顺位规则的法律适用》，《法学家》2022年第2期。

策选择，就为购置标的物提供融资的所有交易而言，亦应如此。基于此，本书作者建议，对所有的购买价金融资交易平等对待，不区分所有权保留交易、融资租赁交易和动产抵押交易；所有的购买价金担保权之间法律地位平等，无论是出卖人、出租人，还是贷款人，都适用相同的优先顺位规则。尚无压倒性的理由认为出卖人的地位就一定优于贷款人。准此，在《民法典》就竞存的购买价金担保权之间的优先顺位未作特别规定的情形之下，亦应适用第 414 条第 1 款所定一般规则，即先登记者优先[1]，《民法典担保制度解释》第 57 条第 2 款也采取了这种观点。在解释上，如未在宽限期内登记，即不构成购买价金担保权，自无所谓超优先顺位的问题。这一解释方案，一是有利于尽可能简化竞存权利之间的优先顺位规则，达到清晰、简明的目标；二是为所有的信用提供者创造平等的竞争机会，有助于增加信贷提供量，降低信贷成本；三是买受人基于谈判机会上的平等，可以展开尽可能有利的交易方式以满足其融资需求。[2]

六、小结

我国动产担保法制具有典型的混合继受特点[3]：动产质权和权利质权制度主要来自德国法，动产抵押制度主要来自美国法，其中还有来自英国普通法的浮动抵押制度。[4]这无疑增加了《民法典》动产担保优先顺位规则解释适用上的难度。从《民法典》的现有规则来看，优先顺位规则虽尚未达到现代动产担保交易法所要求的明晰化程度，但已确立一般规则与特别规则共同构成的优先顺位体系，为竞存权利之间的清偿顺序的确定提供了良好的基础。

---

[1] 参见房绍坤、柳佩莹：《论购买价款担保权的超级优先效力》，《学习与实践》2020 年第 4 期。

[2] See United Nations Commission on International Trade Law, *UNCITRAL Legislative Guide on Secured Transactions*, United Nations, 2010, pp.331-332.

[3] 参见王洪亮：《动产抵押登记效力规则的独立性解析》，《法学》2009 年第 11 期；庄加园：《登记对抗主义的反思与改造：〈物权法〉第 24 条解析》，《中国法学》2018 年第 1 期。

[4] 不过，对于《物权法》和《民法典》中浮动抵押制度的来源，尚存争议。参见龙俊：《动产抵押对抗规则研究》，《法学家》2016 年第 3 期。

同时，《民法典》将所有权保留交易、融资租赁交易和保理交易等这些非典型动产担保交易改采登记对抗主义，为其准用优先顺位的一般规则提供了解释前提。此外，购买价金担保权超优先顺位规则的引入，既考虑到了交易实践的客观需求，也符合市场主体的合理预期。不过，既定的规则模糊之处不少，还有待裁判实践的进一步检验。

第五节　统一动产和权利担保登记制度的构建

一、问题的提出

在非移转占有型动产和权利担保[1]渐趋主流的背景之下[2]，登记公示也就成了消灭"隐蔽性担保"、平衡担保权人与潜在交易相对人利益的主要技术工具，我国物权法上亦不例外。但基于标的物归口管理的需要，物权法上以动产担保交易的具体形式为基础构建了多元化的动产和权利担保登记体系。[3]如动产抵押权一般由市场监督管理部门办理登记，但民用航空器抵押登记由中国民航管理总局办理，船舶抵押登记分别由海港监督管理部门和农业渔政管理部门办理，机动车辆抵押登记由公安交通行政管理部门中的车辆车籍管理部门办理；再如权利质权由各种出质权利的归口行政管理机关或其指定的机构作为登记机构，非上市公司股权质权登记由工商行政管理部门办理，应收账款质权登记由中国人民银行征信中心办理，基金份额、上市公司股权质权登记由证券登记结算机构办理，知识产权质权登记由各知识产权主管部门办理。与我国统一的不动产登记体系相比，"目前动产抵押和权利质押的登

1　本书所称权利担保，仅及于动产型权利的担保，不包括不动产权利的担保。在解释上，不动产权利担保在体系定位上应属抵押权。特此叙明。

2　参见谢在全：《担保物权制度的成长与蜕变》，《法学家》2019年第1期。

3　这一模式与1995年《担保法》立法之时的社会经济背景相关，其时考虑到了担保财产行政管理的需要，将登记事务视为行政管理职能，使之与行政管理事务相衔接。参见全国人大常委会法制工作委员会民法室编：《中华人民共和国担保法释义》，法律出版社，1995，第60页。

记机构较为分散，不能完全适应现代市场经济发展的需要"[1]。

民法典编纂过程中形成的共识是，"建立统一的动产抵押和权利质押登记制度有助于进一步发挥其融资担保功能"[2]。基于此，《民法典》"删除有关担保物权具体登记机构的规定，为建立统一的动产抵押和权利质押登记制度留下空间"[3]。但立法说明同时指出，"统一登记的具体规则宜由国务院规定"[4]。《民法典》虽并未就统一动产抵押和权利质押登记制度作出授权性规定，但《优化营商环境条例》（国务院令第 722 号）第 47 条第 2 款中规定"国家推动建立统一的动产和权利担保登记公示系统"，为统一动产和权利担保登记制度提供了法律依据。

民法典立法说明体现了统一动产和权利担保登记制度的基本思想。2021年 1 月国务院正式印发《关于实施动产和权利担保统一登记的决定》，宣布在全国范围内实施动产和权利担保统一登记，标志着我国动产和权利担保统一登记制度的正式建立。2021 年 12 月，中国人民银行发布《动产和权利担保统一登记办法》，它不仅充分吸收了此前应收账款质押登记经验，而且总结吸纳了 2019 年以来在北京和上海积累的动产担保试点经验，对统一登记中的具体问题作出了细化和完善。至此，我国统一动产和权利担保登记的规

———————

1　沈春耀：《关于〈民法典各分编（草案）〉的说明——2018 年 8 月 27 日在第十三届全国人民代表大会常务委员会第五次会议上》，见《民法典立法背景与观点全集》编写组编：《民法典立法背景与观点全集》，法律出版社，2020，第 23 页。

2　沈春耀：《关于〈民法典各分编（草案）〉的说明——2018 年 8 月 27 日在第十三届全国人民代表大会常务委员会第五次会议上》，见《民法典立法背景与观点全集》编写组编：《民法典立法背景与观点全集》，法律出版社，2020，第 23 页。

3　王晨：《关于〈中华人民共和国民法典（草案）〉的说明——2020 年 5 月 22 日在第十三届全国人民代表大会第三次会议上》，《中华人民共和国全国人民代表大会常务委员会公报》2020 年特刊。

4　沈春耀：《关于〈民法典各分编（草案）〉的说明——2018 年 8 月 27 日在第十三届全国人民代表大会常务委员会第五次会议上》，见《民法典立法背景与观点全集》编写组编：《民法典立法背景与观点全集》，法律出版社，2020，第 23 页。

则体系已经基本确立。[1]

从根本上看，统一动产和权利担保体系的构建集中反映了《民法典》担保制度吸纳功能主义的重大立法理念的革新。[2]这体现为两个方面：首先，动产和权利担保登记与不动产登记在功能上存在重大差异。动产和权利担保登记与不动产登记虽均为"登记"，但两者之间差异较大，登记规则的设计也就不应以不动产登记为参照。不容否认的是，我国现有动产和权利担保登记规则在不同程度上受到了不动产登记制度的影响。其次，《统一登记办法》所构建的体系是既有应收账款质押登记系统的拓展和完善。尽管统一动产和权利担保体系与中国人民银行征信中心既有应收账款质押登记系统在登记形式、登记程序和审查理念等诸多方面均存在一定的相似性，但是统一动产和权利担保体系仍然是对原有登记制度体系的重大革新，因为它不仅在形式上完成了对诸多分散登记机关的系统性整合[3]，还在实质上扩大了可登记担保权的范围。

就此而言，依据《统一登记办法》的规定，统一动产和权利担保登记制度在登记范围、登记内容、登记审查理念等方面都发生了重大变化，并且对以不动产登记为参照的登记理念形成了重大挑战，亟待法学理论对这一体系革新进行深度阐释以明确其制度的基本构成和作用方式，为我国动产和权利担保的法律框架夯实理论基础。

1　其间，最高人民法院根据这一立法的重大变化发布了《最高人民法院关于适用〈中华人民共和国民法典〉有关担保制度的解释》，对人民法院认定动产担保效力、权利顺位以及司法救济问题作了具体规定，使动产担保与不动产担保在保障债权实现方面发挥同样的功能和可靠性，解除债权人的后顾之忧，进而提高动产资源的利用效率，为中小微企业以动产融资疏通道路，解决堵点难点，更好地将《民法典》的有关精神落到实处。最高人民法院民事审判第二庭：《最高人民法院民法典担保制度司法解释理解与适用》，人民法院出版社，2021，第29页。有学者认为，借助统一动产和权利担保登记在制度层面的落地，动产担保物权一元化立法模式终得以渠成。参见董学立：《建立动产担保物权统一登记制度的担保物权法编纂意义》，《法治研究》2018年第1期。

2　参见王利明：《担保制度的现代化：对〈民法典〉第388条第1款的评析》，《法学家》2021年第1期；朱虎：《民法典动产和权利担保的变革》，《人民法院报》2020年7月30日。

3　《统一登记决定》确定，自2021年1月1日起，由中国人民银行征信中心作为登记机构，在全国范围内实施动产和权利担保统一登记，在一定程度上完成了对动产和权利担保登记机关的整合。

二、动产和权利担保登记的功能

我国《民法典》就基于法律行为的不动产物权变动大多采取登记生效主义，登记是不动产物权变动的生效要件。由此而决定，不动产登记具有设权登记的属性，不动产登记簿具有权利正确性推定效力。如此即影响着不动产登记规则的设计，如就不动产买卖（转让）、抵押登记等采取双方申请主义，不动产登记簿的登记内容涵盖了不动产权利的主要要素，登记机构就登记申请奉行高于形式审查、低于实质审查的审查标准。[1]但就基于法律行为的非移转占有型动产物权变动而言，我国《民法典》大多采取登记对抗主义，由此而引发了登记功能在两种不同立法主义之下的讨论。登记功能上的差异直接影响着登记规则的设计。对于奉行登记对抗主义的动产担保权而言[2]，登记的主要功能主要体现在以下几个方面。

（一）为与担保人进行交易的第三人提供信息

动产担保权[3]作为一种物权，具有优先于债权的效力，应有相应的权利表征使第三人得以知悉。就非移转占有型的动产担保权而言，登记即成为适度保护其他债权人的手段。在市场交易中，债权人对交易风险的控制有多种方法，考察债务人的资信现状即为其中重要的方法。资信现状的信息主要来源于债务人的自我介绍、相关中介机构的调查等，但这些途径均无法保证其信息来源的真实性。动产和权利担保登记制度的确立正好弥补了上述信息渠道的缺憾。一方面，债权人不再需要完全依赖于债务人单方面的介绍来做出商事判断；另一方面，债权人就标的物的权利只有经过登记，才能获得优先地位，当债权人通过检索登记簿没有发现其他在先权利的记录，无论事实上

---

1 参见黄薇主编：《中华人民共和国民法典解读·物权编》，中国法制出版社，2020，第15、21-22页。

2 就《民法典》的规定而言，动产抵押权、所有权保留交易中出卖人保留的所有权、融资租赁交易中出租人享有的所有权、保理交易中保理人受让的应收账款等，采取了登记对抗主义。

3 为表达我国《民法典》上功能化的担保物权观念，本节以动产担保权指称《民法典》上的典型担保物权和非典型担保物权。特此叙明。

是否存在其他在先权利，债权人都能确信其权利的优先地位。[1]

借助于动产和权利担保登记，潜在的交易相对人在交易之初即可判断债务人（担保人）的责任财产范围，以确定担保人的财产是否事实上可以在担保人违约时足以清偿债务，并避免误认债务人所占有的财产均属于责任财产的范围，而承担未能预见的风险。[2]对于意欲取得债务人财产上的物权的人而言，借由动产和权利担保登记簿，可以了解该财产上是否已经为其他债权人设立了担保，从而确定其是否取得受制于在先担保权的权利。由此可见，动产和权利担保登记的主要功能，在于公示标的物上的担保负担，为与担保人进行交易的第三人提供相关信息，如此达到维护交易安全、降低当事人征信成本的目的。

值得注意的是，登记对抗主义之下的动产和权利担保登记并不具有创设担保物权的功能。动产和权利担保登记簿并不具有权利正确性推定效力，并不能保证使债权人免受债务人的欺诈，也不具备平衡当事人权利义务的功能。其主要原因在于，对于在市场交易中频繁易手的大量动产而言，维系一个可信赖的所有权登记系统几乎是不可能的。债务人是否取得担保财产的所有权仰赖于登记之外的相关交易的效力。[3]动产和权利担保登记并不表明标的物上担保权确定、真实地存在，仅仅只表明标的物上可能存在或即将可能存在担保权。动产担保权的确定、真实地存在，取决于担保权设立要件的满足，如担保合同已然成立生效、担保人取得对标的物的处分权、担保权人已经给付对价（如发放贷款）。由此可见，动产和权利担保登记提供信息的功

1　See Douglas G. Barid and Thomas H. Jackson, "Possession and Ownership: An Examination of the Scope of Article 9", 35 *Stanford Law Review* 175, 185（1983）.

2　参见苏永钦主持：《动产担保交易法修正研究（期末报告）》，作者自版，2000，第54页；Ulrich Drobnig and Ole Böger eds., *Proprietary Security in Movable Assets*, Oxford University Press, 2015, p.434。

3　See Asian Development Bank, *Law and Policy Reform at the Asian Development Bank*, 2002 edition, pp.4-7.

能较为有限。登记簿的担保信息，只能给潜在的交易相对人以提醒，债务人的特定财产上可能存在担保负担，但是否真实存在担保负担以及担保交易的具体细节，尚须进一步通过其他途径探知。[1]尽管如此，就交易频繁的动产而言，潜在的交易相对人经由查询登记簿一旦了解特定动产上可能存在担保权，即可决定不就该动产与债务人从事交易，无须进一步征信。

（二）为确定竞存权利之间的优先顺位提供基础

同一标的物上存在多个竞存权利并不鲜见，如何确定这些竞存权利之间的优先顺位即成问题。登记对抗主义模式下，动产担保权的设立大多并不依赖于登记，而是从担保合同生效之时即已设立或确立。同一标的物上竞存担保权之间如依各自的设立时间先后定其优先顺位，则会增加交易的不确定性。因为各担保合同的生效时间并不具有对外公示的效力，其他债权人无从了解。亦即，债权人在与债务人从事交易之前，无法依一个可靠的方式来确知债务人财产之上是否存在权利负担。同时，依动产担保权的设立时间先后定其优先顺位，极易产生道德风险，因为这种不公开的、隐蔽的交易环节可以由交易双方随时变更，如倒签担保合同的生效时间。[2]

动产担保权的登记时间是可以准确确定并且轻易证明的事实。如此，动产和权利担保登记为确定竞存权利之间的优先顺位提供了客观基础。具体而言，动产和权利重复担保的顺位规则以《民法典》第414条第1款作为依据，依据该款规定，"同一财产向两个以上债权人抵押的，拍卖、变卖抵押财产所得的价款依照下列规定清偿：（一）抵押权已经登记的，按照登记的时间先后确定清偿顺序；（二）抵押权已经登记的先于未登记的受偿；（三）抵押权未登记的，按照债权比例清偿"。如此，同一标的物之上竞存担保权之间的优先顺位，采行"先登记者优先"规则。登记系统可以显示准确的登记时

1　参见谢在全：《担保物权制度的成长与蜕变》，《法学家》2019年第1期。

2　See Ulrich Drobnig and Ole Böger eds., *Proprietary Security in Movable Assets*, Oxford University Press, 2015, p.434.

间，并且优先顺位的次序通常可以从登记簿上直接查明，而无须调查担保合同的内容、次序及其相互关系，也不问权利人或第三人是否知悉登记的实际情形[1]，对于各方当事人的保护并无二致，堪称公平。"先登记者优先"规则在一定程度上增加了交易的确定性，也可以使先登记的担保权得以对抗倒签日期而设立的担保权，使登记制度成为防范欺诈的有效机制。[2]

确定竞存担保权之间的优先顺位的现代趋势是采纳"先登记者优先"规则，而不考虑权利人是否事实上知道在先权利。这一规则减少了有关优先顺位的争议，是否构成"事实上知道"的举证责任规则很难确定[3]，相比较而言，简单的"先登记者优先"规则使所有的担保权人均信赖权利的外观——动产和权利担保登记簿，以预测其权利的优先顺位。[4] 不过，"先登记者优先"规则有两个例外，即正常买受人规则和购买价金担保权的超优先顺位规则。[5]

三、各种动产和权利担保形式的统一登记

在统一动产和权利担保登记制度体系正式建成之前，我国动产和权利担保登记体系以两种不同分类标准而构建。其一，标的物不同，登记机构不同，典型地体现在动产和股权之上。特殊动产（机动车、船舶、航空器）依其各自的行政管理部门而分别确定不同的担保登记机构，普通动产因无所有权登记而无法归口于特定行政管理部门，但某些特定民事主体从事经营活动

1　关于善意取得制度在解决权利冲突问题上的不足之处已有详细论证。参见龙俊：《民法典中的动产和权利担保体系》，《法学研究》2020 年第 6 期。

2　See Ulrich Drobnig and Ole Böger eds., *Proprietary Security in Movable Assets*, Oxford University Press, 2015, pp.434-435；高圣平：《动产担保交易制度比较研究》，中国人民大学出版社，2008，第 273 页。

3　该条以登记为中心，构建了可以登记的担保权发生竞存时的顺位规则，但其并不涉及以占有作为公示方式和法定的担保物权竞存顺位规则。参见王利明：《登记的担保权顺位规则研究——以〈民法典〉第 414 条分析为中心》，《比较法研究》2021 年第 2 期。

4　See Asian Development Bank, *Law and Policy Reform at the Asian Development Bank*, 2002 edition, p.11.

5　详细介绍参见高圣平：《民法典动产担保权优先顺位规则的解释论》，《清华法学》2020 年第 3 期；高圣平：《民法典动产担保权登记对抗规则的解释论》，《中外法学》2020 年第 4 期。

尚须经工商登记而取得营业资格，从而形成企业、个体工商户、农业生产经营者的普通动产抵押由工商行政管理部门（现为市场监督管理部门）办理与其他民事主体的普通动产抵押登记由公证机关负责的分野。[1] 股权质押登记由股权原登记机构办理：以证券登记结算机构登记的股权出质的，由证券登记结算机构办理出质登记；以其他股权出质的，由工商行政管理部门办理出质登记。[2] 其二，担保交易形式不同，登记机构不同。如就普通动产从事动产抵押交易，则在市场监督管理部门办理登记；但如就普通动产从事融资租赁交易，则在中国人民银行征信中心的中征动产融资统一登记平台或商务部全国融资租赁企业管理信息系统办理登记。在统一动产和权利担保登记制度的构建中，尚须厘清这两种情形之下的分散登记。

（一）标的物的种类与统一登记

基于行政管理的需要，和其他国家、地区一样，我国就机动车、船舶、航空器等特殊动产以及股权、知识产权等动产型权利已经建立了相应的登记系统，其中既登记带有公法性质的内容（例如基于机动车安全技术检验合格证明申请注册登记、申领行驶证），同时登记所有权和担保物权的变动。统一动产和权利担保登记系统是否涵盖或统一这些登记系统？

在法政策上有三种不同的路径可供选择：一是统一的动产和权利担保登记系统只及于这些特殊动产、权利之外的其他动产、权利；二是统合既有登记系统，建立统一的动产和权利担保登记系统，涵盖所有动产和权利；三是

1　在中国人民银行《统一登记办法》实施之后，原先由市场监督管理部门负责登记的企业、个体工商户、农业生产经营者的普通动产抵押和由公证部门负责登记的其他民事主体的普通动产抵押，都一并纳入统一登记体系中，统一在人民银行征信中心网站进行电子化登记。参见中国人民银行《动产和权利担保统一登记办法》第2条。

2　实践中出现的以商铺租赁权、出租车经营权、排污权以及信托计划份额、银行理财产品、保单等财产设定的质押，一旦不能归入《民法典》第440条明确列举的权利类型，而法律、行政法规对其又没有规定，就可能带来法律适用上的难题。鉴于这些权利都是实践中不断涌现的新类型权利，理论上将以这些权利作为担保标的的担保称为非典型担保中的新类型担保。参见最高人民法院民事审判第二庭：《最高人民法院民法典担保制度司法解释理解与适用》，人民法院出版社，2021，第532-536页。

现有的特殊动产、权利登记系统与统一的动产和权利担保登记系统均可登记特殊动产的担保权，但在特殊登记系统中公示者，具有优先于在统一登记系统登记者的效力。[1]

就此，第二种路径可谓上选，但由此带来的问题是，统一的动产和权利担保登记系统仅登记这些特殊动产、权利之上的担保权，并不宜负载其他登记职能。如公法性质的登记、除担保权之外的其他物权变动，均无法在统一的担保登记系统中展开。如此一来，这些特殊动产、权利之上的物权变动，即须在两个登记系统中分别登记，潜在的交易相对人也须在两个登记系统中分别查询。这在一定程度上增加了当事人之间的交易成本和潜在交易相对人的征信成本。第三种路径虽然赋予了当事人就特殊动产、权利担保登记的选择权，但为避免可能的权利冲突和交易结果的不确定性，在两个登记系统中同时登记应属理性债权人的首选。采行这一路径的弊端同于第二种路径。[2]由此，最优的选择可能就是第一种路径。《统一登记办法》第 2 条第 7 项将"机动车抵押、船舶抵押、航空器抵押、债券质押、基金份额质押、股权质押、知识产权中的财产权质押"等排除予外，明显采行了这一路径。但采行这一路径，目前尚有以下几个问题值得研究。

其一，特殊动产、权利登记系统和统一动产和权利担保登记系统的登记范围应予明确。在特殊动产、权利登记系统中登记者仅限于作为基础资产的标的物已经构建所有权或权利登记制度者。准此，机动车、船舶、航空器、专利权、注册商标专用权、股权、基金份额等担保登记应在特殊动产、权利登记系统中办理，普通动产以及应收账款、著作权等其他权利担保登记应在统一动产和权利担保登记系统中办理。如此，我国现有的市场监督管理部门和公证机关办理的动产抵押登记、中国人民银行征信中心办理的应收账款质

1　See United Nations Commission on International Trade Law, *UNCITRAL Legislative Guide on Secured Transactions*, United Nations, 2010, pp.119-121.

2　参见高圣平：《统一动产融资登记公示制度的建构》，《环球法律评论》2017 年第 6 期。

押登记、国家版权局办理的著作权质押登记等应纳入统一的动产和权利担保登记系统。但《统一登记办法》第 2 条第 7 项仍将国家版权局办理的著作权质押登记排除于统一的动产和权利担保登记系统之外。

其二，现有的特殊动产、权利登记系统将面临登记规则重构的问题。现有的特殊动产、权利登记系统建立之初，大多是基于行政管理的考量，并未虑及融资的需要，其中登记规则的设计大多受到不动产登记制度的影响。如《机动车登记规定》第 23 条规定："申请抵押登记的，机动车所有人应当填写申请表，由机动车所有人和抵押权人共同申请，并提交下列证明、凭证：（一）机动车所有人和抵押权人的身份证明；（二）机动车登记证书；（三）机动车所有人和抵押权人依法订立的主合同和抵押合同。""车辆管理所应当自受理之日起一日内，审查提交的证明、凭证，在机动车登记证书上签注抵押登记的内容和日期。"这里，就机动车抵押登记采取双方申请主义，登记申请采行线下申请，尚须提交登记机构并无能力审查的主合同和抵押合同，已与动产和权利担保登记的法理相去甚远。由此可见，即使维系目前的特殊动产、权利登记系统，相关登记规则亦应在统一动产和权利担保登记系统的基本思想之下予以重构。

其三，创建特殊动产、权利登记系统和统一动产和权利担保登记系统之间的电子链接。为克服统一动产和权利担保登记系统不记载特殊动产、权利担保权的弊端，使交易相对人一次查询即得到特定担保人全部动产、权利之上的权利负担，创建两大系统之间的电子链接实有必要。在计算机技术高度发展的背景之下，将特殊动产、权利登记系统中的登记数据导入统一动产和权利担保登记系统并无技术障碍。[1]但这一构想的实现尚须我国既有的特殊动产、权利登记系统完成电子化的改造。[2]

---

1 See Hugh Beale, Michael Bridge, Louise Gullifer and Eva Lomnicka, *Law of Personal Property Security*, Oxford University Press, 2007, p.361.

2 参见高圣平：《统一动产融资登记公示制度的建构》，《环球法律评论》2017 年第 6 期。

（二）担保交易形式的多样化与统一登记

《民法典》就动产和权利担保体系的类型划分仍然表现了大陆法系形式主义的特色，分为动产抵押权、动产质权和权利质权，但《民法典》通过在规则上对具有相同担保功能的交易予以平等对待，体现了动产担保交易功能主义与形式主义相结合的特色。[1] 在形式主义立法观念之下，以所有权作为担保工具的非典型动产担保交易并未在形式上被重构为担保物权，而是按照各自的交易形式规定于《民法典》的合同编。其中，所有权保留交易以买卖标的物为其表现形式，规定于合同编买卖合同章；融资租赁交易是以"融物"为表象的融资交易类型，规定于合同编融资租赁合同章；保理交易以应收账款的转让为其表现形式，规定于合同编保理合同章。但这种形式上的区分并未影响到基于相同担保功能的规则统一。

《民法典》第 388 条中规定，"担保合同包括抵押合同、质押合同和其他具有担保功能的合同"。这一规定对于动产和权利担保物权的体系建构意义重大，也直接影响着统一动产和权利担保登记系统中登记的权利类型。其一，这一规定"明确融资租赁、保理、所有权保留等非典型担保合同的担保功能"[2]，将《民法典》上已经典型化的融资租赁、保理、所有权保留等交易形态纳入担保合同范畴，实现了担保物权的功能化；其二，这一规定为金融实践中的担保创新预留了足够的空间，对于让与担保、动产浮动质押（动态质押）、保兑仓交易等的合法化提供了解释前提。

在形式主义的立法观念之下，登记机构由担保财产的种类、担保交易的形式而确定，这一高度分散的分别登记制，增加了当事人的交易成本，也滋生了额外的交易风险。例如，不同当事人之间就担保财产定性上的差异，直

1　参见高圣平：《动产担保交易的功能主义与形式主义——中国民法典的处理模式及其影响》，《国外社会科学》2020 年第 4 期。

2　王晨：《关于〈中华人民共和国民法典（草案）〉的说明——2020 年 5 月 22 日在第十三届全国人民代表大会第三次会议上》，《中华人民共和国全国人民代表大会常务委员会公报》2020 年特刊。

接导致登记机构的不同，为规避交易风险，潜在的交易相对人尚须在不同的登记机构分别查询。再如，如公司以其全部动产设立担保之时，即须依其中财产种类分别在不同的登记机构办理登记。随着动产担保交易功能主义立法方法的采行，将各种动产和权利担保形式统一于动产担保交易，这为统一分散的动产和权利担保登记提供了可能。美国和加拿大即率先构建了统一的动产担保登记系统。[1]

《民法典》第 388 条采行功能主义的担保观，动产和权利担保物权不仅包括动产抵押权、浮动抵押权、股权质权、知识产权质权、应收账款质权等典型形态，亦包括融资租赁交易和所有权保留交易中的所有权、保理交易中的应收账款、让与担保中的所有权等非典型形态。《民法典》同时统一了非移转占有型的动产担保权的物权变动模式，主要采取登记对抗主义。《民法典》第 403 条规定："以动产抵押的，抵押权自抵押合同生效时设立；未经登记，不得对抗善意第三人。"第 641 条第 2 款规定："出卖人对标的物保留的所有权，未经登记，不得对抗善意第三人。"第 745 条规定："出租人对租赁物享有的所有权，未经登记，不得对抗善意第三人。"如此，所有权保留、融资租赁与动产抵押在设立及公示效力上就统一化为登记对抗主义。《民法典》第 768 条区分了应收账款保理是否登记，"已经登记的先于未登记的取得应收账款；均已经登记的，按照登记时间的先后顺序取得应收账款；均未登记的，由最先到达应收账款债务人的转让通知中载明的保理人取得应收账款；既未登记也未通知的，按照保理融资款或者服务报酬的比例取得应收账款"。由此可知，应收账款保理在设立及公示效力上也是采取登记对抗主义，并未赋予保理人以应收账款的完整效力。这些规定为统一动产和权利担保登

1　See William H. Lawrence, William H. Henning and R. Wilson Freyermuth, *Understanding Secured Transactions*, 5th ed., Matthew Bender & Company, Inc., 2012, pp.145-146; Ronald C.C. Cuming, Catherine Walsh and Roderick J. Wood, *Personal Property Security Law*, 2nd ed., Irwin Law Inc., 2012, p.9.

记系统的构建提供了法律基础。

统一动产和权利担保登记系统的构建旨在为所有的动产和权利担保物权提供统一的登记，而不管当事人之间采取的担保交易形式，也不管标的物的所有权归属于担保权人还是担保人。如此，融资租赁、保理、所有权保留、让与担保等非典型动产担保交易形态均可在统一动产和权利担保登记系统进行登记。但基于前述基于标的物的种类的分散登记制之下，特殊动产和权利的融资租赁交易、所有权保留交易、让与担保交易尚须在特殊动产、权利登记系统中登记。无论是在特殊动产、权利登记系统中登记，还是在统一动产和权利担保登记系统中登记，均涉及此前非典型担保交易相关登记规则的重构问题。

就融资租赁登记而言，我国既有的规则呈现出复杂多样的登记观念。基于形式主义，《民法典》前的立法将融资租赁交易定性为非担保交易（一种不同于担保交易的交易形态），登记公示的可以是出租人就租赁物的所有权[1]，也可以是承租人就租赁物的租赁权。[2]但我国加入的《开普敦公约》基于功能主义将融资租赁交易定性为担保交易，登记公示的就是出租人就租赁物的担保权。[3]本书作者曾经主张，登记公示租赁物的所有权，在融资租赁制度体系之内具有正当性。就特殊动产租赁物而言，我国法上就特殊动产物权变动采取登记对抗模式，各特殊动产的登记系统已然建立，在其中登记公

1　《中国人民银行关于使用融资租赁登记公示系统进行融资租赁交易查询的通知》（银发〔2014〕93号）、《商务部关于利用全国融资租赁企业管理信息系统进行租赁物登记查询等有关问题的公告》（商务部公告2014年第84号）、《融资租赁企业监督管理办法》均鼓励出租人办理融资租赁登记，但登记的都是出租人就标的物的所有权。

2　《船舶登记办法》（交通运输部令2016年第85号）第56条规定："光船租赁同时融资租赁的，申请办理光船租赁登记应当提交融资租赁合同。"由此可见，就船舶融资租赁而言，应在办理船舶所有权登记的前提之下，办理光船租赁权登记。《民用航空法》规定："民用航空器的融资租赁和租赁期限为6个月以上的其他租赁，承租人应当将其对民用航空器的占有权向国务院民用航空主管部门办理登记；未经登记的，不得对抗第三人。"这里的"占有权"实际上就是租赁权。

3　参见〔英〕罗伊·古德：《国际航空器融资法律实务——移动设备国际利益公约及航空器设备特定问题议定书正式评述》，高圣平译，法律出版社，2014，第51页。

示特殊动产租赁物的所有权即具有对抗出租人和出租人之外的其他人的效力，也起到了控制租赁物相关风险的作用；就普通动产租赁物而言，如同样登记出租人的所有权，一是维系了现有的物权体系，无须将出租人的权益重构为担保物权，二是维系了融资租赁公示制度内部的统一，与不动产融资租赁、特殊动产融资租赁登记公示制度保持了统一。[1] 基于《民法典》采行功能主义担保观的基本政策选择，上述观点应作调整。依据《民法典担保制度解释》第 1 条关于适用范围的规定，所有权保留买卖、融资租赁、保理等涉及担保功能发生的纠纷同样适用于《民法典担保制度解释》的相关规定[2]，这亦重申了功能主义担保观的立法政策选择。在特殊动产登记系统中登记融资租赁交易之时，因登记系统采物的编成主义，登记的还是出租人对于租赁物的所有权；在统一动产和权利担保登记系统中登记融资租赁交易之时，因登记系统主要采人的编成主义，以承租人 / 担保人为登记簿的编制基础，登记的是出租人对承租人占有的租赁物上的担保权。所有权保留交易的登记亦应作同一处理。

当事人之间选择的担保交易模式不同，当事人在相关交易中的称谓也存在差异。例如，在动产抵押交易中，权利人称为抵押权人，义务人称为抵押人；在融资租赁交易中，权利人称为出租人，义务人称为承租人。在构建统一动产和权利担保登记制度时，尚须统一当事人的称谓，可以"担保权人"和"担保人"概称各类动产和权利担保交易中的当事人。其中，担保权人是指享有动产担保权的人，包括动产抵押交易中的抵押权人、应收账款质押交

1　参见高圣平：《融资租赁登记公示制度的建构——以民法典合同编融资租赁合同章的修改为中心》，《河南社会科学》2017 年第 6 期

2　《民法典担保制度解释》第 1 条规定："因抵押、质押、留置、保证等担保发生的纠纷，适用本解释。所有权保留买卖、融资租赁、保理等涉及担保功能发生的纠纷，适用本解释的有关规定。"第 63 条规定："债权人与担保人订立担保合同，约定以法律、行政法规尚未规定可以担保的财产权利设立担保，当事人主张合同无效的，人民法院不予支持。当事人未在法定的登记机构依法进行登记，主张该担保具有物权效力的，人民法院不予支持。"

易中的质权人、所有权保留交易中的出卖人、融资租赁交易中的出租人、保理交易中的保理人、让与担保交易中的受让人。在实务中，还包括结构化融资安排中依约定代持担保权的人和公司债券交易中代表全体债权人持有担保权的受托人。担保人是以其动产或权利为主债务的履行提供担保的人，包括动产抵押交易中的抵押人、应收账款质押交易中的出质人、所有权保留交易中的买受人、融资租赁交易中的承租人、保理交易中的应收账款债权人、让与担保交易中的出让人等。

就改革意义而言，实施动产和权利担保统一登记，有利于进一步提高动产和权利担保融资效率，便利企业融资，促进金融更好服务实体经济，优化市场化法治化国际化营商环境。就纳入统一登记系统范围的担保交易类型而言，《统一登记决定》划定了以下七类：一是生产设备、原材料、半成品、产品抵押；二是应收账款质押；三是存款单、仓单、提单质押；四是融资租赁；五是保理；六是所有权保留；七是其他可以登记的动产和权利担保。值得关注的是，除了列明前六类较为明确的担保交易类型之外，《统一登记决定》还设置了第七项作为统一登记种类的兜底适用条款，为将来融资市场的金融创新预留了足够的制度发展空间。

综上，在2021年启动的担保登记制度改革中，中国人民银行征信中心统一登记系统并没有把所有的动产和权利担保的种类纳入登记范围，根据相关部门负责人的公开表述，《统一登记决定》在确定统一登记范围时，主要是基于以下几点考虑：从便利企业融资的角度，在符合我国法律规定的前提下，应纳尽纳，将企业融资中常用的动产和权利担保业务，比如说生产设备、原材料、半成品、产品抵押、应收账款质押、存单、仓单、提单质押，以及融资租赁、保理、所有权保留等具有担保功能的交易都纳入其中。《统一登记决定》也明确了一些特殊类型的动产和权利担保不纳入统一登记，包括机动车、船舶、航空器抵押，债券、基金份额、股权质押，以及知识产权中的财产权质押。本次未将一系列特殊动产纳入统一登记范围，主要考虑了几个方面的因素。一是我国现行法律的规定，二是相关动产的特殊性，三是国际上的做法。[1]

机动车、船舶、航空器抵押，依据《道路交通安全法》《海商法》《民用航空法》的规定，分别是由公安机关交通管理部门、船舶登记部门、民用航空主管部门负责登记；知识产权中的著作权、专利和商标质押，依据《著作权法》《专利法实施细则》《商标法实施条例》的规定，分别由国务院著作权行政管理部门、专利行政部门和商标局负责。《民法典》实施后相关法律法规仍然有效。债券、基金份额、股权质押，此类权利在取得时已经登记在相关主管部门或电子交易平台的登记系统中，从便利当事人、保障交易安全和效率的角度，亦不宜将其取得登记和质押登记相分离。从国际上看，一般也没有将这些特殊动产纳入统一登记的范围。同时，《统一登记决定》也充分考虑了实践发展的需要，为纳入其他担保类型预留了空间，今后如纳入其他担保类型确有必要，且时机成熟，中国人民银行将会同相关部门履行报批程序。

四、统一动产和权利担保登记系统的基本属性

受到《担保法》中将动产和权利担保登记视为行政管理事务的影响，我国现行动产和权利担保登记制度高度分散，不同的担保财产分别在不同的登记机关登记，各担保登记制之间又多采行地方登记制和纸面登记制。这一登记模式已显然脱离现代动产担保融资的需要，其弊端日益凸显。[2]

（一）采行声明登记制的登记系统

统一动产和权利担保登记系统采取声明登记制。动产和权利担保登记制

---

1 中国人民银行举行金融支持保市场主体系列新闻发布会（第五场），来源：中国人民银行官微 2021 年 1 月 27 日，网址：http://finance.sina.com.cn/money/bank/yhpl/2021-01-27/doc-ikftpnny2236552.shtml。

2 参见高圣平：《统一动产融资登记公示制度的建构》，《环球法律评论》2017 年第 6 期。

度的演进深受不动产登记制度的影响。动产和权利担保登记制度构建之初，普遍采行与不动产登记一样的权利登记制或文件登记制（document filing or document registration），登记簿上应记载担保交易的所有基本细节，清楚地反映了担保交易的准确内容和范围。美国、加拿大和我国概莫能外。[1] 基于对动产和权利担保登记制度功能认识的不断深化，美国、加拿大（魁北克除外）、新西兰和澳大利亚均改采声明登记制（notice filing or notice registration），[2]《联合国动产担保立法指南》《欧洲示范民法典草案》和世界银行发布的《营商环境报告》也倡导采取声明登记制。[3]

1. 声明登记制的基本内涵

所谓声明登记制，是指登记一份简单的担保声明书（a financing statement），其中记载足以提醒查询者可能存在动产担保负担的基本信息，即当事人的姓名或名称和住所、担保财产和/或登记有效期限。[4] 声明登记制的法理基础在于：登记对抗主义之下区分担保权的设立与登记，担保权的设立取决于担保交易当事人的合意，其证据是当事人之间的担保合同；登记并

1　参见谢在全：《担保物权制度的成长与蜕变》，《法学家》2019 年第 1 期。

2　美国法上的规定，参见 William H. Lawrence，William H. Henning and R. Wilson Freyermuth，*Understanding Secured Transactions*，5th ed.，Matthew Bender & Company，Inc.，2012，p.133. 加拿大法上的观点，参见 Ronald C.C. Cuming，Catherine Walsh and Roderick J. Wood，*Personal Property Security Law*，2nd ed.，Irwin Law Inc.，2012，p.324. 新西兰法上的介绍，参见 Linda Widdup，*Personal Property Securities ActA Conceptual Approach*，3rd ed.，LexisNexis NZ Limited，2013，p.271. 澳大利亚法上的规定，参见 Jason Harris and Nicholas Mirzai，*Annoted Personal Property Securities Act*，CCH Australia Limited，2011，pp.411-412。

3　《联合国动产担保交易立法指南》的观点，参见 United Nations Commission on International Trade Law，*UNCITRAL Legislative Guide on Secured Transactions*，United Nations，2010，pp.149-150.《欧洲示范民法典草案》的意见，参见 Study Group on a European Civil Code and Research Group on EC Private Law（Acquis Group），*Principles Definitions and Model Rules of European Private Law Draft Common Frame of Reference*，Volume 6. Sellier. European Law Publishers GmbH，2009,p.5496；罗培新：《世界银行'获得信贷'指标的法理分析及我国修法建议》，《环球法律评论》2019 年第 2 期。另见纪海龙：《世行营商环境调查背景下的中国动产担保交易法》，《法学杂志》2020 年第 2 期。

4　美国法上的登记内容仅包括前两者，参见 William H. Lawrence，William H. Henning and R. Wilson Freyermuth，*Understanding Secured Transactions*，5th ed.，Matthew Bender & Company，Inc.，2012，p.119；加拿大法上的登记内容包括三者，参见 Ronald C.C. Cuming，Catherine Walsh and Roderick J. Wood，*Personal Property Security Law*，2nd ed.，Irwin Law Inc.，2012，p.9。

不是担保权设立的生效要件，并不具有证明担保权已经设立的功用。换而言之，担保权的设立与登记相互独立，各有其不同的效力，彼此不构成对方的证明，设立担保权并不表明当事人已就担保权办理登记，登记担保权也并不意味着当事人已经设立担保权。[1]

在声明登记制之下，担保合同无须登记，登记申请人也无须提交登记机构以供审查。不动产登记错误将使买受人或担保权人产生虚假的信赖，潜在的交易相对人会误以为登记权利人为真实权利人。为维系登记簿的公信力，登记申请人尚须提供基础交易文件作为证据，以供登记机构审查。但动产和权利担保登记制度与此不同，即使登记了根本不存在的担保权，也不会时潜在的受让人或担保权人产生虚假的信赖，相反，动产和权利担保登记簿上没有担保权的记载，才是潜在的受让人或担保权人决定从事相关交易活动的判断因素。一旦面临在先登记所带来的优先顺位风险，受让人或担保权人自可决定不再继续交易，除非在先登记被注销，或者在先登记的权利人同意其顺位劣后。在声明登记制之下，从登记簿中直接获取的信息实际上限于担保交易可能存在的一份声明。对于担保权实际上是否已经设立、是否已经消灭等问题，利害关系人只有通过进一步的调查才能掌握。当然，进一步的调查会导致登记后交易成本的增加，但声明登记制的核心优势远胜于这些成本，即可以更为容易并快速地登记，且必要细节和形式的减少使登记更少出错，对于交易频繁的普通动产而言，尤为如此。这一观点已为各国动产担保交易法制改革所普遍接受。[2]

2. 声明登记制下的登记内容

在《民法典》实施之前，我国大多数登记系统的构建并未遵循声明登记制的基本法理。如《动产抵押登记办法》规定的登记内容包括：抵押人、抵

---

[1] 参见高圣平：《统一动产融资登记公示制度的建构》，《环球法律评论》2017 年第 6 期。

[2] See Ulrich Drobnig and Ole Böger eds., *Proprietary Security in Movable Assets*, Oxford University Press, 2015, p.435.

押权人名称（姓名）、住所地等；抵押财产的名称、数量、状况等概况；被担保债权的种类和数额；抵押担保的范围；债务人履行债务的期限；抵押合同双方指定代表或者共同委托代理人的姓名、联系方式等；抵押人、抵押权人认为其他应当登记的抵押权信息（该《办法》第5条）。在《民法典》之后，我国统一动产和权利担保登记体系的构建由于采纳了功能主义的基本立法思想，在登记体系的构建上亦以声明登记制为基本法理。依据《统一登记办法》第9条的规定，电子系统的登记内容主要包括三大项，即担保权人和担保人的基本信息、担保财产的描述和登记期限。由此可见，我国目前统一动产和权利担保登记系统并不要求申请人提供非常详尽的担保财产描述信息，相较于此前《动产抵押登记办法》中的信息作了大幅度精简。

3. 声明登记制下担保权人的回复义务

基于声明登记制之下的登记内容披露的信息较少，在比较法上，动产担保登记制度中均设计了一套机制，担保人的债权人、就担保财产享有物上利益的第三人（例如其他担保物权人、担保财产的买受人或受让人）可以据此了解登记簿上未记载的相关信息，如动产担保权是否真实存在、动产担保权的担保范围。担保人的债权人、就担保财产享有物上利益的第三人有权向担保权人发出书面请求，要求其提供担保合同的副本，或要求其提供据以现场查阅担保合同的信息，或要求其提供书面陈述，其中载明被担保债务最初和目前的金额以及支付方式，并确认请求书列明的财产清单中哪些属于目前的担保财产。我国《统一登记办法》仿效美国、加拿大的登记内容，但并未同时导入相应的担保权人的法定回复义务，在一定程度降低了应收账款质押登记系统的公示功用。

在比较法上，担保权人对于请求人的书面请求有回复的义务，如其在指定期间内未予回复，将承担因迟延回复所致损失的赔偿责任，请求人并可申请法院强制担保权人提供相关信息。潜在的交易相对人，如受让人、承租人或担保权人无权直接向担保权人请求提供相关信息，但为控制交易风险，其可以通过担保人向担保权人发出提供相关信息的请求。担保人自可要求担保权人不向自己回复，而直接向潜在的交易相对人回复。就担保权人所作出的特定财产上目前尚不存在业已有效成立的动产担保权的书面回复，不同的主体之间效力存在差异。潜在的受让人可以信赖该回复，并取得足以对抗其后设立的动产担保权的顺序利益，但潜在的担保权人则不尽然，尚无法根据该回复取得标的物上的第一顺位动产担保权。在允许先行登记和多合同登记（multi-agreement registration）的情形之下，竞存动产担保权之间的优先顺位由登记时间的先后而确定，担保合同的签订时间或动产担保权的设立时间在确定竞存动产担保权之间的优先顺位并无意义。因此，如在请求人提出请求和担保权人回复时，虽有第一顺位动产担保权的登记，但该动产担保权尚未有效成立（如担保权人尚未发放贷款），担保权人此时仅得回复特定标的物上尚未有效成立，其担保的债权数额为零。如回复之后，该动产担保权有效成立，则维持其第一顺位的地位。[1]

《联合国动产担保立法指南》倡导的最基本的登记内容包括：当事人的姓名或名称、其他身份识别信息及其住所，担保财产的描述，各国可根据具体情况弹性规定登记有效期和最高担保债权限额。[2] 其中前两者是采行声明登记制的国家或地区的共同要求，但是否登记担保债权数额以及登记有效期在各国和地区之间差异较大。担保权人的前述法定回复义务，虽然在一定程度上避免了登记内容披露过少的问题，但同样增加了担保权人的成本和负担。在担保人和担保标的物之外，担保债权数额是潜在的交易相对人所欲了解的主要细节，潜在的交易相对人可据以相对准确地判断担保人的财务现

1　See Ronald C.C. Cuming, Catherine Walsh and Roderick J. Wood, *Personal Property Security Law*, 2nd ed., Irwin Law Inc., 2012, pp.326-327.

2　See United Nations Commission on International Trade Law, *UNCITRAL Legislative Guide on Secured Transactions*, United Nations, 2010, p.151.

状，并据此作出相应的商业判断。将其作为登记内容，潜在的交易相对人通过一次查询即可了解动产担保交易的基本细节，无须再去探知特定财产之上的其他担保细节，登记规则中也无须再规定担保权人的法定回复义务。登记内容如过于简化，将导致公示内容不足，额外征信反而增加整体交易成本，因此，尚须谋求登记内容的弹性化。准此，担保债权应记载担保债权最高额，可使外界查知担保人的信用能力，且可表明担保标的物的剩余价值，有利于担保标的价值最大化，并间接防止过度担保问题。[1] 对于基于互联网的电子化系统，登记担保债权数额也不会增加登记系统的更多负担。

在《统一登记决定》中，并未给担保权人配置法定回复义务，而是要求担保权人如实登记，并要求其对登记内容的真实性、完整性和合法性负责。因担保权人或担保人名称填写错误，担保财产描述不能够合理识别担保财产等情形导致不能正确公示担保权利的，其法律后果由当事人自行承担。办理登记时，存在提供虚假材料等行为给他人造成损害的，登记申请人应当承担相应的法律责任。[2] 潜在的交易相对人在尽职调查中尚须采取其他路径。

4. 登记的有效期

登记有效期作为登记内容主要是为了减轻登记系统的负担，避免其中所记载的信息因时过境迁而不再反映交易事实。在比较立法例上，有直接规定登记有效期的，如美国法上规定，登记有效期间一般为 5 年，在 5 年期间届满之前 6 个月内可以通过登记续展声明书的方式来延展登记的有效期间[3]；也有允许担保权人自行选定登记有效期并登记的，如加拿大和澳大利亚法上均规定，登记者可以在 1 年～25 年或无期限之间自行选择登记有效期，同时也

1　参见谢在全：《担保物权制度的成长与蜕变》，《法学家》2019 年第 1 期。

2　参见《统一登记办法》第 24 条。

3　See William H. Lawrence, William H. Henning and R. Wilson Freyermuth, *Understanding Secured Transactions*, 5th ed., Matthew Bender & Company, Inc., 2012, p.119

允许更新。[1]《民法典》实施前，我国仅有《应收账款质押登记办法》规定了登记有效期，其中指出："质权人应当根据主债权履行期限合理确定登记期限。登记期限最短 1 个月，最长不超过 30 年"（第 12 条）。"在登记期限届满前 90 日内，质权人可以申请展期。质权人可以多次展期，展期期限最短 1 个月，每次不得超过 30 年"（第 13 条）。《民法典》实施后，依据《统一登记办法》第 11 条和第 12 条的规定，担保权人应当根据主债权履行期限合理确定登记期限。登记期限最短 1 个月，最长不超过 30 年，在登记期限届满前，担保权人可以申请展期。根据人民银行征信中心的相关管理办法中的详细说明，为登记期限设置时间限制，主要是为了减轻系统负担。当登记期限届满，担保的信息将不再为社会公众提供公示查询。对于登记期限届满的登记信息，人民银行征信中心将不再提供在线的查询服务，但是当事人仍然可以在线下查询到相关信息，因此在当前的电子系统中，尽管要求填表人明确担保的登记期限，但是相关主体如果在线下申请，仍然可以获得信息，但是注意查询主体被限缩为合同当事人，而社会公众则无法查询到信息。由此，也就明确了一旦超过担保期限，信息本身虽然仍然保存在系统中，但由于无法被第三人在线查询到，登记信息则不能再达到对抗第三人的效果。至于登记期限的效力问题，本书作者认为，即便登记有效期限经过，也并不发生消灭动产和权利担保权的法律效果，仅仅只是使其丧失对抗第三人的效力。这本质上还是基于物权变动的原理，在实定法上，物权的消灭事由必须严格遵照物权法定原则，[2]而在电子系统中出于信息管理的技术原因而人为设置的登记有效期及其展期的相关规定，并不是法定的物权灭失事由。在现有的技术

1　See Ronald C.C. Cuming, Catherine Walsh and Roderick J. Wood, *Personal Property Security Law*, 2nd ed., Irwin Law Inc., 2012, p.353; Jason Harris and Nicholas Mirzai, *Annotated Personal Property Securities Act*, CCH Australia Limited, 2011, pp.425-426..

2　"物权法定"中的法是指狭义的法，《统一登记办法》只是中国人民银行发布的部门规章，而部门规章的适用效果不得与《民法典》以及相关的法律和行政法规相抵触，即便统一了登记办法，也不能创设新的物权内容。

条件下，登记系统的容量并无限制，更何况，对于不再反映当事人之间担保交易事实的登记，担保人尚可借由注销登记等加以解决，法律上不应加以强行限制。如此，统一的动产和权利担保登记制度中无须规定登记有效期，也无须在登记内容中涵盖登记有效期。

5. 动产担保权的先行登记

声明登记制之下，无须提交和审查动产担保权据以设立的担保合同，动产担保权的先行登记（advance registration）即无实际障碍。担保声明书既可在担保合同签订或担保权设立之前登记，也可在担保合同签订或担保权设立之后登记。从比较法上的实施经验来看，金融机构不大可能恶意地进行投机性的先行登记，因为由此而生的时间和登记费成本应由金融机构承担。在允许先行登记的情形之下，动产担保权的登记数量并未显著增加。声明登记制之下，亦无必要将登记与担保合同逐笔一一对应，一笔登记即足以公示相同当事人之间多份担保合同所设立的担保权。[1]

（二）采行单方申请主义的自主登记系统

动产和权利担保登记程序的启动模式向来有单方申请主义和双方申请主义之分。依单方申请主义，动产和权利担保登记只需担保权人一方申请即可启动相关登记程序；依双方申请主义，动产和权利担保登记必须由担保权人和担保人双方共同提出申请才能启动登记程序。

为保护当事人双方的利益，有些国家立法就担保权的登记采取了双方申请主义，担保权的登记应由双方当事人共同完成。[2]我国《动产抵押登记办法》第3条第1款规定："动产抵押登记的设立、变更和注销，可以由抵押合同一方作为代表到登记机关办理，也可以由抵押合同双方共同委托的代理人到登记机关办理。"结合该办法第4条第3项关于"抵押合同双方指定代

1　See Ronald C.C. Cuming, Catherine Walsh and Roderick J. Wood, *Personal Property Security Law*, 2nd ed., Irwin Law Inc., 2012, pp.327-328.

2　参见许明月：《抵押权制度研究》，法律出版社，1998，第221页。

表或者共同委托代理人"的规定，可以认为我国对于动产抵押登记仍然采取双方申请主义，只不过抵押合同双方当事人可以指定一方作为代表办理登记而已。

采行声明登记制的动产担保交易法制中，并不要求担保权人和担保人共同向担保登记部门申请登记，而只由担保权人提出申请即可。[1]我国《应收账款质押登记办法》也采取了单方申请主义，依据其第 8 条规定："应收账款质押登记由质权人办理。质权人办理质押登记的，应当与出质人就登记内容达成一致。""质权人也可以委托他人办理登记。委托他人办理登记的，适用本办法关于质权人办理登记的规定。"类似地，《统一登记办法》延续了《应收账款质押登记办法》的单方申请主义，规定由担保权人办理登记。担保权人办理登记前，应当与担保人就登记内容达成一致。担保权人也可以委托他人办理登记。委托他人办理登记的，适用本办法关于担保权人办理登记的规定。[2]

在单方申请主义之下，动产和权利担保登记可由担保权人在线自主完成，从而无须取得担保人对办理担保权登记的同意，也无须提供证据证明动产担保权已经或即将设立，更无须登记机构工作人员的审查和参与。在采取以登记机构的介入为基础的大多数登记系统中，登记申请的积压广泛存在，登记机构工作人员尚须核查担保交易的细节以及登记内容，直接导致登记成本的增加和登记时间上的拖延。在基于单方申请主义的自主登记模式之下，登记机构对于登记申请并无审查责任，比以登记机构的介入为基础的模式运转得更有效率，也不妨碍有效担保物权的设立，满足了市场对登记系统的

1　See Ronald C.C. Cuming, Catherine Walsh and Roderick J. Wood, *Personal Property Security Law*, 2nd ed., Irwin Law Inc., 2012, p.335.

2　参见《动产和权利担保统一登记办法》第 7 条。

需求。[1]

单方申请主义之下，登记由担保权人自主完成，极易损及担保人的利益。例如，担保声明书中具名的当事人之间本不存在担保合同关系，基于具名担保权人的申请即办理了担保登记，直接导致具名担保人无法或难以转让具名担保财产或在该财产上为他人设立担保权。具名担保人的潜在交易相对人，如买受人、担保权人，在该担保登记注销或具名担保权人同意其权利劣后之前，通常不大愿意继续与具名担保人从事交易。在动产担保权原本虽真实存在，但其后因主债务的清偿、免除等原因而消灭之时，动产和权利担保登记的持续存在也会导致上述问题。为此，在规则设计上，在登记并未反映（或不再反映）既有或将有的动产担保权之时，具名担保人应有相应措施维护自身权益。

第一，担保人受领登记通知的权利。不管在担保合同成立之前还是之后办理动产和权利担保登记，担保权人均无须经过具名担保人的同意。但担保说明书中的具名担保权人，在办理登记之后的特定时间内，须向具名担保人发送包含登记信息的登记通知。担保人的这一权利可以书面放弃，担保人的这一书面弃权尚须以其已经收到关于即将办理的登记的通知为前提。在担保人并未书面弃权的情形之下，如担保权人未履行通知担保人的义务，将承担法定的最低数额的赔偿责任。如担保人所受损失超过了法定的最低数额标准，担保权人仍应承担相应的赔偿责任。即使担保权人未履行通知担保人的义务，也不影响登记的效力。[2] 值得注意的是，各国就担保人受领登记通知的时间点上存在差异。有的国家如阿尔巴尼亚即规定动产担保登记署在受理登记申请，并录入动产担保数据库之后要向担保人、担保权人和登记代理人

---

[1]　See Ulrich Drobnig and Ole Böger eds., *Proprietary Security in Movable Assets*, Oxford University Press, 2015, p.435; Ronald C.C. Cuming, Catherine Walsh and Roderick J. Wood, *Personal Property Security Law*, 2nd ed., Irwin Law Inc., 2012, p.325.

[2]　See Ronald C.C. Cuming, Catherine Walsh and Roderick J. Wood, *Personal Property Security Law*, 2nd ed., Irwin Law Inc., 2012, pp.335-336.

各发出一份确认通知书，允许相关当事人将动产和权利担保登记系统中记载的信息进行核对，如发生错误，即可立即向动产担保登记署报告。[1] 这一登记之前的事前预防措施，虽在一定程度上具有防免欺诈登记和虚假登记的作用，但不可避免地延缓了登记的程序，与单方申请主义之下的自主登记理念不合。

第二，担保权人注销登记的义务。登记动产担保权所担保的主债务已经清偿、免除等原因而消灭的情形之下，担保权人是否负有积极地登记注销声明的义务，各国的态度不尽一致。在加拿大，如动产担保权在消费者动产上设立，担保权人必须在被担保债务消灭后 30 日内登记注销声明，但如动产担保权不是在消费者动产或者不是仅在消费者动产上设立，担保权人并无积极的注销登记义务。在商事背景下，不强制性地赋予担保权人以积极的注销登记义务，有其实际原因。典型的商事融资安排具有长期性，往往涉及授信额度的不断变化而不是一个授信额度，涉及一系列的担保合同而不是单次的融资交易。某一担保权的登记足以为其后的信贷交易提供担保。强制性地要求担保权人在每次融资之间出现短暂间隔时即应办理注销登记，既不符合当事人之间的真实意思，也违背了便利和促进动产担保交易的立法目标。[2] 不过，商事融资交易总是会在特定时点结束，因而一般而言，担保权人可以自愿或应担保人的请求注销登记。我国《统一登记办法》规定了担保权人负有积极注销义务，有下列情形之一的，担保权人应当自该情形发生之日起 10个工作日内办理注销登记：（1）主债权消灭；（2）担保权利实现；（3）担保权人放弃登记载明的担保财产之上的全部担保权；（4）其他导致所登记权利

1　See Yair Baranes and Ronald C.C. Cuming, *Handbook on the Albanian Collateral Law*, The International Bank for Reconstruction and Development and the International Finance Corporation, 2001, p.149.

2　See Ronald C.C. Cuming, Catherine Walsh and Roderick J. Wood, *Personal Property Security Law*, 2nd ed., Irwin Law Inc., 2012, p.337.

消灭的情形。[1]不仅如此，其还规定如果担保权人迟延办理注销登记，给他人造成损害的，应当承担相应的法律责任。可见，我国的立法政策要求担保权人负有积极的注销登记义务，这也符合当前我国的融资实践，更能保障登记信息的真实性和时效性。

第三，担保人的注销或修正登记请求权。既有的登记可能并未反映或不再反映登记中的具名担保权人与担保人之间的担保关系。导致这一状况的情形包括：其一，具名当事人之间根本没有担保关系；其二，在担保权人确信或预计将与担保人达成担保合同的情形之下，担保权人可以先行登记动产担保权，但当事人之间的谈判中断，无望签署担保合同；其三，登记动产担保权所担保的主债权已获足额清偿，在一项登记对应于多份担保合同时，是指多份担保合同所担保的全部主债权均获清偿；其四，登记中就担保财产的描述过于宽泛，涵盖了担保合同中并未涉及或不再涉及的担保财产。此际，具名担保人或就登记的担保财产享有权利的其他人，有权向具名担保权人发送注销或修正登记的书面请求，以反映当事人之间的真实交易关系。

应具名担保人或就登记的担保财产享有权利的其他人（请求权人）的请求，具名担保权人应当注销登记，或修正已登记的担保财产的描述。如担保权人提供法院裁定，其中确认登记无须注销或修正的，可以不注销或修正。如具名担保权人并未取得法院相应裁定，又拒绝办理注销登记或修正登记的，各国或地区采取的救济路径略有不同。一种路径是，请求权人可以向登记机构提供已请求具名担保权人注销登记或修正登记但被拒绝的证据，申请登记机构办理注销登记或修正登记。另一种路径是，请求权人无须向登记机构提出申请，可以自行办理注销登记或修正登记。对于请求权人注销登记或修正登记的，登记机构应将副本转送担保权人，以确保其合法性，亦可以电子邮件的方式自动转发担保权人，以减轻人工成本和操作失误的风险。请求

1　参见《动产和权利担保统一登记办法》第16条。

权人也可以通过简易司法程序或行政程序寻求注销登记或修正登记。[1]无论哪一种路径，如具名担保权人未履行注销登记或修正登记的义务，将承担法定的最低数额的赔偿责任。如担保人所受损失超过了法定的最低数额标准，担保权人仍应承担相应的赔偿责任。[2]

（三）可以在线访问的电子化登记系统

考察动产和权利担保登记制度的历史，在动产和权利担保登记制度建立之初均是采取纸面登记系统，美国即其著例。现代科技的发展给登记系统的设计提供了纸面形式和电子形式这两种可供选择的方案。在引入美国动产担保交易法制时，加拿大同时允许纸面登记和电子登记，但新西兰和澳大利亚完全采取电子化登记系统。现如今，已经建立动产和权利担保登记制度的国家和地区，绝大多数均采取电子化登记系统，将登记信息以数字形式存储于计算机化的中央数据库中。《开普敦公约》所构建的登记系统是电子化的，在线即可进入，登记申请的核查、登记本身以及对查询的回复均由计算机自动办理，无须人工干预。[3]《欧洲示范民法典草案》倡导构建的欧洲担保物权登记簿也是基于互联网的电子登记系统，其主要政策考量在于减少成本。但也有些国家基于本国具体实践，仍然采取纸面登记系统，如越南。[4]

与纸面登记系统相比，电子化登记系统采用了最新的通信技术，并且可以在线访问。数字化信息很少会因蓄意破坏、盗窃或火灾、洪灾或其他灾难而受到破坏或损坏。更重要的是，电子化的录入和检索在速度上比纸介质更为快捷，在成本上比纸介质更为低廉。在纸面登记系统之下，登记簿的录入

1　See United Nations Commission on International Trade Law, *UNCITRAL Legislative Guide on Secured Transactions*, United Nations, 2010, pp.180、182-183.

2　See Ronald C.C. Cuming, Catherine Walsh and Roderick J. Wood, *Personal Property Security Law*, 2nd ed., Irwin Law Inc., 2012, pp.338-340.

3　参见［英］罗伊·古德：《国际航空器融资法律实务——移动设备国际利益公约及航空器设备特定问题议定书正式评述》，高圣平译，法律出版社，2014，第51页。

4　See Asian Development Bank, *Law and Policy Reform at the Asian Development Bank*, 2002 edition, p.25.

系由登记机构人工完成，查询登记簿尚须查询者亲赴登记机构现场进行。奉行地方登记制的登记系统，查询者尚须依据地域管辖的相关规则首先判断担保人或担保财产的所在地，这使登记检索变得异常复杂。电子化登记系统的在线访问旨在使来源于自主登记系统的效率利益最大化。[1]动产和权利担保登记系统的电子化，几乎消除了登记机构的档案管理负担，也降低了查询者到各地的登记机构进行数次检索的必要，同时为远程传输登记信息办理登记以及在线查询提供了空间。但凡实行电子化登记系统的国家或地区，均允许以电子化的方式提交登记申请和查询申请，也允许以电子化的方式回复查询结果。为适应直接自主电子化登记的需要，各国或地区还规定可直接以电子化的方式向登记系统传送担保声明书和担保变更说明书，以办理登记。[2]

但是，构建电子化登记系统仰赖于许多因素。从发展中国家的视角，纸面登记系统的构建成本较电子登记系统为低，在制度选择上更具吸引力，但如将登记管理和纸质文档的保管等所产生的人工成本和管理成本考虑在内，在登记的数量达到预期目标的情况下，如何保障快速登录和检索纸面登记系统，并保证登记信息的准确性，即成问题。加拿大的经验表明，在登记数量增加的情况下，处理和储存纸质文件以及处理登记信息检索的成本即高得令人难以承受。基础设施的限制也是滞阻登记电子化的一大要素。发展中国家均经受了电力紧张状况的考验，在有些国家，电力紧张状况还十分严重。登记规则的设计必须考虑这一状况，尽量降低因这种临时中断的电力供应所引发的法律风险。不过，如电力供应的可靠性无法预期，选择纸面登记系统可能更为安全。越南即为例证。[3]总之，选择纸面登记系统和电子登记系统时

1　See Ulrich Drobnig and Ole Böger eds., *Proprietary Security in Movable Assets*, Oxford University Press, 2015, p.436.

2　See Ronald C.C. Cuming, Catherine Walsh and Roderick J. Wood, *Personal Property Security Law*, 2nd ed., Irwin Law Inc., 2012, p.333.

3　See Asian Development Bank, *Law and Policy Reform at the Asian Development Bank*, 2002 edition, p.25.

需要考虑数字化的程度、社会和经济的发展状况、现有的法律框架以及政治体制上的差异。[1]

完全电子化的登记系统可能是最高效，也是最佳的备选方案。在我国，电子化登记系统所仰赖的数字化程度在电子政务改革的框架下并无大碍，电力供应的可靠性尚在可预期的范围，社会主义市场经济的活跃度毋庸置疑，《民法典》下的法律框架就动产担保权已经功能化，我国并不奉行联邦制。基于此，本书作者主张采纳完全电子化的模式。

在我国既有的动产和权利担保登记系统中，应收账款质押登记系统是完全电子化的登记系统，其自 2007 年运行以来并未出现技术上的问题，足资证明我国采行完全电子化模式的可行性。其他动产和权利担保登记系统仍然维系着纸面登记这一传统的制度体系，即使是 2019 年修订的《动产抵押登记办法》，一方面规定"当事人可以通过全国市场监管动产抵押登记业务系统在线办理动产抵押登记的设立、变更、注销；社会公众可以通过全国市场监管动产抵押登记业务系统查询相关动产抵押登记信息"（第 13 条），另一方面又大量维系纸面登记的制度原貌（第 4 条、第 6—10 条），明显采取纸面登记和电子登记相结合的制度安排，徒增纸面登记系统和电子登记系统之间的衔接困难及由此可能给当事人带来的风险。[2] 在比较立法例上，电子登记和查询虽然是迄今最为普遍的模式，但基于传统纸面登记制的影响，部分地区仍然保留了以纸质形式提交登记申请，以纸质、传真或电话形式提交查询申请的做法。[3] 在提交纸质登记申请的情形下，登记机构工作人员尚须将登记信息录入登记数据库。此际，登记时间则并不是登记机构收到纸质登记申请的时间，而是登记信息录入登记数据库的时间。因此，纸质登记申请人

1　参见高圣平：《动产担保交易制度比较研究》，中国人民大学出版社，2008，第 304-305 页。

2　参见高圣平：《动产抵押登记的法理——以〈动产抵押登记办法〉的修改为中心》，《法学》2016 年第 2 期。

3　See Ronald C.C. Cuming, Catherine Walsh and Roderick J. Wood, *Personal Property Security Law*, 2nd ed., Irwin Law Inc., 2012, p.333.

其后尚须查询登记系统以确定登记时间。在信息载体方面，《统一登记办法》较之此前的《动产抵押登记办法》有了长足进步，实现了全面的电子化。根据该办法规定，"纳入统一登记范围的动产和权利担保登记通过统一登记系统办理"，"任何法人、非法人组织和自然人均可以在注册为统一登记系统的用户后，查询动产和权利担保登记信息"[1]。可见，凡统一登记范围内的担保登记都必须在中国人民银行征信中心的系统进行线上登记，而且信息的公示查询同样在线上完成，从而完全实现了电子化的自主登记和自主查询。

　　不过，电子化的自主登记系统确实造成了确认和识别登记簿用户的具体问题。[2]就此而言，我国应收账款质押登记系统和其他国家或地区的运行经验为我们提供了有益的启示。登记或查询申请仅允许以电子化的形式提交。用户经登记机构同意而成为登记系统的常用户的情形下，可以在其计算机终端上远程提交登记或查询申请。常用户多属金融机构、小贷公司、融资租赁公司、设备供应商、代理登记和查询的律师事务所或其他中介机构。非常用户有两种途径远程在线提交登记或查询申请，一是通过登记机构的各地办公室，二是通过已经成为登记系统常用户的代理登记和查询的中介机构。当用户以电子化的形式向登记系统提交登记信息之时，一旦该登记信息进入登记数据库，登记系统即将自动分派登记时间，以供第三人查询。此际，登记即生效力。计算机技术的进步极大地缩短了登记信息进入登记数据库的时间与该登记信息可供查询的时间之间的间隔。不过，用户尚须打印一份登记确认书，以核实登记时间和已成功录入数据库的登记信息。[3]

　　可以在线访问的电子化登记系统，使我国采行中央登记制成为可能。从空间角度，登记机关的设置有中央登记制和地方登记制之分，美国即依各州

　　1　《动产和权利担保统一登记办法》第6条、第25条。

　　2　See Ulrich Drobnig and Ole Böger eds., *Proprietary Security in Movable Assets*, Oxford University Press, 2015, p.436.

　　3　See Ronald C.C. Cuming, Catherine Walsh and Roderick J. Wood, *Personal Property Security Law*, 2nd ed., Irwin Law Inc., 2012, pp.333-334.

的选择分别采取中央登记制与地方登记制，加拿大采取中央登记制。在《民法典》实施前，我国除了应收账款质押登记系统、专利权质权登记系统、著作权质权登记系统、注册商标专用权质权登记系统采取中央登记制之外，其他动产和权利担保登记系统采取地方登记制，相关登记规则中也就有了登记管辖的规定。例如《动产抵押登记办法》第2条以"抵押人住所地的县级市场监督管理部门"为动产抵押登记机构；《机动车登记规定》第22条"登记地车辆管理所"为机动车抵押登记机构。在纸面登记系统之下，中央登记制的优点在于登记信息相对集中，当事人获取相应信息时较为简便经济，但所有担保交易都云集一地进行登记，而不能就近于地方，加重了当事人负担。同时，对于查询者而言，赋予同一机关查询不同种类的担保交易信息，无异于大海捞针。地方登记制的优点在于，担保交易者多来自地方，能够就近进行担保登记，对当事人较为方便。但地方登记的分散使得登记信息查询不经济。[1]不过，上述分析均基于传统纸面登记模式，在电子信息化时代，因采取计算机化登记模式，制度之优劣应作重新考量。在完全电子化的登记系统之中，登记和查询均由当事人在线自主完成，极大地减少了登记机构介入的空间。此际，再坚守地方登记制已无实际意义。正基于此，《统一登记办法》第4条第2款明确，中国人民银行征信中心建立基于互联网的动产融资统一登记公示系统。在《民法典》实施后，除了机动车、飞机和船舶等特殊动产之外，普通动产的担保并没有延续此前由县级市场监督管理部门办理登记的办法，而是由征信中心在全国范围内统一进行登记和查询工作。[2]

（四）采取人的编成主义和物的编成主义相结合的登记系统

动产和权利担保登记公示的目的在于与债务人就标的物从事交易的第三人据以判断该标的物上是否存在担保负担。因此，登记簿上的信息尚须按照

1　参见高圣平：《动产担保交易制度比较研究》，中国人民大学出版社，2008，第288-289页。

2　参见《动产和权利担保统一登记办法》第29条。

一定标准编制成索引以供查询人检索。不动产登记簿奉行物的编成主义，以不动产单元为编制标准，但大多数动产并不具有特定化的识别要素，不足以支撑物的编成主义的登记与查询。物的编成主义意味着对担保财产的具体描述，这一要求对于在担保人现有和将有的动产（如生产设备、存货、应收账款等）上所设立的担保权的登记程序无法展开。因此，动产和权利担保登记簿主要采取人的编成主义，即以担保人的姓名或名称作为登记簿的编制标准和检索标准。这一编成模式为担保财产的概括描述提供了前提[1]，使担保人的集合动产（现有和将有的动产）和种类物上的动产担保权经由单一登记即可完成。[2] 在人的编成主义之下，担保权人的姓名或名称没有意义。以担保权人的姓名或名称作为登记簿的编制标准和检索标准与登记制度的立法宗旨不合。某一特定担保权人的登记数量和内容对于其他信用提供者确实具有商业价值，例如可以了解其客户名单。因此，允许以担保权人的姓名或名称作为检索标准，侵犯了担保权人的合理商业隐私期待，也损及登记系统的公信度。

以担保人的姓名或名称作为检索标准有其固有缺陷，尤其是对高价值动产而言。例如，A 银行在 B 公司的塔吊上设立了动产抵押权，并办理了登记。B 公司将该塔吊转让给 C 公司。C 公司意欲再将该塔吊转让或抵押给 D 公司。假设 D 公司并不知道该塔吊是 C 公司从 B 公司购买的，为控制交易风险，D 公司即以 C 公司的名称为检索标准查询登记簿，发现 C 公司设定了担保权的动产并不包括该塔吊。如此，将无法经由查询发现 A 银行的抵押权，因为 A 银行的抵押权系登记在 B 公司的财产上，非以 B 公司的名称进行检索，尚无法发现该抵押权的存在。有鉴于此，针对高价值动产，应兼

1　关于担保财产概括描述的正当性，已有学者作了详尽分析，参见谢鸿飞：《担保财产的概括描述及其充分性》，《法学》2021 年第 11 期。

2　See Ronald C.C. Cuming, Catherine Walsh and Roderick J. Wood, *Personal Property Security Law*, 2nd ed., Irwin Law Inc., 2012, p.330.

采物的编成主义，动产和权利担保登记系统应允许以标的物作为检索标准。在比较法上，加拿大、新西兰、澳大利亚均规定了就"有序列号的动产"（serial numbered goods）同时采取物的编成主义。[1]如此，上述交易场景中的 D 公司以标的物为检索标准即可发现塔吊上尚存 A 银行的抵押权。这些高价值动产均存在唯一的"序列号"或类似的编码，以序列号或编码具体描述标的物，并以之作为检索标准，有利于发现这些特定化程度比较高的动产上的权利负担。

在比较立法例上，动产和权利担保登记簿的检索标准还包括登记号和担保权人的姓名或名称。其中前者便于担保权人在就同一担保人存在多项登记之时高效地检索到特定登记，以便变更或注销该登记；后者便于在担保权人的姓名或名称或住所发生变动之后担保权人便捷、高效地检索到相关登记，通过一次总括变更登记即可完成所有相关登记的变更登记。不过这两种检索标准均适用于上述特定情形。[2]《统一登记办法》并未采纳人的编成主义和物的编成主义相结合的建议，其第 26 条规定："担保人为法人、非法人组织的，查询人以担保人的法定注册名称进行查询。""担保人为自然人的，查询人以担保人的身份证件号码进行查询。"这里，《统一登记办法》明显采纳了人的编成主义的观点。

五、小结

动产和权利担保制度是否发挥其应有的效能，主要端赖于登记制度是否能以统一、简单、高效和低成本的方式得以运行。传统纸面登记系统以文件

1　加拿大法上的观点，参见 Ronald C.C. Cuming, Catherine Walsh and Roderick J. Wood, *Personal Property Security Law*, 2nd ed., Irwin Law Inc., 2012, p.331。新西兰法上的介绍，参见 Linda Widdup, *Personal Property Securities ActA Conceptual Approach*, 3rd ed., LexisNexis NZ Limited, 2013, p.287。澳大利亚法上的规定，参见 Jason Harris and Nicholas Mirzai, *Annoted Personal Property Securities Act*, CCH Australia Limited, 2011, pp.457-460。

2　See Ronald C.C. Cuming, Catherine Walsh and Roderick J. Wood, *Personal Property Security Law*, 2nd ed., Irwin Law Inc., 2012, p.332.

登记制为基础而构建，不仅成本高昂、程序繁冗、效率低下，而且要求提交基础担保交易文件，过分披露当事人之间的担保交易细节，窒碍了经济的发展，亟待改善。[1]《民法典》上就动产担保权的功能化为统一动产和权利担保登记制度提供了基本的前提，不管当事人约定的担保交易形式如何，均可在该登记系统中予以登记公示，避免了隐蔽性担保给交易安全和当事人权利带来的损害。统一的动产和权利担保登记制度的构建，反映着提升制度经济效用的逻辑需求[2]，也为金融担保创新提供了技术工具，在一定程度上缓和了物权法定原则的制度僵化。计算机技术和信息技术的高速发展，为基于声明登记制的统一动产和权利担保登记制度的再造提供了技术上的支撑。基于互联网的电子化登记系统，使在线自主登记和中央登记制成为可能。依据《统一登记办法》的规定，担保权人在中国人民银行征信中心的网站上通过计算机终端以电子化的方式即时直接办理动产和权利担保登记，不受登记机构营业时间的限制，极大地增强了登记的便捷性，且无须登记机构的人工介入，大大降低了登记机构运营的人力成本及其他日常开支，减少了登记机构工作人员从事欺诈或腐败行为的机会，并相应减轻了登记机构对用户的潜在赔偿责任。[3]统一动产和权利担保统一登记制度的建立，极大地提高动产和权利担保登记系统的效率。

1　See N. Orkun Akseli, *International Secured Transactions Law Facilitation of Credit and International Conventions and Instruments,* Routledge, Taylor & Francis Group, 2011, pp.175-176.

2　参见董学立：《建立动产担保物权统一登记制度的担保物权法编纂意义》，《法治研究》2018年第1期。

3　See United Nations Commission on International Trade Law, *UNCITRAL Guide on the Implementation of a Security Rights Registry,* United Nations, 2014, pp.32-33.

第三章
民法典非典型担保物权制度体系

第一节　非典型担保的法律构造

一、问题的提出

从学理的角度来看，所谓非典型担保，是指法律没有明确将其作为独立的担保制度而加以规定，从实践中发展出来而后为学说或判例承认的担保方式，典型者如让与担保。[1] 典型担保与非典型担保的主要区别在于其是否被作为独立的担保制度而为法律所明确规定。就典型担保而言，依据我国《民法典》的规定，其主要包括保证、抵押权、质权、留置权和定金五种类型。而就非典型担保而言，其主要是指《民法典》第 388 条所规定的"其他具有担保功能的合同"，主要包括让与担保[2]、所有权保留、融资租赁以及保理等合同[3]，这也被认为是非典型担保的效力得以被认可的规范基础。由此，在我国《民法典》依然采纳物债二分的体系化框架下，让与担保等具有事实上的担保功能的非典型担保的效力得以被认可，"凡是能够通过登记等方式进行

1　参见高圣平：《大陆法系动产担保制度之法外演进对我国物权立法的启示》，《政治与法律》2006年第 5 期。

2　参见最高人民法院民事审判第二庭：《最高人民法院民法典担保制度司法解释理解与适用》，人民法院出版社，2021，第 86 页；程啸、高圣平、谢鸿飞：《最高人民法院新担保司法解释理解与适用》，法律出版社，2021，第 4 页。

3　参见最高人民法院民法典贯彻实施工作领导小组主编：《中华人民共和国民法典物权编理解与适用》（下册），人民法院出版社，2020，第 995 页。

公示的，均认为其具有对抗效力"[1]。

但在此背景之下，对让与担保及所有权保留等非典型担保的构造进行解释时，究竟该采纳所有权构造说还是担保权构造说？能否据此将出卖人或出租人等权利人对标的物享有的权利解释为"担保物权"或"担保权"？《民法典》为动产抵押权等担保物权所创设的规则体系能否准用于非典型担保？诸如此类问题，本书拟从非典型担保的构造切入而对其加以解释。

二、非典型担保的法律构造之分歧：所有权构造抑或担保权构造？

（一）所有权构造与担保权构造的差异

典型担保与非典型担保的主要区别在于法律是否明确将其作为独立的担保制度而加以规定，但从法律构造来看，二者的区别却并不仅限于此。在物债二分的体系化框架之下，抵押权、质权及留置权等典型担保方式被纳入物权概念之下的担保物权之中，背后蕴含的逻辑是对所有权权能的限制或让渡。所有权人（债务人）将自己对标的物所享有的处分权能交由担保物权人（债权人）支配，在债务人不履行到期债务或发生当事人约定的实现担保物权的情形，担保物权人（债权人）通过法定的实现程序而从担保财产的交换价值中获得优先受偿。

从该角度来看，让与担保、所有权保留及融资租赁等担保方式之所以无法被归入担保物权之中，本质上是因为其背后所蕴含的逻辑并非所有权权能的让渡或限制。在非典型担保中，当事人所运用的交易框架也逸出了传统担保物权的范畴，而是转向了法典中规定的其他独立制度，通过买卖、租赁、买回等制度的结合，在当事人之间移转了标的物的所有权等财产权利，从而实现了债权担保的作用。由此，在围绕非典型担保而展开的整个解释体系中，首先需要解决的就是非典型担保的判别问题，即当事人"借用"买卖、

---

[1] 最高人民法院民法典贯彻实施工作领导小组主编：《中华人民共和国民法典物权编理解与适用》（下册），人民法院出版社，2020，第995页。

租赁及买回等制度，所追求的究竟是这些制度的原本功能，还是仅通过这些制度来实现债权担保的作用。从本质来看，该问题仍属于意思表示解释的范畴，究竟应循外在形式抑或内在实质而对其加以解释，这就造成了非典型担保在法律构造上的解释差异问题。也即，在对非典型担保进行解释时，究竟应循当事人所运用的买卖等外在形式，将债权人视为标的物的所有权人等完全权利人，抑或应循当事人的内在真意，根据其所具备的担保功能而对其加以解释，直接塑造了非典型担保的法律构造。

所谓所有权构造，主要是从权利移转的形式出发对当事人之间权利义务关系加以解释，即债权人取得标的物的完全所有权，仅在与债务人的内部关系上负有不得超越担保目的而对标的物进行处分的义务，因此，如果债权人违反其与债务人的约定而擅自处分标的物，第三人无论善意与否均可取得标的物的所有权，而债权人仅须对债务人负担违反约定的责任。此种构造完全遵循非典型担保的外在形式，在非典型担保理论初创的早期曾有过一席之地，但因其对债务人的保护极为薄弱，故逐渐式微。而担保权构造则不囿于当事人之间所发生的权利移转形式，从当事人的内在真意出发对当事人之间所发生的权利移转进行解释。债务人只是为了担保的目的而将标的物之上的所有权等权利移转给债权人，故债权人仅应被解释为担保权人，债务人仍为该标的物的所有权人。担保权构造可以弥补所有权构造对债务人利益保护不足的缺陷，其在理论上可细分为授权说、设定者保留权说、物权性的期待权说以及担保权说等。[1] 如前所述，非典型担保的逻辑及交易架构是通过借助其他本不属于担保的买卖等制度而实现债权担保的目的，故在当事人之间发生所有权等权利移转之时，其实是债务人在形式上将超越担保目的的权利部分也移转给了债权人，这也产生了债权人违反约定而超越担保目的对标的物

---

[1]　参见［日］近江幸治：《民法講義Ⅲ·担保物権》（第3版），成文堂，2020，第304-305页；谢在全：《民法物权论》（修订五版），中国政法大学出版社，2011，第1107-1108页。

之上的所有权等权利进行处分的风险。所有权构造将此种风险内化为债权人违反内部约定的责任，且不区分第三人是否为善意而允许其一概取得标的物之上的所有权等权利。而担保权构造则是将债权人对标的物所享有的权利限定在担保目的的范围之内，将超越担保目的之外的权利仍归于债务人之处，对第三人的保护则是通过善意取得等制度来实现。这就构成了两种构造的解释逻辑的本质差异。

在债权人违反约定擅自将标的物之上的所有权等权利转让给第三人的情形下，若采纳所有权构造说，则不论第三人是否为善意，其均可取得标的物的完全所有权等权利。但若采纳担保权构造说，则要考虑第三人善意与否，在其符合善意取得制度的要件时，则允许其取得标的物之上的完全所有权等权利。该讨论大多发生在标的物为不动产的情形下，因为不动产之上的所有权等权利移转伴随着外在的权利表征，例如不动产所有权登记名义的变更，如此才会产生第三人信赖外在表征，并将债权人视为标的物之上的完全权利人的情形。而在标的物为动产的情形下，通常由债务人继续利用标的物，故极少会发生债权人擅自将标的物转让给第三人的情形，反而是债务人擅自将标的物转让给第三人的情形多有发生。在此情形下，若采纳所有权构造说，则第三人能否取得标的物之上的所有权等权利，则须根据善意取得的要件加以判定；相反，若采纳担保权构造说，则第三人有权取得标的物之上的所有权等权利，而其是否继续负担债权人就标的物所取得的担保权，则取决于第三人在取得所有权等权利时是否善意且无过失地不知该权利的存在。同时，若采纳所有权构造说，在债权人破产的情形下，则标的物属于债权人所有的财产，应被归入破产财团之中，由债权人侧的其他债权人经由破产清算等程序而从中获得债权的满足。同理，在债务人破产的情形下，债权人则享有取回权。反之，若采纳担保权构造说，在债权人破产的情形下，标的物并不属于债权人的财产，债务人享有取回权；而在债务人破产的情形下，债权人则就标的物享有别除权，可从中获得优先受偿。此外，若采纳所有权构造，在债权人侧的其他债权人申请强制执行，并就标的物采取强制执行措施时，债务人无权提起执行异议之诉；反之，如果债务人侧的其他债权人申请强制执行，并就标的物采取强制执行措施时，债权人有权提起执行异议之诉。但若采取担保权构造，则解释结论与前述相反。

（二）担保权构造的妥适性

就非典型担保的构造而言，担保权构造似为更妥适的解释方案，主要理由如下。

第一，担保物权系以优先支配担保财产的交换价值为内容，以确保债务清偿为目的，其最为重要的特性为价值权性[1]，其他所谓的从属性、不可分性和物上代位性等均植根于价值权性。在让与担保等非典型担保交易中，当事人之间移转标的物所有权等权利仅仅只是手段，当事人之间的真实意思在于这一所有权等权利的移转仅起担保作用，债权人仅独立占有全部担保价值，不得为担保目的之外的利用和处分，债权人就标的物所取得的所有权等权利即受限制。当债务得以清偿时，担保即为终止，标的物之上的所有权等权利必须回复于设定人之处；当债务不获清偿时，债权人确定地取得标的物的所有权等权利，但基于衡平当事人利益的需要，课予债权人以清算义务，或变价清算，或归属清算，债权人就标的物所取得的所有权等权利即受到实质上的限制。由此可见，让与担保等非典型担保的价值权性尤为明显，准此，担保权构造说更具说服力。

第二，定限担保物权（权利限制性担保物权）系所有权之上设定的权利负担，是对所有人行使其所有权的一种限制。基于所有权的整体性，所有权的权能（使用价值权能和交换价值权能）不可分离。担保物权仅仅只是所有

1　参见郭明瑞：《担保法》，法律出版社，2000，第76页。

权行使的一种方式，是所有人授权他人行使对自己之物的变价处分权利[1]，是从所有权中派生的一种权利，担保权人行使他人的所有权受到设立目的（担保债务清偿）的限制。[2]实际上，设定人只是将标的物的变价权能转让给了担保权人。[3]无论是定限担保物权，还是权利移转型的非典型担保，担保权均只是所有权派生出的具有担保性质的独立权利，两者之间在实质内容上并无差异，不同的仅仅只是法律上的客观表现形式。采行担保权构造说，在担保制度体系内部取得了统一。在担保权构造说之下，将仅起担保作用的所有权等权利依其实质确定为一种别异于其他担保物权的"担保权"，以及在实现该"担保权"之时，尊重债权人就标的物已经取得的所有权等权利这一形式，允许以归属清算的方式实现当事人间的利益平衡等内容，均表明担保权构造说并没有忽略"所有权等权利让与"这一形式，并以此形成与其他担保物权的区分。基于让与担保等非典型担保制度而产生的担保权与抵押权、质权虽同属经约定而产生的担保权利，但各有其彼此区别的权利内容，属于相互并列的权利。相较所有权构造说对权利人（债权人）就标的物所享有的所有权等权利的内容改造，担保权构造说将仅起担保作用的所有权等权利抽象为担保权，给物权体系带来的冲击更小，更有利于照顾到债权人、债务人以及第三人的利益。

第三，从设定人权利保护的角度出发，所有权构造说过分重视所有权等权利移转的形式，而忽略了当事人间设定担保的目的，致使设定人在对外关系上毫无权利，地位过于薄弱。而且，在当事人内部关系上，债权人与债务人之间有关所有权移转的相关约定也仅具有债法上的拘束力，无法对抗第三

1　参见孙宪忠：《德国当代物权法》，法律出版社，1997，第177页。

2　参见谢在全：《民法物权论》（修订五版），中国政法大学出版社，2011，第1101页。

3　参见［德］鲍尔、施蒂尔纳：《德国物权法》（上册），申卫星、王洪亮译，法律出版社，2006，第582页。

人。因而，此说颇受诟病。[1] 在担保权构造说之下，依据当事人之间的经济目的，将债权人针对标的物所取得的所有权等权利构造为担保权，在实现时对债权人课以清算义务，避免担保权人取得超过其经济目的的额外利益，从而保护了设定人及其他债权人的利益。

第四，担保权构造说符合比较法趋势。英美法系国家采行功能主义立法方法，只要是具有担保功能的交易，均应适用相同的规则，就动产担保交易，明显采取担保权构造说。[2] 就非典型担保而言，以让与担保为例，日本学说和判例面对金融实践中的让与担保这一创新品种，先以所有权构造说证成其适法性，但自《国税征收法》修正公布之后，将让与担保与抵押权、质权等量齐观，在当时具有划时代意义，以此为契机，学说也逐渐由所有权构造说走向担保权构造说。[3] 及至《假登记担保法》实施，基于让与担保的社会作用与目的的合理性，让与担保基本构造之担保权构造说渐成多数说。[4] 在我国台湾地区，"动产担保交易法"中规定的"信托占有"以让与担保的法理为其构造逻辑，在较小的范围内将让与担保成文化[5]，明显采取了担保权构造。但除此之外的实务发展，以信托的让与担保为其构造逻辑，采取所有权构造理论[6]，也就是说，在成文化之前，让与担保系习惯法所生的非典型担保，以所有权的移转加上信托行为的债的关系为其法律构造。在"物权编"修正明定物权可依习惯创设的情况之下，让与担保将成为民法上的一种担保

---

1 参见［日］越智通：《讓渡担保の法の构成に関する若干の考察（二）》，《私法学研究》1986 年第11 号，第 4 页。

2 See United Nations Commission on International Trade Law, UNCITRAL Legislative Guide on Secured Transactions, United Nations, 2010, p.53.

3 参见［日］田高寬貴：《担保法体系の新たな展開》，劲草书房，1996，第 143 页。

4 参见［日］柚木馨、高木多喜男：《新版注释民法（9）·物权（4）》（改订版），有斐阁，2015，第 661 页；陈荣隆：《让与担保之研究——现制之检讨及立法之展望》，辅仁大学法律学系 1999 年博士论文，第 71-73 页；王闯：《让与担保法律制度研究》，法律出版社，2000，第 163-164 页。

5 参见刘春堂：《动产让与担保之研究》，见刘春堂：《民商法论集（一）》，作者自版，1985，第331 页。

6 参见陈荣隆：《让与担保之法律构造（下）》，《月旦法学杂志》2003 年第 6 期；谢在全：《民法物权论》（修订五版），中国政法大学出版社，2011，第 1108 页注［16］。

物权。[1]这也在一定程度上预示着，我国台湾地区已经无须借由信托的所有权移转（所有权构造）来解释让与担保的有效性，在上述规则之下可直接采取担保权构造。[2]而《欧洲示范民法典草案》明确将动产让与担保及动产所有权保留买卖等动产非典型担保交易作为动产担保物权的一种，并采行担保权构造说。该草案强调，依合同移转或拟移转动产的所有权，意在担保债务的履行或达到担保债务履行的效果的，仅能在该动产上为受让人设立担保物权。这里，在将所有权的移转类型化为担保物权的设立时，采纳了两种功能方法，即主观上有担保债务履行的意图或客观上有担保债务履行的效果。实际上，在该草案的起草者看来，以担保为目的而将有形动产或无形财产等之上的权利移转给债权人，债权人所得的权利等同于非移转占有型的动产担保物权。[3]《联合国动产担保立法指南》虽然表明在法政策上可以有所有权构造和担保权构造两者选择方案，但倡导功能主义的立法方法，采行担保权构造。[4]其中明确建议："除购置款融资之外，采行功能主义方法时，应当将担保债务履行的一切权利统一归类为担保权，并对这些权利实行一套共同的规则。"[5]

总之，就让与担保等非典型担保交易而言，担保权人在设定时取得标的物之上的所有权等权利（实质上为担保权），在该担保权可得实现之时，经过清算，担保权人可就标的物优先受偿（处分清算型），或确定取得标的物的所有权（归属清算型）。在存在完备的公示方法的前提之下，当事人的约

1　参见谢在全：《民法物权论》（修订五版），中国政法大学出版社，2011，第1110-1111页。

2　在我国台湾地区"民法"物权编修正过程中，学者所提出的让与担保条文明显亦属改采担保权构造。参见陈荣隆：《让与担保之研究——现制之检讨及立法之展望》，辅仁大学法律学系1999年博士论文，第232页。

3　See Study Group on a European Civil Code and Research Group on EC Private Law（Acquis Group），*Principles, Definitions and Model Rules of European Private Law: Draft Common Frame of Reference*, Volume 6.Sellier. European Law Publishers GmbH, 2009, p.5395.

4　See United Nations Commission on International Trade Law, *UNCITRAL Legislative Guide on Secured Transactions*, United Nations, 2010, pp.52-53.

5　United Nations Commission on International Trade Law, *UNCITRAL Legislative Guide on Secured Transactions*, United Nations, 2010, p.62.

定具有了物权效力，担保权构造说即取得支配性地位。实际上，动产让与担保的法律构造上不同学说的分歧，关键并不在于所有权是否发生移转，而在于设定人的清算请求权和返还请求权是否给予物权性的保护等。只要具备完善的公示方法，两说之间并无本质的区别。

三、我国非典型担保的法律构造及体系解释

（一）担保合同与非典型担保

如前所述，我国《民法典》第 388 条新增有关"担保合同"的规定，即"担保合同包括抵押合同、质押合同和其他具有担保功能的合同"，虽可成为非典型担保的效力获得认可的规范基础，但其并未对非典型担保的构造解释提供答案。依据该条规定的前段内容，设立担保物权，应当"依照本法和其他法律的规定订立担保合同"，但经由当事人订立的"其他具有担保功能的合同"而设立的权利是否必然应被解释为"担保物权"，不无疑问。这在本质上仍取决于我国《民法典》针对物权法定原则所采纳的解释立场。依据我国《民法典》第 116 条规定，"物权的种类和内容，由法律规定"。仅从该条规定来看，似并不能直接得出我国《民法典》已经采纳缓和物权法定的解释立场而允许当事人自由创设法律未明确规定的"担保物权"。对此，即使可以依据《民法典》第 10 条规定而适用习惯来处理民事纠纷，但完全抛开物权法定而转向习惯，是否会导致物权法定原则具文化，也不无疑问。《民法典》"物权编"所承认的担保物权的种类仅包括抵押权、质权和留置权，通过抵押合同或质押合同所设立的权利可归入前述"担保物权"之中，但将通过"其他具有担保功能的合同"所设立的权利直接解释为"担保物权"，在逻辑上并不周延。然而，有关"其他具有担保功能的合同"的规定被置于"担保物权"的一般规定之中，似表明经由《民法典》第 388 条而获得效力认可的非典型担保与"担保物权"之间具有"亲近性"。但这两者在解释上的"亲近性"究竟应体现在何种区域内，仍有待解释学上的作业。

从我国现有的多数观点来看，此种解释学上的"鸿沟"似经由功能主义的采纳而得以弥合。《民法典》第 388 条所采纳的"其他具有担保功能的合同"的表述系基于功能主义的考量，而功能主义不囿于各种担保制度所采纳的交易形式和结构，对典型担保以及事实上具有担保功能的非典型担保进行一体化解释。这从我国《民法典》第 642 条以及《民法典担保制度解释》的相关规定之中似可得到印证。例如，依据《民法典》第 642 条规定，所有权保留买卖的出卖人在依法取回标的物时，可以与买受人协商取回标的物；协商不成的，可以参照适用担保物权的实现程序。再如，依据《民法典担保制度解释》第 56 条第 2 款的规定，在出卖人正常经营活动中通过支付合理对价取得已被设立担保物权的动产的买受人，可以对抗包括"已经办理登记的抵押权人、所有权保留买卖的出卖人、融资租赁合同的出租人"在内的"担保物权人"的优先受偿请求。在该款规定中，该司法解释的起草人更是将非典型担保（主要是所有权保留和融资租赁）中的权利人称为"担保物权人"。在此，暂且不论该称谓是否妥当，但这些规定本质上均是按照"担保权"来解释非典型担保的权利人所获得的权利，而非将其作为当事人之间所移转的权利之上的完全权利人。从该角度来看，经由我国《民法典》第 388 条而获得效力认可的非典型担保的构造，与担保权构造之间具有亲近性。依循担保权构造而重塑和解释权利人就标的物所取得的权利，与功能主义不谋而合。但从解释学的角度来看，担保权构造的采纳并不意味着必然应将前述非典型担保直接解释为担保物权抑或抵押权等。这在比较法上也可得到印证，例如在日本法上，有学者虽也赞成对让与担保采纳担保构成说，但却并不支持将让与担保权人的权利解释为担保权，而是采纳设定者保留权说，即标的物的所有权虽已移转给债权人，但这仅限于与担保目的相应的部分，债务人对标的物享有残留的部分物权。[1]担保权构造较之于所有权构造，仅是更侧重于

---

1 参见［日］道垣内弘人：《担保物权法》（第 4 版），有斐阁，2020，第 305 页。

非典型担保的担保功能，进而以之为解释起点对其外在形式进行改造，使当事人之间的权利义务关系"偏离"了外在形式的本来内涵，故只要符合这一特征的解释结论皆可归入担保权构造之中。就动产等以占有作为权利外在表征的标的物而言，将权利人（债权人）就该动产等所享有的权利解释为担保物权说或抵押权说，似并不存在违和感。但就权利移转存在明显外在表征的不动产等标的物而言，债权人通过权利移转登记而取得了标的物之上的所有权等权利，若将债权人所享有的所有权解释为"担保物权"或"抵押权"，并将不再保有所有权等权利的登记名义的债务人仍视为所有权人，与登记理论并不完全相符。而担保物权说或抵押权说仅是符合担保权构造的学说之一。在我国《民法典》及《民法典担保制度解释》施行之后，从非典型担保具有的担保功能出发，在担保权构造之下探寻合适的解释路径，仍有较大的解释空间可为。在让与担保、所有权保留等非典型担保制度中是否有必要将所有权等外在形式的效果完全虚置[1]，乃至于类推适用或完全套用动产抵押权等担保物权制度的相关规则[2]，也不无解释的余地。[3]

（二）担保的本质与清算法理的导入

非典型担保虽经由《民法典》第388条而获得效力认可，但其所具有的"担保功能"决定了，标的物之上的所有权等权利的移转都是为了实现债权担保的目的，而非确定转移给债权人。由此，在债务人不履行到期债务或发生当事人约定的情形下，债权人仅能就担保财产优先受偿，而不能未加清算地取得标的物上的所有权等权利。这也是非典型担保自产生之日起其效力备受争议的关键点之一。就抵押权或质权等典型担保而言，多数立法例大多禁止抵押权人或质权人通过流质条款而取得标的物的所有权，其本旨在于避免

1　参见张家勇：《体系视角下所有权担保的规范效果》，《法学》2020年第8期。

2　对此，也可参考程啸、高圣平、谢鸿飞：《最高人民法院新担保司法解释理解与适用》，法律出版社，2021，第5–13页（该部分由谢鸿飞教授执笔）。

3　参见周江洪：《所有权保留买卖的体系性反思》，《社会科学辑刊》2022年第1期。

债权人利用其优势地位而攫取暴利，而让与担保等非典型担保又确可回避流质禁止的规定。故而，经由流质禁止和物权法定的双重"夹击"，让与担保等非典型担保的效力总是难以获得认可。经过学理和判例的共同努力，为让与担保等非典型担保导入清算法理才逐渐使其摆脱此种桎梏。毕竟，在当事人违反法律规定而约定流质条款的情形下，将无效的射程局限于此类条款，使其部分无效，不使当事人之间所设立的抵押权或质权等担保物权无效，也可最大限度维持意思自治的空间。循此逻辑，我国《民法典》第401条及第428条也仅是规定在约定流质条款的情形下，担保物权人只能依法就抵押财产优先受偿，而非将抵押权或质权的物权效力归于无效，亦非一概否认当事人之间所订立的抵押合同或质押合同的效力。所谓流质禁止，其所禁止的并非债权人在债务人不履行取得担保财产的所有权，而是禁止债权人不经清算而取得担保财产之上的全部利益。无论是在让与担保等非典型担保之中导入清算义务，还是在《民法典》中设置流质禁止规则，其目的是一致的。由此，对于让与担保等非典型担保而言，为其导入清算法理，不允许债权人未经清算地取得标的上的所有权等权利，即可使其摆脱回避流质禁止的嫌疑。

同时，从我国《民法典》第388条的规定来看，让与担保、所有权保留和融资租赁等非典型担保制度因具有担保功能，其与抵押合同、质押合同具有同质性，故将债权人通过非典型担保制度所获得的权利限定为"优先受偿"的权利，亦属题中之义。毕竟，债权人经由抵押权或质权所取得的是"就担保财产优先受偿的权利"。如此，在让与担保、所有权保留和融资租赁等非典型担保中，在债务人不履行债务时，债权人可以取得标的物之上的完全所有权等权利，或将标的物变卖给第三人，但须将标的物的价值超出债务金额的部分返还给债务人，不足部分仍由债务人继续清偿，此即清算法理。前者被称为归属清算，而后者则是处分清算，二者均属于私的实现，无须经由烦冗的担保物权实现程序。但无论何种清算方式，在债权人将标的物的价值超出债务金额的部分返还给债务人之前，债务人原则上均有权通过偿还债务而取回标的物之上的所有权等权利。由此，在《民法典》第 643 条第 2 款等规定之中，才会出现类似于"多退少补"的规定，即"买受人在回赎期限内没有回赎标的物，出卖人可以以合理价格将标的物出卖给第三人，出卖所得价款扣除买受人未支付的价款以及必要费用后仍有剩余的，应当返还买受人；不足部分由买受人清偿"。

此外，同样是基于此种"担保功能"或担保属性，决定了在债务履行期到来之后债权人仍有权请求债务人履行债务，而债务人亦负有履行债务的义务。如若循让与担保等非典型担保的交易外观，当事人之间在移转标的物之上的所有权等权利之后，权利人（债权人）无权要求债务人主动履行还款义务，而债务人在债务到期之后是否选择通过主动还款而回赎标的物之上的所有权等权利，亦属其自由。但在采纳功能主义的视角之后，当事人之间让与标的物之上的所有权等权利，仅是为了实现担保功能而借助的形式。当事人通过买卖合同等合同形式而架构的交易，自然无法完全按照买卖合同等制度来确定彼此的权利义务内容。债权人不仅有权请求债务人履行债务，且债务人亦负有偿还债务的义务。在债务人不履行到期债务时，债权人可以经由标的物的变价程序而获得优先受偿，但对于变价款不足以清偿债务人所欠债务的部分，债务人仍负有偿还的义务。同时，在债权人将标的物卖予第三人之前，或将标的物折价后的清算金返还给债务人之前，债务人均享有回赎标的物的权利。由此，在融资租赁等非典型担保之中，依据《民法典担保制度解释》第 65 条规定，"在融资租赁合同中，承租人未按照约定支付租金，经催告后在合理期限内仍不支付，出租人请求承租人支付全部剩余租金，并以拍卖、变卖租赁物所得的价款受偿的，人民法院应予支持"；同时，"出租人请求解除融资租赁合同并收回租赁物，承租人以抗辩或者反诉的方式主张返还租赁物价值超过欠付租金以及其他费用的，人民法院应当一并处理"。这其实是采纳功能主义的必然结论，也是我国《民法典》就非典型担保采纳担保权构造而非所有权构造的写照。

（三）优先受偿规则的体系化

在采纳功能主义的背景之下，通过为非典型担保创设登记对抗规则，使典型担保与非典型担保的优先受偿规则具备了整合可能性。依循公示的先后顺位而确定受偿的优先顺位，也与担保权构造的内涵也不谋而合。如此，在担保设定人以同一标的物为其他债权人提供担保的情形下，既然设定人享有标的物的所有权，而债权人（包括所有权保留买卖的出卖人以及融资租赁中的出租人等）仅就标的物享有"担保权"或"担保物权"，设定人以该标的物为其他债权人设定担保自然不构成无权处分，亦无须依据善意取得规则而判断其他债权人能否依法就该标的物取得担保权利并就其优先受偿。由此产生的问题是，就该标的物变价所得的价款，应如何确立非典型担保的权利人与就该标的物取得担保权利的其他债权人之间的优先受偿顺位。

若将非典型担保的债权人就标的物所享有的权利解释为"担保物权"，则可直接适用《民法典》第414条第2款的规定，"其他可以登记的担保物权，清偿顺位参照适用前款规定"，即"已经登记的，按照登记的时间先后确定清偿顺序；已经登记的先于未登记的受偿；未登记的，按照债权比例清偿"[1]。但正如前述，非典型担保的构造采纳担保权构造说，并不能直接推导出非典型担保的债权人就标的物所享有的权利为担保物权这一结论。对此，所有权保留及融资租赁之中所采纳的登记对抗规则（即"未经登记，不得对抗善意第三人"），本可直接用作确定优先受偿顺位规则的依据。但从我国《民法典》以及《民法典担保制度解释》就"善意第三人"的范围所作的解释来看，立法者有意将关于是否"善意"的判断排除在外，从而避免优先

---

[1] 最高人民法院民法典贯彻实施工作领导小组主编：《中华人民共和国民法典物权编理解与适用》（下册），人民法院出版社，2020，第1126-1127页。

受偿顺位的确定受到善意的"干扰"。然而，从立法者的本意看，《民法典》第 414 条第 2 款作为准用条款，本是为了解决以登记为公示方法的权利质权之间的冲突。[1] 从该角度来看，为解决前述问题，宜参照适用《民法典》第414 条第 2 款，而非对其直接加以适用。而这一思路在保理合同之中更是体现得淋漓尽致。作为同样具有担保功能的非典型担保之一，在同一债权向多个保理人多重转让的情形下，立法者借鉴了《民法典》第 414 条所确立的数个抵押权竞存时的优先受偿顺位确定规则，为了"在利益结构相似的情形中保持规则的一致性"，首先按照登记在先的规则确定数个保理人之间的优先受偿顺位，即"已经登记的先于未登记的取得应收账款；均已经登记的，按照登记时间的先后顺序取得应收账款"，并进一步在"既未登记也未通知的"的情形下借鉴《民法典》第 414 条第 1 款第 3 项规定，在担保性的保理中按照保理融资款的比例取得应收账款，在服务性的保理之中则按照服务报酬的比例取得应收账款。[2] 依循此种思路，《民法典担保制度解释》的起草者在该司法解释第 66 条中则进一步规定，"同一应收账款同时存在保理、应收账款质押和债权转让，当事人主张参照民法典第七百六十八条的规定确定优先顺序的，人民法院应予支持"。尤其是在其中所涉及的保理与应收账款质押竞存的情形，该条规定选择"参照"《民法典》第 768 条规定而确定优先受偿顺序，而非直接适用《民法典》第 768 条抑或第 414 条，这既表明具有担保功能的保理等非典型担保制度与担保物权之间仍存在概念上的差异，也表明在我国《民法典》的立法背景之下典型担保与非典型担保在构造上具有共通性，立法者也有意使二者在优先受偿顺位的确定规则上保持趋同性。此外，从担保权构造的角度出发，如果债务人通过交付的方式而以非典型担保所指向的标的物为其他债权人设定担保的，则应参照适用《民法典》第 415 条的

---

[1]　参见黄薇主编：《中华人民共和国民法典物权编释义》，法律出版社，2020，第 534 页。

[2]　参见黄薇主编：《中华人民共和国民法典合同编释义》，法律出版社，2020，第 617-618 页。

规定，以"登记、交付的时间先后"确定清偿顺序。若该标的物被他人留置的，则应参照适用《民法典》第 456 条的规定，"留置权人优先受偿"。

（四）动产抵押权的相关规则的扩张适用

在我国《民法典》采纳功能主义的背景之下，出卖人对标的物保留所有权，以及融资租赁中的出租人对租赁物享有的所有权均采取登记对抗模式，即"未经登记，不得对抗善意第三人"（《民法典》第 641 条第 2 款及第 745 条）。在我国，《优化营商环境条例》第 47 条第 2 款即规定，"国家推动建立统一的动产和权利担保登记公示系统，逐步实现市场主体在一个平台上办理动产和权利担保登记。纳入统一登记公示系统的动产和权利范围另行规定"。其后，为了进一步提高动产和权利担保融资效率，优化营商环境，促进金融更好服务实体经济，国务院《统一登记决定》要求，"自 2021 年 1 月 1 日起，在全国范围内实施动产和权利担保统一登记"，并将融资租赁、保理以及所有权保留等可以登记的动产和权利担保纳入到统一登记范围之内。据此，中国人民银行《统一登记办法》对纳入统一登记范围的动产和权利担保的登记及查询等内容进行详细规定。

虽然登记对抗主义的采纳并不意味着所有权保留及融资租赁等非典型担保必然采纳担保权构造，毕竟在设立地役权或土地经营权等场合下我国《民法典》亦采纳了登记对抗模式，但从其价值和功能来看，正是因为登记对抗模式的采纳，才可能使所有权保留和融资租赁等非典型担保与动产抵押权等典型担保在解释论上保持一致性。从立法目的来看，所有权保留和融资租赁之所以采纳登记对抗模式，主要是为了消灭隐形担保，使交易第三人能够了解标的物之上所存在的权利状况而避免自身的利益受损。[1] 在采纳此种模式之后，出卖人或出租人针对标的物所享有的权利，与该标的物之上的其他担保权利产生冲突时，才得以按照登记的先后顺序而清晰确定其顺位，使交易

---

1 参见黄薇主编：《中华人民共和国民法典合同编释义》，法律出版社，2020，第 405-406 页。

第三人能够对其自身所取得的权利顺位产生合理预期。同时，针对同样采纳登记对抗模式的动产抵押权，就未经登记不得对抗的"善意第三人"的范围及效力所作的解释，也得以一体适用于所有权保留及融资租赁等非典型担保（《民法典担保制度解释》第 67 条和第 54 条），即在所有权保留买卖、融资租赁等合同中，出卖人、出租人的所有权未办理登记的，不得对抗已经占有该标的物的买受人、承租人、已受保全或执行程序保护的债权人以及破产债权人。此外，就动产抵押权的相关制度规则而言，尽管《民法典》的立法者并未为"正常经营活动中的买受人规则"（第 404 条）以及价款超级优先权规则（第 416 条）保留扩张解释的"文义"空间，但《民法典担保制度解释》的起草者却将这两项制度扩张至所有权保留及融资租赁交易等非典型担保。该司法解释第 56 条允许"在出卖人正常经营活动中通过支付合理对价取得已被设立担保物权的动产"的出卖人，对抗已经办理登记的所有权保留买卖的出卖人以及融资租赁合同的出租人就该动产优先受偿的请求。而第 57 条则允许保留动产所有权的出卖人以及以融资租赁方式出租该动产的出租人，"为担保价款债权或者租金的实现而订立担保合同，并在该动产交付后十日内办理登记，"可以主张其权利优先于在先设立的浮动抵押权或固定抵押。从目的解释及体系解释的角度来看，该司法解释所作的前述"扩张"符合《民法典》立法者所提出的功能主义构想，而这些"扩张"解释其实也表明，无论是《民法典》的立法者还是《民法典担保制度解释》的起草者，均将所有权保留及融资租赁等"具有担保功能"的非典型担保所产生的权利视为"可以登记的担保权"[1]。从该角度来看，将所有权保留及融资租赁等非典型担保解释为担保权构造，亦属题中之义。

---

[1] 最高人民法院民事审判第二庭：《最高人民法院民法典担保制度司法解释理解与适用》，人民法院出版社，2021，第 560 页；黄薇主编：《中华人民共和国民法典合同编释义》，法律出版社，2020，第 406 页。

（五）担保物权实现程序的参照适用

从让与担保等非典型担保的法解释史来看，其饱受诟病的弊病之一在于债权人可不经清算而攫取暴利，但这一弊病或缺陷的反面却是让与担保等非典型担保可以回避烦琐的担保物权实现程序，有助于债权人便捷、高效地收回债权。故在抵押权等典型担保的立法发展过程中，立法者大多会有意地借鉴非典型担保的优势，对典型担保的实现规则加以改造，以压缩让与担保等非典型担保的存续空间和制度价值。在我国《物权法》立法之时，就允许担保物权人在实现担保物权时可以首先与抵押人等担保物权设定人进行协议，以担保财产折价或拍卖、变卖所得的价款优先受偿。在未达成协议的情形下，担保物权人可以请求人民法院拍卖、变卖担保财产。这一规则被我国《民法典》加以沿袭。然而，在债务人不履行债务或发生当事人约定的实现担保物权的情形下，担保物权设定人究竟会有多大动力与担保物权人就担保财产的变价进行协议，并配合其所发起的担保物权实现程序？立法者作出的此种制度安排是否会发挥预期的效果？对此均不无疑问。

如前所述，避免债权人在债务履行期届满之前借助其交易优势而牟取暴利，否定其未经清算而获得担保财产的所有权，并不必然需要经由履行期届满后的变价协议这一路径。对于当事人在履行期限届满之前所达成的，在债务人不履行到期债务或者发生当事人约定的情形下债权人可以自行折价、拍卖或变卖的约定，立法或司法仅须重点关注标的物的变价金额即可，而无须否定此种自行变价的程序约定而迫使当事人回到法定的担保物权实现程序的轨道之上。对此，《民法典担保制度解释》第45条第1款规定："当事人约定当债务人不履行到期债务或者发生当事人约定的实现担保物权的情形，担保物权人有权将担保财产自行拍卖、变卖并就所得的价款优先受偿的，该约定有效。因担保人的原因导致担保物权人无法自行对担保财产进行拍卖、变卖，担保物权人请求担保人承担因此增加的费用的，人民法院应予支持。"

这既有利于回避烦琐的担保物权实现程序，也可最大程度地尊重当事人的意思自治。但就这一规定而言，遗憾的是其将自行折价排除在外。在我国《民法典》第388条已为让与担保等非典型担保铺设合法"管道"，并缓和流质禁止的效力的背景之下，承认当事人事先所达成的自行折价约定的效力是符合立法趣旨的。此外，在让与担保等非典型担保设立之后，债务人通常仍然继续占有该标的物。无论是自行折价，还是自行拍卖或变卖，只要债权人所提供的变价金额低于市场价格，债务人即可拒绝将标的物交付给债权人，以此避免债权人通过自行变价而损害自身的利益。

在让与担保等非典型担保之中，只要不损害债务人及其他债权人的利益，并无必要迫使当事人回到法定的担保物权实现程序。诚然，在采纳功能主义的背景之下，对让与担保等非典型担保与抵押权等典型担保的实现程序加以统一，似为题中之义。但从高效便捷的角度来看，维系让与担保等非典型担保的制度优势，允许债权人通过进行归属清算或处分清算，将法定的担保物权实现程序作为补充，似为更优之选。我国《民法典》所规定的"参照适用担保物权的实现程序"（第642条第2款），以及《民法典担保制度解释》所规定的"参照民事诉讼法'实现担保物权案件'的有关规定"（第64条及第65条）或"参照民法典关于担保物权的规定"（第68条），似应作此解释。

四、小结

以《民法典》第388条所规定的"其他具有担保功能的合同"为规范基础，非典型担保的效力可获认可，但其并未言明在我国《民法典》之下非典型担保该采纳何种法律构造。从我国《民法典》基于功能主义而对动产担保的顺位登记、受偿规则等进行统一规定来看，让与担保、所有权保留、融资租赁及保理等"具有担保功能"的非典型担保在法律构造上与担保权构造具有亲近性。从担保功能出发对非典型担保的法律构造进行解释，必然意味着对其内外效力重新进行塑造。

从《民法典担保制度解释》针对非典型担保所作的规定来看，在内部效力上，非典型担保中的债权人不得未经清算而取得标的物的完全所有权（如第 68 条等），应无疑问，但在债权人采取归属清算（折价）抑或处分清算（变卖或拍卖）时，应以何时作为确定标的物市场价值的时间节点，债务人在什么时点丧失赎回标的物之上的所有权等权利，仍不甚清晰。而且，在采纳担保权构造之后，在债务人或债权人破产及被提起民事执行程序的情形下，我国现行的破产及民事执行规定应作何种适应性调整，也有赖解释学上的进一步作业而使担保权构造说一以贯之。[1] 甚至于在以所有权之外的权利（如股权等）设定非典型担保的情形下，当事人之间所移转的权利不仅具备财产属性还同时兼具人身属性，在此类权利移转之后，债权人所享有的权利究竟应限定在何种限度内，是否应完全将其中具有人身属性的部分权利完全从债权人处剔除，也不无解释的空间。[2] 毕竟，从担保权构造的本来内涵出发，采纳担保权构造只是为了将债权人所享有的权利限定在为了实现债权担保功能的限度内。债权人是否可以行使具有人身属性的部分权利，若从该权利的行使是否是有助于实现债权担保的功能观之，似仍有解释的余地。

第二节　所有权保留交易的法律构成

一、问题的提出

依据我国《民法典》的规定，买卖合同为典型的双务、有偿合同，买受

---

[1] 在采纳担保权构造之后，所有权保留在强制执行程序以及破产程序中的相关效力应作何解释和调整，可参见纪海龙：《民法典所有权保留之担保权构成》，《法学研究》2022 年第 6 期。

[2] 参见刘国栋：《〈民法典〉视域下股权让与担保的解释论路径》，《北方法学》2021 年第 5 期；葛伟军：《股权让与担保的内外关系与权利界分》，《财经法学》2020 年第 6 期。对此，也可参见高圣平、曹明哲：《股权让与担保效力的解释论——基于裁判的分析与展开》，《人民司法（应用）》2018 年第 28 期；最高人民法院民事审判第二庭：《最高人民法院民法典担保制度司法解释理解与适用》，人民法院出版社，2021，第 574-575 页。

人负有支付价金的主给付义务，而出卖人负有交付标的物并转移所有权的对待给付义务。在出卖人交付标的物但买受人未给付价金的情况下，出卖人的价金债权即面临着不获清偿的风险，不利于买卖交易的达成和展开。买卖双方通过所有权保留条款约定，在买受人未给付价金或者履行其他义务之前，标的物的所有权由出卖人保留，出卖人的价金债权借由所有权的强势效力得到了有效的保障。[1] 如此，所有权保留买卖交易的社会机能除了促进商品的销售之外，通过在所有权移转效力上附加条件（给付价金或者履行其他义务）的方式，达致担保标的物价金债权清偿的效果。[2] 这一精巧的交易结构一经运用，即发挥了巨大的信用供给功能。[3]

在优化营商环境的大背景之下，统一动产抵押、所有权保留买卖、融资租赁、让与担保、保理等各种动产担保交易形式的交易规则，就成了民法典编纂过程中的重大任务。[4] 在尊重当事人之间就融资担保交易结构的合意安排、维系各种动产担保交易在形式上的区分的基础上，《民法典》对《合同法》上所有权保留买卖交易规则作了相应完善。其一，明确将所有权保留买卖合同纳入担保合同的范畴（第 388 条第 1 款），承认其担保功能；其二，就出卖人的所有权采行登记对抗主义（第 641 条第 2 款）；其三，在买受人违约之时，出卖人有权取回标的物，但出卖人取回后尚得容许买受人回赎，买受人不回赎的，出卖人可再以合理价格另行出卖标的物，并以变价款清偿价金债务，实行"多退少补"（第 642 条、第 643 条）。这些规则无不受到功能主义立法模式的影响。但在既有的物债二分、所有权绝对的体系下，嵌入

1　参见王立栋：《〈民法典〉第 641 条（所有权保留买卖）评注》，《法学家》2021 年第 3 期；王洪亮：《所有权保留制度定性与体系定位——以统一动产担保为背景》，《法学杂志》2021 年第 4 期。

2　参见黄薇主编：《中华人民共和国民法典合同编释义》（上），法律出版社，2020，第 405 页。

3　参见王轶：《论所有权保留的法律构成》，《当代法学》2010 年第 2 期。

4　参见高圣平：《民法典担保物权法编纂：问题与展望》，《清华法学》2018 年第 2 期；罗培新：《世界银行"获得信贷"指标的法理分析及我国修法建议》，《环球法律评论》2019 年第 2 期；纪海龙：《世行营商环境调查背景下的中国动产担保交易法》，《法学杂志》2020 年第 2 期。

功能主义元素，产生了诸多概念与体系上的冲突。[1]

《民法典担保制度解释》就这些冲突提出了部分解决方案，明确所有权保留买卖交易中如下几个方面应适用或者准用担保物权制度的相关规定："一是有关登记对抗的规则；二是有关担保物权的顺位规则；三是有关担保物权的实现规则；四是关于价款优先权等有关担保制度"[2]。但不无遗憾的是，同样与《民法典》同步实施的另两部司法解释却作出了与此不同的司法政策选择。[3]《买卖合同解释》[4]仍然保留了《民法典》编纂时本未采纳的"买受人已经支付的价款达到总价款的 75% 时，出卖人不得行使取回权"的限制规则（第26条）[5]；《企业破产法规定（二）》[6]仍旧依循所有权构成说处理相关的争议问题（第 36 条、第 37 条和第 38 条）。[7]这两部司法解释中的规定根植于《民法典》实施之前实定法上的形式主义进路，并未准确把握《民法典》上新规则的功能化转向，增加了本已争议不断的规则冲突的解释难度。

1　参见高圣平：《〈民法典〉视野下所有权保留交易的法律结构》，《中州学刊》2020 年第 6 期；张家勇：《体系视角下所有权担保的规范效果》，《法学》2020 年第 8 期；谢鸿飞：《〈民法典〉实质担保观的规则适用与冲突化解》，《法学》2020 年第 9 期；王洪亮：《所有权保留制度定性与体系定位——以统一动产担保为背景》，《法学杂志》2021 年第 4 期；周江洪：《所有权保留买卖的体系性反思——担保构成、所有权构成及合同构成的纠葛与梳理》，《社会科学辑刊》2022 年第 1 期；邹海林：《所有权保留的制度结构与解释》，《法治研究》2022 年第 6 期；叶金强：《现行动产担保模式之批判》，《法学杂志》2022 年第 6 期。

2　最高人民法院民事审判第二庭：《最高人民法院民法典担保制度司法解释理解与适用》，人民法院出版社，2021，第43页。

3　有学者认为，《最高人民法院关于人民法院民事执行中查封、扣押、冻结财产的规定》（法释〔2020〕21 号修正）第 14 条同样存在这一问题。参见纪海龙：《民法典所有权保留之担保权构成》，《法学研究》2022 年第 6 期。该规则尚须结合查封在实体法上效力的可能转变（《强制执行法（草案）》第 179 条）一起进行讨论。本书搁置不论，留待以后专文探讨。

4　该司法解释于 2012 年 3 月 31 日由最高人民法院审判委员会第 1545 次会议通过（法释〔2012〕8 号），并于 2020 年 12 月 23 日最高人民法院审判委员会第 1823 次会议修正（法释〔2020〕17 号），2020 年 12 月 29 日公布，自 2021 年 1 月 1 日起与《民法典》同步实施。为避免混淆，本书引述法释〔2012〕8 号的条文时，以《买卖合同解释》原第 × 条予以特别提示。

5　参见黄薇主编：《中华人民共和国民法典合同编释义》（上），法律出版社，2020，第 408 页。

6　该司法解释于 2013 年 7 月 29 日由最高人民法院审判委员会第 1586 次会议通过（法释〔2013〕22 号），并于 2020 年 12 月 23 日最高人民法院审判委员会第 1823 次会议修正（法释〔2020〕18 号），2020 年 12 月 29 日公布，自 2021 年 1 月 1 日起与《民法典》同步实施。为避免混淆，本书引述法释〔2013〕22 号的条文时，以《企业破产法司法解释二》原第 × 条予以特别提示。

7　参见邹海林：《所有权保留的制度结构与解释》，《法治研究》2022 年第 6 期。

《最高人民法院、国家发展和改革委员会关于为新时代加快完善社会主义市场经济体制提供司法服务和保障的意见》（法发〔2020〕25号）第14条指出，"依法认定新型担保的法律效力。准确把握物权法定原则的新发展、民法典物权编扩大担保合同范围的新规定，依法认定融资租赁、保理、所有权保留等具有担保功能的非典型担保合同的效力"，是人民法院为新时代加快完善社会主义市场经济体制提供更加有力的司法服务和保障的重要举措。

二、所有权保留买卖交易的功能化转向

所有权保留买卖交易等以所有权作为担保工具的交易是否应纳入动产担保交易制度中予以统一规范，是国际统一实体法运动中最具争议性的问题之一。鉴于所有权保留买卖交易不同于担保交易的形式上的结构安排，多数国家和地区的解决方案是将其排除于担保交易之外。在既有的物权概念体系之下，担保物权系在他人财产设定的以担保主债权得以实现的物权，而所有权保留买卖交易中出卖人所保留的是所有权。如此，出卖人是标的物的"真正所有人"，而不是担保物权人。所有权保留买卖交易中标的物由出卖人保留所有权并由买受人占有、使用的事实，仅仅表明标的物所有权的权能暂时在当事人之间进行了分割，而不能视为买受人在其所买受标的物的权益之上为出卖人设立了担保物权，因为买受人除了取得与占有标的物相关的权益之外并不享有其他权益。即使认为买受人随着价金的逐渐给付已经取得标的物上的部分权益，即使认为买受人享有回赎权，也不能认为买受人在标的物上为出卖人设定了担保物权。[1]在这一以交易形式为规则架构基础的形式主义立法观念之下，如买受人未能及时清偿价金，出卖人所关注的不是就标的物强制执行而使其债权得以受偿，而是基于其就标的物的所有权而主张恢复对标

1　See Ronald C.C. Cuming, Catherine Walsh and Roderick J. Wood, *Personal Property Security Law*, 2nd ed., Irwin Law Inc., 2012, pp.123-124.

的物的占有。[1] 如此，尽管所有权保留买卖交易中出卖人的所有权起着担保价金清偿的作用，但通常受合同法调整，容许当事人的自主安排，并不受担保物权公示要件及其他规则的约束。[2]

相反的做法是将所有权保留买卖交易纳入动产担保交易法的调整范围，将之等同于担保交易。其理念在于，具有相同经济功能的融资担保工具应被同等对待，并据此对所有权保留买卖交易进行真正的重新定性。《美国统一商法典》第九编摒弃了各种担保工具之间的形式上的区分，采行功能主义的统一方法，适用统一的设立、公示、优先顺位和违约救济制度，其规范目的带有明显的实用主义色彩。概念化，至少在传统意义上形式主义的概念化，在这里并不重要。事实上，该编尽量避免各类动产担保交易形式上的概念化，其所关注的焦点是各类动产担保交易形式的共同点，即它们均具有基本相同的功能：通过合同规定或者承认，债权人享有动产上的担保权益，从而允许在其未获清偿之时就该动产优先受偿。这里起决定作用的是交易的效果，而不是其形式或者权益产生的方式。[3] 如此，因所有权保留买卖交易在功能上具有担保作用，也就被纳入《美国统一商法典》第九编的规制范围。即使在除该编之外的法律中所有权保留买卖交易并没有如此概念化，但在该编之中，所有权保留买卖交易仍被视为动产担保交易，出卖人就标的物的权利视为担保物权。[4]

功能主义的立法方法旨在确保动产担保交易制度的全面性、一致性和透

1　See Jan H. Dalhuisen, *Dalhuisen on Transnational and Comparative Commercial, Financial and Trade Law Volume 5 Financial Products and Services*, Eighth Edition, Bloomsbury Publishing Plc, 2022, p.26.

2　See Anna Veneziano, *The DCFR Book on Secured Transactions Some Policy Choices made by the Working Group*, in Sjef van Erp, Arthur Salomons and Bram Akkermans eds., *The Future of European Property Law*, Sellier European Law Publishers GmbH, 2012, p.129.

3　See William L Tabac, "The Unbearable Lightness of Title under the Uniform Commercial Code", 50 *Modern Law Review* 408, 409(1991).

4　See Ronald C.C. Cuming, Catherine Walsh and Roderick J. Wood, *Personal Property Security Law*, 2nd ed., Irwin Law Inc., 2012, p.124.

明度，将出卖人、出租人和贷款人等信用提供者置于公平的竞争环境之中，并减少债权人为应对各种融资担保工具之间不同的尽调要求，从而降低整体交易成本。[1] 这种立法方法在概念上的简洁性，以及统一的规则体系所带来的交易效率的提升和交易成本的降低，广受赞扬[2]，但也不乏批评意见。[3] 这一功能主义方法将"触及其法律体系的基本要素，如合同自由和所有权"[4]。基于交易的担保目的和实质，即将债权人就标的物的权利重新定性为担保物权，改变了当事人的交易安排和既定的物权结构，破坏了物权法定主义。这也意味着功能主义之下的担保物权不一定是基于当事人之间的交易合同本身，而是由法律上的重新定性而产生。[5] 不过，"尽管［功能主义］很复杂，语言不熟悉，风格也很陌生，但即使不作为区域性和国际性动产担保交易法改革的典范，也可能发挥重要的思想来源作用"[6]。

我国已经加入的《开普敦公约》以"international interest"来指称航空器、铁路车辆、太空资产等高价值动产之上的统一的国际担保权益，涵盖了传统的担保物权和功能性担保物权（主要是融资租赁交易和所有权保留买卖

1　See United Nations Commission on International Trade Law, *UNCITRAL Legislative Guide on Secured Transactions*, United Nations, 2010, pp.23、56.

2　See Harry C. Sigman, *Security in Movables in the United States-Uniform Commercial Code Article 9: a Basis for Comparison,* in Eva-Maria Kieninger ed., Security Rights in Movable Property in European Private Law,Cambridge University Press ,2004, p. 80.

3　See Michael G. Bridge, Roderick A. Macdonald, Ralph L. Simmonds and Catherine Walsh, "Formalism, Functionalism, and Understanding the Law of Secured Transactions", 44 *McGill Law Journal* 572（1999）; Martin Boodman and Roderick A. Macdonald, "How far is Article 9 of the Uniform Commercial Code Exportable? A Return to Sources", 27 *Canadian Business Law Journal* 249 (1996).

4　Frederique Dahan and John Simpson, *Legal Efficiency of Secured Transactions ReformBridging the Gap Between Economic Analysis and Legal Reasoning*, in Frederique Dahan and John Simpson eds., *Secured Transactions Reform and Access to Credit* , Edward Elgar, 2009, p.137.

5　See Louise Gullifer, *Quasi-security InterestsFunctionalism and the Incidents of Security,*in Iwan Davies ed., *Issues in International Commercial Law,* Taylor & Francis Group, 2005,pp.9-10.

6　Harry C. Sigman, *Security in Movables in the United States–Uniform Commercial Code Article 9a Basis for Comparison*, in Eva-Maria Kieninger ed., *Security Rights in Movable Property in European Private Law*, Cambridge University Press, 2004, p.54.

交易中债权人的所有权）。就此而言，《开普敦公约》采纳了功能主义的立法方法，但考虑到传统大陆法系国家或者地区加入公约的便利，它同时允许对债权人在融资租赁交易和所有权保留买卖交易中保有的所有权的实现规则进行特殊处理，如相关国家的国内法未将其重构为担保物权，则承认债权人对标的物的取回权，并保有对标的物的完整权利，而不是就标的物变价并优先受偿。这也意味着各国国内法中的分歧并没有完全消解。[1]不过，即便如此，融资租赁交易和所有权保留买卖交易亦应适用于《开普敦公约》的其他规定，如设立、登记、对抗第三人效力、优先顺位等规则。[2]

《联合国动产担保立法指南》和《联合国动产担保示范法》同样选择了功能主义立法方法，将所有权保留买卖交易纳入动产担保交易的调整范围，明显倾向于对购置款融资工具采取所谓的"统一处理法"。但考虑到一些欧洲国家代表的反对意见，也允许对所有权保留买卖交易等购置款融资工具采取"非统一处理法"，将其中的标的物所有权明确归属于出卖人。[3]但即使采取"非统一处理法"，这些权利亦应"适用与购置款担保权功能等同的规则，从而确保购置款融资的所有提供者均得到平等对待"[4]。《欧洲示范民法典草案》（DCFR）同样采取了折中路线，在采纳功能主义立法方法的同时，并没有将保留所有权交易纳入统一的担保物权概念之中。就起草者看来，支撑这种担保工具的法律概念是基于债权人保留完整的所有权。[5]该草案第九卷在

1　See Souichirou Kozuka, *The Cape Town Convention and Its Implementation in Domestic Law: Between Tradition and Innovation*, in Souichirou Kozuka ed.,*Implementing the Cape Town Convention and the Domestic Laws on Secured Transactions*,Springer International Publishing AG, 2017, pp.31-32.

2　See Michel Deschamps, "The Perfection and Priority Rules of the Cape Town Convention and the Aircraft Protocol: A Comparative Law Analysis", 2 *Cape Town Convention Journal* 51, 53(2013).

3　See Anna Veneziano, "A Secured Transactions' Regime for Europe：Treatment of Acquisition Finance Devices and Creditors' Enforcement Rights", 14 *Juridica International* 89, 91(2008).

4　United Nations Commission on International Trade Law, *UNCITRAL Legislative Guide on Secured Transactions*, United Nations,2010,p.63.

5　See Selma de Groot, *Three Questions in Relation to the Scope of Book IX DCFR*, in Sjef van Erp,Arthur Salomons and Bram Akkermans eds.,*The Future of European Property Law*, Sellier European Law Publishers GmbH, 2012, p.139.

尊重欧洲既有法律传统的基础上，明确区分了担保物权与保留所有权交易，但这一区分仅在两个领域才有意义：担保物权的设立及担保物权的实现。在其他领域，如对抗第三人效力、优先顺位、违约前的救济及解除，保留所有权交易事实上与担保物权并无区别，均适用统一的规则。[1]

如此看来，是否完全采纳功能主义的立法方法，最终还是取决于立法者的政策选择，即平衡简洁和效率与合同自由。[2] 吸收功能主义的合理元素，并不意味着一定要将所有权保留买卖交易重新定性为担保交易，也不意味着在所有方面均适用于担保交易相同的规则，而在很大程度上取决于我们如何在其他关键问题上形塑动产担保交易制度，如公示、优先顺位和权利实现等。[3] 民法典功能主义的核心不在于以统一的"担保物权"概念代替形式各异的动产担保交易创设的担保类型，而在于使所有具有担保功能的交易一体化适用设立、公示、优先顺位和实现规则。[4] 如此，功能性的形式主义则成了动产担保交易法制改革的可选路径之一。[5]

当事人不选择动产抵押交易而选择所有权保留买卖交易的原因有很多，诸如会计和税收方面的优势、所有权相较担保物权更为强大的效力，等等，这些可能与交易的担保功能有关，也可能无关。[6] 我国《民法典》尊重当事人基于自主意愿架构交易结构的合同自由，将所有权保留买卖交易中出卖人就标的物的权利界定为所有权。但是，《民法典》第 388 条第 1 款中又规定，

1　See Ulrich Drobnig and Ole Böger eds., *Proprietary Security in Movable Assets*, Oxford University Press, 2015, p.230.

2　See Louise Gullifer, *Quasi-security Interests Functionalism and the Incidents of Security*, in Iwan Davies ed., *Issues in International Commercial Law*, Taylor & Francis Group, 2005, p.29.

3　See Anna Veneziano, "A Secured Transactions' Regime for Europe: Treatment of Acquisition Finance Devices and Creditors' Enforcement Rights", 14 *Juridica International* 89, 89(2008).

4　参见纪海龙：《民法典动产与权利担保制度的体系展开》，《法学家》2021 年第 1 期；叶金强：《现行动产担保模式之批判》，《法学杂志》2022 年第 6 期。

5　See Roderick A Macdonald, "Article 9 Norm Entrepreneurship", 43 *Canadian Business Law Journal* 240, 254-255, 288 (2006).

6　See Louise Gullifer, *Quasi-security Interests: Functionalism and the Incidents of Security*, in Iwan Davies ed., *Issues in International Commercial Law*, Taylor & Francis Group, 2005, p.15.

"担保合同包括抵押合同、质押合同和其他具有担保功能的合同"。这里的"其他具有担保功能的合同"包括所有权保留买卖合同。[1] 亦即虽然所有权保留买卖合同不是典型的担保合同（抵押合同、质押合同），但基于其具有明显的担保功能，也就被视为担保合同，出卖人所保留的所有权也就被视为担保物权。[2] 如此，我国《民法典》采取了功能性形式主义的立法模式，这也增加了相关规则之间解释上的困难。

第一，在形式主义进路之下，在买受人未给付价金或者履行其他义务之前，标的物的所有权归属于出卖人。在《民法典》既定的动产物权变动公示原则（第 208 条、第 224 条）之下，出卖人就普通动产的所有权无须登记，即可对抗第三人，此为《民法典》第 114 条所规定的物权概念使然。但《民法典》为何又在第 641 条第 2 款规定"出卖人对标的物保留的所有权，未经登记，不得对抗善意第三人"？出卖人就普通动产的所有权为什么还需要登记，登记之后的所有权还是所有权吗？[3] 其规范目的在于消灭隐形担保、维护交易安全，其前提是"被保留的所有权并非一个真正的所有权，在各个属性上与担保物权越来越接近"[4]。据此，《民法典担保制度解释》第 67 条明确指出，所有权保留买卖交易中未经登记的出卖人所有权不得对抗的第三人范围及效力，参照动产抵押权的相关规则处理。如此即导向功能主义。

第二，在形式主义进路之下，当买受人违约之时，出卖人自可基于其对标的物的所有权主张取回权。《民法典》第 642 条第 1 款及《开普敦公约》

1　参见王晨：《关于〈中华人民共和国民法典（草案）〉的说明——2020 年 5 月 22 日在第十三届全国人民代表大会第三次会议上》，见《中华人民共和国全国人民代表大会常务委员会公报》2020 年特刊。

2　参见谢鸿飞：《〈民法典〉实质担保观的规则适用与冲突化解》，《法学》2020 年第 9 期；王利明：《担保制度的现代化：对〈民法典〉第 388 条第 1 款的评析》，《法学家》2021 年第 1 期；李运杨：《〈民法典〉动产担保制度对功能主义的分散式继受》，《华东政法大学学报》2022 年第 4 期，第 108-109 页。

3　参见李永军：《论民法典形式意义与实质意义上的担保物权——形式与实质担保物权冲击下的物权法体系》，《西北师大学报（哲学社会科学版）》2020 年第 6 期；王洪亮：《所有权保留制度定性与体系定位——以统一动产担保为背景》，《法学杂志》2021 年第 4 期。

4　黄薇主编：《中华人民共和国民法典合同编释义》（上），法律出版社，2020，第 405 页。

第 10 条关于所有权保留买卖交易的违约救济的规定即体现了这一点。[1] 出卖人取回标的物是基于其所有权，本无就标的物的剩余价值与未受清偿的价金债权的清算义务。不过，《民法典》第 642 条第 2 款和第 643 条的文义表明，除非当事人之间另有约定，出卖人取回标的物之后尚有清算义务，不能保有标的物的剩余利益。就此而言，出卖人所保留的所有权仅具形式意义，更多的是作为担保目的而存在，功能主义转向至为明显。一般认为，所有权保留买卖交易的当事人并无意让出卖人保有任何剩余价值。在所有权保留买卖交易中，有两个潜在的剩余价值来源：买受人在违约前已经给付的部分价金以及标的物的增值。就普通动产而言，后者较为罕见，且通常为当事人所忽视。由于当事人约定的价金给付方式各有不同，在某些情形之下，买受人给付的价金较多，已经超过了其使用标的物所应支付的对价，此时令出卖人保有标的物的剩余价值，正当性不足。[2] 清算法理的贯彻，适用"多退少补"的规则，是平衡出卖人、买受人及其其他债权人利益的手段之一。

第三，在形式主义进路之下，买受人就标的物并无处分权，未经出卖人同意，自无权转让标的物或者在标的物上为他人设立担保物权（《民法典》第 642 条第 1 款第 3 项），第三人仅得在构成善意取得的情形之下才能主张其对标的物的所有权或者担保物权。[3] 在功能主义进路之下，动产担保交易制度本身并未规定标的物的所有权归属问题，不过，优先顺位和权利实现等问题均已由相关规则予以明确规定，标的物所有权的归属也就无关紧要了。[4]

1　《开普敦公约》第 10 条规定："所有权保留协议或租赁协议下发生第十一条规定的不履行的，附条件的卖方或出租人可以：（a）在不违反缔约国根据第五十四条可能做出声明的情况下，终止协议并占有或控制与该协议相关的任何标的物；（b）申请法院令状授权或指令实施上述任一行为。"这里并未规定出卖人取回标的物之后的清算义务，也就意味着出卖人可以保有标的物的剩余价值。

2　See Louise Gullifer, *Quasi-security Interests: Functionalism and the Incidents of Security*, in Iwan Davies, *Issues in International Commercial Law*, Taylor & Francis Group, 2005,p.20.

3　参见周江洪：《所有权保留买卖的体系性反思——担保构成、所有权构成及合同构成的纠葛与梳理》，《社会科学辑刊》2022 年第 1 期。

4　See Louise Gullifer, *Quasi-security Interests: Functionalism and the Incidents of Security*, in Iwan Davies, *Issues in International Commercial Law*, Taylor & Francis Group, 2005,p.12.

但是,《民法典》第 642 条第 2 款和第 643 条的文义表明,出卖人保留的仅仅只是担保物权,一如《美国统一商法典》第 2-401 条的规定,"出卖人对已发运或者交付给买受人的货物的所有权的任何保留或保留,在效果上仅限于对担保权益的保留"。出卖人保留的所有权的效力仅仅限于就标的物价值优先受偿,标的物的所有权还是基于法律的拟制移转给了买受人。[1] 如此,买受人就标的物即有了处分权,《民法典担保制度解释》第 56 条和第 57 条即据此将正常经营活动中的买受人规则及超优先顺位规则准用于所有权保留买卖交易。《民法典》改变了所有权保留买卖交易中出卖人与买受人之间的权利结构,进一步体现着功能主义转向。

综上所述,我国《民法典》采行功能性的形式主义,一方面确认所有权保留买卖交易作为典型交易而存在,明定其中出卖人就标的物享有所有权,另一方面又强调所有权保留买卖交易的担保功能,在登记对抗、权利实现等方面向动产抵押权靠拢,相关规则彼此之间的冲突较为明显,尚须经由解释消解这些冲突。

三、物权法定主义与所有权保留买卖交易的功能性形式主义

"物权的种类和内容,由法律规定。"我国《民法典》第 116 条所确立的这一物权法定原则,仍然是民法典财产权体系化的工具,也是民法典物权编与合同编分编规定的基础。这一体系结构安排在一定程度上也是功能主义的产物。在提取公因式、总分结合的立法技术之下,《民法典》将类似的概念统一在总则、小总则(如"物权"编之"通则"分编、"担保物权"分编之"一般规定"等)之下,并为某些特定的交易模式增加具体的、特别的规则(如"担保物权"分编之下的"抵押权""质权"等)。《民法典》将法政策上确定为物权的权利之中所有具有担保功能相似的概念统一在"担保物权"的

---

1 参见王泽鉴:《民法学说与判例研究》(第七册),北京大学出版社,2009,第 221 页。

元概念和标题之下，至少与功能主义立法方法非常相似。但当涉及基于所有权的担保交易之时，民法典上的功能主义就到了极限。

依据《民法典》第 641 条第 1 款的规定，所有权保留买卖交易中，在买受人给付价金或者履行其他义务之前，标的物的所有权由出卖人保留。在物权法定原则之下，所有权这一"物权的种类"自有其法定的"物权的内容"。依据《民法典》第 240 条的规定，所有权的内容体现为，权利人"对自己的不动产或者动产，依法享有占有、使用、收益和处分的权利"。有学者即据此认为，出卖人在所有权保留买卖交易中对标的物的所有权，即使在经济意义上具有保全价款债权的功能，但也缺乏担保物权在"种类"、"内容"、"设立"乃至"法效"等方面的物权法定主义基本元素。就《民法典》的制度结构和担保物权的制度元素而言，该所有权游离于物权法定主义意义上的担保物权之外。所谓功能主义将不同交易形式的非典型担保（如所有权保留买卖交易）"功能化"为担保物权，不能经由推理或者解释而得出，尚须法律明文规定出卖人所保留的所有权为一种具有优先受偿性的担保物权为前置性条件。物权法定主义决定着功能主义发挥解释作用的空间，《民法典》第 641 条至第 643 条规定的所有权保留买卖制度，不具备将保留的所有权"功能化"为担保物权的条件。[1] 尽管基于《民法典》第 388 条第 1 款"担保合同包括……其他具有担保功能的合同"的规定，以标的物所有权为基础的担保合同自可作为担保物权的发生依据，但在体系上，它确实与《民法典》将所有权赋予出卖人相抵触[2]，存在过度干涉当事人合同自由之嫌。[3]

本书作者认为，尽管《民法典》将所有权保留买卖交易中出卖人保留的权利界定为"所有权"，并非物权法定主义之下"担保物权"，但是这一"所

1　参见邹海林：《所有权保留的制度结构与解释》，《法治研究》2022 年第 6 期。

2　参见谢鸿飞：《〈民法典〉实质担保观的规则适用与冲突化解》，《法学》2020 年第 9 期。

3　参见冯洁语：《民法典视野下非典型担保合同的教义学构造——以买卖型担保为例》，《法学家》2020 年第 6 期。

有权"已经不同于通常意义上的完全所有权,已如前述。《民法典》第240条关于所有权的定义性法条为所有权的类型化提供了依据。其中的"依法"表明所有权人行使其所有权并非绝对自由,而须受法律规定的限制。[1]针对不同类型的所有权,"依法"一语意味着法律上所规定的限制也就不尽相同。如业主行使其所有权不得危及建筑物的安全,不得损害其他业主的合法权益(《民法典》第272条);处分共有的不动产或者动产以及对共有物,应当经占份额2/3以上的按份共有人或者全体共同共有人同意(《民法典》第301条)。如此,在法律上对所有权保留买卖交易中出卖人所有权的内容作出限制,亦属当然。

《民法典》事实上已经将所有权区分为完全所有权与担保性所有权两种类型[2],赋予了两种所有权不同的内容。一如抵押权之下不动产抵押权与动产抵押权的区分、一般抵押权与最高额抵押权的区分,虽然均为抵押权,但其内容上却存在着差异。就所有权保留买卖交易中出卖人的担保性所有权,《民法典》上规定的区别于完全所有权的内容举其要者有:

第一,《民法典》第641条第2款关于"未经登记,不得对抗善意第三人"的规定,已经表明所有权保留买卖交易中出卖人的所有权并不具有所有权的完整权能。出卖人的所有权在未予登记的情形之下,不得对抗抵押权人、质权人、善意受让人、善意承租人、查封扣押债权人、破产管理人[3],亦即此时的所有权并不得对前述权利人就标的物主张直接支配和排他的权利。出卖

1　参见最高人民法院民法典贯彻实施工作领导小组主编:《中华人民共和国民法典物权编理解与适用》(上),人民法院出版社,2020,第209页。

2　参见张家勇:《体系视角下所有权担保的规范效果》,《法学》2020年第8期;王立栋:《〈民法典〉第641条(所有权保留买卖)评注》,《法学家》2021年第3期。

3　参见高圣平:《民法典动产担保权登记对抗规则的解释论》,《中外法学》2020年第4期;王洪亮:《所有权保留制度定性与体系定位——以统一动产担保为背景》,《法学杂志》2021年第4期。

人的所有权即使已行登记，也不具备占有、使用、收益、处分的权能[1]，依据《民法典》第 641 条第 1 款，出卖人保留的所有权只为一个目的而存在：确保买受人给付价金或者履行其他义务[2]，也就体现为出卖人对标的物交换价值的直接支配性和排他性。如此，出卖人除就标的物价值依法享有优先受偿权外，不享有基于完全所有权的其他权能，即出卖人的担保性所有权表现为单面性的"价值权"属性。[3]

第二，《民法典》第 642 条、第 643 条所规定的"取回—回赎—再出卖—清算"的出卖人权利救济规则，已经不同于完全所有权。在完全所有权之下，所有权人自可基于《民法典》第 235 条规定的所有物返还请求权而主张取回标的物，如此，所谓取回权仅仅只是所有物返还请求权的代名词，所有权人据此取回标的物之后，并无法定的清算义务。但在所有权保留买卖交易中，买受人未给付价金或者未履行其他义务之时，出卖人取回标的物的，无论依据第 642 条第 2 款"参照适用担保物权的实现程序"，还是依据第 643 条第 2 款在买受人未回赎之时的另行出卖标的物，均须适用清算法理，即"出卖所得价款扣除买受人未支付的价款以及必要费用后仍有剩余的，应当返还买受人；不足部分由买受人清偿"[4]。如此，出卖人据以取回标的物的基础权利——担保性所有权的内容与效力已经不同于完全所有权，出卖人取回权的行使程序及清算义务均清楚地表明出卖人的担保性所有权的价值权属性。

1　就处分权能，尚存解释上的分歧。参见周江洪：《所有权保留买卖的体系性反思——担保构成、所有权构成及合同构成的纠葛与梳理》，《社会科学辑刊》2022 年第 1 期；王立栋：《〈民法典〉第 641 条（所有权保留买卖）评注》，《法学家》2021 年第 3 期；王洪亮：《所有权保留制度定性与体系定位——以统一动产担保为背景》，《法学杂志》2021 年第 4 期；纪海龙：《民法典所有权保留之担保权构成》，《法学研究》2022 年第 6 期。

2　参见王立栋：《〈民法典〉第 641 条（所有权保留买卖）评注》，《法学家》2021 年第 3 期。

3　参见张家勇：《体系视角下所有权担保的规范效果》，《法学》2020 年第 8 期。

4　王立栋：《〈民法典〉第 641 条（所有权保留买卖）评注》，《法学家》2021 年第 3 期。

第三，虽然物权变动的公示方法并非物权法定原则的当然内容[1]，但《民法典》第641条第2款规定的出卖人所有权的登记对抗规则，已与《民法典》第208条和第224条所确立的动产物权变动公示的一般规则不一致。动产所有权的设立和转让，"自交付时发生效力，但是法律另有规定的除外"（《民法典》第224条）。出卖人就标的物的所有权，并非基于所有权保留买卖合同而取得，而是基于此前的生产或者交易而取得，如此，所有权保留买卖交易中在买受人给付价金或者履行其他义务之前并不存在物权变动，也就无须满足物权变动所需的公示要件。[2]但是，在所有权保留买卖交易成立之时，出卖人原本享有的完全所有权即转化为担保性所有权，由此即受担保物权公示要件的约束。在解释上，登记对抗主义的引入，提高了有关买受人法律地位的信息的透明度，以便潜在债权人及时了解[3]，但并未改变《民法典》上动产所有权的设立和转让规则，更多的是从担保视角规定担保性所有权的效力及其对抗范围，是为了解决其他债权人保护问题而公示[4]，以利于同一标的物上设立多重担保情形确定彼此之间的优先顺位。在所有权保留买卖交易中，标的物的担保性所有权由出卖人保有，但却由买受人占有、使用，占有标的物的事实状态已经无法起到公示标的物之上的权利负担的作用。如不采取登记公示方法，第三人尚须付出巨大的调查成本以探知标的物上的真实权利现状，势必损害交易安全。[5]《民法典》第641条第2款的规定与同属价值权的动产抵押权的登记对抗规则相统一，进一步强化了出卖人的担保性所有权不

---

1 参见常鹏翱：《物权法定原则的适用对象》，《法学》2014年第3期；张家勇：《体系视角下所有权担保的规范效果》，《法学》2020年第8期。

2 参见张家勇：《体系视角下所有权担保的规范效果》，《法学》2020年第8期；周江洪：《所有权保留买卖的体系性反思——担保构成、所有权构成及合同构成的纠葛与梳理》，《社会科学辑刊》2022年第1期；邹海林：《所有权保留的制度结构与解释》，《法治研究》2022年第6期。

3 See Duncan Sheehan, "Registration, Re-Characterisation of Quasi-Security and the Nemo Dat Rules", 7 *Journal of Business Law* 584, 590(2018).

4 参见刘竞元：《民法动产担保的发展及其法律适用》，《法学家》2021年第1期。

5 参见黄薇主编：《中华人民共和国民法典合同编释义》（上），法律出版社，2020，第405-406页。

同于完全所有权的特性。[1]

综上，《民法典》已经明确地表达了所有权保留买卖交易中出卖人所有权的特定权利内容，从本质上而言，在所有权保留买卖中的所有权，被限定为特定目的的所有权，其更多的是服务于所有权的担保功能[2]，彰显了其中出卖人所有权的价值权属性和担保物权效力元素，解决了物权法定主义之下完全所有权与担保性所有权之间的龃龉。所有权保留买卖交易中出卖人所有权的特殊内容已由《民法典》明确规定，并不与物权法定原则形成真正的冲突。[3] 这一处理模式尊重了合同自由之下当事人就交易结构的选择，维系了当事人所选择的所有权分配保持不变，同时将所有权保留买卖交易中出卖人的所有权的内容法定地与动产抵押权大致相似，体现着功能性形式主义立法模式的基本特点。[4]

四、买受人的处分权与权利冲突的解决

在所有权保留买卖交易中，出卖人保留的所有权属于担保性所有权，仅具有担保功能。如此，买受人的法律地位也就不仅仅只是买卖合同之下的债务人（给付价金或者履行其他义务）和债权人（请求移转标的物所有权）。在买受人给付价金或者履行其他义务之前就标的物究竟享有何种性质的权利，对于判定买受人处分标的物的法律效果以及确定性地解决由此而生的权利冲突至关重要。诸如，买受人转让标的物予第三人或者以标的物为第三人设定抵押权或者质权，第三人的利益状态如何，直接影响到交易安全。

1　参见最高人民法院民法典贯彻实施工作领导小组主编：《中华人民共和国民法典合同编理解与适用》（二），人民法院出版社，2020，第616页；刘保玉：《民法典担保物权制度新规释评》，《法商研究》2020年第5期；纪海龙：《民法典动产与权利担保制度的体系展开》，《法学家》2021年第1期。

2　参见周江洪：《所有权保留买卖的体系性反思——担保构成、所有权构成及合同构成的纠葛与梳理》，《社会科学辑刊》2022年第1期。

3　参见张家勇：《体系视角下所有权担保的规范效果》，《法学》2020年第8期。

4　See Jan Jakob Bornheim, *Property Rights and Bijuralism Can a Framework for an Efficient Interaction of Common Law and Civil Law Be an Alternative to Uniform Law?* Mohr Siebeck, 2020, pp.381-385.

（一）买受人对标的物的处分权

虽然法律改革家们认为，在所有权保留买卖交易等所有权融资工具中，所有权的归属并非确定动产担保交易的核心要素，在制定法律之时完全可以就所有权归属不作明确规定，仅在设立、公示、对抗效力、优先顺位、权利实现等方面作出类似于动产担保物权的规则即可，以此回避所有权担保交易的重新定性问题[1]；但就我国《民法典》关于所有权保留买卖交易的既定规则而言，设立、公示、对抗效力及权利实现等方面的规则已与动产抵押规则相趋同，就动产抵押权的优先顺位规则（包括一般规则和超优先顺位规则）是否可得准用于或者类推适用于所有权保留买卖交易，尽管《民法典担保制度解释》已经作出相应的政策选择，但仍然颇受质疑。[2]如此，在解释论上首先确立所有权保留买卖交易中买受人就标的物的处分权或者所有权，就显得尤为重要。

基于功能性形式主义进路，我国《民法典》一方面将标的物的功能性所有权的权利人确定为出卖人，另一方面并未明确规定买受人就标的物享有何种权利。但是，其中相关规则还是可以推断出：买受人实质上享有标的物的所有权或者处分权。

第一，依据《民法典》第641条第2款和《民法典担保制度解释》第67条、第54条的规定，出卖人对标的物保留的所有权如未经登记，不得对抗买受人的查封、扣押债权人和破产管理人。此时，标的物的全部价值归于买受人的全体债权人，出卖人仅得就其无担保的租金债权与买受人的其他债权

---

1 See Roderick A Macdonald, "Article 9 Norm Entrepreneurship", 43 *Canadian Business Law Journal* 240, 254-255 (2006); Anna Veneziano, "A Secured Transactions' Regime for Europe: Treatment of Acquisition Finance Devices and Creditors' Enforcement Rights", 14 *Juridica International* 89, 89(2008).

2 参见周江洪：《所有权保留买卖的体系性反思——担保构成、所有权构成及合同构成的纠葛与梳理》，《社会科学辑刊》2022年第1期；邹海林：《所有权保留的制度结构与解释》，《法治研究》2022年第6期。

人依法分配标的物的价值。如此，标的物的所有权在解释上归属于买受人，否则无法解释买受人的其他债权人（查封、扣押债权人和破产管理人）缘何能够参与标的物的价值分配。

第二，《民法典》第 643 条确立了出卖人权利实现时的清算义务，标的物超出价金债务的剩余利益均归买受人所有。由此表明，出卖人就标的物的权利仅限于未获清偿的价金债权，标的物所有权除去价金债权的部分必须由买受人保有。"既然规定出卖人得就自己之物变卖求偿，则法律拟制标的物之所有权已移转于买受人。"[1] 只不过买受人的所有权上负有出卖人的担保负担。[2] 如买受人届时给付了价金或者履行了其他义务，则该担保负担消灭，买受人确定地获得标的物的所有权。[3]

第三，我国民法典上已经允许以未来财产设立担保[4]，《民法典担保制度解释》第 53 条规定："当事人在动产和权利担保合同中对担保财产进行概括描述，该描述能够合理识别担保财产的，人民法院应当认定担保成立。"这一规定为未来财产进入融资担保领域提供了技术工具。所有权保留买卖交易中，买受人一旦依约定给付价金或者履行其他义务，即取得标的物的完全所有权。如此，买受人自可在法律上处分其未来取得所有权的标的物，亦即无论买受人在标的物上设定其他担保物权或转让标的物，均属有权处分。[5]

如此看来，在所有权保留买卖交易中，不管出卖人是否授权或者同意买受人处分标的物，买受人就标的物的处分均属有权处分。正是基于此，《民

1　王泽鉴：《民法学说与判例研究》（第七册），北京大学出版社，2009，第 221 页。

2　See Ronald C.C. Cuming, Catherine Walsh ,Roderick J. Wood, *Personal Property Security Law*, 2nd ed., Irwin Law Inc., 2012, p.256；纪海龙：《民法典所有权保留之担保权构成》，《法学研究》2022 年第 6 期。

3　参见王立栋：《〈民法典〉第 641 条（所有权保留买卖）评注》，《法学家》2021 年第 3 期；王洪亮：《所有权保留制度定性与体系定位——以统一动产担保为背景》，《法学杂志》2021 年第 4 期。

4　参见谢鸿飞：《动产担保物权的规则变革与法律适用》，《国家检察官学院学报》2020 年第 4 期。同旨参见谢在全：《担保物权制度的成长与蜕变》，《法学家》2019 年第 1 期。

5　参见王立栋：《〈民法典〉第 641 条（所有权保留买卖）评注》，《法学家》2021 年第 3 期。

法典担保制度解释》第 67 条才作出了所有权保留买卖交易中出卖人的所有权未经登记不得对抗第三人的范围及其效力参照动产抵押权规则处理的规定；第 56 条才作出了所有权保留买卖交易同样准用正常经营活动中的买受人规则的政策选择。但不无遗憾的是，《买卖合同解释》第 26 条第 2 款规定："在民法典第六百四十二条第一款第三项情形下，第三人依据民法典第三百一十一条的规定已经善意取得标的物所有权或者其他物权，出卖人主张取回标的物的，人民法院不予支持。"这一规则以所有权保留买卖交易中买受人无处分权为基础，采纳了以无权处分为前提的善意取得构成[1]，至为可议。在体系解释上，《民法典》第 642 条第 1 款第 3 项所规定的买受人"将标的物出卖、出质或者作出其他不当处分"，不宜解释为归属意义上标的物的所有权人还是出卖人[2]，而应被解释为只有"不当的"出卖、出质或其他处分"造成出卖人损害"时[3]，出卖人才能行使取回权（实质上系实现其担保性所有权）（容后详述），并不表明买受人没有对标的物的处分权。

（二）买受人转让标的物时出卖人与转得人之间的权利冲突

买受人转让标的物之时，出卖人与转得人之间的关系，既受出卖人的担保性所有权是否登记的影响，也受正常经营活动中买受人规则的约束。

1. 买受人在其非正常经营活动中转让标的物

出卖人的担保性所有权已经登记的情形之下，买受人转让标的物虽属有权处分，但转得人依动产所有权的物权变动规则取得标的物的所有权之时，自是受到其上既存的出卖人担保性所有权的约束。如买受人以转得价金清偿债务，出卖人的担保性所有权作为从权利，因其担保的价金债权的消灭而消灭；如出卖人的担保性所有权因买受人的转让行为受到损害，无论是基于出

1　参见周江洪：《所有权保留买卖的体系性反思——担保构成、所有权构成及合同构成的纠葛与梳理》，《社会科学辑刊》2022 年第 1 期。

2　相反意见参见张家勇：《体系视角下所有权担保的规范效果》，《法学》2020 年第 8 期。

3　参见纪海龙：《民法典所有权保留之担保权构成》，《法学研究》2022 年第 6 期。

卖人取回权规则，还是类推适用抵押财产转让规则，均能得出出卖人可就标的物主张变价权和优先受偿权的结论。依据《民法典》第 642 条的规定，此种情形之下，出卖人取回权的行使条件成就，如出卖人与买受人、转得人不能就标的物的取回达成协议，自可参照担保物权的实现程序，主张就标的物优先受偿。与此同时，还可类推适用《民法典》第 406 条的规定[1]，出卖人的担保性所有权不因标的物的转让而受到影响。在出卖人取回权的行使条件成就之时，出卖人自可就标的物主张权利；如出卖人的担保性所有权因买受人的转让行为受到损害，出卖人还可主张价金物权代位。

在出卖人的担保性所有权未经登记的情形之下，买受人转让标的物亦属有权处分，如转得人为善意，依据《民法典》第 641 条第 2 款的规定，出卖人的担保性所有权不得对抗该转得人，该转得人取得标的物的无负担的所有权。出卖人此际不得就标的物主张优先受偿权，在解释上，标的物上出卖人的担保性所有权消灭。[2] 值得注意的是，这里的转得人，应以已依物权变动规则取得所有权者为限。已经签订买卖合同但未受领交付的转得人，在法律地位上仍属债权人，自不属于不得对抗的"第三人"[3]。但如转得人非属善意，依《民法典》第 641 条第 2 款的反对解释和《民法典担保制度解释》第 67 条的规定，出卖人的担保性所有权并不消灭，仍然可以在权利实现条件成就时主张就标的物优先受偿。有观点认为，"无论如何，动产抵押情形，并不能仅仅因为抵押人转让标的物就行使抵押权，而所有权保留则是发生取回

1　参见孙宪忠、朱广新主编：《民法典评注·物权编4》，中国法制出版社，2020，第 224 页；王立栋：《〈民法典〉第 641 条（所有权保留买卖）评注》，《法学家》2021 年第 3 期；孙超：《民法典体系下所有权保留出卖人权利的实现路径与对抗效力——从实体法与程序法结合的视角》，《人民司法》2022 年第 25 期。

2　参见高圣平：《民法典动产担保权登记对抗规则的解释论》，《中外法学》2020 年第 4 期；王立栋：《〈民法典〉第 641 条（所有权保留买卖）评注》，《法学家》2021 年第 3 期；王洪亮：《所有权保留制度定性与体系定位——以统一动产担保为背景》，《法学杂志》2021 年第 4 期。

3　高圣平：《民法典动产担保权登记对抗规则的解释论》，《中外法学》2020 年第 4 期；孙超：《民法典体系下所有权保留出卖人权利的实现路径与对抗效力——从实体法与程序法结合的视角》，《人民司法》2022 年第 25 期。

权的必要充分条件"[1]。但就《民法典》第 642 条第 1 款的文义而言，并非买受人转让标的物，出卖人即可行使取回权，尚须满足买受人转让标的物"造成出卖人损害"的要件。在解释上，买受人转让标的物并不当然"造成出卖人损害"，例如买受人在转让标的物之后，仍然如期依约清偿分期价金债务。此际，仅得在买受人未按照约定给付价金或者完成特定条件之时，出卖人才能就标的物主张权利。

2. 买受人在其正常经营活动中转让标的物

动产抵押登记制度的引入，改变了传统法上的动产物权公示方法，直接导致动产交易的相对人尚须查询登记簿才能确定性地保有其利益，这不仅增加交易成本，而且影响交易便捷、害及交易安全。[2] 为维护交易安全，《民法典》第 404 条增设正常经营活动中的买受人规则，明定"以动产抵押的，不得对抗正常经营活动中已经支付合理价款并取得抵押财产的买受人"，通过豁免买受人的查询义务以克服动产抵押制度固有的缺陷。[3]《民法典担保制度解释》第 56 条并将正常经营活动中的买受人规则扩张适用至所有权保留买卖交易和融资租赁交易，其理由在于，"《民法典》已将所有权保留买卖和融资租赁中的所有权规定为非典型担保物权，而所有权保留和融资租赁的标的物也是动产，且以登记作为公示方式，因此也存在类似动产抵押制度的局限性"[4]。

学说上有观点反对这一解释方案。其主要理由在于，所有权保留买卖交易中的买受人并不享有标的物的所有权，其地位与并不因抵押权的设立而丧

1　周江洪：《所有权保留买卖的体系性反思——担保构成、所有权构成及合同构成的纠葛与梳理》，《社会科学辑刊》2022 年第 1 期。

2　参见刘春堂：《动产担保交易登记之对抗力》，见《物权法之新思与新为——陈荣隆教授六秩华诞祝寿论文集》，瑞兴图书股份有限公司，2016，第 379-380 页；董学立：《美国动产担保交易制度研究》，法律出版社，2007，第 163 页。

3　参见最高人民法院民事审判第二庭：《最高人民法院民法典担保制度司法解释理解与适用》，人民法院出版社，2021，第 484-485 页。

4　最高人民法院民事审判第二庭：《最高人民法院民法典担保制度司法解释理解与适用》，人民法院出版社，2021，第 485-486 页。

失处分权的抵押人明显不同。标的物的转得人首先要取得标的物的所有权，始有该标的物上是否附有担保负担的问题。转得人无法依正常经营活动中的买受人规则消灭标的物上的权利负担，而只能依善意取得构成予以处理。[1]在解释上，《民法典》第 404 条的"动产抵押"，系指"一般的动产抵押以及浮动抵押"[2]，据此应当排除正常经营活动中的买受人规则对于所有权保留买卖交易的适用。[3]

已如前述，所有权保留买卖交易中出卖人保留的仅为担保性所有权，法律上拟制标的物的所有权已由买受人享有。买受人转让标的物并不构成无权处分，善意取得制度自无适用空间，其法律后果仅存在转得人是否无负担地取得标的物的所有权问题。在买受人转让标的物构成其正常经营活动的前提之下，转得人并无查询登记簿的义务，自可基于其支付合理价款并取得标的物的事实主张免受标的物上既存的出卖人所有权的约束。此时，出卖人不得对转得人就标的物主张所有权，在解释上，标的物上的出卖人所有权因转得人取得所有权而消灭。[4]

尚存疑问的是，如转得人非为善意，知道标的物上存在出卖人的所有权之时，是否仍有正常经营活动中的买受人规则之适用？《民法典》第 404 条的文义至为清晰，正常经营活动中的买受人规则并无转得人善意与否的构成，仅强调转得人"已支付合理对价"。由此可见，该规则的适用并不与善意取得制度相勾连，也不属于善意取得制度在特定场景之下的适用情形。至于第 641 条第 2 款所定登记对抗规则明确只保护善意第三人，但就《民法典》第 404 条与第 403 条、第 641 条第 2 款的适用关系而言，前者属于特别规

1　参见周江洪：《所有权保留买卖的体系性反思——担保构成、所有权构成及合同构成的纠葛与梳理》，《社会科学辑刊》2022 年第 1 期。

2　黄薇主编：《中华人民共和国民法典物权编释义》，法律出版社，2020，第 504 页。

3　参见王洪亮：《所有权保留制度定性与体系定位——以统一动产担保为背景》，《法学杂志》2021 年第 4 期。

4　参见谢鸿飞：《动产担保物权的规则变革与法律适用》，《国家检察官学院学报》2020 年第 4 期。

定，后者属于一般规定，前者自应优先于后者而适用。正常经营活动中买受人规则的适用，并不以出卖人的所有权未经登记为前提。尽管《民法典担保制度解释》第 56 条第 2 款指出"前款所称担保物权人，是指已经办理登记的抵押权人、所有权保留买卖的出卖人、融资租赁合同的出租人"，"举重以明轻"，在出卖人所有权已经登记的情形之下，尚不得对抗正常经营活动中的转得人，在出卖人所有权未经登记的情形之下，当然更不可对抗正常经营活动中的转得人。

（三）出卖人的所有权与同一标的物上抵（质）押权之间的冲突

在承认买受人有权处分标的物的前提之下，买受人即有权以标的物为他人设立抵押权或者质权，由此即出现同一标的物之上出卖人的担保性所有权与抵押权或者质权之间的冲突，相关优先顺位规则的适用即有了讨论的余地。值得注意的是，尽管《民法典》第 642 条第 1 款，买受人"将标的物出卖、出质或者作出其他不当处分"，且"造成出卖人损害"，是出卖人行使取回权的事由之一，但是，出卖人取回标的物之后，尚须按照相应的优先顺位规则分配标的物的变价款。

1. 竞存担保物权之间优先顺位的一般规则的准用

出卖人的所有权具有价值权属性，与抵押权、质权的权利属性大致相当。同一标的物上如存在出卖人的所有权、担保物权人的抵押权或者质权，这些权利的内容均为就标的物优先受偿。基于此，通说认为，同一标的物上出卖人的所有权与其他债权人的抵押权相竞存之时，自应准用《民法典》第414 条第 1 款所确立的竞存担保物权间优先顺位的一般规则，按照登记时间的先后确定彼此之间的优先顺位：登记的优先于未登记的；先登记的优先于后登记的；均未登记的，顺位平等。[1] 出卖人的所有权与同一标的物上的质

---

[1] 参见高圣平：《民法典动产担保权优先顺位规则的解释论》，《清华法学》2020 年第 3 期；王立栋：《〈民法典〉第 641 条（所有权保留买卖）评注》，《法学家》2021 年第 3 期；王洪亮：《所有权保留制度定性与体系定位——以统一动产担保为背景》，《法学杂志》2021 年第 4 期。

权相竞存之时，自应类推适用《民法典》第 415 条的规定，按照登记、交付的时间先后确定彼此之间的优先顺位。[1]

有观点认为，尽管出卖人的所有权的功能在于担保价金债权的实现，已与完全意义上的所有权异其内容，但也不能因此得出出卖人的所有权就是担保物权的结论。《民法典》第 414 条第 2 款规定的是"其他可以登记的担保物权"，这里的"担保物权"自文义而言并非"所有权"或者"具有担保功能的合同"，因此不能直接得出所有权保留买卖交易中出卖人的所有权适用或者准用该款规定的结论。[2]

在体系解释上，《民法典》第 641 条第 2 款在所有权保留买卖交易中植入了登记制度，"从功能上讲，保留的所有权实质上属于'可以登记的担保权'"。据此，所有权保留买卖交易"同样可以适用本法物权编第 414 条的规定"[3]。《民法典》第 388 条的体系效应之一在于，在具有担保功能的交易形式中，债权人就标的物的权利即为功能化的担保权益，并由《民法典》第 414 条第 2 款之"其他可以登记的担保物权"所涵盖。[4]

《民法典担保制度解释》的一系列规定采纳了上述观点。其一，第 1 条"所有权保留买卖……涉及担保功能发生的纠纷，适用本解释的有关规定"的规定表明，"有关担保物权的顺位规则"应予适用于所有权保留买卖交易。[5]其二，第 56 条第 2 款关于正常经营活动中的买受人规则的适用范围中，将"所有权保留买卖的出卖人"纳入"担保物权人"的范畴。其三，第 57 条关

1　参见李运杨：《〈民法典〉动产担保制度对功能主义的分散式继受》，《华东政法大学学报》2022 年第 4 期。

2　参见周江洪：《所有权保留买卖的体系性反思——担保构成、所有权构成及合同构成的纠葛与梳理》，《社会科学辑刊》2022 年第 1 期。

3　黄薇主编：《中华人民共和国民法典合同编释义》（上），法律出版社，2020，第 406 页。

4　参见王利明：《担保制度的现代化：对〈民法典〉第 388 条第 1 款的评析》，《法学家》2021 年第 1 期。

5　参见最高人民法院民事审判第二庭：《最高人民法院民法典担保制度司法解释理解与适用》，人民法院出版社，2021，第 43 页。

于超优先顺位规则的具体适用中，将"保留所有权的出卖人"与提供购置款融资的动产抵押权人等量齐观。

2. 超优先顺位规则的类推准用

经济理论表明，给予购置款融资者相对于其他担保权人的超优先顺位，有利于防止对债务人财产的过度控制和促进再融资的展开。[1]其正当性在于，如若不是购置款融资人新注入的信用支持，这些财产就不会进入债务人的财产基础。这一理由显然适用于所有权保留买卖交易中的出卖人和融资租赁交易中的出租人。[2]从超优先顺位规则的规范目的出发，所有权保留买卖交易中的出卖人是最值得保护的对物信贷的权利人。[3]所有权保留买卖交易中，同样是以标的物担保购置款（买卖价金债权）的清偿，考虑到所有权保留买卖交易的经济目的，而不仅仅虑及其形式上的法律结构，出卖人的购置款价金债权应与抵押权人的购置款贷款债权就标的物的价值进行公平竞争。[4]如此，在动产浮动抵押权设定后抵押人又购入新的动产时，无论是在该动产上设立抵押权或者保留所有权的出卖人，还是为动产购置款的偿付提供融资而在该动产上设立抵押权的债权人，均可主张适用《民法典》第416条的规定，就该动产的变价款享有超优先顺位。[5]在功能性的形式主义之下，虽

1　See Jan Jakob Bornheim, *Property Rights and Bijuralism Can a Framework for an Efficient Interaction of Common Law and Civil Law Be an Alternative to Uniform Law?* Mohr Siebeck, 2020, p.384.

2　See Catherine Walsh, *"Functional Formalism" in the Treatment of Leases under Secured Transactions Law Comparative Lessons from the Canadian Experience*, in Spyridon V. Bazinas and N. Orkun Akseli eds., *International and Comparative Secured Transactions Law Essays in honour of Roderick A Macdonald* Hart Publishing, 2017, p.27.

3　参见王洪亮：《所有权保留制度定性与体系定位——以统一动产担保为背景》，《法学杂志》2021年第4期。

4　See Anna Veneziano, *European Secured Transactions Law at a Crossroad The Pitfalls of a "Piecemeal Approach" to Harmonisation*, in Louise Gullifer and Stefan Vogenauer eds., *English and European Perspectives on Contract and Commercial Law Essays in Honour of Hugh Beale*, Hart Publishing, 2020, p.412.

5　参见最高人民法院民事审判第二庭：《最高人民法院民法典担保制度司法解释理解与适用》，人民法院出版社，2021，第491页。

然当事人之间就购置款融资可以采取不同的交易结构，但基于相同的经济目的，自应在法律上同等对待，超优先顺位规则均应予以适用。[1] 正是基于此，《民法典担保制度解释》第 57 条将《民法典》第 416 条所定购置款抵押权的超优先顺位规则扩张适用于所有权保留买卖交易和融资租赁交易。

有学者认为，在物权法定原则之下，所有权保留买卖交易中出卖人的所有权不得被解释为购置款抵押权，在满足《民法典》第 642 条第 1 款规定的条件，出卖人自可主张取回标的物，并依照《民法典》第 643 条的规定对标的物行使权利以实现价金债权。[2] 这一观点固守形式主义进路，坚持出卖人是标的物的"真正所有人"，自当优先于同一标的物上的在先担保物权。但我国《民法典》上所规定的出卖人所有权仅具担保功能，基于第 642 条和第 643 条仅能得出出卖人可就标的物优先受偿的结论，尚不能当然地认为出卖人的担保性所有权优先于同一标的物上的在先担保物权。

学说上有观点认为，购置款抵押权与所有权保留买卖交易中出卖人的所有权同为优先保障购置款债权的权利，两者之间功能上存在重叠[3]，但法律构成却不同。一则，第 641 条第 2 款所确立的出卖人所有权的登记规则并无宽限期的规定；二则，出卖人借由其所有权而主张优先于同一标的物上的担保物权的效力，在买受人不履行给付价金或者其他义务之时享有取回标的物的权利。[4]《民法典》第 416 条消除了出卖人价金债权担保的手段或者条件的欠缺，以法定化和简单易行的制度构造，足以满足出卖人以其在所有权保留买卖交易中的所有权来担保价金债权的非典型担保的所有市场需求。此际，应

1　See Selma de Groot, *Three questions in relation to the scope of Book IX DCFR*, in Sjef van Erp, Arthur Salomons and Bram Akkermans eds., *The Future of European Property Law*, Sellier European Law Publishers GmbH, 2012, p.138.

2　参见邹海林：《价款债权抵押权的制度价值与解释》，《北方法学》2021 年第 4 期。

3　参见石佳友：《解码法典化：基于比较法的全景式观察》，《比较法研究》2020 年第 4 期。

4　参见谢鸿飞：《价款债权抵押权的运行机理与规则构造》，《清华法学》2020 年第 3 期；章诗迪：《价款担保权规范适用的体系性解释》，《浙江学刊》2021 年第 4 期。

严格适用物权法定主义，拒绝承认所有权保留等非典型担保的担保物权效力，出卖人和买受人不以抵押合同而以"其他具有担保功能的合同"约定担保价金债权优先受偿并进行所有权登记的，既不产生动产抵押权的效力，更不产生价款债权抵押权的效力。[1]《民法典》第641条规定的所有权保留与《民法典》第416条规定的价款债权抵押权之间存在制度结构的明显差异，解释上更缺乏消除差异的具体方法，难以实现"同等对待"所有权保留买卖和价款债权抵押权的解释目的。[2]

本书作者认为，尽管我国《民法典》第416条所规定的购置款抵押权对应于比较法上的"Purchase Money Security Interest"（PMSI，购置款担保权），但它并不是严格意义上的独立担保物权类型，而是动产抵押权的特殊优先顺位规则。如将其解释为一种独立的担保物权类型，一则《民法典》上并未就其设立、登记等作出特别规定；二则如未登记或者未在宽限期内登记，其效力若何，不无解释上的疑问。将其解释为动产抵押权的特殊优先顺位规则，则更容易取得体系上的贯通。作为动产抵押权，本采行登记对抗主义，并基于其登记时间取得就标的物受偿的优先顺位，但如该动产抵押权系担保购置抵押财产价金的清偿，且在标的物交付后10日内办理了抵押登记，则该动产抵押权将具有超优先顺位，可以优先于在先公示之其他担保物权。如未在标的物交付后10日内办理抵押登记的，则仅能适用《民法典》第414条进行处理。[3]因此，《民法典》第416条所规定的，并不是不同于动产抵押权的另种担保物权，而仅仅只是动产抵押权的一种特殊的优先顺位规

---

1 参见邹海林：《价款债权抵押权的制度价值与解释》，《北方法学》2021年第4期。
2 参见邹海林：《价款债权抵押权的制度价值与解释》，《北方法学》2021年第4期。
3 参见王洪亮：《所有权保留制度定性与体系定位——以统一动产担保为背景》，《法学杂志》2021年第4期。

则。[1] 所有权保留买卖交易与《民法典》第416条所规定的超优先顺位规则并不发生功能上的重叠。在解释上，基于《民法典》第642～643条的规定，出卖人仅具有就标的物优先受偿的地位，在《民法典》第414条的规则体系之下，仅得依登记的时间取得相应的优先顺位，并不能优先于在先登记的浮动抵押权。仅仅在满足第416条规定的各要件之下，出卖人就标的物才能取得超优先顺位，优先于在先的浮动抵押权。

五、出卖人权利的救济路径与清算法理的贯彻

动产担保交易中债权人就标的物的权利实现，尚须在债权人快速和低成本的程序需要与保护债务人和第三人利益之间寻求良好的平衡。[2] 在比较法上，许多国际公约、国际软法文件、国内法允许担保物权人采行自力救济的途径高效地实现其担保物权。[3] 在债务人违约之时，担保物权人可以取得对担保财产的占有（取回），这一取回可以通过司法途径或者非司法途径得以实现。不过，以非司法途径自力取回担保财产，以不违反公共秩序为前提条件。[4] 在这里，取回担保财产仅为实现担保物权的步骤之一，其目的在于控制该担保财产，为折价或者变价做准备。[5] 担保物权人取回担保财产之后在处分担保财产方面有广泛的自由裁量权。担保物权人在通知担保人和其他利

1　不过，从类型化的意义上，尚可认为，购置款抵押权系动产抵押权的亚类型，与非购置款抵押权相对而称，其类型化标准是主债权是否属于标的物的购置款。同时，浮动抵押权与固定抵押权的区分，是以抵押财产是否具有浮动性对动产抵押权所作的区分。

2　See E. Dirix, *Remedies of Secured Creditors Outside Insolvency*, in Horst Eidenmüller and Eva-Maria Kieninger eds., *The Future of Secured Credit in Europe*, European Company and Financial Law Review，Special Volume 2, De Gruyter Recht, 2008, p.223 et seq.

3　See United Nations Commission on International Trade Law, *UNCITRAL Legislative Guide on Secured Transactions*, United Nations, 2010, p.276; Anna Veneziano, "A Secured Transactions' Regime for Europe：Treatment of Acquisition Finance Devices and Creditors' Enforcement Rights", 14 *Juridica International* 89, 94(2008).

4　参见《美国统一商法典》第9—609条、《加拿大萨斯喀彻温省动产担保法》第55条、《新西兰动产担保法》第109条、《澳大利亚动产担保法》第123条等。

5　参见武腾：《〈民法典〉的权利实现规定与司法程序配置》，《吉林大学社会科学学报》2022年第1期。

害关系人之后可依任何商业上合理的方式，出卖、出租、许可使用或者以其他方式处分担保财产的任何部分或者全部，并按照一定的顺序分配所取得的收益[1]；担保物权人在担保人同意且其他利害关系人并无异议的情形之下还可以取得担保财产的所有权以抵偿债务（以物抵债）。[2] 此外，担保人有权在担保物权人处分担保财产或者以物抵债之前赎回担保财产，其前提条件是担保人必须清偿担保财产所担保的所有债务，并偿付担保物权人因取回、保管和处分担保财产而产生的合理费用和律师费。[3]

我国《民法典》上所确立的"取回—回赎—再出卖—清算"的出卖人权利实现机制，与上述规则同出一脉，在本质上也是一种担保物权的实现方式。[4]《民法典》在强化出卖人权利的自力救济路径的同时，为买受人和第三人也提供了强制性的保护措施。一则，出卖人的自力取回尚须买受人同意；二则，出卖人取回标的物之后，尚须容许买受人回赎，以继续履行买卖合同；三则，买受人未回赎的，出卖人并不当然保有标的物的剩余价值，尚须履行清算义务，实行"多退少补"。此已与《民法典》上相对禁止流抵（质）契约的立法态度相同。[5] 清算法理的贯彻，适用"多退少补"的规则，是为平衡出卖人、买受人及其其他债权人利益的手段之一。从制度变迁史上，《民

1　参见《美国统一商法典》第 9—610、9—612 条；《加拿大萨斯喀彻温省动产担保法》第 59、60 条；《新西兰动产担保法》第 110、117 条；《澳大利亚动产担保法》第 111、128、131、140 条。See also United Nations Commission on International Trade Law, *UNCITRAL Legislative Guide on Secured Transactions*, United Nations, 2010, pp.313-314.

2　参见《美国统一商法典》第 9—620 条；《加拿大萨斯喀彻温省动产担保法》第 61 条；《新西兰动产担保法》第 120、121 条；《澳大利亚动产担保法》第 134-136 条。See also United Nations Commission on International Trade Law, *UNCITRAL Legislative Guide on Secured Transactions*, United Nations, 2010, p.315.

3　参见《美国统一商法典》第 9—623 条；《加拿大萨斯喀彻温省动产担保法》第 62 条；《新西兰动产担保法》第 132 条。

4　参见黄薇主编：《中华人民共和国民法典合同编释义》（上），法律出版社，2020，第 409-413 页；王洪亮：《所有权保留制度定性与体系定位——以统一动产担保为背景》，《法学杂志》2021 年第 4 期。

5　参见王洪亮：《所有权保留制度定性与体系定位——以统一动产担保为背景》，《法学杂志》2021 年第 4 期，第 20 页。

法典》第 642 条、第 643 条系分别修改自《买卖合同解释》原第 35 条、第 37 条，而《买卖合同解释》与我国台湾地区"动产担保交易法"第 28 条和第 30 条（结合第 18 条、第 20 条）基本一致[1]，我国台湾地区"动产担保交易法"上附条件买卖制度又明显效仿《美国统一商法典》之前的《美国统一附条件买卖法》[2]，而后者的规则体系又是依动产抵押法理而展开。[3]由此可见，我国《民法典》上所确立的出卖人权利实现机制已经不再是基于完全所有权的救济规则，而更接近于担保物权的实现规则。"既然出卖人保留的所有权属于非典型担保物权，自然可以担保物权的实现方式实现其担保物权。"[4]

（一）出卖人取回权的重新定位：就标的物求偿的程序性权利

在形式主义之下，在买受人未依约定给付价金义务或者履行其他义务之时，出卖人基于其就标的物的所有权地位，自可行使取回权。此时的取回权即为所有物返还请求权。[5]但此论与《民法典》的既定规则之间存在冲突。其一，因《民法典》第 643 条承认了买受人的回赎权，解释论上的通说认为，第 642 条所定出卖人取回权的行使并不以解除买卖合同为前提。[6]据此，买受人占有标的物尚属有权占有，《民法典》第 235 条所定所有物返还请求权的"无权占有"要件即无法满足，以所有权作为出卖人取回权的权源，正

1　参见最高人民法院民事审判第二庭：《最高人民法院关于买卖合同司法解释理解与适用》，人民法院出版社，2012，第 540、556-557 页。

2　参见王泽鉴：《民法学说与判例研究》（重排合订本），北京大学出版社，2015，第 1498 页；刘春堂：《动产担保交易法研究》（增订版），作者自版，1999，自序。

3　参见纪海龙：《民法典所有权保留之担保权构成》，《法学研究》2022 年第 6 期。

4　最高人民法院民事审判第二庭：《最高人民法院民法典担保制度司法解释理解与适用》，人民法院出版社，2021，第 540-541 页。同旨参见谢鸿飞：《〈民法典〉实质担保观的规则适用与冲突化解》，《法学》2020 年第 9 期。

5　参见崔建远：《对非典型担保司法解释的解读》，《法治研究》2021 年第 4 期；周江洪：《所有权保留买卖的体系性反思——担保构成、所有权构成及合同构成的纠葛与梳理》，《社会科学辑刊》2022 年第 1 期。

6　参见黄薇主编：《中华人民共和国民法典合同编释义》（上），法律出版社，2020，第 410 页；高圣平：《〈民法典〉视野下所有权保留交易的法律结构》，《中州学刊》2020 年第 6 期；王洪亮：《所有权保留制度定性与体系定位——以统一动产担保为背景》，《法学杂志》2021 年第 4 期。

当性不足。其二，即使将出卖人取回权解释为附法定期限解除买卖合同的效果，主张出卖人取回标的物时，买卖合同并未解除，如买受人在回赎期限内未行使回赎权时，买卖合同即为解除[1]，但买卖合同解除的法律后果，并不能合理地解释缘何出卖人取回标的物本已实现其权利，但仍须再行出卖标的物并负清算义务。[2]

另有观点认为，出卖人取回标的物，可以基于出卖人解除买卖合同，也可以基于《民法典》第 642 条第 1 款规定的取回标的物的条件成就。此际，买受人即失去继续占有标的物的法律上的原因，从而成为无权占有人。出卖人对标的物保留的所有权，仅为出卖人回复标的物占有之本权，仅当买受人的占有构成无权占有时，出卖人始可基于其本权（所有权）请求回复标的物的占有。[3] 但此说仍然无法圆满地解释在取回标的物的占有的本权系所有权的情形之下，出卖人取回标的物之后的清算义务。

在《民法典》确立的"取回—回赎—再出卖—清算"的出卖人权利实现机制之中，出卖人取回标的物仅仅只是其试图将标的物货币化的第一步[4]，一方面是造成买卖人心理上的压力，督促买受人及时清偿价金债务；另一方面是保障出卖人顺利变价标的物，以寻求权利的自力实现，避免再出卖时法律关系过于复杂。[5] 由此而见，出卖人取回制度，"应解释为系出卖人就物求偿价金之特别程序"[6]。其一，从《民法典》第 642 条、第 643 条的规范目的来看，出卖人保留所有权的目的，仅在于确保价金债权的受偿，出卖人就标

---

1 参见黄静嘉：《动产担保交易法》，台湾银行，1964，第 44 页；王利明：《所有权保留制度若干问题探讨——兼评〈买卖合同司法解释〉相关规定》，《法学评论》2014 年第 1 期。

2 参见纪海龙：《民法典所有权保留之担保权构成》，《法学研究》2022 年第 6 期

3 参见邹海林：《所有权保留的制度结构与解释》，《法治研究》2022 年第 6 期。

4 See Ronald C. C. Cuming, "Secured Creditors' Non-Statutory Remedies:Unfinished Business", 91 *Canadian Bar Review* 243, 257(2013).

5 参见武腾：《〈民法典〉的权利实现规定与司法程序配置》，《吉林大学社会科学学报》2022 年第 1 期。

6 王泽鉴：《民法学说与判例研究》（第七册），北京大学出版社，2009，第 166 页。

的物的所有权的内容，已经转化或者缩小为对标的物交换价值的支配，实质上仅具有担保物权的作用，已如前述。其二，出卖人取回标的物，只是导致买受人占有的丧失，并不是解除当事人之间的买卖合同，买受人的价金给付义务仍然存在，出卖人仍得就标的物变价，从而使买受人的价金给付义务得以全部或者部分消灭。如此，出卖人取回标的物仅系出卖人就标的物主张实现其价金债权的程序。其三，就所有权保留买卖交易中出卖人的缔约目的而言，出卖人既已出卖标的物予买受人，其所关心者也就在于如何使其价金债权得以足额清偿。如此，出卖人就标的物主张其价金债权的获偿，合于买卖合同系以自己的财产换取他人金钱的本来意旨。[1]至于既然出卖人本属标的物的所有权人，为何还要就自己之物变价受偿之质疑[2]，正是基于《民法典》上就所有权保留买卖交易中出卖人的所有权作出了不同于完全所有权的规定，出卖人取回标的物之后，即不能保有标的物的剩余利益，规定出卖人仅得就标的物优先受偿，更是还原其担保性所有权的本来内容。"只有将保留所有权按照担保权来把握，才能解释出卖人为何需要就'自己所有之物'进行变价求偿。"[3]

　　与比较立法例置重于自力救济规则的建构不同的是，我国实定法上基于目前的社会信用现状限制了自力救济路径在担保物权实现中的适用。即使在加入《开普敦公约》之时，我国也对该公约第54条第2款作出声明："债权人依据《公约》任何条款可以获得但条款中并未明确要求必须向法院申请的任何救济，必须经过中华人民共和国人民法院同意后方可施行。"这也意味着，在担保物权的实现途径之中排除自力救济的适用。根据我国《民法典》的规定，除允许在担保物权实现条件成就之后担保物权人与担保人协议实现

---

　　[1]　参见王泽鉴：《民法学说与判例研究》（第七册），北京大学出版社，2009，第220-221页；刘春堂：《动产担保交易法研究》（增订版），作者自版，1999，第158-159页。

　　[2]　参见王泽鉴：《民法学说与判例研究》（第七册），北京大学出版社，2009，第220-221页。

　　[3]　武腾：《〈民法典〉的权利实现规定与司法程序配置》，《吉林大学社会科学学报》2022年第1期。

担保物权（第 410 条第 1 款、第 436 条第 2 款、第 453 条第 1 款）之外，《民法典》仅允许担保物权的司法实现，不过在程序选择上，既可以申请启动实现担保物权案件特别程序，也可以提起民事诉讼，在取得许可裁定或者胜诉裁判之后申请执行法院强制执行。就此而言，《民法典》就所有权保留买卖交易中出卖人的权利实现明显体现了私人执行的色彩——出卖人可以自行出卖，已与《民法典》所定典型担保物权的实现规则之间存在差异。[1]不过，《民法典担保制度解释》第 45 条第 1 款已经增设担保物权的庭外实现路径，为当事人之间约定的自力取回标的物提供了解释空间，动产抵押权的实现也就有了类推适用第 642 条取回标的物规定的空间。[2]如此，在同类交易一视同仁的目标之下，出卖人的权利实现规则与担保物权的实现制度日益趋同，可以提高当事人和法院的确定性和效率，并进而降低交易成本。

我国《民法典》上就所有权保留买卖交易的法政策上的调整，同样也影响着出卖人所保留的所有权在买受人破产清算时的实现机制。由于出卖人就标的物仅享有担保性所有权，并不享有完全所有权，其效力仅限于就标的物优先受偿。由此而决定，在买受人破产清算之时，出卖人仅得主张破产别除权，不得主张破产取回权。[3]不无遗憾的是，《企业破产法规定（二）》第 2 条仍然规定所有权保留买卖交易中的标的物不属于债务人财产；第 37 条及第 38 条仍然以破产取回权为基础架构出卖人的权利实现。从与破产财产的关系来看，破产取回权和破产别除权之间最大的区别在于，破产取回权的标的物之剩余利益不属于破产财产。[4]在所有权保留买卖交易中，标的物的剩

---

1 参见周江洪：《所有权保留买卖的体系性反思——担保构成、所有权构成及合同构成的纠葛与梳理》，《社会科学辑刊》2022 年第 1 期。

2 参见武腾：《〈民法典〉的权利实现规定与司法程序配置》，《吉林大学社会科学学报》2022 年第 1 期。

3 参见章诗迪：《民法典视阈下所有权保留的体系重构》，《华东政法大学学报》2022 年 2 期；李运杨：《〈民法典〉动产担保制度对功能主义的分散式继受》，《华东政法大学学报》2022 年第 4 期。

4 参见徐小庆：《论所有权保留中出卖人之破产取回权》，《上海法学研究》集刊 2021 年第 22 卷，第 127 页。

余利益并不由出卖人保有，反而归属于买受人及其破产债权人，已如前述。由此可见，出卖人并不享有破产取回权。如此，结合《民法典》第 641 条第 2 款所规定的登记对抗规则，在出卖人所有权已经登记的情形之下，出卖人可以申报有担保债权；在出卖人所有权未经登记的情形之下，出卖人仅得申报无担保债权。

（二）出卖人权利的实现条件：第 642 条第 1 款的解释分歧

在将出卖人取回权定位为就标的物求偿的程序性权利的情形之下，《民法典》第 642 条第 1 款所定出卖人取回权的行使条件实际上即为出卖人担保性所有权的实现条件，与担保物权的实现条件相等同。依据该款的规定，出卖人取回权的行使条件可由当事人另行约定，由此体现着该款的任意法属性。如当事人没有相反的约定，买受人"未按照约定支付价款，经催告后在合理期限内仍未支付"、"未按照约定完成特定条件"或者"将标的物出卖、出质或者作出其他不当处分"，造成出卖人损害的，出卖人有权取回标的物。其中，就以下两个方面尚存争议。

第一，就买受人"未按照约定支付价款，经催告后在合理期限内仍未支付"而言，《民法典》第 642 条第 1 款第 1 项在《买卖合同解释》原第 35 条第 1 款第 1 项"未按约定支付价款"，增加规定出卖人的催告程序，即出卖人在行使对取回权之时，应先向买受人催告，在催告期满后买受人仍不支付价款的，出卖人才可行使取回权，以保障当事人之间的利益平衡。[1]《买卖合同解释》原第 35 条第 1 款第 1 项系与原第 37 条关于买受人回赎权的规定相互配合以平衡当事人之间的利益，但是，《民法典》既在第 642 条第 1 款第 1 项增加出卖人的催告程序，又在第 643 条同时规定买受人的回赎权，两者之间的功用相同，同时在《民法典》中予以明确规定，似有过度保护自力救济之下买受人利益之嫌，并直接导致出卖人权利行使上的延宕。

---

[1] 参见黄薇主编：《中华人民共和国民法典合同编释义》（上），法律出版社，2020，第 408 页。

值得注意的是,《买卖合同解释》原第 36 条第 1 款规定:"买受人已经支付标的物总价款的百分之七十五以上,出卖人主张取回标的物的,人民法院不予支持。"确立这一规则的主要考虑是,"在总价款已支付 75% 的情形下,买受人的期待利益相对更加重要,取回权的行使也会使该种期待罹于不测。退一步讲,即使具有本司法解释第 35 条第 1 款规定的情形,出卖人也可以采取其他救济方式,比如分期付款中的要求支付全部价款、解除合同等,而不必采用取回的方式来保障其权利"[1]。在《民法典》将出卖人就标的物的权利明确为担保性所有权的背景之下,以买受人已给付的价金比例为据否定出卖人取回权的行使,正当性不足,也与《民法典》第 416 条关于超级优先顺位的规定不相吻合。[2] "所有权保留若是担保构成,债务不履行的数额并不会限制担保权的行使"[3],否则,剩余未受清偿的价金债权即失去标的物的物权保障,从而沦为普通债权。[4] 如此,这一对取回权的限制损害了出卖人的利益,且有违所有权保留约款之目的。[5] 因此,民法典编纂过程中并未采纳这一规则。[6] 令人遗憾的是,在根据《民法典》的规定对既有司法解释进行整理的过程中,《买卖合同解释》第 26 条仍然保留了合同法时代所确立的这一规则,直接引发了解释论上的冲突。如有学者据此认为,依据《民法典》第642 条和《民法典担保制度解释》第 64 条的规定,出卖人取回权的存在构成了启动担保物权实现程序的前提条件,《买卖合同解释》第 26 条仍然是担

---

1 最高人民法院民事审判第二庭:《最高人民法院关于买卖合同司法解释理解与适用》,人民法院出版社,2012,第 551 页。

2 参见黄薇主编:《中华人民共和国民法典合同编释义》(上),法律出版社,2020,第 408 页。

3 周江洪:《所有权保留买卖的体系性反思——担保构成、所有权构成及合同构成的纠葛与梳理》,《社会科学辑刊》2022 年第 1 期,第 83-84 页。

4 参见王洪亮:《所有权保留制度定性与体系定位——以统一动产担保为背景》,《法学杂志》2021 年第 4 期,第 18 页;纪海龙:《民法典所有权保留之担保权构成》,《法学研究》2022 年第 6 期。

5 参见李永军:《论民法典形式意义与实质意义上的担保物权——形式与实质担保物权冲击下的物权法体系》,《西北师大学报(哲学社会科学版)》2020 年第 6 期。

6 参见黄薇主编:《中华人民共和国民法典合同编释义》(上),法律出版社,2020,第 408 页。

保物权实现的阻却性条款。[1]

第二，就买受人"将标的物出卖、出质或者作出其他不当处分"而言[2]，"在买卖双方未就出卖人何时可以取回标的物作出约定时，买受人就标的物实施了转卖、出质等行为的，将严重侵害出卖人的所有权，故出卖人依法有权行使取回权"[3]。但是，所有权保留买卖交易中买受人不得随意处分标的物的理论基础，在于出卖人为标的物的完全所有权人，未经出卖人授权或者同意，买受人处分标的物即属无权处分。但正如前述，出卖人仅保有对标的物的担保性所有权，买受人才是标的物的实质所有权人，因此，买受人对标的物的处分属于有权处分，已如前述。

即便如此，并不排斥法律规定买受人"将标的物出卖、出质或者作出其他不当处分"为出卖人行使取回权的事由之一。此时，买受人对标的物的处分"造成出卖人损害"之时，才能触发出卖人行使取回权。其一，在买受人在其非正常经营活动中将标的物出卖的情形之下，如出卖人的所有权已然登记，出卖人自可以其所有权对抗恶意的转得人，此时出卖人的利益不受损害；如出卖人的所有权未经登记，出卖人的所有权不得对抗善意的转得人，此时出卖人的利益受到损害。其二，在买受人在其正常经营活动中将标的物出卖的情形之下，不管出卖人的所有权是否登记，出卖人的所有权均不得对抗标的物的转得人，此时出卖人的利益受到损害。其三，在买受人将标的物出抵或者出质的情形之下，结合第641条登记对抗规则和第414条优先顺位规则的规定，确定出卖人与质权人、抵押权人之间的优先顺位，难谓"造成

1　参见周江洪：《所有权保留买卖的体系性反思——担保构成、所有权构成及合同构成的纠葛与梳理》，《社会科学辑刊》2022年第1期。

2　这里的"其他不当处分"，除了法律上的不当处分（如以标的物设定抵押权）之外，尚包括事实上的不当处分，如买受人未尽善良管理人之注意义务而使用标的物的情形。参见王泽鉴：《民法学说与判例研究》（第七册），北京大学出版社，2009，第220—221页。

3　黄薇主编：《中华人民共和国民法典合同编释义》（上），法律出版社，2020，第409页。

出卖人损害"[1]。

就买受人对标的物的处分不损害出卖人的利益的情形,《民法典》第642条第1款第3项以及《买卖合同解释》第26条第2款此时即无适用余地;就买受人对标的物的处分损及出卖人的利益的情形,出卖人自可基于《民法典》第642条第1款第3项的规定行使取回权。但在标的物的所有权已由他人取得的情形之下,出卖人的取回权是否可得实现,存在疑问。此时,可以类推适用《民法典》第406条的规定,[2]请求买受人将其转让所得的价款提前清偿债务或者提存。

(三)清算法理的贯彻:第642条第2款的解释分歧

在功能主义之下,担保物权效力所及的主债权范围仅限于债权人未受清偿的主债权,由此而决定,债权人就担保财产受偿之时,无论采取何种方式,均须就担保财产的价值与未受清偿的债权进行清算,实行"多退少补"。这一规则与其他所有实现规则一起,其规范目的在于保护债务人及其其他债权人的利益。[3]《民法典》就所有权保留买卖交易中出卖人就标的物的权利实现即贯彻了这一法理。

1. 当事人之间协商取回时的清算义务

即使满足《民法典》第642条第1款所规定的取回权的行使条件,出卖人取回标的物尚须买受人的配合;此时,即有了出卖人与买受人协商的必要。这里的协商内容,自是包括取回的时间、地点、方式以及费用的承担等。[4]在解释上,在出卖人向买受人主张取回权之时,买受人没有异议地交

1　王瑛:《论融资租赁承租人擅自转租租赁物时出租人的法定解除权》,《法学评论》2021年第6期。

2　参见孙宪忠、朱广新主编:《民法典评注·物权编4》,中国法制出版社,2020,第237页。

3　See Louise Gullifer, *Quasi-security InterestsFunctionalism and the Incidents of Security,* in Iwan Davies ed., *Issues in International Commercial Law,* Taylor & Francis Group, 2005, p.19.

4　参见武腾:《〈民法典〉的权利实现规定与司法程序配置》,《吉林大学社会科学学报》2022年第1期。

出标的物以使出卖人的自力取回得以实现，亦属协商取回的情形之一。

标的物的协商取回，类似于《民法典》第410条所定"协议实现"[1]，其目的同样是"就物求偿"，以标的物的价值清偿未受清偿的价金债务及其他义务。如当事人之间的取回协议仅约定出卖人取回标的物，但并不及于标的物价值与价金债权之间的清算关系，出卖人尚须在取回标的物之后依据《民法典》第643条的规定履行清算义务。依据《民法典》第643条的规定，买受人有权在合理期限回赎标的物，也有权在放弃回赎权后请求出卖人以合理价格转卖标的物并将超过买受人欠付价金及必要费用的部分予以返还。如出卖人不以合理价格转卖标的物或者不返还标的物价值的超额部分，买受人也仍然有权申请人民法院拍卖、变卖标的物。[2]如当事人之间的取回协议约定，出卖人取回标的物，保有标的物的剩余价值，同时买受人不再履行剩余价金给付义务或者其他义务，则该协议自是有效，出卖人此时并不负有清算义务。但在该协议损害买受人的其他债权人的利益之时，其他债权人自可行使撤销权。

2. 当事人之间无法协商取回之时的程序供给

当事人之间就标的物的取回无法达成协议的，在解释上属于出租人无法以协议实现的方式实现其权利。取回标的物仅为出卖人实现其权利的步骤之一，在程序救济上存在以下两种方案。

第一，既然自力救济受阻，出卖人自可寻求公力救济，就标的物主张优先受偿权。此时即"可以参照适用担保物权的实现程序"。这里"担保物权的实现程序"，在文义上并不仅限于《民事诉讼法》上所规定的"实现担

---

[1] 李运杨：《〈民法典〉动产担保制度对功能主义的分散式继受》，《华东政法大学学报》2022年第4期。

[2] 参见刘贵祥：《民法典关于担保的几个重大问题》，《法律适用》2021年第1期；最高人民法院民事审判第二庭：《最高人民法院民法典担保制度司法解释理解与适用》，人民法院出版社，2021，第539页；孙超：《民法典体系下所有权保留出卖人权利的实现路径与对抗效力——从实体法与程序法结合的视角》，《人民司法》2022年第25期。

保物权案件"特别程序，尚包括出卖人提起普通民事诉讼程序以实现其权利的情形。《民法典担保制度解释》第 64 条第 1 款规定："在所有权保留买卖中，出卖人依法有权取回标的物，但是与买受人协商不成，当事人请求参照民事诉讼法'实现担保物权案件'的有关规定，拍卖、变卖标的物的，人民法院应予准许。"这里仅允许"当事人通过非讼程序的方式实现担保物权"[1]，至为可议。如出卖人向买受人提起民事诉讼，同时主张价金债权和就标的物的优先受偿权，自无不许之理。尽管借由实现担保物权案件程序，"出卖人可以省去诉讼环节，直接向法院申请执行，达到降低交易成本、提高效率的目的"[2]，但在我国目前"实现担保物权案件"特别程序运行不彰的情形之下，承认普通民事诉讼程序的适用至为重要。

有学者认为，《民法典》第 642 条第 2 款所参照的并非担保物权的实体规则，而是担保物权实现的程序规则。亦即，当事人之间不能协商取回标的物之时，出租人对于权利行使程序的"参照适用"以取回标的物，并非对优先受偿等担保制度实体规则的"参照适用"[3]。"实现担保物权案件"特别程序，本是担保物权人实现其实体权利（就担保财产优先受偿）的程序供给，又如何被用以参照适用于"取回标的物"？这里的"参照适用"，系指出卖人所保留的"所有权"在字面上不是"担保物权"，出卖人所有权的实现也就不能直接适用"担保物权的实现程序"，但基于出卖人的担保性所有权与担保物权之间在权利内容上的高度相似性，"担保物权的实现程序"自然就

1　最高人民法院民事审判第二庭：《最高人民法院民法典担保制度司法解释理解与适用》，人民法院出版社，2021，第 538 页。同旨参见黄薇主编：《中华人民共和国民法典合同编释义》（下），法律出版社，2020，第 409 页。

2　黄薇主编：《中华人民共和国民法典合同编释义》（上），法律出版社，2020，第 409 页。这里的表述尚值商榷。在实现担保物权案件特别程序中，当事人无法直接申请执行。在强制执行的现行执行名义体系之下，当事人尚须首先取得许可拍卖、变卖担保财产的民事裁定书（许可裁定），才能据此向执行法院申请执行。

3　周江洪：《所有权保留买卖的体系性反思——担保构成、所有权构成及合同构成的纠葛与梳理》，《社会科学辑刊》2022 年第 1 期；孙超：《民法典体系下所有权保留出卖人权利的实现路径与对抗效力——从实体法与程序法结合的视角》，《人民司法》2022 年第 25 期。

有了参照适用的余地。所谓"参照适用"，即为对被参照的规则予以适当修改或者变通之后再适用。如此，"担保物权的实现程序"参照适用于所有权保留买卖交易之时，"担保物权"即指出卖人的担保性所有权；"担保物权人"即为出卖人；"担保人"就是买受人；"担保财产"系指所有权保留买卖交易的标的物。

值得注意的是，《民法典》第642条第2款的规定并不表明"协商取回标的物"是启动"担保物权的实现程序"的前置性程序。出卖人未就标的物的取回与买受人进行协商，而直接请求人民法院拍卖、变卖标的物并优先受偿，即足以表明出卖人放弃自力救济路径，不愿意浪费时间与买受人协商取回标的物，因为协商系在当事人之间展开，如当事人一方不同意协商，也就意味着"协商不成"，出卖人自可直接申请启动"担保物权的实现程序"。

第二，既然自力取回受阻，出卖人自可寻求公力取回，通过诉讼取回标的物。《民法典》第642条第2款"可以参照适用担保物权的实现程序"中的"可以"不能理解为"只能"。亦即，在当事人之间不能协商取回标的物之时，并非仅有"参照适用担保物权的实现程序"一途，出卖人尚可通过诉讼取回标的物。[1]《民法典担保制度解释》第64条第2款前段规定："出卖人请求取回标的物，符合民法典第六百四十二条规定的，人民法院应予支持"，即属此理。在解释上，出卖人通过诉讼取回标的物之后，同样受到《民法典》第643条的约束，须容忍买受人在回赎期间内回赎标的物，买受人未予回赎的，出卖人再以合理价格将标的物出卖，实行"多退少补"[2]。

为防免出卖人诉讼取回标的物之后的再行出卖程序所带来的程序延宕，《民法典担保制度解释》第64条第2款后段提供了在出卖人提起的取回标的物的诉讼中一并清算的程序路径。在出卖人提起诉讼请求取回标的物之时，

1　参见刘贵祥：《民法典关于担保的几个重大问题》，《法律适用》2021年第1期。

2　最高人民法院民事审判第二庭：《最高人民法院民法典担保制度司法解释理解与适用》，人民法院出版社，2021，第539页。

如买受人反诉请求出卖人返还标的物价值超过欠付价金及必要费用的部分，或者买受人抗辩标的物的剩余价值超过欠付价金及必要费用，请求人民法院拍卖、变卖标的物，则人民法院对买受人的主张应一并予以处理。[1] 这一程序设计以买受人反诉或者抗辩为前提。

综上，在出卖人就标的物的权利实现规则体系之中，尽管自力救济和公力救济均有适用余地，但均各有利弊。自力救济虽是国际公约和国际软法文件所倡导的方向，但在标的物由买受人占有的情形之下，基于我国目前的信用现状，出卖人取回标的物必将遇到买受人的阻碍，且受制于清算法理的适用，《民法典》所建构的出卖人保障措施略为复杂。公力救济虽能更好地保护出卖人的权利，但如公力救济的程序冗长且费用高昂，则可能给出卖人带来不适当的负担。如此，充分地利用实现担保物权案件特别程序的简速裁判功能，改变目前该程序在司法实践中运行不彰的现状，应为契合我国国情的不二之选。

六、小结

20 世纪 60 年代以来的全球法制改革表明，动产担保交易法律制度受到文化、历史、经济和社会因素的深远影响，并与物权法、合同法和破产法紧密联系。既有的法律体系与法律传统在一定程度上阻碍了动产担保交易法的现代化。[2] 所有权保留买卖交易是服务于中小微企业等实体经济发展的主要融资工具，其规制重心，并不在于其为所有权保留买卖合同，而是在于其担保权构造。[3] 我国《民法典》《民法典担保制度解释》就此作出了富有成效的努力，不仅直接承认所有权保留买卖交易的担保功能，而且规定了登记对

1　参见最高人民法院民事审判第二庭：《最高人民法院民法典担保制度司法解释理解与适用》，人民法院出版社，2021，第 538 页。

2　See Catherine Walsh, *The "Law" in Law and Development,* (2000) Law in Transition 7, 12-13(2000).

3　参见游进发：《附条件买卖之基本结构》，见《物权法之新思与新为——陈荣隆教授六秩华诞祝寿论文集》，瑞兴图书股份有限公司，2016，第 410 页。

抗、优先顺位、权利实现时的清算义务等一系列规则，意图透过统一动产担保交易的核心规则，以达到增加交易的确定性并进而优化营商环境的政策目标。不过，囿于《民法典》本身赖以体系化的物债两分结构，我国《民法典》仍然采取了形式主义的立法路径，并未就所有权保留买卖交易、融资租赁交易、动产抵押贷款交易等各种担保交易形式进行全面的规则统合，而是尊重了当事人之间就融资交易结构上的合意安排，将所有权保留买卖交易中出卖人就标的物的权利依然界定为所有权。这一立法模式体现了功能性的形式主义的基本元素，其中，功能主义明显强于形式主义。[1]但不可否认的是，这种杂糅式的立法方法，将反映形式主义之下的原有规则与功能主义之下的创新规则融合在一起，并未形成一个完整的体系性回路[2]，已经引发了不少学说和裁判分歧。在《民法典担保制度解释》就其中部分分歧已经作出政策选择的情形之下，准确把握《民法典》上的功能主义导向，为相关争议问题提供妥适的解决方案，是为下一步的解释论作业。

第三节　融资租赁交易的法律构成

一、问题的提出

在我国，融资租赁交易是与实体经济紧密结合的一种投融资方式，在推动我国产业创新升级、拓宽中小微企业融资渠道、带动新兴产业发展和促进经济结构调整等方面发挥着重要作用。但从总体上看，融资租赁对国民经济各行业的覆盖面和市场渗透率远低于发达国家水平，行业发展还存在管理体

1　参见刘颖：《民事执行中案外担保权人的救济路径》，《环球法律评论》2022 年第 5 期。

2　参见周江洪：《所有权保留买卖的体系性反思——担保构成、所有权构成及合同构成的纠葛与梳理》，《社会科学辑刊》2022 年第 1 期；叶金强：《现行动产担保模式之批判》，《法学杂志》2022 年第 6 期；纪海龙：《民法典所有权保留之担保权构成》，《法学研究》2022 年第 6 期。

制不适应、法律法规不健全、发展环境不完善等突出问题。[1]世行集团《全球营商环境报告》(*Doing Business*)"获得信贷"中信贷人权利保护指标体系，对各国包括融资租赁在内的动产担保交易法制予以评估，倡导低成本、高效率的统一规则体系。这就意味着，融资租赁、所有权保留、动产让与担保等具有担保功能的动产交易，与传统动产担保物权一样，均受统一的动产担保交易规则的调整：均在相同的登记系统中登记；均受登记对抗规则的约束；均适用基于登记而确立的优先顺位；均以简速、高效的方式实现权利，这无疑增加了动产担保交易的透明度和可预测性。[2]在国际商法统一化运动中，联合国国际贸易法委员会先后通过《联合国动产担保立法指南》和《联合国动产担保示范法》，采纳了功能主义的担保观念，建议各国将通过合同在动产上设定的旨在担保债务履行的一切权利统一归类为"担保物权"(security right)。不管当事人如何设计交易结构，只要起着担保功能，即应适用相同的设立、公示、优先顺位、实现规则，以此使动产担保交易制度具有足够的灵活性，兼顾现有的融资方式以及未来可能发展起来的创新模式。[3]

《民法典》对《物权法》相关制度的完善，即在这一背景之下展开。[4]《民法典》合同编"融资租赁合同"章，由《合同法》的14条增加至26条。新

---

[1] 参见《国务院办公厅关于加快融资租赁业发展的指导意见》（国办发〔2015〕68号）、《国务院办公厅关于促进金融租赁行业健康发展的指导意见》（国办发〔2015〕69号）。

[2] See The World Bank, *Doing Business 2015 Going Beyond Efficiency*, Washington, DC: World Bank Group, 2015, p. 31. 世行集团虽于2021年9月基于某种原因中止了《全球营商环境报告》及其数据的发布，但拟于2023年重启的《全球利商环境报告》(*Business Enabling Environment*)中，"获取金融服务"指标体系对于动产担保交易制度的政策法规评估依然与《全球营商环境报告》相同。See The World Bank, *Pre-Concept Note Business Enabling Environment (BEE)*, World Bank Group, 2022, p. 27.

[3] See United Nations Commission on International Trade Law, *UNCITRAL Legislative Guide on Secured Transactions*, United Nations, 2010, pp.13,20. 另参见谢在全：《担保物权制度的成长与蜕变》，《法学家》2019年第1期。

[4] 在民法典编纂过程中，即有学者专事讨论世行集团《全球营商环境报告》对于我国担保法制的影响。参见高圣平：《民法典担保物权法编纂：问题与展望》，《清华法学》2018年第2期；罗培新：《世界银行"获得信贷"指标的法理分析及我国修法建议》，《环球法律评论》2019年第2期；罗培新：《论世行营商环境评估"获得信贷"指标得分的修法路径》，《东方法学》2020年第1期；纪海龙：《世行营商环境调查背景下的中国动产担保交易法》，《法学杂志》2020年第2期等。

增的 12 条中有 10 条直接来自《融资租赁解释》[1]，另外两条（第 737 条、第 759 条）也是对裁判实践的总结。与原来的规则体系相比，实质上的改变有两条：一是，《民法典》在第 388 条增加规定"担保合同包括抵押合同、质押合同和其他具有担保功能的合同"，将出租人对租赁物的所有权功能化为非典型担保物权。[2] 这为统一动产担保权利体系内部的设立、公示、优先顺位与实现规则提供了前提。二是，《民法典》第 745 条实质性地修改了《合同法》第 242 条，增加了"未经登记，不得对抗善意第三人"，删除了"承租人破产的，租赁物不属于破产财产"[3]。这一修改体现着"完善租赁物物权保护制度"、"建立规范的融资租赁物登记制度，发挥租赁物登记的风险防范作用"[4]、"消灭隐形担保"[5] 的法政策选择。这些修改的规范目的及其带来的体系效应引起了实务界和学术界的广泛关注，虽然《民法典担保制度解释》解决了部分争议问题，但《民法典》规则体系本身之间的冲突并未全部化解。

二、融资租赁交易的功能化转向：功能主义抑或功能性的形式主义

基于融资租赁交易，承租人取得新的财产，融资提供者购买标的物，实质上为承租人提供信用支持，但在形式上扮演者"出租人"的角色。[6] 融资

---

1 该司法解释于 2013 年 11 月 25 日由最高人民法院审判委员会第 1597 次会议通过（法释〔2014〕3 号），并于 2020 年 12 月 23 日最高人民法院审判委员会第 1823 次会议修正（法释〔2020〕17 号），2020 年 12 月 29 日公布，自 2021 年 1 月 1 日起与《民法典》同步实施。为避免混淆，本书引述法释〔2014〕3 号的条文时，以《融资租赁解释》原第 × 条予以特别提示。

2 参见王晨：《关于〈中华人民共和国民法典（草案）〉的说明——2020 年 5 月 22 日在第十三届全国人民代表大会第三次会议上》，《中华人民共和国全国人民代表大会常务委员会公报》2020 年特刊。

3 《民法典》第 745 条应限缩适用于租赁物为动产的情形。就不动产融资租赁而言，仍然适用《民法典》不动产物权变动的一般规则。

4 《国务院办公厅关于加快融资租赁业发展的指导意见》（国办发〔2015〕68 号）。同旨参见《国务院办公厅关于促进金融租赁行业健康发展的指导意见》（国办发〔2015〕69 号）。

5 黄薇主编：《中华人民共和国民法典合同编释义》（下），法律出版社，2020，第 581 页；龙俊：《民法典中的动产和权利担保体系》，《法学研究》2020 年第 6 期。

6 See World Bank, *Secured Transactions, Collateral Registries and Movable Asset-Based Financing: Knowledge Guide*, World Bank, 2019, p.16.

租赁交易是一种不同于买卖、租赁、借款的混合交易：承租人的关注点与买卖合同中的买受人相当；出租人的法律地位与贷款人相当，而与出卖人迥异。承租人意欲取得其所选定的标的物的利用权，且免受诸如出卖人的债权人等第三人的竞存权利的干预，并受标的物瑕疵担保制度的保护，有如其直接从出卖人购买标的财产那样。[1]在这种经由"融物"达致"融资"目的的交易中，出租人所置重的是确保承租人及时清偿租金，以收回贷款（投资），且无须关注对第三人所可能承担的责任（尤其是产品责任）；在法律结构设计上，出租人虽在形式上保有标的物的所有权，但经济目的在于担保租金债权的清偿[2]，仍然属于信用授受的一种方式。就这种融资实践中创新发展起来的交易模式，各国的规制进路存在较大差异，我国《民法典》上的政策选择直接影响着解释论的发展。

（一）比较法上的规制进路

大多数尚未改革其动产担保交易法制的国家奉行形式主义（Formalism）进路，以当事人之间的融资交易安排为基础，在形式上区分融资租赁交易与动产抵押贷款交易、所有权保留买卖交易等，债权人就标的物享有的权利也就有了所有权和担保物权的区分。传统财产法上的通说认为，财产权首先被区分债权（仅发生相对效力的民事权利）和物权（具有绝对效力的民事权利），物权又进一步被区分为自物权、完全物权（所有权）和他物权、定限物权。[3]担保物权即属他物权之一种，在物权法定原则之下，与所有权具有

1　See David A. Levy, "Financial Leasing under the UNIDROIT Convention and the Uniform Commercial Code：A Comparative Analysis", 5 *Indiana International & Comparative Law Review* 267, 276 (1995).

2　参见程卫东：《论国际融资租赁物的所有权》，《中国国际私法与比较法年刊》（第3卷），法律出版社，2000，第359-360页；高圣平：《融资租赁登记公示制度的建构——以民法典合同编融资租赁合同章的修改为中心》，《河南社会科学》2017年第6期。

3　参见梁慧星、陈华彬：《物权法》（第七版），法律出版社，2020，第71页；王利明：《物权法》（第二版），中国人民大学出版社，2021，第8-12页；崔建远：《物权法》（第五版），中国人民大学出版社，2021，第25页。

不同的内容和效力。[1] 然而，这种形式上的区分，直接导致相关交易规则基于不同的交易形式而设计，彼此之间存在较大的冲突，造成了不同融资交易形式之间实质上的不平等。例如，动产抵押贷款交易以登记或者明认作为公示方法，债权人在其权利可得实现之时，仅可就标的物主张优先受偿权；而占有标的物本身无法公示融资租赁交易中的所有权，但出租人在其权利可得实现之时，可就标的物主张所有权，且无须清算。如此等等，市场交易中的隐蔽性权利大量存在，影响到了交易效率和交易安全。

基于此，自 20 世纪五十年代，美国对于惯行于融资实践的各种动产担保交易形式进行了统合，改采功能主义（Functionalism）进路，所有在功能上旨在以动产作为履行债务的担保的交易，均为动产担保交易，纳入《美国统一商法典》第九编所确立的统一法律框架之下予以调整[2]，适用统一的设立、公示（对抗第三人效力）、优先顺位和违约救济（权利实现）规则，以公平对待所有的债权人。[3] 动产担保交易的首要目的在于降低信贷风险，并以此促进融资，以下四大目标为功能主义进路提供了正当性：其一，实现动产担保交易法律框架内的简单化和高效率；其二，给予债权人在界定担保财产范围时充分的权利和弹性；其三，通过统一各国动产担保交易法制，以促进跨境贸易的发展；其四，协调各国法律内部的规则体系，以实现透明度和公平性。[4] 在此之下，融资租赁交易即构成动产担保交易，出租人所保有的

1　See Frederique Dahan, *A Single Framework Governing Secured Transactions? Comparative Reflections*, in Frederique Dahan ed., *Research Handbook on Secured Financing in Commercial Transactions*, Edward Elgar Publishing, 2015, p.78.

2　See Michael Bridge, *Secured Credit LegislationFunctionalism or Transactional Co-Existence*, in Spyridon V. Bazinas and N. Orkun Akseli eds., *International and Comparative Secured Transactions LawEssays in honour of Roderick A MacdonaldHart Publishing*, 2017, p.1.

3　See Frederique Dahan,*A Single Framework Governing Secured Transactions? Comparative Reflections*, in Frederique Dahan ed., *Research Handbook on Secured Financing in Commercial Transactions*,Edward Elgar Publishing, 2015, pp.76-77.

4　See Frederique Dahan,*A Single Framework Governing Secured Transactions? Comparative Reflections*, in Frederique Dahan ed., *Research Handbook on Secured Financing in Commercial Transactions*,Edward Elgar Publishing, 2015, pp.67-68.

所有权本身的担保功能，在其交易结构中就体现得相当明显。这一具有革命性的方法在动产担保法制改革中取得了极大的成功，不仅先后为加拿大普通法法域、新西兰、澳大利亚等的国内法所继受，而且影响到《开普敦公约》、《联合国动产担保立法指南》、《联合国动产担保示范法》和《欧洲示范民法典草案》等国际文件的发展。[1]这一现象表明，采行功能主义进路，强调对所有类型的动产担保交易采取全面、统一和协调的办法，并不是出于意识形态方面的考虑或者对某一国家法律制度的偏爱，而是基于商事实践的客观需要。[2]

在动产担保法制改革过程中，部分国家在尊重既有法制传统的前提下考虑如何植入功能主义的合理元素。只要一个国家对物权和债权保持严格的区分，就不能直接引入功能主义，从而为公示、优先顺位和实现目的淡化这些区分。功能主义理念必须采取不同的方式予以体现，以便在尊重符合信用提供者主张所有权的逻辑的各种规定的前提下，实现功能等同的目标。[3]功能主义进路的采行，并不意味着融资租赁交易、所有权保留买卖交易等均须定性为动产担保交易，仅在设立、公示、优先顺位和实现等有限的范围内才受动产担保交易规则的约束。[4]无论如何定性，这些规则的一体适用不会因基于概念形式主义的分割而受到影响。债权人采取融资租赁交易等手段来达到物上担保的目的之时，即应适用通常的担保物权规则。此即所谓功能性的

---

1 参见高圣平：《动产担保交易的功能主义与形式主义——中国〈民法典〉的处理模式及其影响》，《国外社会科学》2020 年第 4 期；谢鸿飞：《动产担保物权的规则变革与法律适用》，《国家检察官学院学报》2020 年第 4 期。

2 See Spyridon V. Bazinas, *The Influence of the UNCITRAL Legislative Guide on Secured Transactions*, in Frederique Dahan ed., *Research Handbook on Secured Financing in Commercial Transactions*, Edward Elgar Publishing, 2015, p.34.

3 See Roderick A Macdonald, "Article 9 Norm Entrepreneurship", 43 *Canadian Business Law Journal* 240, 261-262(2006) .

4 See Spyridon V. Bazinas, *The Influence of the UNCITRAL Legislative Guide on Secured Transactions*, in Frederique Dahan ed., *Research Handbook on Secured Financing in Commercial Transactions*, Cheltenham: Edward Elgar Publishing, 2015, p.36.

形式主义（Functional Formalism），在不抹杀各种动产担保交易形式上的区别的前提之下，达到动产担保交易功能主义的目标。[1]加拿大魁北克省即采取了这一进路。功能性的形式主义维系着典型担保交易和非典型担保交易（quasi-security interests）形式上的区分，非典型担保交易中出卖人、出租人等债权人就标的物所享有的仍然是所有权，但为防免隐蔽性权利的消极影响，该所有权尚须登记才能对抗第三人。在这里，登记逻辑的贯彻胜过了交易的重新定性。为使登记制度发挥效用，功能性形式主义进路下尚须规定与功能主义进路相同的效果。如此，尽管功能性形式主义进路保留了形式主义的立法观，但其实施效果却导向了实际上的功能主义再定性。[2]正如有学者所指出的，动产担保法制的改革不在于使用功能主义的统一的概念、术语、交易规则去规整各种不同类型的动产担保交易，而是在尊重不同的概念、术语、交易规则的前提之下去统一交易的结果。[3]

（二）我国《民法典》的政策选择

《民法典》物权编所确立的物权体系，是以所有权为起点推及至用益物权和担保物权，维系着自物权与他物权、完全物权与定限物权的传统区分。担保物权系在"债务人或者第三人"的财产上设立（第 394 条、第 425 条），属于他物权；其权利内容为"就该财产优先受偿"（第 386 条、第 394 条、第 425 条），属于定限物权。融资租赁交易中出租人就租赁物享有的是所有权（第 745 条前句），虽然其在经济功能上起着担保租金债权清偿的功能，但也无法植入既有的担保物权体系之中。由此而决定：其一，在租赁期

1　See Roderick A Macdonald, "Article 9 Norm Entrepreneurship", 43 *Canadian Business Law Journal* 240, 254-255, 288 (2006).

2　See Michael G. Bridge,Roderick A. Machonald,Ralph L.Simmonds and Catherine Walsh, "Formalism, Functionalism, and Understanding the Law of Secured Transactions", 44 *McGill Law Journal* 567,658～659 (1999)；Duncan Sheehan, "Registration, Re-Characterisation of Quasi-Security and the Nemo Dat Rules", 7 *Journal of Business Law* 584, 585 (2018).

3　See Hideki Kanda, "Methodology for Harmonization and Modernization of Legal Rules on Secured Transactions: Legal, Functional, or Otherwise?", 22 *Uniform Law Review* 885,885-890(2017).

间，承租人并不享有租赁物的所有权，未经出租人同意，承租人不得处分租赁物（第 753 条）；其二，在承租人经催告仍未偿付租金的情形之下，出租人收回租赁物以其解除融资租赁合同为前提（第 752 条后句）。但是，融资租赁交易中出租人就租赁物的所有权又明显不同于普通租赁交易中的，主要体现在：其一，出租人仅负有保证承租人对租赁物的占有和使用的义务（平静占有义务）（第 748 条第 1 款），并不负担与租赁物相关的瑕疵担保责任、致人损害责任、维修保养义务以及毁损灭失风险（第 747 条、第 749 条、第 750 条、第 751 条）。[1] 其二，融资租赁交易成立之后，出租人既不享有对租赁物的占有、使用、收益权能，也并不享有对租赁物的处分权能（第 748 条第 2 款、《融资租赁解释》第 6 条），出租人的处分权体现为对租金债权的处分（《融资租赁解释》第 4 条）。[2] 其三，融资租赁合同的租金，并非使用租赁物的对价，而由出租人购买租赁物的成本以及合理利润构成（第 746 条）。其四，融资租赁合同因期限届满而终止的，出租人的所有权并不当然具有回复力，在留购的情形下，租赁物的所有权通常由承租人支付象征性的价款而取得（第 759 条）。

由此可见，我国《民法典》维系着融资租赁交易中当事人之间的形式上的安排，未在担保物权规则体系中采行一体化的担保物权观念，在立法模式上并未采行功能主义进路。与此同时，虽然出租人在融资租赁交易中对于标的物享有所有权，但出租人的这一"所有权"仅具形式意义，实质上并不具有所有权的权能，其真实目的并非借助所有权的回复力重新取回标的物，而是担保租金债权的实现。亦即，与租赁物所有权有关的风险与收益实质上均转移予承租人，出租人的所有权仅具担保的意义。[3] 相较于出租人，承租

1　参见刘保玉、张炟东：《论动产融资租赁物的所有权登记及其对抗效力》，《中州学刊》2020 年第 6 期。

2　参见程卫东：《论国际融资租赁物的所有权》，《中国国际私法与比较法年刊》（第 3 卷），法律出版社，2000，第 362-363 页。

3　参见黄薇主编：《中华人民共和国民法典合同编释义》（下），法律出版社，2020，第 597-598 页。

人更像是标的物的实际所有权人。因此，许多学者将出租人的所有权称为"观念上的所有权"[1]、"名义上的所有权"[2]、"形式上的所有权"[3]、"担保性所有权"[4]、"功能化的所有权"[5]或者"特殊的担保权"等。[6]

有鉴于此，《民法典》第388条第1款通过"其他具有担保功能的合同"的表述将融资租赁交易纳入担保制度，从而扩张了担保制度的外延。[7]由此，出租人就租赁物的所有权即为承租人清偿租金债权的担保。出租人借助于承租人分期给付的租金收回成本的速度一般高于标的物实际折旧的速度，在允许标的物加速折旧的背景之下，标的物的实际价值通常高于其账面残值。在承租人违约的情况下，出租人就标的物的变价款通常会高于其未收回的投资。基于此，在商业逻辑上，标的物的所有权足以起到担保租金债权清偿的作用。[8]拒绝接受功能化解释方案的学者认为，当事人的意思表示并非在标的物上设立担保物权，而是出租人保有所有权，将该所有权视为担保物权，将承租人视为标的物的所有权人，违背了私法自治原则。[9]但这一理由与事实并不相符。我国司法实践中并不反对对当事人表示出来的意思进行重新定

1　王利明：《合同法研究》（第三卷）（第二版），中国人民大学出版社，2018，第350页。

2　程卫东：《论国际融资租赁物的所有权》，见《中国国际私法与比较法年刊》（第3卷），法律出版社，2000，第362页。

3　纪海龙：《民法典动产与权利担保制度的体系展开》，《法学家》2021年第1期。

4　张家勇：《论融资租赁的担保交易化及其限度》，《社会科学辑刊》2022年第2期。

5　高圣平：《动产担保交易的功能主义与形式主义——中国〈民法典〉的处理模式及其影响》，《国外社会科学》2020年第4期。

6　参见刘保玉、张炬东：《论动产融资租赁物的所有权登记及其对抗效力》，《中州学刊》2020年第6期。

7　参见高圣平：《动产担保交易的功能主义与形式主义——中国〈民法典〉的处理模式及其影响》，《国外社会科学》2020年第4期；王利明：《担保制度的现代化：对〈民法典〉第388条第1款的评析》，《法学家》2021年第1期；吴光荣：《〈民法典〉对担保制度的新发展及其实践影响——兼论〈民法典担保制度司法解释〉的适用范围》，《法治研究》2021年第4期。

8　参见程卫东：《论国际融资租赁物的所有权》，《中国国际私法与比较法年刊》（第3卷），法律出版社，2000，第361页。

9　See Richard Calnan, *What Makes a Good Law of Security?* in Frederique Dahan ed., *Research Handbook on Secured Financing in Commercial Transactions*, Cheltenham: Edward Elgar Publishing, 2015, p.471；邹海林：《价款债权抵押权的制度价值与解释》，《北方法学》2021年第4期。

性，所谓"名实不副"的交易即属此类。司法实践中的通说认为，当事人之间交易的实质相比其所采取的交易形式更为重要，法院应以交易的法律实质而不是交易形式来确定法律效果。[1]

《民法典》并在相关规则中体现着功能主义的元素，其中主要是将动产抵押权的公示对抗规则贯彻于融资租赁交易。[2]在融资租赁交易中，出租人就标的物享有所有权，但承租人持续占有、使用标的物的事实对外无法起到公示该标的物属于出租人所有的作用。出租人就标的物所有权的取得依循物权变动的一般规则，在《民法典》实施前后，均采行"买卖合同＋交付生效"（普通动产）或者"买卖合同＋交付生效＋登记对抗"（机动车、船舶、航空器等特殊动产）。标的物所有权的转移产生于出租人与出卖人之间的基础交易合同——买卖合同，而非出租人与承租人之间的融资租赁合同。《民法典》第745条改变了形式主义进路下的所有权公示方法，直接规定融资租赁交易中出租人的所有权未经登记不得对抗善意第三人，很明显与第403条所确立的动产抵押权的登记对抗规则相一致，是融资租赁交易担保功能化的技术工具，体现着功能性形式主义的基本思想。[3]其益处在于，公示标的物上的所有权，其他债权人可据以判断标的物上的权利负担，降低尽职调查成本，使查询者的风险规避成本最低。[4]

---

1 参见最高人民法院民事审判第二庭：《〈全国法院民商事审判工作会议纪要〉理解与适用》，人民法院出版社 2019，第 5 页；谷昔伟：《穿透式审判思维在民商事案件中的运用与界限》，《山东法官培训学院学报》2022 年第 4 期；胡正член

1 参见最高人民法院民事审判第二庭：《〈全国法院民商事审判工作会议纪要〉理解与适用》，人民法院出版社 2019，第 5 页；谷昔伟：《穿透式审判思维在民商事案件中的运用与界限》，《山东法官培训学院学报》2022 年第 4 期；胡正贵：《穿透式审判思维的适用规则与界限——基于要件事实理论勾勒三阶七步穿透法》，《山东法官培训学院学报》2022 年第 4 期；王梓臣：《民商事案件中穿透式审判思维的运用及限制》，《山东法官培训学院学报》2022 年第 4 期。

2 参见李运杨：《〈民法典〉动产担保制度对功能主义的分散式继受》，《华东政法大学学报》2022 年第 4 期。

3 参见谢鸿飞：《民法典担保规则的再体系化》，《社会科学研究》2019 年第 6 期；最高人民法院民法典贯彻实施工作领导小组：《中华人民共和国民法典合同编理解与适用（三）》，人民法院出版社，2020，第 1658 页；张家勇：《论融资租赁的担保交易化及其限度》，《社会科学辑刊》2022 年第 2 期。不同意见参见邹海林：《价款债权抵押权的制度价值与解释》，《北方法学》2021 年第 4 期。

4 See Duncan Sheehan, "Registration, Re-Characterisation of Quasi-Security and the Nemo Dat Rules",7 *Journal of Business Law* 584, 591(2018).

综上所述，我国《民法典》采取了功能性形式主义进路。在物债两分体系之下，民事法律关系依其不同性质，分别定位于《民法典》的不同分编。依物权变动的原因和结果相区分原则（第215条），物权变动的原因（民事法律行为）主要是合同，属于合同编的调整范围，而是否发生物权变动的结果以及物权的效力与保护，则受物权编的规制。如此，《民法典》合同编融资租赁合同章仅应涉及当事人之间的债权债务关系问题，且其中规则多具任意法属性，得由当事人依约定而排除适用；而《民法典》物权编则为出租人就标的物的所有权予以保护。融资租赁交易的功能化转向，并不涉及融资租赁合同中当事人之间的债权债务关系，仅仅只表明对出租人的物权保护，由所有权转向担保物权[1]，其立法意旨在于，规制"手段超过目的"，借由功能化转向，将涉及出租人所有权的相关规则与动产抵押权的相关规则相统合。但是，我国《民法典》就此所做的努力明显不够，仅明确了功能性所有权的登记对抗规则，对于出租人权利的优先顺位规则和实现规则，均缺乏明确规定，增加了功能性形式主义之下的解释困难。[2]

三、融资租赁交易所涉权利冲突：先登记者优先规则及其例外

动产租赁物极易移动，其上出现权利冲突的情形极为常见，诸如，承租人将租赁物转让、抵押、质押、投资入股或者以其他方式处分。如此即提高了融资租赁交易的风险。比较法上的经验表明，"明确的和可预测的优先顺位规则将对降低担保交易的成本产生积极的影响"[3]，借助于这一优先顺位规

---

[1] See World Bank, *Secured Transactions, Collateral Registries and Movable Asset-Based Financing Knowledge Guide*, World Bank, 2019, p.16.

[2] 参见王乐兵：《动产担保优先顺位的立法构造与适用解释》，《法学家》2022年第2期。

[3] N. Orkun Akseli, *International Secured Transactions Law Facilitation of Credit and International Conventions and Instruments*, Routledge, Taylor & Francis Group, 2011, p.53.

则，当事人可以事先评估交易风险，并确定相应的交易价格。[1]

（一）优先顺位一般规则的准用

在形式主义进路之下，出租人凭借其对租赁物的所有权而受到强势保护，在租赁物上出现其他权利负担之时，出租人自可主张其所有权优先。[2]但在普通动产以交付作为公示方法的规则之下，出租人的这种隐蔽性的所有权极易被第三人权利的善意取得而击破。正是在这一背景下，出租人所有权的登记制度得以确立。不过，这一制度已经突破了形式主义之下所有权的本来意义，从而导向功能主义，与非移转占有型担保物权的典型形式——动产抵押权相当。

《民法典》第414条、第415条确立了"先公示者优先"这一担保物权竞存时优先顺位的一般规则[3]，其中第414条第2款规定："其他可以登记的担保物权，清偿顺序参照适用前款规定。"仅就本款的文义而言，出租人的所有权虽然具有担保功能且已被赋予登记能力，但并不属于我国《民法典》所定"担保物权"，能否准用第414条第1款的规定即存疑问。[4]但是，依据《民法典》第388条第1款的规定，担保物权既包括典型担保物权（抵押权、质权和留置权），也包括非典型担保物权（融资租赁交易中出租人的所有权、所有权保留交易中出卖人的所有权、保理交易中保理人的应收账款等）。[5]

---

1 Spyridon V. Bazinas, *The Influence of the UNCITRAL Legislative Guide on Secured Transactions*, in Frederique Dahan ed., *Research Handbook on Secured Financing in Commercial Transactions*, Edward Elgar Publishing, 2015, p.45.

2 参见黄薇主编：《中华人民共和国民法典合同编释义》（下），法律出版社，2020，第582页。

3 参见高圣平：《民法典动产担保权优先顺位规则的解释论》，《清华法学》2020年第3期；纪海龙：《民法典动产与权利担保制度的体系展开》，《法学家》2021年第1期；王乐兵：《动产担保优先顺位的立法构造与适用解释》，《法学家》2022年第2期。

4 参见周江洪：《所有权保留买卖的体系性反思——担保构成、所有权构成及合同构成的纠葛与梳理》，《社会科学辑刊》2021年第1期。

5 参见王晨：《关于〈中华人民共和国民法典（草案）〉的说明——2020年5月22日在第十三届全国人民代表大会第三次会议上》，《中华人民共和国全国人民代表大会常务委员会公报》2020年特刊。

如此，《民法典》第 414 条第 2 款中"其他可以登记的担保物权"中的"担保物权"宜作目的性扩张解释，将可以登记的具有担保功能的权益包括在内[1]，如此，也就包括了融资租赁交易中出租人的所有权。[2]《民法典担保制度解释》就该款所指称的范围虽然未作明文规定，但其第 56 条第 2 款所称"前款所称担保物权人，是指已经办理登记的抵押权人、所有权保留买卖的出卖人、融资租赁合同的出租人"，已经间接表明，融资租赁交易中出租人的所有权即为功能化的担保物权。如此，《民法典》第 414 条第 2 款即统一了非移转占有型担保物权竞存时的优先顺位规则，鲜明地体现出功能主义的立法倾向。[3]同理，《民法典》第 415 条虽在文义上仅涉及抵押权与质权的竞存，但融资租赁交易中出租人所有权与质权的竞存，亦可类推适用该条所定优先顺位规则。[4]如上的解释方案并不损及融资租赁交易中出租人的利益，尽管为保全其权利顺位，出租人尚须登记，但是交易结果经由确定的权利顺位规则得以明晰，反而会促进融资租赁交易的发展。

我国《民法典》就融资租赁交易采取功能性的形式主义进路，规则冲突较为明显，尚有两大解释上的冲突需要化解。

第一，《民法典》第 753 条与第 414 条之间的冲突。抵押人在其财产上为抵押权人设立抵押权之后并不丧失处分权。如此，在同一抵押财产上竞存两个或者两个以上抵押权之时，就在后设立的抵押权而言，抵押人属于有权

1　参见刘保玉、张炬东：《论动产融资租赁物的所有权登记及其对抗效力》，《中州学刊》2020 年第 6 期；刘贵祥：《民法典关于担保的几个重大问题》，《法律适用》2021 年第 1 期。从立法史的视角，就第 414 条第 2 款的表述，《民法典物权编（室内稿）》曾使用"担保权益""担保权"的表述。参见高圣平：《担保法前沿问题与判解研究》（第 4 卷），人民法院出版社，2019，第 501 页。

2　参见黄薇主编：《中华人民共和国民法典合同编释义》（下），法律出版社，2020，第 581 页；高圣平：《民法典动产担保权优先顺位规则的解释论》，《清华法学》2020 年第 3 期；朱虎：《民法典动产和权利担保的变革》，《人民法院报》2020 年 7 月 30 日，第 5 版；龙俊：《民法典中的动产和权利担保体系》，《法学研究》2020 年第 6 期。

3　参见纪海龙：《民法典动产与权利担保制度的体系展开》，《法学家》2021 年第 1 期。

4　参见李运杨：《〈民法典〉动产担保制度对功能主义的分散式继受》，《华东政法大学学报》2022 年第 4 期。

处分，如无令其无效的事由，多个抵押权均属有效设立，彼此之间的优先顺位适用《民法典》第 414 条第 1 款所确立的"先登记者优先"的一般规则。与此不同的是，融资租赁物在形式上属于出租人所有，未经出租人同意，承租人擅自处分租赁物构成无权处分，且属于根本违约。[1] 就承租人在租赁物上所创设的抵押权而言，依据《民法典》第 753 条的规定，如未经出租人同意，债权人是否取得租赁物上的抵押权，尚须结合第 313 条所定善意取得规则予以判断。其一，出租人的所有权未经登记，债权人不知道或者不应当知道承租人（抵押人）无权处分，且已经办理抵押权设立登记，即可善意取得租赁物上的抵押权。[2] 此际的结果在学说上有两种：一是准用所有权善意取得的法律效果，出租人就标的物的所有权消灭；二是依据《民法典》第 386 条及第 394 条的规定，抵押权人就标的物的抵押权优先于出租人就标的物的所有权。[3] 其二，出租人的所有权未经登记，债权人知道或者应当知道承租人无权处分，或者出租人的所有权已经登记，债权人在主观上均非善意，尚无法基于善意取得规则取得抵押权。此际，并不发生出租人的所有权和抵押权人的抵押权的竞存。但如此基于形式主义的解释是否符合功能主义转向的立法意旨？

功能主义进路之下，融资租赁交易中出租人对租赁物的所有权被转化为承租人就租赁物为出租人设立的担保物权。为担保目的，出租人就租赁物的所有权在交付租赁物予承租人之时即视为发生移转。据此，出租人的所有

---

1 《民法典》第 753 条规定："承租人未经出租人同意，将租赁物转让、抵押、质押、投资入股或者以其他方式处分的，出租人可以解除融资租赁合同。"

2 就动产抵押权的善意取得准用《民法典》第 311 条第 1 款、第 2 款之时的法律构成与法律效果，尚存解释分歧。如动产抵押权的善意取得如何准用该条第 1 款第 3 项（是否以登记为必要），是否发生类似该条第 2 款所暗含的消灭标的财产上的权利负担的法律效果。本书作者认为，动产抵押权虽采登记对抗主义，但仍以登记为其公示方法，此时，动产抵押权的善意取得自应以已经办理抵押权设立登记为前提，不宜以特殊动产所有权善意取得之时的交付公示为参照。动产抵押权善意取得的法律效果仅在于就标的财产取得抵押权，并不具有消灭标的财产上的既有权利负担的作用。

3 参见谢鸿飞：《〈民法典〉实质担保观的规则适用与冲突化解》，《法学》2020 年第 9 期。

权被降级为非移转占有型担保物权。[1]出租人的权利为担保权益，即使融资租赁合同明确约定出租人保有所有权，出租人也只能享有担保权益，标的物的其他权利归承租人。[2]经由登记对抗规则和优先顺位规则的适用，还可以推定承租人享有该项权利。在出租人的所有权未为登记的情形下并不具有对抗承租人的其他担保权人的效力，或者劣后于承租人的其他担保权人。适用登记对抗规则和优先顺位规则的前提是，承租人必须有权以该租赁财产为其他担保权人设立担保物权，即使其就该财产而言只享有可得对抗出租人的占有权。[3]在我国已经加入的《开普敦公约》之中，为统合不同动产担保交易形式之间的优先顺位，占有标的物的债务人即使依准据法没有处分权，也应依该公约视为具有处分权，并因此有权基于另一动产担保交易合同为他人设定担保利益。否则，因为占有标的物的债务人通常最易设立竞存的利益，将（前）担保权人、附条件出卖人或出租人的利益登记为国际利益[4]，几无意义。事实上，无处分权人在该公约之下很少被认定为有权处分，除非其占有标的物。担保人通常有权在同一标的物上再次设立担保利益，且足以满足"有处分权"的条件，尽管再次设定的担保利益要劣后于前一债权人享有的担保利益。于是，这一问题变成为竞存担保利益之间的优先顺位问题。[5]

　　功能性的形式主义进路之下，《民法典》第 753 条所确立的无权处分规

1　See Ulrich Drobnig, *Basic Issues of European Rules on Security in Movables*, in John De Lacy ed.,*The Reform of UK Property Law, Comparative Perspectives*,Routledge-Cavendish, 2010,p.454.

2　参见谢鸿飞：《〈民法典〉实质担保观的规则适用与冲突化解》，《法学》2020 年第 9 期。

3　See United Nations Commission on International Trade Law, *UNCITRAL Model Law on Secured Transactions:Guide to Enactment*,United Nations, 2017,p.32.

4　"国际利益"是《开普敦公约》为了统合大陆法系和英美法系的不用法律用语所作的尝试，等同于"担保（物）权"。

5　参见［英］罗伊·古德：《国际航空器融资法律实务——移动设备国际利益公约及航空器设备特定问题议定书正式评述》，高圣平译，法律出版社，2013，第 33 页。

则[1]对承租人处分租赁物产生了消极的影响。无权处分规则的适用，在保障财产的流动性和保护出租人权益之间尚须进行政策选择。尽管当事人之间将其彼此之间的关系架构成融资租赁交易，但当事人的本意是租赁物的所有权事实上由承租人享有，出租人并无意在租赁期限届满后取回租赁物。[2]在此观念之下，在出租人的所有权未为登记的情况下，承租人依据占有租赁物的事实被认作所有权人，或者将承租人视为租赁物的附条件的未来所有人，如此，承租人即可处分租赁物，由此产生的交易风险由出租人自行承担。[3]出租人的合同目的在于收取租金，承租人擅自处分租赁物也就并不当然导致合同目的难以实现[4]，出租人尚可经由租赁物的变价款而实现租金债权。在解释上可以认为，《民法典》第 753 条所规定的解除条件实为出租人所有权的实现条件，借助于担保物权的实现程序，出租人可以行使其对标的物的所有权，以使其融资款（租金债权）得以优先受偿，但并不影响后顺位担保物权的效力。在出租人保有标的物的所有权、承租人占有标的物的情形之下，出租人即取得对标的物的绝对控制权，即使在承租人不断给付租金、未付租金仅相当于标的物价值的一部分的情形之下，承租人因非为标的物的所有人而不能利用该标的物获得其他债权人的融资，委实不公。[5]此时，出租人经由登记即可规避租赁物被不当处分的风险，系属最廉价的风险规避者，应优先

1　*"nemo dat non habet"*（完整表述应是 *"nemo plus iuris ad alium transferre potest quam ipse habet"*），即某人不能给予其所没有的。

2　See Darcy L. MacPherson, "Financial Leasing in Common-Law Canada",16 *Uniform Law Review* 83, 87-88 (2011).

3　See Ulrich Drobnig, *Basic Issues of European Rules on Security in Movables*, in John De Lacy ed.,*The Reform of UK Property Law, Comparative Perspectives*, Routledge-Cavendish, 2010, p.454. 另参见高圣平：《融资租赁登记公示制度的建构——以民法典合同编融资租赁合同章的修改为中心》，《河南社会科学》2017 年第 6 期。

4　参见周江洪：《关于〈民法典合同编〉（草案）（二次审议稿）的若干修改建议》，《法治研究》2019年第 2 期。

5　See Ulrich Drobnig, *Basic Issues of European Rules on Security in Movables*, in John De Lacy ed.,*The Reform of UK Property Law, Comparative Perspectives*, Routledge-Cavendish, 2010, p.453.

保障财产的流动性，无权处分规则的适用也就意味着，在就租赁物的权利竞争之中，已登记其所有权的出租人将优先于其他竞存权利人。[1]

第二，《民法典》第 745 条与第 414 条之间的冲突。在出租人的所有权已经登记的情形之下，推定其后的担保权人知悉该所有权的存在，此即所谓推定知悉（constructive notice）规则。[2] 如此，依第 745 条之反对解释，已经登记的出租人所有权，自可对抗其后登记的担保物权以及未登记担保物权，而不管后者是否善意；在第 414 条所确立的先登记者优先的一般规则之下，解释结果亦是如此。但在出租人的所有权未经登记的情形之下，其后设立的动产抵押权先行登记，但动产抵押权人知悉同一标的物上存在出租人的所有权。此际，动产抵押权人属于恶意第三人，依据第 745 条之规定，出租人的所有权仍得对抗该抵押权人，在顺位关系上，也就优先于该动产抵押权；但如适用第 414 条第 1 款第 2 项，该动产抵押权已经登记，自应优先于出租人的未登记的所有权。如此即出现解释冲突。就此，有观点认为，标的物上出租人的所有权与其他担保物权之间的优先顺位，应当直接根据第 745 条所确立的登记对抗规则而确定，而不能适用第 414 条第 2 款。[3] 本书作者对此不敢苟同。

我国《民法典》所确立的担保物权优先顺位规则体系，已经不再考虑后顺位权利人主观上的心理态度，亦即后顺位权利人主观上属于善意还是恶意，对于同一标的物上竞存权利之间优先顺位的判定不发生影响。第 414 条所确定的"先登记的优先于后登记的；已登记的优先于未登记的；均未登记的平等受偿"的一般优先顺位，仅以客观化的登记时点为排定竞存权利之间

---

[1]　See Darcy L. MacPherson, "Financial Leasing in Common-Law Canada",16 *Uniform Law Review* 83, 88 (2011).

[2]　See Ronald C.C. Cuming, Catherine Walsh and Roderick J. Wood, *Personal Property Security Law*, 2nd ed., Irwin Law Inc., 2012, p.324.

[3]　参见董学立：《如何理解〈物权法〉第 199 条》，《法学论坛》2009 年第 2 期；王乐兵：《动产担保优先顺位的立法构造与适用解释》，《法学家》2022 年第 2 期。

的顺位的唯一标准，并未将后设立担保物权的权利人主观上的善恶意作为考量因素。如此，在解释上可以认为，相比第745条，第414条属于特别规定，自应优先于第745条而适用。[1] 即使贯彻推定知悉规则，在出租人的所有权已经登记的情形之下，推定后设立担保物权的权利人知悉在先权利的存在，其仍然接受同一标的物作为担保财产，令其顺位劣后亦符合其心理预期；在出租人的所有权未为登记的情形之下，后设立担保物权的权利人的尽调范围仅限于登记簿，自是不知悉同一标的物上的出租人所有权，基于承租人占有标的物的事实，接受该标的物作为担保财产，并登记其担保物权，自应优先于出租人所有权。

先登记者优先的顺位规则，不考虑后设立担保物权的权利人是否知悉在先未登记权利的存在，主要是基于效率的考虑。[2] 其适用有利于减少诉讼中就是否知悉所引发的争议，最大程度地增加所有相关当事人对于交易结果的可预见性和确定性。[3]《民法典担保制度解释》第54条、第67条采纳了这一观点，未将竞存担保物权之间的优先顺位问题纳入登记对抗的解释范围。[4] 令人遗憾的是，《民法典担保制度解释》第54条、第67条仍将未经登记的动产担保物权与担保人的查封扣押债权人、破产管理人纳入登记对抗的解释范围。在解释上，担保人的查封扣押债权人、破产管理人属于法定担保物权人的范畴，其与未经登记的动产担保物权之间的关系，亦应在优先顺位规则

1　参见龙俊：《动产抵押对抗规则研究》，《法学家》2016年第3期；高圣平：《民法典动产担保权优先顺位规则的解释论》，《清华法学》2020年第3期；龙俊：《民法典中的动产和权利担保体系》，《法学研究》2020年第6期。

2　参见姚明斌：《〈民法典〉担保物权优先顺位规则之新观察》，《中国政法大学学报》2022年第3期。

3　See Harry C. Sigman, *The Case for Modernizing World Wide Secured Transactions in Movable Property*, in Jacob Ziegel ed., *New Developments in International Commercial and Consumer Law Proceedings of the 8th Biennial Conference of the International Academy of Commercial and Consumer Law*, Hart Publishing, 1998. pp.233-234.

4　参见王利明：《登记的担保权顺位规则研究——以〈民法典〉第414条分析为中心》，《比较法研究》2021年第2期；最高人民法院民法典贯彻实施工作领导小组主编：《中华人民共和国民法典物权编理解与适用》（下），人民法院出版社，2020，第1078-1080页。

中解决。[1]

（二）正常经营活动买受人规则的类推适用

在推定知悉规则之下，动产之上的抵押权或者所有权一经登记，即可对抗第三人。这就意味着，就动产进行交易的第三人仅依占有的事实无法得到信赖利益的保护，尚须查询登记簿，以探知标的物上是否存在权利负担。但就日益频繁的动产交易，强制性地要求第三人均须查询登记簿，尽管统一的动产和权利登记制度的惯行极大地降低了交易成本，但却影响交易效率、害及交易安全[2]，也不合交易习惯和市场交易主体的合理商业预期。[3]为维护基本的交易秩序，应对正常经营活动中的买受人提供更好的保护。基于此，《民法典》第404条规定："以动产抵押的，不得对抗正常经营活动中已支付合理价款并取得抵押财产的买受人。"

这里的"正常经营活动"是指出卖人（担保人）的正常经营活动，而非买受人的正常经营活动。[4]依据《民法典担保制度解释》第56条第2款的规定，"出卖人正常经营活动，是指出卖人的经营活动属于其营业执照明确记载的经营范围，且出卖人持续销售同类商品"。从体系层面看，《民法典》第505条已经明确规定超越经营范围订立的合同并非当然无效，经营范围不是限制企业生产经营的枷锁，因此可以设想的具体情形是，某炼油企业因提产增效的需求而拓展上流业务线，逐渐开始了钢材生产销售及炼油机械制造等业务，此时恐难谓非属其正常经营活动。然而，《民法典担保制度解释》第56条第2款就规定了"属于其营业执照明确记载的经营范围"且"出卖人持

1　同旨参见姚明斌：《〈民法典〉担保物权优先顺位规则之新观察》，《中国政法大学学报》2022年第3期。

2　参见刘春堂：《动产担保交易登记之对抗力》，见《物权法之新思与新为——陈荣隆教授六秩华诞祝寿论文集》，瑞兴图书股份有限公司，2016，第379-380页；董学立：《美国动产担保交易制度研究》，法律出版社，2007，第163页。

3　参见王利明：《论正常经营买受人规则》，《东方法学》2021年第4期。

4　参见董学立：《论"正常经营活动中"的买受人规则》，《法学论坛》2010年第4期。

续销售同类商品"的双重限制条件。其规范逻辑在于需要同时从买受人和出卖人两个角度设定限制条件：一方面，在买受人侧，《民法典担保制度解释》第56条第1款规定了异常大规模交易、购买出卖人生产设备、订立"买卖型担保"合同、买受人与出卖人存在关联关系等负面情形；另一方面，还需要通过该条第2款从出卖人侧作出限制。[1] 如前所述，《民法典》第404条旨在豁免正常经营活动中买受人的登记簿查询义务，保护买受人合理信赖并促进交易效率，因而在逻辑上仅须考察买受人端是否存在倾斜保护的必要性，亦即判断是否属于具有社会典型性的买卖活动。之所以考虑在出卖人侧再进一步作出限制，其目的则是防止出卖人故意地单独或者与买受人串通损害担保权人利益。此两方面的考量宛如天平的两端，彼此之间形成一种相互制约的紧张关系。应当承认的是，即使经营活动没有落在出卖人营业执照载明的经营范围内，或者出卖人只是间歇性销售某类商品，均不必然损害担保权人的权益。毕竟在日常生活中发生的大量交易活动，买受人均不会去查阅出卖人的营业执照，这甚至比要求买受人查询登记簿更加耗时费力。因此，即使在出卖人端设置限制条件，亦应进行更精细的利益衡量和类型化分析。事实上，《民法典》已经配备了诸如虚伪意思表示（第146条）、恶意串通（第154条）、债权人撤销权（第539条）等规则，不妨就让法官利用该等规则在个案中予以妥善处理。

在体系定位上，《民法典》第404条虽规定于"抵押权"一章，但在解释上，保护正常经营活动的交易安全的法政策选择，同样存在于融资租赁交易，自可类推适用该条规定。[2]《民法典担保制度解释》第56条第2款第二句即采纳了这一观点。相反的观点认为，正常交易活动买受人规则无法适用

---

[1] 参见最高人民法院民事审判第二庭：《最高人民法院民法典担保制度司法解释理解与适用》，人民法院出版社，2021，第485页。

[2] 参见高圣平：《民法典动产担保权登记对抗规则的解释论》，《中外法学》2020年第4期；最高人民法院民事审判第二庭：《最高人民法院民法典担保制度司法解释理解与适用》，人民法院出版社，2021，第483页。

于融资租赁交易。其主要理由在于，融资租赁交易的目的在于提供租赁物予承租人占有、使用，而非作为产品进行流通，且租赁物以生产设备居多，承租人出卖租赁物的行为无法构成"正常经营活动"[1]。但是，我国《民法典》并未将融资租赁物限定于生产设备，并不禁止原材料、半成品、产品等存货充任融资租赁物，且生产设备与存货之间经常转换，这一排除适用的观点即无正当性。例如，奶牛场既出售奶牛，也出售牛奶，其以融资租赁方式购置一批荷兰奶牛，后又将其中部分奶牛出售，买受人同样应受正常交易活动买受人规则的保护。在类推适用之时，抵押人（出卖人）的正常经营活动，应指融资租赁交易中的承租人的正常经营活动。《联合国动产担保立法指南》和《欧洲示范民法典草案》的建议亦是如此。[2] 由此可见，虽然通常情形之下，承租人出售租赁物并不构成其正常经营活动，但也不能排除构成正常经营活动的可能性；此时，自有类推适用正常交易活动买受人规则的空间。

（三）超优先顺位规则的类推适用

为防止担保人的新增财产自动"流入"已设定的担保物权，促进为担保人（债务人）购置资产提供新的信用支持，拓宽再融资渠道，《民法典》第416条承认了购置款融资（acquisition financing）背景下动产抵押权（此时的动产抵押权又称为购置款抵押权）的超优先顺位（super priority）[3]，作为第414、415条所确立的一般规则的例外。例如，甲公司在其生产设备、原材料、半成品、产品上为乙银行设立了浮动抵押权，并办理了登记，乙银行

1　刘保玉、张炟东：《论动产融资租赁物的所有权登记及其对抗效力》，《中州学刊》2020 年第 6 期。

2　See United Nations Commission on International Trade Law, *UNCITRAL Legislative Guide on Secured Transactions*, United Nations, 2010, p.202; Study Group on a European Civil Code & Research Group on EC Private Law (Acquis Group), *Principles Definitions and Model Rules of European Private Law Draft Common Frame of Reference, Volume* 6, Sellier. European Law Publishers GmbH, 2007, pp.5604-5605.

3　参见黄薇主编：《中华人民共和国民法典物权编释义》，法律出版社，2020，第 541 页；高圣平：《民法典动产担保权优先顺位规则的解释论》，《清华法学》2020 年第 3 期。

的浮动抵押权自其登记之日即取得相应的优先顺位。[1]甲公司为扩大生产规模，尚须购置一条新的生产线，在寻求乙银行信贷无果的情形之下，意欲与丙银行达成抵押贷款交易，由丙银行为甲公司购置该生产线提供贷款，同时以该生产线作为抵押财产为丙银行设立抵押权。该生产线旋即自动流入乙银行的浮动抵押财产的范围，虽然丙银行可以通过登记而保全其抵押权的优先顺位，但因其登记时间在后，依第414条第1款所确立的规则，丙银行的抵押权则劣后于乙银行的抵押权，丙银行的贷款意愿即受影响。《民法典》第416条规定，如丙银行的登记系在标的物交付后10日内办理完成，丙银行的抵押权优先于乙银行在先登记的抵押权。值得注意的是，尽管我国《民法典》第416条所规定的购置款抵押权对应于比较法上的"Purchase Money Security Interest"（PMSI，购置款担保权、购买价金担保权），但它并不是一个独立的担保物权类型，而是动产抵押权的特殊优先顺位规则。

就超优先顺位规则是否可得类推适用于融资租赁交易，学说之间分歧较大。肯定说认为，从目的解释的视角，同样为担保购置物价款的偿付而产生的融资租赁交易，在将出租人的所有权功能化为担保物权之后，也类推适用这一规则。[2]融资租赁交易中出租人享有的所有权与动产抵押贷款交易中债权人享有的抵押权，"不仅性质相同，且效力也相似，自应将《民法典》第416条类推适用于以融资租赁方式出租该动产的出租人"[3]。否定说认为，在物权法定主义之下，购置款抵押权的标的物的所有权须移转予抵押人，融资租赁交易中出租人的所有权与《民法典》第416条所规定的动产抵押权，虽

---

[1]　参见龙俊：《动产抵押对抗规则研究》，《法学家》2016年第3期；高圣平：《民法典动产担保权优先顺位规则的解释论》，《清华法学》2020年第3期。

[2]　参见高圣平：《民法典动产担保权优先顺位规则的解释论》，《清华法学》2020年第3期；刘保玉、张炟东：《论动产融资租赁物的所有权登记及其对抗效力》，《中州学刊》2020年第6期；刘贵祥：《民法典关于担保的几个重大问题》，《法律适用》2021年第1期；李运杨：《〈民法典〉中购置款抵押权之解释论》，《现代法学》2020年第5期。

[3]　最高人民法院民事审判第二庭：《最高人民法院民法典担保制度司法解释理解与适用》，人民法院出版社，2021，第491页。

然均具有担保租金债权清偿的功能，但却是两种不同种类的物权形态，可供当事人选择。[1] 出租人不选择《民法典》第 416 条所确立的交易结构，即不得以融资租赁交易等"非典型担保"主张其权利优先于普通债权以及买受人为他人"公示在先"的其他担保物权。在"物债二分"的法典体系之下，出租人依照《民法典》第 745 条的规定办理了登记的，因不符合《民法典》第400、403 条的规定，连动产抵押权的对抗效力都不会发生，更不会产生超级优先效力。[2] "融资租赁交易中的出租人对标的物的权利为所有权，而不是担保物权，因此不适用本条规定。"[3] 本书作者坚持肯定说的观点。

第一，平等对待不同来源的信用授受行为和各种形式的动产担保交易，是民法典规范解释的基本出发点。[4] 同属以购置物为购置款的清偿提供担保的交易形式，法律上既然赋予为债务人取得标的物提供贷款的购置款抵押权以超优先顺位，为债务人取得标的物提供其他信用支持的出租人所有权，自应被等同对待。在融资租赁交易中，出租人根据承租人对于出卖人和标的物的选择而购买，并由出卖人直接交付承租人占有、使用，相当于出租人为承租人提供了购买标的物的贷款，而出租人保有对标的物的所有权即为该贷款的返还提供担保。[5] 如此，融资租赁交易亦属购置款融资的一种手段，自有超优先顺位规则的适用空间。[6] 超优先顺位规则的正当性在于，如果不是购置款融资者重新提供的信用支持，这些购置物就不会构成债务人的责任财产。这一理由显然适用于融资租赁交易中的出租人。在比较立法例上，《美

1　参见黄薇主编：《中华人民共和国民法典物权编释义》，中国法制出版社，2020，第 539 页；石佳友：《解码法典化：基于比较法的全景式观察》，《比较法研究》2020 年第 4 期；邹海林：《价款债权抵押权的制度价值与解释》，《北方法学》2021 年第 4 期。

2　参见邹海林：《价款债权抵押权的制度价值与解释》，《北方法学》2021 年第 4 期。

3　黄薇主编：《中华人民共和国民法典物权编释义》，中国法制出版社，2020，第 539 页。

4　参见高圣平：《民法典动产担保权优先顺位规则的解释论》，《清华法学》2020 年第 3 期；谢鸿飞：《〈民法典〉实质担保观的规则适用与冲突化解》，《法学》2020 年第 9 期；李运杨：《〈民法典〉动产担保制度对功能主义的分散式继受》，《华东政法大学学报》2022 年第 4 期。

5　参见刘竟元：《民法典动产担保的发展及其法律适用》，《法学家》2021 年第 1 期。

6　参见李运杨：《〈民法典〉中超级优先顺位规则的法律适用》，《法学家》2022 年第 2 期。

国统一商法典》和加拿大普通法法域《动产担保法》中的购买价金担保权，不仅涵盖动产抵押贷款，还包括所有权保留买卖和融资租赁交易。[1]《动产担保交易立法指南》指出，即使就融资租赁交易采取非统一处理模式，将其中出租人的权利确定为所有权，亦应"适用与购买价金担保权功能等同的规则，从而确保购置款融资的所有提供者得到平等对待"[2]。

第二，在由形式主义转向功能性的形式主义的立法政策之下，肯定说的见解能够有效降低制度变迁成本。就融资租赁交易中的出租人而言，前民法典时代的实定法赋予其所有权的强势保护，不仅承租人处分租赁物应得到出租人的同意，而且出租人在租金未付的情形之下可得行使基于所有物返还请求权的取回权或者破产取回权。[3]在功能性的形式主义之下，出租人的所有权沦为担保物权这一定限物权，如不承认融资租赁交易中出租人的所有权具有超优先顺位，特定交易场景之下，融资租赁交易即无法展开。仍以前例为例。如甲公司购置新的生产线，寻求丙银行信贷无果，意欲与丁金融租赁公司达成融资租赁交易，由其购置该生产线出租给甲公司使用。但该生产线作为生产设备，自交付之日起，其所有权已实质上归属于承租人，由此即落入乙银行浮动抵押权效力所及的标的物范围，即使丁金融租赁公司就新生产线的所有权已行登记，先登记者优先规则的适用后果即为，丁金融租赁公司的所有权劣后于乙银行的抵押权。如此，丁金融租赁公司的融资意愿即受影响，要么不提供信用支持，要么以更高的利率提供信用支持。[4]如赋予丁金

1　See Catherine Walsh,*"Functional Formalism" in the Treatment of Leases under Secured Transactions Law: Comparative Lessons from the Canadian Experience*, in Spyridon V. Bazinas and N. Orkun Akseli eds.,*International and Comparative Secured Transactions Law**Essays in honour of Roderick A Macdonald**Hart Publishing, 2017, p.27.

2　United Nations Commission on International Trade Law, *UNCITRAL Legislative Guide on Secured Transactions*, United Nations, 2010, p.63.

3　参见季伟明、郭敬娜：《融资租赁合同中的出租人享有权利的性质》，见贺小荣主编：《最高人民法院第二巡回法庭法官会议纪要》（第三辑），人民法院出版社，2022，第364-368页。

4　See U. Drobnig, *Basic issues of European rules on security in movables*, in John De Lacy ed., *The Reform of UK Property Law*, Comparative Perspectives, Routledge-Cavendish, 2010, p.453.

融租赁公司所有权以超优先顺位，其实际上的法律地位已等同于形式主义之下的所有权，不致因功能主义的植入而降低。可以认为，超优先顺位规则的植入，相当于对功能主义担保观之下消除所有权和担保物权之间区别的一种法定纠正。[1]

《民法典担保制度解释》第 57 条采纳了肯定说的观点。[2] 不过，《民法典》第 416 条的文义较为明显地排除了售后回租（sale-and-lease-back）的情形，因为这种交易形式并未带来债务人责任财产的增加。[3] 虽然售后回租也是融资租赁交易的一种特殊形式，出租人取得的所有权亦足起担保作用，在性质上也属于非典型动产担保权，但售后回租并不产生普通意义上的融物效果，仅发挥承租人自有之物的融资效用，无法取得超优先顺位。[4] 基于此，《民法典担保制度解释》第 57 条第 1 款中的"新的动产"应进行限缩解释，排除当事人以"旧的动产"进行售后回租的情形。[5]

值得注意的是，就在先担保是固定抵押的情形[6]下能否适用超优先顺位规则，学界存在争议。有观点认为，无论从比较法经验还是从各方当事人的合理期待来看，只有将适用范围限缩在浮动抵押的情形才能体现超优先顺位规则的正当性。[7] 对此，《民法典担保制度解释》第 57 条第 2 款予以明确，

1　See Michael Bridge, *Secured Credit LegislationFunctionalism or Transactional Co-Existence*, in Spyridon V. Bazinas and N. Orkun Akseli eds., *International and Comparative Secured Transactions LawEssays in honour of Roderick A Macdonald*Hart Publishing, 2017, p.23.

2　参见最高人民法院民事审判第二庭：《最高人民法院民法典担保制度司法解释理解与适用》，人民法院出版社，2021，第 492 页。

3　参见高圣平：《民法典动产担保权优先顺位规则的解释论》，《清华法学》2020 年第 3 期；李运杨：《〈民法典〉中购置款抵押权之解释论》，《现代法学》2020 年第 5 期。

4　参见刘保玉：《民法典担保物权制度新规释评》，《法商研究》2020 年第 5 期；张家勇：《论融资租赁的担保交易化及其限度》，《社会科学辑刊》2022 年第 2 期。

5　参见张玉涛：《购置款抵押权的竞合对抗规则研究》，《西南政法大学学报》2022 年第 1 期。

6　在先担保属于固定抵押，是指在买受人（购置款抵押人）取得所有权后设立并在宽限期内先于购置款抵押权登记的情形。不过，在允许未来财产上设立担保物权的情形之下，在先担保也就不一定仅限于浮动抵押的情形。也就是说，在买受人（购置款抵押人）取得所有权之前，未来的担保财产之上亦有可能存在固定抵押权。就此，本书作者拟专文探讨。

7　参见王利明：《价金超级优先权探疑——以〈民法典〉第 416 条为中心》，《环球法律评论》2021 年第 4 期。

即使宽限期内先登记的担保物权是固定抵押，只要满足《民法典》第 416 条的构成要件，购置价金担保权人同样具有超级优先顺位。其理由在于，《民法典》第 416 条在文义上并未将先担保局限为浮动抵押，而固定抵押情形下可能存在的交易安全问题可以交由尽职调查等方式解决。[1]如此，超优先顺位规则的确立将对信用提供者的内部控制程序产生一定的影响。例如，在提供非购置款融资之时，信用提供者（债权人）尚须事先查询登记簿，监控标的物向担保人的交付，并自交付之日等待 10 日以观察是否有购置款融资交易的登记，唯有此时才向债务人发放贷款。[2]应当指出的是，虽然超优先顺位规则旨在通过限制在先浮动抵押权的效力而提高债务人的融资机会[3]，但是在制度发展的过程中不再局限于这种情形，为了充分发挥促进财产流动、便利担保融资、鼓励金融创新等制度功效，《民法典担保制度解释》的立场可兹肯定。

四、承租人违约时出租人的权利救济：清算法理的贯彻

"耗费时日、成本过高的权利实现机制，直接影响着信贷的供应和成本。"[4]如此，动产担保交易中权利实现规则的设计亦形重要。担保物权的实现，素有司法途径（judicial enforcement）和非司法途径（extra-judicial enforcement）之分，前者又被称为公力实现，后者又被称为庭外实现。[5]就融资租赁合同中出租人的权利救济规则而言，我国《民法典》第 752 条在

---

1 参见最高人民法院民事审判第二庭：《最高人民法院民法典担保制度司法解释理解与适用》，人民法院出版社，2021，第 488 页。

2 See SpyridonV. Bazinas, *The Influence of the UNCITRAL Legislative Guide on Secured Transactions*, in Frederique Dahan ed., *Research Handbook on Secured Financing in Commercial Transactions*, Edward Elgar Publishing, 2015, p.35.

3 参见谢鸿飞：《价款债权抵押权的运行机理与规则构造》，《清华法学》2020 年第 3 期。

4 United Nations Commission on International Trade Law, *UNCITRAL Legislative Guide on Secured Transactions*, United Nations, 2010, p.275.

5 See Christian von Bar & Eric Clive eds., *Principles, Definitions and Model Rules of European Private Law, Volume* 6, Sellier. European law publishers, 2009, p.5618.

"请求支付全部租金""解除合同，收回租赁物"之间作出了"择一选择"的制度安排，明显带有形式主义的色彩[1]，在功能性的形式主义之下，尚须结合动产抵押权的实现规则予以重新解释。法律改革家们也建议，即使未将融资租赁交易、所有权保留买卖交易等重构为动产担保交易，债权人权利的实现亦应遵循担保物权的实现规则，但为与融资租赁制度保持一致所必需者除外。[2]

（一）出租人的权利实现条件

出租人无论是"请求支付全部租金"，还是"解除合同，收回租赁物"，《民法典》第752条规定的前提条件均为，"承租人经催告后在合理期限内仍不支付租金"。与担保物权的实现条件"债务人不履行到期债务或者发生当事人约定的实现担保物权的情形"（《民法典》第386条）相比，其一，"承租人经催告后在合理期限内仍不支付租金"属于"债务人不履行到期债务"的情形，并结合了租金给付义务分期履行的特点。承租人未如期给付某期租金，本已构成"债务人不履行到期债务"，但尚未达到触发租金加速到期的标准，承租人就其他租金给付义务的清偿即享有期限利益，出租人也就不能向承租人请求履行全部未到期租金的给付义务。仅得在经催告后承租人在合理期限内仍不给付租金之时，才能导致出租人的权利实现条件成就。其二，《民法典》第752条并未规定出租人权利实现的其他情形，"发生当事人约定的实现担保物权的情形"在融资租赁交易中是否可以作为出租人权利实现的条件，尚存解释上的疑问。例如，当事人在融资租赁合同中明确约定，如承租人将租赁物转让、抵押、质押予他人，出租人即可主张租金加速到期，并就租赁物的变价款优先受偿。此时，如何看待此类约定的效力？

1　参见高圣平：《论融资租赁交易中出租人的权利救济路径》，《清华法学》2022年第6期。

2　See United Nations Commission on International Trade Law, *UNCITRAL Legislative Guide on Secured Transactions*, New York: United Nations, 2010, pp.380-381.

就此，《融资租赁解释》第 5 条[1]第 3 项增加了除租金未付之外的其他根本违约的情形，扩充了《民法典》第 752 条规定的解除条件，将前述约定涵盖在内。与此同时，该条第 1 项、第 2 项将《民法典》第 752 条规定的解除条件作了类型化的区分，视融资租赁合同对于承租人因欠付租金而解除合同是否有明确约定而定，在一定程度上体现了融资租赁交易中"禁止中途解约"的法政策：严格限制融资租赁合同的解除，不宜将解除合同的一般条件直接适用于融资租赁合同。其一，在融资租赁合同就此有明确约定的情形之下，依照《民法典》第 562 条第 2 款的规定，约定的解除条件成就，出租人本可直接解除合同，但《民法典》第 752 条和《融资租赁解释》第 5 条均设置了催告程序。其正当性在于，虽然约定的解除条件具有排除相应的法定解除条件的效力，但承租人欠付租金属于迟延履行主要债务，在《民法典》第 563 条第 1 款第 3 项之下，尚须经过催告程序，给予承租人补救违约的合理机会。其二，在融资租赁合同就此没有明确约定的情形之下，参照《融资租赁法（草案）》（第三次征求意见稿）和《民法典》第 634 条第 1 款（《合同法》第 167 条第 1 款）的规定，对承租人欠付租金的期限和数额进行了合理限定。[2]只有达到"承租人欠付租金达到两期以上，或者数额达到全部租金百分之十五以上"的标准，出租人才能经催告而解除融资租赁合同。

在功能性的形式主义之下，上述因承租人违约而解除融资租赁合同的条件，即为出租人所有权的实现条件[3]，本质上也是通过实现担保物权使得

---

1 《融资租赁解释》第 5 条规定："有下列情形之一，出租人请求解除融资租赁合同的，人民法院应予支持：（一）承租人未按照合同约定的期限和数额支付租金，符合合同约定的解除条件，经出租人催告后在合理期限内仍不支付的；（二）合同对于欠付租金解除合同的情形没有明确约定，但承租人欠付租金达到两期以上，或者数额达到全部租金百分之十五以上，经出租人催告后在合理期限内仍不支付的；（三）承租人违反合同约定，致使合同目的不能实现的其他情形。"

2 参见最高人民法院民事审判第二庭：《最高人民法院关于融资租赁合同司法解释理解与适用》，人民法院出版社，2014，第 202-203 页。

3 参见崔建远：《对非典型担保司法解释的解读》，《法治研究》2021 年第 4 期。

出租人的租金债权得以受偿。[1] 如此，上述解除条件对于《民法典》第 752 条所定条件的扩张和限缩，不仅仅适用于该条后段"解除合同，收回租赁物"，还应同样适用于前段"请求支付全部租金"，出租人即使选择"请求支付全部租金"，亦应符合《融资租赁解释》第 5 条的规定。承租人只是经催告后在合理期限内仍不给付租金，并不足以使出租人主张租金加速到期，尚须当事人在融资租赁合同中就此存在明确约定，如无约定，尚须达到"承租人欠付租金达到两期以上"或者"数额达到全部租金百分之十五以上"的程度。

（二）出租人的权利实现进路

在形式主义的进路之下，出租人就租赁物享有的是真正的所有权，且租赁物的价值与未付租金之间具有对当关系。在出租人的所有权可得行使之时，出租人自可"请求支付全部租金"，亦可主张"解除合同，收回租赁物"，其中前者以维系融资租赁合同的效力为前提，而后者以否定融资租赁合同的效力为基础。基于此，两者之间系非此即彼的关系，出租人主张租金债权之时，则视为放弃租赁物，也就不得同时主张对租赁物的所有权[2]；反之亦然。出租人仅得择一行使，而无法同时主张。否则，出租人将双重获益，承租人将双重受损。《融资租赁解释》第 10 条（原第 21 条）采纳了这一观点。[3] 在程序供给上，如承租人不满足出租人的请求，出租人仅得依普通民事诉讼程序保护自身权利。在出租人选择主张"解除合同，收回租赁物"的进路之下，出租人收回租赁物系解除融资租赁合同的当然效果，并不当然负有清算义务，但收回的租赁物不足以弥补出租人的全部损失的，出租人有权

1　参见黄薇主编：《中华人民共和国民法典合同编释义》（下），法律出版社，2020，第 598 页；杨代雄主编：《袖珍民法典评注》，中国民主法制出版社，2022，第 715 页。

2　参见最高人民法院民事审判第二庭：《最高人民法院关于融资租赁合同司法解释理解与适用》，人民法院出版社，2014，第 303 页。

3　参见雷继平、原爽、李志刚：《交易实践与司法回应：融资租赁合同若干法律问题——〈最高人民法院关于审理融资租赁合同纠纷案件适用法律问题的解释〉解读》，《法律适用》2013 年第 9 期。

向承租人主张损害赔偿请求权。

在功能主义的进路之下，出租人对于承租人的租金给付请求权系主债权，而出租人就租赁物的所有权仅为担保租金给付请求权得以清偿的从权利。在出租人的权利实现条件成就之时，出租人自可向承租人主张租金债权，亦可同时主张就租赁物优先受偿，一如抵押权的实现路径。在程序选择上，出租人的同时请求，既可借助于普通民事诉讼程序取得胜诉裁判之后强制执行租赁物，亦可申请启动实现担保物权案件特别程序取得许可裁定之后强制执行租赁物。[1] 在当事人有明确约定的情形之下，还可以庭外实现。无论采取何种程序，在实体结果上，均应就租赁物的价值与未受清偿的租金之间进行清算，实行"多退少补"，自无所谓出租人双重受偿问题。

在功能性的形式主义进路之下，既要尊重《融资租赁解释》第10条就"请求支付全部租金""解除合同，收回租赁物"择一行使的政策选择，又要贯彻功能主义的基本理念。在比较法上，基于明晰标的物上的权利负担并确定竞存权利之间的顺位的政策目标，无论是《美国统一商法典》、加拿大普通法法域的《动产担保法》，还是《联合国动产担保立法指南》的非统一处理模式，均将某些非属担保交易的交易形态（如应收账款的彻底让与、租期超过1年的租赁交易）也纳入动产担保交易法予以调整，但这仅表明，这些交易仍应统一适用动产担保交易法中的公示和优先顺位规则，但并不适用其中的实现规则（亦即受让人并无清算义务，无须返还任何盈余）。[2] 我国《民法典》虽然采取了非统一处理模式，但同时将融资租赁合同功能化为担保合同，如此，解释论上的政策选择明显不同于前述情形。

第一，在出租人选择"请求支付全部租金"的进路之下，基于出租人所

---

1 参见最高人民法院民事审判第二庭：《最高人民法院民法典担保制度司法解释理解与适用》，人民法院出版社，2021，第546页。

2 See N. Orkun Akseli, *International Secured Transactions Law Facilitation of Credit and International Conventions and Instruments*, Routledge, Taylor & Francis Group, 2011, p.23.

有权的担保功能，出租人自可同时主张实现其所有权，即请求拍卖、变卖租赁物，并以变价款优先受偿。[1]《民法典担保制度解释》第 65 条第 1 款前段规定："在融资租赁合同中，承租人未按照约定支付租金，经催告后在合理期限内仍不支付，出租人请求承租人支付全部剩余租金，并以拍卖、变卖租赁物所得的价款受偿的，人民法院应予支持。"此时的程序供给当为普通民事诉讼程序，首先判令承租人清偿租金债权（判项 1），其次判令拍卖、变卖租赁物并以变价款优先清偿租金债权（判项 2）。如承租人未履行生效裁判，执行法院的选择方案有：其一，拍卖、变卖租赁物，以变价款清偿租金债权，如租金债权已获足额清偿，则判项 1 中租金债权已经消灭，出租人则不得就此再为执行请求；如租金债权未获足额清偿，则判项 1 中租金债权部分消灭，出租人尚可就剩余租金债权请求执行承租人的其他责任财产。其二，拍卖、变卖承租人除租赁物之外的责任财产，以变价款清偿租金债权，如租金债权已获足额清偿，则判项 2 中的变价权因主债权（租金债权）的消灭而消灭，出租人则不得就此再为执行请求；如租金债权未获足额清偿，则判项 2 中租金债权部分消灭，出租人尚可就剩余租金债权请求执行租赁物。[2]

第二，出租人依实现担保物权案件特别程序请求拍卖、变卖租赁物，并以变价款清偿租金债权。《民法典担保制度解释》第 65 条第 1 款后段规定："当事人请求参照民事诉讼法'实现担保物权案件'的有关规定，以拍卖、变卖租赁物所得价款支付租金的，人民法院应予准许。"出租人对租赁物的所有权功能化为担保物权[3]，在解释上当属实现担保物权案件特别程序中"担

1　即使在出租人的所有权未经登记的情形之下，出租人仍得就租赁物的变价款优先受偿，仅仅只是不得对抗第三人而已。详细论证，参见高圣平：《论融资租赁交易中出租人的权利救济路径》，《清华法学》2022 年第 6 期。

2　就附物权担保债权人的执行选择权，参见刘保玉：《附物权担保债权人的执行选择权问题探讨》，《法学家》2017 年第 4 期。

3　参见最高人民法院民事审判第二庭：《最高人民法院民法典担保制度司法解释理解与适用》，人民法院出版社，2021，第 544 页。

保物权"之一种。在出租人的权利行使条件成就的情形之下，出租人自可申请启动实现担保物权案件特别程序，利用该程序简速裁判的功能，迅捷地实现其权利。此为提高出租人权利实现的效率、降低权利实现的成本的理性选择。值得注意的是，基于实现担保物权案件特别程序所形成的民事裁定书（许可裁定）虽然具有"一裁终局"的属性，但其执行标的物仅限于租赁物，执行法院尚不能依据该裁定书执行承租人的其他责任财产。如此，《民法典担保制度解释》第 65 条第 1 款后段虽系在出租人选择"请求支付全部租金"的进路之下的扩张解释，但实际上属于别异于《民法典》第 752 条所规定的两条进路的新路径，且基于该段文义，承租人亦可申请启动实现担保物权案件特别程序。在体系解释上，承租人当属《民事诉讼法》第 203 条和《民事诉讼法解释》第 359 条所定"其他有权请求实现担保物权的人"之一。[1]

第三，在出租人选择"解除合同，收回租赁物"的进路之下，并不能否定出租人收回租赁物时的清算义务。依据《民法典》第 758 条第 1 款的规定，在"当事人约定租赁期限届满租赁物归承租人所有"，"承租人已经支付大部分租金，但是无力支付剩余租金"，"出租人因此解除合同收回租赁物"，且"收回的租赁物的价值超过承租人欠付的租金以及其他费用"的情形之下，出租人负有清算义务。但不能据此得出如下结论：除此情形之外，出租人基于《民法典》第 752 条的规定解除合同收回租赁物，并不负有清算义务。出租人的所有权仅具担保功能，由此而决定，出租人所有权的实现亦应禁止流质（押）情形的发生[2]，无论是基于第 752 条，还是第 758 条，出租人收回租赁物之时，应就主债权（全部未付租金及其他损失）与担保财产（收回的租赁物）的价值进行清算，实行"多退少补"，出租人就全部未付租金及其

1　参见高圣平：《论融资租赁交易中出租人的权利救济路径》，《清华法学》2022 年第 6 期。

2　参见黄薇主编：《中华人民共和国民法典合同编释义》（下），法律出版社，2020，第 598 页；杨代雄主编：《袖珍民法典评注》，中国民主法制出版社，2022，第 715 页。

他费用超过收回租赁物价值的部分负有返还予承租人的义务[1]，就全部未付租金及其他费用不足收回租赁物价值的差额有权向承租人请求履行。正是基于此，《民法典担保制度解释》第 65 条第 2 款前句规定："出租人请求解除融资租赁合同并收回租赁物，承租人以抗辩或者反诉的方式主张返还租赁物价值超过欠付租金以及其他费用的，人民法院应当一并处理。"这类似于担保物权的折价实现方式以及让与担保的归属清算方式。[2]

（三）出租人权利的庭外实现途径

出租人权利的公力实现往往面临着程序漫长、成本高昂、结果不确定等质疑，如此，庭外实现途径的贯彻一直是改革的动力和方向。[3]《民法典担保制度解释》第 45 条第 1 款前句规定："当事人约定当债务人不履行到期债务或者发生当事人约定的实现担保物权的情形，担保物权人有权将担保财产自行拍卖、变卖并就所得的价款优先受偿的，该约定有效。"这是司法解释上增设的担保物权的庭外实现途径。[4]值得注意的是，担保物权的庭外实现与协议实现存在差异。依据《民法典》第 410 条第 1 款的规定，实现担保物权的协议仅得在债务人不履行到期债务或者发生当事人约定的实现担保物权的情形之后才能达成。至于担保合同中有关实现担保物权路径的约定，不由该款文义所能涵盖。对于此类约定的效力，此前的学说和实务中多持否定态度。[5]担保物权庭外实现的约定，是在债务人不履行到期债务或者发生当事人约定的实现担保物权的情形之前所作出，既可以约定于担保合同之中，

---

1 参见黄薇主编：《中华人民共和国民法典合同编释义》（下），法律出版社，2020，第 598 页；冯辉：《金融法视野下融资租赁中的承租人利益返还请求权》，《法商研究》2022 年第 2 期。

2 参见张家勇：《论融资租赁的担保交易化及其限度》，《社会科学辑刊》2022 年第 2 期。

3 See Louise Gullifer and N. Orkun Akseli eds., *Secured Transactions Law Reform Principles, Policies and Practice*Hart Publishing, 2016, p. 508.

4 参见最高人民法院民事审判第二庭：《最高人民法院民法典担保制度司法解释理解与适用》，人民法院出版社，2021，第 39 页。

5 参见最高人民法院民事审判第二庭：《最高人民法院民法典担保制度司法解释理解与适用》，人民法院出版社，2021，第 407 页。

也可以约定于担保合同之外的单独合同之中。此与《民法典》上缓和流抵、流质契约的效力有关。[1] 这一规则自可类推适用于出租人的权利实现。

出租人庭外实现其所有权的前提是出租人取得对租赁物的占有。首先，承租人必须在融资租赁合同中同意出租人庭外取回租赁物；其次，出租人尚须已向承租人和其他占有租赁物的第三人发出违约和庭外取回的通知，以便其采取必要措施以避免出租人庭外取回租赁物；最后，承租人和其他占有租赁物的第三人必须在出租人庭外取回时不持反对意见。[2] 这就意味着，出租人取得对租赁物的占有只有在所有利益相关方均同意的情况下才能发生，他们确信庭外实现有可能产生更高的价值、租金债权可以得到更高程度的满足、权利实现成本更为低廉，如此更符合他们的利益。[3] 即使当事人之间就担保物权的庭外实现有约定，但承租人和其他占有租赁物的第三人反对出租人庭外取回，出租人不得采取暴力的方式取回，以免危及社会公共秩序。此际，因承租人的原因导致出租人无法庭外实现其所有权，出租人仅得通过诉讼或者非讼程序请求人民法院拍卖、变卖租赁物而以变价款优先受偿，因此而增加的费用由承租人承担。[4]

出租人庭外取回租赁物，并不意味着其非经清算地取得租赁物的所有权，除非承租人和利害关系人同意，出租人也不得以物抵债。出租人庭外取回租赁物之后，尚须就租赁物进行处分，并以变价款优先受偿。出租人自可根据约定选择处分的方法、方式、时间、地点和其他方面，但须秉承善意，

1　参见最高人民法院民事审判第二庭：《最高人民法院民法典担保制度司法解释理解与适用》，人民法院出版社，2021，第407页；高圣平：《担保法前沿问题与判解研究：最高人民法院新担保制度司法解释条文释评》（第五卷），人民法院出版社，2021，第308-309页。

2　See United Nations Commission on International Trade Law, *UNCITRAL Legislative Guide on Secured Transactions,* United Nations, 2010, p.313.

3　See Spyridon V. Bazinas, *The Influence of the UNCITRAL Legislative Guide on Secured Transactions*, in Frederique Dahan ed., *Research Handbook on Secured Financing in Commercial Transactions*, Edward Elgar Publishing, 2015, pp.47-48.

4　参见最高人民法院民事审判第二庭：《最高人民法院民法典担保制度司法解释理解与适用》，人民法院出版社，2021，第403页。

且以商业上合理的方式行事，如不得以低于市场价格的方式处分标的物。否则，出租人对因此给承租人造成的损害应承担赔偿责任。[1]为保护承租人和利害关系人的利益，出租人意欲庭外处分租赁物时，应向承租人和利害关系人事先发送内容详尽的处分通知。[2]租赁物的庭外处分所得的价款，应按照优先顺位规则予以分配。在出租人的所有权顺位在先的情形之下，租赁物的变价款应优先清偿租金债权，如不足以清偿全部未付租金，出租人仍得向承租人请求给付；如有剩余，应返还予承租人或者其他强制执行债权人，在存在争议的情形之下，应向有关机关提存[3]；在出租人的所有权顺位劣后的情形之下，租赁物的变价款应优先清偿该顺位在先的权利所担保的债权；在出租人所有权的顺位与其他强制执行债权平等的情形之下，租赁物的变价款应在出租人与其他债权人之间平等分配。

五、承租人破产时出租人的权利救济：破产取回权抑或破产别除权

在承租人破产的情形之下，出租人就租赁物是主张破产取回权还是破产别除权？就此，在《民法典》公布后，学界存在三种观点。其一，别除权说认为，《民法典》第745条删除了《合同法》第242条"承租人破产的，租赁物不属于破产财产"的规定，这其实给认定租赁物属于债务人财产预留了空间，这也意味着融资租赁中出租人对租赁物的所有权可以解释为担保物

1　See United Nations Commission on International Trade Law, *UNCITRAL Legislative Guide on Secured Transactions,* United Nations, 2010, pp.311-312.

2　See United Nations Commission on International Trade Law, *UNCITRAL Legislative Guide on Secured Transactions,* New York: United Nations, 2010, pp.313-314; 72.Study Group on a European Civil Code and Research Group on EC Private Law（Acquis Group）, *Principles, Definitions and Model Rules of European Private Law*: *Draft Common Frame of Reference*, Volume 6. Sellier. European Law Publishers GmbH, 2009, p.5641.

3　See United Nations Commission on International Trade Law, *UNCITRAL Legislative Guide on Secured Transactions,* United Nations, 2010, p.314.

权。[1]如此，出租人此时仅得行使破产别除权。[2]其二，取回权说认为，"《民法典》虽删除了租赁物不属破产财产的规定，并将融资租赁纳入非典型担保制度，但并未改变出租人在融资租赁法律关系存续期间对租赁物享有所有权的立场"[3]。在承租人破产时，出租人依然可以基于其对标的物享有的所有权，按照《企业破产法》及其司法解释的规定行使破产取回权。[4]其主要理由在于：出租人基于其与出卖人之间的买卖合同取得了租赁物的所有权；《民法典》融资租赁合同章的现有规定（尤其是其第745条、第752条、第757条、第760条）表明，即使允许当事人之间约定融资租赁期满时租赁物的归属，但在整个租赁期间，租赁物的所有权均归属于出租人；承认租赁物所有权的担保功能，并不能否认其法律上的所有权属性，一旦承租人根本违约，出租人可基于其对租赁物的所有权，收回租赁物，以租赁物的残值折抵承租人的欠付租金。[5]其三，别除权和取回权选择说认为，取回权和别除权同为有担保债权人实现其权利的手段，应允许当事人自行协商并选择适用；协商不成的，可以参照适用担保物权的实现程序。但出租人权利的行使，必须在担保目的的范围内，并且受登记对抗规则的限制。[6]

上述争议在一定程度上体现着我国《民法典》兼采形式主义和功能主

1　参见谢鸿飞：《〈民法典〉实质担保观的规则适用与冲突化解》，《法学》2020年第9期，第5页；高圣平：《民法典担保制度及其配套司法解释理解与适用》（下），中国法制出版社，2021，第1219页。

2　参见纪海龙：《民法典动产与权利担保制度的体系展开》，《法学家》2021年第1期，第44页；张家勇：《论融资租赁的担保交易化及其限度》，《社会科学辑刊》2022年第2期，第81页；冉克平、王萌：《融资租赁回购担保的法律逻辑与风险控制》，《山东大学学报（哲学社会科学版）》2022年第2期，第167页。

3　贺小荣主编：《最高人民法院第二巡回法庭法官会议纪要》（第三辑），人民法院出版社，2022，第364页。

4　参见李伟群、尤冰宁：《从"融资"走向"融物"——新监管体系下融资租赁合规展业的实现路径》，《华侨大学学报（哲学社会科学版）》2021年第5期，第123页；贺小荣主编：《最高人民法院第二巡回法庭法官会议纪要》（第三辑），人民法院出版社，2022，第364页。

5　参见贺小荣主编：《最高人民法院第二巡回法庭法官会议纪要》（第三辑），人民法院出版社，2022，第366-368页。

6　参见刘保玉、张炬东：《论动产融资租赁物的所有权登记及其对抗效力》，《中州学刊》2020年第6期，第60页。

义立法模式之下的解释选择。在将融资租赁交易功能化为担保交易的情形之下，《民法典》维系了《合同法》上就出租人所有权的形式上的制度安排，由此引发了一系列的解释冲突。本书作者坚持别除权说，理由如下。

第一，破产取回权的基础已经丧失。破产取回权并非破产法上新设的权利，其权利基础主要是所有权，是所有物返还请求权在破产法上的体现，是出租人基于其所有权人身份而享有的将租赁物从破产管理人处收回由自己控制的权利。[1]在形式主义进路之下，除非承租人的破产管理人选择继续履行融资租赁合同，并已就全部未付租金提供适当担保，否则出租人仍可行使破产取回权，将租赁物取回并处分。但正如前述，基于《民法典》第388条第1款的功能主义重构，融资租赁交易中出租人对标的物的所有权，仅具有担保租金债权清偿的作用，并无其他权能。也就是说，出租人仅仅享有名义上的所有权，并无法具有真正所有权的效力[2]，也就没有了基于所有物返还请求权的破产取回权。出租人所有权的行使尚须符合融资租赁交易的目的——担保租金债权的清偿，如此，出租人仅得向破产管理人主张租金债权（主债权）和就租赁物的优先受偿权。

值得注意的是，《企业破产法规定（二）》第2条第1项、第2项将"债务人基于仓储、保管、承揽、代销、借用、寄存、租赁等合同或者其他法律关系占有、使用的他人财产""债务人在所有权保留买卖中尚未取得所有权的财产"明确排除在债务人财产之外。在解释论上，由于第1项所规定的合同类型并未严格对应于《民法典》上的典型合同，自可认为其中所称"租赁"包括了融资租赁；即使不作文义上的扩张解释，基于第2项将所有权保留买卖的标的物排除于债务人财产之外的事实，亦应类推解释认为融资租赁交易的标的物亦不属于债务人财产范围。但如此解释并未准确把握出租人就

---

[1]　参见张家勇：《论融资租赁的担保交易化及其限度》，《社会科学辑刊》2022年第2期，第81页；韩长印主编：《破产法学》，中国政法大学出版社，2007，第136页。

[2]　参见黄薇主编：《中华人民共和国民法典合同编释义》，法律出版社，2020，第581页。

标的物享有的权利属性。破产取回权以债权人就标的物享有所有权为前提，在融资租赁交易中出租人就标的物的所有权功能化为担保物权的情形之下，将出租人的所有权认定为担保物权并与抵押权适用共同的别除权规则并无解释上的障碍。[1] 如此，出租人在承租人破产之时，仅得依据《企业破产法》第 109 条和《企业破产法规定（二）》第 3 条的规定主张破产别除权。

第二，出租人所有权在承租人破产程序中的处遇原则上须尊重执行法。"除非破产法的宗旨要求突破执行法，对关乎债务清理的共同问题的处理均应保持内在的逻辑一致性。"[2] 在执行法上，基于融资租赁交易的担保功能化，出租人所有权的行使应类推适用抵押权的行使规则。就此而言，尽管《民法典》第 752 条规定了承租人租金未付时出租人的权利救济规则，但《民法典担保制度解释》第 65 条仍然彻底地贯彻了融资租赁担保化的功能主义立场[3]，以实现动产担保交易实现规则的统合。如此，在非破产程序中，出租人所有权的保护适用或者准用担保物权实现的相关规则，在破产程序中，出租人所有权的保护采行破产别除权的解释选择，更符合体系解释的要求。

值得注意的是，在非破产程序中，即使出租人基于《民法典》第 752 条的规定选择主张"解除合同，收回租赁物"，此时的取回权的权利基础也不是所有物返还请求权，而是担保物权实现程序之一，已如前述。同此，在破产程序中，如允许出租人解除融资租赁合同并收回租赁物，在解释上出租人行使的也不是破产取回权。[4] 基于破产程序中破产管理人一体管理、处分债务人财产以最大程度地实现其交换价值、维护破产债权人的整体利益

---

1 参见刘保玉、张炟东：《论动产融资租赁物的所有权登记及其对抗效力》，《中州学刊》2020 年第 6 期，第 60 页。

2 何欢：《债务清理上破产法与执行法的关系》，《法学研究》2022 年第 3 期，第 141 页。

3 参见张家勇：《论融资租赁的担保交易化及其限度》，《社会科学辑刊》2022 年第 2 期，第 84 页。

4 相反观点认为，"在出租人选择要求解除合同并取回租赁物的场合，出租人行使的是破产取回权，但在租赁物价值超过承租人欠付租金与相关费用时，应将出租人应当返还的金额作为破产财产。"吴光荣：《〈民法典〉背景下破产财产的范围及其认定》，《法律适用》2022 年第 1 期，第 69 页。

的目标[1]，应限制出租人基于担保物权的取回权的行使。如此时仍然允许出租人"解除合同，收回租赁物"，在其履行清算义务之后将租赁物的价值超过租金债权的部分返还予破产管理人，必将延缓债务人财产的处置进程，损及破产程序的效率。此即前述基于破产法的宗旨需要突破执行法的情形之一。同理，破产管理人基于《企业破产法》第18条的"挑拣履行权"应予限制。至于当事人约定租赁期满租赁物的所有权归属于出租人的情形，别除权说也不损及出租人利益。此时，在出租人所有权已经登记的情形之下，出租人就租赁物的变价款优先受偿，与承认出租人此际的破产取回权但仍负清算义务[2]在法律效果上并无差异。此时的解释选择也应导向别除权说。

第三，与出租人所有权的登记对抗规则相一致。依据《民法典》第745条关于"出租人对租赁物享有的所有权，未经登记，不得对抗善意第三人"的规定，出租人对租赁物的所有权，未经登记不得对抗破产管理人。这一规则与相关国际公约的规定相一致。依据《国际融资租赁公约》第7条的规定，出租人对租赁物的所有权，如已依准据法予以公示，即可对抗承租人的破产受托人[3]和债权人，包括已经取得扣押令状或执行令状的债权人。这一规则似乎得到了多数国家国内法的支持，旨在避免将租赁物作为承租人的财产从而在其普通债权人之间进行分配。[4]依据《开普敦公约》第30条的规定，在针对承租人的破产程序中，国际利益只有在破产程序开始之前办理登记，才能对抗破产管理人。

在出租人的所有权未经登记的情形之下，出租人的所有权不得对破产管理人主张，出租人也就不得主张就租赁物优先受偿，即使主张取回权说，出

1　参见李忠鲜：《论担保权在破产中的别除机制》，《河北法学》2019年第6期，第165页。

2　参见张家勇：《论融资租赁的担保交易化及其限度》，《社会科学辑刊》2022年第2期，第81页。

3　"破产受托人"（trustee in bankruptcy）包括为全体债权人的利益被指定管理承租人财产的清算人（liquidator）、管理人（administrator）或其他人。

4　See Herbert Kronke, "Financial Leasing and Its Unification by UNIDROIT-General Report",16 *Uniform Law Review* 23, 32-33 (2011).

租人此际也不得主张破产取回权。[1] 有观点认为，如出租人的所有权未经登记，出租人仍可凭借其所有权（须经举证证明）取回租赁物，但在租赁物上存在其他已登记担保物权的情况下，其无法取回租赁物且将面临债权无法受偿的风险。[2] 在《民法典担保制度解释》第 67 条、第 54 条第 4 项已就出租人与破产管理人之间的对抗关系作出政策选择的情形下，此观点即与登记对抗规则不合。

在出租人的所有权已然登记的情形之下，是不是意味着出租人可得对破产管理人主张基于所有权的破产取回权？在融资租赁交易担保功能化的背景之下，出租人对租赁物仅享有名义上的所有权和实质上的担保物权。出租人的所有权可得向破产管理人主张，系指出租人就租赁物可得向破产管理人主张优先受偿权而言。《民法典担保制度解释》第 65 条即体现了这一功能主义导向，在一定程度上改变了形式主义所有权可能招致的弊端，已如前述。如此，在既有的司法态度之下，为与出租人所有权的登记对抗规则相协调，解释上亦应认为出租人仅得行使破产别除权。

第四，与出租人所有权的优先顺位规则相一致。由于《民法典》已经确立了融资租赁交易中出租人的所有权本质上即为担保物权，学界通说认为，融资租赁标的物上的权利冲突亦应适用《民法典》第 414 条所确立的优先顺位规则。[3] 如此，租赁物上的竞存权利将主要依据登记时间的先后确立彼此之间的实现顺序，出租人并不能依其所有权当然取得优先于其他担保物权的

1　参见贺小荣主编：《最高人民法院第二巡回法庭法官会议纪要（第三辑）》，人民法院出版社，2022，第 370-371 页。

2　参见刘保玉、张炬东：《论动产融资租赁物的所有权登记及其对抗效力》，《中州学刊》2020 年第 6 期，第 60 页。

3　参见黄薇主编：《中华人民共和国民法典合同编释义》（下），法律出版社，2020，第 581 页；高圣平：《民法典动产担保权优先顺位规则的解释论》，《清华法学》2020 年第 3 期，第 97-100 页；谢鸿飞：《〈民法典〉实质担保观的规则适用与冲突化解》，《法学》2020 年第 9 期，第 5 页；龙俊：《民法典中的动产和权利担保体系》，《法学研究》2020 年第 6 期，第 30-31 页；纪海龙：《民法典动产与权利担保制度的体系展开》，《法学家》2021 年第 1 期，第 47 页。

顺位。如出租人的所有权未经登记，因其不得对抗破产管理人而不予置论。如出租人的所有权虽已登记，但存在在先的抵押权登记，此际如允许出租人行使破产取回权，一则不利于标的物的清算，二则存在损害先顺位抵押权人利益之虞。如出租人的所有权虽已登记，但存在在后的担保物权登记，有学者主张，"若出租人的所有权已经登记且处于第一顺位，则其与破产管理人协商一致后可以行使取回权"[1]。此际如允许出租人行使破产取回权，同样不利于标的物的清算，也存在损害后顺位担保物权人利益的可能。与此相反，如采别除权说，由破产管理人就租赁物的变价款（包括整体处置某类财产的价款中租赁物的应有部分）在竞存权利人之间进行分配，不足清偿的部分直接纳入无担保债权，清偿后的剩余部分纳入债务人财产，用以清偿破产费用、共益债务和其他破产债权，更有利于提高破产效率。

虽然采行取回权说或者别除权说均涉及租赁物的清算问题，由出租人还是破产管理人清算端赖于法政策选择，但在《企业破产法》已经作出政策选择的情形之下，在确定出租人是行使破产取回权还是破产别除权之时，即应尊重该选择方案。《企业破产法》修改了《企业破产法（试行）》第28条不严格区分破产取回权与破产别除权、将担保财产不列入债务人财产的规定，将担保财产纳入债务人财产范围，由破产管理人统一管理和处分，债权人仅得主张优先受偿权（《企业破产法》第109条）。这一修改表明，虽然破产别除权系权利人所享有的不依破产清算程序而优先于一般破产债权人就担保财产优先受偿的权利，但其行使仍然受破产程序的约束。破产别除权的行使事涉债务人财产的稳定和构成，也攸关债务人财产的价值发现和公平分配，别除权人不仅应当参加债权集中申报，接受破产管理人的审查，且在法院裁定认可破产和解协议、裁定批准破产重整计划之前，应当暂停担保物权的行

1　刘保玉、张烜东：《论动产融资租赁物的所有权登记及其对抗效力》，《中州学刊》2020年第6期，第60页。

使。[1]这一修改体现了由破产管理人统一管理债务人财产的基本法政策选择。[2]有观点认为，在融资租赁交易中，因出租人或许可能更熟悉标的物的市场行情，因而在出租人自己处置标的物时，更能最大限度实现标的物的价值，但如果通过破产清算程序实现标的物的价值，则即使出租人有权就标的物优先受偿，也因标的物价值无法获得最大化的实现，从而影响到其权利的实现。[3]但是，在典型的融资租赁交易中，出租人均为专业的融资租赁公司或者金融租赁公司，系根据承租人对出卖人、租赁物的选择与出卖人发生买卖交易，其本身对标的物并不了解，上述观点即值商榷。

综上，在承租人破产的情形之下，基于破产程序的特殊性，出租人并不享有基于所有权的破产取回权，也不享有基于担保物权的取回权，仅得主张破产别除权。如此，在出租人的所有权已经登记的情形下，出租人可向破产管理人申报有担保债权，主张就租赁物优先受偿；在出租人的所有权未经登记的情形下，由于出租人的所有权不得对抗破产管理人，出租人此时仅得向破产管理人主张无担保（主）债权——租金债权。

六、小结

融资租赁交易为市场主体提供了可供选择的授信来源，为无法取得股权投资和银行信贷的企业所广泛采用。出租人以其对标的物的所有权已获充分保障，也就无须请求给付买卖价金，无须企业提供保证、不动产抵押及类

---

1 参见韩长印主编：《破产法学》，中国政法大学出版社，2007，第143-145页；李忠鲜：《论担保权在破产中的别除机制》，《河北法学》2019年第6期，第161页。

2 值得注意的是，依据《全国法院破产审判工作会议纪要》第25条的规定，在破产清算和破产和解程序中，担保人权利的行使采取个别清偿为原则，以整体处置为例外。如单独处置担保财产会降低其他破产财产的价值，则应整体处置。参见王欣新：《绝境再生——破产法市场化法治化实施之路》，法律出版社，2022，第224-226页。但即便如此，对于担保权人的个别清偿仍然受破产程序的约束。对此尚存争议，参见许德风：《破产法论 解释与功能比较的视角》，北京大学出版社，2015，第341-343页。

3 参见吴光荣：《〈民法典〉背景下破产财产的范围及其认定》，《法律适用》2022年第1期，第67页。

似担保安排。[1]动产担保法制的改革旨在回应中小微企业的融资需求[2]，但鲜少来自本土内生的自觉，大多来自联合国国际贸易法委员会、国际统一私法协会、世界银行集团等机构的驱动。[3]面对全球性的动产担保法制改革浪潮，理性的方案"不是就形式主义或者功能主义的选择，而是对功能主义方法所应发生作用的领域和程度的选择"[4]。我国《民法典》采行功能性形式主义进路，在承认融资租赁合同作为别异于动产抵押合同而存在的独立典型交易类型的前提下，通过第388条"其他具有担保功能的合同"将融资租赁交易纳入担保制度。在既有的所有权绝对、物债二分的体系下，嵌入功能主义元素，由此产生了诸多概念与体系上的冲突。[5]《民法典》《民法典担保制度解释》的制度设计体现了平衡出租人、出租人和第三人等利益的一系列政策选择。引入声明登记制度，解决了隐形担保给第三人交易安全带来的威胁[6]，如出租人的所有权未经登记，不得对抗善意受让人，避免了严格适用无权处分规则所带来的实质不公平；借助于优先顺位规则的统一适用保护出租人利益，通过增加交易的确定性而促进信用授受行为的发生。如过分保护第三人利益，出租人就租赁物的物权将失去确定性，信用市场将因此而逐渐萎缩；通过强

1　See Peter W. Schroth, "Financial Leasing of Equipment in the Law of the United States", 16 *Uniform Law Review* 437, 438 (2011).

2　See Harry C. Sigman, *The Case for Modernizing World Wide Secured Transactions in Movable Property*, in Jacob Ziegel ed., *New Developments in International Commercial and Consumer Law Proceedings of the 8th Biennial Conference of the International Academy of Commercial and Consumer Law*, Hart Publishing, 1998, p.229.

3　See R. C. C. Cuming,*Modernizing the Secured Financing and Lease Financing Laws of Developing Nations, with Particular Focus on the West Bank and Gaza*, in Jacob Ziegel ed., *New Developments in International Commercial and Consumer Law Proceedings of the 8th Biennial Conference of the International Academy of Commercial and Consumer Law*, Hart Publishing, 1998, p.183.

4　Roderick A Macdonald, "Article 9 Norm Entrepreneurship", 43 *Canadian Business Law Journal* 240, 274 (2006).

5　参见王洪亮：《所有权保留制度定性与体系定位——以统一动产担保为背景》，《法学杂志》2021年第4期。

6　参见吴光荣：《〈民法典〉对担保制度的新发展及其实践影响——兼论〈民法典担保制度司法解释〉的适用范围》，《法治研究》2021年第4期。

化清算法理的贯彻保护承租人利益，防止债权人借助于不同交易模式的选择而额外获益；简化出租人的权利实现程序，允许当事人申请启动实现担保物权案件特别程序，增设庭外实现路径，从而从一定程度上降低出租人权利的实现成本，提高出租人的受偿可能性。

第四节　保理交易的担保功能

一、问题的提出

为了拓宽中小企业融资渠道，缓解中小企业"融资难""融资贵"的问题，规范保理业务，促进保理行业健康、有序发展，优化营商环境，《民法典》在合同编典型合同分编新增了"保理合同"一章，对保理合同的概念、内容和形式、虚构应收账款叙做保理的效力、转让通知、基础交易合同变更或者终止的效力、有追索权保理和无追索权保理的效力以及多重保理的顺位等作出了规定。[1] 但是，《民法典》第 388 条第 1 款（物权编担保物权分编）中规定，"担保合同包括抵押合同、质押合同和其他具有担保功能的合同"。这里"扩大担保合同的范围，明确融资租赁、保理、所有权保留等非典型担保合同的担保功能"[2]。由此，我国《民法典》对保理交易采取了形式主义与功能主义相结合的立法方法[3]，既尊重了当事人之间对于应收账款融资交易模式和结构的选择，基于交易形式上的表象，将保理交易作为一类典型交易形态予以规定，又置重于保理交易的经济功能和担保实质，基于一体调整动产担保交易的制度需求，将保理交易作为一类非典型担保交易形态加以看待。

1　参见黄薇主编：《中华人民共和国民法典合同编释义》，法律出版社，2020，第 600-601 页。

2　王晨：《关于〈中华人民共和国民法典（草案）〉的说明——2020 年 5 月 22 日在第十三届全国人民代表大会第三次会议上》，《中华人民共和国全国人民代表大会常务委员会公报》2020 年特刊。

3　参见高圣平：《动产担保交易的功能主义与形式主义——中国民法典的处理模式及其影响》，《国外社会科学》2020 年第 4 期。

由此带来的问题是，就保理交易纠纷而言，在多大程度上和范围内应当适用或者类推适用《民法典》物权编担保物权分编的相关规则。《民法典担保制度解释》对此已作相应政策选择。

二、形式主义与功能主义相结合之下保理交易的定性

保理交易是一种以应收账款转让为基础的综合性金融服务方式。[1]基于当事人的意志，保理交易存在着不同的架构。其中，基于应收账款债权未获清偿的风险是否在应收账款债权人与保理人之间发生移转，亦即应收账款债务人未清偿应收账款债权之时，保理人是否可以向应收账款债权人求偿，保理交易可分为无追索权的保理和有追索权的保理。[2]无追索权保理系以应收账款的彻底转让为核心，保理人受让应收账款并享有应收账款的全部清偿利益、负担应收账款不能受偿的风险，保理融资款实际上是应收账款转让的对价[3]，即所谓保理人提供的"应收账款债务人付款担保"[4]，但这并非保理交易本身的担保功能。[5]因此，无追索权保理中，应收账款的转让并无担保功能[6]，不能由《民法典》第388条第1款的文义所涵盖，本书不将其纳入讨论对象。

（一）形式主义之下的有追索权保理交易

《民法典》上奉行交易类型化上的形式主义立法方法，置重于当事人就交易安排的表象，并依交易的形式在其不同部分予以规定。就应收账款融资

1　参见黄和新：《保理合同：混合合同的首个立法样本》，《清华法学》2020年第3期。

2　See Ivor Istuk, *The Potential of Factoring for Improving SME Access to Finance*, in Frederique Dahan ed., *Research Handbook on Secured Financing in Commercial Transactions*, Edward Elgar Publishing Limited, 2015, p.219.

3　参见黄薇主编：《中华人民共和国民法典合同编释义》，法律出版社，2020，第614页。

4　应收账款债务人付款担保仅出现于无追索权保理之中，系指由保理人承担应收账款债务人不清偿应收账款债权的风险。参见最高人民法院民法典贯彻实施工作领导小组主编：《中华人民共和国民法典合同编理解与适用》（三），人民法院出版社，2020，第1767页。

5　参见刘贵祥：《民法典关于担保的几个重大问题》，《法律适用》2021年第1期。

6　参见刘保玉：《民法典担保物权制度新规释评》，《法商研究》2020年第5期。

交易而言,《民法典》在形式上采取了三种不同的法律结构:应收账款质押融资交易、保理交易、应收账款转让交易（应收账款证券化交易即以此为基础而展开）,分别规定于物权编担保物权分编、合同编典型合同分编和合同编通则分编。此外,《民法典担保制度解释》还规定了应收账款让与担保。就保理交易,《民法典》第 761 条规定:"保理合同是应收账款债权人将现有的或者将有的应收账款转让给保理人,保理人提供资金融通、应收账款管理或者催收、应收账款债务人付款担保等服务的合同。"这里,应收账款债权人向保理人转让应收账款为应收账款债权人的主给付义务,保理人向应收账款债权人"提供资金融通、应收账款管理或者催收、应收账款债务人付款担保等服务"为保理人的主给付义务。正是这些主给付义务的独特性,才成了《民法典》将保理交易在形式上典型化的主要依据。

保理交易实质上是应收账款的转让与资金融通、应收账款管理或者催收、应收账款债务人付款担保等服务要素的组合体,是以合同形式表现的应收账款转让与综合性金融服务的叠加,具有混合合同的属性。[1] 由此可见,保理交易具有融资功能、服务功能及保付功能,且服务功能并不以"应收账款管理""应收账款催收"为限[2],资信调查与评估、信用风险控制等其他可认定为保理性质的金融服务亦应包括在内。[3] 但无论保理人提供何种服务,均须以应收账款的转让为前提。"保理合同必须具备的要素是应收账款债权的转让,没有应收账款的转让就不能构成保理合同"[4],除此之外,保理合同尚须保理人提供资金融通、应收账款管理或者催收、应收账款债务人付款担

1　参见黄和新:《保理合同:混合合同的首个立法样本》,《清华法学》2020 年第 3 期。

2　《民法典》第 761 条将保理交易的服务功能界定为"应收账款管理或者催收",并不表明"应收账款管理或者催收"是一项服务内容。学说上多认为,"应收账款管理""应收账款催收"系个别的服务。参见黄薇主编:《中华人民共和国民法典合同编释义》,法律出版社,2020,第 602-603 页;黄茂荣:《论保理合同》,《法治研究》2021 年第 3 期。

3　参见黄薇主编:《中华人民共和国民法典合同编释义》,法律出版社,2020,第 603 页;李阿侠:《保理合同原理与裁判精要》,人民法院出版社,2020,第 53 页。

4　黄薇主编:《中华人民共和国民法典总则编释义》,法律出版社,2020,第 601 页。

保等服务。[1]

《民法典》第 761 条并未明确保理人应提供四项服务中的哪几项即可构成保理交易。[2]《民法典各分编草案》曾将本条规定为"保理人需提供四项服务中的至少两项",但自《民法典各分编草案(二次审议稿)》开始不再出现这一表述。即使其间有专家建议"保理人提供的服务至少要有第一款列举的四项服务中的两项"[3],但最终并未被采纳。学说中多数观点认为,保理合同体现为"要素 + 任一偶素"的独特法律构造,应收账款转让是要素,提供资金融通、应收账款管理或者催收、应收账款债务人付款担保为偶素,要素必备,偶素择一与要素组合,才成立保理合同。[4]监管规章、行业惯例和司法裁判中也大多认为,这四项服务仅为或然关系,保理人提供其中一项服务即可构成保理交易。[5]

这里尚存疑问的是,"应收账款转让"这一要素加上任一偶素是否均构成保理交易?如以"应收账款转让"+"应收账款催收"为例。在这一交易结构中,保理人并未提供资金融通或者应收账款债务人付款担保等服务,其受让应收账款只是为了"应收账款催收",即单纯受托代收应收账款。保理人的主给付义务,是收取或受领应收账款债权人(委托人)对应收账款债务

---

[1]　参见黄薇主编:《中华人民共和国民法典总则编释义》,法律出版社,2020,第 601 页;最高人民法院民法典贯彻实施工作领导小组主编:《中华人民共和国民法典合同编理解与适用》(三),人民法院出版社,2020,第 1768 页。

[2]　参见黄茂荣:《论保理合同》,《法治研究》2021 年第 3 期。

[3]　《民法典立法背景与观点全集》编写组编:《民法典立法背景与观点全集》,法律出版社,2020,第 348 页。

[4]　参见李宇:《保理合同立法论》,《法学》2019 年第 12 期;徐同远:《论民法典中保理合同典型义务条款的设计——以〈民法合同编(草案)(二次审议稿)〉第 525 条之一第 1 款为中心》,《内蒙古社会科学(汉文版)》2019 年第 4 期;黄和新:《保理合同:混合合同的首个立法样本》,《清华法学》2020 年第 3 期。

[5]　参见《商业银行保理业务管理暂行办法》第 6 条、《中国银行业保理业务规范》第 4 条第 2 款、《天津市高级人民法院关于审理保理合同纠纷案件若干问题的审判委员会纪要(一)》第 2 条、《北京市高级人民法院关于当前商事审判中需要注意的几个法律问题》第 3 条。

人的应收账款，并将所收取或受领的款项交付予应收账款债权人。[1] 基于此，有学者认为，这一交易结构没有资金融通或者应收账款债务人付款担保，也就没有金融属性，因此并不是保理交易。[2] 这一交易结构在保理实践和司法实践中鲜有采用[3]，监管规范也明确规定商业保理企业不得专门从事或受托开展与商业保理无关的催收业务、讨债业务。[4]

本书作者认为，尽管绝大多数保理交易具有融资功能，保理交易也通常被解释为融资工具，但是，保理交易首先是一种旨在促进贸易发展的服务，融资仅为次要的、可选择性的服务。[5] 正是基于此，国际保理商联合会（FCI）2019《国际保理业务通用规则》第1条即未将"是否出于融资目的"作为保理合同的要素之一。在我国，行业规范允许商业银行在保理业务中采取"应收账款转让"＋"应收账款管理或者催收"这一交易结构。[6] 从教义法学的视角分析，此交易结构仍然不失为保理交易的一种类型。首先，这一交易模式以应收账款的转让为表象，已与委托合同相区分。其次，这一基于收款目的的转让并非纯粹的应收账款转让，也就不同于应收账款的彻底转让。如此，在应收账款债务人破产时，应收账款回购或者反转让条件成就，应收账款债权人即基于反转让取得标的应收账款。此际，应收账款债权人自可申报破产债权。最后，《民法典》第768条关于"既未登记也未通知的，按照保理融资款或者服务报酬的比例取得应收账款"的规定，已经承认非融资性保理。这里，"在担保性的保理中，涉及保理融资款，此时按照保理融资款

1　参见黄茂荣：《论保理合同》，《法治研究》2021年第3期。

2　参见方新军：《〈民法典〉保理合同适用范围的解释论问题》，《法制与社会发展》2020年第4期；宋天骐：《论保理合同的担保功能》，《金融发展研究》2021年第12期。

3　参见宋天骐：《论保理合同的担保功能》，《金融发展研究》2021年第12期。

4　参见《中国银行保险监督管理委员会办公厅关于加强商业保理企业监督管理的通知》（银保监办发〔2019〕205号）。

5　See Yüce Uyanik, *Understanding the General Rules for International Factoring: A Comprehensive Guide*, FCI Legal Committee, 2021, p.86.

6　参见《中国银行业保理业务规范》第11条第1项。

的比例取得应收账款；而在服务性的保理中，并不涉及保理融资款，此时按照服务报酬的比例取得应收账款"[1]。基于此，本书作者赞成通说见解，即"应收账款转让"要素加上任一偶素均构成保理交易。只不过，"应收账款转让"+"应收账款管理或者催收"这一交易结构并不具有融资功能或者担保功能。本书也不将此类交易结构纳入讨论范围。

应收账款融资交易的几种不同交易结构，并不存在本质上的差异[2]，《民法典》上本应就债权人权利的设立、公示、效力、优先顺位规则、违约救济采行大体一致的规则。但是，基于立法上的便宜，《民法典》采取了不同的制度安排。例如，应收账款质押融资采取的是登记生效主义，不登记即应收账款质权不设立；保理交易采取的是登记对抗主义，保理合同生效，保理人即取得标的应收账款，但未经登记不得对抗第三人；应收账款转让作为债权转让的一种形式，在《民法典》合同编通则分编又没有规定以登记作为公示方法；应收账款的让与担保取得物权效力的前提是"完成财产权利变动的公示"。如此，各种交易模式之间不仅在交易规则上存在差异，而且相关规则之间的冲突和矛盾明显存在[3]，亟须经由解释论的发展而消解。

（二）功能主义之下的有追索权保理交易

在《民法典》已经在形式上将保理交易典型化的情形之下，当事人的权利和义务除了另有特别约定之外，自应依保理合同章的规定予以判断。由于该章仅仅 6 个条文，并不足以全面反映保理交易的内容，准确把握有追索权保理的性质，对于《民法典》相关规则的解释与适用至为重要。就此而言，学说和裁判分歧较大。第一种观点认为，有追索权保理交易是在应收账款

1　黄薇主编：《中华人民共和国民法典合同编释义》，法律出版社，2020，第 618 页。

2　See Gerard Mc Cormack, "The Law Commission Consultative Report on Company Security Interests:An Irreverent Riposte", 68 *Modern Law Review*, 302(2005).

3　参见谢鸿飞：《〈民法典〉实质担保观的规则适用与冲突化解》，《法学》2020 年第 9 期。

转让的基础上增加了追索权的内容，其本质仍为应收账款的转让。[1]第二种观点认为，有追索权保理交易的实质即为应收账款的让与担保。[2]应收账款债权人将其应收账款转让给保理人，保理人受让取得应收账款，仅在于担保保理融资款的清偿，而非为了取得应收账款的溢价收益。[3]第三种观点认为，有追索权保理交易中应收账款转让的法律性质并非纯正的债权让与，而应认定为具有担保债务履行功能的间接给付契约。[4]

　　三种学说的争议主要在于：其一，保理人就其收取的应收账款是否负有清算义务。应收账款转让说多认为保理人没有清算义务；应收账款让与担保说和间接给付说均认为保理人有清算义务。其二，保理人实现其权利是否存在顺序。应收账款转让说和间接给付说均认为，保理人应先向应收账款债务人主张应收账款债权，仅在保理人未获清偿之时才能向应收账款债权人主张权利；应收账款让与担保说认为，保理人既可以向应收账款债务人主张应收账款债权，也可以向应收账款债权人主张权利，两者之间并无顺序关系。

　　为了减少学说和裁判中的分歧，《民法典》第766条对有追索权保理交易作了专门规定。从该条后句的文义来看，"保理人向应收账款债务人主张应收账款债权，在扣除保理融资款本息和相关费用后有剩余的，剩余部分应当返还给应收账款债权人"，表明保理人应就其所收取的应收账款与保理融

---

[1] 参见黄斌：《国际保理——金融创新及法律实务》，法律出版社，2006，第22-23页；许多奇：《保理融资的本质特色及其法律规制》，《中南财经政法大学学报》2004年第2期；陈学辉：《国内保理合同性质认定及司法效果考证》，《西北民族大学学报（哲学社会科学版）》2019年第2期，第100-101页。案例参见最高人民法院（2018）最高法民申1479号民事裁定书；最高人民法院（2018）最高法民申1513号民事裁定书；最高人民法院（2019）最高法民申2994号民事裁定书。

[2] 参见陈本寒：《新类型担保的法律定位》，《清华法学》2014年第2期；林秀榕、陈光卓：《有追索权国内保理的法律性质》，《人民司法（案例）》2016年第32期。案例参见浙江省杭州市西湖区人民法院（2012）杭西商初字第751号民事判决书；福建省福州市中级人民法院（2013）榕民初字第1287号民事判决书、福建省福州市中级人民法院（2014）榕民初字第1167号民事判决书、福建省福州市中级人民法院（2015）榕民终字第1734号民事判决书。

[3] 参见何颖来：《〈民法典〉中有追索权保理的法律构造》，《中州学刊》2020年第6期。

[4] 参见顾权、赵瑾：《商业保理合同纠纷的裁判路径》，《人民司法》2016年第32期。案例参见最高人民法院（2017）最高法民再164号民事判决书。

资款及服务报酬之间进行清算，保理人并未受让取得应收账款债权的完整权利。就此而言，保理人在有追索权保理交易中的权利，已经不同于应收账款的转让。其中，应收账款虽然名义上已经转让给保理人，但其目的在于担保保理人对应收账款债权人的保理融资款的清偿[1]，并非为了取得应收账款的溢价收益。《民法典》第766条前句规定："保理人可以向应收账款债权人主张返还保理融资款本息或者回购应收账款债权，也可以向应收账款债务人主张应收账款债权"，至少表明保理人实现其权利时具有选择权，应收账款债权人与应收账款债务人之间对于保理人的融资款债权而言，并不存在顺序利益。如此，保理人实现其在有追索权保理交易中的权利，已经不同于间接给付。应收账款让与担保说不仅揭示了保理人受让应收账款债权的担保功能，而且更为直接、明确地表明了保理合同与物权编担保物权分编之间的内在体系联系，更为可取。[2]与应收账款让与担保交易不同的是，有追索权保理中，保理人所受让的应收账款并非仅为保理人的融资款及其从债权提供担保，而且还为其中保理人提供其他金融服务的相关费用的清偿提供担保；保理人向应收账款债务人主张应收账款债权并不仅以保理融资款为限。

《民法典》秉承功能主义立场，于第388条第1款将保理合同定性为非典型担保合同。如此看来，有追索权保理既不同于应收账款质押交易，也不同于应收账款让与担保交易，而属于担保交易的一种独立类型。其一，担保交易的从属性。在有追索权保理交易中，虽然只存在一个合同，但保理人受让取得的应收账款债权（从权利）从属于保理融资款及服务报酬债权（主权利）。如此，保理人受让取得的应收账款债权为保理融资款及服务报酬债权的清偿提供担保，而不是应收账款债权人为应收账款债务人的债务清偿能力

1　参见刘贵祥、林文学、杨永清、麻锦亮、吴光荣：《"关于非典型担保"及"附则"部分重点条文解读》，见最高人民法院民事审判第二庭：《最高人民法院民法典担保制度司法解释理解与适用》，人民法院出版社，2021，第136页。

2　参见何颖来：《〈民法典〉中有追索权保理的法律构造》，《中州学刊》2020年第6期；刘保玉：《民法典担保物权制度新规释评》，《法商研究》2020年第5期。

提供担保。其二，保理人实现其权利的顺序。在有追索权保理交易中，保理人所享有的权利既包括请求应收账款债权人返还保理融资款，也包括请求应收账款债务人清偿应收账款债权。有观点认为，在应收账款让与担保法律关系之中，保理人应首先请求应收账款债权人清偿债务。[1]这是对让与担保交易的误解。依据《民法典担保制度解释》第 68 条的规定，在主债务届期未获清偿的情形之下，债权人自可径行实现其让与担保权，且不以适用"实现担保物权案件"特别程序为限。在解释上，债权人基于主债务届期未获清偿的事实，当然可以向主债务人主张主债权。如此，债权人实现其权利并无先后顺序之分。有追索权保理交易自应作相同解释。

《民法典担保制度解释》第 1 条后句指出："所有权保留买卖、融资租赁、保理等涉及担保功能发生的纠纷，适用本解释的有关规定。"整体上把握《民法典》上的保理交易规则体系，可以认为，但凡涉及保理合同当事人之间具有相对效力的问题，《民法典》均将之置于合同编典型合同分编保理合同章中加以规定。基于《民法典》第 388 条第 1 款的规定，保理合同又被功能化为担保合同，由此带来的体系效应就是，保理交易中涉及与担保功能相关的纠纷，即应适用或者类推适用《民法典》担保物权分编的相关规则。

三、保理交易中应收账款的特定化与真实性

保理交易中，应收账款债权人的主给付义务是应收账款的转让，客体也一定为应收账款。[2]如此，如何界定应收账款的范围，如何在物权客体特定性原则之下把握应收账款的特定化与真实性，就成了理解保理交易的担保功能的关键内容之一。

（一）保理交易中应收账款的范围

应收账款本是一个会计学上的术语。根据《企业会计制度》《企业会计

---

[1] 参见包晓丽：《保理项下应收账款转让纠纷的裁判分歧与应然路径》，《当代法学》2020 年第 3 期；陈辛迪、胡爱民：《有追索权保理法律性质研究》，《地方财政研究》2020 年第 7 期。

[2] 参见詹诗渊：《保理合同客体适格的判断标准及效力展开》，《环球法律评论》2021 年第 5 期。

准则》的相关规定，应收账款是指企业因销售商品、提供劳务等经营活动，应向购货单位或接受劳务单位收取的款项。[1] 我国法上对应收账款作出全面界定的是《统一登记办法》。依据该办法第 3 条第 1 款的规定[2]，应收账款是指应收账款债权人因提供一定的货物、服务或设施而获得的要求应收账款债务人付款的权利以及依法享有的其他付款请求权，包括现有的以及将有的金钱债权，但不包括因票据或其他有价证券而产生的付款请求权[3]，以及法律、行政法规禁止转让的付款请求权。但《银行保理管理办法》第 8 条又规定："本办法所称应收账款，是指企业因提供商品、服务或者出租资产而形成的金钱债权及其产生的收益，但不包括因票据或其他有价证券而产生的付款请求权。"《中国银行业保理业务规范》（银协发〔2016〕127 号）第 4 条与此基本相同。这里明显对前述应收账款的内涵和外延进行了限缩，由此产生了非贸易背景所产生的应收账款是否可以叙做保理业务的问题。

　　《民法典》第 761 条、第 440 条明定"现有的以及将有的应收账款"均可叙做保理交易和权利质押交易。尚存疑问的是，这两种交易在应收账款的范围上是否存在差异？在解释上，《民法典》关于应收账款的表述在"保理合同"章和"权利质权"节之间并无区别，且《统一登记办法》规定的登记范围既包括保理，也包括应收账款质押，又对其中"应收账款"作了统一界定。基于此，保理交易和应收账款质押交易中的应收账款范围应作同一解释。不过，从不同行政规章的视角，《银行保理管理办法》基于保理交易的贸易融资背景，强调保理交易的标的应收账款主要是基于贸易（提供商品或

1　参见方新军：《〈民法典〉保理合同适用范围的解释论问题》，《法制与社会发展》2020 年第 4 期。

2　《动产和权利担保统一登记办法》第 3 条与《应收账款质押登记办法》第 2 条关于应收账款的内涵与外延的界定几近相同，以下基于《应收账款质押登记办法》对于学说和裁判的梳理也就具有了正当性。特此叙明。

3　有学者认为，囿于《应收账款质押登记办法》的调整范围，因票据或其他有价证券而产生的付款请求权，并无登记公示的必要，证券化本身就是一种公示方法。但不能据此认为，因有价证券所产生的付款请求权，即排除于保理业务范围之外。参见方新军：《〈民法典〉保理合同适用范围的解释论问题》，《法制与社会发展》2020 年第 4 期。

者服务）而产生。[1] 本书作者认为，在《民法典》就应收账款的范围在保理交易中未作特别限定的背景之下，不宜对其进行限缩解释。一是增加融资渠道，优化营商环境，满足不同市场主体的融资需求。尤其是在应收账款债权人不能达到商业银行借款条件的情形之下，可以借道保理交易"因物称信"的属性获得融资支持。二是秉承"法无禁止，即为允许"的私法自治理念。在后颁布的《统一登记办法》一体规定应收账款范围的情形之下，在先颁布的监管规章即应作相应修改。基于此，《统一登记办法》所规定的应收账款均可叙做保理业务。《统一登记办法》第3条第2款第2项、第3项将"提供医疗、教育、旅游等服务或劳务产生的债权""能源、交通运输、水利、环境保护、市政工程等基础设施和公用事业项目收益权"纳入应收账款的范围。虽然此类基于行政许可所产生的权利在定性上尚存争议[2]，但在解释上可以认为，此类应收账款是集合债权，是债权人未来与具体的个别债务人之间的服务或劳务合同所可得产生的应收账款之和，具有将有应收账款的属性。[3] 与已存在基础法律关系的将有应收账款不同的是，此类应收账款的债务人不确定、具体数额不确定。

就保理交易中的应收账款是否包括将有的金钱债权，实践中呈现出由否定说向肯定说的转变。《银行保理管理办法》第13条第1款明确指出，商业银行不得基于未来应收账款开展保理融资业务。司法实践中即有裁判据此认为，应收账款必须是确定的、已经存在的债权，从而否定未来应收账款保

1　根据《商务部关于商业保理试点有关工作的通知》（商资函〔2012〕419号），天津市和上海市制定的商业保理试点办法中均强调商业保理的贸易融资属性。如《天津市商业保理业试点管理办法》第2条规定："本办法所称商业保理，是指销售商（债权人）将其与买方（债务人）订立的货物销售（服务）合同所产生的应收账款转让给商业保理公司，由商业保理公司为其提供贸易融资、应收账款管理与催收等综合性商贸服务。"这里将应收账款的发生依据限于货物销售或服务合同。《银行保理管理办法》第8条又扩大至"出租资产"，这实际上已经脱离了贸易融资的范畴。

2　参见崔建远：《关于债权质的思考》，《法学杂志》2019年第7期。

3　参见虞政平、陈辛迪：《商事债权融资对债权让与通知制度的冲击》，《政法论丛》2019年第3期。

理的效力。[1] 但多数裁判认为，上述行政规章的禁止性规定并非法律、行政法规的强制性规定，不能据此否定标的为将来应收账款的保理合同的效力。[2] 基于此，《中国银行保险监督管理委员会办公厅关于加强商业保理企业监督管理的通知》（银保监办发〔2019〕205 号）又删除了《银行保理管理办法》第 13 条第 1 款的前述禁止性规定；《民法典》第 761 条明确承认了以将有应收账款开展保理业务的有效性。[3]

《民法典》第 761 条中，"现有的应收账款"与企业会计制度中的应收账款同其意义，即债权人基于双务合同已经履行其给付义务，但对方尚未履行对待金钱给付义务之时的金钱债权。金钱给付义务的履行期限是否届至，均无不可[4]，即使履行期限尚未届至的金钱债权，也属于以未来金钱给付为内容的现有应收账款。[5] "将有的应收账款"所谓何指，学说和实务中争议较大。《银行保理管理办法》第 13 条第 2 款规定："未来应收账款是指合同项下卖方义务未履行完毕的预期应收账款。"这一规定的文义涵摄范围较为狭窄，限于"提供商品、服务或者出租资产"等合同。

学说上以为，将有的应收账款包括两类：一是已有基础法律关系的将有应收账款，如附生效条件、附生效期限、继续性合同所产生的将有应收账款，债权人自身的给付行为尚未完成但一旦完成即可产生的应收账款等；二是没有基础法律关系的纯粹的将有应收账款，如未订立合同的买卖、租赁、

---

1 参见湖北省高级人民法院（2017）鄂民终字第 3301 号民事判决书。

2 参见北京市第三中级人民法院（2017）京 03 民终 9853 号民事判决书；湖北省汉江中级人民法院（2017）鄂 96 民终字第 300 号民事判决书；湖北省高级人民法院（2017）鄂民终字第 3113 号民事判决书；最高人民法院（2018）最高法民终 31 号民事判决书；最高人民法院（2018）最高法民再 128 号民事判决书。

3 但《民法典》第 761 条的规定并不必然排斥行政监管机关从金融安全、金融风险防控角度对被监管主体作出更为严格的风控要求。参见李志刚：《〈民法典〉保理合同章的三维视角：交易实践、规范要旨与审判实务》，《法律适用》2020 年第 15 期。

4 参见最高人民法院民事审判第二庭：《最高人民法院民法典担保制度司法解释理解与适用》，人民法院出版社，2021，第 519 页。

5 参见张静：《将有债权处分的法律构造与顺位安排》，《法学》2022 年第 2 期。

提供服务等产生的应收账款等。[1]司法实践中就前者争议不大，但就后者则存在较大争议。如有裁判认为："没有基础法律关系便不存在应收账款，当事人约定以营业收入作为转让标的，且仅约定了债权产生的期间，对具体交易额、交易对象及所产生债权的性质均未作出约定，不应当认为具有确定性。"[2]并据此否定了案涉将有应收账款保理合同的效力。但更多的裁判认为，只要将有应收账款具有合理可期待性和发生可能性，即应肯定相关保理合同的效力。[3]这一多数观点还得到了学说的支持。[4]

本书作者认为，就将有应收账款签订保理合同的效力与保理人是否可得就该应收账款主张权利是两个不同层次的问题。[5]后者涉及案涉将有应收账款是否特定化及实际发生的问题。就将有应收账款签订保理合同，本属当事人意思自治范畴，将有应收账款是否具有合理可期待性和发生可能性，亦属保理人在从事保理交易之时的尽职调查范围，法律原则上没有必要予以否定。[6]

（二）保理交易中应收账款的特定化

在将具有担保功能的保理合同界定为担保合同的情形之下，保理人就其受让取得的应收账款所享有的权利就具有了担保物权的属性。依据《民法典》第114条第2款的规定，"物权是权利人依法对特定的物享有直接支配和排他的权利"。保理人就其受让取得的应收账款所享有的权利作为物权的

---

1 参见黄立：《民法债编总论》，中国政法大学出版社，2002，第616-617页；黄薇主编：《中华人民共和国民法典合同编释义》，法律出版社，2020，第602页。

2 上海市第一中级人民法院（2015）沪一中民六（商）终字第640号民事判决书。

3 参见最高人民法院（2018）最高法民再128号民事判决书；海南省高级人民法院（2018）琼民初51号民事判决书；浙江省台州市中级人民法院在（2020）浙10民终1065号民事判决书；河南省高级人民法院在（2020）豫民申922号民事判决书等等。

4 参见曹士兵：《中国担保制度与担保方法》（第五版），中国法制出版社，2022，第415页；王利明：《我国民法典物权编中担保物权制度的发展与完善》，《法学评论》2017年第3期。

5 参见包晓丽：《保理项下应收账款转让纠纷的裁判分歧与应然路径》，《当代法学》2020年第3期。

6 参见庄加园：《〈合同法〉第79条（债权让与）评注》，《法学家》2017年第3期；张静：《将有债权处分的法律构造与顺位安排》，《法学》2022年第2期。

一种，自然也是针对"特定的物"的权利。依据《民法典》第115条的规定，"物包括不动产和动产。法律规定权利作为物权客体的，依照其规定"。因此，应收账款作为权利的一种，基于法律的规定，也可以作为物权的客体。如此，保理人权利的客体——应收账款，也应当达到特定化的标准。

1. 物权特定原则在保理交易中的缓和

与其他物权种类不同的是，担保物权的效力体现为，在担保物权可得实现之时，权利人可就"特定的物"进行变价并优先受偿。因此，作为物权法结构原则的物权（客体）特定原则[1]，在担保物权制度中也就有了特殊性。在担保物权设立之时，标的财产仅须可得特定即可，但在担保物权实现之时，标的财产必须是特定的。[2] 在此背景之下，《民法典》就标的财产的特定化问题作了相应的变通规定，其第427条第2款将质押合同内容中对标的财产的描述由《物权法》上的"质押财产的名称、数量、质量、状况"修改为"质押财产的名称、数量等情况"，这就允许对应收账款进行概括描述。[3] 值得注意的是，《民法典》的这一修改虽然仅及于担保合同的内容，但在解释上，动产和权利担保登记簿上就标的应收账款的记载，亦应允许概括描述。

但是，允许对标的应收账款的概括描述，并不是没有边界的，仍必须使他人能够合理地识别标的应收账款。也就是说，以应收账款叙做保理业务之时，保理合同中和登记簿上就应收账款的描述，均应使他人能够将标的应收账款与债务人的其他应收账款相互区分，以达到担保权利客体特定的标准，如此方能使第三人清晰地判定据此描述的担保权利登记的范围，使担保权利具有对抗第三人的效力。《民法典担保制度解释》第53条在总结审判经验的基础上，对这一问题作了统一的规定，其中指出："当事人在动产和权利

1　参见王泽鉴：《民法物权》（第二版），北京大学出版社，2009，第15页。

2　参见高圣平：《民法典担保从属性规则的适用及限度》，《法学》2020年第7期。

3　参见沈春耀：《全国人民代表大会宪法和法律委员会关于〈民法典物权编（草案）〉修改情况的汇报——2019年4月20日在第十三届全国人民代表大会常务委员会第十次会议上〉，见《民法典立法背景与观点全集》编写组：《民法典立法背景与观点全集》，法律出版社，2020，第42页。

担保合同中对担保财产进行概括描述，该描述能够合理识别担保财产的，人民法院应当认定担保成立。"[1]这里所说的"动产和权利担保合同"，自当涵盖保理合同。登记簿上对应收账款的描述，可以是概括描述，也可以是具体描述，但应达到合理识别标的应收账款的程度。[2]

2.保理交易中应收账款特定化之标准

关于对应收账款的描述是否达到特定化的程度，司法实践中争议较大。应收账款的常素包括：应收账款债权人、应收账款债务人、产生应收账款的基础法律关系、应收账款的发生期间、应收账款的数额等。应收账款的种类不同，这些常素的表现形式也不同。其一，应收账款债权人既是保理合同的当事人，也是应收账款债权债务关系的当事人，自是特定的。其二，对于现有应收账款而言，应收账款债务人是确定的，但就将有应收账款而言，应收账款债务人可能是确定的，可能是不确定的。没有特定的应收账款债务人的，当事人只须载明相对特定的应收账款债务人。其三，产生应收账款的基础法律关系和应收账款的发生期间须为确定，应收账款的发生期间可由应收账款履行期限代替。其四，对于现有应收账款而言，应收账款的数额是确定的或可得确定的，但就将有应收账款而言，应收账款的数额可能是不确定的。其中，"应收账款债权人""产生应收账款的基础法律关系""应收账款的发生期间"是要素；"应收账款债务人""应收账款的数额"等属于偶素。

产生应收账款的基础法律关系，包括销售、出租产生的债权，包括销售货物，供应水、电、气、暖，知识产权的许可使用，出租动产或不动产等；提供医疗、教育、旅游等服务或劳务；能源、交通运输、水利、环境保护、市政工程等基础设施和公用事业项目收益权；提供贷款或其他信用活动；其

1　值得注意的是，这里"该描述能够合理识别担保财产的，人民法院应当认定担保成立"的规定，不够周延。在登记为应收账款质权设立的生效要件之情形，仅有"该描述能够合理识别担保财产"，但未办理登记的，担保仍不成立。参见崔建远：《对非典型担保司法解释的解读》，《法治研究》2021年第4期。

2　参见广东省深圳市中级人民法院（2015）深中法商初字第8号民事判决书。

他产生金钱给付内容的合同。[1]这些基础法律关系，具体表现为：其一，交易合同（包括未来的交易合同）。具体描述为"应收账款债权人""应收账款债务人""合同标的""合同编号""应收账款履行期限""应收账款的数额""发票号码"（如有）。概括描述为"应收账款债权人""合同标的""应收账款的发生期间""应收账款债务人"（债务人不特定时不指明此项）。如"应收账款债权人2022年出租其所有的甲写字楼所产生的租金收入"，仅记载"债权人出租所产生的租金收入"即没有达到合理识别标准。其二，收费许可。概括描述为"应收账款债权人""收费项目"[2]"收费许可证编号""应收账款的发生期间"等，如"应收账款债权人自2022年1月1日至2022年12月31日期间的收费收入，收费项目为门诊收费、住院收费、治疗收费、药品收费、其他收费项目，收费许可证号为：***"。其三，特许经营许可。概括描述为"应收账款债权人""项目具体名称""收费依据"[3]"应收账款的发生期间"等，如"应收账款债权人自2022年1月1日至2022年12月31日期间的高速公路项目的收益权，项目具体名称是***，收费许可证号为：***"。值得注意的是，将有应收账款的特定化，并非在保理合同签订之时已经被特定化，而是在将有应收账款实际产生时能够被识别为被之前订立的保理合同所涉及。[4]

3. 保理交易中应收账款未达到特定化标准之后果

依据《民法典担保制度解释》第53条的规定，如保理合同中对标的应

1　参见《动产和权利担保统一登记办法》第3条第2款。不过，就该款中所列举的应收账款类型，学者间存有不同意见。本书就此搁置不论，留待另撰专文探讨。

2　以学校为例：学杂费、学生住宿费等，根据具体情况分别列出；以医院为例：门诊收费、住院收费、治疗收费、药品收费、其他收费项目等。参见《应收账款质押/转让登记财产描述示例》，https://www.zhongdengwang.org.cn/cms/goDetailPage.do?oneTitleKey=yhyd&twoTitleKey=djzy，2022-05-08。

3　如政府相关部门的批复，与政府签订的购买协议，政府相关文件通知等。参见《应收账款质押/转让登记财产描述示例》，https://www.zhongdengwang.org.cn/cms/goDetailPage.do?oneTitleKey=yhyd&twoTitleKey=djzy，2022-05-08。

4　参见黄薇主编：《中华人民共和国民法典合同编释义》，法律出版社，2020，第602页。

收账款的概括描述没有达到能够合理识别担保财产的标准，则应当认定"担保不成立"。有观点认为，这里的"担保不成立"，指的是担保合同和担保物权均不成立。[1] 本书作者认为，在物权变动的原因与结果相区分原则之下，所谓"担保不成立"是指担保物权不成立，但不影响合同效力。亦即，保理合同中对标的应收账款的概括性描述，即使不满足"合理识别"的标准，保理合同的效力亦不受影响，但是保理人没有取得对标的应收账款的权利，保理人就应收账款的担保物权不成立。

值得注意的是，以不具备合理可期待性和发生可能性的将有应收账款为标的的"保理合同"，并不具备保理交易所必备的应收账款转让要件，就不成其为保理交易，应以当事人之间真实的交易关系判断合同的效力和当事人的权利义务。这里，所谓合理可期待性和发生可能性，是指虽然保理合同订立时该将有应收账款尚未产生，但于保理合同确定的未来时点其将会产生，保理人对该应收账款有合理期待。[2]

（三）保理交易中应收账款的真实性

确保应收账款的真实性，是保理交易中保理人控制交易风险的主要方法。《民法典》第 763 条规定："应收账款债权人与债务人虚构应收账款作为转让标的，与保理人订立保理合同的，应收账款债务人不得以应收账款不存在为由对抗保理人，但是保理人明知虚构的除外。"这里，"应收账款债权人与债务人虚构应收账款"将导致基础交易合同不成立或者无效，除非保理人明知应收账款债权人和债务人虚构应收账款，保理合同的效力不因基础交易合同的不成立或者无效而受到影响。[3]

1　参见最高人民法院民事审判第二庭：《最高人民法院民法典担保制度司法解释理解与适用》，人民法院出版社，2021，第 465-466 页；谢鸿飞：《担保财产的概括描述及其充分性》，《法学》2021 年第 11 期。

2　参见李志刚：《〈民法典〉保理合同章的三维视角：交易实践、规范要旨与审判实务》，《法律适用》2020 年第 15 期。

3　参见崔建远：《保理合同探微》，《法律适用》2021 年第 4 期。

《民法典》第 763 条将除外情形界定为"保理人明知虚构",在一定程度上表明立法者确立的保理人审查标准较低。这里的"明知",应以一个普通人的常识作为判断标准。亦即,保理人对基础交易合同或者应收账款确认书的审查,应采取形式审查标准,不应苛求保理人对产生应收账款的基础交易关系及所有可能的交易凭证进行实质审查,更不应苛求保理人去实地勘察。[1]

保理实践中,保理人在尽职调查过程中通常会向应收账款债务人核实应收账款的真实性,由应收账款债务人在征询函或其他文书上确认该应收账款真实存在。此时,应收账款债务人制造了虚假应收账款的外观,对据此产生信赖的保理人应当予以保护。[2] 就此时的法律后果,《民法典》第 763 条并未作出明确规定。"债权转让、应收账款质押以及保理三者具有密切的联系,一般认为,相关制度可以相互准用。"[3] 如此,类推适用《民法典担保制度解释》第 61 条第 1 款的规定,以现有的应收账款叙做保理业务,应收账款债务人向保理人确认应收账款的真实性后,不得再以应收账款不存在或者已经消灭为由主张不承担责任。不过,应收账款债务人的确认并不能排除保理人对虚构事实的明知,保理人不能仅因应收账款债务人的确认即全然不对应收账款进行任何的调查核实,在保理人完全可以通过成本较低的审核措施就能够发现应收账款不存在的情形之下,即足以认定保理人明知应收账款不存在。[4]

值得注意的是,应收账款债务人在"应收账款转让通知回执"上签章,是否构成应收账款真实性的承认?有观点认为,应收账款债务人在"应收账款转让通知回执"上签章,仅表明其收到了该转让通知,并无承认债务的意

1　参见李志刚:《〈民法典〉保理合同章的三维视角:交易实践、规范要旨与审判实务》,《法律适用》2020 年第 15 期,第 42 页。

2　参见黄薇主编:《中华人民共和国民法典合同编释义》,法律出版社,2020,第 602、607-608 页。

3　最高人民法院民事审判第二庭:《最高人民法院民法典担保制度司法解释理解与适用》,人民法院出版社,2021,第 520 页。

4　参见黄薇主编:《中华人民共和国民法典合同编释义》,法律出版社,2020,第 608 页。

思，也就不构成单方承认债务。应收账款债务人单方承认债务，须有向保理人表示愿意清偿应收账款债权的意思。[1]本书作者以为，此际仍须结合"应收账款转让通知"的内容对应收账款债务人的意思表示进行解释。虽然从保理交易的通常流程来看，保理人是先向应收账款债务人征询应收账款的真实性，而后签订保理合同，再通知应收账款债务人，但也不排除保理人在"应收账款转让通知"中一并请求应收账款债务人确认应收账款的真实性。如"应收账款转让通知"中已有此等文义，应收账款债务人在回执上签章即足以表明对应收账款真实存在的确认。此际，至少在解释上可以认为，应收账款债务人不得再主张应收账款并不真实存在的抗辩。

保理人没有要求应收账款债务人对应收账款的真实性进行确认的，类推适用《民法典担保制度解释》第 61 条第 2 款的规定，保理人应就应收账款的真实存在负担证明责任。不过，应收账款债务人主张应收账款已经消灭的，表明承认应收账款的真实性。基于此，应收账款债务人应就该项抗辩负担证明责任。

四、应收账款之上保理与其他交易竞存时的优先顺位规则

由于保理交易通常以架构约款概括界定转让的应收账款的范围，因此在其履行的层次，容易引起应收账款重复转让、保理、出质。此际，如何决定各权利人就标的应收账款的受偿顺序，即成为棘手的问题。[2]

就同一应收账款存在数个应收账款质权的情形，《民法典》第 414 条第 2 款规定："其他可以登记的担保物权，清偿顺序参照适用前款规定。"应收账款质权即为典型的"其他可以登记的担保物权"，因此，同一应收账款如设立了两个或者两个以上的应收账款质权，即应准用《民法典》第 414 条第

1　参见朱晓喆、刘剑峰：《虚假应收账款保理交易中保理人的信赖保护》，《人民司法（应用）》2021年第 4 期。案例参见最高人民法院（2017）民申字第 3132 号民事裁决书。

2　参见黄茂荣：《论保理合同》，《法治研究》2021 年第 3 期。

1 款第 1 项 "抵押权已经登记的，按照登记的时间先后确定清偿顺序" 的规定。在解释上，该款第 1 款第 2、3 项自无准用余地。应收账款质权采取登记生效主义，如某一应收账款质权没有登记，即该应收账款质权不成立，自不存在与其他应收账款质权竞存的可能。由此可见，应收账款质权竞存之时的优先顺位判断标准仅有一个，即登记的先后。登记者和未登记者之间、未登记者之间不发生竞存关系。

就同一应收账款存在数个保理的情形，《民法典》第 768 条规定保理人之间的优先顺位判断标准包括了登记和通知应收账款债务人。登记在先，顺位优先；均未登记的，转让通知先到达债务人的优先；既未登记也未通知的，顺位平等，彼此之间不发生先后顺序关系，按照保理融资款或者服务报酬的比例取得应收账款。这一规则亦可类推适用于同一应收账款多重转让的情形。[1] 该条中的 "取得应收账款" 在特定的情形之下，是指取得就应收账款的优先顺位。[2]

由此可见，《民法典》上就不同的应收账款融资交易模式中权利冲突处理规则所作的政策选择并不一致。虽然《民法典》第 768 条规定了应收账款转让登记问题，明确以登记先后作为首要的顺位依据[3]，但由此带来的问题是，就同一应收账款，同时存在保理、应收账款质押和债权转让的情形，如何确定竞存权利之间的优先顺位？是准用《民法典》第 414 条第 1 款，还是类推适用《民法典》第 768 条？裁判实践就此存在较大争议。以应收账款质押与保理发生先后为标准，可以分为 "质押在先，保理在后" 与 "保理在

1　值得注意的是，债权转让在《民法典》上并未被赋予登记能力。不过，就交易数额较大的债权让与而言，为保全其权利和顺位，防止权利冲突，受让人亦可在动产和权利担保统一登记系统中登记其对应收账款的权利。

2　参见蔡睿：《保理合同中债权让与的公示对抗问题》，《政治与法律》2021 年第 10 期。

3　参见李志刚：《〈民法典〉保理合同章的三维视角：交易实践、规范要旨与审判实务》，《法律适用》2020 年第 15 期。

先，质押在后"两种情形。[1]

第一种情形，"质押在先，保理在后"。依据《民法典》第 445 条的规定，应收账款质权设立后，未经质权人同意，出质人不得转让该应收账款。由此，司法实践中均认可依法设立的应收账款质权优先于保理人的权利，如应收账款质权依法有效设立且先于应收账款转让发生，应收账款质权人与受让人权利竞存时，根据物权公信和公示原则，质权具有效力上的优先性，质权人先于应收账款受让人享有应收账款项下的权利。[2]但对于《民法典》第 445 条中"应收账款出质后，不得转让"的含义存在不同理解。

第一种观点认为，在应收账款质权依法设立后，未经质权人同意，转让该应收账款的行为因违反实定法上的强制性规定而无效[3]，或者不成立[4]，或者属于无权处分行为（效力待定）。[5]第二种观点认为，应收账款质权设立在先并不影响之后签订的保理合同的效力。"应收账款出质后，不得转让"的规定，并非效力性强制性规定。质权设立之后至质权实现期间，出质人享有期限利益，且该质权是否实现有待主债权的履行情况而确定。[6]第三种观点认为，在应收账款质权已经依法登记之后，应收账款债权人仍隐瞒质押事实订立保理合同的，构成欺诈，如保理人不以欺诈为由请求撤销保理合同，该合同有效，但不能发生应收账款转让的效力，保理人不得请求应收账款债务人履行债务，但可以请求应收账款债权人承担违约责任。同时，应收账款债务人明知该应收账款被质押而协助应收账款债权人隐瞒质押事实的，应对该违

---

1 基于保理交易以应收账款转让为核心的立场，为讨论上的便宜，本处仅涉及保理。至于应收账款转让，当可类推适用保理交易相关规则。

2 参见最高人民法院（2017）最高法民再 409 号民事判决书。

3 参见江苏省高级人民法院民二庭课题组：《国内保理纠纷相关审判实务问题研究》，《法律适用》2015 年第 10 期。案例参见最高人民法院（2017）最高法民再 409 号民事判决书。

4 参见云南省昆明市中级人民法院（2015）昆环保民初字第 7 号民事判决书。

5 参见《天津市高级人民法院关于审理保理合同纠纷案件若干问题的审判委员会纪要（一）》（津高法〔2014〕251 号）。

6 参见最高人民法院（2019）最高法民终 1132 号民事判决书。

约责任承担补充赔偿责任。[1]

在《民法典》强调金钱债权流通性价值的背景下[2]，否定入质应收账款的转让行为的效力，既与《民法典》的法政策选择不一致，也不利于实现应收账款效益的最大化。当保理人认可标的应收账款的价值大于被担保的主债权的事实，且愿意受让该应收账款时，限制标的应收账款的转让，正当性不足。[3]此外，应收账款出质之后，出质人仍然保有其应收账款债权人地位，尽管《民法典》第445条对出质人转让标的应收账款作出限制，但并未限制出质人就标的应收账款再次出质。如此，秉承《民法典》第414条所确立的允许担保财产重复担保以充分发挥担保财产的金融价值的法政策选择，《民法典》第445条中的"转让"的文义应进行限缩解释，不包括出质在内。在保理交易功能化为担保交易之后，应收账款的转让仅起担保作用。因此，应收账款出质后，自然也就不影响出质人就标的应收账款叙做保理业务。此际，因为应收账款质权登记在先，不管此后保理交易是否登记，应收账款质权人的权利均优先于保理人。

有裁判认为，即使应收账款转让合同订立于质权登记之前，只要质押合同先于应收账款转让合同订立，该应收账款转让合同不影响应收账款质权的设立及其优先顺位，应收账款受让人不得先于质权人受偿，如其不能受偿，只能请求应收账款债权人承担违约责任。[4]本书作者认为，在《民法典》实施之后，这一司法态度应当转变。即使就标的应收账款签订质押合同，但应收账款质权未经登记即不设立，自然也不得对抗第三人。后继保理人无从自登记簿查知标的应收账款之上的质权负担，在签订保理合同之后及时在先办理了保理登记，此际，保理人就标的应收账款的权利自应优先。

1　参见山东省日照市中级人民法院（2016）鲁11民初270号民事判决书。

2　参见黄薇主编：《中华人民共和国民法典合同编释义》，法律出版社，2020，第191页。

3　参见罗帅：《应收账款质押的权利竞存顺位》，《甘肃政法学院学报》2020年第3期。

4　参见最高人民法院（2016）最高法民申第568号民事裁定书；山东省高级人民法院（2015）鲁商终字第354号民事判决书。

第二种情形,"保理在先,质押在后"。对于在保理合同订立之后,又以同一应收账款设立质权的情形,裁判中就应收账款质权能否设立仍存争议。第一种观点认为,在应收账款已经转让后又以其设立质权的,属于无权处分[1],除非质权人善意,应收账款质权未设立[2];第二种观点则认为应收账款质权设立,但质权人应在扣除应收账款受让人受偿金额后的范围内优先受偿,即清偿顺位劣后。[3]

本书作者认为,在《民法典》第388条第1款将保理合同重构为担保合同之后,保理人就标的应收账款即仅取得担保权利,并未取得其完整权能。此际,即使标的应收账款已经转让予保理人,应收账款债权人也不失其就标的应收账款的剩余权能,也不影响其在同一应收账款上为他人设立质权。由此可见,应收账款债权人在与保理人签订保理合同之后,又以同一应收账款设立质权的,并不构成无权处分。基于《民法典》第414条和第768条所规定的权利竞存顺位确定规则,如在先的保理在应收账款质权之前登记,则保理人的权利优先;如在先的保理在应收账款质权之后登记,或者在先的保理并未登记,则应收账款质权人的权利优先。

尚存争议的是,就在先的保理未登记、在后的质权已登记的情形,如质权人知道标的应收账款已经转让予保理人,基于《民法典》第768条所间接确立的登记对抗规则,未登记的保理人权利可得对抗恶意的应收账款质权人。但从《民法典》第414条和第768条的文义来看,同一应收账款之上的不同担保物权之间优先顺位的确定,并不考虑在后的担保物权人主观上的善

---

1 参见严良胜:《论应收账款上的质押和保理之优先权》,《金融与经济》2009年第11期;田浩为:《保理法律问题研究》,《法律适用》2015年第5期。

2 参见江苏省高级人民法院民二庭课题组:《国内保理纠纷相关审判实务问题研究》,《法律适用》2015年第10期。案例参见北京市石景山区人民法院(2012)石民初字第14号民事判决书。

3 参见山东省高级人民法院(2016)鲁民终1387号民事判决书;最高人民法院(2016)最高法民申第568号民事裁定书;浙江省宁波市中级人民法院(2018)浙02民初1363号民事判决书。

恶意。[1]如此，此际，应收账款质权人的权利优先。

为防杜裁判分歧，《民法典担保制度解释》第66条第1款明确规定，同一应收账款既有保理人的权利、又有应收账款质权人的权利，还有受让人的权利，彼此之间顺位的确定，不适用《民法典》第414条，而是准用《民法典》第768条。[2]这里秉承了依公示的先后确立竞存权利之间优先顺位的一般规则。其一，无论是"质押在先，保理在后"还是"保理在先，质押在后"，应收账款债权人在设立先一权利之后，对后一权利的设立均不构成无权处分，《民法典》上关于无权处分和善意取得的相关规则自无适用余地。其二，相较登记对抗规则，竞存权利之间的优先顺位规则不考虑在后权利的权利人是否善意。不管在在后权利设立之时，权利人是否善意，均依客观化的公示时间确立其与在先权利之间的顺位关系。其三，在登记可以自主在线便捷完成的情形之下，依登记先后判断竞存权利之间的优先顺位，增加了交易的确定性。当事人在从事应收账款融资交易之时，基于法律规定，自应首先查询动产和权利担保统一登记系统，以探知标的应收账款之上是否存在权利负担，从而控制交易风险。否则，应承担顺位劣后的风险。其四，在竞存权利均未登记的情形之下，将应收账款转让的事实通知应收账款债务人，在一定程度上起着公示的作用。此际，以转让通知到达应收账款债务人的先后确定竞存权利之间的优先顺位，在一定程度上有利于应收账款债务人履行债务。其五，在竞存权利均未登记和通知的情形之下，彼此之间顺位平等，不发生对抗关系，按照保理融资款或者服务报酬的比例就应收账款受偿。这一规则与《民法典》第414条第1款第3项规定的抵押权均未登记时按照被担保的债权比例清偿的法政策选择相一致。[3]

1　参见高圣平：《民法典动产担保权优先顺位规则的解释论》，《清华法学》2020年第3期。

2　就《民法典》第768条和《民法典担保制度解释》第66条第1款的批评意见，参见崔建远：《对非典型担保司法解释的解读》，《法治研究》2021年第4期。

3　参见蔡睿：《保理合同中债权让与的公示对抗问题》，《政治与法律》2021年第10期。

值得注意的是，在适用《民法典担保制度解释》第 66 条第 1 款时，保理和应收账款转让均不以登记为前提，但应收账款质权则以登记为生效要件。应收账款质权未登记的，应收账款质权未设立，自无与保理、应收账款转让之间发生竞存的可能。"参照民法典第七百六十八条的规定"自然不是完全适用，如此，《民法典》第 768 条第三分句、第四分句关于"均未登记的，由最先到达应收账款债务人的转让通知中载明的保理人取得应收账款；既未登记也未通知的，按照保理融资款或者服务报酬的比例取得应收账款"的规定，不能适用于应收账款质权与其他权利相竞存的情形。[1]当然，即使适用《民法典》第 768 条确定竞存的多数应收账款质权之间的优先顺位，其解释结论也无差异。此时，多数应收账款质权均已登记，第 768 条中间一句"均已经登记的，按照登记时间的先后顺序取得应收账款"的适用，与适用《民法典》第 414 条的后果并无二致。

五、保理人的违约救济权利

《民法典》第 766 条前句规定了有追索权保理中保理人的两种权利行使方式："向应收账款债权人主张返还保理融资款本息或者回购应收账款债权"以及"向应收账款债务人主张应收账款债权"。这里未予明确的是，两者之间是"先后请求""择一请求"，还是"同时请求"？对于保理人之间的权利主张，应收账款债权人和应收账款债务人之间的责任形态是连带责任，还是补充责任？

就此，裁判实践中争议较大。第一种观点认为，保理人在其融资款债权届期未获受偿的情形下，保理人尚须先向应收账款债务人主张应收账款债权，只有在该主张无法得以实现的情形下，保理人才能向应收账款债权人请求返还融资款。[2]如此，在应收账款债权人和应收账款债务人之间，前者仅

---

[1] 参见崔建远：《对非典型担保司法解释的解读》，《法治研究》2021 年第 4 期。

[2] 参见天津市高级人民法院（2014）津高民二终字第 0103 号民事判决书；重庆市第二中级人民法院（2016）渝 02 民终 1066 号民事判决书；最高人民法院（2017）最高法民再 164 号民事判决书。

对保理人承担补充责任。[1]第二种观点认为，保理人在其融资款债权届期未获受偿的情形下，既可以向应收账款债务人主张应收账款债权，也可以同时请求应收账款债权人一并偿还保理融资款。[2]应收账款债务人对保理融资款负有首要偿还责任，应收账款债权人在应收账款金额范围内承担连带清偿责任[3]、共同清偿责任[4]，但一方的履行导致另一方责任的扣减。[5]第三种观点认为，有追索权的保理属于具有担保债务履行功能的间接给付契约。只有在保理人行使追索权时明确表达出"反转让债权"的意思表示时才发生解除债权转让合同之法效果，保理人进而不得再向债务人主张债权。如保理人在请求债权人返还融资款时并没有反转让债权的意思，而具有希望债权人与债务人一同承担债务的意思，则其行使追索权后仍可以向债务人求偿。[6]第四种观点则认为，追索权即为回购权，保理人行使此权利即丧失对应收账款债务人所享有的应收账款债权，该应收账款的债权人即刻回归为原债权人，保理人不得再向应收账款债务人求偿。[7]

（一）保理人实现其债权时的选择权

《民法典》第 766 条前句的文义至为明确，在保理合同中约定的保理融资款和服务报酬债权到期之时，如应收账款债务人尚未清偿应收账款，保理人即在"向应收账款债权人主张返还保理融资款本息或者回购应收账款债权"与"向应收账款债务人主张应收账款债权"之间享有选择权。两者之间

　　1　参见天津市高级人民法院（2014）津高民二终字第 0092 号民事判决书；最高人民法院（2018）最高法民再 192 号民事判决书。

　　2　参见最高人民法院（2017）最高法民申 3796 号民事裁定书；最高人民法院（2015）民申字第 2394 号民事裁定书；重庆市高级人民法院（2018）渝民初 94 号民事判决书。

　　3　参见福建省高级人民法院（2016）闽民终 579 号民事判决书。

　　4　参见山东省济南市中级人民法院（2019）鲁 01 号民终 7927 号民事判决书。

　　5　参见天津市高级人民法院（2017）津民终 170 号民事判决书。

　　6　参见最高人民法院（2017）最高法民再 164 号民事判决书。

　　7　参见江西省高级人民法院（2016）赣民终 325 号民事判决书；天津市高级人民法院（2017）津民终 170 号民事判决书。

在适用上并无先后顺序之分。[1]《民法典担保制度解释》第 66 条第 2 款前段规定："在有追索权的保理中，保理人以应收账款债权人或者应收账款债务人为被告提起诉讼，人民法院应予受理。"这一规定即准确传达了《民法典》第 766 条的立法意旨。如此看来，前述第一、三种观点在《民法典》实施之后即无适用余地。

值得注意的是，《银行保理管理办法》第 10 条将有追索权保理交易中保理人向应收账款债权人主张权利的前提条件界定为"在应收账款到期无法从债务人处收回"；《中国银行业保理业务规范》第 5 条中指出，"保理融资的第一还款来源为债务人对应收账款的支付"。学说上即有观点认为，保理人应先向应收账款债务人主张应收账款债权。[2]"第一还款来源"之类的表述，表明监管机关和行业协会警示保理人在叙做保理业务之时关注应收账款本身的真实性和确定性，并不能当然得出保理人负有先行收取应收账款的义务的解释结论。[3] 即使将"第一还款来源"之类的表述解释为保理人负有先行收取应收账款的义务，但这些规定在《民法典》实施之后即无上位法的支撑，应予修正。

《民法典》第 766 条前句"可以""也可以"的条文表达，仅表明保理人可以"择一请求"，但并不能得出保理人可以"同时请求"的确定解释结论。就与保理交易同属非典型担保的融资租赁交易，《民法典》第 752 条就出租人权利的行使也使用的是"可以""也可以"。《融资租赁解释》第 10 条在承认出租人在"请求支付全部租金"和"解除合同，收回租赁物"之间享有选择权的前提之下，将两者之间解释为"非此即彼"的关系，出租人不得同时

1　参见朱晓喆、刘剑峰：《虚假应收账款保理交易中保理人的信赖保护》，《人民司法（应用）》2021 年第 4 期；潘运华：《民法典中有追索权保理的教义学构造》，《法商研究》2021 年第 5 期。

2　参见陈辛迪、胡爱民：《有追索权保理法律性质研究》，《地方财政研究》2020 年第 7 期。

3　参见李宇：《保理合同立法论》，《法学》2019 年第 12 期。

主张两种违约救济路径。[1]《民法典》第 766 条和第 752 条的表述一样，是否意味着，保理人的违约救济路径亦应作非此即彼的解释？

学说上有观点认为，《民法典》第 766 条应作相同理解。其主要理由在于：保理人向应收账款债权人主张权利，如不扣减或者放弃对应收账款债务人的债权，将构成"双重受偿"；如保理人向应收账款债权人主张权利，应当返还应收账款债权，而其同时又向应收账款债务人主张应收账款债权，二者本身存有矛盾。[2]

本书作者认为，在有追索权保理的担保功能的视角之下，保理人与应收账款债权人的主债权为保理融资款即服务报酬债权；保理人受让取得的应收账款债权系担保主债权之清偿。在此结构之下，保理人自可同时主张主债权和担保物权，一如应收账款质权人在应收账款质押融资交易之下同时主张主债权和应收账款质权。[3] 由此，有追索权保理中所谓"追索"，实际上是保理人向应收账款债权人主张主债权的清偿。所谓"双重受偿"问题，产生于就保理人对应收账款债权人的追索权及对应收账款债务人的应收账款债权两者之间关系的不同解释。在所有担保交易关系中，均存在权利人是向主债务人主张主债权还是向担保人主张担保权利的问题，无论是既有的担保物权制度安排，还是裁判实践中所体现的诉讼结构，无不承认债权人（担保物权人）同时主张主债权和担保物权，只不过在判决主文中予以清晰表述，首先判令债务人履行主债务，其次判令担保人承担担保责任，其中说明债权人就担保财产的变价款优先受偿。在执行实践中亦未出现"双重受偿"问题。由此可见，两者之间并非"非此即彼"的关系。基于此，《民法典担保制度解释》第 66 条第 2 款后段规定："保理人一并起诉应收账款债权人和应收账款债务

1　就前述融资租赁司法解释的讨论，参见高圣平：《担保法前沿问题与判解研究：最高人民法院新担保制度司法解释条文释评》（第五卷），人民法院出版社，2021，第 482-483 页。

2　参见李志刚：《〈民法典〉保理合同章的三维视角：交易实践、规范要旨与审判实务》，《法律适用》2020 年第 15 期。

3　参见何颖来：《〈民法典〉中有追索权保理的法律构造》，《中州学刊》2020 年第 6 期。

人的，人民法院可以受理。"这就意味着，《民法典担保制度解释》作了不同于前述融资租赁司法解释的安排，前述第一、三、四种观点在《民法典》实施之后亦无适用余地。

（二）保理人行使追索权的各种形式之间的关系

保理人行使追索权的各种形式之间的规范意旨相同，均在于使保理融资款得以清偿。《民法典》第 766 条将保理人可得向应收账款债权人行使追索权的形式界定为，"返还保理融资款本息"或者"回购应收账款债权"；《银行保理管理办法》第 10 条在此两种形式之外还增加了一种"向债权人反转让应收账款"形式。"回购应收账款债权"和"向债权人反转让应收账款"之间，是"一体两面"的关系："反转让"相对于"转让"而言，指的是保理人向应收账款债权人转让标的应收账款；"回购"是指应收账款债权人向保理人购回标的应收账款。不过，就非融资性保理而言，"反转让"相比"回购"更能表达无须支付对价的含义。

保理人行使追索权的各种形式之间以"或者"相并而称，表明保理人就此享有选择权。无论保理人选择何种行使方式，只要其主张得以实现，保理人对应收账款债权人的保理融资款债权即因此而得以清偿。在应收账款债权人返还保理融资款的情形之下，应收账款债权人先前转让给保理人的应收账款也因此而得以回购或者反转让；在应收账款债权人回购应收账款债权的情形之下，由于"回购应收账款债权"的对价即为保理融资款减去保理人已向应收账款债务人收取的款项，保理人对应收账款债权人的保理融资款债权也因此而得以清偿。通常情况下，回购的效果是撤销保理人对标的应收账款的受让，并使应收账款债权人因未清偿的融资款而对保理人产生债务。这一债务仍由保理人就标的应收账款的担保权作担保，直至应收账款债权人通过向保理人付款、替换可接受的应收账款或以其他方式其他其债务。[1] 由此可见，

1　See David B Tatge, Jeremy B Tatge and David Flaxman, *American Factoring Law*, BNA books, 2009, p.242.

"回购应收账款债权"也只是"返还保理融资款本息"的另一种表达方式[1]，"返还保理融资款本息"和"回购应收账款债权"之间并无本质区别，在解释上，均为保理人主张主债权的方式。[2]前述第三种观点中区分保理人行使追索权的方式而采取不同处理方案的观点，即无依据。

（三）应收账款债权人与债务人对于保理人权利主张的责任形态

保理人的两种权利主张既可以"择一请求"，也可以"同时请求"，仅仅只具有程序法上的意义，并不当然表明应收账款债权人与应收账款债务人对保理人承担连带责任，因为尚有不真正连带责任、补充责任等两种解释选择。《民法典担保制度解释》第66条第2款后段规定："保理人一并起诉应收账款债权人和应收账款债务人的，人民法院可以受理。"这里使用的是"可以"。其法政策选择依据在于，有追索权保理"既然具有担保功能，在诉讼中，也应当参照担保的规定处理。依据《民法典担保制度解释》第26条的规定，一般保证中，债权人一并起诉债务人和保证人的，人民法院可以受理。参照该规定，保理人一并起诉应收账款债权人和应收账款债务人，人民法院也可以受理"[3]。这里似乎认为，应收账款债权人对于应收账款债务人而言存在顺序利益，保理人须先向应收账款债务人主张应收账款债权，未获清偿之时才能向应收账款债权人融资款债权，一如一般保证。

学说上也有观点认为，在法律没有直接规定且当事人没有明确约定应收账款债权人与应收账款债务人之间承担连带责任的前提之下，应收账款债权人将标的应收账款转让于保理人之后，应收账款债务人对保理人承担第一顺位还款责任，应收账款债权人仅在应收账款债务人未能清偿的范围内承担补

1　参见潘运华：《民法典中有追索权保理的教义学构造》，《法商研究》2021年第5期。

2　参见魏冉：《保理的概念及其法律性质之明晰》，《华东政法大学学报》2021年第6期；王聪：《〈民法典〉保理合同的功能主义构造》，《社会科学》2021年第8期。

3　最高人民法院民事审判第二庭：《最高人民法院民法典担保制度司法解释理解与适用》，人民法院出版社，2021，第557页。

充责任。[1] 这一补充责任又不同于一般保证中保证人的补充责任,"融资申请人（债权人）并不享有先诉抗辩权。债务人不能清偿应当理解为到期后保理商向债务人要求履行而未获清偿这一客观事实,而无需以诉讼等方式提出,也不要求客观不能清偿。"[2] 这一解释结论颇值商榷。

第一,在将有追索权保理中保理人就其取得的应收账款的权利功能化为担保物权之后,应收账款债务人并不负担对保理人的第一顺位还款责任,已如前述。此时,保理人的权利实现自应参照担保物权的规定处理,而非参照一般保证的规定。与一般保证交易中保证人对于主债务人存在顺序利益不同,物上担保交易中的物上保证人对于主债务人均无顺序利益可言。《民法典》第 386 条、第 394 条、第 425 条关于担保物权、抵押权、动产质权的定义性法条中,将担保物权的实现条件均界定为"债务人不履行到期债务或者发生当事人约定的实现担保物权（抵押权、质权）的情形",这里,对于债权人实现其债权,在向主债务人主张主债权和向物上保证人行使担保物权之间,并无顺序上的限制,债权人自可参酌具体情形自由选择。《民法典担保制度解释》第 45 条第 3 款特别规定:"债权人以诉讼方式行使担保物权的,应当以债务人和担保人作为共同被告。"这里表明,在以诉讼方式实现担保物权之时,债权人应当同时主张主债权和担保物权。其正当性在于方便查明担保物权所担保的主债权,进而确定担保物权的优先受偿的范围,以提高诉讼效率。[3] 有追索权保理纠纷中,自应作相同理解。

第二,基于应收账款债务人不清偿债务的事实状态,保理人即可向应收账款债权人主张权利,已经脱离了补充责任的文义。"不能清偿"不同于"不清偿",指的是就债务人方便执行的责任财产强制执行仍然未获清偿的情形。

---

1 参见贺小荣主编:《最高人民法院第二巡回法庭法官会议纪要》（第一辑）,人民法院出版社,2019,第 50 页。

2 包晓丽:《保理项下应收账款转让纠纷的裁判分歧与应然路径》,《当代法学》2020 年第 3 期。

3 参见高圣平:《担保法前沿问题与判解研究:最高人民法院新担保制度司法解释条文释评》（第五卷）,人民法院出版社,2021,第 318 页。

实际上，应收账款债务人未清偿应收账款，是保理人行使其权利的条件之一。[1]在此条件已经成就的情形之下，仍然强制性地要求保理人再先向应收账款债务人请求清偿应收账款债权，如应收账款债务人不清偿，才能向应收账款债权人主张权利，应属多余。

六、小结

《民法典》就保理交易采取了形式主义与功能主义相结合的立法方法，既将其作为一类典型交易形态予以专章规定，也在把握其担保实质的基础上，将其作为非典型担保交易形态加以看待。如此处理的理论基础在于，在物权编所确立的体系结构之下，担保物权就被定位于在他人财产上所设立的定限物权，权利移转型担保以权利的移转为其形式要件，表象上系以自己的财产足其担保作用，也就无法定位为定限物权（担保物权）；保理交易等起着担保功能的非典型担保交易也就无法植入既有的担保物权体系之中。[2]形式主义之下保理交易本是框架性合同，融合了债权转让合同（包括应予准用买卖合同的情形）、借款合同、委托合同、担保合同等各种要素。[3]但《民法典》"保理合同"章的6个条文，并未完全反映不同保理交易架构之下当事人的权利义务体系，尚须结合框架性合同项下的其他典型合同予以体系解释。功能主义之下保理交易强调，对具有相同功能的担保交易应予平等对待，虽然保理交易在形式上与其他应收账款融资交易相区分，但其中涉及担保功能发生的纠纷自应适用或类推适用《民法典》担保物权分编的相关规则。保理交易"涉及担保功能发生的纠纷"，主要涉及以下几个方面：物权（客体）特定化原则的缓和适用规则；未经登记不得对抗善意第三人的范

1　See Simon Mills and Noel Ruddy, *Salinger on Factoring*, Sixth Edition, Sweet & Maxwell, 2020, p.17; David B Tatge, Jeremy B Tatge and David Flaxman, *American Factoring Law*, BNA books, 2009, p.183.

2　参见高圣平：《动产担保交易的功能主义与形式主义——中国民法典的处理模式及其影响》，《国外社会科学》2020年第4期。

3　参见王聪：《〈民法典〉保理合同的功能主义构造》，《社会科学》2021年第8期。

围和效力规则；权利竞存时的优先顺位规则；违约救济规则。就保理交易而言，最相类似的担保交易是应收账款质押融资交易，就后者而言，《民法典》上的制度供给相较保理交易更少，如此即增加了保理交易对于担保物权规则的适用或者类推适用上的困难，由此而引发的解释论作业还有很多。

第五节　非典型担保视野下让与担保的解释论

一、问题的提出

让与担保作为我国法上的非典型担保方式，无论是在制度的立法论、解释论，还是在司法实践的裁判方面，都曾引起了不少的争议。[1]《民商事审判会议纪要》在一定程度上固定了让与担保的相关共识，解决了过去裁判实践中让与担保无法可依的局面；《民法典担保制度解释》第 68 条在《民商事审判会议纪要》第 71 条的基础上对让与担保作了进一步完善，尤其是将实践中的让与担保案件形态进行描述，其中第 1 款规定约定了清算义务的让与担保，第 2 款规定约定了流抵、流质契约的让与担保，第 3 款规定附回购条款的让与担保；此外，《民间借贷规定》第 23 条所谓的买卖型担保也一直与让与担保相关。上述四种类型共同构成了司法实践中让与担保的主要案件形态。自此，中国法的让与担保一改过去的"野蛮生长"，让与担保的交易和司法实践也步入新的阶段。不过，自《民商事审判会议纪要》第 71 条和《民法典担保制度解释》第 68 条实施以来，裁判实践有关让与担保的实施情况如何、裁判实践是否贯彻了制度本意、又有哪些新的问题需要进一步阐释，颇值研究。故本书拟结合《民商事审判会议纪要》第 71 条和《民法典

---

[1]　让与担保立法论相关方面的争议参见高圣平：《动产让与担保的立法论》,《中外法学》2017 年第 5 期；让与担保在裁判实践中的相关争议参见蔡立东：《股权让与担保纠纷裁判逻辑的实证研究》,《中国法学》2018 年第 6 期。

担保制度解释》第 68 条实施以来的司法实践的案件以及让与担保相关理论，就上述四种让与担保案型及其中所涉问题进行解释论分析，以期实现我国法中让与担保规则的妥当适用，使让与担保的融资功能得以最大化彰显。

二、约定了清算义务的让与担保

《民法典担保制度解释》第 68 条第 1 款规定了较为典型的让与担保模式，在让与担保的成立生效要件方面，一则需要有效的让与担保合同，二则需要当事人完成财产权利变动的公示，如此即能发生当事人"参照民法典关于担保物权的有关规定就该财产优先受偿"的法律效果。

（一）让与担保合同有效性的承认

对于让与担保合同效力问题，裁判实践中曾存在一定分歧，对其持否定态度的观点主要受传统民法中有关通谋虚伪意思表示说、违反物权法定说、流质契约说等学说的影响。《民商事审判会议纪要》第 71 条发布以前，有的裁判认为，让与担保合同违反物权法定原则，也与禁止流质契约的规定相冲突，应认定为无效；有的观点认为让与担保合同系当事人的真实意思表示，并不违反法律的强制性规定，应认定为有效，但其中流质契约条款无效；还有的裁判认为，让与担保合同系当事人的真实意思表示，并不违反法律的强制性规定，应认定为有效，约定了清算义务的让与担保条款，不构成流质契约。[1]

《民商事审判会议纪要》在让与担保合同效力问题上作出明确规定，其第 66 条指出，"当事人订立的具有担保功能的合同，不存在法定无效情形的，应当认定有效。虽然合同约定的权利义务关系不属于物权法规定的典型担保类型，但是其担保功能应予肯定"。《民法典》第 388 条在此基础上增加规定：

---

[1]　对《民商事审判会议纪要》第 71 条发布之前相关裁判观点的梳理参见高圣平：《担保法前沿问题与判解研究——最高人民法院新担保制度司法解释条文释评》（第五卷），人民法院出版社，2021，第 505–506 页。

"担保合同包括抵押合同、质押合同和其他具有担保功能的合同。"其中，所谓"其他具有担保功能的合同"除了所有权保留、融资租赁、保理，新类型担保还有让与担保、保兑仓交易、动态质押、寄售买卖等其他形态，这就扩大了担保合同的形态，从而使让与担保等在交易实践中产生的新类型担保有了法律上的名分。[1]《民法典担保制度解释》第 68 条第 1 款则直接肯认了让与担保合同的合法性。

本书认为上述规定当属正确。首先，让与担保合同不违反物权法定原则，让与担保本身并未创设新的物权类型，也未新设物权的内容，与物权法定原则并不冲突。[2]物权法定原则至多规范物权效力，却不能对当事人之间自由达成让与担保协议产生效力阻碍。基于《民法典》第 215 条延续《物权法》第 15 条的区分原则，让与担保合同本身并无效力瑕疵，在合同效力认定方面，人民法院应依契约自由原则，不宜轻易否定让与担保等非典型担保合同的效力，以此促进非典型担保的顺利发展[3]；更何况，所谓物权法定原则亦有缓和之理。[4]其次，让与担保合同非通谋虚伪表示。让与担保当事人以真意进行所有权的让与行为，尽管当事人移转所有权的意思旨在实现担保的经济目的，但该意思确系真正的效果意思，并非欠缺效果意思的通谋虚伪表示。[5]就后者而言，当事人之间故意为不符真意的表示而隐藏他项法律行为，其意思表示无效，当事人仅能主张隐藏的法律行为，并无援用虚假意思表示的余地，由此观之，两者迥然不同。因而，无其他无效事由，让与担保合同本身均无效力瑕疵，在当事人之间产生效力，各方当事人之间的让与担保合

1　参见王利明：《担保制度的现代化：对〈民法典〉第 388 条第 1 款的评析》，《法学家》2021 年第 1 期。

2　参见庄加园：《"买卖型担保"与流押条款的效力——〈民间借贷规定〉第 24 条的解读》，《清华法学》2016 年第 3 期。

3　参见王闯：《关于让与担保的司法态度及实务问题之解决》，《人民司法·案例》2014 年第 16 期。

4　参见高圣平：《物权法定主义及其当代命运》，《社会科学研究》2008 年第 3 期。

5　参见［日］道垣内弘人：《担保物权法》（第 3 版），有斐阁，2013，第 300-301 页。

同合法有效，违反物权法定、法律或行政法规的强制性规定的理由均无法成立，当前，裁判实践中已几无认定让与担保合同无效的案件。

（二）完成财产权利变动的公示

在物权公示原则之下，让与担保权仅得在满足公示要件的基础上，才具有物权效力。经公示的让与担保中，担保权人取得优先受偿权的基础在于，当事人之间设定的担保权能够借助于一定手段为第三人所知悉，在让与担保合同成立后，当事人间已经办理财产权变动登记的，让与人在名义上已不享有标的物的所有权，让与人的后手交易债权人基于对登记表象的审查，其无理由相信让与人仍为所有权人，主观上难谓善意，即"让与担保成立后，标的物所有权已移转于担保权人，设定人已无处分权，尤其是标的物为不动产时，因登记上之所有人为担保权人，故事实上不可能发生由设定人处分，而由第三人取得所有权或其他物权之问题"[1]，而让与人的一般债权人也不会就该标的物价值对实现其债权有期待，自然不可能对标的物有优先顺位。因此，"有效让与担保合同＋完成权利公示"的操作模式在客观上就可以实现债权人就特定物上优先受偿的效果，如不动产让与担保中，若办理了不动产过户登记手续，债权人可以凭借其对标的物形式上的所有权对抗第三人。[2]

让与担保取得物权效力的前提条件是满足物权公示的要件，也与《民法典》消灭隐性担保的立法态度是一致的。《民法典》第208条规定："不动产物权的设立、变更、转让和消灭，应当依照法律规定登记。动产物权的设立和转让，应当依照法律规定交付。"按照目前登记制度发展的整体趋势，不动产登记已经统一，动产和权利担保登记也得到大部分统一。《民法典》第210条第2款规定："国家对不动产实行统一登记制度。"《优化营商环境条例》第47条第2款规定："国家推动建立统一的动产和权利担保登记公示系统，

1　谢在全：《民法物权论》（修订五版），中国政法大学出版社，2011，第1118页。

2　参见刘贵祥：《〈物权法〉关于担保物权的创新及审判实务面临的问题（下）》，《法律适用》2007年第9期。

逐步实现市场主体在一个平台上办理动产和权利担保登记。纳入统一登记公示系统的动产和权利范围另行规定。"由于两大登记系统所基于的登记法理存在重大差异，故在让与担保中，登记的展开也境遇不同。

若让与担保的标的物为不动产（权利），担保登记的展开较受限制。在不动产登记的连续原则之下，不动产担保登记以其基础权利（标的财产）在不动产登记簿上先登记为前提，如担保财产未登记，其上的担保权利亦不能登记。如此，金融担保创新中的新类型不动产担保在登记环节即受限制。《民法典担保制度解释》第 63 条规定："债权人与担保人订立担保合同，约定以法律、行政法规尚未规定可以担保的财产权利设立担保，当事人主张合同无效的，人民法院不予支持。当事人未在法定的登记机构依法进行登记，主张该担保具有物权效力的，人民法院不予支持。"这明显采取登记机构法定的方法，即只有在法定的抵押登记机构登记，才能发生物权变动的效力。若让与担保的标的物涉及动产和权利的部分，《民法典》采取了统一动产和权利担保登记的立法态度，中国人民银行《统一登记办法》明确了纳入动产和权利担保统一登记范围的担保类型，就让与担保中涉及动产和权利的部分，可以在统一的动产和权利担保登记系统中登记。在司法实践中，让与担保的标的物几乎均为不动产房屋与股权，只有极个别案例中普通动产、合伙份额等动产和权利作为让与担保标的物。[1] 因此，在具体的公示方法上，需要作为担保财产的动产已经交付债权人，作为担保财产的登记动产、不动产、股权等已经进行变更登记。

当然，除上述两个要件外，由于让与担保也是一种担保方式，因此，其也在一定程度上遵循担保的从属性，即必须有被担保的债权存在，如在"怀化金顺房地产开发有限公司、蔡日东物权确认纠纷上诉案"中，法院即指出，"蔡日东与金顺公司之间不存在借贷法律关系，金顺公司也没有就案涉

1　以动产、合伙份额为担保财产的案件，参见山西省高级人民法院（2020）晋民再 191 号民事判决书、广东省高级人民法院（2021）粤民终 2536 号民事判决书。

房屋为蔡日东提供让与担保的真实意思表示，故金顺公司与蔡日东之间不成立让与担保法律关系"[1]。

（三）让与担保中担保权的实现

让与担保权的清算实现方法有归属清算与处分清算之分。所谓归属清算，是指在让与担保权可得实现之时，担保权人确定地取得标的物的所有权，但须在标的物估价额与担保债权额之间进行清算；所谓处分清算，是指在让与担保权可得实现之时，担保权人须将标的物变价处分，并以其价款优先受偿。[2] 其中，归属清算型还可进一步区分为当然归属清算型和请求归属清算型，前者系指担保权人当然地、确定地取得标的物的所有权，无须先为一定的意思表示，而后者须担保权人请求以标的物充抵清偿之后，该标的物才确定地归属于担保权人。[3]

理论上，让与担保权的实现方法究系归属清算还是处分清算，原则上应由当事人约定，未予约定或约定不明的，让与担保权人究以何种实现方法实现其权利，在学说上存在争议。在日本法上，对于动产让与担保，虽然进行归属清算或是处分清算皆可，但在当事人之间无特别约定时，以归属清算为原则。[4] 我国也有学者认为，让与担保的社会作用之一即在于避免烦琐的标的物变价程序，在归属清算与处分清算之间应以归属清算为原则[5]，但亦有观点认为，处分清算更有利于明确当事人之间的关系，且合于让与担保权担保债务清偿的经济目的。[6]

在司法实践中，若当事人约定了清算条款，法院一般都尊重当事人之间

1　湖南省高级人民法院（2020）湘民终 1241 号民事判决书。

2　参见［日］近江幸治：《民法講義 III 担保物権》（第 2 版補訂），成文堂，2014，第 300 页；陈荣隆：《让与担保之研究——现制之检讨及立法之展望》，辅仁大学法律学系 1999 年博士论文，第 167–168 页。

3　参见刘春堂：《动产让与担保之研究》，见刘春堂：《民商法论集（一）》，作者自版，1985，第 325 页。

4　参见［日］近江幸治：《民法講義 III 担保物権》（第 2 版補訂），成文堂，2014，第 315 页。

5　参见陈荣隆：《让与担保之实行》，《法令月刊》第 51 卷第 10 期。

6　参见刘春堂：《动产让与担保之研究》，见刘春堂：《民商法论集（一）》，作者自版，1985，第 324 页。

的约定。如在"刘桄兵、刘利文小额借款合同纠纷上诉案"中，法院指出，"刘利文有权处置上述涉案股权，所得价款优先受偿，并多退少补。可见，《协议书》中约定债权人系享有处置权，且还要视处置价格多退少补，并非约定股权所有权属于债权人刘利文和富民小贷公司，不符合流质条款的性质，符合让与担保的法律特征。因此，《协议书》第三条系双方当事人真实意思表示，并非流质条款，合法有效"[1]。还有的案例中显示，当事人之间约定的是归属清算型，如在"修水县巨通投资控股有限公司、福建省稀有稀土（集团）有限公司合同纠纷上诉案"，最高人民法院指出，"《股权转让协议》第 2.2.2 条、第 2.3.3 条、第 3.1.1 条、第 3.2.2 条约定，若修水巨通未依约清偿债务、解除条件未满足的，稀土公司有权选择实际受让全部或部分目标股权，并指定具备相应资质的资产评估机构对目标股权价值进行评估，从而确定股权转让价款，在比较股权转让价款和稀土公司代偿债务金额的基础上，双方本着多退少补的原则支付差额。上述约定表明，案涉让与担保的实现方式即为归属清算型"[2]。

《民商事审判会议纪要》第 71 条与《民法典担保制度解释》第 68 条虽然未明确提出采纳归属清算或处分清算，只是规定借助担保物权的实现规则达致当事人间利益平衡，但是在归属清算的情形，需将经清算超出担保债权数额部分的价款归还给担保人，实际上就是优先受偿，因此，《民商事审判会议纪要》第 71 条与《民法典担保制度解释》第 68 条仅明确的是处分清算。在处分清算之下，债权人实现让与担保权自可参照民法典实现担保物权的相关规定，可以和债务人约定就拍卖、变卖的价款优先受偿，也可以向人民法院提起诉讼，经由审判程序取得胜诉裁判之后，向执行法院申请执行，还可以申请启动《民事诉讼法》上"实现担保物权案"特别程序，取得许可裁定

---

[1]　湖南省高级人民法院（2020）湘民终 1809 号民事判决书。
[2]　最高人民法院（2018）最高法民终 119 号民事判决书。

之后，再向执行法院申请执行。

三、没有约定清算义务的让与担保

无论是从《民商事审判会议纪要》第 71 条发布之前的司法案例看，还是从《民法典担保制度解释》第 68 条实施以来的案例看，当事人在让与担保交易中约定清算义务的为少数，绝大多数让与担保形式中并没有约定实现让与担保的方式或者清算义务、清算条款。不过，如前所述，有效的让与担保合同、完成财产权利的公示即令让与担保成立，是否约定清算义务并不影响让与担保的设立。在这类案件中，当事人往往约定了所谓流抵、流质条款，还有个别案件中并没有就清算方式作出任何约定。

（一）流抵、流质条款条款不影响让与担保成立

让与担保曾广受批评的原因之一，是其实现时直接由债权人取得所有权，与禁止流抵（质）契约的规定有违，对债务人及其他利害关系人保护不周。但是，比较法上，禁止流抵（质）契约原则的多有松动。比如为避免流抵（质）契约侵害到债务人或其他债权人利益，法国对让与担保的实现方式作出了谨慎且灵活的处理。立法上否定了"直接取得担保物所有权"的传统方式，规定在债务人不能履行债务时，权利人并不能直接取得担保财产的完全所有权，而只能取得在债务额度内的自由处分权和变价权。[1]我国台湾地区"民法"第 873 条之 1 第 1 项明定流抵契约仅于当事人间发生效力，该约定须经过登记才能成为抵押权内容，在抵押权可得实现之时，抵押权人并不当然取得抵押物的所有权，而仅取得抵押物所有权移转登记请求权。抵押权人实现其抵押权时仍然负有清算义务，就抵押物价值超过担保债务的部分未予返还的，抵押人可行使同时履行抗辩权，拒绝同意移转登记。[2]

我国《物权法》第 186 条、第 211 条否定流抵、流质契约的效力，但是

---

1 参见叶朋：《法国信托法近年来的修改及对我国的启示》，《安徽大学学报（哲学社会科学版）》2014 年第 1 期。

2 参见谢在全：《民法物权论》（修订五版），中国政法大学出版社，2011，第 785 页。

流抵、流质契约无效并非指整个担保合同无效，如果该内容的无效不影响流抵、流质契约合同其他内容的效力，担保合同其他部分内容仍是有效的。《民法典》第401条、第428条对《物权法》第186条、第211条作出改变，规定当事人约定流抵、流质契约时，抵押权、质权人"只能依法就抵押财产（质押财产）优先受偿"。虽然《民法典》第401条、第428条未明确规定此时流抵、流质契约的无效，但是变价权和优先受偿权是担保物权价值权属性的基本内容，如承认流抵（质）条款的效力，债务人不履行到期债务时，债权人不经过任何清算程序即可获得担保财产的所有权，有违担保物权的本质，应当否认担保物权人可以取得担保财产所有权的事先约定的效力，故担保物权人"只能依法就抵押财产（质押财产）优先受偿"[1]。这里的"依法"指的是依《民法典》第410条、第436条之规定。

《民法典》第401条、第428条规定担保物权人"就抵押财产（质押财产）优先受偿"，强制性地科以担保物权人清算义务，要求担保物权人对抵押财产（质押财产）的价值和所担保的债权数额之间进行清算，多退少补，这就为让与担保的清算制度奠定了基础。可以看到，《民法典担保制度解释》第68条第2款即采此种立场，流抵、流质条款无效，不影响让与担保的成立，担保权的实现可依据担保物权实现的相关规则进行，即通过《民法典》第401条、第428条对流抵（质）条款的修改，足以产生让与担保的制度效果，在我国司法实务中，不应简单地认定该担保形式无效，尤其不应依据有关流抵（质）之禁止规定认定担保合同无效，即使合同未约定债务不能清偿时具体的清算办法，法院亦可基于《民法典》第401条的规定，认定债权人对相应标的物的优先受偿权。[2]《民法典担保制度解释》第68条实施后的司法裁判也多遵循了这一规则。[3]

1　黄薇主编：《中华人民共和国民法典解读·物权编》，中国法制出版社，2020，第617-618页。
2　参见刘贵祥：《民法典关于担保的几个重大问题》，《法律适用》2021年第1期。
3　参见广东省高级人民法院（2021）粤民终2536号民事判决书。

在此种背景下，司法实践中，对于约定有流抵（质）条款的让与担保合同能否发生物权变动效力的问题，多数法院认为，即使当事人已经就让与担保财产进行财产权变更的公示，债权人仍不能以流抵（质）条款及变更登记等为由主张对标的物享有权利，如"安徽东基房地产开发有限公司、合肥建汇企业管理咨询有限公司破产债权确认纠纷再审审查与审判监督案"中，法院即指出，"该让与担保并不违反法律、行政法规的强制性规定，在股权变更登记已经完成的情况下，具有一定的物权效力。但深圳东基公司、诚安信公司仅对变价后的股权价值享有优先受偿权，而不宜认定其未经清算事先直接取得股权"[1]。

此时，尚有疑问的是，债权人依据流抵（质）条款主张担保财产所有权或请求办理所有权转移登记，人民法院应如何处理？是直接根据人民法院认定的法律关系径行判决债权人优先受偿，还是向当事人释明，看债权人是否变更诉讼请求。对此，裁判实践中的一种做法是向当事人释明变更诉讼请求，当事人不变更诉讼请求的，判决驳回，如"曹生海、周荆鸿等船舶权属纠纷上诉案"中，法院认为，"曹生海与周荆鸿之间法律关系实质是借款让与担保，并非船舶买卖或以物抵债。在本院进行相应释明后，曹生海仍坚持其提出的确认案涉船舶为其实际所有的诉讼请求，一审法院对曹生海的诉讼请求依法不予支持。对于涉案借款债权，曹生海可以另行主张权利"[2]。但是也有观点认为，不应向当事人释明变更诉讼请求，尤其是在买卖型担保中，如在"宋晓品与海南龙诚达投资有限公司破产债权确认纠纷上诉案"中，法院指出，《民间借贷规定》有关买卖型担保的规定将该条原规定的"人民法院应当按照民间借贷法律关系审理，并向当事人释明变更诉讼请求"修改为"当事人根据法庭审理情况变更诉讼请求的，人民法院应当准许"，是否变更

1　最高人民法院（2020）最高法民申 460 号民事裁定书。
2　湖北省高级人民法院（2021）鄂民终 411 号民事判决书。

诉讼请求应属于当事人自身的诉讼权利，而非法院审理案件的必经程序，宋晓品明知其诉讼请求不符合该司法解释规定，而未变更诉讼请求，是其对自身诉讼权利的处分，在宋晓品未变更诉讼请求的情况下，一审法院按其起诉状的诉讼请求进行审理并作出判决并无不当。[1]《民商事审判会议纪要》第71条起草者认为，"法院经审理如认为当事人之间属于让与担保法律关系，则可向原告释明变更诉讼请求，依据合同主张权利。如原告拒不变更诉讼请求，可以判决驳回诉讼请求"[2]。《民法典担保制度解释》第68条起草者指出，"如果出现这种情况，人民法院应当向原告进行释明。释明后，原告一般会变更诉讼请求。至于能否优先受偿，要看是否符合法律的规定"[3]。前者认为"可以释明"，后者认为"应当释明"。

本书作者认为，当事人主张的法律关系的性质或者民事行为的效力与人民法院根据案件事实作出的认定不一致的，2002年《最高人民法院关于民事诉讼证据的若干规定》第35条明确了法院在变更诉讼请求方面的告知义务，对诉讼请求进行释明是法院释明的重要内容[4]，故依照原规定，人民法院可向债权人释明是否变更诉讼请求。但是，2019年修订的《最高人民法院关于民事诉讼证据的若干规定》第53条取消了人民法院应当告知当事人变更诉讼请求的规定，避免对当事人处分权和审判中立原则造成不当冲击，同时为兼顾当事人诉讼权利保障和法院裁判的正当合法性，规定应当将法律性质和民事行为效力问题列为争议焦点进行审理。[5]因此，依照现规定，人民法院应

---

1 参见海南省高级人民法院（2020）琼民终516号民事判决书。

2 最高人民法院民事审判第二庭：《〈全国法院民商事审判工作会议纪要〉理解与适用》，人民法院出版社，2019，第407页。

3 最高人民法院民事审判第二庭：《最高人民法院民法典担保制度司法解释理解与适用》，人民法院出版社，2021，第570页。

4 参见熊跃敏：《民事诉讼中法院释明的实证分析——以释明范围为中心的考察》，《中国法学》2010年第5期。

5 参见最高人民法院民事审判第一庭：《最高人民法院新民事诉讼证据规定理解与适用》，人民法院出版社，2020，第502页。

当将当事人间的法律关系性质作为争议焦点进行审理，《民间借贷规定》第23条也是据此作出了修订，故人民法院不能向债权人释明变更为优先受偿的诉讼请求，只能将当事人间的法律关系性质作为争议焦点进行审理。

此外，还有可能债务人作为原告提起诉讼，要求确认其与债权人之间属于让与担保法律关系，债权人不享有标的物所有权，并要求债权人返还标的物，此时是否应向债权人释明提起反诉？从一并解决纠纷的角度，法院经审理如认为当事人之间确属于让与担保法律关系，则可向被告释明是否提起反诉，依据合同主张还款责任。[1]

（二）未约定清算义务的让与担保清算方式之选择

流抵、流质条款无效后让与担保仍然面临后续的实现问题，为保护让与人的利益，让与担保需经清算方可实现。如前所述，让与担保权的清算型实现方法有归属清算与处分清算之分。在既有的裁判实践中，司法裁判多将有流抵、流质契约的让与担保推定为处分清算型，几乎没有案件推定为归属清算。

本书作者以为，让与担保权的实现方法，既要把握其担保物权本旨（担保权构造），又要兼顾当事人及第三人的权益，在尽量发挥让与担保的社会作用以彰显其特色的同时，避免让与担保权人取得额外的利益，在尊重当事人的意思和体现让与担保的担保权本质两个因素以及效益与公平两种价值之间互相关照，达致平衡。[2]学说上认为，担保物权以担保债务清偿为目的，是变价权、价值权，在担保物权可得实现时，应对标的物进行变价，并就变价款优先受偿。[3]准此，处分清算似更合于担保物权的变价法理。但让与担保权与其他定限担保物权不同，其实现方法所受限制并不如其他定限担保物

1　参见最高人民法院民事审判第二庭：《〈全国法院民商事审判工作会议纪要〉理解与适用》，人民法院出版社，2019，第407页。

2　参见刘牧晗：《股权让与担保的实行及效力研究——基于裁判和学说的分析与展开》，《国家检察官学院学报》2022年第2期。

3　参见高圣平：《担保法论》，法律出版社，2009，第241页。

权那么严格。让与担保权人在交易中有取得标的物所有权的期待，设定人亦有以标的物代物清偿的心理准备。让与担保的价值之一，即在于避免标的物变价的烦琐程序[1]，在当事人就归属清算与处分清算未作约定或约定不明时，应以归属清算为原则。

如前所述，《民商事审判会议纪要》第71条与《民法典担保制度解释》第68条仅承认让与担保清算方式中的处分清算，即便是当事人已自行约定，也只允许当事人约定处分清算，故债权人主张享有动产、不动产所有权或者股权的，人民法院不予支持，这与我国法及理论观点上禁止流质契约有关。尽管如此，本书作者认为，让与担保的归属清算在目前法律规定下仍有解释的空间，其必要性在于归属清算的特性符合让与担保的本质，承认归属清算更有利于让与担保方式的运用，体现让与担保的灵活性，相比变价清算而言，归属清算属于实现担保权的私的程序，更简单，不需要当事人再进行诉讼，也不需要启动实现担保物权案件特别程序，在以不动产为标的物的让与担保中更能起到简化交易、节约税费的作用。故应给与归属清算存留的空间，在解释上可以认为，当事人之间的流抵、流质契约事实上已经就担保权可得实现时的折价实现方式达成了协议。例如，债务人甲以其价值100万元的房屋向债权人乙提供抵押，约定不履行到期债务，就将该房屋抵给乙。在甲不履行到期债务时，乙可以主张该房屋归其所有，并将房屋价值高于主债务的部分退还给甲，如甲同意，即意味着双方达成了以折价方式实现抵押权的协议，符合《民法典》有关以折价方式实现抵押权的规定，此为归属型清算。如甲不同意，乙可以请求拍卖、变卖，拍卖、变卖后的价款用以优先清偿债务，此时转为处分型清算。[2]不过，归属清算的适用受到担保财产的性质的限制。原则上，仅有市场活跃度比较高、存在成熟的二手市场的标的

1　参见谢在全：《民法物权论》（修订五版），中国政法大学出版社，2011，第1104页。

2　参见最高人民法院民法典贯彻实施工作领导小组主编：《中华人民共和国民法典物权编理解与适用》（下），人民法院出版社，2020，第1070-1071页。

物，才可以采取归属清算的方法，比如在股权让与担保方面，对于上市公司的股权而言，二级市场已经形成竞争充分的市场价格，采取归属清算有利于节约变价成本，对于非上市公司的股权而言，采取处分清算似更合于担保物权的变价法理。[1]

（三）"有权自行处置担保物"的性质认定

司法实践中，有一些让与担保交易中约定，在债务人不履行债务时，债权人可对担保物自行处置，对此一种观点认为，此种约定非流抵、流质条款，让与担保完全有效，如在"上海贵灵实业集团有限公司、张友进与袁楚丰民间借贷纠纷上诉案"中，法院即指出，"若贵灵公司在期限之前未能偿还所有借款及利息，则袁楚丰有权自行处置该股权的约定，不违反流质条款的禁止性规定，故各方之间，袁楚丰现参照股权质押的规定，请求对该股权折价或者变卖、拍卖，以所得价优先受偿，与法不悖"[2]。另一种观点认为，此种约定为流抵、流质条款，无效，但不影响协议其他部分的效力。[3]就此，本书作者认为，由于《民商事审判会议纪要》第68条第1款、第2款中均仅承认处分清算，因此无论是否将之认定为流抵、流质条款，在实定法之下，都只有参照担保物权实现规则即处分清算这一条路径。不过，此类约定毕竟具有解释空间，鉴于归属清算的优势，此时可解释为当事人具有选择归属清算或处分清算的权利，似更为妥当。

四、附回赎条款的让与担保

实践中，让与担保的表现形式多样，其中包括当事人约定将财产转移至债权人名下，在一定期间后再由债务人或者其指定的第三人以交易本金加

---

[1]　参见高圣平、曹明哲：《股权让与担保效力的解释论——基于裁判的分析与展开》，《人民司法·应用》2018年第28期。

[2]　上海市高级人民法院（2020）沪民终423号民事判决书。同旨参见北京市高级人民法院（2020）京民终102号民事判决书。

[3]　参见北京市第四中级人民法院（2020）京04民初964号民事判决书。

上溢价款回购的行使。例如，信托投资公司以募集资金对外发放借款，通过受让房地产开发项目等特定资产的方式进行，期满后由转让方向信托公司回购，回购款为收购价款本金和固定比例的溢价款。此种情形中，虽然并未明确约定为债务提供担保，但从交易模式的构造来看，债权人订立此类合同的目的并非取得财产的所有权，仅系为主债务提供担保，约定的回购期间一般对应主债务的履行期限，回购价款采取本金加上溢价款本质上也是偿还债务本金及相关费用，故符合让与担保的构成要件。[1]

司法实践中，人民法院也基本认可此类回购合同的让与担保的性质。如在"福建省时代华奥动漫有限公司、严敏金融借款合同纠纷上诉案"中，《合作协议》约定中铁信托公司以 9000 万元受让华奥动漫公司 90% 股权和增加该公司资本公积金 21000 万元的方式，向华奥动漫公司提供信托资金 3 亿元，同时《合作协议》约定由华奥动漫公司法定代表人严敏溢价回购中铁信托公司所持有的股权及公积金权益以实现中铁信托公司的信托利益，法院指出，中铁信托公司受让华奥动漫公司 90% 股权的目的是以股权让与担保的形式为其信托资金安全和实现信托利益提供保证，属让与担保，合法有效。[2] 在"陆玉梅、广州市泛美房地产开发有限公司合同纠纷上诉案"中，法院指出，按照合同条款的约定，该合同属于附条件的股权转让合同，当约定的回购条件不能成立且所附期限届至后，泛美公司有权处置案涉股权，处置所得归其所有，让与担保合法有效。[3] 除此之外，此种类型让与担保模式的认定方面尚需注意三点。

其一，有时除了当事人之间有借款合同外，权利转让合同也可能有对价，当这种对价只是形式上的对价时，应综合认定此时的交易模式为让与担

1　参见最高人民法院民事审判第二庭：《最高人民法院民法典担保制度司法解释理解与适用》，人民法院出版社，2021，第 567 页。

2　参见最高人民法院（2020）最高法民终 39 号民事判决书。

3　参见广东省高级人民法院（2019）粤民终 275 号民事判决书。

保。如在"北京银清龙房地产开发有限公司、山东永隆集团有限公司股权转让纠纷上诉案"中，当事人约定股权转让价款为人民币1元，法院指出："协议各方共同为解决上述谈到的偿还信托贷款资金困难，银清龙公司与鑫茂公司将各自股权以人民币1元钱的价格转让给了永隆公司与国兴公司，并办理了股东变更登记手续……《621协议》体现了合同各方当事人的合意，对转让股权相关的权利义务作出具体的约定后，又针对股权回购期、回购价款以及计算方式等进行了设计安排，回购价格也是协议各方协商的结果，并在其后得到了永隆公司以及国兴公司的承诺确认。所以，《621协议》中股权转让行为的实质，是通过让与股权的形式，解决融资需求，并担保了债务的履行，具有了股权让与担保的性质。"[1]

其二，有时交易模式中具备了财产权的转让与回购，但不一定构成让与担保，这是因让与担保的判断需综合案情具体认定。如在"上海德泓投资（集团）有限公司、百联集团有限公司股权转让纠纷上诉案"中，法院指出，"首先，让与担保情形下，担保财产权属转移目的是为了担保主债务的履行，因而债权人针对受让财产无须支付额外对价，且债务人履行债务后，债权人即应将担保财产无偿返还给债务人或第三人。案涉2007年2月6日《股权转让合同》明确约定德泓公司、骏泓公司将建配龙公司49%股权转让给百联集团，转让价格为337 622 331.59元。且根据《备忘录》约定，德泓公司在符合约定条件，行使回购建配龙公司49%股权时，仍然需要支付股权转让价款。故案涉股权转让及回购的约定并不符合让与担保的典型特征。其次，《备忘录》及其附件一《委托管理合同》均约定，建配龙公司委托德泓公司对案涉项目进行管理。德泓公司掌控建配龙公司财务账册、项目实物，委派代表参加建配龙公司诉讼等事实，仅能证明德泓公司实际履行项目管理职责，不足以证明其系建配龙公司49%股权的实际权利人。再次，百联集

---

[1] 山东省高级人民法院（2019）鲁民终2838号民事判决书。

团为德泓公司垫付现代天地案 6.7 亿元等款项产生的法律后果仅是德泓公司应当返还垫付款项，并不能得出德泓公司系建配龙公司 49% 股权的实际权利人。最后，《备忘录》附件二《提前支付协议》约定了不动产抵押等担保措施，在双方均认为该担保措施足以保障预付建设资金返还义务履行的情况下，双方没有再以案涉股权设立让与担保的必要"[1]。

其三，如前所述，当事人未在让与担保交易中约定清算条款，并不会对认定让与担保以及让与担保的实现产生影响，裁判实践中，部分法院认为交易协议中欠缺清算条款、担保权实现条款，故让与担保不成立[2]，此种观点值得商榷，此时可依法适用《民法典担保制度解释》第 68 条第 2 款所规定的处分清算即可。

其四，《民法典担保制度解释》第 68 条第 3 款特别提及，"回购对象自始不存在的，人民法院应当依照民法典第一百四十六条第二款的规定，按照其实际构成的法律关系处理"。此时由于回购对象自始不存在，无法发挥物的担保作用，所谓的转让加回购的交易模式只是形式，无法认定为让与担保，这类似于融资租赁交易中只有融资而无融物时的认定规则。绝大多数情形下，此时的实际法律关系都是借贷。至于何种情形下为回购对象自始不存在，尚需依据裁判实践具体情形。比如，《民法典担保制度解释》第 61 条第 4 款肯认了将来应收账款的质押，但以未来应收账款出质的，也应要求应收账款应当具有确定性，即存在基础关系而确定其在将来一定期限内会实现、债权金额亦可根据基础关系的相关因素得以预见，以保证应收账款质权实现时对应的债权能真实存在。与此相对，若没有基础关系存在，则出质的债权因可能具有无法实现的风险而影响担保功能的发挥，损害他人的利益。因此，应收账款因不能特定化而不能作为回购对象，此时或可能成为本条适用

1　最高人民法院（2020）最高法民终 1149 号民事判决书。

2　参见陕西省高级人民法院（2020）陕民终 487 号民事判决书。

的对象。

五、买卖型担保及其重新定位

在实践中，大量出现这样一种融资方式，即双方先后签订一份借款合同与一份商品房买卖合同，两份合同标的额相当，或是只签订一份商品房买卖合同及相关补充协议。当还款期限满无法偿还时履行房屋买卖合同，或是先转移房屋所有权，偿还欠款后房屋买卖合同不再履行。即表面上存在的是房屋买卖合同，但其真实意思表示为以买卖合同标的物房屋为借款提供担保，即名为商品房买卖，实为民间借贷。与此相关的法律规范即为《民间借贷规定》第23条。

此类纠纷大体上经梳理可以概括为两种情形。第一，附条件解除买卖合同型。即在借款的同时或还款期限届满前先转移房屋所有权，当债务履行完毕后，解除或不再履行买卖合同，房屋所有权归还债务人。有法官认为，"双方当事人签订商品房买卖合同、办理备案登记的行为，是以所有权转移为手段实现债权担保之目的，符合让与担保这一权利移转型担保的要件，构成让与担保"[1]。第二，附条件履行买卖合同型。即买卖合同的履行以欠款无法偿还为要件，履行期届满后仍无法归还欠款则履行买卖合同。

实际上，上述两种类型的主要区别点在于是否完成了财产权利的公示。在前者中，当事人间移转房屋所有权，实际上系通过移转所有权的方式担保民间借贷债务的履行，无论当事人是否约定清算义务抑或约定借贷债务无法履行时房屋归债权人所有这类流质条款，此种担保方式完全符合《民商事审判会议纪要》第71条与《民法典担保制度解释》第68条所明确的让与担保，只不过此时是以买卖的方式担保债务。因此，完成了财产权公示的买卖型担保应为我国法中让与担保的亚类型。在对《民间借贷规定》第23条的理解

---

1 梁曙明、刘牧晗：《借贷关系中签订房屋买卖合同并备案登记属于让与担保》，《人民司法·案例》2014年第16期。

适用中，起草者也指出，如果双方不仅签订了买卖合同，而且已经进行了权利转移的，对第三人而言，已经具有了公示效果，认定出借人对价款享有优先受偿权具有合理性，《民法典》关于担保物权的规定、《民法典担保制度解释》第 68 条第 2 款已体现了这种精神。[1]在认定其符合让与担保模式后，自可适用《民法典担保制度解释》第 68 条的相关规则。

需要注意的是，买卖型担保源于司法实践中以买卖房屋担保民间借贷的履行，故此种让与担保的标的多为不动产房屋，有以下三个方面的问题应予关注。

第一，实践中部分不动产房屋并非现房，而是期房，故当事人间无法办理不动产本登记，而只能办理不动产预告登记，即此时买卖型担保中的权利公示方式为预告登记，此种方式是否符合让与担保的成立要件？裁判实践中，一种观点肯认了预告登记也是让与担保的权利变动公示方式，如在"潘祖义、四川信托有限公司合同纠纷上诉案"中，法院指出，"曾福元与新国公司成立借贷法律关系后另行以《商品房买卖合同》办理预购商品房预告登记之行为，实质构成让与担保合同法律关系……案涉车位以预购商品房预告登记代替办理抵押权登记的目的，系为限制新国公司对该车位进行转让或作其他处分，并非为了确保曾福元取得案涉车位的所有权"[2]。在"湖南娄底市剑成置业有限公司、李小玲破产债权确认纠纷上诉案"中，法院指出，"案涉 15 套房屋在办理了预告登记后，剑成公司不能将案涉房屋再行出售或者设置其他权利，故该预告登记具有排他效力，起到了一定的财产权利变动的公示作用"[3]。不过也有观点否认预告登记可以成就让与担保，如"陈海峰、吴自生等破产债权确认纠纷上诉案"中，法院指出，"案涉《借款合同》约

1　参见最高人民法院民事审判第一庭：《最高人民法院新民间借贷解释理解与适用》，人民法院出版社，2021，第 350-351 页。

2　最高人民法院（2019）最高法民终 688 号民事判决书。

3　湖南省高级人民法院（2019）湘民终 870 号民事判决书。

定以案涉房产作为抵押物，并约定将相关房产形式上转让至陈海峰、吴自生名下，视中博公司是否还清借款来确定房产最终归属，该约定符合让与担保的保证方式。故本案陈海峰、吴自生取得案涉房产的优先受偿权的前提是双方已经完成财产权利变动的公示方式，将该房产转让至债权人名下，但双方仅办理了预告登记，未办理不动产权属登记手续，预告登记不具有物权变动的公示效力。故一审法院以陈海峰、吴自生并未完成财产权利变动的公示为由认定陈海峰、吴自生的债权属于普通债权，不享有对案涉商铺拍卖、变卖或折价款项优先受偿的权利并无不当"[1]。

就此，本书作者认为，依据《民法典》第 221 条第 1 款、《民法典物权编解释（一）》第 4 条，债权一经预告登记就具有否定其后于债权标的物上成立的物权的效力，未经预告登记的权利人同意，出卖人或转让人处分该不动产的，不发生物权效力。预告登记具备对抗第三人的效力，是指经过预告登记的权利可以对抗第三人，阻止其取得与预告登记的权利相矛盾的物权，这就意味着，预告登记能够使普通债权产生一种对抗第三人的效力[2]；物权一经预告登记就强化了自身的法律效力，能够对抗第三人，第三人很难以不知也不应知某特定标的物上存在着物权为由予以抗辩。[3] 因此，采用预告登记的买卖型担保完全具备对抗第三人的效力，成立让与担保。不过，《民法典》第 221 条第 2 款规定了预告登记的失效事由，符合该款的让与担保仍有可能面临失效的风险。

第二，实践中除了通过不动产预告登记进行公示外，部分当事人还采取了商品房合同备案、网签备案的方式，这是否符合让与担保成立中的完成财产权变动公示？有的裁判不予认可，如"黄万江、江平涛等第三人撤销之诉

---

[1] 福建省南平市中级人民法院（2021）闽 07 民终 1492 号民事判决书。

[2] 参见王利明：《论民法典物权编中预告登记的法律效力》，《清华法学》2019 年第 3 期。

[3] 参见崔建远：《物权：规范与学说——以中国物权法的解释论为中心》（上册）（第二版），中国人民大学出版社，2021，第 260 页。

申请再审审查案"中，法院认为，"蓝天碧水公司与吴利民就案涉 114 套商品房仅办理了商品房预售合同备案登记，并未完成财产权利变动的公示，亦未从形式上转至债权人的名下。预售备案登记只是一种行政管理措施，并不具有物权变动的法律效力，案涉商品房尚未能达到已完成变动公示的效果。故二审判决认定黄万江对该房屋的拍卖、变卖、折价款不具有优先受偿权，适用法律正确"[1]。在"周志丽、怀化金顺房地产开发有限公司破产债权确认纠纷上诉案"中，法院也指出，"因商品房网签登记是政府部门依托其建立的商品房网上签约备案平台，规范房地产开发企业、房屋中介公司等相关主体进行商品房预售管理的网上备案登记行为，不具有物权变动性质，涉案房屋虽然办理过网签，但其并未完成财产权利变动的公示手续，故债权人不能在债务到期后请求对房屋享有担保物权"[2]。但是在"李竑、武汉延铭房地产开发有限公司等民间借贷纠纷上诉案"中，法院予以认可。[3]

就此，本书作者认为，《城市房地产管理法》（2019 年修正）第 45 条第 2 款规定："商品房预售人应当按照国家有关规定将预售合同报县级以上人民政府房产管理部门和土地管理部门登记备案。"目前，商品房预售实行网上签约机制，借以实现《城市房地产管理法》规定的商品房预售合同备案登记。理论和实践中有不少观点认为，商品房预售合同登记备案可以具备预告登记的效力。[4]但在现行规则之下，商品房预售合同备案登记只是将商品房预售合同予以登记、存档备查或者将商品房预售合同在互联网上予以公开，只是一种事实状态的记载，并不具有物权性质，不能对抗善意第三人，系行政机关对商品房预售的一种行政管理措施，不具有审查、批准的性质。因此，买卖型担保成立的公示方式不包括预售登记、网签备案。

1　最高人民法院（2021）最高法民申 4182 号民事裁定书。同旨参见江西省高级人民法院（2020）赣民终 555 号民事判决书。

2　湖南省高级人民法院（2019）湘民终 832 号民事判决书。

3　参见湖北省高级人民法院（2021）鄂民终 231 号民事判决书。

4　参见常鹏翱：《预告登记制度的死亡与再生》，《法学家》2016 年第 3 期。

第三，实践中部分买卖型担保的成立还可能有其他当事人参与，即部分房地产开发公司在通过买卖型担保担保债务时，将多套房屋为债权人办理登记，此时债权人往往指定多人作为房屋的受让人。裁判实践中一种观点认为，从形式上看，此时不符合让与担保中"债务人或者第三人与债权人约定将财产形式上转移至债权人名下"要件，如在"兰州新区金融投资控股集团有限公司、兰州亚太新能源汽车有限公司等兰州亚太房地产开发集团有限公司、兰州万通投资控股有限公司、兰州亚太工贸集团有限公司借款合同纠纷上诉案"中，兰新金控认为该约定的实质是案涉 23 间商铺的"让与担保"，但法院认为，其所主张的"让与担保"的《商品房买卖合同》由兰新投控与亚太房地产签订，形式上的财产权转让行为的"商品房买卖合同"登记备案在兰新投控名下，而非兰新金控名下，故兰新金控与亚太房地产之间没有形成"让与担保"法律关系，兰新金控不能以此为由要求对 23 间商铺享有优先受偿权。[1] 但是也有观点从实质判定上予以认可，如在"李竑、武汉延铭房地产开发有限公司等民间借贷纠纷上诉案"中，武汉延铭公司与李竑及李竑指定的第三人岳传毅、赵晖、柏秀娟共计签订了 18 份《武汉市商品房买卖合同》并在房地部门办理了网签备案手续，李竑及其指定的第三人岳传毅、赵晖、柏秀娟均未支付房屋价款，第三人岳传毅、赵晖、柏秀娟也到庭表示上述签订房屋买卖合同的行为均系受李竑的指令办理，法院亦认可构成让与担保关系。[2] 本书作者认为，囿于限购等房地产监管政策等原因，实践中部分债权人并没有资格同时在形式上受让多套房屋，当事人间予以确认、能够形成完整证据链条且无其他无效事由时，应从实质上认定当事人之间的让与担保关系，而且交易实践中有关担保物权代持的方式已经得到了《民法

---

1 参见甘肃省高级人民法院（2021）甘民终 459 号民事判决书。
2 参见湖北省高级人民法院（2021）鄂民终 231 号民事判决书。

典担保制度解释》第 4 条的认可。[1]

六、小结

无论是《民法典》还是《民法典担保制度解释》，都只是代表当前对担保制度的基本认识，随着实践的进一步发展，理论的研究也必将再上一个台阶，对担保制度的认识也将更加深刻。[2]《民商事审判会议纪要》第 71 条和《民法典担保制度解释》第 68 条实施以来，司法实践中的让与担保裁判逐渐形成诸多共识，同时，活跃的融资实践总是有意无意地脱逸于既有规则的约束，通过对裁判实践的考察，可以发现让与担保的相关争议问题逐渐细致化，更聚焦于清算方式、交易形式以及让与担保的构成认定等细节问题，这充分说明让与担保得到了充分且有效的利用，对新出现争议问题的解释论分析无疑将深化对让与担保的认识，本书结合《民商事审判会议纪要》第 71 条和《民法典担保制度解释》第 68 条实施后让与担保的裁判实践，就让与担保的基本案型及其中呈现出的分歧进行了分析，也希冀达到这样的目的。此外，与让与担保一样作为立法与司法解释所新确立的新制度的，还有《民法典》以及《民法典担保制度解释》借鉴比较法所规定的正常经营活动买受人规则、购买价金担保权规则等诸多新规则，其实施状况如何、裁判实践与交易实践效果是否达到了制度创立之初的目的，尚需与本书所采方法一样，结合本土实践案例作更深入的研究，这也有助于构建中国特色法学知识体系、话语体系与法治体系。

1　参见曹明哲：《〈民法典担保制度司法解释〉对担保从属性的贯彻与适用》，《法律适用》2021 年第 9 期。

2　参见刘贵祥：《担保制度一般规则的新发展及其适用——以民法典担保制度解释为中心》，《比较法研究》2021 年第 5 期。

第四章
民法典担保权利实现规则体系

第一节　担保物权实现途径的体系解释

一、问题的提出

"权利重在内容的实现，权利若不能实现则空有权利，此为权利的实践性。"[1]实现担保物权是担保物权人行使担保物权的基本方式。所谓担保物权的实现，是指债务人不履行到期债务或者发生当事人约定的实现担保物权的情形时，担保物权人处分担保财产并以其变价款优先受偿的行为。担保物权的实现是担保物权最重要的效力，也是担保物权人最主要的权利。在主债务履行期限届满债权人未受清偿或发生当事人约定的实现担保物权的情形的情况下，担保物权人通过什么途径来实现担保物权，不仅关系到担保物权人的利益，而且关系到担保交易的正常运行。不合理的制度设计往往徒增担保交易的成本，使担保制度之功能不能充分发挥。逻辑上，担保物权的实现首先是选定实现途径，其后方为在此途径的程序规则下适用具体的实现方式将担保财产变现。实现途径解决的是担保物权实现的程序适用，实现方式解决的则是依照何种具体手段将担保财产最终变价。因此，实现途径的目标在于高效、快捷、低成本地实现担保物权，实现方式的目标在于最大程度地将担保

1　施启扬:《民法总则》，中国法制出版社，2010，第28页。

财产交换价值变现。

各国对担保物权的实现途径大多较为慎重，主要有两种立法例：一为公力救济，即担保物权的实现应采取公法上的方式，担保物权人实现担保物权之前通常需要获得法院或其他国家机关签发的裁判或决定，而不能私自地实现担保物权。如德国、日本、瑞士等国。[1]二为自力救济，即担保物权人可径依担保物权而自行决定担保物权的处分方式并予以实施，无须经由担保人同意，国家在通常情况下也不予强制干预。如法国、英国、美国等国。[2]公力救济是通过国家专门的司法程序保护民事权利的手段，其主要程序是民事诉讼和强制执行。公力救济途径所独具的权利推定力和确定力，使其在抵押权实现中占据重要地位，即使允许实行自力救济途径的国家或地区，也不排斥公力救济途径。我国《民法典》第410条、第436条、第453条分别就抵押权、质权和留置权的实现作了相应规定，但这些规定彼此之间并不一致，增加了解释上的疑问。《民法典担保制度解释》第45条就抵押权实现中的特殊问题作了规定，这些规定的规范意旨若何，是否可以类推适用于质权和留置权的实现，也存在疑问。

二、担保物权的协议实现

《民法典》第410条第1款、第436条第2款、第453条第1款均规定了"与担保人（抵押人、出质人、债务人）协议以担保财产（抵押财产、质押财产、留置财产）折价，也可以就拍卖、变卖担保财产（抵押财产、质押财产、留置财产）所得的价款优先受偿"这一协议实现方式。在担保物权可得实现之时，由当事人协议实现担保物权，一方面，有助于尊重当事人的意志。担保物权的实现关系到当事人双方的利益，通过协议实现担保物权，最大限度地尊重了当事人的意愿。另一方面，有利于降低担保物权的实现成

---

[1] 参见徐武生：《担保法理论与实践》，工商出版社，1999，第336页。
[2] 参见毛亚敏：《担保法论》，中国法制出版社，1997，第176页。

本、减少诉讼成本，并可以减轻法院的负担。[1]

（一）担保物权实现协议及其撤销

依据《民法典》第 410 条第 1 款、第 436 条第 2 款、第 453 条第 1 款的规定，担保物权人和担保人在折价、拍卖、变卖等三种实现方式之中进行协议选择。《民法典》第 410 条第 3 款、第 436 条第 3 款、第 453 条第 2 款均规定，"担保财产（抵押财产、质押财产、留置财产）折价或者变卖的，应当参照市场价格。"但仅第 410 条第 1 款规定了"协议损害其他债权人利益的，其他债权人可以请求人民法院撤销该协议"这一协议实现时的规制路径。在解释上，第 410 条关于协议实现时的规制路径自可类推适用于质权或者留置权的协议实现，如债权人与出质人或者债务人达成的实现质权或者留置权的协议损害了其他债权人利益，其他债权人可以请求人民法院撤销该协议。

《民法典》第 410 条第 1 款第二句删除了《物权法》第 195 条关于其他债权人应自知道或应当知道撤销事由之日起 1 年内行使撤销权的规定，这是因为，该撤销权属于债的保全中的债权人撤销权，而《民法典》第 541 条对债权人撤销权的行使期间已有规定。因此，为避免重复，本条删除 1 年期间的规定是合理的。[2]不过，此时适用何种期间，理论界对此解释不一，一种观点认为，依据《民法典》第 152 条的规定，其他债权人应在知道或者应当知道撤销事由之日起 1 年内请求人民法院撤销该协议，否则撤销权消灭。在担保人与担保物权人达成协议起 5 年内其他债权人没有行使撤销权的，撤销权也归于消灭。[3]因为《民法典》第 152 条已经对撤销权消灭的情形作出了规定，《民法典》第 410 条没必要再重复规定。[4]不过，这一解释结论是否妥当值得探讨，在协议实现抵押权时，协议损害其他债权人利益的情形与债的保全中

1　参见王利明：《合同法研究》（第四卷）（第二版），中国人民大学出版社，2018，第 501 页。

2　参见孙宪忠、朱广新主编：《民法典评注·物权编》，中国法制出版社，2020，第 197 页。

3　参见黄薇主编：《中华人民共和国民法典解读·物权编》，中国法制出版社，2020，第 649 页。

4　参见王利明主编：《中国民法典评注·物权编》，人民法院出版社，2021，第 837 页。

债权人撤销权制度旨在保护其他债权人并无实质性差异，自解释论而言，《民法典》第 410 条第 1 款第二句中的撤销权也受到《民法典》第 541 条限制，而《民法典》第 152 条所规定的撤销权除斥期间，是针对意思表示瑕疵场合当事人所享有的撤销权而设，二者规范对象存在差异，故不宜类推适用《民法典》第 152 条。[1]

不过与《民法典》第 541 条不同的是，《民法典》第 410 条的此所谓其他债权人，在本条第 1 款设定的情形，应指抵押人的其他普通债权人和同一抵押财产上顺位在后的其他担保债权人，此等债权人在主张撤销抵押权人和抵押人的协议时，须就《民法典》第 539 条规定的撤销权行使之事实要件负举证责任。[2]

（二）担保物权实现协议与流抵（质）契约的关系

担保物权实现协议不同于流抵（质）契约。我国自《担保法》到《物权法》再到《民法典》，都不承认流抵（质）契约。所谓流抵（质）契约，是指抵押权人（或质权人）在订立抵押合同（或质押合同）时与抵押人（或出质人）约定，债务人不履行债务时担保财产归债权人所有。不过在对流抵（质）契约相关规定的表述上，《民法典》比《担保法》《物权法》更加柔化，《民法典》并未直接规定流抵（质）契约无效，而是规定当事人有此等约定时，只能依法就抵押财产或质押财产优先受偿（第 401 条、第 428 条）。采取此种柔化表述的理由在于："在对民法典物权编草案进行二次审议以及向社会各界征求意见时，有的专家学者、单位提出，为进一步优化营商环境，建议完善草案中有关流抵条款、流质条款的效力，明确当事人事先作出此类约定的，仍享有担保权益，但是只能依法就抵押财产或者质押财产优先受

1　参见武亦文：《〈民法典〉第 410 条（抵押权的实现）评注》，《法学家》2022 年第 3 期。
2　参见徐涤宇、张家勇主编：《中华人民共和国民法典评注》（精要版），中国人民大学出版社，2022，第 436 页。

偿。宪法和法律委员会经研究，建议采纳这一意见。"[1]

担保物权实现协议与流抵（质）契约的区别在于：

第一，成立时间不同。流抵（质）契约成立在债务人不履行到期债务或者发生当事人约定的实现担保物权的情形之前，往往就是担保物权人与担保人在签订抵（质）押合同时，双方就约定当债务人不履行到期债务时抵（质）押财产归债权人所有。但是，双方就担保物权的实现加以约定，则是在债务人不履行到期债务或者发生当事人约定的实现抵押权的情形已经出现之后，即担保物权的实现条件已经成就之时。这是流抵（质）契约与担保物权实现协议的一个重要区别。

第二，是否估价不同。就流抵（质）契约而言，在抵押权或质权实现时，债权人直接就取得了抵（质）押财产的所有权，不需要对抵（质）押财产进行估价并加以清算（如担保财产中超过被担保财产价值的部分返还给担保人）。但是，双方约定实现担保物权时，即便采取折价或变卖的方式也必须参照市场价值（《民法典》第 410 条第 3 款、第 436 条第 3 款）。在参照市场价值确定担保财产的价值后，担保人将抵（质）押财产抵偿债务，剩余的债务，债务人应当继续清偿。担保财产的价值超出债务的，债权人应当返还给担保人。正是因为流抵（质）契约中不对担保财产和被担保债务进行清算且该等约定又是成立于担保合同订立之时，才容易产生不公平的情形，法律上才有必要予以禁止。由此可见，不能简单地认为当事人在主合同签订时约定了折价的方式都构成流抵（质）契约，还需要进一步考虑是否估价、以物抵债是否是在债务履行期届满而不履行债务时等具体情形。

（三）担保物权协议实现程序是否是必经程序

有观点认为，协议实现担保物权是担保物权人请求法院实现担保物权的一个必经程序。也就是说，只有在未达成协议或协议规定不明确的情况下才

1　黄薇主编：《中华人民共和国民法典解读·物权编》，中国法制出版社，2020，第 665 页。

能请求人民法院拍卖、变卖担保财产。[1]但是与抵押人协议还是向法院申请强制执行，是法律赋予抵押权人的选择权而非义务，抵押权人可以不经协议直接向法院申请实现抵押权，从日本的经验看，也没有要求以协商为前提[2]，因此，本书作者认为，在担保物权可得实现之时，是采取协议实现的方式，还是采取请求法院拍卖、变卖的方式，应由担保物权人自行选择。在解释上，如担保物权人径行请求人民法院拍卖、变卖担保财产的，可认为其与担保人未就担保物权实现方式达成协议。

三、担保物权的庭外实现

（一）担保物权实现的自力救济

所谓自力救济，是指权利人依靠自己的力量强制侵害人，以捍卫受到侵犯的权利的权利保护制度。自力救济是人类早期盛行的权利保护方式，由于其容易滋生暴力事件，且当事人仅凭一己之判断去强制他人，难免感情用事，有失公允，文明社会原则上禁止自力救济。但自力救济有迅捷及时的优势，有些国家例外地认可其适用于特定情事。[3]

自力救济在保护担保物权方面应有适用空间，因为其强调交易便捷，能更好地保护担保物权人的利益，与担保物权设定的目的相合。德国、日本实务上发展起来的让与担保制度，旨在规避法定的繁杂的设定和实现方式，降低担保交易成本。其中，让与担保在实现途径上多采自力救济。但自力救济制度的缺陷也相当明显，仅依抵押权人的意思就可占有、处分抵押财产，对于债务人和第三人而言往往保护不周。在采行自力救济途径实现抵押权时，应为抵押权人设定相应义务以保护债务人的权利，如制度设计合理，则对双方当事人均为有利。

1　参见王利明：《合同法研究》（第四卷）（第二版），中国人民大学出版社，2018，第501页。
2　参见江必新主编：《新民事诉讼法条文理解与适用》（下），人民法院出版社，2022，第938页。
3　参见张俊浩主编：《民法学原理》（修订第三版），中国政法大学出版社，2000，第87页。

在比较法上，我们注意到，以美国为代表的北美洲和中东欧国家在担保权的实现途径上均认同自力救济途径，但都规定了相应的保护债务人和第三人利益的条款。如《美国统一商法典》规定，"债务人违约后，担保权人可以占有担保财产或控制担保财产，但以不致违反公共秩序（breach of peace）为条件"。在遵守债务人和第三人保护条款的前提下，担保权人既可以出卖担保财产并以其变价款清偿担保债务，亦可保留担保财产抵偿担保债务。中东欧诸国从之。基于对冗长、烦琐的诉讼程序以及居高不下的诉讼成本和实现成本的畏惧，这些国家改变了其他国家为了保护担保人的权益而要求在担保物权人占有担保财产之前必须取得法院裁判的做法。它们认为，这一做法并不是保护担保人权益的唯一途径。在担保财产被占有之后所适用的程序同样可以提供担保人权益的充分保障。如规定担保权人在出卖担保财产之前必须通知担保人，该通知必须告知担保人有权通过履行担保债务而赎回担保财产。此外，担保物权人必须向担保人和次顺位担保物权人提供出卖担保财产的账目、已收到的款项、费用支出、分配款项的方式以及剩余的款项。[1]

（二）比较法上的担保物权的庭外实现

如前所述，比较法上，不少国家与地区认可担保物权的庭外实现，或称之为非司法实现方式、非强制执行方式，较为典型且具有参考意义的《联合国动产担保立法指南》、《欧洲示范民法典草案》、《开普敦公约》以及《美国统一商法典》。从比较法的经验看，担保物权人的自行拍卖、变卖要受到如下规则限制。

其一，担保物权人的拍卖、变卖行为要具有商业上的合理性。担保物权人并非担保物的所有权人，在其自行拍卖、变卖担保财产之时，其经济上的目的只是获得能清偿担保债权的价款，在主观上缺乏追求担保财产价值最大

1　See Grant Gilmore, *Security Interests in Personal Property*, Vol.Two, The Lawbook Exchange, Ltd, 1999, pp.1233-1234.

化的动机。由于缺乏利益上的激励机制，允许庭外实现担保物权的风险之一就是担保物权人消极行事，使拍卖、变卖的结果没有完全体现担保财产的价值，尤其是当担保财产价值高于担保债权额时，其他债权人与担保人无法享有其中的差额利益。《美国统一商法典》第9—610条（b）规定，违约发生后，担保财产的处分要以商业上合理的方式进行，"处分担保财产的每个方面，包括方法、方式、时间、地点或者其他条件，在商业上必须是合理的。如果在商业上是合理的，担保物权人可以依公开或者非公开的程序，通过一个或者多个合同，在任何时间、任何地点和任何条件下，整体或者分批地处分担保财产"。尽管该条没有明示，但在商业上合理性的标准下，最重要的要求之一是处分行为的充分公告，担保物权人就此负有如下义务：（1）就处分行为进行广告，且该广告的力度足以到达担保财产的潜在买受人；（2）从广告刊登到担保财产被处分之间，潜在买受人有足够的时间响应；（3）广告中对担保财产及其处分进行了充分且精确的信息披露；（4）担保财产可供潜在买受人在处分前视察。[1]

其二，担保物权人应当对利害关系人履行通知义务。担保物权人对其拟开展的庭外实现行为履行充分通知义务是最重要的限制规则之一，这让利害关系人可以监督担保物权人的处分行为，在担保财产处分前治愈违约，或者允许先顺位担保物权人得以控制执行程序。[2]《联合国动产担保立法指南》推荐，在债务人违约后，除担保财产是鲜活易腐、快速贬值或者有公认市场外，担保物权人必须对其在庭外出卖、出租、许可使用等方式处分担保财产的意向作出通知。[3]担保物权人通知的对象包括：（1）担保人、债务人或者

1　See William H. Lawrence, William H Henning, R. Wilson Freyermuth, *Understanding Secured Transactions*, Matthew Bender & Co, Inc, 2007, p.429.

2　See United Nations Commission on International Trade Law, *UNCITRAL Legislative Guide on Secured Transactions*, United Nations, 2010, p.287.

3　See United Nations Commission on International Trade Law, *UNCITRAL Legislative Guide on Secured Transactions*, United Nations, 2010, p.313.

其他负有担保义务的主体；（2）在担保物权人向担保人发送通知前，任何以书面形式告知担保物权人其对担保财产享有权利者；（3）在担保物权人向担保人发送通知前，任何在担保人名目下登记了其对担保财产的担保声明的权利人；（4）任何当担保物权人取回担保财产时占有担保财产的权利人。[1]同时，动产担保交易法还应当明确通知的方式、时间和最低程度的内容，包括通知是否应包含所欠担保债权的数目、债务人或担保人以清偿债权方式赎回担保财产的权利。[2]对此，可以借鉴《美国统一商法典》第9—613条的规定，处分通知包含以下内容即为已足：载明担保人和担保权人、载明作为拟处分标的的担保财产、阐明拟处分的方法、表明担保人有权清算未偿债务（并说明清算费用）以及表明公开处分的时间、地点或者此后另一处分的时间。

其三，顺位在先的担保物权人享有接管担保财产拍卖、变卖程序的权利。当担保财产上竞存多项担保债权时，担保物权的庭外实现程序并不总是由第一顺位的担保物权人开启，但顺位在先的担保物权人对担保财产享有更大的利益，也总是希望由其本人控制担保财产的实现程序。《联合国动产担保立法指南》推荐，动产担保交易法应当规定，当担保物权人开始采取庭外实现行为后，在担保财产被最终处分、担保物权人行使直接收取权、有关担保财产处分的协议被达成的任一更早时间前，顺位更优先的担保物权人有权接管担保财产的实现程序，其中就包括自行拍卖、变卖担保财产的权利。[3]在接管担保物权的实现程序后，先顺位的担保物权人并不一定要按照原担保物权人的处分计划行事，而是可以使用任何被法律所允许的方式将担保财产

1　See United Nations Commission on International Trade Law, *UNCITRAL Legislative Guide on Secured Transactions*, United Nations, 2010, p.314.

2　See United Nations Commission on International Trade Law, *UNCITRAL Legislative Guide on Secured Transactions*, United Nations, 2010, p.314.

3　See United Nations Commission on International Trade Law, *UNCITRAL Legislative Guide on Secured Transactions*, United Nations, 2010, p.313.

变价，例如原担保物权人计划将担保财产拍卖变价[1]，而先顺位担保物权人有信心以变卖途径更好实现担保财产的价值，其也可以另行开启担保财产的变卖程序。

其四，担保财产变价的收益应当按照法定顺位分配。拍卖、变卖担保财产的最终目的是获得变价收益，并依次清偿在担保财产上取得权利的债权。至于担保财产变价收益的分配顺位，自力救济与公力救济路径不应有所差别：担保财产变价收益应当首先用于清偿取回担保财产、保管担保财产、变价准备以及变价程序等发生的权利实现费用；再依据担保物权的顺位、担保物权与法定优先权间的顺位将收益分配给各债权人；如所得收益有剩余，应当返还于担保人。[2] 在其中，平衡实施拍卖、变卖的担保权人与后顺位担保权人的利益是程序的重点，《美国统一商法典》第9-615条规定的是，在分配程序终结之前，担保权人已收到来自后顺位担保权人或者其他法定优先权人的业经确认的对收益的请求时才有义务将收益向下分配，且应担保权人的请求，后顺位担保权人或者其他法定优先权人应在合理时间内提出其权利的合理证据时，实施拍卖、变卖的担保权人才负有向其分配收益的特定义务。

（三）我国实定法中的担保物权庭外实现

1.《民法典》否定担保物权的自力救济

《民法典》第410条第1款中规定："债务人不履行到期债务或者发生当事人约定的实现抵押权的情形，抵押权人可以与抵押人协议以抵押财产折价或者以拍卖、变卖该抵押财产所得的价款优先受偿。"这一规定是否表明我国已承认抵押权的自力救济途径，学界存有争议。《民法典》第436条第2款、第453条第1款的规定与第410条第1款大致相同，同样存在上述解释分歧。

1　See United Nations Commission on International Trade Law, *UNCITRAL Legislative Guide on Secured Transactions*, United Nations, 2010, p.286.

2　See William H. Lawrence, William H Henning, R. Wilson Freyermuth, *Understanding Secured Transactions*, Matthew Bender & Co, Inc, ,2007, p.447-448.

自力救济作为权利保护的两种途径之一，随着国家和社会的进步，其适用范围越来越小。[1] 采取自力救济途径受到法律的严格限制，权利主体只能以法律许可的方式和在法律允许的限度内保护自己的权利。[2] 判断《民法典》上是否认同了抵押权实现的自力救济途径，应从条文的文义解释入手，亦即，从《民法典》第 410 条第 1 款的文义如能解释为包含有自力救济途径在内，则答案是肯定的，否则，答案是否定的。依该款，我们无从得知抵押权自力救济途径的文义，因此，本书作者认为，我国制定法上尚未认同抵押权的自力救济途径。上述肯定说从抵押权的支配权性、变价权性的本质出发，论证抵押权人可单方处分抵押财产（自力救济），并不妥当。不可否认，抵押权的本质是支配权和变价权，但这并不能直接得出抵押权人可单方处分抵押财产的结论，亦即从抵押权的本质特征并不能当然地推演出抵押权实现的自力救济途径。"承认主体享有权利，并不意味着权利人就可以亲自去实现与该权利相适应的状态。在通常情况下，实现这种状态必须请求国家的帮助。"[3] 即使具有绝对权性质的所有权受到他人侵害时，其保护途径也主要是公力救济途径，例外地承认特定情形下的自力救济途径。因为，在现代社会，私权一般都要依靠国家予以保护，通过国家的审判机构获得保障，以防止当事人通过自力救济而危害社会秩序。[4] 然而在特殊的情况下，公权力的救济可能缓不济急，法律乃在一定的条件下例外地容许权利人的自力救济。[5] 由此可见，自力救济的范围应局限于法律明文规定的情形，与权利的性质无关。

因此，《民法典》未就担保物权自力救济以及庭外实现规则作出任何规定，与比较立法例置重于自力救济规则的建构不同，我国实定法上基于目前

1　参见郑玉波：《民法总则》，中国政法大学出版社，2003，第 547—548 页。

2　参见王利明：《民法总则研究》（第三版），中国人民大学出版社，2018，第 245 页。

3　[德] 迪特尔·梅迪库斯：《德国民法总论》，邵建东译，法律出版社，2000，第 121 页。

4　参见 [日] 四宫和夫：《日本民法总论》，唐晖等译，第 43 页。

5　参见王泽鉴：《民法总则》，中国政法大学出版社，2001，第 562 页。

的社会信用现状限制了自力救济路径在担保物权实现中的适用。即使在加入《开普敦公约》之时，我国也对该公约第 54 条第 2 款作出声明："债权人依据《公约》任何条款可以获得但条款中并未明确要求必须向法院申请的任何救济，必须经过中华人民共和国人民法院同意后方可施行。"这也意味着，在担保物权的实现途径中排除自力救济的适用。根据我国《民法典》的规定，除允许在担保物权实现条件成就之后担保物权人与担保人协议实现担保物权（第 410 条第 1 款、第 436 条第 2 款、第 453 条第 1 款）之外，《民法典》仅允许担保物权的司法实现，不过在程序选择上，担保权人既可以申请启动实现担保物权案件特别程序，也可以提起民事诉讼，在取得许可裁定或者胜诉裁判之后申请执行法院强制执行。

2.《民法典担保制度解释》增设担保物权庭外实现规则

不过，《民法典担保制度解释》第 45 条第 1 款规定："当事人约定当债务人不履行到期债务或者发生当事人约定的实现担保物权的情形，担保物权人有权将担保财产自行拍卖、变卖并就所得的价款优先受偿的，该约定有效。因担保人的原因导致担保物权人无法自行对担保财产进行拍卖、变卖，担保物权人请求担保人承担因此增加的费用的，人民法院应予支持。"此为担保物权庭外实现的途径，体现《民法典担保制度解释》建立高效的担保权执行程序，优化营商环境的追求。[1] 世界营商环境调查中的合法权利保护力度指数将当事人在协议中约定可庭外实现作为营商环境指数之一，以鼓励抵押权人与抵押人事先在合同中约定庭外实现方式，当事人就此已作约定时，其并不违法悖俗，同时亦有利于提升我国的营商环境指数得分，应允许当事人在合同中就此作出约定[2]，《民法典担保制度解释》第 45 条第 1 款对此予以明确。但是，在当事人事先并未就此作出约定时，由于抵押人占有抵押物，

---

1 参见最高人民法院民事审判第二庭：《最高人民法院民法典担保制度司法解释理解与适用》，人民法院出版社，2021，第 38—39 页。

2 参见纪海龙：《世行营商环境调查背景下的中国动产担保交易法》，《法学杂志》2020 年第 2 期。

若认可抵押权人可诉诸庭外实现等类似自力救济的方式，不利于维护社会和经济秩序，按照体系解释，《民法典》第 1177 条严格限定自力救济的适用范围，若当事人在就是否允许抵押权人实行自力救济措施未作约定的背景下，赋予抵押权人实行自力救济的权利，在体系上与《民法典》第 1177 条相悖。在当事人未事先作约定的背景下，应否认当事人诉诸庭外实现等类似自力救济的可能性。[1]

庭外实现途径，与担保物权的协议实现存在差异。依据《民法典》第 410 条第 1 款的规定，实现担保物权的协议仅能在债务人不履行到期债务或者发生当事人约定的实现担保物权的情形之后才能达成。至于担保合同中有关实现担保物权途径的约定，不能由该款文义所涵盖。对于此类约定的效力，学说和实务中多持否定态度。《民法典担保制度解释》第 45 条第 1 款规定的有关实现担保物权途径的约定，是在债务人不履行到期债务或者发生当事人约定的实现担保物权的情形之前所作出，既可以约定于担保合同之中，也可以约定于担保合同之外的单独合同之中。此与《民法典》上缓和流抵（质）契约的效力有关。

《民法典担保制度解释》第 45 条第 1 款虽然没有承认担保物权的自力实现，但是，承认当事人之间关于"当债务人不履行到期债务或者发生当事人约定的实现担保物权的情形，担保物权人有权将担保财产自行拍卖、变卖并就所得的价款优先受偿"的约定的效力，利于提高担保物权的实现效率，并将实现担保物权的方式限定于拍卖、变卖，排除折价，在程序上关注债务人和第三人利益的保护，以达到担保物权人与债务人间利益的衡平。担保物权人自行拍卖、变卖担保财产的，自当适用相应担保物权实现方式的规则。以拍卖为例，担保财产的自行拍卖，是指当债务人不履行到期债务或者发生当事人约定的实现担保物权的情形之时，担保物权人按照事先的约定，委托拍

---

[1]　参见武亦文：《〈民法典〉第 410 条（抵押权的实现）评注》，《法学家》2022 年第 3 期。

卖人，以公开竞争的方式将担保财产卖给出价最高的应买者。拍卖是以公开竞价的方式出卖标的物，其成交价格能够最大限度地体现担保财产的价值，既有利于维护担保物权人的利益，也能充分发挥担保财产对债权的担保效能，从而维护担保人的利益。在解释上，担保财产的自行拍卖属于《拍卖法》上所说的任意拍卖。依据《拍卖法》的规定，任意拍卖需经过以下程序：第一，拍卖委托。由委托人与拍卖人订立委托拍卖合同。这里的委托人依《拍卖法》的规定，应为担保人，但就担保财产的任意拍卖而言，应由担保人和担保物权人事先签订拍卖协议。第二，拍卖公告与展示。拍卖人应当于拍卖日 7 日前发布拍卖公告。公告应当载明拍卖的时间、地点、标的、展示时间地点等事项。拍卖公告应当通过报纸或其他新闻媒介发布。拍卖人应当在拍卖前展示拍卖标的物，并提供查看拍卖标的物的条件及有关资料，且展示时间不得少于 2 日。拍卖公告在法律性质上属要约邀请。第三，拍卖的实施。拍卖的实施是指拍卖当事人在现场就拍卖标的物进行竞争缔约的过程，包括竞买和拍定。竞买是竞买人以应价的方式向拍卖人作出应买的意思表示，其在法律性质上属要约。拍定是拍卖人对应价最高的竞买人的竞买表示予以接受的意思表示，其法律性质属承诺。拍定的意思须由拍卖师以落槌等公开的方式予以表示。一经拍定，拍卖成交，合同成立。拍卖成交后，买受人和拍卖人应当签署成交确认书。

（四）我国担保物权庭外实现规则的完善

虽然借由非典型担保交易的权利实现规则以及担保功能主义，可以扩展其适用范围，不过，由前述比较法规则可以看出，担保物权的庭外实现是一个颇为复杂的过程，为了节约当事人成本，实现担保物权高效担保债权的目的，法律应当为此提供较为充足的制度供给，担保物权的庭外实现并不意味着就是当事人自治的"自留地"，相反，需要法律明确庭外实现的条件与法律效果，否则担保物权的庭外实现就是"纸上谈兵"，更不会为当事人所利用，即便利用也只是在原有基础交易争议之上徒增更多争议。或许正是考虑到这一制度规则的复杂性，《民法典》未对此作出规定，不过更为妥当的做法或许是为担保物权私力救济制度作出原则性规定，为后续细化规定留下空间。就此来看，《民法典担保制度解释》第 45 条第 1 款"当事人约定当债务人不履行到期债务或者发生当事人约定的实现担保物权的情形，担保物权人有权将担保财产自行拍卖、变卖并就所得的价款优先受偿的，该约定有效。因担保人的原因导致担保物权人无法自行对担保财产进行拍卖、变卖，担保物权人请求担保人承担因此增加的费用的，人民法院应予支持"的规定，弥补了《民法典》的前述缺漏。不过，《民法典担保制度解释》第 45 第 1 款的规定也只解决了担保物权私力救济最为基础的问题，其中的诸多细节亦无法在司法解释中作出更多规定。综合前述比较法规则，未来构建我国担保物权庭外实现制度，应置重于如下问题的完善，如担保权人如何取得对担保财产的占有；担保权人自行处分担保财产可采取何种方式；如何认定担保财产处分方式的合理性；担保财产处分后有何种法律效果以及处分前应如何为有效通知；为避免收益分配对担保财产上其他竞存权利人的损害，应如何进行担保财产处分收益的分配，收益应交何机关保管，等等。前述比较法规则在不同问题上均已提出相同抑或细节不同的方案。结合我国法，本书作者提出以下建议。

第一，明确担保权人取得担保财产占有的规则。就此，前述比较法规则存在不同的规制模式，《欧洲示范民法典草案》和《动产担保交易立法指南》均要求担保权人行使这一权利时取得担保人同意，当事人对此有约定；而《美国统一商法典》未就此作出要求。本书作者认为，在我国交易背景下，非移转占有型担保物权中，担保人多数不会同意担保权人取得占有，若采用《欧洲示范民法典草案》的模式，担保物权庭外实现恐难有适用余地，因此，《美国统一商法典》的模式更为可取。

第二，完善担保权人自行处分担保财产可采取的具体方式。担保权人可自行处分担保财产的方式有自行拍卖、变卖以及以物抵债，这些方式为《民法典》第410条所明文规定，担保权人并不陌生。不过，拍卖、变卖、折价这三种方式显然不敷适用，结合前述比较法如《开普敦公约》《欧洲示范民法典草案》，我国法应明确增加担保财产出租、许可使用、强制管理、收取等处分行使，以适应不同担保财产特征、不同交易背景的需要。目前，强制管理已在土地承包经营权抵押权实现中有所适用；最高人民法院在《福建海峡银行股份有限公司福州五一支行诉长乐亚新污水处理有限公司、福州市政工程有限公司金融借款合同纠纷案》（指导性案例53号）确定的裁判规则明确了质权人可以请求应收账款债务人直接向其履行债务，明确了收取这一实现方式。

第三，明确担保权人的通知义务。从比较法规则可以看出，无论是担保权人取得占有、处分担保财产之前还是有意采取以物抵债实现担保权，担保权人均应通知相关利害关系人。我国《民法典》于多处规定有通知的具体要求，理论上多将通知作为准法律行为，因此，通知的方式、时间甚至无须通知的情形，均可参照现有《民法典》相关规定与解释结论。规则应侧重明确通知的对象与内容，在担保权人取得担保财产占有时，应通知担保人、担保财产的实际控制人，在担保财产的处分程序中，应通知担保人、债务人、担保财产的实际控制人、其他担保权人等。就内容而言，包括拟处分担保财产的时间和地点，拟处分的担保财产的合理描述，处分担保财产的最低价格以及支付条款，担保人和其他利害关系人享有回赎的权利等。

第四，明确以物抵债适用的条件。目前，实践中虽有不少以物抵债情形，但是以物抵债的相关争议仍然不小，且欠缺相应规则。庭外实现中的以物抵债必须受到严格限制，否则将成为担保权人压榨担保人的方式。前述比较法均明确了以物抵债的适用必须向担保人等利害关系人发出通知，且应明确指出拟通过以物抵债的债务数额，如果无法获得担保人等利害关系人的同意，则无法实施以物抵债，我国法应予以借鉴。

第五，明确担保财产收益的分配。即便是司法拍卖，以及司法实践中的执行财产分配，也存在不少争议，而担保财产上有多个权利人的情形已成常态，担保权人可能无法知悉担保财产的其他权利人，甚至出现担保权人恶意不通知其他权利人，私吞变价款的情形，因此，规则规制的重点在于避免担保权人有意或无意的此类行为。就此，《动产担保交易立法指南》的相关建议更为可取，担保权人可将处分收益交给法院或其他主管机关保存，我国法可借助既有的提存制度实现这一制度目的。

第六，完善担保物权公力救济规则。从比较法中可以看到，担保物权的公力救济与庭外实现是密不可分的，担保物权的庭外实现如若运行不畅，可以顺利过渡至公力救济，而且在拍卖的法律效果、收益分配的顺序、财产处分的方式等方面，担保物权的公力救济与庭外实现的规则是共通的。因此，在建立完整的担保物权庭外救济规则之前，担保物权公力救济规则的完善也可以为庭外实现奠定坚实的基础，提供规则设计的参考。当前，《民事强制执行法》已在制定中，且已经向社会公布草案征求意见，担保物权公力救济规则的完善已在眼前，庭外实现制度也指日可待。

四、担保物权的非讼实现

担保物权的自力救济虽是国际公约和国际软法文件所倡导的方向，但在标的物由买受人占有的情形之下，基于我国目前的信用现状，出卖人取回标的物必将变到买受人的阻碍，且受制于清算法理的适用，《民法典》所建构的买受人保障措施略为复杂，目前也没有系统性的庭外实现规则。公力救济虽能更好地保护买受人的权利，但如公力救济的程序冗长且费用高昂，则可能给出卖人带来不适当的负担。如此，充分地利用实现担保物权案件特别程序的简速裁判功能对担保物权人的权利实现颇为重要。

（一）担保物权非讼实现机制在我国法上的确立

《物权法》第 195 条第 2 款对抵押权的公力救济途径作了以下规定："抵押权人与抵押人未就抵押权实现方式达成协议的，抵押权人可以请求人民法院拍卖、变卖抵押财产。"此规定在《担保法》规定的基础上对担保物权的公力救济途径作了完善：如明确规定"请求人民法院拍卖、变卖抵押财产"，修改了《担保法》"向人民法院提起诉讼"的规定，这一修改明确了直接申请拍卖、变卖和提起民事诉讼之间的关系。与《担保法》相比，《物权法》更加关注担保物权实现的便捷，意在降低担保物权的实现成本，应值肯定。[1]

《民法典》第 410 条第 2 款规定："抵押权人与抵押人未就抵押权实现方式达成协议的，抵押权人可以请求人民法院拍卖、变卖抵押财产。"这一规定维系了《物权法》第 195 条第 2 款的规定。"抵押权人可以请求人民法院拍卖、变卖抵押财产"在程序法上的供给即为《民事诉讼法》上增设的"实现担保物权案件"这一特别程序。对于抵押权的实现，抵押权人原则上可以直接申请法院作出许可拍卖、变卖担保财产的裁定，理由是：抵押权作为一种物权，权利人可直接对物的价值加以支配并排除其他一切人的干涉，而不需借助义务人的给付行为，即使在不占有担保财产的抵押权，抵押权人也是以控制抵押财产的价值并得以从中优先受偿为目的的。抵押权人请求法院以拍卖抵押财产实现权利，正是将物权转化为法院对抵押财产实施的强制执行行为，仍然属于抵押权人依抵押财产价值直接取偿的一种表现，而无须依靠义务人来实施某种行为。法院作出的许可拍卖、出卖担保财产的裁定即为执行根据。[2]

在比较法上，申请拍卖、变卖担保财产属于"非讼案件"或"非讼事件"的范畴，德国、日本相关法律及制度对此作了明文规定。[3]"非讼"与

1　参见梅夏英、高圣平：《物权法教程》，中国人民大学出版社，2007，第 405 页。
2　参见江伟：《民事诉讼法专论》，中国人民大学出版社，2005，第 510 页。
3　参见江伟：《民事诉讼法专论》，中国人民大学出版社，2005，第 431 页。

"诉讼"相对，"诉"是指控告、指控；"讼"是指争辩、辩驳，依文义解释，"非讼"即没有民事权益争议，是有"控"无"辩"[1]。所谓非讼案件，是指"国家为保护人民私法上之权益，对私权关系的创设、变更、消灭，于形成中，依申请或职权为必要干预之事件也。其目的在预防日后发生争执，以维社会安定。因此，非讼事件具有疏减讼源之功能"[2]。民事实体法上所规定的事项在民事程序法上应有相应实施程序予以保障，但民事实体法上所规定的事项性质不一，民事程序法上的程序保障也就有所差异。民事实体法上所规定的诉讼性质的事项，又称诉讼事件或诉讼案件，由民事程序法上的诉讼程序予以保障；民事实体法上所规定的无诉讼性质的事项，又称非讼事件或非讼案件，由民事程序法上的非讼程序予以保障。非讼案件与诉讼案件的分野直接形成了民事纠纷解决司法审判手段的诉讼、非讼二元化格局。[3]其中诉讼程序通过言词辩论，就实体权利义务关系的存在进行审理，适用处分权主义、辩论主义，并以判决形式公开宣示判决结果，使既判事项发生既判力，而非讼程序多为简便程序，不以实体权利义务存否为审理对象，适用职权主义、职权探知主义，以裁定不径公开宣示之方式，宣示其结果，非讼裁定仅具暂定性、未来性，当事人对实体权利义务本身仍有以诉讼形式再为争议的可能。不过，随着社会的发展和时代的演进，民事纠纷的类型日益多样化，司法权更被需求以监护地位介入，以处分权主义、辩论主义、对抗性为架构的诉讼制度，已不足以应对日益增加的纠纷类型，为节约司法资源及时间成本，将部分具有对立性，原属诉讼案件非讼化，合于社会大众的期待，因此，晚近德国、日本相继修法，扩充非讼案件的范围。[4]

1　刘海渤：《民事非讼审判程序初探》，《中国法学》2004 年第 3 期。

2　葛义才：《非讼事件法论》，作者自版，1995，第 10 页。

3　即诉讼程序仅能且应当适用诉讼法理，而非讼程序仅能且应当适用非讼法理，又称程序功能二元分立及程序法理分离适用论。

4　参见魏大亮：《新非讼案件法总则问题解析》，《月旦法学杂志》2005 年第 123 期。

国内主流观点认为担保物权实现程序的性质是非讼程序[1]，将申请拍卖、变卖担保财产作为非讼案件，在《民事诉讼法》中增设"实现担保物权案件"，将其单列为一案件类型，《民事诉讼法解释》也将包括担保物权实现程序在内的特别程序纳入非讼程序范畴，最高人民法院新的民事案件案由规定中新增一级案由"非讼程序案件"，将包含担保物权实现程序在内的特别程序、督促程序、公示催告程序、人身安全保护令等人格权侵权行为禁令程序统统纳入其中，以此充分发挥非讼程序迅捷、经济地解决纠纷的职能，在一定程度上缓解了信贷实践中广受诟病的担保物权实现问题。但"实现担保物权案件"与一般非讼案件不同，在制度设计上也有不同于一般非讼程序的特点。

（二）"实现担保物权案件"的启动

第一，"实现担保物权案件"的申请人与被申请人。"实现担保物权案件"虽为非讼案件之一种，但非为职权事件，法院无法依其职权而启动，而属申请事件，依申请人的申请而启动。有观点认为，仅在抵押权人与抵押人就实现抵押权无法达成协议时，方可由抵押权人请求人民法院拍卖、变卖抵押财产。这种观点有悖于抵押权所具有的支配权能，合理的解释为，实定法并未对包括抵押权在内的实现程序设置先后顺序，亦未课予抵押权人协商义务，在满足实现抵押权的条件时，抵押权人有权直接向法院提起诉讼或申请实现抵押权。[2]

依据《民法典》第410条的规定，抵押权人有权请求启动抵押权实现程序。质权人、留置权人或者债务人是否可以申请人民法院拍卖、变卖担保财产？对此，《民法典》关于质权和留置权的实现的规定与抵押权实现的规定

---

[1] 参见江伟、肖建国主编：《民事诉讼法》（第8版），中国人民大学出版社，2018，第397页；张卫平：《民事诉讼法》（第5版），法律出版社，2019，第467页；李洁：《民事诉讼法学》（第3版），法律出版社，2018，第367页。

[2] 参见武亦文：《〈民法典〉第410条（抵押权的实现）评注》，《法学家》2022年第3期。

并不完全相同。其中，第 436 条第 2 款规定："债务人不履行到期债务或者发生当事人约定的实现质权的情形，质权人可以与出质人协议以质押财产折价，也可以就拍卖、变卖质押财产所得的价款优先受偿。"第 453 条第 1 款规定："留置权人与债务人应当约定留置财产后的债务履行期限；没有约定或者约定不明确的，留置权人应当给债务人六十日以上履行债务的期限，但是鲜活易腐等不易保管的动产除外。债务人逾期未履行的，留置权人可以与债务人协议以留置财产折价，也可以就拍卖、变卖留置财产所得的价款优先受偿。"此两条的规定与《民法典》第 410 条第 1 款规定相当，该款规定："债务人不履行到期债务或者发生当事人约定的实现抵押权的情形，抵押权人可以与抵押人协议以抵押财产折价或者以拍卖、变卖该抵押财产所得的价款优先受偿。协议损害其他债权人利益的，其他债权人可以请求人民法院撤销该协议。"但关于质权和留置权的实现规定中并无类似于《民法典》第 410 条第 2 款规定"抵押权人与抵押人未就抵押权实现方式达成协议的，抵押权人可以请求人民法院拍卖、变卖抵押财产"。本着同一事件作同一处理的法适用原理，质权、留置权的实现应与抵押权的实现作同一解释。[1]这些规定在解释上可以有两种理解：其一，《民法典》第 410 条第 2 款、第 436 条第 2 款、第 453 条第 1 款均为协议实现担保物权的规定，第 410 条第 2 款为抵押权公力救济途径的规定，对此，《民法典》关于质权、留置权的相应规定中未对质权、留置权公力救济途径作出规定，类推适用《民法典》第 412 条第 2 款抵押权公力救济途径的规定。其二，《民法典》第 436 条第 2 款、第 453 条第 1 款中"也可以就拍卖、变卖质押（留置）财产所得的价款优先受偿"，既包括申请人民法院拍卖、变卖质押（留置）财产，又包括担保物权人与担保人协议不经过人民法院直接拍卖、变卖、质押（留置）财产。准此

---

[1] 质权、抵押权同属约定担保物权，作同一处理应无问题。虽然留置权属于法定担保物权，但同属法定担保物权的建设工程款优先受偿权的实行规则亦与抵押权的实行规则相同。因此，可以认为，留置权的实行亦应与抵押权的实行作同一解释。

以解，前一种情形与《民法典》第 410 条第 2 款相当，后一种情形与《物权法》第 195 条第 1 款相当。亦即，无论依上述哪种解释，质权人、留置权人均可直接申请人民法院拍卖、变卖担保财产。[1]《民事诉讼法》第 203 条规定："申请实现担保物权，由担保物权人以及其他有权请求实现担保物权的人依照民法典等法律，向担保财产所在地或者担保物权登记地基层人民法院提出。"就该条的具体适用，《民事诉讼法解释》第 359 条规定："民事诉讼法第二百零三条规定的担保物权人，包括抵押权人、质权人、留置权人；其他有权请求实现担保物权的人，包括抵押人、出质人、财产被留置的债务人或者所有权人等。"

在混合共同担保情形，由于《民法典》第 392 条延续《物权法》第 176 条的规定，在当事人没有就实现担保物权的顺序有约定的情形下，债务人物保优先，混合共同担保中的担保物权实现即应受到《民法典》第 392 条的限制，《民事诉讼法解释》第 363 条即规定，被担保的债权既有物的担保又有人的担保，当事人对实现担保物权的顺序有约定，实现担保物权的申请违反该约定的，人民法院裁定不予受理；没有约定或者约定不明的，人民法院应当受理。具体而言，债权人对物保部分向法院提出实现担保物权申请的，可同时对承担连带责任保证的保证人提起民事诉讼，两个程序的裁判及执行应依法做好衔接，主债务人自己提供物保的情形下，除当事人另有约定外，由于保证人应承担的保证责任范围仅是物的担保以外的债权额，故对保证人提起的民事诉讼，应待实现担保物权特别程序终结后，继续审理并依法作出裁判。[2]

在同一财产上设有多个担保物权，登记在先的担保物权尚未实现的情形下，后顺位的担保物权人能否先行申请实现担保物权，《民事诉讼法解释》

---

[1] 我国台湾地区"非讼事件法"原来只有申请拍卖抵押物事件的规定，2005 年修正时增列申请拍卖质物、留置物事件，可见一斑。

[2] 参见《浙江省高级人民法院关于审理实现担保物权案件若干问题的解答》（2021 年修订）第 10 条。

第 364 条即规定，同一财产上设立多个担保物权，登记在先的担保物权尚未实现的，不影响后顺位的担保物权人向人民法院申请实现担保物权。即可允许先到期的后顺位抵押权人先行实现抵押权，但应以保障先顺位抵押权的实现为前提，否则可能会损害次序在先的抵押权人的利益。[1] 在具体实现方式上，裁定主文应作出一定的表述，以体现这种情形的特殊性，如《浙江省高级人民法院关于审理实现担保物权案件若干问题的解答》（2021 年修订）第 12 条规定，在裁定主文的表述上，由于先顺位担保物权所担保的主债务是否已清偿、是否已到期等问题无法在本案中一并查明，故主文可表述为："对被申请人 ××× 的 ××× 担保财产准予采取拍卖、变卖等方式依法变价，申请人 ××× 对变价后所得款项超出顺位在先的 ××× 担保债权的部分，在 ××× 元的范围内优先受偿"。此种情况下，执行法院可将拍卖、变卖价款按顺位在先的担保物权人可优先受偿的金额予以留存，剩余款项则可清偿给后顺位担保物权人。

主债务人和担保人不是同一人的情形下，主债务人是否应列为被申请人？对此，一种观点认为，担保财产上还可能存在其他权利人，不同权利人之间可能存在利害冲突，为了避免不同利害关系人之间的权利冲突，应当将利害关系人列为被申请人，若未将相关利害关系人列为被申请人，法院裁定变现时可能会损害其他利害关系人的利益，也会引起新的诉讼，从而影响担保物权实现程序的效率价值。[2] 另一种观点认为，在主债务人未以自有财产提供担保的情况下，主债务人不是担保物权法律关系中的直接义务人或直接权利人，故不列其为实现担保物权案件的被申请人，但在审查过程中，法院对主债务合同的效力、期限、履行情况等事实存有疑问，或认为可能存在争

1　参见武亦文：《〈民法典〉第 410 条（抵押权的实现）评注》，《法学家》2022 年第 3 期。

2　参见李相波：《实现担保物权程序适用中的相关法律问题——以新〈民事诉讼法〉第 196 条、第 197 条为中心》，《法律适用》2014 年第 8 期。

议的，可就有关事实询问主债务人。[1] 本书作者认为后一观点更为妥当，在第三人物保中，原则上不应将主债务人列为被申请人，将利害关系人范围扩大有违担保物权实现程序的非讼性质。

第二，"实现担保物权案件"的管辖。依据《民事诉讼法》第203条和《民事诉讼法解释》361条的规定，申请实现担保物权，由担保财产所在地或者担保物权登记地基层人民法院管辖。实现票据、仓单、提单等有权利凭证的权利质权案件，可以由权利凭证持有人住所地人民法院管辖；无权利凭证的权利质权，由出质登记地人民法院管辖。实现担保物权案件属于海事法院等专门人民法院管辖的，由专门人民法院管辖。虽然有些实现担保物权案件的标的额较大，若按诉讼案件级别管辖的规定，可能超过基层人民法院管辖范围，但实现担保物权案件一律由基层人民法院管辖，如此规定，主要是考虑到申请实现担保物权案件的非讼程序特征。[2] 但是，由于担保物权的标的有动产、不动产、权利凭证等之分，因而对担保财产所在地的判断较为困难，容易造成管辖上的争执，同时，也给恶意利用制度漏洞创造空间，违反法定管辖原则。[3] 因此，仍然需要在具体情形中对管辖进行分析。

基于实现担保物权案件的非讼性质，此类案件不适用约定管辖和管辖权异议。非讼管辖的目的在于追求迅速及符合公益目的之需求，且经常涉及第三人权益，其管辖似有定性为专属管辖的必要，依其性质不适用约定管辖及应诉管辖和管辖异议制度。[4] 因此，实现担保物权案件的管辖法院，即应当按照前述规定确定，不适用约定管辖，若当事人在主债权合同或担保合同

---

1 参见《浙江省高级人民法院关于审理实现担保物权案件若干问题的解答》（2021年修订）第2条。

2 参见江必新主编：《新民事诉讼法条文理解与适用》（下），人民法院出版社，2022，第937页。

3 参见毋爱斌：《解释论语境下担保物权实现的非讼程序兼评——〈民事诉讼法〉第196条、第197条》，《比较法研究》2015年第2期。

4 参见李相波：《实现担保物权程序适用中的相关法律问题——以新〈民事诉讼法〉第196条、第197条为中心》，《法律适用》2014年第8期。

中约定的管辖法院与法律规定不一致的，适用前述法律规定确定管辖法院。[1]
如果立案庭在立案审查阶段发现案件不属于本院管辖的，应向申请人释明，
告知申请人向有管辖权的基层法院提出申请；立案后发现不属于本院管辖
的，裁定驳回申请，告知申请人向有管辖权的基层法院提出申请。[2] 不过，
也有观点认为，受理申请的基层法院应比照诉讼程序中管辖权异议程序进行
审查并作出裁定，不过，异议人对该裁定不享有上诉权。担保物权实现的非
讼程序的立法目的是通过简便程序实现担保物权，若允许权利人对异议裁定
上诉，则有悖非讼程序便捷性要求。[3] 此外，此类案件也适用管辖恒定原则，
实现担保物权案件立案后，即便担保财产的所在地发生变化的，立案法院的
管辖权不受影响。[4]

如果同一笔债权由多个担保财产担保，且多个担保财产分散在各个法院
辖区内，就申请人向何法院提出申请，司法实践曾存在分歧，不过《民事诉
讼法解释》第 362 条规定，同一债权的担保财产有多个且所在地不同，申
请人分别向有管辖权的人民法院申请实现担保物权的，人民法院应当依法
受理。

就仲裁能否排斥实现担保物权案件的法定管辖，有观点认为，合同约
定有仲裁条款，或者双方签订有仲裁协议的，当事人直接向人民法院申请实
现担保物权，应认为该约定排斥了人民法院对案件的主管。当事人向人民法
院申请实现担保物权的，人民法院不予受理。已经受理的，应当裁定驳回申
请。[5] 不过，这可能会缩小实现担保物权案件的适用范围，因此，仍应认为

1　参见《四川省高级人民法院关于审理实现担保物权案件若干问题的意见》第 5 条。
2　参见《浙江省高级人民法院关于审理实现担保物权案件若干问题的解答》（2021 年修订）第 1 条
3　参见田爱斌：《解释论语境下担保物权实现的非讼程序兼评——〈民事诉讼法〉第 196 条、第 197
条》，《比较法研究》2015 年第 2 期。
4　参见《四川省高级人民法院关于审理实现担保物权案件若干问题的意见》第 7 条。
5　参见《重庆市高级人民法院关于办理实现担保物权案件若干问题的解答》（渝高法〔2015〕164 号）
第 4 条。

仲裁约定仅是对当事人实体争议解决方式的约束，对实现担保物权案件这一非讼程序并无影响，这一点在《民法典担保制度解释》第 45 条第 2 款即有所体现，即实现担保物权程序的功能不在于解决当事人之间的实质纠纷，即便有仲裁条款，也不影响当事人依据非讼程序实现担保物权，不过一旦担保人提出实质性抗辩，则应告知当事人申请仲裁解决。[1]

　　第三，申请实现担保物权应当提交的材料。对此有疑问的是，申请人申请实现担保物权时是否有义务举证说明其权利存在的义务？我国台湾地区基于形式审查之法理，否认申请人就上述事项的举证义务。[2] 本书作者认为，虽然通说认为非讼裁定多属形成裁定，没有既判力，但形成裁定对形成要件之存否作出的判断，应有既判力，同时，形成给付裁定[3]的给付部分仍然属于命关系人应为一定之给付，具有执行力，可以作为执行根据。[4] 但非讼程序中法院仍得在一定事实基础上作出是否许可强制执行的裁定。依非讼程序的一般规则，在不采取辩论主义的情况下，法院应依当事人主张的事实及证据资料，援用当事人没有争议的事实作为裁定的基础，同时，法院采职权探知主义，当事人未主张的事实及证据，得依职权探知，如询问当事人、命令当事人提交相关资料等。因此，本书作者主张，就实现担保物权案件，应由申请人就担保物权是否依法公示（依法成立）以及是否已经达到担保物权的实现条件负举证责任，在其提出申请时即提交相关资料据以佐证，以便于法院便捷地作出非讼裁定。担保物权种类不同，相应的生效要件及实现条件亦不同。如不动产抵押权以登记为生效条件，以主债务届期未获清偿或发生当事人约定实现抵押权的情形为实现条件，此际，申请人（抵押权人）应就不

1　参见最高人民法院民事审判第二庭：《最高人民法院民法典担保制度司法解释理解与适用》，人民法院出版社，2021，第 404 页。

2　参见林洲富：《实用非讼事件法》，五南图书出版股份有限公司 2005，第 108 页。

3　形成给付裁定即指通过形成裁定，创设新的给付义务关系，进而命义务人为给付的裁定。

4　参见［日］伊东乾、三井哲夫：《注解非讼事件手续法》，青林书院，1995，第 211 页。转引自魏大亮：《新非讼案件法总则问题解析》，《月旦法学杂志》2005 年第 123 期。

动产抵押登记及主债务届期未获清偿或发生当事人约定的实现抵押权的情形负举证责任；而留置权以占有留置财产为生效要件，以债务人逾期不履行债务为实现条件，此际，申请人（留置权人或债务人），应就留置权人占有留置财产和债务人逾期不履行债务负举证责任。可以看到，《民事诉讼法解释》第365条即规定，申请人应提交申请书，申请书应当记明申请人、被申请人的姓名或者名称、联系方式等基本信息，具体的请求和事实、理由；证明担保物权存在的材料，包括主合同、担保合同、抵押登记证明或者他项权利证书，权利质权的权利凭证或者质权出质登记证明等；证明实现担保物权条件成就的材料；担保财产现状的说明；人民法院认为需要提交的其他材料。

（三）担保人之程序保障

第一，实现担保物权案件的审判组织形式。实践中，担保物权实现程序定位为非讼程序，原则上采独任制，在观念上又被认为并不涉及民事权益争议，因此程序更加简化。[1] 不过，也可依据案件具体情况，决定是法官独任审查还是组成合议庭审查，实践中，有的法院要求，对担保合同财产标的额超过该院诉讼级别管辖范围或者重大疑难的案件应当组成合议庭进行审查。[2] 对此，《民事诉讼法解释》第367条规定，实现担保物权案件可以由审判员一人独任审查。担保财产标的额超过基层人民法院管辖范围的，应当组成合议庭进行审查。

第二，实现担保物权案件的审理方式。实现担保物权案件为非讼案件，

---

[1] 参见任重：《担保物权实现的程序标的：实践、识别与制度化》，《法学研究》2016年第2期。

[2] 参见李相波：《实现担保物权程序适用中的相关法律问题——以新〈民事诉讼法〉第196条、第197条为中心》，《法律适用》2014年第8期，第22页。如《四川省高级人民法院关于审理实现担保物权案件若干问题的意见》第12条规定：实现担保物权案件一般由审判员一人独任审查。有以下情形之一的，应当组成合议庭进行审查：（1）担保财产标的额超过基层人民法院诉讼案件级别管辖范围的；（2）案件影响重大、社会关注度高的；（3）人民法院认为其他应当组成合议庭审查的案件。

人民法院仅对申请人的申请进行形式审查[1]，即仅从程序上审查应否许可强制执行，而无须在公开开庭时进行言词辩论，因此，实现担保物权程序无须按诉讼案件的标准给予被申请人以答辩、举证期限。[2]《民事诉讼法解释》第366条第1款也仅仅规定，人民法院受理申请后，应当在5日内向被申请人送达申请书副本、异议权利告知书等文书，未给予答辩和举证时限。不过，鉴于我国目前社会诚信观念尚未形成，人民法院审查实现担保物权案件，应当传唤申请人、被申请人或者相关利害关系人到庭进行询问，以防止当事人相互串通损害其他人的合法权益，审查过程中，可不限于当事人提供的材料，必要时可依职权调查相关事实并询问相关当事人及利害关系人。[3]司法实践中，人民法院大多采取听证的方式或者询问被申请人意见的形式，这体现在裁定书正文的第一段，"特别程序由审判员公开听证进行了审查，申请人和被申请人参加了听证"，虽然其在形式上保持了与开庭审理的对应，但是申请人与被申请人的攻击防御在裁判文书中却鲜有体现。[4]对此，《民事诉讼法解释》第368条规定，人民法院审查实现担保物权案件，可以询问申请人、被申请人、利害关系人，必要时可以依职权调查相关事实。该条所用词语为"可以"，故听证程序并非审理实现担保物权案件的必经程序，法院为进一步查清事实，认为有必要的，可以依职权启动听证程序，通知申请人、被申请人及相关利害关系人到庭接受询问。[5]

第三，实现担保物权案件的送达方式。有疑问的是，案件中，送达申请

1　非讼程序中的形式审查论包括：（1）在非讼程序，法院仅能进行形式审查，而不能依职权审查实质事项；（2）即使在非讼程序进行过程中，当事人就实质事项有所争执而提出主张、抗辩，法院亦不得审理；（3）关于私法上权利之瑕疵等实质问题，应由有争执的当事人另行在非讼程序之外提起民事诉讼，依民事诉讼程序审理、判决；（4）法院所作的非讼裁定没有确定实体上法律关系存否的效力，即无既判力。参见许士宦：《非讼事件法修正后程序保障之新课题》，《月旦法学杂志》2005年第125期。

2　参见《浙江省高级人民法院关于审理实现担保物权案件若干问题的解答》（2021年修订）第3条。

3　参见李相波：《实现担保物权程序适用中的相关法律问题——以新〈民事诉讼法〉第196条、第197条为中心》，《法律适用》2014年第8期。

4　参见任重：《担保物权实现的程序标的：实践、识别与制度化》，《法学研究》2016年第2期。

5　参见《浙江省高级人民法院关于审理实现担保物权案件若干问题的解答》（2021年修订）第5条。

书副本等法律文书时，发现被申请人下落不明的应如何处理，能否采取公告送达？人民法院作出民事裁定后，是否必须送达当事人才生效？对此，一种观点认为，实现担保物权案件属于非讼程序，是在当事人没有实质性争议的前提下快速实现担保物权的程序规定，在被申请人下落不明的情况下，人民法院难以判断当事人之间是否存在实质性争议，而且实现担保物权案件不能通过审判监督程序予以救济，由于公告送达系拟制送达，下落不明的当事人即使对裁定不服也难以在公告到期后 15 日内提出异议，其权利救济难度较大，因此，实现担保物权案件不应适用公告送达，被申请人下落不明的，人民法院应当裁定驳回申请。[1]另一种观点认为，应区分情况，法院受理实现担保物权案件后发现被申请人下落不明的，对事实清楚、债权债务关系明确、登记手续和权利凭证齐备的案件，经审查符合法律规定的，可以直接作出准予实现担保物权的裁定；但对事实和法律关系还有待于进一步查清，法官对担保物权的效力、范围等无法形成内心确信的案件，则应裁定驳回申请，并告知当事人可另行提起诉讼。以上两种情况，均不存在适用公告送达的情形。准予实现担保物权的裁定作出后，法院可依法采取直接送达、邮寄送达、留置送达，或者在法院公告栏或担保物所在地的居民委员会、村民委员会、物业小区等场所张贴公告等送达方式，申请人可以依据该裁定向法院申请执行。[2]值得注意的是，在银行申请的实现担保物权中，很多债务人处于失踪状态[3]，如果认为出现需公告送达即裁定驳回申请，将会极大限制实现担保物权程序的适用，尤其是对银行等金融机构债权人造成挫伤，因此从这个角度观察，后一种观点或更为妥当。

第四，实现担保物权案件与鉴定程序的适用。当事人在实现担保物权特

---

[1]　参见《重庆市高级人民法院关于办理实现担保物权案件若干问题的解答》(渝高法〔2015〕164号)第7条。

[2]　参见《浙江省高级人民法院关于审理实现担保物权案件若干问题的解答》(2021年修订)第4条；《四川省高级人民法院关于审理实现担保物权案件若干问题的意见》第15条。

[3]　参见王丽菊：《要素式标准：担保物权实现程序审查机制重构》，《人民司法》2021年第7期。

别程序中提起鉴定的，比如被申请人就担保合同中的盖章或签字的真实性等问题提出异议并要求鉴定的，应如何处理？对此，也需在担保物权实现程序非讼性质与防止被申请人恶意提出异议阻碍程序推进之间寻求平衡，实践中一般对此区分，对明显无合理理由提起的鉴定申请，法院不予准许，经审查异议成立的，应作为争议性纠纷在诉讼程序中解决，法院可驳回实现担保物权申请，并告知可以另行起诉。[1]

（四）审查内容与审查标准

就人民法院的审查内容，依据《民事诉讼法解释》第 369 条规定，人民法院应当就主合同的效力、期限、履行情况，担保物权是否有效设立、担保财产的范围、被担保的债权范围、被担保的债权是否已届清偿期等担保物权实现的条件，以及是否损害他人合法权益等内容进行审查。被申请人或者利害关系人提出异议的，人民法院应当一并审查。就人民法院的审查标准，理论上有实质审查与形式审查之分，不过这并非法律上的概念。通常认为，实质审查意味着在当事人提供必要信息的基础上由法官对案情陈述和证据作全面深入的分析判断，以确定主张或反对是否成立，其典型形态是普通程序中法官对诉讼请求和答辩意见进行审查时的方式和力度，而形式审查似乎是指一种仅从直观所见或者依书面材料对相关要件是否齐备进行审查判断的方式，可以与它类比的是管理活动中的文牍审核工作。[2]主流观点认为，对实现担保物权案件的审查应当以形式审查为原则，即法院对双方当事人提供资料的合法性、完整性、有效性进行审查，如法官确实对相关事实存疑，可依职权调查取证，听取双方意见，对相关事实的真实性、合法性进行审查，但这种审查只是从审慎角度处理存在争议的案件，并不意味着法院在该程序中

---

1 参见《四川省高级人民法院关于审理实现担保物权案件若干问题的意见》第 17 条；《浙江省高级人民法院关于审理实现担保物权案件若干问题的解答》（2021 年修订）第 7 条。

2 参见马丁：《论实现担保物权程序中对申请和异议的审查》，《中国政法大学学报》2022 年第 2 期。

对实体问题进行裁断。[1]司法实践中审理法院对实现担保物权申请的处理方式也更贴近形式审查。[2]

人民法院经审查后，按下列情形分别处理：当事人对实现担保物权无实质性争议且实现担保物权条件成就的，裁定准许拍卖、变卖担保财产；当事人对实现担保物权有部分实质性争议的，可以就无争议部分裁定准许拍卖、变卖担保财产；当事人对实现担保物权有实质性争议的，裁定驳回申请，并告知申请人向人民法院提起诉讼。这其中主要的难点与争点在于何为"实质性争议"。如有地方司法文件指出，"当事人对实现担保物权有实质性争议"是指法院在综合审查的基础上，对主合同和担保合同的订立、生效、履行、债权额确定等影响担保物权实现的事实认定还存有疑问，无法在该特别程序中形成内心确信。实践中，要注意防止被申请人滥用异议权利。除非案件明显存在民事权益争议，被申请人对所提出的异议，一般应提供初步证据，作为法院综合审查判断的依据。被申请人没有明确依据、仅笼统表示异议的情形，显然不足以构成"实质性争议"，不宜简单地据此驳回申请。[3]

就实现担保物权案件，如果关系人对担保物权的存在与否及其担保的债权范围和数额存在争议，应作何处理？对此，存在两种截然不同的主张。一种主张认为，依诉讼非讼二元论模式，担保物权存在与否及担保债权范围和数额的争议属于实质问题的争议，应由当事人在非讼程序之外另行提起民事诉讼，依诉讼法理予以解决；另一种主张认为，诉讼非讼二元论模式本身有其缺陷，在当事人之间关于实质事项的争议已经发生的情况下，仍要求其另行启动诉讼程序，对法院及当事人将造成人力、时间和费用上的额外负担，有违程序经济原则及程序利益保护原则，无端放弃了扩大程序制度解决争议

1　参见毋爱斌：《解释论语境下担保物权实现的非讼程序兼评——〈民事诉讼法〉第196条、第197条》，《比较法研究》2015年第2期。

2　参见任重：《担保物权实现的程序标的：实践、识别与制度化》，《法学研究》2016年第2期。

3　参见《浙江省高级人民法院关于审理实现担保物权案件若干问题的解答》（2021年修订）第6条；类似观点还可参见《四川省高级人民法院关于审理实现担保物权案件若干问题的意见》第16条。

的功能，未能一并利用非讼程序以避免不应发生的执行根据，并减少执行程序的困扰。如果在非讼程序中，已有适合于该争执的诉讼法理之适用及程序保障之践行，应当承认非讼裁定具有相当于法院依诉讼法理就同一争执所作的判决的效力。从上述程序法理交错适用论而言，非讼裁定中就某实质事项的判断部分，是否对关系人就某项私权之存否具有既判力或其他拘束力，取决于该裁定的形成过程（审理过程）对该人就该私权之存否有关资料的提出有没有造成突袭性裁判，即有没有赋予其相当的程序保障。易言之，关于实质事项的判断，对当事人已赋予充分的程序保障，亦可承认裁定具有更大的效力以约束后诉讼（后程序）的法院及当事人。问题解决的关键在于程序保障之有无及可否评价为相应于实质的诉讼程序上的程序保障。[1]本书作者赞成第二种观点，就实现担保物权案件而言，有关担保物权存在与否及担保债权范围和数额等实体的问题，应尽可能在非讼裁定形成过程中一并予以解决。由于担保债权存在与否及担保债权范围和数额等实体上的争议对立色彩浓厚，为配合其争讼性及对立性的程序保障需求，法院应求诸诉讼法理，如处分权主义、辩论主义、举证责任分配、言词辩论等，尽可能地赋予当事人参与裁判过程和辩论的机会。至于就其他非实质争议部分，法院则应置重于迅速、经济需求而适用非讼法理予以审理。[2]果若如此，就同一申请拍卖、变卖担保财产案件的审理，可兼顾各种不同的程序上的基本要求，迅速、经济地解决纠纷。

（五）程序衔接

实现担保物权案件虽然是非讼程序，不过，其与诉讼程序、执行程序乃至破产程序都有着密切关系，基于其非讼程序性质，以及许可拍卖、变卖裁

---

[1] 参见邱联恭：《申请拍卖抵押物及本票执行事件之非讼化处理》，《民事法律专题研究（四）》，司法周刊杂志社 1987，第 38 页以下；《诉讼法理与非讼法理之交错适用》，见民事诉讼法研究会：《民事诉讼法之研讨》（二），1987，第 427 页以下；许士宦：《非讼事件法修正后程序保障之新课题》，《月旦法学杂志》2005 年第 125 期。

[2] 参见许士宦：《非讼事件法修正后程序保障之新课题》，《月旦法学杂志》2005 年第 125 期。

定的"对物之执行名义"性质，应理清其与相关司法程序之间的关系，如此方能真正发挥担保物权实现程序的效用。

首先，《民法典》第410条第2款只规定了抵押权的非讼实现途径，这是否意味着，在公力救济路径上，抵押权人仅得申请启动实现担保物权案件程序以实现抵押权？《民法典》第410条第2款所称"抵押权人与抵押人未就抵押权实现方式达成协议"，主要涉及两种情形：一是双方就债务履行期限届满债权未受清偿的事实没有异议，只是就采用何种方式实现抵押权的问题没有达成一致意见；二是双方在债务是否已经履行以及抵押权本身的效力问题上存在争议。就第一种情形，抵押权人与抵押人均可申请启动实现担保物权案件程序；就第二种情形，抵押权人仍应采取提起诉讼或者申请仲裁的方式解决。即使是第一种情形，当事人为增加确定性，亦不排斥采取提起诉讼或者申请仲裁的方式。

如当事人对实现担保物权有"实质性争议"，非讼程序即无适用余地，担保物权人就必须先通过民事诉讼程序来解决存在争议的权利义务关系。依据《民事诉讼法解释》第372条的规定，人民法院审查后，当事人对实现担保物权无实质性争议且实现担保物权条件成就的，裁定准许拍卖、变卖担保财产；当事人对实现担保物权有部分实质性争议的，可以就无争议部分裁定准许拍卖、变卖担保财产；当事人对实现担保物权有实质性争议的，裁定驳回申请，并告知申请人向人民法院提起诉讼。

《民法典担保制度解释》第45条第2款与《民事诉讼法解释》第372条基本一致，但是其解决的是在担保合同中约定仲裁条款的情形下，如何适用非讼程序和诉讼程序实现担保物权的具体问题。因为依据《民法典担保制度解释》第21条第1款的规定，"主合同或者担保合同约定了仲裁条款的，人民法院对约定仲裁条款的合同当事人之间的纠纷无管辖权"。然而，由于担保合同中虽然有仲裁条款的约定，可是担保物权人依据《民事诉讼法》有关

"实现担保物权案件"的规定，申请拍卖、变卖担保财产时，当事人未必对于担保物权就存在实质性争议，故此，法院应当通过审查确定当事人对于担保物权有无实质性争议来决定是否适用《民事诉讼法》的实现担保物权案件这一特别程序，不能直接驳回担保物权人的申请。申言之，如果法院经审查后发现当事人对担保物权无实质性争议且实现担保物权条件已经成就的，则应当裁定准许拍卖、变卖担保财产；如果当事人对实现担保物权有部分实质性争议的，则可以就无争议的部分裁定准许拍卖、变卖担保财产，并告知可以就有争议的部分申请仲裁；如果当事人对实现担保物权全部存在实质性争议的，则裁定驳回申请，并告知可以向仲裁机构申请仲裁。

在当事人实现担保物权有部分或全部的实质性争议时，当事人应当通过民事诉讼程序或者约定的仲裁程序解决该实体权利义务的争议。依据《民法典担保制度解释》第45条第3款，债权人以诉讼方式行使担保物权的，应当以债务人和担保人作为共同被告。

其次，实现担保物权案件特别程序并非一般诉讼程序的前置程序，实现担保物权案件特别程序与担保物权案件一般诉讼程序是一个特别程序与一般程序的选择问题，这与债权督促程序和债权纠纷一般诉讼程序有着相似之处，这是法律赋予当事人的程序选择权，当事人既可以选择实现担保物权案件特别程序，也可以选择担保物权案件一般诉讼程序。因此，实务中，对于当事人通过诉讼程序请求实现担保物权的，人民法院应当告知其可以通过特别程序实现担保物权，但最终还是要尊重当事人的选择权[1]，即担保物权人必须先申请非讼执行再提起诉讼并无法律依据。[2]

既然担保物权实现程序与诉讼程序均为当事人自愿选择，故有可能出现当事人同时抑或先后启动。当事人以担保物权争议提起诉讼程序后（或同

1　参见江必新主编：《新民事诉讼法条文理解与适用》（下），人民法院出版社，2022，第939页。

2　参见最高人民法院民事审判第二庭：《最高人民法院民法典担保制度司法解释理解与适用》，人民法院出版社，2021，第409页。

时），依特别程序申请实现同一担保物权可能构成重复诉讼。[1] 为了防止申请人既申请实现担保物权又就相关权益争议提起诉讼，人民法院应主动询问当事人，并向申请人释明由其进行选择，申请人不撤回起诉的，人民法院则应裁定不予受理实现担保物权申请；在人民法院受理实现担保物权案件后，被申请人就相关权益争议又提起诉讼的，人民法院应当裁定驳回实现担保物权申请。[2] 不过，当事人通过实现担保物权程序拍卖、变卖担保财产后仍不足以清偿全部主债权的，债权人当然可以另行通过诉讼程序主张权利。

再者，若当事人启动债务偿还给付之诉后，即不能再启动担保物权实现的非讼程序。这是因为给付之诉中都会对主债权、担保物权等实体法律关系一并予以裁断，该"对人的执行名义"具有确定力、执行力，有直接处置担保财产的效力，因而债权人没有另行申请拍卖、变卖担保财产的必要性。从目的解释出发，债权人等没有必要再次通过担保物权实现的非讼程序获取许可拍卖、变卖裁定，即因提起给付之诉而丧失通过非讼程序救济的程序利益。[3]

再次，若担保物权实现程序启动后仍然不能清偿债权人债权，债权人可否申请人民法院直接执行担保人其他责任财产？一种意见提出，从减少当事人讼累、提高执行效率考虑，可由执行法院直接裁定执行被执行人其他可供执行的财产；另一种意见认为，受生效裁定文书确定性的限制，以及实现担保物权标的物的特定性，经实现担保物权后不足清偿的债权，需要经申请人向人民法院提起新的诉讼，形成新的执行依据后，再由债权人向人民法院申请执行。[4] 由于许可拍卖、变卖裁定的"对物之执行名义"性质，即以担

---

[1] 参见吴英姿：《担保物权实现程序的性质重识与规则补全——基于略式程序法理的分析》，《苏州大学学报（法学版）》2022年第4期。

[2] 参见《重庆市高级人民法院关于办理实现担保物权案件若干问题的解答》（渝高法〔2015〕164号）第15条。

[3] 参见毋爱斌：《解释论语境下担保物权实现的非讼程序兼评——〈民事诉讼法〉第196条、第197条》，《比较法研究》2015年第2期。

[4] 参见江必新主编：《新民事诉讼法条文理解与适用》（下），人民法院出版社，2022，第943-944页。

保财产为强制执行对象，以担保财产代替债务人的责任，因此，在执行过程中，担保财产被人民法院拍卖、变卖后，仍不足以清偿主债权的，人民法院不能对被申请人的其他财产继续执行，人民法院应当告知申请人可就未清偿部分的债权另行起诉取得执行名义，因此，后一种观点更为妥当。[1]

最后，在混合共同担保情形，人民法院受理实现担保物权案件，不影响债权人就同一主债权向法院起诉请求其他保证人承担保证责任，当事人对物的担保和人的担保顺序有约定的从约定，没有约定或约定不明的，债权人就债务人自己提供的担保财产申请适用实现担保物权程序的，对于保证部分的诉讼程序可以中止审理，待实现担保物权案件程序执行结束后恢复审理；债权人就第三人提供的担保财产申请适用实现担保物权程序的，对于保证部分的诉讼程序可以继续审理。[2]

五、小结

担保法制是金融基础设施建设的重要一环。世行集团《全球营商环境报告》信贷人权利保护指标为各国相关法制的完善提供了可兹参照的范本。世行集团虽于2021年9月基于某种原因中止了《全球营商环境报告》及其数据的发布，但拟于2022年重启的《营造利商环境报告》（*Business Enabling Environment*）"获取金融服务"对于担保交易的政策法规评估依然与《全球营商环境报告》相同。[3]《民法典》及《民法典担保制度解释》结合我国现行担保法律体系，就担保物权的实现作了重大革新，在一定程度上有利于提升我国营商环境指标得分，但其中所体现的基本思想还有待于司法实践的进一步落实。

---

1 参见《四川省高级人民法院关于审理实现担保物权案件若干问题的意见》第23条。
2 参见《四川省高级人民法院关于审理实现担保物权案件若干问题的意见》第21条。
3 See The World Bank, *Pre-Concept Note:Business Enabling Environment (BEE)*, World Bank Group, 2022, p. 27.

第二节　担保物权实现方式的困境与出路

一、问题的提出

担保物权具有价值权属性，其物权性体现为担保物权人就担保财产的交换价值的直接支配性和排他性。由此而决定，在担保物权可得实现之时，担保物权人尚须就担保财产进行变价并以变价款优先受偿，而不能直接主张担保财产的所有权。无论就担保物权的实现采取何种途径（协议实现、庭外实现、诉讼实现、非讼实现），均涉及以何种方式利用担保财产的交换价值以使被担保债权得以实现的问题。在具体规则上，担保财产的类型对应着广泛的财产权利，从不动产到动产、从应收账款到银行账户、从股权到知识产权，等等，都要求担保物权的实现方式应尽可能灵活高效。就担保财产本身而言，担保物权人、债务人、其他债权人、占有人等利害关系人的利益都交织于上，担保财产的处分必须兼顾各方利益。目前，我国实定法上明文规定的担保物权实现方式计有折价（以物抵债）、拍卖、变卖，实践中也就担保财产的强制管理展开了有益探索。如何以现行法的规定为前提，比照国际上的先进经验，构建符合我国实际的，公平、高效、顺畅的担保物权实现方式体系是本书的目的。

担保物权的实现是实体法与程序法共生的问题，《民法典》《民法典担保制度解释》《民事诉讼法》《民事诉讼法解释》及民事执行领域相关的司法解释都是担保物权实现方式的法源。同时，我国已开启了强制执行法的立法程序，以期化解司法实践中的执行难问题，本书探讨也须结合《强制执行法（草案）》中的规则，为其修改提供建议。值得注意的是，我国民法典上就担保交易采取功能性的形式主义立法方法，本书所及的担保物权，除了典型的担保物权之外，尚包括功能化的担保物权，即所有权保留买卖交易、融资租赁交易权利人的所有权，让与担保交易中权利人受让取得的所有权或者其他财产权利，以及保理人对其受让取得的应收账款的权利。

二、拍卖、变卖担保财产

一般认为，担保物权为价值权，即优先支配担保财产之交换价值为内容，以确保债务清偿为目的，与建设用地使用权、地役权等用益物权以支配标的物之利用价值，以占有标的物为内容，以利用标的物为目的者，属于利用权者不同。[1] 在债务人违约或者出现符合合同约定的情形之时，担保物权人对担保财产享有变价权，有权将担保财产拍卖、变卖并以所得收益清偿债权，这也是担保物权实现最主要的方式。

（一）担保财产司法拍卖、变卖之前提：执行名义

在审执分离的体制下，民事执行机关采取强制性的执行措施迫使债务人履行债务，必须以生效法律文书为依据。[2] 担保物权人拟通过民事强制执行程序实现担保物权时，须在法定期间内申请执行，并以向执行法院提交执行名义为前提。从我国现行民事诉讼体制看，实现担保物权的执行名义主要有两类。

其一，就债务人履行金钱债权所获的普通民事诉讼程序的确定之终局裁决，其文书类型可为判决书或裁定书。就此类执行名义，法院所判决的内容通常为："一、被告×××于判决生效十日内偿还原告×××主债权额×××元，并支付利息×××元；二、就被告×××的上述债务，原告有权对［担保财产］优先受偿，或者是就被告×××的上述债务，原告有权就被告提供的［担保财产］折价或拍卖、变卖所得价款优先受偿。"[3] 此时，担保物权人对于主债权与担保财产均已获得执行名义，执行法院与担保

---

1 参见谢在全：《民法物权论》（修订五版），中国政法大学出版社，2011，第608页。

2 参见谭秋桂：《民事执行法学》，北京大学出版社，2015，第77页。

3 吉林省长春市中级人民法院 (2021) 吉 01 民初 4705 号民事判决书；广东省广州市中级人民法院 (2022) 辽 0103 民初 439 号民事判决书；山东省济南市中级人民法院 (2022) 鲁 01 民初 48 号民事判决书；江苏省宜兴市人民法院 (2018) 苏 0282 民初 11792 号民事判决书。

物权人对于执行标的具有选择权，即如债务人有更易于执行的一般责任财产（例如现金或存款），担保物权人或执行法院可以选择先执行前述一般责任财产。[1] 担保物权人也可以选择先执行担保物权，其未获清偿部分作为一般债权，就债务人的一般责任财产申请执行。[2]

其二，担保物权人经过实现担保物权案件特别程序所获的拍卖、变卖担保财产的裁定。担保物权人申请法院拍卖、变卖担保财产事件，为非讼事件，如当事人之间无实质争议，且实现担保物权条件已成就，裁定准许拍卖、变卖担保财产。[3] 此类裁定类型上属于对物之执行名义，其执行对象仅限于特定标的物，即除了执行名义所载之内容得为执行外，对于执行名义未载之标的，则不得为强制执行。[4] 换言之，在实现担保物权案件特别程序所获裁定之下，担保物权人只能申请执行裁定书中所指定的担保财产。

从法律文书类型看，根据我国现行法律的规定，能够成为申请拍卖、变卖担保财产的执行名义还有法院调解书与仲裁裁决书、仲裁调解书。[5] 在我国《民事诉讼法》已规定实现担保物权案件特别程序的背景下，担保物权人是否可以依据附担保的公证债权文书申请拍卖、变卖担保物权？有学者认为，实现担保物权案件特别程序是担保物权人通过非讼程序获得担保财产执行名义的法定而非唯一路径，未表明当事人无权通过其他程序来实现担保物权，"附担保的公证债权文书"路径同样具有避免诉讼程序烦琐的优势，没有理由禁止担保物权人借助这一程序实现担保物权。[6]《最高人民法院关于公证债权文书执行若干问题的规定》（法释〔2018〕18号）第6条规定："公

1　参见黄忠顺：《论有财产担保的债权之强制执行——以有抵押物担保的债权之强制执行为中心》，《法律适用》2018年第15期。

2　参见孙鹏、王勤劳、范雪飞：《担保物权法原理》，中国人民大学出版社，2009，第111页。

3　参见张卫平：《民事诉讼法》，法律出版社，2016，第463页。

4　参见卢江阳：《强制执行法实务》，五南图书出版社股份有限公司，2014，第30页。

5　参见谭秋桂：《民事执行法学》，北京大学出版社，2015，第88-89页。

6　参见魏沁怡：《论担保物权的实现：实体法与程序法的体系衔接》，《东方法学》2019年第5期。

证债权文书赋予强制执行效力的范围同时包含主债务和担保债务的，人民法院应当依法予以执行；仅包含主债务的，对担保债务部分的执行申请不予受理；仅包含担保债务的，对主债务部分的执行申请不予受理。"由此可见，附担保的公证债权文书作为拍卖、变卖担保财产的执行名义之地位已获最高人民法院承认。

依据《民法典》第417条的规定，就抵押的建设用地使用权强制执行之时，执行法院得同时拍卖、变卖该土地上新增的建筑物，只是新增建筑物所得的价款，抵押权人无权优先受偿。有观点认为，对于土地上新增建筑物部分虽得并付拍卖，但担保物权人须另行取得执行名义。[1]但本书作者对此并不赞同，在《民法典》第417条规定之下，建设用地使用权与新增建筑物的合并拍卖，是执行法院依职权决定之事项，无须经过法院为新的执行名义。[2]然而，《民法典》第417条的适用前提为土地上新增之建筑物为建设用地使用权人所建，或者抵押权实现时建设用地使用权与新增建筑物之所有权未归于同一人所有，否则该新增建筑物为违法建筑物，将面临拆除之危险。[3]因此，对于新增建筑物属于第三人者，实现建设用地使用权上之抵押权时，不宜直接并付拍卖，相关争议应通过诉讼程序解决。[4]

（二）担保财产司法拍卖、变卖之难题：执行竞合

在担保财产的执行中，如果担保人所应为的只是单一的给付，即只对一个担保物权人为一项给付，那么该执行程序就会相对简单，执行法院只需要根据执行名义确定的内容，拍卖、变卖担保财产以清偿担保债权即可。[5]但实际上，担保人所应为的给付对象可能存在多个，而作为执行标的的担保财

1　参见陈世荣：《强制执行法释解》，国泰印书馆有限公司，1980，第55页。转引自毋爱斌：《民事执行拍卖制度研究》，厦门大学出版社，2014，第195页。

2　参见毋爱斌：《民事执行拍卖制度研究》，厦门大学出版社，2014，第195页。

3　参见谢在全：《民法物权论》（修订五版），中国政法大学出版社，2011，第750页。

4　参见毋爱斌：《民事执行拍卖制度研究》，厦门大学出版社，2014，第195页。

5　参见谭秋桂：《民事执行法学》，北京大学出版社，2015，第265页。

产上也可能负担多项担保物权，此时就会出现担保财产上执行的竞合，个中问题是否处理得当，是担保物权优先受偿效力的最终考验之一。

担保财产之执行程序以查封为开始（以扣押为保全措施者亦同），一经查封，担保人即丧失对担保财产的处分权，该处分权归由国家取得。[1]查封是担保财产司法拍卖、变卖的前置条件，进入司法变价程序的担保财产，必须是已经被查封的财产，否则执行法院对于担保财产无处分变价权。[2]实践中可能出现的一种情形是，担保物权人依据前述执行名义申请执行，法院去查封时发现担保财产已被其他法院或案件查封在先。对于此种程序冲突，学者在立法上的建议是区分不同情形予以处理：其一，若查封在先的案件是执行案件时，从节约司法资源的目的解释，应当将后立案案件移送至查封在先法院，由查封在先法院拍卖、变卖担保财产，担保物权人依法对变价款优先受偿；其二，若查封在先是因为诉讼保全措施，由于诉讼程序进展到何种程度、何时结束都不确定，此时应当由受理担保物权实现执行名义的法院对担保财产进行拍卖，而不受查封在先裁定的约束，以此体现执行效率。[3]

在执行程序中，若债务人的财产不能清偿所有债权人的全部债权，申请执行人以外的其他债权人可以依据有效的执行名义申请加入已经开始的执行程序，全体债权人就执行标的物的变价款公平受偿，此即参与分配程序。[4]依据《民事诉讼法解释》第506条第1款的规定，参与分配程序的适用前提是被执行人是公民或其他组织，被执行人为企业法人时，由于我国现行法已存在企业破产程序，则不适用参与分配程序。[5]《民事诉讼法解释》第506条第2款规定："对人民法院查封、扣押、冻结的财产有优先权、担保物权的债权人，可以直接申请参与分配，主张优先受偿权。"若担保财产已在他案

1　参见张登科：《强制执行法》，三民书局，2005，第246页。
2　参见蓝贤勇：《民事强制执行法理论与实务》，人民法院出版社，2004，第249页。
3　参见毋爱斌：《民事执行拍卖制度研究》，厦门大学出版社，2014，第194页。
4　参见张卫平：《民事诉讼法》，法律出版社，2016，第492页。
5　参见丁亮华：《参与分配：解析与检讨》，《法学家》2015年第5期。

执行中被采取保全措施，担保物权人可以直接申请参与分配程序，并按其就担保财产所享有的优先顺位受偿。不过，若担保物权所担保的主债权未到清偿期，债权人无法就担保合同提起诉讼并获得执行名义，担保物权人能否不经诉讼直接在强制执行程序中申请参与分配？对此，应允许担保物权人不经诉讼程序，直接申请参与分配，但担保物权人须提交证明担保物权有效设立及其顺位的依据[1]，从《民事诉讼法解释》第506条第2款的文义看，也是如此。但为保护债务人的利益，应当允许债务人根据实体法上的事由提起执行异议之诉，如为确认担保物权不存在或无效而提起确认之诉。[2]

在我国现有民法体系下，存在登记对抗型的动产抵押权，而在功能主义之下，所有权保留中的出卖人所有权、融资租赁中的出租人所有权亦改采登记对抗主义，其对第三人的效力规则参照担保物权的规则，在权利实现上也可准用实现担保物权案件的特别程序（《民法典担保制度解释》第64、65条）。以动产抵押权为例，该抵押权于合同生效时设立，只是"未经登记，不得对抗善意第三人"，若未登记的动产抵押权与一般债权发生执行竞合，如何协调程序上的冲突？关于未登记动产抵押权的效力，《民法典担保制度解释》第54条第3项规定："抵押人的其他债权人向人民法院申请保全或者执行抵押财产，人民法院已经作出财产保全裁定或者采取执行措施，抵押权人主张对抵押财产优先受偿的，人民法院不予支持"。据此，若担保财产已先在一般债权的执行程序中被查封，由于未登记的动产抵押权此时并不具有优先受偿效力，除满足参与分配程序的适用条件之外，应适用最高人民法院颁布的轮候查封规则，该轮候查封的效力及于担保财产变价款清偿一般债权后的剩余款项。[3]反之，若未登记动产抵押权的执行法院首先实施查封，则担保物权人享有首封债权人的地位。

1　参见王娣：《强制执行竞合研究》，中国人民公安大学出版社，2009，第222页。

2　参见王娣：《强制执行竞合研究》，中国人民公安大学出版社，2009，第222页。

3　关于轮候查封的效力，可参见姚宝华：《轮候查封疏议》，《法律适用》2022年第8期。

若两个或两个以上法院就担保财产的执行竞合发生争议，依据《最高人民法院关于人民法院执行工作若干问题的规定（试行）》（2020 修正）第 67 条的规定，应当协商解决，协商不成的，逐级报请上级法院，直至报请共同的上级法院协调处理；执行争议经高级人民法院协商不成的，由有关的高级人民法院书面报请最高人民法院协调处理。若申请执行的担保物权人认为法院的执行行为违反法律规定的，可以向负责执行的人民法院提出书面执行异议，人民法院应当在书面异议之日 15 日内审查，并作出对应裁定；担保物权人对裁定不服的，可以自裁定送达之日起 10 日内向上一级人民法院申请复议（《民事诉讼法》第 232 条）。担保物权人对执行异议裁定不服的，可以自裁定送达之日起 15 日内向人民法院提起执行异议之诉，由执行法院管辖（《民事诉讼法解释》第 302 条）。

（三）担保财产司法拍卖、变卖的具体规则

拍卖、变卖为担保财产变价的两种主要方式。拍卖，是指以公开竞价的方式，将担保财产转让给最高应价者的买卖方式；变卖，则是在公开市场上以非公开竞价的方式出卖担保财产的方式。[1]拍卖具有公开竞价的特点，从而能够避免暗箱操作、客观公正地保障各方当事人的合法权益，在担保物权法定实现的程序中，拍卖理应成为首选的方式。[2]依据拍卖主体的不同，司法拍卖可以分为法院自行拍卖与委托拍卖两种形式，前者是指由执行法院自行实施拍卖，后者则是由法院委托专门的拍卖机构实施。[3]由法院自行拍卖符合司法拍卖的公法属性，有利于减少拍卖佣金、降低拍卖成本，最大限度实现债权，减轻被执行人负担，也有利于保证司法拍卖的公开性、公平性，实现强制拍卖的目的。[4]不过，主持拍卖需要有大量的商业知识，专业机构

1　参见程啸：《担保物权研究》，中国人民大学出版社，2017，第 115-116 页。

2　参见魏沁怡：《论担保物权的实现：实体法与程序法的体系衔接》，《东方法学》2019 年第 5 期。

3　参见董少谋：《民事强制执行法学》，法律出版社，2011，第 244 页。

4　参见丁亮华：《民事执行程序注释书》（第二版），中国民主法制出版社，2022，第 816 页。

在此方面要胜过人民法院，且法院自主拍卖容易滋生权力寻租和腐败，对于交易者产生的纠纷解决欠缺更灵活的方式。[1] 依据《民事诉讼法》第 254 条、《民事诉讼法解释》第 486 条、《拍卖变卖财产规定》第 3 条，我国司法拍卖体制采法院自主拍卖与委托拍卖的双轨制，且委托拍卖优先，但法院对受托机构的拍卖行为有监督权。

随着互联网技术的发展，人民法院通过网络平台进行拍卖的模式日益被广泛运用。周强院长在 2017 年《最高人民法院工作报告》中指出，网络司法拍卖在化解执行难方面取得成果，"各级法院累计网拍 43 万余次，成交额 2 700 多亿元，成交率达到 90.1%，为当事人节省佣金 81 亿元，既提高了财产变现率，又遏制了拍卖中的腐败"[2]。网络竞价交易的参与主体比传统拍卖明显要广，竞价次数明显提升，流动性较强的物品网络拍卖成交高溢价的优势尤其明显。[3] 过去，法院自行拍卖容易产生违法违纪的问题，且带来了较重的司法负担，而网络司法拍卖具有公开性、公平性、广泛性、持续性和便捷性，法院自行拍卖变得日益阳光化，主要弊端得以消除。[4] 同时，随着现代拍卖方式的革新，在某些新型的拍卖方式中，拍卖师的作用已经弱化甚至完全消失，执行法院完全可以借助自己或者其他单位的竞价平台实现拍卖被执行财产的目的，这使法院委托专业拍卖机构的必要性逐渐减弱。[5]《最高人民法院关于人民法院网络司法拍卖若干问题的规定》（法释〔2016〕18 号）第 2 条确立了自主型网络司法拍卖为主的原则，即"人民法院以拍卖方式处置财产的，应当采取网络司法拍卖方式，但法律、行政法规和司法解释规定

1　参见霍玉芬：《拍卖法要论》，中国政法大学出版社，2013，第 208 页。

2　周强：《最高人民法院工作报告——2017 年 3 月 12 日在第十二届全国人民代表大会第五次会议上》，见中华人民共和国最高人民法院网 https://www.court.gov.cn/zixun-xiangqing-82602.html，2022-10-16。

3　参见龙翼飞等：《司法委托拍卖法律机制研究》，中国政法大学出版社，2015，第 48 页。

4　参见丁亮华：《民事执行程序注释书》，中国民主法制出版社，2022，第 840 页。

5　参见肖建国、黄忠顺：《中国网络司法拍卖发展报告》，法律出版社，2018，第 19 页。

必须通过其他途径处置，或者不宜采用网络拍卖方式处置的除外"。《强制执行法（草案）》第111条吸收了前述规定，确立了执行财产的变价应当以网络司法拍卖、变卖平台进行的原则。

依据《民事诉讼法》第254条的规定，对于被查封、扣押的担保财产，人民法院应当优先采取拍卖方式，不适于拍卖或者当事人双方同意不进行拍卖的，人民法院可以委托有关单位变卖或者自行变卖。《拍卖变卖财产规定》第31条中进一步规定了两种可以变卖的情形：（1）对查封、扣押、冻结的财产，当事人双方及有关权利人同意变卖的；（2）金银及其制品、当地市场有公开交易价格的动产、易腐烂变质的物品、季节性商品、保管困难或者保管费用过高的物品，人民法院可以决定变卖。与之相比，《强制执行法（草案）》第143条第1款吸收了前述规定第二种情形，并于该条第3款规定"在当地市场有公开交易价格的动产，人民法院可以以该价格直接变卖"。同时，《强制执行法（草案）》第164条规定："查封上市公司股票后，人民法院可以通知被执行人或者证券公司在指定期限内以市价依法变卖。逾期没有变卖或者无法变卖的，可以进行拍卖。"该条确立了上市公司股票变卖优先的原则，盖上市公司股票具有公开交易市场及公开交易价格，直接变卖比借助于程序严格的拍卖程序更有效率。本书作者赞同《强制执行法（草案）》的前述规定，但认为应当继续明确若当事人双方及有关权利人同意时，人民法院可以选择变卖执行财产，以此尊重当事人的意思自治。

在担保财产的司法拍卖、变卖过程中，担保财产参考价的确定是拍卖、变卖是否成功的关键：若参考价设置过高，可能导致无人应买，担保财产最终流拍或无法变卖；若参考价设置过低，即使担保物能成功拍卖或变卖，对于担保物权人及其他利害关系人的利益也有损害。《拍卖变卖财产规定》第4条，对拟拍卖的财产，除财产价值较低或者价格依照通常方法容易确定的，或者双方及其他执行债权人申请不进行评估的外，以委托具有相应资质的评估机构进行价格评估为原则。不过，委托评估往往周期长、费用高，会增加当事人的执行财务负担，《确定财产处置参考价规定》在委托评估的基础上，增加了当事人议价、定向询价、网络询价这三种方式，使执行财产参考价的确定更加公开、透明、高效。[1] 依据《确定财产处置参考价规定》第4条、第5条、第7条及第14条的规定，除法律、行政法规另有规定，或当事人协商一致后有明确选择外，执行财产处置参考价应当依循"当事人议价—定向询价—网络询价—委托评估"的顺序逐一进行。[2] 在担保财产处置环节，双方的期望基本一致，希望财产价值最大化变现，规定当事人议价优先，可以赋予当事人更多的程序选择权。[3] 对于拟变卖的担保财产，《拍卖变卖财产规定》第32条确立了"当事人约定的价格优先—市价次之—委托评估兜底"的参考价确定规则，该顺位基本符合《确定财产处置参考价规定》的规定，其中的"市价"，可以理解为定向询价与网络询价两种方式。

在担保财产的司法拍卖、变卖过程中，担保物权人与担保人应当享有程序参与权。一方面，担保物权人有权在合理期限内获得关于担保财产拍卖、变卖的通知。《拍卖变卖财产规定》第11条第1款规定，人民法院应当在拍卖5日前以书面或者其他能够确认收悉的适当方式，通知担保物权人于拍卖日到场。无论债权人是作为担保物权人，还是作为申请执行人本身，对担保财产的拍卖均具有利害关系，且债权人可以承受拍卖财产。担保人可以在拍定前为清偿，即使担保人自己不能应买也可以寻求第三人应买，以期高价出卖。[4] 如执行法院未通知或未经合法通知，即属于违反强制执行应遵守之程

1　参见孙建国：《〈最高人民法院关于人民法院确定财产处置参考价若干问题的规定〉的几个亮点问题》，《人民法院报》2018年9月19日。

2　参见孙建国：《〈最高人民法院关于人民法院确定财产处置参考价若干问题的规定〉的几个亮点问题》，《人民法院报》2018年9月19日。

3　参见张志伟、李兵、吴岳东：《人民法院确定财产处置参考价四种方式特点及在不动产定价中的适用性分析》，《2020中国房地产估价年会论文集》，第399页。

4　参见张登科：《强制执行法》，三民书局，2005，第324页。

序，担保物权人有权提起执行异议。[1]另一方面，担保人应有权在法定期限内通过清偿全部担保债权的方式赎回担保财产。对担保财产进行司法拍卖、变卖的目的是获得价金清偿债权，在债务人违约后，担保物权人有权申请实现担保物权，但若担保财产对于担保人而言具有重要的经济意义，例如是担保人的办公场所或者重要的生产设备，即使是在强制执行程序中，担保人也可能积极寻求融资以清偿债权，赎回担保财产。《联合国动产担保立法指南》建议，在第三人对担保财产取得权利、关于处分担保财产的协议被达成或者以担保物抵偿担保债务之前，担保人都可以通过清偿担保债权的方式赎回担保财产。[2]《拍卖变卖财产规定》第19条规定："被执行人在拍卖日之前向人民法院提交足额金钱清偿债务，要求停止拍卖的，人民法院应当准许，但被执行人应当负担因拍卖支出的必要费用。"该条可作为担保人回赎权的依据。同时，《强制执行法（草案）》第118条并未将担保人排除在购买人之外，担保人有权以清偿执行债务和执行费用总额的方式购得担保财产，这实际上达到了赋予担保人回赎权的效果，但该回赎权必须在拍卖公告期限届满前行使。[3]对于担保财产的变卖，担保物权人获取通知的权利和担保人回赎担保财产的权利应可准用之。

（四）担保财产自行拍卖、变卖的可能

司法拍卖、变卖是担保财产变价最为权威的方式，可以有效保证担保物权实现程序的公正性，减少当事人之间的争议。不过，以强制执行的方式实现担保物权存在如下缺点：一方面，当事人会负担较高的执行费用。如果是以司法拍卖、变卖的方式将担保财产变价，在清偿担保债权之前，首先应扣

1　参见张登科：《强制执行法》，三民书局，2005，第325页。

2　See United Nations Commission on International Trade Law, *UNCITRAL Legislative Guide on Secured Transactions*, United Nations, 2010, p.281.

3　《强制执行法（草案）》第118条："被执行人申请以高于执行债务和执行费用总额或者经有权在执行程序中就该财产受偿的全部申请执行人同意的价格变卖，且购买人在拍卖公告期限届满前向人民法院支付全部价款的，人民法院可以停止拍卖并作出变卖成交裁定，但是变卖损害其他利害关系人利益的除外。"

除执行费用，例如因查封等保全程序引发的费用、担保财产委托评估发生的费用、担保财产变价所发生的费用[1]，这些费用与担保财产价值相比并不微不足道，甚至可能会侵蚀担保物权人应获得的清偿额。另一方面，强制执行程序要经过法院立案、执行保全的过程才到拍卖、变卖程序，在执行法院本就案件积压之时，担保财产的变价往往并不及时，期间还可能因执行异议等事件拖延程序。对担保人而言，这意味着清偿更多的利息债权；对担保物权人而言，担保财产也可能在漫长的执行程序中贬值，影响担保债权的最终清偿率。若金融机构对担保物权实现程序的延迟与耗费已形成预期，就会通过提高利息的方式补偿风险，或者提高授信的门槛，换言之，低效的担保物权实现规则对信贷的可获取性与成本有消极影响。[2]在世界银行《营商环境报告》的"获得信贷指数"指标项下，其中一个评分项就是"在担保权设立时，法律是否允许当事人就非诉执行达成协议？法律是否允许担保权人以公开或私人拍卖的方式出售担保财产，同时允许担保权人直接取得担保财产以清偿债务"。无论是从降低担保物权实现成本，还是优化营商环境的角度出发，担保物权人自行拍卖、变卖担保财产的可能都应被重新考虑。

关于担保物权的实现规则，《民法典》对抵押权与动产质权规定有所不同。在债务人不履行到期债务或者发生当事人约定的实现抵押权的情形时，《民法典》第 410 条规定的是，"抵押权人可以与抵押人协议以抵押财产折价或者以拍卖、变卖该抵押财产所得的价款优先受偿"；但在动产质权领域，《民法典》第 436 条规定的则是，"质权人可以与出质人协议以质押财产折价，也可以就拍卖、变卖质押财产所得的价款优先受偿"。相比较而言，似乎在抵押权实现时，不求助于司法途径而拍卖、变卖抵押财产只能在抵押权人与

1　参见最高人民法院民法典贯彻实施工作领导小组主编：《中华人民共和国民法典物权编理解与适用》（下），人民法院出版社，2020，第 1223 页。

2　See United Nations Commission on International Trade Law, *UNCITRAL Legislative Guide on Secured Transactions*, United Nations, 2010, p.283.

抵押人达成共同协议时才能实施，而质权人可以自行拍卖、变卖担保财产。支持此种区分的学者认为，不同于质押中是由质权人直接占有质押财产，抵押财产是由抵押人继续占有，若认可抵押权人可以不经协议诉诸庭外实现等类似自力救济方式，不利于维护社会和经济秩序。[1]《民法典担保制度解释》第 45 条为担保物权人自行拍卖、变卖担保财产的可能划定了前提，即当事人事先约定"当债务人不履行到期债务或者发生当事人约定的实现担保物权的情形，担保物权人有权将担保财产自行拍卖、变卖并就所得价款优先受偿的"，而这并未区分抵押权与质押权，"但在因担保人的原因导致担保物权人无法自行实现担保物权时，还是应通过诉讼或者非诉方式请求人民法院"[2]。从其释义书的表述看，最高人民法院的担忧是若在担保人反对时仍允许担保物权人以自力救济的方式扣押财产，并自行拍卖、变卖，不仅可能引发暴力冲突，也无法保障拍卖、变卖行为的合法进行，还可能增加当事人诉累。[3]

从《民法典》第 410 条、第 436 条、第 446 条、第 453 条及《民法典担保制度解释》第 45 条的解释结论看，在我国现行法体系下，担保物权人有权自行拍卖、变卖担保财产有如下几种情形：其一，担保财产已为担保权人占有的动产质押、留置情形；其二，可以准用动产质权规则的权利质权交易；其三，在抵押交易中，抵押人与抵押权人事先达成就抵押权人自行拍卖、变卖抵押财产的协议，且抵押人事后不反对时；其四，抵押人与抵押权人在违约之后共同协议，由抵押权人自行拍卖、变卖抵押财产。担保物权人自行拍卖、变卖担保财产固然有其便宜之处，但也必须对担保物权人的行为加以严格的规范，避免担保物权人肆意行事，损害担保人及其他利害关系人的利益。

---

1 参见武亦文：《〈民法典〉第 410 条（抵押权的实现）评注》，《法学家》2022 年第 3 期。

2 最高人民法院民事审判第二庭：《最高人民法院民法典担保制度司法解释理解与适用》，人民法院出版社，2021，第 403 页。

3 参见最高人民法院民事审判第二庭：《最高人民法院民法典担保制度司法解释理解与适用》，人民法院出版社，2021，第 404 页。

三、以担保财产抵偿主债务

在担保物权的实现程序中，以担保财产变价所得清偿担保债权应为一般原则，但若根据当事人交易的安排、执行程序的开展及担保财产的自然或法律特性，继续坚持担保财产的变价将有损效率，此时应当允许担保人以担保财产抵偿主债务。不过，为公平保障债务人、担保物权人及其他担保物权人等多方主体的利益，以担保财产抵偿主债务时应当遵循严格的程序规则，以免损害利害关系人的利益。

（一）债务人违约后的以物抵债

依据《民法典》第 410 条第 1 款及第 436 条第 2 款的规定，在债务人不履行到期债务或者发生当事人约定的实现担保权的情形，担保物权人可以与担保人协议以担保财产折价，此即以协议方式将担保财产以物抵债。关于以物抵债协议的性质，目前理论上主要有要物合同说与诺成合同说两种观点。持要物合同说者认为，以物抵债协议本质上为传统民法上的代物清偿协议，其性质为实践合同，若债权人未受领给付，则以物抵债协议尚未成立。[1] 持诺成合同说者则认为，《民法典》合同编通则以合同自承诺生效时成立为原则，而我国民法尚未规定代物清偿协议，在法律无明确规定时，应当否定以物抵债协议的要物性。[2] 从当事人的意思表示看，也无以物抵债行为自动产交付或不动产登记时成立的意思。[3] 在价值判断上，诺成合同说能赋予法院更大的自由裁量权，动态保护债权人与第三人的利益。[4] 在《民商事审判会议纪要》第 44 条中，最高人民法院采取的是诺成合同说的观点[5]，达成担保财

1　参见施建辉：《以物抵债契约研究》，《南京大学学报（哲学·人文科学·社会科学）》2014 年第 6 期。

2　参见韩世远：《合同法总论》，法律出版社，2018，第 83 页。

3　参见王洪亮：《以物抵债的解释与构建》，《陕西师范大学学报（哲学社会科学版）》2016 年第 6 期。

4　参见姚辉、阚梓冰：《从逻辑到价值：以物抵债协议性质的探究》，《学术研究》2020 年第 8 期。

5　参见最高人民法院民事审判第二庭：《〈全国法院民商事审判工作会议纪要〉理解与适用》，人民法院出版社，2019，第 300 页。

产的以物抵债协议后，若担保人反悔，拒绝将担保财产交付于担保物权人，则后者可以依据以物抵债协议向人民法院起诉。

债务人违约后签订的以物抵债协议应当与流质契约相区分。传统上认为，流质契约之禁止旨在保护债务人利益，防止债权人利用债务人的窘迫状态，以契约自由之名，逼迫订立流质契约，以期于债务人届期不能清偿债务时，取得价值高于债权额的担保财产所有权。[1]不过，流质契约的存在有其合理性，其本属于当事人意思自治的产物，在权利实现上具有便捷、高效的特点，故《民法典》对流质契约改采相对禁止的态度，规定担保物权人在债务履行期限届满前，与担保人约定债务人不履行到期债务时担保财产归债权人所有的，只能就担保财产优先受偿。[2]与《民法典》第401条、第428条规定的流质契约相比，本书所指的以物抵债协议最核心的区别是订立时间的不同：前者是在债务履行期届满前签订，而后者是在债务履行期届满后订立。当债务履行期届满后，一般不存在债权人利用经济上的优势地位逼迫债务人订立不公平协议的情形，故无须履行流质契约规则下的清算程序，担保物权人可以直接请求履行。[3]

在现代社会，市场主体处于复杂的交易网络中，担保财产本身不仅是担保人的一般责任财产，也可能同时负担多项担保权。若担保人将担保财产以物抵债，且获取对价低于公平市场价值时，将可能损害其他担保物权人或其他债权人的利益。例如甲公司以建设用地使用权先后为乙、丙二人设定抵押权，该建设用地使用权价值为1 000万元，乙、丙二人的担保债权额分别为800万元、300万元。甲为清偿乙、丙的到期债务，以满足抵押权的实现条件，现甲与乙订立以物抵债协议，约定将该建设用地使用权转让给乙，乙

1　参见谢在全:《民法物权论》(修订五版)，中国政法大学出版社，2011，第784页。

2　参见孙宪忠、朱广新主编:《民法典评注·物权编（4）》，中国法制出版社，2020，第126页。

3　参见最高人民法院民事审判第二庭:《〈全国法院民商事审判工作会议纪要〉理解与适用》，人民法院出版社，2019，第302页。

对甲的债权及抵押权自转让时消灭。依据《民法典》第410条的规定，在抵押权人与抵押人的以物抵债协议损害其他债权人利益时，其他债权人可以请求法院撤销该协议。依据《民法典》第542条的规定，以物抵债协议被撤销后，该协议自始没有法律约束力，抵押权人与抵押人通过协议实现抵押权的目的落空，抵押权人的抵押权仍未消灭，未免引起进一步的争议，此时不宜再由抵押权人与抵押人协议实现抵押权，也不宜允许法院对以物抵债协议予以变更，而是应当申请由法院拍卖、变卖抵押财产。[1]

在执行程序中，虽然担保财产的处置以拍卖为原则，但为实现执行效益，若担保财产无法拍卖或变卖，或者拍卖、变卖不成，人民法院可以将担保财产交付于申请执行的担保物权人抵债。[2]依据《拍卖变卖财产规定》，可以在执行程序中将担保财产以物抵债的情形包括：（1）对于动产而言，在第一次拍卖或者第二次拍卖流拍时，担保物权人同意以该次拍卖所定的保留价接受拍卖财产（第16条、第24条）；（2）对于不动产或其他财产权而言，在第一次、第二次或第三次的拍卖流拍时，担保物权人同意以该次拍卖所定的保留价接受拍卖财产（第16条、第25条）；（3）在担保财产变卖时，若无人应买，担保物权人可以选择承受，但抵偿价格不得低于评估价格的50%（第32条）。基于民事程序法中的处分原则，担保财产的以物抵债应当由担保物权人申请，再由人民法院作出裁定。若两个以上的担保物权人同时申请执行，且均申请以担保财产抵债时，《拍卖变卖财产规定》第16条第2款规定，由顺位在先的担保物权人优先承受；顺位相同的，以抽签方式决定承受人。若应受偿的担保债权额低于抵偿债权的价额时，担保物权人应当在执行法院指定的期间补交差额。经过法定次数的拍卖或者变卖，查封的担保财产仍未成交，且担保物权人不愿意以物抵债的，为了维护担保财产的经济价值

---

[1]　参见武亦文：《〈民法典〉第410条（抵押权的实现）评注》，《法学家》2022年第3期。

[2]　参见武钦殿、王德成：《民事强制执行中以房抵债若干问题》，《人民司法·应用》2014年第23期。

和担保人的合法权益，执行法院不应继续对担保财产进行变价，而应解除查封，将担保财产的占有使用权返还给担保人，并通知对应的登记机关或其他管理机关，从此，除非再受查封，担保财产的交易不再受限制。[1]同时，若对担保财产可以采取其他措施，例如下文所述的强制管理，则法院仍应维持对担保财产的强制执行措施，而不是将担保财产返还于担保人。

若当事人仅是订立以物抵债协议，依据《民法典》第 209 条及第 224 条确立的物权变动的形式主义原则，不动产尚需登记、动产经过交付才发生所有权的变动。[2]同时，在担保物权人向法院起诉请求担保人履行以物抵债协议时，即使其获得胜诉裁决，由于该裁决性质属于给付裁决，而非《民法典》第 229 条中的形成裁决，故标的物所有权也不因该裁决生效而转移，仍然须履行物权转移的形式要件。[3]与此相对，若法院是在执行程序中作出以物抵债裁定，该裁定具有形成效力，担保财产的所有权自抵债裁定送达担保物权人时转移。《强制执行法（草案）》第 128 条第 1 款规定（该规定可参照适用于对动产与股权等其他财产权的执行）："不动产拍卖、变卖成交或者抵债的，不动产权利自拍卖、变卖成交或者抵债裁定送达买受人或者承受人时起转移。"值得赞同。不过，本书作者建议《强制执行法（草案）》第 128 条第 1 款加上排除性条件，即"法律、行政法规另有规定的除外"。例如依据《银行业监督管理法》第 17 条及《中国银保监会非银行金融机构行政许可事项实施办法》第 110 条的规定，非银行金融机构变更股权或调整股权结构，须经银保监会及其派出机构行政许可，拟投资入股非银行金融机构的出资人的资格以及非银行金融机构变更股权或调整股权结构均应经过审批。[4]在担保财产是非银行金融机构的股权时，如果允许该股权通过法院以物抵债的裁

1　参见杨荣馨主编：《〈中华人民共和国强制执行法（专家建议稿）立法理由、立法例参考与立法意义〉》，厦门大学出版社，2011，第 448 页。

2　参见吉林省高级人民法院 (2019) 吉民终 205 号民事判决书。

3　参见崔建远：《以物抵债的理论与实践》，《河北法学》2012 年第 3 期。

4　参见北京市高级人民法院 (2022) 京执复 185 号执行判决书。

定转让，而规避前述审批手续，将有损金融秩序的安全稳定。

（二）所有权担保方式中的特殊规则

担保物权的核心功能为以特定财产的价值确保债权的实现，具备此特征者，并不限于大陆法系物权法明确规定的抵押权、质权、留置权，还包括所有权保留、融资租赁、让与担保等所有权担保交易中的所有权。[1]就如何解决担保物权的概念体系与担保物权功能交易体系的不匹配问题，动产担保交易的立法模式正在从形式主义向功能主义发展。其中，形式主义置重于当事人就交易安排的表象，依交易的形式归属不同的法域予以调整，例如，当事人之间依合同在债务人或第三人之物上设立的担保清偿主债务的，在形式上属于担保物权，适用动产担保交易法；所有权担保交易中的所有权，适用所有权法。功能主义则强调特定交易在经济上的作用，只要在功能上具有担保作用的交易均应被纳入动产担保交易法的规制范畴，而无论其形式上表现为何。[2]世界银行的《营商环境报告》显示，我国获得信贷指标中的失分点之一是具担保功能的交易没有受统一的规则调整，即存在功能主义缺失的问题。《民法典》第388条扩大了担保合同的范围，增加规定担保合同包括抵押合同、质押合同和其他具有担保功能的合同，使所有权保留、融资租赁等非典型担保交易进入动产担保交易法的规则体系。[3]

与典型的抵押交易相比，所有权担保交易的特征是债权人保有标的物的所有权，但通过合同的设计使债务人可占有、使用标的物，若债务人违约且未在合理期限消除违约事由，则债权人可以通过行使取回权的方式回复所有权的圆满性。[4]对于所有权担保交易而言，《民法典》改采功能主义路径亦改

1　参见纪海龙：《民法典动产与权利担保制度的体系展开》，《法学家》2021年第1期。

2　参见高圣平：《动产担保交易的功能主义与形式主义——中国〈民法典〉的处理模式及其影响》，《国外社会科学》2020年第4期。

3　参见王晨：《关于〈中华人民共和国民法典（草案）的说明〉——2020年5月22日在第十三届全国人民代表大会第三次会议上》，《中华人民共和国全国人民代表大会常务委员会公报》2020年第1期。

4　参见张家勇：《体系视角下所有权担保的规范效果》，《法学》2020年第8期。

变了其权利实现规则，债权人依所有权取回担保财产时亦受清算法理制约。从《民法典》物权编担保物权分编的规则来看，清算法理在担保物权实现之时得到了全面贯彻，例如担保物权实现时的归属清算（协议折价）与处分清算〔协议拍（变）卖、司法拍（变）卖〕、流质（抵）契约规则的修改，等等。其中所体现的是平衡债权人和担保人之间利益的需要——在担保物权实现之时均须对担保财产的现值与未受清偿的主债权之间进行评价，实行"多退少补"[1]。同时，所有权保留交易、融资租赁交易、让与担保交易既具有担保功能，在权利实现上就应类推适用《民法典》第401条，债权人只能就标的物价值优先受偿，而不是直接获得标的物的全部价值。具体而言，若所有权担保交易的债权人主张以标的物抵债，应对债务人履行清算义务，《民法典担保制度解释》第64条第2款、第65条第2款、第68条第2款即为此理。

在所有权担保交易中，标的物价值的确定是执行清算程序的基础。对于融资融券市场中的股权让与担保而言，标的物是具有公开市场价值的上市公司股权，其价值确定自无问题[2]，但对于其他财产而言，标的物的价值确定应当遵守正当程序。以融资租赁交易为例，《民法典担保制度解释》第65条第2款中规定的标的物价值确定方式有：其一，融资租赁合同有约定的，按照其约定；其二，融资租赁合同未约定或者约定不明的，根据约定的租赁物折旧以及合同到期后租赁物的残值来确定；其三，根据前两项规定的方法仍然难以确定，或者当事人认为根据前两项规定的方法确定的价值严重偏离租赁物实际价值的，根据当事人的申请委托有资质的机构评估。该规定前两种方式体现了尊重当事人意思自治与财会制度的原则，但第三种价值确定的方式有待商榷：当事人本已事先在合同中约定了标的物的价值确定方式，发生争

1　高圣平：《动产让与担保的立法论》，《中外法学》2017年第5期。

2　参见李俪：《股权让与担保法律构造、裁判分歧与立法进路》，《宁夏大学学报（人文社会科学版）》2021年第5期。

议时应当遵循合同严守原则，而不是允许当事人反悔、另择价值评估方式。[1]
本书作者建议，《民法典担保制度解释》第 65 条第 2 款第 3 项的适用应排除
"当事人认为根据前两项规定的方法确定的价值严重偏离租赁物实际价值"
这一主观要件。对于所有权保留交易与让与担保交易，虽然现行法没有规定
标的物的价值确定方式，但可类推适用融资租赁交易的规定。

尽管《民法典》对所有权担保交易的规制体现了较强的功能主义色彩，
但在法典的形式理性之下，所有权保留交易仍然保留了其特殊规则，其中之
一就是买受人的回赎权规则（《民法典》第 643 条）。具体而言，所有权保留
交易中的出卖人对标的物行使取回权后，在一定期间内，买受人可以通过履
行支付价金义务或者完成其他条件后享有重新占有标的物的权利。[2]《民法典》
第 643 条来源于《买卖合同解释》第 37 条，其法理基础是所有权保留中的
所有权虽由出卖人保留，但买受人并非仅享有未来所有权转移受领权，随着
价款的支付或其他条件的完成，买受人对取得标的物所有权的期待利益逐渐
增加，规定买受人回赎权的目的就是保护此种期待利益。[3]买受人行使回赎
权的条件是消除出卖人取回标的物的事由，具体是指《民法典》第 642 条中
出卖人可以取回标的物的情形已被纠正，即买受人未按照约定支付价款、未
按照约定完成特定条件及不当处分标的物的情形已不复存在。[4]买受人的回
赎权应当在回赎期内行使，《民法典》未规定法定的回赎期，而是交由当事
人约定或者出卖人指定，但此回赎期必须是合理的期限。对于融资租赁交易
而言，《民法典》虽未规定承租人的回赎权，但基于租赁物的所有权在经济
实质上已转移给承租人的判断，承租人亦享有支付完毕租金后获得租赁物所
有权或者其残值的期待利益，《民法典》第 643 条应可类推适用之。就让与

1　参见崔建远：《对非典型担保司法解释的解读》，《法治研究》2021 年第 4 期。

2　参见黄薇主编：《中华人民共和国民法典合同编解读》（上册），中国法制出版社，2020，第 623 页。

3　参见最高人民法院民事审判第二庭：《最高人民法院关于买卖合同司法解释理解与适用》，人民法院出版社，2016，第 554 页。

4　参见王轶等：《中国民法典释评·合同编·典型合同》，中国人民大学出版社，2020，第 79 页。

担保而言,《民法典》虽未将之成文化,但让与担保交易的构造本是担保人以确保债务清偿为目的将标的物的所有权转移给担保物权人,待债务清偿完毕后,标的物所有权应返还给担保人[1],担保物权人取回标的物后,担保人亦应享有回赎权。

(三)应收账款质权人和保理人的直接收取权

依据《民法典》第446条规定,应收账款质权的实现适用动产质权的规则,如此,应收账款债务人不履行到期债务或者发生当事人约定的实现质权的情形,质权人可以与出质人协议以应收账款折价,也可以就拍卖、变卖应收账款所得价值优先受偿。[2]然而,对于应收账款这样金钱价值已经确定的标的物而言,以变价的方式实现质权人的权利不仅程序烦琐,而且效率低下。[3]"应收账款质押的标的仅限于金钱之债,而不包括非金钱债权。当债务人不履行债务时,质权人可以直接请求第三债务人(即应收账款债务人)向自己给付相应款项(谓之直接收取权),从而避免了其他类型的质权在实现时通常需要的评估、折价或拍卖、变卖质物等烦琐程序。"[4]

比较法上,为权利实现的效率考虑,应收账款质权人与保理人的直接收取权已成通例。《美国统一商法典》第9—607条中规定,担保物权人因担保人的任何违约,有权通知应收账款债务人或者担保财产上的其他债务人向担保物权人偿付或者履行,或者为担保物权人的利益而偿付或者履行。《德国民法典》第1282条规定,债权到期后,质权人有收取债权的权利,且债权人只能向质权人履行给付。[5]2006年改革后的法国动产担保法规定,若应收

---

1 参见王闯:《关于让与担保的司法态度及实务问题之解决》,《人民司法》2014年第16期。

2 参见雷秋玉、陈兴华:《应收账款担保研究》,云南大学出版社,2016,第114页。

3 See United Nations Commission on International Trade Law, *UNCITRAL Legislative Guide on Secured Transactions*, United Nations, 2010, p.305.

4 最高人民法院民法典贯彻实施工作领导小组主编:《中华人民共和国民法典物权编理解与适用》(下),人民法院出版社,2020,第1272页。

5 参见陈卫佐译注:《德国民法典》,法律出版社,2006,第417页。

账款债权到期，应收账款质押的债权人有权收取相当于担保债权额的应收账款。[1]《日本民法典》第 367 条第 1 款规定："质权人可以直接收取作为质权标的的债权。"《联合国动产担保立法指南》推荐，应收账款的质权人在债务人违约后或者在符合合同约定的情形下，有权收取应收账款。[2]《欧洲示范民法典草案》"动产担保物权卷"第 7:207 条规定，给付请求权上的担保权实现除变卖和抵偿之外，还可以通过从第三债务人处收款实现。[3]

在我国司法实践中，无论是《民法典》生效前或后，应收账款质权人的直接收取权都已被承认。最高人民法院发布的指导案例 53 号中，法院认为，污水收益权不宜通过拍卖、变卖的方式予以处置，出质人每月获得的污水处理费收益稳定，质权人的债权完全可以通过从出质人每月取得的污水处理费中优先受偿的方式保证其债权的最终实现。[4]"由于应收账款质押的客体为金钱即种类物，其性质决定实现应收账款质权无需折价、拍卖、变卖，而是通过应收账款的债务人直接向质权人清偿的方式予以实现。"[5] 应收账款质权人的直接收取权应从主动与被动两方面来理解：一方面应收账款质权人可以用自己的名义就出质的应收账款主动向第三债务人直接请求交付；另一方面应收账款质权人可以被动地接受第三债务人的清偿。[6] 对于现有应收账款，直接收取权的主动行使与被动行使均为常见，在其主动向第三债务人请求支付

1　See Jean-Francois Riffard, "The Still Uncompleted Evolution of the French Law on Secured Transactions Towards Modernity", in Louise Gullifer and Orkun Akseli eds., *Secured Transactions Law Reform: Principles*, *Policies and Practice*, Hart Publishing, 2016, p.381.

2　See United Nations Commission on International Trade Law, *UNCITRAL Legislative Guide on Secured Transactions*, United Nations, 2010, p.305.

3　参见 [德] 克莱夫、[德] 巴尔主编：《欧洲私法的原则、定义与示范规则：欧洲示范民法典草案：全译本·第 9 卷、第 10 卷》，徐强胜等译，法律出版社，2014，第 219 页。

4　参见福建省高级人民法院 (2013) 闽民终字第 870 号民事判决书；最高人民法院的相同观点可见最高人民法院（2019）最高法民终 1023 号民事裁定书。

5　吉林省长春市中级人民法院（2021）吉 01 民终 75 号民事判决书。

6　参见费安玲、龙云丽：《论应收账款质权之实现》，《河南大学学报（社会科学版）》2009 年第 4 期。

未果后，还可以向法院申请支付令，利用督促程序求偿。[1]《民法典担保制度解释》第61条第4款规定，在将来应收账款质押的情形下，质权人可以为应收账款设立特定账户，质权人可以直接就账户内的应收账款受偿，此为应收账款直接收取权的被动行使方式。

应收账款的融资存在质押与保理两种模式，《民法典》将前者规定于"物权编"，后者规定于"合同编"，但两者在经济功能与法律规则上高度相似：应收账款保理与质押均是围绕应收账款展开的融资方式，在法律关系的构造上具有共通性，对第三债务人而言均发生债权让与的效果。[2] 在权利实现领域，尤其是在直接收取权对第三债务人的行使上，应收账款质权人与保理人应当适用共通的规则。具体如下。

第一，通知是应收账款质押对第三债务人发生效力的要件。应收账款质押以登记为生效要件，但准用《民法典》第546条的规定，未通知第三债务人时，质押对第三债务人不发生效力。一方面，在通知第三债务人之前，出质人与第三债务人协议变更基础合同的，对质权人有效，质权人因此遭受损失的，应向出质人或第三债务人追偿。在通知第三债务人之后，出质人协议变更基础合同的，质权人有是否接受变更效力的选择权，在对其没有不利影响的情形下，可以选择接受基础合同的变更效力；在对其有不利影响的情形下，可以选择不接受变更效力。[3] 另一方面，质权人将应收账款设质的事实通知第三债务人后，债务人就不得再向应收账款债权人履行，而只能向质权人履行；反之，债务人在接到该通知前，因为不知道应收账款已经设立质权的事实，可以向应收账款债权人履行，并导致应收账款因履行而消灭，进而

---

[1]　参见最高人民法院民事审判第二庭：《最高人民法院民法典担保制度司法解释理解与适用》，人民法院出版社，2021，第523页。

[2]　参见李宇：《民法典中债权让与和债权质押规范的统合》，《法学研究》2019年第1期。

[3]　参见裴亚洲：《民法典应收账款质押规范的解释论》，《法学论坛》2020年第4期。

导致应收账款质押消灭（《民法典担保制度解释》第 61 条第 3 款）。[1]

第二，第三债务人对应收账款出质人的抗辩，可以向应收账款质权人主张。《民法典》第 769 条规定，保理合同章中没有规定的内容，适用债权转让的规定。"借道"于保理合同的规定，债权转让中债务人的权利保护规则应适用于应收账款质押。[2] 依据《民法典》第 548 条的规定，在接到应收账款质押的通知后，第三债务人可以向质权人主张其对出质人的抗辩。其中，实体法上的抗辩权可分为三类：其一，债权不发生之抗辩，比如债权自始不发生之抗辩，如当事人恶意串通；其二，债权消灭之抗辩，例如对于让与人行使撤销权、解除权而致债权消灭；因清偿、抵销或更改等原因，曾发生之抗辩、现在已经消灭之抗辩；其三，拒绝给付之抗辩，例如同时履行之抗辩、诉讼时效之抗辩，虽承认债权之存在，但债务人得拒绝给付，以阻止其请求权之抗辩。[3]

第三，在满足条件时，第三债务人可以对应收账款质权人主张抵销权，使应收账款质押归于消灭。依据《民法典》第 549 条的规定，第三债务人抵销权的行使应满足以下条件：首先，第三债务人的主动债权应当是在收到应收账款转让通知前设立，道理在于，已经设立的质权，不应因出质人与第三债务人随意成立、形成新债权而受影响。[4] 其次，第三债务人对出质人享有的债权应当先于转让的债权到期或者同时到期。若第三债务人的债权清偿期后于出质债权，则在出质债权清偿期届至时，质权人得请求债务人清偿债务，第三债务人并无可抵销之债权，故此时第三债务人在受领通知时并不享有可抵销债权的期限利益。[5] 最后，若第三债务人的债权与出质的债权是基

1　参见最高人民法院民事审判第二庭：《最高人民法院民法典担保制度司法解释理解与适用》，人民法院出版社，2021，第 520 页。

2　参见裴亚洲：《民法典应收账款质押规范的解释论》，《法学论坛》2020 年第 4 期。

3　参见孙森焱：《民法债编总论》，法律出版社，2006，第 792 页。

4　参见崔建远：《关于债权质的思考》，《法学杂志》2019 年第 7 期。

5　参见杨芳贤：《从比较法观点论债权让与之若干基本问题》，《台大法学论丛》2009 第 3 期。

于同一合同产生，两者之间具有密切的联系，应收账款质权人就应当认识到第三债务人对出质人可能基于该合同享有债权，因此质权人能够在订立应收账款质押合同时对这种抵销可能性进行预先的安排。[1]如此，即使前述两项条件没有满足，第三债务人也可以独立行使抵销权。

在应收账款质押关系中，出质应收账款与被担保主债权的清偿期可能存在差异，从而导致质权人直接收取权的行使存在程序上的不同。其一，出质应收账款与被担保主债权均已届清偿期，此时质权人可在通知第三债务人后，径行收取应收账款。其二，出质应收账款未到清偿期而被担保主债权清偿期已届满。此时，由于第三债务人对出质应收账款享有期限利益，不应受到应收账款质押行为的影响，应收账款质权人只有在出质债权期限届满时，才能向第三债务人主张该债权。[2]其三，出质债权已到期而被担保主债权清偿期尚未届满。此种情形下，为保护出质人利益，质权人尚不能直接收取，但可以采取手段控制出质应收账款，保障将来债权的受偿，例如将应收账款收取后提存或者另存单独账户收取，在征得出质人同意后，也可以直接收取应收账款。[3]

（四）银行账户担保中的直接划扣权

银行账户是账户开立人在银行开立与支配，并委托银行管理，用于资金存取、转账、结算等目的的资金账目记录。[4]近十余年来，以银行账户为标的物的新类型担保在我国金融实践中广受欢迎，当事人一般将特定银行账户作为保证金账户，约定在债务人违约或者发生合同约定的其他情形时，债权人有权就账户内的资金优先受偿，其主要的三种交易模式有：债务人或者第三人设立专门的保证金账户并由债权人实际控制；债务人或者第三人将其资

---

1 参见王利明主编：《中国民法典释评·合同编·通则》，中国人民大学出版社，2020，第586页。
2 参见费安玲、龙云丽：《论应收账款质权之实现》，《河南大学学报（社会科学版）》2009年第4期。
3 参见李宇：《民法典中债权让与和债权质押规范的整合》，《法学研究》2019年第1期。
4 参见耿林：《论银行账户担保》，《法学杂志》2022年第6期。

金存入债权人设立的保证金账户；在一般存款账户等其他账户名下设立保证金分户。[1]由于对银行账户属性认识的差异，理论及实践中对银行账户担保的性质存在争议。在《民法典》生效前，多数观点认为，保证金账户担保是以账户中的金钱质押，其性质上属于特殊动产质押[2]；但有学者认为属于债权质押[3]；另有学者则认为是特殊担保类型，无法为现有担保物权体系所涵盖。[4]《民法典》生效后，最高人民法院认为，特殊动产质押说提出的"金钱占有即所有"原则的例外理论无法回应金钱存入银行以后，该金钱已进入银行流转体系的事实，而债权质押则存在标的物无法特定化的问题。[5]在《民法典担保制度解释》第70条中，最高人民法院最终回避了对银行账户担保的定性问题，将之归于非典型担保类别中，但坚持了之前关于银行账户担保设立要件的共识——债权人必须实际控制银行账户。[6]

从功能上看，银行账户在法律上记载着银行与客户之间的权利义务关系，存款账户的余额实际上记载和反映着客户对银行的付款请求权，或者说是以记账的形式反映客户对银行的资金债权。[7]对于银行账户担保而言，要求担保权人拍卖或变卖担保财产以实现担保物权是低效的，《联合国动产担保立法指南》推荐，银行账户付款请求权担保（指南中与银行账户担保相对

1　参见最高人民法院民事审判第二庭：《最高人民法院民法典担保制度司法解释理解与适用》，人民法院出版社，2021，第577页。

2　参见最高人民法院 (2014) 民申字第 1239 号民事裁定书；其木提：《论浮动账户质押的法律效力——"中国农业发展银行安徽省分行诉张大标、安徽长江融资担保集团有限公司保证金质权确认之诉纠纷案"评释》，《交大法学》2015 年第 4 期，第 169 页；朱晓喆：《存款货币的权利归属与返还请求权——反思民法上货币"占有即所有"法则的司法运用》，《法学研究》2018 年第 2 期；陈龙吟：《账户质押效力论》，《北方法学》2017 年第 3 期。

3　参见董翠香：《账户质押论纲》，《法学论坛》2006 年第 5 期。

4　参见徐化耿：《保证金账户担保的法律性质再认识——以〈担保法司法解释〉第 85 条为切入点》，《北京社会科学》2015 年第 11 期。

5　参见最高人民法院民事审判第二庭：《最高人民法院民法典担保制度司法解释理解与适用》，人民法院出版社，2021，第579页。

6　参见最高人民法院民事审判第二庭：《最高人民法院民法典担保制度司法解释理解与适用》，人民法院出版社，2021，第581页。

7　参见耿林：《论银行账户担保》，《法学杂志》2022 年第 6 期。

应的概念）的债权人有权以直接获得账户中金钱的手段实现权利，以增强动产担保交易实现规则的灵活性与高效性。[1] 在《美国统一商法典》第九编中，与银行账户担保相近的担保交易类型为银行储蓄账户（deposit account）担保，在债务人违约之时，担保权人有权以该存款账户的余额 (balance) 清偿由存款账户所担保的债务。[2] 在银行保证金账户质押的实践中，当事人往往会约定在债务人届期不履行债务或者发生约定的实现债权的情形时，银行有权不经存款人同意直接划扣保证金账户中的金额，以此抵扣相应的债务。[3] 经由此约定，担保权人可以快速的方式实现质权，这也是保证金账户担保的方式广泛受到欢迎的原因。金钱作为一般等价物，本身就明确了其价值含量，担保权人在债务人不履行合同时直接进行扣划的行为直接实现了其对金钱的优先受偿权，并不会造成损害市场公平交易和等价有偿的秩序价值的后果，故银行账户担保中债权人以划扣账户中资金的方式实现债权并不违反禁止流质契约的规定。[4]

物权在于支配其物，享受其利益，为使法律关系明确，便于公示，以保护交易安全，物权法以物权客体特定化为原则。[5] 担保物权属于物权的范畴，系以支配担保财产之交换价值为内容的限制物权，故担保物权的效力亦受物权客体特定化原则制约。[6] 在银行账户担保的实践中，常见的交易模式是担保人与担保权人展开长期的业务合作关系，依据担保合同的约定，担保人按照被担保债权的比例在特定的银行账户中存入保证金，在被担保债权到期未

1　See United Nations Commission on International Trade Law, *UNCITRAL Legislative Guide on Secured Transactions*, United Nations, 2010, p.308.

2　参见《美国统一商法典》第 9-607 条。

3　参见最高人民法院 (2014) 民申字第 1239 号民事裁定书；最高人民法院 (2020) 最高法民终 1307 号民事判决书；最高人民法院 (2019) 最高法民申 2937 号民事裁定书。

4　参见安徽省太和县人民法院 (2016) 皖 1222 民初 3252 号民事判决书；安徽省阜阳市中级人民法院 (2016) 皖 12 民初 84 号民事判决书；江西省宜春市中级人民法院 (2016) 赣 09 民终 440 号民事判决书。

5　参见王泽鉴：《民法物权》，北京大学出版社，2010，第 41 页。

6　参见其木提：《论浮动账户质押的法律效力——"中国农业发展银行安徽省分行诉张大标、安徽长江融资担保集团有限公司保证金质权确认之诉纠纷案"评释》，《交大法学》2015 年第 4 期。

获完全清偿时，担保权人有权扣划保证金，在账户内保证金超过合同约定的比例时，担保权人则退还相应比例的保证金。[1]换言之，该银行账户中的资金会因担保权人的扣划行为而发生浮动，由此产生的问题是担保权人的权利实现行为是否与物权客体特定化原则相矛盾。解释上认为，银行账户的特定化不等于固定化，银行账户担保所要求的特定化仅是账户及资金区别于担保人的其他财产，而不是要求账户资金固定不变，只要担保权人的扣划行为能与当事人间的担保业务一一对应，账户内资金的浮动不影响账户的特定化。[2]

依据银行账户担保中担保权人的实际控制方式，担保权人的直接划扣权有不同的行使路径。其一，若用作担保的银行账户是在债权人名下开设，债务人或者第三人将资金存入该账户内，此时债权人作为账户所有人能够实际控制该笔资金[3]，债权人可以直接在银行办理账户的划转业务。其二，开立账户的银行本身就是担保权人，依据其与债务人之间的协议，银行有权自主行使划扣权以清偿所欠债权。其三，担保账户并非以债权人的名义开立，担保人因对于银行享有存款债权而无法直接向债权人完成货币交付，债权人实现对账户的实际控制往往需要与银行签订账户监管协议，约定非依债权人指令不得对账户内资金操作，账户密码由债权人设定并占有预留印鉴，或者通过设立共管账户，约定对于账户共同监管，以实现对于保证金账户的实际控制。[4]此时，债权人对于银行账户中的资金可以自主划扣，或者依据与银行间的三方协议，由银行代为划扣。

在法律意义上，银行账户所表征的是客户对银行的付款请求权[5]，其本质

---

1 参见最高人民法院（2014）民申字第 1239 号民事裁定书。

2 参见最高人民法院民事审判第二庭：《最高人民法院民法典担保制度司法解释理解与适用》，人民法院出版社，2021，第 580-581 页。

3 参见最高人民法院民事审判第二庭：《最高人民法院民法典担保制度司法解释理解与适用》，人民法院出版社，2021，第 581 页。

4 参见最高人民法院民事审判第二庭：《最高人民法院民法典担保制度司法解释理解与适用》，人民法院出版社，2021，第 581 页。

5 参见耿林：《论银行账户担保》，《法学杂志》2022 年第 6 期。

上是客户对银行享有的债权，若银行同时对担保人享有债权，银行可以依据《民法典》第568条行使抵销权，但在银行账户担保权实现时，就会面临银行账户担保权与银行抵销权的冲突问题。若担保账户是以债权人的名义开立，则债权人属于银行的客户，银行与该客户订立存款协议的事实可解释为银行放弃了抵销权；在法理上，由于银行账户并未开立在担保人名下，担保人与银行之间也就不存在互负债权债务关系，银行抵销权的行使前提也就不成立。[1]若银行本人就是担保权人，银行直接扣划账户中资金的行为可同时被解释为行使担保权与抵销权。在其他情形下，银行抵销权应优先于债权人的账户担保权，债权人无权直接划扣账户中资金，原因是银行与客户间的法律关系是现代金融体系的基础，应当被优先维护。[2]

四、强制管理制度的引入与构建

在担保物权的实现中，折价、拍卖、变卖均为直接获得担保财产交换价值以清偿债权的方式，但在实际生活中，以上方式未必能全部获取或体现担保财产的交换价值，固守其反倒不利于担保债权的清偿。对此，本书作者建议引入大陆法系的强制管理制度以实现担保物权。

（一）引入强制管理制度的必要性

大陆法系执行法中的强制管理，是指对债务人已经查封的不动产强制性地进行管理，即执行法院依债权人的申请，选任符合条件的管理人管理债务人的不动产，以管理所得收益清偿债权。[3]强制管理以物权的权能分离理论为基础，即分离出标的物的使用收益权能，使管理人占有执行财产，限制被

1　See United Nations Commission on International Trade Law, *UNCITRAL Legislative Guide on Secured Transactions*, United Nations, 2010, p.227.

2　See United Nations Commission on International Trade Law, *UNCITRAL Legislative Guide on Secured Transactions*, United Nations, 2010, p.227.

3　参见董少谋：《民事强制执行法学》，法律出版社，2011，第250页。

执行人直接支配财产的权利，并将利用标的物所得收益用于清偿债权。[1] 与拍卖制度相比，强制管理的特点是不会剥夺债务人的所有权，其执行的是标的物的收益，在形式上表现为非即时性清偿债务的措施，往往持续时间较长，但可兼顾申请执行人与被执行人的双方利益。[2] 同时，物之交换价值与使用价值的区分只是在特定情形下的学理分类，两者实际上息息相关，在不宜通过交换方式获得标的物价值时，以使用收益方将标的物使用价值"提现"，就可实现物尽其用的财产法原则，又与担保物权确保债权优先受偿的目的没有违背。在担保物权的实现方式中引入强制管理制度，有其理论上的正当性。

当前，《德国强制拍卖与强制管理法》《日本民事强制执行法》均规定了强制管理制度；一些国家也规定了与强制管理相类似的法律制度，例如《英国最高法院规则》第 51 号命令中指定债务人的财产接管人的程序，西班牙、意大利等国的民事诉讼法中的托管制度等。[3] 目前，我国《民事诉讼法解释》第 490 条中规定，"被执行人的财产无法拍卖或者变卖的，经申请执行人同意，且不损害其他债权人合法权益和社会公共利益的，人民法院可以将该项财产作价后交付申请执行人抵偿债务，或者交付申请执行人管理"，但其中的管理制度是否是指强制管理存在疑问，而《强制执行法（草案）》第九章第三节规定了强制管理制度。从我国担保物权实现的实践看，有必要在强制执行程序中引进强制管理制度。

一方面，强制管理可以填补现有担保物权实现方式的不足，统合民事执行的公平与效率原则。目前我国的担保物权实现方式中只有拍卖、变卖与以担保财产抵偿债务这三种方式。但在执行实践中，标的物拍卖极少有一次成

1　参见王洁宇、张义华：《论担保物权实现的强制管理制度》，《河南财经政法大学学报》2020 年第 2 期。

2　参见张艳丽：《浅析强制管理制度——兼与张榕教授商榷》，《西南农业大学学报（社会科学版）》2010 年第 1 期。

3　参见董少谋：《民事强制执行法学》，法律出版社，2011，第 250 页。

交的例子，许多是在经过一到两次流拍后才成交，甚至三次拍卖后仍然未成交导致最终流拍。[1] 在担保财产流拍或者变卖不能后，即使存在以担保财产抵偿债务的可能，也可能因担保财产价值的低估损害担保物权人的利益。另外，担保财产的价值低估可能是因市场低迷所致，先以强制管理措施控制担保财产，等待合适时机再将担保财产价值变现，可以破解传统方式实现不济的窘境。[2] 举例而言，若申请执行的标的物是商业不动产，而标的物上先后负担第三人的租赁权与抵押权，依据《民法典》第725条、《拍卖变卖财产规定》第28条的规定，担保财产上原有的租赁权不因拍卖而消灭，而是继续存在于拍卖财产上，如此就有可能使潜在购买人对担保财产望而却步。此时，对标的物采取强制管理措施，由管理人负责收取不动产的租金收益，并将所得清偿担保债权，在租期届满后，还可视担保债权的清偿情况重新开启拍卖、变卖程序，这可能是对担保财产更有效的处置措施。

另一方面，在我国现行农村土地产权制度下，引入强制管理措施是促进农地融资担保的现实所需。农地抵押权的变现困难，是试点地方部分金融机构不愿开展抵押融资业务的理由。[3] 在农地完全市场化之后，农地抵押权的实现规则完全可以直接适用抵押权的一般实现规则。但在当前，农地抵押作为农地流转的方式之一，仍然在农地流转不改变土地所有权、不改变土地承包经营权、不改变土地用途的框架下发展，农地抵押权的实现规则需重新建构。在农地抵押权实现时，如当事人不能就抵押权实现达成协议，不宜采取拍卖、变卖等方式处置涉案土地承包经营权。与拍卖、变卖等执行措施相比，强制管理着眼于农地的使用价值，以农地的收益为执行对象，可以避免债务人丧失土地承包经营权。一旦农地收益清偿完债务，土地承包经营权即

1　参见戴淼麟：《司法拍卖流拍的原因及对策》，《中国拍卖》2014年第2期，第26页。

2　参见王洁宇、张义华：《论担保物权实现的强制管理制度》，《河南财经政法大学学报》2020年第2期，第88页。

3　参见黄延信、李伟毅：《城乡统筹背景下的农村金融改革创新——重庆市的实践与启示》，《农业经济问题》2012年第5期，第13页。

回复至债务人直接享有。但在强制管理模式中,农地抵押权难以迅速实现,除了就债权数额增加相应期限利益之外,抵押权人的利益较受限制。在比较法上,强制管理多应用于债权数额较少而不动产(权利)价值巨大的情形[1],在我国目前农地尚未市场化的背景下,农地的价值并未充分发现,可以借由强制管理达到农户保有土地承包经营权的公共政策目标。我国实定法上尚无强制管理这一执行措施,在制度重建时,可以引入这种抵押权实现方式。

农地金融的地方实践给农地抵押制度的重构提供了可资参考的样本。在重庆市,农地抵押权实现时首先在村集体组织内处置土地承包经营权,如不能处置,则由农村资产经营管理公司(依托重庆市农业担保公司组建的国有性质的负责处置因开展农地抵押借款产生的不良资产的公司)对土地承包经营权进行流转(这里的流转仅指转包、出租等债权性质的流转)。农村资产经营管理公司对涉案土地承包经营权进行流转,即属农地抵押权实现时的强制管理。吉林土地收益保证贷款模式,是物权融资公司将涉案土地承包经营权转包,并以转包收益抵偿代偿债务,亦属强制管理方式。[2]《农村土地承包法》第 47 条第 3 款规定:"实现担保物权时,担保物权人有权就土地经营权优先受偿。"与《民法典》第 410 条相比,该规定未明确土地经营权的实现具体应采取哪些方式,为强制管理的引入留下了解释空间。

综上,在我国强制执行法体制构建之初,或许因为知识准备的不足与制度基础的匮乏,强制管理制度并未被明文规定。但在我国不动产交易市场及其他财产权利交易市场日益发达的背景下,有必要引入强制管理制度,畅通担保物权的实现程序,公平实现担保物权人与担保人的利益。

(二)强制管理程序的运行规则

在德国、日本的执行规则中,强制管理的适用范围都仅限于不动产,我

---

1 参见赖来焜:《强制执行法各论》,元照出版公司,2007,第 406 页。
2 详细内容可见高圣平:《农地金融化的法律困境及出路》,《中国社会科学》2014 年第 8 期。

国《强制执行法（草案）》亦将强制管理置于"对不动产的执行"章中。"强制管理的目的是用土地的、土地共有份额的或者类似土地的权利的收益满足债权人。"[1]传统上认为，动产的价值往往较小，强制管理只能适用于不动产，其在一定期限内产生的收益通常微不足道，无适用强制管理之必要。[2]本书作者认为，虽然不动产价值较大，管理简便，是强制管理首选的财产，但随着社会不断发展，动产的价值也可能超过不动产，且财产种类日趋多样化，知识产权等智力成果也可以成为强制管理的财产。[3]同时，民事执行以效率为原则，适用强制管理的必要条件是被执行人财产经强制管理后有足够的收益可供清偿债权。[4]因此，强制管理的适用条件是担保财产有管理实益，即扣除必要的管理费及其他费用后仍可获得相当的财产价值，若无剩余之可能，执行法院应撤销强制管理程序，以免无益执行。[5]

强制管理与其他担保物权实现方式的关系是构建我国强制管理制度的关键问题。一种观点认为，强制管理为拍卖、变卖的补充程序，只有在担保财产无法拍卖或变卖时才能适用。[6]另一种观点则认为，强制管理具有独立适用的价值，不宜作为补充性措施适用：强制管理具有区别于拍卖程序的特点，即侧重于支配标的物的使用价值，而不是交换价值；对于具有权利瑕疵、权利性质不适宜拍卖的财产，若将拍卖、变卖等方式作为适用强制管理的前置程序，待其流拍只会徒增资源浪费；担保物权人对于如何实现债权有一定的自由处分权，应赋予担保物权人更多的选择权利。[7]本书作者支持第

---

1 ［德］弗里茨·鲍尔、［德］霍尔夫·施蒂尔纳、［德］亚历山大·布伦斯：《德国强制执行法》（下册），王洪亮、郝丽燕、李云琦译，法律出版社，2020，第86页。

2 参见张榕、杨兴忠：《执行强制管理制度若干基础理论研究——兼评我国〈民事强制执行法（草案）〉相关规定》，《现代法学》2004年第6期。

3 参见董少谋：《民事强制执行法学》，法律出版社，2011，第250页。

4 参见董少谋：《民事强制执行法学》，法律出版社，2011，第253页。

5 参见卢江阳：《强制执行法实务》，五南图书出版社股份有限公司，2014，第295页。

6 参见李炎：《执行强制管理的法律问题》，《人民司法》2001年第12期。

7 参见王洁宇、张义华：《论担保物权实现的强制管理制度》，《河南财经政法大学学报》2020年第2期。

一种观点，虽然强制管理措施有其灵活性更强的优点，但从执行程序整体有序运作的角度考量，应为执行法官设定好担保物权实现方式的次序，提高担保物权实现程序的确定性与可预期性。换言之，对担保财产的执行应尽可能采取效率较高的方式，只有经其他措施执行没有效用时，如担保财产经委托拍卖不能卖出等，才可对担保财产实施强制管理。[1] 我国台湾地区"强制执行法"第 95 条亦规定，"经两次减价拍卖而未拍定之不动产，债权人不愿承受或依法不得承受时，应命强制管理"[2]。我国《强制执行法（草案）》第 133 条规定，"已查封的不动产，不宜变价或者无法变价的"，可以启动强制执行程序，已经体现了变价优先的精神。同时，本书作者认为，强制管理的措施还应置于以被执行财产抵偿债务之后——若申请执行人认为被执行财产具有使用收益价值，可以优先选择承受并自行经营，减少强制管理中所产生的司法资源与强制管理费用。

对担保财产实施强制管理的目的在于获取收益，但此处的收益仅包含孳息，还是也包含利润存在疑问。一种观点认为，一项完整的使用收益权能既包括使用财产以获取孳息，也可以使用担保财产以获取利润，传统上将强制管理的收益限制在获取孳息，管理人所享有的使用收益权能是不完整的。[3]另一种观点则认为，强制管理的本质是在债务人不失去担保财产的所有权的基础上以财产的收益权能偿还债务，强制管理措施所产生的收益应当具有确定性，若管理人尝试以投资方式获取利润，就面临担保财产上负担更多债务的风险，对债权人反倒不利。[4]本书作者赞同后一种观点，亦认为收益不能包括利润。民法上所称孳息，除果实、动物的出产物及其他按照物的使用方

1　参见董少谋：《民事强制执行法学》，法律出版社，2011，第 253 页。

2　张登科：《强制执行法》，三民书局，2005，第 381 页。

3　参见张榕、杨兴忠：《执行强制管理制度若干基础理论研究——兼评我国〈民事强制执行法（草案）〉相关规定》，《现代法学》2004 年第 6 期。

4　参见张艳丽：《浅析强制管理制度——兼与张榕教授商榷》，《西南农业大学学报（社会科学版）》2010 年第 1 期。

法所获的出产物这类天然孳息外，也包括利息、租金及其他因法律关系所获得的收益这类法定孳息。[1] 即使有时经营利润与孳息具有一致性，例如"以债务人某一场地使用权出租于他人停放车辆，收取的租金为法定孳息，若以该场地使用权为条件设立停车场，以经营企业的方式经营停车业务，这时收益就是企业利润"，但此时仍可将企业经营所产生的收益解释为利润，没必要扩充强制管理收益的外延。司法执行上的强制管理须注重收益的稳定性与确定性，若担保物权人欲采取风险更高、利润更大的经营方式，应由其承受担保财产后自行管理、风险自担，避免司法强制管理中产生权力寻租的行为、损害司法公信力。

启动担保财产的强制管理必须谨慎，要求强制管理能为担保物权的实现带来实益，不得损害第三人的合法权益，同时防止强制管理的滥用，避免被执行人借强制管理之名，行延误执行、消极执行、逃避执行之实。[2] 因此，强制管理的采取必须要法院结合执行情况和当事人利益，经裁定方式许可。是否对担保财产实施强制管理，既要考虑担保财产自身的性质是否适合，也要考虑权利人的意愿，故强制管理的启动有权利人依申请与法院依职权启动两种。[3] 我国《强制执行法（草案）》第133条确立了当事人申请的原则，但确有必要的，法院可以依职权管理。当事人的申请得以书面或口头，均无不可。[4] 法院依职权启动的，一般是若不及时采取强制管理措施会损害国家、社会公共利益的情形。[5] 鉴于强制管理持续时间较长且存在一定风险，是否许可应征得担保物权人的同意，但这并非表明强制管理只能由申请执行的担

1　参见崔建远：《物权法》（第五版），中国人民大学出版社，2021，第36页。

2　参见戴玉龙：《强制管理之于不动产执行的困惑与突破——兼论债权实现与被执行人生存权之平衡》，《法律适用》2008年第11期。

3　参见杨荣馨：《〈中华人民共和国强制执行法（专家建议稿）〉立法理由、立法例参考与立法意义》，厦门大学出版社，2011，第458页。

4　参见苏盈贵、苏铭翔：《强制执行法》，书泉出版社，2011，第300页。

5　参见王洁宇、张义华：《论担保物权实现的强制管理制度》，《河南财经政法大学学报》2020年第2期。

保物权人申请，担保人在征得担保物权人同意后亦可提起。[1]

关于强制管理程序的终结，目前《强制执行法（草案）》中没有规定。我国台湾地区"强制执行法"规定，担保财产上强制管理的终结有三种情形：其一，担保债权已完全受偿，即受强制执行的担保债权额及债务人应负担之费用已受清偿，即强制管理的目的已经完成，自应终结管理。其二，管理无实益，即强制管理所得收益，扣除管理费用及其他必要支出后已无剩余，未免担保财产价值进一步流失，应当终结此无实益之执行程序。其三，管理的担保财产灭失，已经没有收益之预期，应终结管理程序。[2]若担保财产经过一段时间的强制管理后，担保债权虽未全额清偿，但其价值已因市场变化而显著上升，此时亦可终结强制管理程序，转向拍卖、变卖程序，从而更快捷地结束担保物权实现程序。[3]

（三）强制管理人的选任、职责与监督

强制管理程序的运行依赖于管理人的工作开展，是否选任了合适的管理人，是决定强制管理效果的关键。一般而言，强制管理的管理人由执行法院主持选任，选任采取竞标方式，将担保财产强制管理后的收益和管理费用制作成标，中标者当选。[4]担保物权人应当可以推荐管理人人选，因为担保物权人与担保人往往有业务往来，对担保人的业务有较多了解，或者具有相同或相近的行业背景，且强制管理的成功与其自身利益相关，故担保物权人能够推荐出合适的管理人人选。[5]担保人与担保物权人之间存在对立的利益关

---

1 参见王洁宇、张义华：《论担保物权实现的强制管理制度》，《河南财经政法大学学报》2020 年第 2 期。

2 参见张登科：《强制执行法》，三民书局，2005，第 390 页。

3 参见王洁宇、张义华：《论担保物权实现的强制管理制度》，《河南财经政法大学学报》2020 年第 2 期。

4 参见戴玉龙：《强制管理之于不动产执行的困惑与突破——兼论债权实现与被执行人生存权之平衡》，《法律适用》2008 年第 11 期。

5 参见杨荣馨主编：《〈中华人民共和国强制执行法（专家建议稿）〉立法理由、立法例参考与立法意义》，厦门大学出版社，2011，第 460 页。

系，且对担保物权人而言，担保人日常经营产生的现金收入是其第一还款来源，担保财产只是第二还款来源，进入担保物权的实现程序说明担保人管理能力欠缺，故无论从理论还是实务上看，担保人都不能成为管理人。[1]参考我国台湾地区"强制执行法"第106条的规定，强制管理，原则上以管理人一人为之；但人民法院认为有必要时，得选任数人。管理人有数人时，应共同行使职权。但执行法院另以命令定其职务者，不在此限。管理人共同行使职权时，第三人的意思表示，可以仅向其中一位管理人为之。[2]

关于强制管理人的地位，应与破产管理人的地位类似，两者均是独立于债权人、债务人的主体，也不是执行法院的辅助机关，而是对特定财产展开管理、使用和收益，并将收益分配给债权人的主体。"强制管理人既不是债权人的代理人，也不是债务人代理人，他——就像按照通说认为支付不能管理人一样——依职权作出行为。"[3]就破产管理人的法律地位，目前的主流观点持破产财团代表说，即债务人财产因破产程序的开始或者破产宣告裁定的作出而独立存在，这些财产整体人格化后形成破产财团，管理人正是这种人格化财产的代表机关。[4]类推适用此规定，自强制管理裁定生效后，强制管理人是担保财产的代表，对于因管理担保财产而产生的债权债务关系，以担保财产价值为限对外承担责任。在强制管理过程中，强制管理人是执行债务人的法定诉讼代理人，其诉讼实施职能涉及管理权范围内的请求权，比如基于所管理的担保财产行使对第三人的损害赔偿请求权或者在管理框架内新合同产生的请求权。[5]

1　参见杨荣馨主编：《〈中华人民共和国强制执行法（专家建议稿）〉立法理由、立法例参考与立法意义》，厦门大学出版社，2011，第460页。

2　参见苏盈贵、苏铭翔：《强制执行法》，书泉出版社，2011，第303页。

3　［德］弗里茨·鲍尔、［德］霍尔夫·施蒂尔纳、［德］亚历山大·布伦斯：《德国强制执行法》（下册），王洪亮、郝丽燕、李云琦译，法律出版社，2020，第94页。

4　参见韩长印主编：《破产法教程》，高等教育出版社，2020，第65页。

5　参见［德］弗里茨·鲍尔、［德］霍尔夫·施蒂尔纳、［德］亚历山大·布伦斯：《德国强制执行法》（下册），王洪亮、郝丽燕、李云琦译，法律出版社，2020，第91页。

基于管理人对担保财产的使用收益权能，管理人得请求排除担保人对管理担保财产所为的妨害行为。强制管理命令送达担保人后，担保人即丧失对该担保财产管理使用收益及处分收益的权能，执行法院应禁止担保人干涉管理人事务及处分该不动产收益；如收益应由第三人给付者，应命该第三人向管理人给付。[1]管理人应定期分配财产收益，并事先做成财产收益分配方案报执行法院批准。[2]对于管理担保财产所生之收益，管理人应于扣除管理费用与其他必需支出后，将余额尽快交给担保物权人。[3]在强制管理期间，管理人应于每月或其营业终结时，编写收支账簿书，呈报执行法院，并送交债权人与债务人；担保物权人或担保人对前述收支账簿书有异议时，可以在收到账簿书后5日内，向执行法院声明。[4]如果担保财产上负担多项担保物权，且均已申请对担保财产的强制执行，则管理人应按照顺位向担保物权人交付收益，且在先顺位的担保物权人获得完全清偿前，不得将收益交予后顺位担保物权人。

管理人在从事强制管理的事务时，应当接受人民法院的监督。为促使管理人依法行使职权、认真履行职责、提高管理效益，对管理人的监督，主要体现为纠错、对重大行为的审批以及对财务状况的监督等方面。[5]监督的内容主要包括管理人是否称职，即是否胜任管理责任以及是否管理得当，是否从管理收益中非法渔利，是否因过错造成债务人的不利益。[6]担保物权人对管理人的管理行为有异议的，应当向执行法院提出，执行法院应当及时反馈

---

1 参见苏盈贵、苏铭翔：《强制执行法》，书泉出版社，2011，第301页。

2 参见董少谋：《民事强制执行法学》，法律出版社，2011，第254页。

3 参见张艳丽：《浅析强制管理制度——兼与张榕教授商榷》，《西南农业大学学报（社会科学版）》2010年第1期。

4 参见张登科：《强制执行法》，三民书局，2005，第388页。

5 参见杨荣馨主编：《〈中华人民共和国强制执行法（专家建议稿）〉立法理由、立法例参考与立法意义》，厦门大学出版社，2011，第465页。

6 参见李炎：《执行强制管理的法律问题》，《人民司法》2001年第12期。

给管理人，并将管理人的答复和执行机构的处理意见书面通知担保物权人。[1]
同时，为督促强制管理人善尽强制管理义务，在有必要时，法院还可以责令
管理人提供担保。[2]

五、小结

在保障担保物权优先受偿效力的前提下，担保物权的实现程序应当以
效率为价值取向，担保物权实现方式的选择应当有序而灵活。基于担保物权
的价值权属性，以拍卖、变卖形式置换担保财产的交换价值是担保物权实现
方式的首选。拍卖具有公开竞价、最大程度实现担保财产价值的特点，除非
当事人同意，或者标的物是变卖更具效率的金银制品、鲜活易腐产品、上市
公司股票等，拍卖应当优先于变卖。借助于互联网技术的发展，司法拍卖应
当以自主型网络拍卖为原则，但允许执行法院依据实际情况另作选择。关于
担保财产司法拍卖、变卖时的参考价，执行法院应依据当事人议价、定向询
价、网络询价、委托评估的顺序进行选择。即使是以公权力方式实现担保物
权，担保人也享有程序参与权，即担保人有权在合理期限内获得关于担保财
产拍卖、变卖的通知，且有权在法定期限内通过清偿全部担保债权的方式赎
回担保财产。在担保物权人自行拍卖、变卖担保财产时，担保物权人更要遵
守严格的程序规范，其拍卖、变卖行为要符合商业上的合理性，且提前对利
害关系人履行通知义务，同时，顺位在先的担保物权人享有接管担保财产拍
卖、变卖程序的权利，且担保物权人应将担保财产变价的收益按照法定顺位
分配。

若担保财产变价不畅，或者担保财产本身的性质不适合变价时，应当
允许担保人以担保财产抵偿债务。在债务人违约后达成的以物抵债协议属于

---

[1]　参见杨荣馨主编：《〈中华人民共和国强制执行法（专家建议稿）〉立法理由、立法例参考与立法意
义》，厦门大学出版社，2011，第465页。

[2]　参见戴玉龙：《强制管理之于不动产执行的困惑与突破——兼论债权实现与被执行人生存权之平
衡》，《法律适用》2008年第11期。

诺成合同，并不以担保人交付担保财产为成立要件，且并不违反禁止流质契约的规定。若当事人是自行达成以物抵债协议，担保财产的权利变动尚须履行对应的形式要件；但若是法院在执行程序中作出以物抵债裁定，基于该裁定的形成效力，自该裁定送达担保权人时，担保财产的所有权发生变动。在所有权担保的权利实现阶段，担保权人负有清算义务，不能直接获得担保财产所有权。对于应收账款与银行账户这样金钱价值确定的付款请求权，以拍卖、变卖形式实现担保物权反倒低效，应收账款质权人与保理人享有应收账款的直接收取权，而银行账户担保权人对账户中资金享有直接划扣权，且同样不违反禁止流质契约的规定。基于应收账款质押与保理在经济功能与法律构造上的相似性，两者在权利实现领域应当适用共通的规则，具体表现为通知对第三债务人的效力以及第三债务人的权利保护体系方面。在银行账户担保中，除非该账户是以担保权人名义开立，银行账户担保权的行使应劣后于银行抵销权。

为使担保物权实现程序更为顺畅，有必要在担保物权的实现方式中引入强制管理，允许担保物权人支配担保财产的使用价值，并以所得收益清偿担保债权。在我国农地三权分置改革的背景下，农地流转的对象与用途仍然受到限制，以强制管理方式实现土地承包经营权抵押权，可以解决农地担保融资的现实困境。虽然大陆法系国家都将强制管理的对象限于不动产，但基于现代社会财产类型的多样化，对于有管理实益的财产，应当允许执行法院采取强制管理措施。不过，强制管理存在周期长、效率低的缺点，应当为拍卖、变卖的补充程序，只有在担保财产无法变价或者变价不成功时才实施，且使用顺位亦排在以担保财产抵偿债务之后。强制管理应当依当事人的申请启动，且须征得担保物权人同意，在强制管理目的已实现、管理无实益或者标的物灭失时，强制管理应当终结。在强制管理程序中，管理人的工作展开是程序运行的关键，其法律地位应类比破产管理人，在法院的监督下对担保财产进行管理。

第三节　时间对于保证债权行使的意义

一、问题的提出

保证债务具有从属性，与主债务同其命运；主债务未消灭者，保证债务亦存在。但如主债务因时效中断而持续存在，保证人即长期处于随时可能承担债务的财产关系不确定状态。《民法典》基于保护保证人、督促债权人及时行使权利的立场，在保证债务诉讼时效之外，专门规定了保证期间[1]制度，明定所有保证债务均有保证期间之适用[2]，此所谓保证期间的强制适用主义。

保证期间是确定保证人承担保证责任的期间，债权人须在保证期间内主张权利：一般保证中，债权人须在保证期间内"对债务人提起诉讼或者申请仲裁"；连带责任保证中，债权人须在保证期间内"对保证人主张承担保证责任"。如果债权人未在保证期间内主张权利，则发生"保证人不再承担保证责任"的法律后果。由此可见，保证期间经过的事实，加上债权人的特定行为（不作为），才能发生保证人不再承担保证责任的法律后果。在主债务履行期限届满后至保证期间完成前，保证人是否最终承担保证责任处于"待确定"状态，需要在保证期间内基于债权人单方的特定行为来结束这一状态，并转化为"确定发生"或"确定不发生"状态，以最终确定保证人承担或不承担保证责任。

---

[1]　早期的司法文件中有称为"保证期限"的，如《最高人民法院关于贯彻执行〈中华人民共和国民法通则〉若干问题的意见（试行）》第108、109条；也有称为"保证责任期限"的，如《最高人民法院关于审理经济合同纠纷案件有关保证的若干问题的规定》第10、11条。自《担保法》始，各规范性文件均称之为"保证期间"，《民法典》也不例外。

[2]　参见黄薇主编：《中华人民共和国民法典解读合同编》（上），中国法制出版社，2020，第716页；最高人民法院民法典贯彻实施工作领导小组主编：《中华人民共和国民法典合同编理解与适用》（二），人民法院出版社，2020，第1349页。

保证期间制度是我国法上就当事人之间利益衡量的特殊政策工具，深具中国特色。相关规则的解释与适用一直都是理论和实务中的重大争议问题。《民法典》虽在《担保法》和《担保法解释》的基础上，完善了其中的保证期间规则，但仍然没有完全解决这些争议。《民法典担保制度解释》所采取的司法态度并不相同。《民法典担保制度解释》虽然就《民法典》上的保证期间规则的适用作了具体的规定，但就其中争议比较大的问题，仍然没有表明司法态度。

二、保证期间的意义与适用范围

（一）"确定保证人承担保证责任的期间"的理解

《民法典》第 692 条第 1 款中规定，"保证期间是确定保证人承担保证责任的期间"。这一关于保证期间意义的规定未见于《担保法》和《担保法解释》。有关司法文件和裁判此前认为，"保证期间是保证人承担保证责任的期间"。这一解释易生误解：保证人仅在保证期间内才承担保证责任，如保证期间经过，保证人即不再承担保证责任。例如当事人约定的保证期间是 6 个月，这 6 个月期限届满，保证人就无须承担保证责任。但从《民法典》第 693 条的规定来看，尚无法得出这一结论。

依据《民法典》第 693 条的规定，保证期间的经过，可能产生两种不同的法律后果。

第一，保证期间届满之前，债权人实施特定行为的效力。在一般保证中，债权人在保证期间内对主债务人提起诉讼或者申请仲裁；在连带责任保证中，债权人在保证期间内对保证人主张承担保证责任，保证期间因未届满而失去意义，此时确定保证人应当承担保证责任，保证期间对于判断保证人是否应当承担保证责任不再发生影响，从保证人拒绝承担保证责任的权利消灭之日起，开始计算保证债务诉讼时效。如保证债务诉讼时效期间经过，保证人则取得时效经过抗辩权。

第二，保证期间届满之前，债权人未实施特定行为的效力。在一般保证中，债权人未在保证期间内对主债务人提起诉讼或者申请仲裁；连带责任保证中，债权人未在保证期间内对保证人主张承担保证责任，则发生"保证人不再承担保证责任"的法律后果。此时保证债务诉讼时效无适用可能。

由此可见，仅有保证期间经过的事实，尚无法确定地得出保证人是否应当承担保证责任的结论。保证期间经过的事实，加上债权人的特定行为（不作为），才能发生保证人不再承担保证责任的法律后果。因此，保证期间仅仅只是确定保证人承担保证责任的期间。在主债务履行期限届满后至保证期间完成前，保证人是否最终承担保证责任处于"待确定"状态，尚须在保证期间内基于债权人单方的特定行为来结束这一状态，并转化为"确定发生"或"确定不发生"状态，以最终确定保证人承担或不承担保证责任。

（二）保证合同无效或者被撤销时是否适用保证期间

保证合同无效或者被撤销后，债权人请求保证人承担赔偿责任，是否存在保证期间的适用空间，在《民法典担保制度解释》出台前，学界和司法实践中存在两种不同的观点。[1]

一种观点认为，在保证合同无效下，保证期间仍然具有法律意义，如债权人未在保证期间内请求保证人承担赔偿责任的，保证人原则上不再承担赔偿责任。[2] 主要理由有以下三点：其一，在合同无效的情形下，债权人所获得的利益不应当超过保证合同有效时所获得的利益，因此保证期间应适用于无效保证合同。[3] 其二，为平衡当事人之间的利益，避免无效保证合同的保证人因合同效力不确定而无期限地承担责任，在保证合同被认定无效的情况

---

[1] 为叙述简洁，以下仅以保证合同无效时为例。保证合同被撤销，应与保证合同无效的情形作同一解释。

[2] 参见曹士兵：《中国担保制度与担保方法》（第五版），中国法制出版社，2022，第185页。案例参见最高人民法院（2011）民申字第1209号民事裁定书。

[3] 参见陈佳强、张远金：《债权人不能在主合同和保证合同无效时要求保证人担责》，《人民司法》2013年第2期。案例参见最高人民法院（2011）民四终字第40号民事判决书。

下，当事人仍应在保证期间内主张权利。[1]其三，虽然保证合同被认定无效后，保证人的责任是以过错原则来确定的赔偿责任，其性质已不同于基于保证合同有效情形下的保证责任，但是债权人与保证人在订立保证合同时一般不能预见到保证合同无效，因此保证期间是双方对各自权利义务行使期限的唯一合理预期，按照该期间确定双方的利益关系，符合双方的缔约本意。[2]

另一种观点则认为，保证合同无效，保证期间也就不再具有适用空间。其主要理由在于：其一，法律未规定保证责任期间也适用于保证合同无效的情形。保证合同既已无效，保证人承担的损失赔偿责任，在性质上已不属于保证责任，而属于缔约过失责任，并不受保证期间的约束，债权人请求无效保证合同的保证人承担赔偿责任直接适用诉讼时效。[3]其二，保证合同无效，有关保证期间的约定也应无效，保证人的"缔约本意"已无意义。其三，保证合同无效时，保证人无过错者无责任，有过错才有责任，因而债权人的权利是基于保证人的过错，与保证合同有效时债权人的权利不具有可比性，保证合同有效时债权人的权利是基于当事人的意思，因此不存在债权人获得的利益超过保证合同有效时的问题。其四，保证责任期间制度现已过于复杂，若再适用于保证合同无效的情况，将使之更为复杂，衍生诸如是按一般保证还是连带责任保证确定债权人应当为一定行为、保证期间的起算点等问题。[4]司法实践中，亦有裁判采此观点，"借款合同及担保合同均为无效，合同约定的或法律规定的保证期间即丧失了法律适用条件，担保人应在承担民事责任诉讼时效期间即两年内承担民事责任"[5]。"保证期间是考量保证人应否承担保证责任的因素，而案涉保证合同无效，保证人不再承担保证责任，故保证

1　参见上海市高级人民法院（2004）沪高民二（商）终字第5号民事判决书。

2　参见上海市第一中级人民法院（2014）沪一中民四（商）终字第 S786 号民事判决书。

3　参见最高人民法院（1998）经终字第 330 号民事判决书；最高人民法院（2002）民二终字第 87 号民事判决书。

4　参见叶金强：《担保法原理》，科学出版社，2002，第 53-54 页。

5　最高人民法院（1998）经终字第 330 号民事判决书。

期间在本案没有适用的余地。"[1]

为解决上述裁判分歧,《民法典担保制度解释》第 33 条予以明文规定:"保证合同无效,债权人未在约定或者法定的保证期间内依法行使权利,保证人主张不承担赔偿责任的,人民法院应予支持。"在解释上,保证合同被撤销,债权人未在约定或者法定的保证期间内依法行使权利,保证人亦不再承担赔偿责任。司法解释采取了第一种观点。最高人民法院认为这一理解符合当事人签订保证合同时的真实意思表示。债权人和保证人在签订保证合同时,通常不会主观上认为保证合同无效,因此,在债权人不知道保证合同无效时,如果其认为保证人应当承担保证责任,自应在保证期间内依法向保证人主张保证责任。[2]

本书作者亦赞同这一解释结论:即使保证合同被认定无效,其中的清算条款和争议解决条款仍然是有效的。保证合同被认定无效之后,不是没有法律后果,只是保证人无须承担保证责任,但是保证人仍然需要根据其过错承担赔偿责任。可以将保证期间解释为清算条款的内容之一,债权人应当在保证期间内进行清算。从法政策上,保证合同有效的情形之下,保证人承担保证责任有保证期间的限制,保证合同无效的情形之下,如保证人承担赔偿责任没有保证期间的约束,保证人承担的责任要比保证合同有效之时保证人承担的责任更重。也就是说,假设保证合同有效,没有被认定无效,但是债权人没有在保证期间内实施特定的行为,保证人不再承担保证责任;保证合同被认定无效,债权人请求保证人承担赔偿责任,如不受保证期间的限制,债权人在保证期间经过后才请求保证人承担赔偿责任的,保证人仍然要承担赔偿责任,将导致认定保证合同无效可能对于债权人更为有利。[3] 这种解释

---

[1] 浙江省高级人民法院(2016)浙民申 1149 号民事裁定书。

[2] 参见最高人民法院民事审判第二庭:《最高人民法院民法典担保制度司法解释理解与适用》,人民法院出版社,2021,第 323 页。

[3] 参见最高人民法院民事审判第二庭:《最高人民法院民法典担保制度司法解释理解与适用》,人民法院出版社,2021,第 323-324 页。

方案将导致利益失衡。[1] 因此，即使保证合同被认定无效，也有保证期间的适用。

三、保证期间经过的法律后果

保证期间是当事人约定或者法律规定的一种期间，债权人在该期间内不以法定方式行使权利即导致保证人不再承担保证责任。就保证期间的性质，一直存在诉讼时效期间说、除斥期间说和或有期间说的争议。此外，新近的研究还有主张认为，保证期间为保证合同的存续期限。[2] 本书作者一直认为，保证期间是民法上的一种特殊的期间制度，从《民法典》第 693 条关于保证期间效力的规定，可以得出相对确定的解释结论。如此，研究民法典上保证期间的效力，就显得尤为重要。

（一）"保证人不再承担保证责任"的理解

《民法典》第 693 条规定："一般保证的债权人未在保证期间对债务人提起诉讼或者申请仲裁的，保证人不再承担保证责任"（第 1 款）。"连带责任保证的债权人未在保证期间请求保证人承担保证责任的，保证人不再承担保证责任"（第 2 款）。该条是在《担保法》第 25 条第 2 款、第 26 条第 2 款的基础上修改整合而成。其中，将原条文中的"保证人免除保证责任"修改为"保证人不再承担保证责任"。就《担保法》第 25 条第 2 款、第 26 条第 2 款中的"保证人免除保证责任"，通说认为系指保证责任（保证债务）在实体上归于消灭[3]，

1　参见高圣平：《担保法前沿问题与判解研究——最高人民法院新担保制度司法解释条文释评》（第五卷），人民法院出版社，2021，第 240 页。

2　参见王文军：《〈民法典〉保证期间制度的另一种解释可能——以继续性合同原理为视角》，《暨南学报（哲学社会科学版）》2021 年第 4 期。

3　参见全国人大常委会法制工作委员会民法室编：《中华人民共和国担保法释义》，法律出版社，1995，第 26 页；李国光等：《最高人民法院〈关于适用中华人民共和国担保法若干问题的解释〉理解与适用》，吉林人民出版社，2000，第 143 页；张谷：《论约定保证期间》，《中国法学》2006 年第 4 期；甄增水：《解释论视野下保证期间制度的反思与重构》，《法商研究》2010 年第 5 期；张鹏：《我国保证债务诉讼时效问题研究》，《中外法学》2011 年第 3 期；李昊、邓辉：《论保证合同入典及其立法完善》，《法治研究》2017 年第 6 期。

裁判实践中，亦以此说为主流意见。[1]但也有观点认为，保证期间届满仅产生保证人的免责抗辩权，不发生权利消灭的法律后果。[2]裁判实践中，有少数案例采取"抗辩权发生说"[3]。

关于保证期间效力的两种不同理解，决定着在保证人未提出保证期间已经经过的抗辩时，人民法院是否应主动审查保证期间。肯定观点认为，对保证期间是否经过的事实，人民法院应依职权主动审查。其主要理由在于，保证期间经过的法律后果，是保证债务消灭。因此，保证期间从性质上不同于诉讼时效期间，应当属于法院依职权予以审查的事项，而不属于依当事人抗辩而审查的事项。不论保证人是否抗辩，人民法院对保证期间是否经过的事实应当依职权主动审查，进而确定保证人是否不再承担保证责任。[4]只有坚持法院依职权对保证期间是否经过予以审查，才能与保证期间之法律规定限制保证人无限期承担保证责任，平衡债权人、保证人与主债务人三者利益关系的立法本意相契合。[5]否定观点认为，对保证期间是否经过的事实，人民法院不应依职权主动审查。其主要理由在于，保证期间作为保证人对抗债权人的抗辩理由之一，是否主张为当事人对自己诉讼权利的处分。参照《民法典》第193条"人民法院不得主动适用诉讼时效的规定"的规定，人民法院

1　在具体表述上不尽相同，有的表述为"保证责任消灭"，参见福建省高级人民法院（2018）闽民终字第1121号民事判决书；有的表述为"保证责任免除"，参见最高人民法院（2013）民二终字第117号民事判决书。

2　参见曹士兵：《中国担保制度与担保方法》（第五版），中国法制出版社，2022，第185页。

3　如在"中国信达资产管理公司郑州办事处诉沁阳市铝电集团公司保证合同纠纷案"中，法院认为："本案保证期间无论依约定还是依法定，均应为借款合同履行期届满之日起二年，至债权转让时已超过保证期间，保证人同时拥有因保证期间届满产生的免责抗辩权和因诉讼时效届满产生的抗辩权。"参见河南省高级人民法院（2002）豫法民二初字第25号民事判决书。

4　参见最高人民法院民法典贯彻实施工作领导小组主编：《中华人民共和国民法典合同编理解与适用》（二），人民法院出版社，2020，第1349页。案例参见建省高级人民法院（2016）闽民申1596号民事裁定书；最高人民法院（2020）最高法民再188号民事判决书。

5　参见最高人民法院民事审制第一庭：《对保证期间是否经过的案件事实，人民法院应职权主动审查》，见最高人民法院民事审制第一庭编：《民事审判指导与参考》2015年第3辑，人民法院出版社，2016，第160页。

不得主动审查。保证人在诉讼中未对其应免除保证责任提出抗辩的，视为其已放弃抗辩权利。[1]

《民法典担保制度解释》第34条明确指出："人民法院在审理保证合同纠纷案件时，应当将保证期间是否届满、债权人是否在保证期间内依法行使权利等事实作为案件基本事实予以查明。""债权人在保证期间内未依法行使权利的，保证责任消灭。"其明显采纳了上述肯定说。最高人民法院认为，从权利的内涵来看，虽然保证人享有的权利和其他债务人享有的权利均是私权，但权利的内涵根本不同。保证期间不同于诉讼时效。保证期间不发生中止、中断和延长，且保证期间经过，保证人不再承担保证责任，保证人的实体责任消灭。这与诉讼时效制度明显不同。诉讼时效期间经过，债务人有抗辩不履行的权利，但实体债务仍然存在，只是过了诉讼时效期间，成了自然债务。债权人没有在保证期间内依法向保证人主张权利，保证人的保证责任消灭。正因如此，法院才应当查明保证期间是否届满，债权人是否在保证期间内依法行使权利，以保护保证人的实体权利。[2]

本书作者认为，从解释论的立场，《担保法》所规定的"保证人免除保证责任"和《民法典》所规定的"保证人不再承担保证责任"均应解释为保证债务消灭。我国《民法典》对抗辩权的表述方式主要有两种：一是表述为"拒绝其相应的履行请求""中止履行""拒绝向债权人承担保证责任""拒绝承担保证责任"，例如同时履行抗辩权（第525条）、先履行抗辩权（第526条）、不安抗辩权（第527条）、先诉抗辩权（第687条第2款）、抵销或撤销抗辩权（第702条）等。二是表述为"提出不履行义务的抗辩""主张债务人对债权人的抗辩"，例如诉讼时效经过抗辩权（第192条）、主张主债

---

[1] 参见上海市高级人民法院（2016）沪民申2781号民事裁定书；"杨凉凉与陈远转、吴英琪民间借贷纠纷上诉案"，福建省高级人民法院（2013）闽民终字第84号民事判决书。

[2] 参见最高人民法院民事审判第二庭：《最高人民法院民法典担保制度司法解释理解与适用》，人民法院出版社，2021，第327页。

务人的抗辩权（第 701 条）[1]等。《民法典》上的"保证责任"并非严格意义上的"责任"，而是保证人依保证合同所应履行的保证债务。债权人请求保证人承担保证责任，即为行使保证债权或保证债务履行请求权。此时，保证人自可行使相应抗辩权以对抗债权人的履行请求。但"保证人免除保证责任""保证人不再承担保证责任"明显不符合抗辩权的典型表述方式，不宜解释为保证人具有免责抗辩权。同时，《民法典》就保证债务同时规定保证期间和诉讼时效期间两种制度，两者经过的法律后果自应有所不同。《民法典》第 693 条将"保证人免除保证责任"修改为"保证人不再承担保证责任"，进一步明确了保证期间经过的法律效果就是保证债务消灭[2]，在一定程度上防止了"保证人免除保证责任"的解释分歧。因此，保证期间是否经过关系到保证人的实体权利义务，属于人民法院应查明的事实，人民法院应主动予以审查。

（二）债权人在保证期间内实施特定行为的认定

保证期间经过，加上债权人在保证期间内实施特定行为的事实，才能发生保证人确定地承担或不承担保证责任的法律后果，已如前述。在解释上，债权人在保证期间内向主债务人（一般保证）或保证人（连带责任保证）提起诉讼或者申请仲裁，均发生阻却保证债务消灭的后果。但尚存疑问的是，债权人在提起诉讼或者申请仲裁之后又撤回起诉或者仲裁申请的，是否发生同样的法律后果？

就此，尚须结合保证方式的不同加以区别对待。就一般保证而言，《民法典》第 693 条第 1 款规定导致保证债务消灭的事实，是"债权人未在保证期间对债务人提起诉讼或者申请仲裁"，结合一般保证中保证人先诉抗辩权

1　不过，《民法典》第 701 条所称"抗辩"系采广义，其中包括权利否认抗辩和权利阻止抗辩（拒绝履行）。

2　参见黄薇主编：《中华人民共和国民法典解读·合同编》，中国法制出版社，2020，第 718 页；最高人民法院民法典贯彻实施工作领导小组主编：《中华人民共和国民法典理解与适用》（二），人民法院出版社，2020，第 1349 页。

的本旨，债权人以"提起诉讼或者申请仲裁"之外的方式向主债务人主张权利的，尚不发生保证债务消灭的后果。如债权人在保证期间内对债务人提起诉讼或者申请仲裁后又撤回起诉或者仲裁申请的，保证期间均继续计算。此后，债权人未在保证期间对主债务人提起诉讼或者申请仲裁的，保证人不再承担保证责任。《民法典担保制度解释》第31条第1款对此予以确认。

就连带责任保证而言，《民法典》第693条第2款仅要求债权人在保证期间请求保证人承担保证责任，并未限定债权人主张权利的方式，连带责任保证的债权人在保证期间内对保证人提起诉讼或者申请仲裁后又撤回起诉或者仲裁申请，是否可以解释为债权人已在保证期间内向保证人主张权利，不无疑问。

本书作者认为，在程序法上，原告提起诉讼之后又撤诉的，视为未提起诉讼。此为学界通说。《民事诉讼法》及其司法解释虽然没有明确规定这一点，但《民事诉讼法解释》第214条第1款规定："原告撤诉或者人民法院按撤诉处理后，原告以同一诉讼请求再次起诉的，人民法院应予受理。"这一规定从否定适用"一事不再理"原则的角度间接地承认了这一点。《最高人民法院对〈关于担保期间债权人向保证人主张权利的方式及程序问题的请示〉的答复》（〔2002〕民二他字第32号）第1条规定，债权人向保证人主张权利的方式可以包括"提起诉讼"和"送达清收债权通知书"等。在解释上，这些方式达到《民法典》第693条第2款规定的"请求保证人承担保证责任"的要求。《民法典》第693条第2款"请求保证人承担保证责任"的意思表示并不属于无相对人的意思表示，不适用《民法典》第138条，而应适用第137条第2款关于"以非对话方式作出的意思表示，到达相对人时生效"的规定，以到达保证人为生效要件。因此，向保证人"提起诉讼""送达清收债权通知书"等，均以请求保证人承担保证责任的意思表示到达保证人为前提。"提起诉讼"只是该意思表示到达保证人的一种方式。如债权人提起诉讼后又撤诉，即无法达到"提起诉讼"的法律后果。但是，如起诉状副本或者仲裁申请书副本送达保证人后撤回起诉或者撤回仲裁申请，在解释上可以认为债权人"请求保证人承担保证责任"的意思表示已经到达保证人，保证期间因未经过而不再发生保证债务消灭的法律后果。如在起诉状副本或者仲裁申请书副本送达保证人之前撤回起诉或者撤回仲裁申请，则债权人"请求保证人承担保证责任"的意思表示尚未到达保证人，保证期间继续计算。

从保证期间制度规范意旨出发，作为保护保证人利益的一种特别制度安排，保证期间的强制适用既有督促债权人及时行使保证债权的作用，同时有使保证人及时了解主债务履行情况并采取相应风险防范措施的作用。从《民法典》相关条文的文义来看，保证期间内"债权人请求保证人承担保证责任"，与引起诉讼时效中断的事由之间不宜做同一理解。在解释上，"权利人向义务人提出履行请求"和"权利人提起诉讼或者申请仲裁"均属"债权人请求保证人承担保证责任"的可能方式。无论采取哪种方式，必须达到"债权人请求保证人承担保证责任"的文义要求。因此，基于保证债务的相对性，债权人提出保证债务的请求自应向保证人作出。

这一观点也得到了《民法典担保制度解释》第31条第2款的印证。最高人民法院认为，依据《民法典》第694条第2款的规定，连带责任保证的债权人在保证期间届满前"请求保证人"承担保证责任的，从债权人请求保证人承担保证责任之日起，开始计算保证债务的诉讼时效。该款强调的是"请求保证人"承担保证责任，而没有规定具体的请求方式，其本意应当包括债权人请求的意思表示直接到达保证人，即人民法院将起诉书副本或者仲裁机构将仲裁申请书副本发送保证人。如果人民法院将起诉状副本或者仲裁机构将仲裁申请书副本送达保证人的，则应当认定债权人在保证期间内对保证人主张了权利。[1]

---

[1]　参见最高人民法院民事审判第二庭：《最高人民法院民法典担保制度司法解释理解与适用》，人民法院出版社，2021，第313-315页。

（三）保证期间届满后保证人在催款通知书上签字、盖章的法律后果

《最高人民法院关于超过诉讼时效期间借款人在催款通知单上签字或者盖章的法律效力问题的批复》（法释〔1999〕7号）明确指出，对于超过诉讼时效期间的债务，债务人在催款通知书上签字或盖章的，视为对原债务的重新确认。在解释上，保证人基于保证合同所承担的是保证债务，就债权人已在保证期间内实施特定的行为，确定保证人应承担保证责任之后，如保证债务诉讼时效期间经过，保证人在催款通知书上签字或盖章，视为对原保证债务的重新确认，应无争议。但对于超过保证期间的保证债务，保证人在催款通知书上签字或盖章，是否也应当视为重新确认原保证债务？

对此，《最高人民法院关于人民法院应当如何认定保证人在保证期间届满后又在催款通知书上签字问题的批复》（法释〔2004〕4号）指出："保证期间届满债权人未依法向保证人主张保证责任的，保证责任消灭。保证责任消灭后，债权人书面通知保证人要求承担保证责任或者清偿债务，保证人在催款通知书上签字的，人民法院不得认定保证人继续承担保证责任。但是，该催款通知书内容符合合同法和担保法有关担保合同成立的规定，并经保证人签字认可，能够认定成立新的保证合同的，人民法院应当认定保证人按照新保证合同承担责任。"最高人民法院认为该批复的精神与《民法典》关于保证期间规定的精神是一致的，在《民法典》施行后应当继续适用。最终，最高人民法院在废止该批复时，《民法典担保制度解释》第34条第2款沿袭了该解释的内容[1]，其中指出："保证责任消灭后，债权人书面通知保证人要求承担保证责任，保证人在通知书上签字、盖章或者按指印，债权人请求保证人继续承担保证责任的，人民法院不予支持，但是债权人有证据证明成立了新的保证合同的除外。"由此可见，保证期间经过后，保证人在催款通知

1　参见最高人民法院民事审判第二庭：《最高人民法院民法典担保制度司法解释理解与适用》，人民法院出版社，2021，第330页。

书上签章产生的法律后果，尚不能一概而论，而须结合催款通知书的具体内容进行判断。

第一，主债务人和保证人在催款通知书上签字或盖章的法律后果不同。法释〔1999〕7号符合诉讼时效期间届满的法律效果的基本法理。诉讼时效期间届满，仅使债务人取得时效经过抗辩权，并不具有消灭债权债务关系的效力，债务人在催款通知单上签字或盖章可以视为放弃时效经过抗辩权。因该弃权行为使主债权强制执行效力得以恢复，亦导致主债务诉讼时效期间重新起算。但是，保证期间届满，即发生保证债权债务关系消灭的法律后果。保证人仅在催款通知书上签字或盖章，仅具有证明保证人收到该催款通知书的作用，不同于主债务人在催款通知书上的签字或盖章，不足以认定保证人继续承担保证责任。[1]

第二，保证期间届满后，保证人如无其他明示，仅在债权人发出的催收贷款通知单上签字或盖章的行为，不能成为重新承担保证责任的依据。[2]认定保证人继续或重新承担保证责任，应当要求保证人以"明示方式"愿意承担，而不能"推定愿意"或者"默示愿意"[3]。即使主债务人在催款通知单上签字或盖章视为放弃时效经过抗辩权，保证人亦可主张主债务时效经过抗辩权。《民法典》第701条规定："保证人可以主张债务人对债权人的抗辩。债务人放弃抗辩的，保证人仍有权向债权人主张抗辩。"此时，保证人系基于

1　参见《最高人民法院关于锦州市商业银行与锦州市华鼎工贸商行、锦州市经济技术开发区实华通信设备安装公司借款纠纷一案的复函》（〔2002〕民监他字第14号函）；陆永棣：《桐乡市工商支行诉桐乡市化轻建材总公司于保证期间届满后在其发出的保证贷款逾期催收函上盖章仍应承担保证责任案》，见最高人民法院中国应用法学研究所编：《人民法院案例选》（分类重排本）（商事卷），人民法院出版社，2017，第1396-1397页。相同观点参见王学堂、孙勇：《青州市益都村信用合作社诉韩明吉、青州市昭德街道苏桥居民委员会因担保期限不明而引发的借款合同案》，见最高人民法院中国应用法学研究所编：《人民法院案例选》（分类重排本）（商事卷），人民法院出版社，2017，第2023页。

2　参见《最高人民法院关于锦州市商业银行与锦州市华鼎工贸商行、锦州市经济技术开发区实华通信设备安装公司借款纠纷一案的复函》（〔2002〕民监他字第14号函）。

3　最高人民法院民法典贯彻实施工作领导小组主编：《中华人民共和国民法典合同编理解与适用》（二），人民法院出版社，2020，第1348页。

其独立地位行使该抗辩权，而非代主债务人行使。[1]因此，在新的债权债务法律关系中，除非有担保人明确担保的意思表示，否则并不当然产生新的担保法律关系，亦不产生针对原债务的担保法律关系的延续。[2]

第三，催款通知书内容符合法律上有关保证合同成立的规定，并经保证人签字认可，可以认定成立新的保证合同。首先，催款通知书须有明确的保证要约。具体必须符合：一是催款通知书要有请求保证人承担保证责任的内容；二是必须是请求保证人继续履行保证责任，即对原担保债务承担保证责任；三是必须能够明确认定不是请求保证人履行其原保证责任。如催款通知书中载明："我单位为上述贷款的保证人，自愿承担新的连带责任保证责任，保证期间自本催收通知送达签收后两年"[3]，或保证人明确表示其对"债权转移不持任何异议"，"继续履行借款合同、担保合同或协议规定的各项义务"[4]。其次，保证人签字或者盖章构成承诺。保证人单纯的签字通常不能认定保证人即为构成承诺。在保证人有表明同意或者接受催款通知书中的保证责任要求时，才构成承诺。但催款通知书中已经明确写明如果保证人在催款通知书上签字或者盖章即视为接受催款通知书约定的内容的除外。[5]值得注意的是，保证人在保证期间届满后，发函督促债权人向主债务人收款或督促主债务人还款，并不表明保证人放弃保证期间已经经过的抗辩权。[6]

1　参见吴志正：《债编各论逐条释义》，元照出版有限公司，2015，第 405 页。

2　参见最高人民法院（2013）民二终字第 117 号民事判决书；最高人民法院（2018）最高法民终 1220 号民事判决书。

3　最高人民法院（2011）民二终字第 27 号民事判决书。

4　王宪森：《保证期间届满后债权人与保证人之间是否成立了新保证合同的认定及法律适用——中国长城资产管理公司广州办事处与广东省新会市会城建设发展总公司、新会市长江贸易总公司借款担保合同纠纷上诉案》，见最高人民法院民事审判第二庭：《民商事审判指导》2005 年第 1 期（总第 7 期），第 160 页。还可参见李洪堂：《债务承担及新保证合同的认定》，《人民司法·案例》2008 年第 12 期。

5　参见吴兆祥：《解读〈关于人民法院应当如何认定保证人在保证期间届满后又在催款通知书上签字问题的批复〉》，见杜万华主编：《解读最高人民法院司法解释、指导性案例》（商事卷下），人民法院出版社，2016，第 388 页。

6　参见最高人民法院（2006）民二终字第 240 号民事判决书。

四、约定保证期间的效力

《民法典》关于保证期间的适用，以当事人约定为原则，当事人没有约定或者没有明确约定的，依法律的直接规定确定。《民法典》第 692 条第 2 款关于"债权人与保证人可以约定保证期间……没有约定或者约定不明确的，保证期间为主债务履行期限届满之日起六个月"的文义，至为明显。如此，当事人约定的保证期间如何确定，即具有重大意义。

实践中，当事人约定的保证期间不外以下几种情况：第一，当事人约定的保证期间早于主债务履行期限或者与主债务履行期限同时届满；第二，当事人约定的保证期间短于主债务履行期限届满后 6 个月；第三，当事人约定的保证期间长于主债务履行期限届满后 3 年；第四，当事人约定的保证期间为在主债务履行期限届满后 6 个月至 3 年；第五，当事人约定保证人承担保证责任直至主债务本息还清时为止等类似内容。[1] 以上约定除对第四种情形没有争议之外，其他几种情形是否具有约束当事人的效力，不无疑问。[2]

（一）没有意义的保证期间约定的效力

《民法典》第 692 条第 2 款中规定："约定的保证期间早于主债务履行期限或者与主债务履行期限同时届满的，视为没有约定。"与《担保法解释》第 32 条第 1 款"保证合同约定的保证期间早于或者等于主债务履行期限的，视为没有约定"相比，该款在条文表述上更为严谨。主债务履行期限既可以是一个时点，也可以是一个时段，而这里对保证期间和主债务履行期限进行比较的明显是"时点"。"对一个在时间轴上的时点而言，只能有早晚和同时之分，而对一个在时间轴上的时段来说，因为是一个时间长度概念，对长度

---

[1] 从严格意义上讲，此种约定不属保证期间的约定（容后详述），但学说和实务中多将此纳入保证期间进行讨论。

[2] 应当注意的是，本处讨论的范围局限于上述约定本身，至于因当事人因素、意志因素等原因所致保证合同无效而引起的保证期间条款无效，则不属本处讨论的范围。

而言，没有所谓的早晚和同时之分，仅有长短之分。"[1]只有保证期间的届满时点与主债务履行期限的届满时点之间，才有早晚或同时的比较结果。

通常情形下，保证期间自主债务履行期限届满时起计算，主债务履行期限届满而主债务人不履行债务，始有保证人承担保证责任的可能。如当事人约定的保证期间早于主债务履行期限届满，亦即主债务履行期限尚未届至，保证期间即已届满，此时，主债务人尚无须履行主债务，从属于主债务的保证债务自无发生的可能；如当事人约定的保证期间与主债务履行期限同时届满，当主债务人履行期限届至，主债务人履行主债务的义务才发生，但保证期间已经届满，保证人也无履行保证债务的可能。在这两种情况下，保证人因保证期间届满而确定的免责，导致保证人提供担保的意思与约定保证期间相矛盾。[2]保证期间的约定即无意义，视为没有约定。但保证人提供保证的意思表示至为明显，约定保证期间的无效并不影响整个保证合同的效力。依"无约定，依法定"的保证期间适用规则，可视为此时当事人未约定保证期间，直接适用法定保证期间，即自主债务履行期限届满之日起6个月。

（二）短期保证约定的效力

所谓"短期保证"，是指当事人约定的保证期间短于法定保证期间的情形。就短期保证约定的效力，学说和裁判中存在两种不同的观点。一种观点认为，短期保证的约定，应为无效，直接适用法定的保证期间。其理由是，法定保证期间可以视为法律对债权人予以保护的最短时间，约定的保证期间如再短于法定保证期间，则给债权人行使权利增加了困难，不利于保障债权的实现。[3]裁判中即有观点认为，20天保证期间的约定过短，保证期间应

1 王恒：《保证期间的本体论批判》，《河北法学》2011年第10期。

2 参见杨巍：《〈民法典〉保证期间规则修改评释》，《河北法学》2020年第9期。

3 参见曹士兵：《中国担保诸问题的解决与展望》，中国法制出版社，2001，第135页。但作者其后改变了观点，认为约定保证期间短于6个月亦可有效。参见曹士兵：《中国担保制度与担保方法》（第五版），中国法制出版社，2022，第189页。

至少为 6 个月。[1]另一种观点认为，短期保证的约定，应为有效。其理由是，法律上关于保证期间的规定为任意性规定，当事人自可以自己的意思排除其适用，债权人往往是保证关系中的强者，如果保证期间过短对债权人不利，债权人完全可以在订立保证合同时不同意。[2]裁判中即有观点认为，既然法律上并不禁止当事人对保证期间的长短进行约定，短期保证的约定并不违反相关法律规定，应尊重当事人的意思自治，承认此类约定的效力。[3]

　　本书作者认为，一方面，当事人的意思应当得到遵从；另一方面，并非每个人都熟知相关法律。在《民法典》之下，保证期间的长短本属当事人自由约定的事项。短期保证既属当事人的合意，则应承认其效力，但"短期保证"之"短期"不能过分地限制债权人行使保证债权，"应以不违背诚实信用、公序良俗原则为限"[4]。若当事人约定的保证期间过短，使债权人不能主张保证债权或者主张保证债权极度困难的，该约定因与当事人之间的保证合意相违，即应视为没有约定，而适用法定保证期间。至于何谓"主张保证债权极度困难"，无法确定一个统一的标准，应由法官参酌具体情事予以自由裁量。在裁判实践中，当事人约定的保证期间仅为主债务履行期限届满后 1 天，法院即认为，"[保证人]承诺的保证期间一天时间过短，该约定过分地限制债权人行使保证债权，违背了诚实信用原则和客观常理，致使债权人……主张保证债权非常困难，对其极度不公，故该约定因与当事人之间的保证合意相违，即应视为没有约定，而适用法定保证期间"[5]。

（三）长期保证约定的效力

　　所谓"长期保证"，是指当事人约定的保证期间长于普通诉讼时效期间

1　参见山东省泗水县人民法院（2018）鲁 0831 民初 950 号民事判决书。

2　参见叶金强：《担保法原理》，科学出版社，2002，第 55 页。

3　参见河南省范县人民法院（2012）范民初字第 00309 号民事判决书。

4　曹士兵：《清理保证期间的法律适用》，见最高人民法院民事审判第二庭等编：《中国民商审判》（总第 2 卷），法律出版社，2003，第 272 页。

5　浙江省杭州市萧山区人民法院（2012）杭萧商初字第 3138 号民事判决书。

的情形。[1] 对长期保证期间约定的效力，存在几种不同的观点。第一种观点认为，保证期间并非时效期间，其长度应允许当事人自由约定，长期保证期间的约定，应为有效。[2] 最高人民法院在《关于保证合同约定的保证期间超过两年诉讼时效是否有效的答复》（〔2001〕民二他字第 27 号）中认为："保证合同约定的保证期间超过两年的主债务诉讼时效期间的，应当认定该约定有效。连带责任保证的保证人应当在保证期间内承担连带责任保证。"第二种观点认为，如承认长期保证期间约定的效力，将导致债权人向主债务人提起诉讼或仲裁或者向保证人主张权利的有效期间长于诉讼时效，其实质效果是以长期保证期间的约定排斥诉讼时效适用的实际后果，既有悖于诉讼时效规定的强制性，也游离了保证期间制度的规范目的，因此，长期保证期间的约定，应为无效。[3] 第三种观点认为，长期保证中，自主债务履行期限届满 3 年期间的约定为有效约定，超过部分无效。约定保证期间超过 3 年将导致主债务已过诉讼时效而保证期间尚未届满的情形，造成当事人以事先的约定排除法律规定诉讼时效的结果。[4] 这一观点既尊重了当事人的意志，又与诉讼

---

1 既有的讨论中，"长期保证"多用来指称"长于主债务履行期限届满后 2 年的保证期间"的情形。实际上是以《民法通则》规定的 2 年普通诉讼时效期间为依据。在《民法典》已将普通诉讼时效期间修改为 3 年的背景之下，相关讨论应转化为"长于主债务履行期限届满后 3 年的保证期间"的情形。不过，既有讨论仍有研究和参考价值。

2 参见梁慧星主编：《民商法论丛》（第 14 卷），法律出版社，2000，第 147 页。《山东省高级人民法院关于当前审理民商事案件中适用法律若干问题的意见》（2005 年 12 月 13 日）中指出："债权人与保证人可以自行约定保证期间，当事人约定的保证期间超过两年的，应认定有效。"支持这一观点的判决有江苏省高级人民法院（2016）苏 05 民终 3853 号民事判决书；江苏省泰州市中级人民法院（2014）泰中民四终字第 00783 号民事判决书；丁万志：《超过主债务诉讼时效的约定保证期间合法有效》，《人民司法·案例》2015 年 24 期。

3 参见刘保玉、吕文江主编：《债权担保制度研究》，中国民主法制出版社，2000，第 141-142 页。《陕西省高级人民法院民二庭关于审理担保纠纷案件若干法律问题的意见》第 2 条第 3 款规定："当事人约定保证期间超过两年的，保证期间的确定应以主债务的诉讼时效期间为限，超过部分无效。"最高人民法院早期的案例有采此观点的，如在"重庆中渝物业发展有限公司与四川金鑫贸易有限公司重庆公司、重庆渝鑫大酒店有限责任公司借款担保合同纠纷上诉案"[最高人民法院（1999）经终字第 385 号民事判决书] 中，最高人民法院认为："根据担保法规定，允许当事人自行约定担保责任期限，但最长不应当超过主债务到期后两年，主要是因为债权人向主债务人主张权利的诉讼时效为两年，故担保责任期限应受诉讼时效的约束。"

4 参见江苏省南京市中级人民法院（2012）宁商初字第 61 号民事判决书。

时效制度的精神相吻合，且避免了完全否定当事人的约定所可能造成的债权人错过主张权利的有效期间的不利后果。[1]

本书作者赞成第一种观点。

第一，我国法律对保证期间约定的长短问题并未作强制性规定，依"法无禁止即为允许"的私法自治理念，应当允许当事人对保证期间的长短作出自由约定。虽然保证期间制度意在保护保证人的利益，但保证人自愿放弃其利益，与保证制度确保主债务之履行的本旨并无不合，司法实践中不应强加干预。

第二，保证期间制度与诉讼时效制度相互独立，各有其特定的规则。诉讼时效制度意在维护交易秩序和安全，属以社会为本位的立法，而保证期间制度旨在衡平当事人之间的利益，着眼于私人利益。因此，时效利益一般不得事先抛弃，但保证期间可得自由约定。同时，诉讼时效期间为可变期间，保证期间为不变期间。主债务的诉讼时效期间虽为3年，但其可因时效的中断、中止而变动，亦可因特殊情形之发生而延长，累计可延长至20年。因此，前述第二、三种观点认为主债务诉讼时效期间仅为3年，作为从债务的保证债务的保证期间不能超过3年的观点，理由尚不充分。例如，保证合同中约定的保证期间为4年，主债务的诉讼时效期间因多次中断而延至自主债务履行期限届满后5年。此时，保证期间并未超过主债务诉讼时效期间，并不违反保证债务的从属性。

第三，保证债务虽具从属性，但保证债务产生于保证合同，独立于主债权债务合同，乃不争的事实。保证债务和主债务各有其履行期限和诉讼时效期间，两者并行不悖。在当事人约定了较长保证期间的情形之下，如主债务诉讼时效期间尚未经过，但保证期间已经届满，此时适用保证期间并无障碍；如主债务诉讼时效期间已经经过，但保证期间尚未届满，基于保证债务

1　参见刘保玉、吕文江主编：《债权担保制度研究》，中国民主法制出版社，2000，第142页。

从属于主债务的特征，保证人自可依据《民法典》第701条的规定，主张主债务人对债权人的时效经过抗辩权。就此，《民法典》第192条第1款规定："诉讼时效期间届满的，义务人可以提出不履行义务的抗辩。"此际，如债权人向保证人主张保证债权，保证人自得以主债务人的时效抗辩权对抗之，双方约定保证期间此时就失去作用。值得注意的是，这并非长期保证期间本身的效力判断问题，而是保证人的抗辩权问题，与保证债务的从属性并不矛盾，与诉讼时效期间制度也不冲突。

应当注意的是，有学者主张，约定超过3年的保证期间属保证人自愿放弃可能产生的诉讼时效利益。依《民法典》第197条的规定，诉讼时效利益不得事先抛弃。《担保法解释》第35条虽对保证人抛弃时效利益作了规定，但该规定仅限于主债务已超过诉讼时效的情形，属事后抛弃，并不能类推适用于事先约定的情形。

（四）当事人约定保证人承担保证责任直至主债务本息还清时为止等类似内容的效力

关于"保证人承担保证责任至借款人全部偿还贷款本息时止"等此类约定的性质和法律后果，我国立法和司法前后政策并不一致。《担保法》对保证期间采取了"有约定"和"没有约定"的两分法，并为没有约定保证期间的情形推定了一个"6个月"的法定保证期间，但并没有规定保证期间"约定不明确"时应视为"没有约定"，从而适用法定保证期间。[1]

时任最高人民法院副院长李国光在全国经济审判工作座谈会（1998年11月23日）上指出："我们考虑，这种情况毕竟不同于当事人根本没有约定，仅仅是该约定没有确定明确的期间，如果完全按照没有约定处理，也不

---

[1] 如"中国建设银行三亚市分行诉三亚万翔宾馆有限公司等借款合同纠纷案"中，法院认为："担保人三亚市旅游公司向三亚建行出具《担保书》，担保期限为贷款本息全部还清为止。该出具担保书行为为一保证行为，但保证期间约定不明确，应适用法定保证期间。"参见海南省三亚市中级人民法院（2000）三亚民初宇第12号民事判决书。

尽合理。因此，参照诉讼时效的规定将保证期间确定为两年比较合适。"[1] 正是在这种思想的指导下，《担保法解释》第 32 条第 2 款规定："保证合同约定保证人承担保证责任直至主债务本息还清时止等类似内容的，视为约定不明，保证期间为主债务履行期届满之日起二年。"据此，"保证人承担保证责任直至主债务本息还清时止"的约定，为"保证期间约定不明"，但将保证期间推定为"二年"。

《民法典》第 692 条第 2 款规定："债权人与保证人可以约定保证期间……没有约定或者约定不明确的，保证期间为主债务履行期限届满之日起六个月。"这里，明显取消了债权人与保证人就保证期间约定不明确的单独类型，这就意味着《担保法解释》第 32 条第 2 款的规定自《民法典》实施之日起，不再适用。上述变化在一定程度上体现了立法者和司法者对保证人和债权人利益的衡平。

"保证人承担保证责任直至主债务本息还清时止"本身不属于关于期间的约定。虽然就保证期间的性质，理论上尚存疑问，但其属于期间的一种，应无争议。通说认为，作为法律行为附款的期限[2]，应是将来确定到来的事实。[3] "主债务本息还清""借款合同项下借款方所欠贷款方的全部贷款本息、逾期加息及其他费用完全清偿"取决于当事人的履约能力等多方面的因素，因此，这些事实并非将来确定会发生，并不具有必然性，将之认定为期限，混淆了条件和期限的区分。

条件和期限均系当事人对其意思表示效力所附加的限制，构成意思表示（法律行为）的一部[4]，均以将来的事实为内容，其主要区别在于将来的事实

---

[1]　李国光：《当前经济审判工作应当注意的几个问题》，《最高人民法院公报》1999 年第 1 期。

[2]　在我国，期间和期限常常混用使用。严格来说，期间是指时间的经过，是始期与终期之继续时期，期限则是时的计算，分别指始期或者终期。质言之，"期限系从一端言之，即时之计算，期间从两端言之，即时之经过。"参见郑玉波：《民法总则》，中国政法大学出版社，2003，第 477 页。

[3]　参见王利明：《民法总则研究》（第三版），中国人民大学出版社，2018，第 595 页。

[4]　参见王泽鉴：《民法总则》，北京大学出版社，2009，第 332 页。

是否确定，条件是客观上不确定的事实，而期限则是确定发生的事实。[1]关于期间与条件的区别，学者设有四大原则以为区别：（1）时期确定，到来亦确定，为期间，如"明年 10 月 1 日"；（2）时期确定，能否到来不确定，为条件，如"甲成年时"，甲的成年固然确定，但其能否到来不确定，若甲未达成年而死亡，则所约定的将来事实不能实现；（3）时期不确定，到来确定，为期间（不确定期间），如"下次下雨时"；（4）到期不确定，到来亦不确定，为条件，如"乙考上大学时"，乙能否考取难以预料，而其于何时考取大学更属不可知。依此推断，"本担保书将持续有效直至借款合同项下借款方所欠全部贷款本息、逾期加息及其他费用完全清偿时止"、"保证人承担保证责任直至主债务本息还清时止"属"时期不确定，到来亦不确定"的情形，应为条件。"保证人承担保证责任直至主债务本息还清时止"的约定解释为保证期间，值得商榷。

保证债务为担保主债务的清偿而设立，具有从属性，原则上与其所担保的主债务同其命运。信贷实践中，"保证人承担保证责任直至主债务本息还清时止"等此类约定不属于保证期间的约定[2]，仅仅体现了保证债务从属于主债务的属性，只要被担保的主债务未消灭，保证人的保证债务即存在。此种约定若无保证期间的强制适用，应是保证债务的当然之理，亦即无须约定，即应适用。由于《民法典》规定的保证期间具有强制适用的效力，无论当事人是否约定有保证期间，保证债务均有保证期间的适用。因此，如当事人在这种约定之外没有约定保证期间，则因对保证期间没有约定，而适用法定的保证期间。虽有学者认为，这种约定符合保证的目的，且并不违背法律的强制性规定，没有必要变更其内容。[3]但在我国实行保证期间强制适用主义的

1　参见王泽鉴：《民法总则》，北京大学出版社，2009，第 332 页；王利明：《民法总则研究》（第三版），中国人民大学出版社，2018，第 596 页。

2　参见高圣平：《当事人约定的保证期间的类型及其效力分析》，《人民司法》2004 年第 7 期。

3　参见孔祥俊：《担保法及其司法解释的理解与适用》，法律出版社，2001，第 162 页。

制度设计之下，这种主张几无实现的可能。

将在性质上属于保证债务从属性的约定解释为"在这种约定中，体现出债权人是采取最大限度的可能来保证自己债权的实现"[1]，完全正确，但称"如果完全认定为无效，从而适用六个月的规定，对债权人未免有所不公"[2]，则有失偏颇。因为在当事人未约定保证期间的情况下，保证债务在存续上的从属性本应属当然之理，主债务存在，保证债务即存在，但法律上借由保证期间制度限制了保证债务在存续上的从属性，在当事人就保证期间未作约定的情形之下，强制性地补充当事人的意思，规定了"6个月"的法定保证期间。《担保法解释》第32条第2款将同一情况的两种不同情形（约定和未约定保证债务的从属性）作出不同处理，在逻辑上无法自圆其说，也与法定保证期间的立法宗旨相悖。

法律上关于保证期间的适用仅有约定和法定两种，在约定保证期间与法定保证期间之间不存在约定不明确的独立情形。在解释上，对保证期间约定不明确，即视为没有约定，而应适用法定保证期间。因此，即使将"保证人承担保证责任直至主债务本息还清时止"解释为关于保证期间的约定，亦应认定其属"保证期间约定不明确"，自应推定适用法定保证期间——"6个月"。《担保法解释》第32条第2款在对保证期间"有约定""没有约定"之外，再规定一种"约定不明确"，并为其推定一个不同于"6个月"法定保证期间——2年，并没有依循《民法典》第544条的逻辑，而是建构了更为复杂的规则体系。[3]

综上，"保证人承担保证责任直至主债务还清时止"的约定，不能认定为明确约定了保证期间，应视为对保证期间没有约定，而应适用法定保证期

1　李国光等：《最高人民法院〈关于适用中华人民共和国担保法若干问题的解释〉的理解与适用》，吉林人民出版社，2000，第146页。

2　李国光等：《最高人民法院〈关于适用中华人民共和国担保法若干问题的解释〉的理解与适用》，吉林人民出版社，2000，第146—147页。

3　参见姜朋：《保证期间的困扰——兼论法律与司法解释的关系》，《北方法学》2017年第1期。

间。《民法典》第 692 条第 2 款删去此种单独类型，实值赞同。至于《民法典担保制度解释》第 32 条仍将该类情形"视为约定不明"之表述，本书作者持保留意见。在《担保法》承认保证期间可以中断的前提下，"视为约定不明"规则对于避免保证期间随主债务诉讼时效中断而中断尚有一定意义，但在《民法典》第 691 条第 1 款明确规定保证期间不发生中断、中止、延长的前提下，该规则已无实际意义。[1]虽然，《民法典担保制度解释》第 32 条对此最终采纳了保证期间没有约定时的法定保证期间"6 个月"的规定，但其对"保证人承担保证责任直至主债务还清时止"这一约定的性质认定并不符合"期间与条件"的民法学原理，将其界定为"没有约定保证期间"更为周延。

五、保证期间的计算

关于保证期间的计算，《民法典》第 692 条第 2 款规定："债权人与保证人可以约定保证期间，但是约定的保证期间早于主债务履行期限或者与主债务履行期限同时届满的，视为没有约定；没有约定或者约定不明确的，保证期间为主债务履行期限届满之日起六个月。"通说以为，该款是关于法定保证期间与约定保证期间的规定，采行约定优先、法定填补的基本立法态度。[2]但是，保证期间的确定，既涉及保证期间的长短，又包括保证期间的起算（始期）。就第一个方面，在该款之下，保证期间的长短可由当事人自由约定[3]，如当事人没有约定或者约定不明确的，适用 6 个月的法定保证期间。

---

1 参见杨巍：《〈民法典〉保证期间规则修改评释》，《河北法学》2020 年第 9 期。

2 参见黄薇主编：《中华人民共和国民法典解读（精装珍藏版）·合同编》（上），中国法制出版社，2020，第 717 页；最高人民法院民法典贯彻实施工作领导小组主编：《中华人民共和国民法典合同编理解与适用》（二），人民法院出版社，2020，第 1344 页；王轶等：《中国民法典释评·合同编·典型合同》（上卷），中国人民大学出版社，2020，第 282 页（高圣平执笔）；谢鸿飞、朱广新主编：《民法典评注·合同编·典型合同与准合同（2）》，中国法制出版社，2020，第 86 页（夏昊晗执笔）。

3 不过，当事人约定的短期保证不能对债权人依法行使权利造成困难，否则约定无效。参见邹海林：《论保证责任期间——我国司法实务和立法的不同立场》，见梁慧星主编：《民商法论丛》（第 14 卷），法律出版社，2000，第 147 页；高圣平：《民法典上保证期间的效力及计算》，《甘肃政法学院学报》2020 年第 5 期。

就第二个方面，该款"约定的保证期间早于主债务履行期限或者与主债务履行期限同时届满的，视为没有约定"的文义仅及于保证期间的终期。在解释上，保证期间的始期亦可由当事人约定，如当事人就此没有约定或者约定不明确的，保证期间自主债务履行期限届满之日开始计算。[1]当事人关于保证期间始期的约定受到一定的限制：可以晚于主债务履行期限届满之日，此际，通过推迟保证期间的起算点，强化保证债务的补充性[2]；但是，不得早于主债务履行期限届满之日，此际，该约定无效，自主债务履行期限届满之日开始计算保证期间。[3]保证期间只能为债权人可得行使保证债权之后的一定期间，而不能是债权人可得行使保证债权之前的一定期间，在主债务履行期限届满之前，基于保证债务的从属性，债权人一般并不能向保证人主张保证债权。[4]

（一）保证期间的始期与终期

保证期间属于民法上的期间，《民法典》上关于期间计算的规则自应适用于保证期间，如期间"开始的当日不计入，自下一日开始计算"（第201条第1款），因此，保证期间的真正起算日应为主债务履行期限届满之次日。应予提及的是，保证期间的终期的确定亦应依据《民法典》关于期间计算的规定，"按照年、月计算期间的，到期月的对应日为期间的最后一日；没有对应日的，月末日为期间的最后一日"（第202条）；"期间的最后一日是法

1　参见最高人民法院民法典贯彻实施工作领导小组主编：《中华人民共和国民法典合同编理解与适用》（二），人民法院出版社，2020，第1345页；王轶等：《中国民法典释评·合同编·典型合同》（上卷），中国人民大学出版社，2020，第292页（高圣平执笔）；谢鸿飞、朱广新主编：《民法典评注·合同编·典型合同与准合同（2）》，中国法制出版社，2020，第85-86页（夏昊晗执笔）。

2　参见高圣平：《民法上保证期间的效力及计算》，《甘肃政法学院学报》2020年第5期。

3　参见曾祥生：《保证期间若干疑难问题析辨》，《江西社会科学》2007年第5期；高圣平：《民法典上保证期间的效力及计算》，《甘肃政法学院学报》2020年第5期。

4　参见王利明主编：《中国民法案例与学理研究·债权篇》，法律出版社，1998，第411页；邹海林：《论保证责任期间——我国司法实务和立法的不同立场》，见梁慧星主编：《民商法论丛》（第14卷），法律出版社，2000，第146-147页；最高人民法院民法典贯彻实施工作领导小组主编：《中华人民共和国民法典合同编理解与适用》（二），人民法院出版社，2020，第1345页。不过，在预期违约的情形，债权人在主债务履行期限届满之前，在一定情形之下可以向保证人主张保证债权。详见下文分析。

定休假日的，以法定休假日结束的次日为期间的最后一日"。"期间的最后一日的截止时间为二十四时；有业务时间的，停止业务活动的时间为截止时间"（第 203 条第 2 款）。

保证期间由始期和终期构成，不论何种类型的保证期间，其始期均不同步于保证合同的生效日期。当事人依法对保证合同的主要条款经过协商一致，保证合同即成立，保证合同一旦依法成立即具有法律效力。因此，在一般情况下，保证合同依法成立的时间与保证合同生效的时间是一致的。但是，如果当事人在保证合同中特别约定推迟合同的生效时间，或者有关法律、法规规定保证合同必须报请有关部门批准的，保证合同生效的时间就以当事人特别约定或法律、法规特别规定的时间为准。在这种情况下，保证合同生效的时间就不同于保证合同成立的时间。由此可见，保证期间的始期不同于保证合同生效的时间，也不同于保证合同成立的时间。

债权人开始有权请求保证人承担保证责任的时间即为保证期间的始期，亦即保证期间应从债权人开始有权请求保证人承担保证责任的时间计算。《民法典》第 681 条规定："保证合同是为保障债权的实现，保证人和债权人约定，当债务人不履行到期债务或者发生当事人约定的情形时，保证人履行债务或者承担责任的合同。"这一规定修改了《担保法》第 6 条的规定，将保证人承担保证责任的前提条件由"债务人不履行债务"修改为"债务人不履行到期债务或者发生当事人约定的情形"，以与《民法典》担保物权的实现条件"债务人不履行到期债务或者发生当事人约定的实现担保物权的情形"相一致。这一修改实际上契合了我国法上违约构成的变迁。自《合同法》开始，我国法上的违约已不再限于债务人不履行到期债务，即使在债务到期之前，亦有可能构成违约。

基于《民法典》第 681 条的规定，保证期间应自"债务人不履行到期债务或者发生当事人约定的情形"之时起计算。《民法典》第 692 条第 2 款规定："债权人与保证人可以约定保证期间，但是约定的保证期间早于主债务履行期限或者与主债务履行期限同时届满的，视为没有约定；没有约定或者约定不明确的，保证期间为主债务履行期限届满之日起六个月。"从文义来看，这里仅规定法定保证期间自"主债务履行期限届满之日"起计算，并不涉及约定保证期间的起算问题。

（二）未约定主债务履行期限时保证期间的起算

《民法典》第 692 条第 3 款规定："债权人与债务人对主债务履行期限没有约定或者约定不明确的，保证期间自债权人请求债务人履行债务的宽限期届满之日起计算。"一般而言，保证人于主债务履行期限届满之时开始承担保证责任，这一时间就是保证期间的起算时间。这里，"主债务履行期限"，从主合同当事人的约定；无约定者，从法定。依据《民法典》第 511 条第 4项的规定，当事人就履行期限约定不明确，不能达成补充协议，也不能按照合同有关条款、合同性质、合同目的或者交易习惯确定的，"债务人可以随时履行，债权人也可以随时请求履行，但是应当给对方必要的准备时间"。该"必要的准备时间"即为《民法典》第 692 条第 3 款所称的"宽限期"。债权人通过要求债务人履行并提出合理的宽限期，使本来不明确的主债务履行期限得以确定，从而也使得保证期间的起算点得以确定，即该宽限期届满之日开始计算保证期间。[1]由此可见，此种情形之下，债权人可以随时要求主债务人履行债务，但应当给对方设定一个"宽限期"，宽限期届满之日即为主债务履行期限，亦即保证期间的起算日。[2]债权人对主债务人履行债务的时间给予一定的宽限期，并不属于《民法典》第 695 条所规定的"债权人和债务人协商变更主债权债务合同内容"，因此不必"经保证人书面同意"。

1　参见李国光等：《最高人民法院〈关于适用中华人民共和国担保法若干问题的解释〉理解与适用》，吉林人民出版社，2000，第 147-148 页。

2　具体适用可参见最高人民法院（2016）最高法民再 6 号民事判决书；最高人民法院（2016）最高法民申 1692 号民事裁定书；最高人民法院（2018）最高法民申 1185 号民事裁定书；最高人民法院（2021）最高法民申 2186 号民事裁定书等。

值得注意的是，如债权人与主债务人依据《民法典》第 510 条通过补充协议对债务履行期限作出约定，该行为属于"对主合同履行期限作了变动"，应当适用《民法典》第 692 条第 2 款确定保证期间起算点，而非适用《民法典》第 692 条第 3 款。

（三）当事人约定的保证期间的始期早于主债务履行期限届满之日的效力

一般情形下，在主债务履行期限届满之前，债权人尚无法向保证人主张保证债权。保证期间的始期应从主债务履行期限届满之日起计算，保证期间至约定的终期到来之日止。[1] 如当事人约定的保证期间的始期早于主债务履行期限届满之日，应区分不同的情形认定其效力。

第一，约定的保证期间的始期早于主债务履行期限届满之日，但其终期晚于主债务履行期限届满之日，且约定的期限为"期日"的，该约定的始期无效，但终期有效。[2] 在主债务履行期限届满之前，除了出现当事人约定的情形，债权人上无法主张保证债权。保证期间的始期应从主债务履行期限届满之日起计算，保证期间至约定的终期到来之日止。如甲、乙约定为 2020 年 5 月 1 日到期的借款债务提供保证，保证期间自 2019 年 5 月 1 日提供借款之日起开始计算，至 2020 年 4 月 1 日或者 2020 年 5 月 1 日届满，则依据《民法典》第 692 条第 2 款关于"约定的保证期间早于主债务履行期限或者与主债务履行期限同时届满的，视为没有约定"的规定，这一保证期间的约定没有意义；如甲、乙双方约定保证期间至 2020 年 12 月 1 日届满，则为有效，原因在于，当事人就主债务履行期限均已知道或者应当知道，双方对保证期间的终期已达成合意，即对债权人不积极主张权利，则保证债务消灭的具体日期已经确定，即使此时主张当事人约定的保证期间的始期与保证期间的性质不合而应认定为无效，也不影响当事人对保证期间终期的约定的

1　参见曾祥生：《保证期间若干疑难问题析辨》，《江西社会科学》2007 年第 5 期。

2　如晚于主债务履行期太短，也有可能无效，见本书前述。

效力。[1]

第二，约定的保证期间的始期早于主债务履行期限届满之日，但其终期晚于主债务履行期限届满之日，且约定的期限为"期间"的，该约定的"期间"有效，但其约定的始期无效，应从主债务履行期限届满之日计算保证期间。如前例中甲与乙约定的保证期间为"提供借款之日起2年"，则保证期间应从2020年5月2日起至2021年5月1日止。

第三，约定的保证期间的始期晚于主债务履行期限届满之日，应为有效。如前例中，当事人约定保证期间从2020年6月1日起算2年。此时，当事人的真实意思是如主债务人不履行到期债务，债权人并不立即向保证人主张保证债权，其实质在于通过推迟保证期间的起算点，强化保证债务的补充性。此类约定并不违反法理，且在适用上与其他规则也无抵触，应认其为有效。有观点认为，虽然约定保证期间起算点是由当事人意思决定，不应受法定保证期间起算点的制约，但应受债权人能否行使权利的限制，即当事人必须在债权人可以行使权利的期间内约定保证期间的起算点。[2]例如，前例中，当事人约定保证期间从2025年6月1日起算2年。如约定保证期间的始期到来时主债务诉讼时效已经届满，此类约定即属无效。但本书作者并不赞成这一观点，即使出现这种情形，保证人有权援引主债务时效经过抗辩权。承认此类约定的效力，并无大碍，理由同于长期保证期间的效力。

（四）分期履行债务的保证期间的起算

对于分期履行债务的保证期间的起算，《民法典》并未作出规定，但是关于分期履行债务的诉讼时效的起算，《民法典》第189条规定："当事人约定同一债务分期履行的，诉讼时效期间自最后一期履行期限届满之日起计算。"该条的立法理由在于：同一债务的特性；减少讼累、实现诉讼效率；

1　参见段晓军：《保证期间若干问题探析》，《河套大学学报（哲学社会科学版）》2006年第2期。

2　参见冯永军、徐诚明：《论保证期间与诉讼时效》，《河南财经政法大学学报》2015年第2期。

促进交易、增加社会财富等。[1]虽然该条规定的是分期履行债务诉讼时效的起算规则，但其规则原理亦可适用于保证期间的起算。那么对于分期履行债务保证期间的起算是不是也如同诉讼时效，从最后一期履行期限届满日起算呢？司法实践中对此也有两种不同的观点。一种观点是参照适用分期履行债务的诉讼时效起算规则，保证期间从最后一期履行期限届满之日起计算[2]；另一种观点认为，应按照每笔债务的履行期限届满日分别起算保证期间。[3]

本书作者赞同第一种观点，一方面在分期履行债务的规定上，可类推适用分期履行债务的诉讼时效起算规则，另一方面，在没有特别约定的情况下，保证人是为整个债务提供担保，即"当事人约定保证人对整个债务提供担保，保证期间应从最后履行期限届满之日起算。理由在于：因保证人系对同一笔债务提供的担保，故主债权人可基于该债务的整体性而待最后履行期限届满后向主债务人和保证人主张权利，故保证期间应从最后一期债务履行期届满之日起开始计算"[4]。

（五）主债务人预期违约时保证期间的起算

依据《民法典》第578条的规定，在债务人预期违约的情形下，债权人不待债务履行期限届满即可行使违约责任请求权。此时，债权人是否可以提前向保证人主张保证债权？如可以，保证期间自何时起算？不无疑问。

1. 主债务人预期违约时债权人是否可得行使保证债权

《民法典》第681条规定："保证合同是为保障债权的实现，保证人和

1　参见黄薇主编：《中华人民共和国民法典解读·总则编》，中国法制出版社，2020，第584-586页；王文军：《〈民法典〉保证期间制度的另一种解释可能——以继续性合同原理为视角》，《暨南学报（哲学社会科学版）》2021年第4期。

2　参见陕西省高级人民法院（2009）陕民再字第37号民事判决书；福建省高级人民法院（2014）闽民终字第29号民事判决书；最高人民法院（2019）最高法民终544号号民事判决书；最高人民法院（2019）最高法民申6049号号民事裁定书。

3　参见青岛海事法院（2018）鲁72执174号执行裁定书。

4　张雪楳：《诉讼时效和保证期间疑问题分析》，见最高人民法院民事审判第二庭：《商事审判指导》2016年第2辑（总第41辑），人民法院出版社，2017，第90页。

债权人约定，当债务人不履行到期债务或者发生当事人约定的情形时，保证人履行债务或者承担责任的合同。"本条在《担保法》第 6 条的基础上，增加规定了保证债权可得行使的情形。债权人向保证人主张保证债权，不仅限于"债务人不履行到期债务"这一种情形，还包括"发生当事人约定的情形"，这是实质性修改。[1] 在体系化地观察《民法典》相关规则之时，我们发现，合同编通则分编关于违约的构成规则，将违约不仅仅只限定于债务人不履行到期债务，还承认了预期违约。在债务履行期限届满之前，当事人一方明确表示或者以自己的行为表明不履行合同义务的，对方可以请求其承担违约责任。

在主债务人预期违约的情形下，债权人是否可以向保证人主张保证债权？《担保法》第 6 条对此并不明确，虽然可以经由解释将该条中的"债务人不履行债务"包括预期违约在内，但这一解释论在实践中被认可的概率较小。《民法典》第 681 条就保证债权可得行使的情形，在"债务人不履行到期债务"之外，增加规定了"发生当事人约定的情形"，使得该条的文义可能涵盖的范围更加明确。这一修改与担保物权分编中关于担保物权、抵押权、质权的实现条件在立法表述上取得了一致。例如，《民法典》第 386 条规定："担保物权人在债务人不履行到期债务或者发生当事人约定的实现担保物权的情形，依法享有就担保财产优先受偿的权利，但是法律另有规定的除外。"如此处理就使担保权利的行使规则在《民法典》的不同部分达到了统一。但凡担保权利，不管是担保物权，还是保证债权，其行使条件，均不仅限于在债务人不履行到期债务这一种情形，还包括当事人约定的其他情形。

《民法典》第 681 条的这一修改可能影响到保证债权的行使。就一般保

1　参见最高人民法院民法典贯彻实施工作领导小组主编：《中华人民共和国民法典合同编理解与适用》（二），人民法院出版社，2020，第 1281 页。

证的情形，《民法典》第 687 条第 2 款规定，"一般保证的保证人在主合同纠纷未经审判或者仲裁，并就债务人财产依法强制执行仍不能履行债务前，有权拒绝向债权人承担保证责任"。由此可见，由于先诉抗辩权的存在，保证人承担保证责任以主债务人先承担不履行主债务的责任为前提。不管主债务人的违约是表现为不履行到期债务，还是预期违约，债权人均可向主债务人提起诉讼或申请仲裁。即使主债务履行期限尚未届满，债权人基于合同的约定或法律的直接规定，可以通过诉讼和仲裁的方式向主债务人主张主债权。此时，债权人已经积极行使了自己的权利，保证人不得以债权人在主债务履行期限届满前提起诉讼或申请仲裁为由主张抗辩。因此，第 681 条的修改对一般保证情形下保证责任的影响相对比较小。即使第 681 条未作修改，基于合同编通则分编的规定，在主债务人预期违约的情形，债权人仍然可以在主债务履行期限届满之前请求主债务人履行债务。

就连带责任保证的情形，《民法典》第 688 条第 2 款规定："连带责任保证的债务人不履行到期债务或者发生当事人约定的情形时，债权人可以请求债务人履行债务，也可以请求保证人在其保证范围内承担保证责任。"本款在《担保法》的基础上，增加了"发生当事人约定的情形"。也就是说，在连带责任保证的情形，债权人自可在主债务履行期限届满之后直接向保证人主张保证债权，但如发生保证合同中约定的实现保证债权的情形，即使主债务履行期限尚未届满，债权人也可以请求保证人承担保证责任。如当事人在保证合同中并未将主债务人预期违约作为行使保证债权的情形加以约定，则取决于债权人是否基于主债务人预期违约提前行使违约责任请求权。"当主债务人构成预期违约时，债权人对主债务人请求权可得行使时，对保证人请求权也可得行使。"[1]如债权人提前行使违约责任请求权，则保证人不得主

---

1 秦玨:《论保证期间》，见梁慧星主编：《民商法论丛》(第 26 卷)，金桥文化出版(香港)有限公司，2003，第 486 页。

张保证期间尚未起算的期限利益；如债权人并未提前行使违约责任请求权，则对于债权人履行保证债务的请求，保证人可以主张保证期间尚未起算的抗辩。

2. 主债务人预期违约时保证期间始期的确定

《民法典》第 681 条增加"发生当事人约定的情形"，产生了一个解释上的疑问。例如，在连带责任保证之下，"发生当事人约定的情形"，债权人即可请求保证人承担保证责任。但此时主债务履行期限并未届满，保证期间从什么时候开始计算？《民法典》第 692 条至第 694 条对此并未作出规定，值得探讨。

就此存在不同的观点。第一种观点认为，主债务人预期违约时，主债务加速到期，主债务履行期限已提前届满。基于保证合同的从属性，此际，债权人亦可向保证人主张保证债权，保证期间即应提前计算。[1]此时的保证期间应从债权人请求债务人承担预期违约责任之日起计算。[2]这一观点得到了多数判决的支持。[3]第二种观点认为，即使主债务人预期违约，保证人的期限利益仍应保护，除非保证人也预期违约，债权人只有在原定的主债务履行期限届满之后，才有权请求保证人履行保证债务。[4]第三种观点认为，在主债务人预期违约的情况下，债权人可以在主债务履行期届满前请求保证人承担保证责任，但保证期间起算点不因此而提前，仍从主债务履行期届满之日起算。"保证期间的起算不是保证责任产生的前提条件，保证责任产生的条件只有一个，即主债务人不履行主债务。"即使保证期间尚未起算，债权人

---

[1]　参见陈成建：《保证期间起算标准质疑》，《人民法院报》2000 年 9 月 1 日；包晓丽、司伟：《民法典保证期间规定理解适用中的几个问题》，《法律适用》2021 年第 1 期。

[2]　参见姜启波主编：《担保纠纷新型典型案例与专题指导》，中国法制出版社，2009，第 151 页。

[3]　参见最高人民法院（2014）民二终字第 147 号民事判决书；最高人民法院（2016）最高法民终 124 号民事判决书；四川省高级人民法院（2015）川民终字第 133 号民事判决书。

[4]　参见金永熙：《借贷合同诉讼》，人民法院出版社，2001，第 176 页；王欣新：《破产法专题研究》，法律出版社，2002，第 222 页。相似案例参见最高人民法院（2013）民申字第 1717 号民事裁定书。

同样可请求保证人提前承担保证责任。[1]

《民法典合同编草案》（2017 年 8 月 8 日民法室室内稿）第 277 条第 2 款曾经指出："债权人与保证人可以约定保证期间，但约定的保证期间早于主债务期限或者与主债务期限同时届满的，视为没有约定，没有约定或者约定不明确的，保证期间为主债务履行期限届满之日，或者债务人在主债务履行期限届满之前明确表示或者以自己的行为表明不履行债务之日起六个月。"《民法典各分编草案》（2018 年 3 月 15 日征求意见稿）第 237 条第 2 款再次强调："债权人与保证人可以约定保证期间，但约定的保证期间早于主债务期限或者与主债务期限同时届满的，视为没有约定；没有约定或者约定不明确的，保证期间为主债务履行期限届满之日起六个月，或者债务人在主债务履行期限届满之前明确表示或者以自己的行为表明不履行债务之日起六个月。"但是，2018 年 8 月 17 日提请全国人大常委会审议的《民法典各分编草案》第 481 条第 2 款删除了上述"债务人在主债务履行期限届满之前明确表示或者以自己的行为表明不履行债务之日起六个月"的规定。最终通过的《民法典》第 692 条第 2 款亦不再出现这一规定。

本书作者认为，对于主债务人预期违约时保证期间的始期的确定，取决于保证合同中是否将主债务人预期违约作为保证债权可得行使的情形加以约定。"为了避免出现担保人是否应当提前承担担保责任的争议，担保合同应明确规定，在借款人未按银行提前收回贷款要求归还借款时担保人是否保有担保合同规定的期限利益。一般情况下，司法机关也不倾向给予担保人太多的抗辩机会和权利，毕竟担保人担保的是金融债权，其最终目的是实现债权人的利益，并非为了摆脱担保责任。"[2]以下区分两种情形展开讨论。

1　参见吴恩玉：《论保证期间的起算》，见最高人民法院民事审判第二庭、中国人民大学民商事法律科学研究中心等：《中国民商审判》（第 5 辑），法律出版社，2004，第 109 页。

2　吴庆宝：《金融机构提前收贷风险防范的司法认知》，见最高人民法院民事审判第二庭：《民商事审判指导》，2008 年第 2 辑，人民法院出版社，2008，第 271 页。

第一，保证合同中约定主债务人预期违约，债权人即可行使保证债权的情形。

既然保证合同中将主债务人预期违约约定为保证债权可得行使的情形，债权人即应积极行使其权利，保证期间则应自债权人知道或者应当知道主债务人预期违约之时开始计算。如债权人漠视其权利，自应承受时间的经过所带来的不利益。此一解释结论亦与诉讼时效期间的起算相一致。在主债务人预期违约的情形之下，债权人知道或者应当知道其权利受到损害，主债务诉讼时效期间即应起算，而不待主债务履行期限届满。

在一般保证的情形，如主债务人预期违约，保证期间开始计算，债权人在主债务履行期限届满之前对主债务人提起诉讼或者申请仲裁，保证期间因未经过而失去意义。此时，不再考虑保证期间的问题，自保证人拒绝承担保证责任的权利消灭之日起，开始计算保证债务的诉讼时效。如主债务人预期违约，债权人没有在主债务履行期限届满之前对主债务人提起诉讼或者申请仲裁，从主债务人预期违约之日起约定的保证期间或者法定的保证期间届满后，债权人才对主债务人提起诉讼或者申请仲裁的，保证债务消灭。

在连带责任保证的情形，如主债务人预期违约，保证债权即可得行使，保证期间自应从债权人知道或者应当知道主债务人预期违约之时开始计算，而不是从主债务履行期限届满之日起开始计算。在此保证期间内，债权人未向保证人主张保证债权的，保证债务消灭；在此保证期间内，债权人向保证人主张保证债权的，保证期间因未经过而失去意义，自保证人拒绝承担保证责任之时起，开始计算保证债务的诉讼时效。

第二，保证合同中并未约定主债务人预期违约，债权人即可行使保证债权的情形。

主债务人预期违约，仅仅是使债权人取得提前行使违约责任请求权的权利。既属权利，自应允许债权人放弃，债权人自可在主债务履行期限届满之后主张权利。此时，保证期间的起算尚须结合债权人是否提前行使违约责任请求权而确定。最高人民法院认为："是否提前收回贷款系〔债权人〕的权利，即便发生有权收回贷款的情形且〔债权人〕应当知道该情形，究竟何时决定提前收回的权利亦在〔债权人〕，只有当〔债权人〕决定提前收回并通知〔主债务人〕之时，本案债权诉讼时效才开始计算，保证期间亦随之开始计算。"[1]

在一般保证的情形，如主债务人预期违约，债权人在主债务履行期限届满之前就对主债务人提起诉讼或者申请仲裁，保证期间因未经过而失去意义，自保证人拒绝承担保证责任的权利消灭之日起，开始计算保证债务的诉讼时效。如主债务人预期违约，债权人仅在主债务履行期限届满之后才对主债务人提起诉讼或者申请仲裁的，保证期间的起算仍依《民法典》第692条第2款而确定，如债权人的该行为发生于保证合同约定的保证期间或者自主债务履行期限届满之日起算的法定保证期间（6个月）届满后，保证债务消灭。

在连带责任保证的情形，如主债务人预期违约，债权人提前行使违约责任请求权的，保证期间应从债权人提前行使违约责任请求权之时开始计算。在自债权人提前行使违约责任请求权之时起算的保证期间内，债权人未向保证人主张保证债权的，保证债务消灭。债权人并未提前行使违约责任请求权的，保证期间按照保证合同的约定开始计算，保证合同中未作约定的，自主债务履行期限届满之日开始计算。在该期间内，债权人未向保证人主张权利的，保证债务消灭。

（六）反担保中保证期间的计算

反担保方式中允许除本担保当事人之外的第三人提供求偿保证。《民法典》第387条第2款规定："第三人为债务人向债权人提供担保的，可以要

1　最高人民法院（2016）最高法民终40号民事判决书。

求债务人提供反担保。反担保适用本法和其他法律的规定。"第 689 条规定："保证人可以要求债务人提供反担保。"由此可见，求偿保证在性质上与保证并无二致，自有保证期间的适用，保证期间届满，本担保人未主张权利的，求偿保证人不再承担求偿保证责任，求偿保证债务消灭。但是，在求偿保证期间的起算上，司法实践存在争议。

第一种观点认为，求偿保证的保证期间应从担保人实际承担保证责任之日起计算。"反担保是为了保障保证人承担担保责任后实现债务人追偿权而设定的担保，反担保责任的履行应以保证人已履行担保责任为前提。主合同的保证期间与反担保人的保证期间二者适用的起算规则不同，反担保人的保证期间应当从担保人实际履行了担保责任之日起计算。"[1]"反担保人承担反担保责任应以担保人已承担保证责任为前提，担保人承担担保责任之时，就是反担保人担保期间的起算日。"[2]

第二种观点认为，求偿保证的保证期间应从主债务履行期限届满之日起算。其主要理由在于，反担保适用担保的规定。根据现行法的规定，保证期间自主债务履行期届满之日起算。[3]反担保合同约定，保证期间自反担保的主债权产生之日起，至借款人在贷款方的借款全部清偿完毕之日止。此类约定符合《担保法解释》32 条"视为约定不明"的情形，因此，反担保的保证期间为 2 年，从主债权履行期限届满之日起算。[4]

第三种观点认为，求偿保证的保证期间应自担保人要求债务人清偿代偿款义务之日起算。反担保系基于担保人为实现其追偿权而设立，当事人如在反担保合同中未约定在担保人代为清偿后债务人应当向担保人偿还债务的期限，反担保的保证期间应自担保人要求债务人履行义务的宽限期届满之日起

1　最高人民法院（2013）民申字第 1578 号民事裁定书。

2　最高人民法院（2014）民申字第 1298 号民事裁定书。

3　参见四川省高级人民法院（2012）川民终字第 552 号民事判决书；宁夏回族自治区高级人民法院（2011）宁民商终字第 27 号民事判决书。

4　参见四川省遂宁市船山区人民法院（2018）川 0903 民初 4556 号民事判决书。

计算。[1]

本书作者认为，求偿保证作为反担保的一种方式，以确保本担保人追偿权的实现为目的，而追偿权产生的依据并不是本担保人与债权人之间的本担保合同，而是主债务人与本担保人之间的委托合同。为了担保追偿权的实现，第三人向本担保人提供保证（求偿保证）。其中，基于委托合同所产生的求偿关系是主债权债务关系，求偿保证关系是从债权债务关系；本担保人与主债务人之间的委托（担保）合同是主合同，第三人与本担保人之间求偿保证合同是从合同。依从属关系的基本法理，求偿保证所担保的主债务并非本担保所担保的主债务，上述第二种观点自不足采。当事人如就求偿保证期间另有约定的，从其约定；没有约定的，为自主债务人清偿本担保人代偿债务的履行期限届满之日起6个月。如果本担保人与主债务人之间就清偿本担保人代偿债务的履行期限未作约定或约定不明的，即应适用《民法典》第692条第3款的规定确定求偿保证期间的起算。依据《民法典》第692条第3款的规定，"债权人与债务人对主债务履行期限没有约定或者约定不明确的，保证期间自债权人请求债务人履行债务的宽限期届满之日起计算"。由此可见，依该款的规定，本担保人应设定合理的宽限期使代偿债务的履行期限得以确定，从而使求偿保证期间的起算点得以确定。[2]

（七）主合同履行期限的变更与保证期间的计算

"保证期间是以保证债权行使条件具备为起点、该期间届满为终点的时间段"[3]，而"保证债权行使条件具备"多以主债务履行期限届满主债务人不履行债务为前提，由此，主债务履行期限是否届满影响着保证期间是否开始计算。由此引发的问题是，如债权人与主债务人协议变更主债务履行期限，

1　参见江苏省淮安市中级人民法院（原江苏省淮阴市中级人民法院）（2015）淮中商再终字第00002号民事判决书。

2　参见高圣平：《融资性担保公司求偿担保若干争议问题研究》，《暨南学报（哲学社会科学版）》2012年第6期。

3　杨巍：《〈民法典〉保证期间规则修改评释》，《河北法学》2020年第9期。

对保证期间的计算产生什么影响？

1. 规则变化

在解释上，如保证人对于主债务履行期限的变更予以同意，则表明保证期间的始期也随之变更，对此应无疑义。但在保证人对于主债务履行期限的变更未予同意的情形之下，《担保法》第24条规定："债权人与债务人协议变更主合同的，应当取得保证人书面同意，未经保证人书面同意的，保证人不再承担保证责任。"由此可见，未经保证人书面同意，债权人与主债务人协议变更主债务履行期限，将导致保证债务的消灭。

《担保法》的上述规定广受批评。该规定旨在防止因主合同的变更而加重保证人的保证责任，但主合同的变更并不必然导致保证责任的加重，如主合同的变更对保证人没有带来不利益，何以让保证责任消灭？该条并非建立在主合同变更对保证责任的影响的基础上，或者说没有从主合同变更对保证责任的影响这一出发点设立相应的规则，其合理性颇值怀疑。[1]《担保法解释》第30条规定："保证期间，债权人与债务人对主合同数量、价款、币种、利率等内容作了变动，未经保证人同意的，如果减轻债务人的债务的，保证人仍应当对变更后的合同承担保证责任；如果加重债务人的债务的，保证人对加重的部分不承担保证责任"（第1款）。"债权人与债务人对主合同履行期限作了变动，未经保证人书面同意的，保证期间为原合同约定的或者法律规定的期间"（第2款）。"债权人与债务人协议变动主合同内容，但并未实际履行的，保证人仍应当承担保证责任"（第3款）。这里，对于主债务履行期限的变更对于保证责任的影响作了不同于主合同其他内容变更的安排。

《民法典》第695条规定："债权人和债务人未经保证人书面同意，协商变更主债权债务合同内容，减轻债务的，保证人仍对变更后的债务承担保证责任；加重债务的，保证人对加重的部分不承担保证责任"（第1款）。"债

---

1 参见孔祥俊：《担保法及其司法解释理解与适用》，法律出版社，2001，第136页。

权人和债务人变更主债权债务合同的履行期限，未经保证人书面同意的，保证期间不受影响"（第 2 款）。本条规定完全颠覆了《担保法》的规定，而与《担保法解释》相当[1]，同样区分主合同内容变更的不同情形采取了不同的态度。除了主债务履行期限的变更之外，主合同其他内容的变更对于保证责任的影响，重点在于该变更是否加重了保证人的责任，是否违背了保证人在订立保证合同时的预期[2]，有利变更则有效，不利变更则无效。"未经保证人书面同意的主债权债务合同履行期限变更未必一定给保证人带来保证期间上的不利影响，但本款规定未像第 1 款规定作出'有利变更则有效，不利变更则无效'的规定。"[3]

2. 主合同履行期限的缩短与保证期间的计算

主债务履行期限的变更包括缩短与延长两种情形。主合同履行期限缩短，是否也应依《民法典》第 695 条第 2 款的规定处理，有三种不同观点。第一种观点认为，主合同履行期限的缩短导致主债务的提前履行，意味着加重了债务人的义务，保证人的责任亦有可能随之加重，因此应对该款作目的性的限缩，债权人与主债务人约定缩短主合同履行期限，未经保证人书面同意的，保证责任免除。[4] 第二种观点认为，若变更后的主债权债务与原债权债务仍属同一法律关系，则依保证的从属性，保证合同应继续存在且发生相应的变化。如主合同履行期限缩短，则保证期间的始期随之提前，而持续时间维持原状，亦即期日提前，期间恒定，债权人必须在提前的期日内主张权

1　参见最高人民法院民法典贯彻实施工作领导小组主编：《中华人民共和国民法典合同编理解与适用》（二），人民法院出版社，2020，第 1364–1366 页。

2　参见李国光等：《最高人民法院〈关于适用中华人民共和国担保法若干问题的解释〉理解与适用》，吉林人民出版社，2000，第 138 页。

3　黄薇主编：《中华人民共和国民法典解读（精装珍藏版）·合同编》（上），中国法制出版社，2020，第 723 页。

4　参见刘言浩：《担保法典型判例研究》，人民法院出版社，2002，第 38 页。这一观点得到了部分判决的支持，如湖北省十堰市中级人民法院（1999）十法经字再初字第 1 号民事判决书。

利。[1]第三种观点认为，对于保证人而言，原主债务履行期届满之日才是判断主债务人是否履行债务的标准，债权人与主债务人未经保证人同意而擅自设立的对保证人不利的标准，不应对保证人发生效力。因此，为维护保证人的期限利益，应肯定当新的主债务履行期届满而主债务人未履行债务时，保证人的保证责任并不发生，而只有原主债务履行期届满而主债务人未履行债务时，保证人的保证责任才产生，债权人才能向保证人主张保证责任。[2]

主合同履行期限的缩短对保证人的影响既可能存在有利的情形，也可能存在不利的情形。如主债务人与债权人协商缩短主合同履行期限之时，充分考虑到自身的偿债能力，主债务人提前清偿主债务，保证债务因此而消灭，保证人可得尽快脱逸出保证债务的约束。此际，主合同履行期限的缩短对保证人并不产生不利影响。如债务人置自身的履行能力和状况于不顾，盲目与债权人协议提前履行，其结果是不适当地增加保证人的风险。此际，主合同履行期限的缩短对保证人则产生不利影响。[3]因此，《民法典》第695条第1款规定所确立的"有利变更则有效，不利变更则无效"，对于主合同履行期限缩短而言，尚难以准确判断。

基于合同的相对性，主合同履行期限作为主合同的条款，协议缩短仅在债权人与主债务人之间发生效力；保证人仅受其承诺的意思表示的约束。主合同履行期限提前届满，仅表明债权人可得向主债务人主张主债权，但并不能当然改变原定保证期间的始期。虽然《民法典》第692条第2款规定，法定保证期间自主债务履行期限届满开始计算，但当事人自可约定保证期间自主债务履行期限届满之后特定期限开始计算。由此可见，主债务履行期限届满并不等于保证期间开始计算。在解释上可以认为，主合同履行期限的缩短

1　参见孙鹏、肖厚国：《担保法律制度研究》，法律出版社，1998，第92-93页。

2　参见吴恩玉：《论保证期间的起算》，见最高人民法院民事审判第二庭、中国人民大学民商事法律科学研究中心等：《中国民商审判》（第5辑），法律出版社，2004，第103页。

3　参见李明发：《保证责任研究》，法律出版社，2006，第141页。

视为主债务人对期限利益的抛弃，依据《民法典》第 701 条关于"债务人放弃抗辩的，保证人仍有权向债权人主张抗辩"的规定，对于债权人提前履行保证债务的请求，保证人仍然可以主张期限抗辩。[1] 如此看来，《民法典》第 695 条第 2 款对于主合同履行期限缩短的情形仍得适用。

《民法典》第 695 条第 2 款仅及于主合同履行期限的变更对保证期间计算的影响，但对于因主合同履行期限的变更加重保证人的责任如何处理未置明文，如主合同履行期限的缩短导致违约金、损害赔偿金等主债务的增加，保证期间虽不受影响，但保证人承担保证责任的范围，是否包括增加了的主债务部分？就此，《民法典》存在法律漏洞，应比照第 1 款的规定，根据是否加重保证人的责任予以区分处理。如主合同履行期限的缩短导致主债务加重，则保证人对加重部分不承担责任，保证期间亦不受影响；如主合同履行期限的缩短并未导致主债务加重，则保证人在原保证期间内承担责任。[2]

3. 主合同履行期限的延长与保证期间的计算

就约定了履行期限的主债务而言，主合同履行期限的延长如导致保证期间的延后起算，无异于延长了保证期间，从而增加了保证人的风险，加重了保证人的责任。[3] 主债务延期履行之后，主债务人的财产状况是否发生变化难以预料，对保证人而言甚为不利。[4] 因此，未经保证人同意，主合同当事人协议延长主合同履行期限，不应对保证期间的计算发生影响，保证期间仍应自原合同约定的或者法律推定的起算点开始计算。

《民法典》第 695 条第 2 款规定："债权人和债务人变更主债权债务合同的履行期限，未经保证人书面同意的，保证期间不受影响。"由此带来的解

1　参见程啸：《保证合同研究》，法律出版社，2006，第 345-346 页；李运杨：《第三担保人的抗辩权体系》，《政治与法律》2021 年第 8 期。

2　参见谢鸿飞、朱广新主编：《民法典评注·合同编·典型合同与准合同（2）》，中国法制出版社，2020，第 103 页（夏昊晗执笔）。

3　参见李国光等：《最高人民法院〈关于适用中华人民共和国担保法若干问题的解释〉理解与适用》，吉林人民出版社，2000，第 139 页。

4　参见黄立主编：《民法债编各论》（下），中国政法大学出版社，2003，第 877 页。

释上的疑问有两个。

第一，未经保证人书面同意，债权人与主债务人协议延长主合同履行期限，在原主债务履行期限届满之后至新的主债务履行期限届满之前，债权人尚无法请求主债务人履行主债务，"保证期间不受影响"如何理解？主债务履行期限与保证期间如何衔接？[1]若从原主债务履行期限届满之日开始承担保证责任，因主债务履行期限已经延长，新的主债务履行期限尚未届满，主债务人能否履行主债务还未确定，此际令保证人承担保证责任，似乎与保证的性质和功能不符；若从新的主债务履行期限届满之日起开始承担保证责任，又似乎与《民法典》第695条第2款的规定相矛盾，因为该款已经明确，保证期间从原主债务履行期限届满之日起已经开始计算，那么保证债权自然是从原主债务履行期届满之日即已可得行使。有学者认为，"保证期间的起算并非保证责任产生的条件，同样，保证期间的起算也不意味着保证责任就产生，根据担保法原理和保证制度之总宗旨，保证责任应从债务人不履行债务时产生，上述迷惑的根源在于错误地理解了保证期间的含义"。论者并主张，若未经保证人书面同意，主债务履行期限延长，保证期间的始期不变，仍从原主债务履行期限届满之日起算；但保证责任在原主债务履行期届满之日并不产生，即保证责任不从保证期间起算之日产生，因为此时新的主债务履行期限尚未届满，还未出现债务不履行这一情形。当新的主债务履行期限届满而主债务仍未履行时，保证责任才产生。[2]

本书作者认为，基于保证的从属性，保证债务总是系于主债务。变更主合同履行期限的协议，自其生效之日起，在债权人和主债务人之间发生效力，但未经保证人书面同意，对保证人不发生效力。基于此，在新的主债务履行期限届满之前，主债务人保有期限利益，自可对债权人的提前履行请求

1　参见李明发：《保证责任研究》，法律出版社，2006，第139-140页。

2　参见吴恩玉：《论保证期间的起算》，见最高人民法院民事审判第二庭、中国人民大学民商事法律科学研究中心等：《中国民商审判》（第5辑），法律出版社，2004，第104页。

主张履行期限尚未届满的抗辩。依据《民法典》第681条的规定，此时，尚未出现"债务人不履行到期债务或者发生当事人约定的情形"，保证人自无须承担保证责任。但此际，《民法典》第695条第2款所定"保证期间不受影响"，在解释上可以认为，在新的主债务履行期限届满之前开始计算的保证期间没有意义，自新的主债务履行期限届满之日开始计算保证期间的剩余期间；如在新的主债务履行期限届满之前，原定保证期间已经届满，则保证债务消灭。此一解释结论同于当事人约定的保证期间的始期早于主债务履行期限届满之日的效力判断规则：基于《民法典》第681条和第692条第2款的体系解释，此类约定应为无效。[1]

第二，《民法典》第695条第2款"债权人和债务人变更主债权债务合同的履行期限"的文义表明，该款仅及于主合同已就主债务履行期限作出了明确约定的情形。如主合同就主债务履行期限没有约定或者约定不明确的，是否存在协议变更主合同履行期限的情形？在解释上，如主合同原就主债务履行期限没有约定或者约定不明确，债权人与主债务人协议补充主债务履行期限的，符合《民法典》第510条的规定，并不属于《民法典》第695条第2款"债权人和债务人变更主债权债务合同的履行期限"的情形。此时，保证期间从协议补充的主债务履行期限届满之日起开始计算。保证人为不定期债务提供担保，自行承担主债务履行期限尚不特定、保证期间的起算点也不确定的风险。至于债权人与主债务人协议补充主债务履行期限之后，再次变更主债务履行期限的，适用《民法典》第695条第2款的规定，并无疑问。

（八）其他特殊情形之下保证期间的计算

1. 主合同解除时保证期间的起算

《民法典》第566条第3款规定："主合同解除后，担保人对债权人应当

1　参见曾祥生：《保证期间若干疑难问题析辨》，《江西社会科学》2007年第5期；高圣平：《民法典上保证期间的效力及计算》，《甘肃政法学院学报》2020年第5期。

承担的民事责任仍应当承担担保责任，但是担保合同另有约定的除外。"主合同的解除，只是不能按照当事人的意愿发生法律后果，但并不是没有法律后果。按照《民法典》的规定，主合同解除后，已经履行的，根据履行情况和合同性质，当事人可以请求恢复原状或者采取其他补救措施，并有权请求赔偿损失。主合同因违约解除的，解除权人可以请求违约方承担违约责任。主债务人因主合同解除所应承担的民事责任，保证人仍然应承担保证责任。这一规定与《民法典》第 681 条关于保证责任的两种承担方式"代为履行债务""代为承担责任"是一致的。在主合同解除的情形之下，保证人承担保证责任的方式即为代为承担赔偿责任。

在主合同解除的情形之下，保证期间如何计算？主债务人因主合同解除所应承担的民事责任，发生于主债务履行期限届满之前，保证期间应从债权人可得主张因主合同解除的民事责任之日起开始计算。在保证期间内，债权人应当向主债务人提起诉讼或者申请仲裁（一般保证）、向保证人主张因主合同解除之后的民事责任（连带责任保证）；否则，保证债务消灭。

2. 保证合同成立之时主债权履行期限已经届满时保证期间的起算

保证合同成立之时，主债权履行期限已经届满，主债务人已经处于债务不履行阶段。曾有裁判认为，这种情形构成新的债权债务关系，不适用保证期间。但从当事人在保证合同中体现的意思表示来看，保证人是提供债务履行的担保，并不是债务加入。在《民法典》之下，所有保证债权债务均应适用保证期间，只不过有约定保证期间和法定保证期间的区分。

此种情形之下，主债务人已经处于违约状态，保证期间的起算点显然不能是主债务履行期限届满之日。《广东省高级人民法院关于民商事审判适用〈中华人民共和国担保法〉及其司法解释若干问题的指导意见》第 5 条指出："保证人为履行期限届满的债务提供保证的，保证期间从保证合同生效之日起开始计算。"本书作者认为，此时仍应坚持"有约定依约定"的观点，当事人之间就保证期间的起算点有约定的，按照约定的起算点开始计算保证期间。如未约定保证期间的起算点，则自保证合同生效之日起开始计算保证期间。如当事人在保证合同中约定了保证期间为 3 年，但没有约定保证期间的起算点，则从保证合同生效之日起计算 3 年。

六、保证期间与保证债务诉讼时效的关系及其衔接

（一）保证期间与保证债务诉讼时效的关系

关于保证期间与保证债务诉讼时效的关系，学者间见解不一。一种观点认为，保证期间与保证债务诉讼时效，均为债权人行使权利（债权请求权）的期间。两者分别处于不同的阶段，相互衔接，各自发挥着不同的作用。[1] 另一种观点认为，保证合同的诉讼时效本质上与保证期间的性质并不相容。无论保证债务诉讼时效还是保证期间，其指向的对象都是债权人对保证人的请求权，而诉讼时效和保证期间对待债权人的请求权的处理方式并不相同，从而不可能发生两者并行不悖的情形，只能选择其一。既然法律为保护保证人而选择了保证期间制度，就不可能再在保证合同上存在诉讼时效制度。[2]

保证期间和诉讼时效的区别已如前述。保证期间为确定保证人承担保证责任的期间，该期间不以法定期间为限，而且属于不变期间；保证期间经过，保证人的保证责任免除，债权人对保证人的保证债务履行请求权即告消灭。保证债务诉讼时效期间，是债权人得以诉讼请求人民法院等保护其保证债权的法定期间；该期间为可变期间，有时效中断、中止和延长等的适用；期间经过而债权人不行使权利的，其实体民事权利并不消灭，仅使债务人取得时效经过抗辩权。因此，保证期间并非保证债务的诉讼时效期间。

从《民法典》第 694 条的规定，我们可以看出保证期间与保证债务诉讼

1　参见高圣平：《民法典担保制度及其配套司法解释理解与适用》，中国法制出版社，2021，第187页。

2　参见孔祥俊：《保证期间再探讨》，《法学》2001 年第 7 期。

时效的适用路径与分野。在一般保证的情形，主合同履行期限届满时主债务人未履行债务，主债务诉讼时效期间和保证期间（包含约定的和法定的）同时开始计算，在保证期间和主债务诉讼时效期间未届满之前，债权人依主合同提起诉讼或申请仲裁请求主债务人履行债务，此时保证期间因未完成而失去意义。从保证人拒绝承担保证责任的权利消灭之日起开始计算保证债务的诉讼时效。保证债务诉讼时效经过之后，虽债权人仍得提起诉讼或申请仲裁，但保证人取得时效经过抗辩权，可以时效之经过为由对抗债权人的履行请求，债权人的保证债权将不获满足。如在保证期间内，债权人不向主债务人以提起诉讼或者申请仲裁的方式主张债权，保证人不再承担保证责任，无保证债务诉讼时效之适用。

在连带责任保证的情形，主合同履行期限届满时，主债务诉讼时效期间和保证期间开始计算。在保证期间内，债权人向保证人主张保证债权（不以提起诉讼或申请仲裁为必要），此时，保证期间因未完成而失去意义，如此时保证人拒绝履行保证债务，则保证债务诉讼时效期间开始计算。保证债务诉讼时效经过之后，虽债权人仍得提起诉讼或申请仲裁，但保证人取得时效经过抗辩权，可以时效之经过为由对抗债权人的履行请求，债权人的保证债权将不获满足。在保证期间内，如债权人不请求保证人承担保证责任，保证人不再承担保证责任，无保证债务诉讼时效之适用。

此外，保证期间与主债务诉讼时效的关系主要涉及的问题是约定的保证期间长于主债务诉讼时效时的处理。关于当事人约定的保证期间长于主债务诉讼时效的效力问题，已如前述。此时并不能当然地认为当事人对保证期间的约定无效或将长于主债务诉讼时效的期间视为无效。当事人约定的保证期间长于主债务诉讼时效时，保证人可以依主债务人的时效抗辩权对抗债权人在主债务诉讼时效完成后对保证人的履行请求，以避免保证期间与诉讼时效发生冲突。如果保证人放弃了其享有的时效抗辩权而自愿履行保证债务，在保证人向主债务人行使追偿权时，主债务人同样可以时效抗辩权对抗保证人的追偿权以保护自己的利益不受损害。因此，约定的保证期间长于主债务诉讼时效不会影响到诉讼时效的强制力，当事人约定的保证期间仍然有效，保证期间与主债务诉讼时效并不发生冲突。

（二）保证债务诉讼时效期间的起算

1.《民法典》第 694 条与第 188 条的关系

《民法典》第 188 条第 1 款规定："向人民法院请求保护民事权利的诉讼时效期间为三年。法律另有规定的，依照其规定。"《民法典》上就保证债务的诉讼时效期间并未作出特别规定，由此可见，保证债务的诉讼时效期间与一般诉讼时效期间一样，均为 3 年。

《民法典》第 188 条第 2 款规定："诉讼时效期间自权利人知道或者应当知道权利受到损害以及义务人之日起计算。法律另有规定的，依照其规定。但是，自权利受到损害之日起超过二十年的，人民法院不予保护，有特殊情况的，人民法院可以根据权利人的申请决定延长。"本条规定可以理解为该款中就诉讼时效期间的起算"法律另有规定的"情形。在这里，没有考虑保证债务履行期限问题。

依据《民法典》第 188 条第 2 款的规定，我国诉讼时效起算原则上采主观主义起算标准[1]，保证债务的诉讼时效期间也就应自债权人知道或者应当知道权利受到损害以及义务人之日起计算。在保证合同债权债务关系中，如何判断债权人的保证债权受到损害？本书作者认为，与一般债权相比，保证债权的行使有其特殊性。由于我国法上采保证期间法定主义，任何保证债权均有保证期间的适用。如债权人未在保证期间内行使权利，保证债务消灭；仅在保证期间内债权人实施特定行为，保证期间因未届满而失去意义，保证债

---

[1]　参见石宏主编：《中华人民共和国民法总则条文说明、立法理由及其相关规定》，北京大学出版社，2017，第 447 页。

权才有了适用诉讼时效的空间。因此，债权人的保证债权受到损害，系指在保证债权可得行使时，如债权人向保证人主张保证债权，一旦保证人拒绝承担保证责任，债权人即知道或者应当知道自己权利受到损害，此时保证债务的诉讼时效期间即开始计算。这里，"保证债权可得行使"，是指保证债权人可以实际地向保证人请求承担保证责任，在一般保证，因保证人有先诉抗辩权，债权人并不能直接向保证人要求承担保证责任。主债务人不履行主债务时，债权人首先仍应请求主债务人履行主债务，只有在主债务人确实无力履行主债务时，才能向保证人要求代为履行或承担责任，此时才是一般保证的保证债权可得行使时。而在连带责任保证，保证人与主债务人几乎处于同样的地位，债权人既可以向主债务人行使主债权，又可向保证人行使保证债权。因此，在连带责任保证情形下，主合同履行期限届满时即为"保证债权可得行使"时。

2. 一般保证债务诉讼时效期间的起算

就一般保证债务诉讼时效期间的起算，《民法典》第694条第1款规定："一般保证的债权人在保证期间届满前对债务人提起诉讼或者申请仲裁的，从保证人拒绝承担保证责任的权利消灭之日起，开始计算保证债务的诉讼时效。"这一规则改变了《担保法解释》第34条第1款关于"一般保证的债权人在保证期间届满前对债务人提起诉讼或者申请仲裁的，从判决或者仲裁裁决生效之日起，开始计算保证合同的诉讼时效"的规定。《担保法解释》的理由是："在一般保证中，保证人享有先诉抗辩权，在主合同未经审判或仲裁并就债务人财产依法执行仍不能履行债务前，保证人可拒绝承担保证责任。在这种情况下，这一期间可能持续很长时间。当案件经过一审、二审最终发生法律效力时，开始计算保证合同的诉讼时效。尽管对债务人的财产强制执行仍然不能满足债权时，债权人方可起诉保证人，但这些活动在两年的诉讼时效内一般是可以完成的。"[1]保证债务诉讼时效自起诉之日起计算，对债权人过于不利；保证债务诉讼时效自执行终结之日起算对保证人过于不利；保证债务诉讼时效自判决生效之日起算，兼顾了双方利益。

本书作者认为，将保证债务诉讼时效的起算点确定在对主债务人的判决或仲裁裁决生效之日，尚值商榷。该观点与保证人先诉抗辩权不合，也与《民法典》中关于诉讼时效期间起算的基本规则相悖。《民法典》第687条第2款中规定："一般保证的保证人在主合同纠纷未经审判或者仲裁，并就债务人财产依法强制执行仍不能履行债务前，有权拒绝向债权人承担保证责任"。法律赋予一般保证的保证人以先诉抗辩权，使其在主债务诉讼或仲裁以及执行过程中暂时不受债权人追究。既然一般保证的债权人在主合同纠纷未经审判或仲裁，并就债务人财产依法强制执行仍不能履行债务前，无权要求保证人承担保证责任，对主债务人的判决或仲裁裁决的生效，就不能视为债权人的权利受侵害之日。按照《民法典》第188条关于"诉讼时效期间自权利人知道或者应当知道权利受到损害以及义务人之日起计算"的规定，在"债务人财产依法强制执行仍不能履行债务"之前，保证人未履行保证债务的行为，不构成保证债务的履行迟延，并未对债权人的权利造成侵害，保证债务诉讼时效尚未开始起算。因此，《担保法解释》第34条第1款的规定至为可议。

同时，上引观点认为对债务人的财产强制执行的活动"在两年的诉讼时效内一般是可以完成的"，这只是论者的设想，并不能排除对债务人的强制执行程序在两年内不能完成的情况。换言之，在保证债务两年诉讼时效内，对债务人的财产强制执行程序能否终结，带有一定的不确定性。因此，在对债务人的财产强制执行程序完结之日，保证债务的诉讼时效不仅必然地被大

---

[1] 李国光等：《〈关于适用中华人民共和国担保法若干问题的解释〉理解与适用》，吉林人民出版社，2000，第150页。

打折扣，而且可能已经届满。在此情形下，已不仅仅是限制债权人对保证人的诉讼权利，而是可能直接导致债权人对保证人的权利因诉讼时效届满而效力减弱。提前起算保证债务诉讼时效可能损及债权人对保证人本应享有的期限利益。在就主债务人的财产依法强制执行仍不能履行债务之前，债权人请求保证人履行保证债务，保证人依《民法典》第687条第2款的规定，可以拒绝，此为先诉抗辩权之本意。如自对主债务人的判决或仲裁裁决生效之日开始计算保证债务诉讼时效，在对主债务人的强制执行程序终结之前，保证债务诉讼时效期间已经届满，保证人即取得时效经过抗辩权，可以对抗此后债权人的履行请求，对债权人而言至为不利。

《民法典》第694条将一般保证债务的诉讼时效的起算点界定为"保证人拒绝承担保证责任的权利消灭之日"。这里，所谓"保证人拒绝承担保证责任的权利消灭"，结合《民法典》第687条第2款的规定，即指保证人先诉抗辩权的消灭，具体包括以下情形。

第一，主合同纠纷经审判或者仲裁，并就债务人财产依法强制执行仍不能履行债务之时。依据《民法典担保制度解释》第28条第1款的规定，在具体判断上，可以区分两种情形：其一，人民法院作出终结本次执行程序裁定，或者依照《民事诉讼法》第264条第3项、第5项的规定作出终结执行裁定的，自裁定送达债权人之日起开始计算。其二，人民法院自收到申请执行书之日起一年内未作出前项裁定的，自人民法院收到申请执行书满一年之日起开始计算，但是保证人有证据证明债务人仍有财产可供执行的除外。这一情形考虑到了执行实践中的具体情况，在一定程度上有利于防止保证纠纷久拖不决的情形。

第二，债权人知道或者应当知道存在《民法典》第687条第2款但书规定情形之日。《民法典担保制度解释》第28条第2款规定："一般保证的债权人在保证期间届满前对债务人提起诉讼或者申请仲裁，债权人举证证明存在民法典第六百八十七条第二款但书规定情形的，保证债务的诉讼时效自债权人知道或者应当知道该情形之日起开始计算。"

3.连带责任保证债务诉讼时效期间的起算

就连带责任保证债务诉讼时效期间的起算，《民法典》第694条第2款规定："连带责任保证的债权人在保证期间届满前请求保证人承担保证责任的，从债权人请求保证人承担保证责任之日起，开始计算保证债务的诉讼时效。"

连带责任保证债务诉讼时效的起算点是"债权人请求保证人承担保证责任之日"。在连带责任保证债务场合，不存在先诉抗辩权，主合同履行期限届满，债权人即可主张其保证债权，亦即可以请求保证人履行保证债务，如在保证期间内，债权人请求保证人承担保证责任，一旦保证人拒绝，债权人即知道或者应当知道自己的保证债权受到了侵犯，保证债务的诉讼时效期间即开始起算。

七、主债务诉讼时效与保证债务诉讼时效的关系

主债务和保证债务均属债务，均有诉讼时效期间之适用。主债务诉讼时效期间一般为普通诉讼时效期间（国际货物买卖合同、技术进出口合同以及特别法对合同诉讼时效期间有特别规定者例外，此时主债务诉讼时效期间适用特别法的规定），保证债务诉讼时效期间为普通诉讼时效期间（3年）。

（一）主债务诉讼时效与保证债务诉讼时效起算的关系

主债务诉讼时效和保证债务诉讼时效虽都从权利人知道或者应当知道其权利受到损害以及义务人之日起计算，但具体起算点不同。主债务履行期限届满，主债务人不履行债务，债权人即知道或者应当知道其债权受到损害，主债务诉讼时效期间即开始计算；在保证债权可得行使时，债权人向保证人主张保证债权，但保证人拒绝履行保证债务，债权人即知道或者应当知道其保证债权受到损害，保证债务诉讼时效期间即开始计算。《民法典》规定的保证债务诉讼时效起算点为：就一般保证债务，自保证人拒绝承担保证责任的权利消灭之日；就连带责任保证债务，自债权人请求保证人承担保证责任之日。无论哪种情形，均以保证债务未因保证期间的经过而消灭为前提。

（二）主债务诉讼时效对保证债务诉讼时效的影响

保证债务从属于主债务，由此而决定，主债务消灭，保证债务也消灭；主债务效力减弱，保证债务效力也减弱。主债务不因罹于诉讼时效而消灭，但效力减弱，使得主债务人取得时效经过抗辩权，债权人向保证人主张保证债权之时，保证人亦可主张本属于主债务人的时效经过抗辩权。正是基于此，《民法典》就主债务诉讼时效的中断、中止是否引起保证债务诉讼时间的中断、中止未作规定，在将主债务和保证债务理解为各自独立的债务的前提之下，其各自诉讼时效的中断、中止问题，直接适用《民法典》总则中诉讼时效的规定即可。

（三）保证债务诉讼时效对主债务诉讼时效的影响

已废止的《民通意见》第 173 条第 2 款规定："权利人向债务保证人、债务人的代理人或者财产代管人主张权利的，可以认定诉讼时效中断。"这一规定的理由在于，债权人向保证人主张权利构成向主债务人"间接请求"，因此引起主债务诉讼时效中断。[1] 最高人民法院认为："权利人向从债务人主张权利的，应可以推出其主张主债权。因为，从债权从属于主债权，无主债权的存在也无从债权的存在，且从债权实现后从债务人行使追偿权的行为必然使主债务人承担债务清偿责任。"[2] 但这一规则并不符合主债务与保证债务之间为主从关系的事实和原理。"保证债务因时效而消灭时，主债务不因而消灭。其他对于保证人之履行请求或其他时效之中断，对于主债务不生效

1　参见梁书文主编：《民法通则贯彻意见诠释》，中国法制出版社，2001，第 148 页。

2　最高人民法院民事审判第二庭：《最高人民法院〈关于民事案件诉讼时效司法解释〉理解与适用》，人民法院出版社，2008，第 310 页。

力。"[1] 该规定应予修正。有学者认为，目前应当通过解释论的路径解决问题，即当适用具体的法律规则解决案件会出现极不适当的结果时，应当放弃适用该项具体规则，而改用民法的基本原则处理纠纷。[2]

在债权人只向保证人主张保证债权时，无论此主张产生结束保证期间并确定保证债务诉讼时效起算的效果，还是产生中断保证债务诉讼时效的效果，其效力都不及于主债务诉讼时效。在主债务诉讼时效期间，如果债权人未向债务人主张权利，时效届满时，债权人将丧失对主债务人的胜诉权。保证债务诉讼时效的中断，同样对主债务诉讼时效的经过不发生作用。

（四）保证债务诉讼时效与主债务诉讼时效不一致时的处理

主债务诉讼时效和保证债务诉讼时效的起算点并不一致，且各有其中断事由，因此，主债务诉讼时效期间与保证债务诉讼时效期间并不一定同时届满。如果保证债务诉讼时效期间先于主债务诉讼时效期间届满，债权人的保证债权即因诉讼时效的经过沦为自然债务，但其主债权仍在诉讼时效期间内，仍可求请法院主张其主债权。

如果保证债务诉讼时效期间后于主债务诉讼时效期间届满，债权人在主债务诉讼时效期间届满后、保证债务诉讼时效期间届满前向保证人主张权利，保证人能否以主债务诉讼时效期间届满进行抗辩？如果保证人承担了保证责任，其对主债务人是否享有追偿权？

第一，主债务诉讼时效期间届满，主债务人取得时效抗辩权，债权人向主债务人主张主债权时，主债务人可以之抗辩。依据《民法典》第 701 条的规定，"保证人可以主张债务人对债权人的抗辩。债务人放弃抗辩的，保证人仍有权向债权人主张抗辩"。从该规定并不能得出"连带责任保证的保证人不享有主债权时效完成的抗辩权"的结论。

1　史尚宽：《债法各论》，中国政法大学出版社，2000，第 918-919 页。

2　参见崔建远：《合同法与诉讼时效》，见最高人民法院事审制第一庭编：《民事审判指导与参考》（总第 19 集），法律出版社，2004，第 103-104 页。

第二，如果在主债务诉讼时效期间已经届满但保证债务诉讼时效期间尚未届满的情况下，债权人可以向保证人主张保证债权，根据保证关系的一般原理，保证人承担保证责任后，对债务人的追偿权就应当受到法律保护。因为债务人才是债务的最终承担者，既然保证人不能行使时效抗辩权并承担了保证责任，就应当能够对债务人行使追偿权，而债务人也不能以主债务诉讼时效完成为由进行抗辩，最终还是要承担清偿债务的责任。如此对主债务人极为不公平，等于其要受到两个诉讼时效的约束，主债务诉讼时效的完成，并不必然给主债务人带来时效利益，还要受保证债务诉讼时效的约束。如果认为此时主债务人可以以时效抗辩对抗保证人的追偿权，则对保证人也极为不公平。

因此，本书作者认为，在连带责任保证中，主债务诉讼时效完成后，保证债务诉讼时效尚未完成时，债权人向保证人主张权利，保证人可以主债务诉讼时效完成为由进行抗辩，连带责任保证的保证人与一般保证的保证人同样享有主债权时效完成的抗辩权，并可据此拒绝履行保证责任。

与一般保证相比，连带责任保证的保证人不享有先诉抗辩权，对债权人来说，连带责任保证人是与主债务人处于同一顺序的债务人。但这并不影响连带保证债务与主债务之间的主从关系，即连带责任保证依然符合担保的基本特性之——从属性，主债务人对债权人的抗辩权，连带保证人也应当享有。既然保证人可以对债权人的请求进行抗辩，也就不会因保证人行使追偿权而对主债务人的利益造成损害。当然不排除保证人明知自己享有时效抗辩权而予以放弃，主动承担保证责任的可能，保证人承担责任后，如果向主债务人追偿，主债务人可以主债务时效完成进行抗辩，从而保护自己的利益。

八、小结

在保证期间的强制适用主义之下，保证期间为保证债务的固有属性，当事人如已约定保证期间，则依该约定确定保证人承担保证责任的期间，当事人如未约定保证期间，则直接将法定保证期间推定为当事人的意思；无论当事人是否约定了保证期间，任何保证债务均应适用保证期间。本书作者曾质疑保证期间的强制适用主义，认为保证人为主债务提供担保，债权人接受该担保，双方对担保交易的风险自有估量，在其没有对保证债务约定期间限制的情况下，自应依保证债务的一般事理——从属性来补充当事人的意思，推定保证债务无期间限制，而不是为保证债务补充一个保证期间。这种立法与其说是对当事人意思的补充，还不如说是对当事人意思的限制和约束。[1] 不过，基于《民法典》就保证期间制度所作出的政策选择，保证人承担着保证债务，但保证人毕竟不是主债权债务关系的当事人，不宜使其处于和主债务人完全同样的法律地位。保证期间将保证人的保证责任限定在一定的期间内，其强制适用，在一定程度上缓和了保证债务在存续上的从属性，可以避免保证人无止境地处于承担债务的不利状态或是长期处于随时可能承担债务的财产关系不确定状态。保证期间的设定对于债权人也具有法律意义，它既维护了债权人的利益，促使债权人及时向主债务人行使权利，避免可能因主债务人财产状况继续恶化而影响到债权的实现；同时也是对债权人请求权的行使，从期间上加以必要的限制。[2]

我国《民法典》将保证期间界定为"确定保证人承担保证责任的期间"，由此而决定，保证期间的计算一般与主债务履行期限相勾连。一般情形之下，在主债务履行期限之前，债权人尚不得向主债务人主张权利，也就无法主张保证债权这一从权利，保证期间自应从主债务履行期限届满之日起计算。但是，主债务的履行存在多种形态，《民法典》上一般规则的适用也就存在不少例外情形。在主债务人期前拒绝履行的情形之下，如保证合同中明定其为保证债权可得行使的情形之一，则保证期间应自债权人知道或者应当

1　参见高圣平：《担保法论》，法律出版社，2009，第 111-112 页。

2　参见盛杰民、袁祝杰：《浅论保证期间与诉讼时效》，《中外法学》1997 年第 4 期。

知道主债务人预期违约之时起计算，而不是从主债务履行期限届满之日起计算。在债权人与主债务人协议变更主债务履行期限的情形之下，若此变更经过了保证人的同意，则保证期间应自变更后的主债务履行期限届满之日起计算。就共同保证而言，《民法典》上将各保证债务作为彼此独立的债务形态加以界定，各保证债务也就适用各自独立的保证期间，但因按份共同保证、不真正连带共同保证和连带共同保证的类型化区分，债权人是否在各别保证法律关系中及时主张权利，也就呈现出不同的利益状态。如此种种，使得保证期间制度的适用变得异常复杂。总体上讲，保证期间的适用，无论是保证期间的长短，还是保证期间的起算，均以当事人约定优先；当事人未予约定之时，结合主债务的履行情况和债权人主张主债权的不同情形，推定适用法定保证期间规则。

第四节　时间对于担保物权行使的意义

一、问题的提出

置重于保全功能的担保法制之下，抵押权具有从属性，其所谓的独立性仅仅只是相对的。由此，抵押权附随于其所担保的主债权，与主债权同其命运，主债权消灭，抵押权亦消灭。但主债权因罹于时效而效力减损之时，抵押权的效力状况若何，学说和裁判上均存在重大差异。经由《担保法》、《担保法解释》、《物权法》、《民商事审判会议纪要》，及至《民法典》和《民法典担保制度解释》，我国担保法制呈现出强制性制度变迁的过程。《民法典》第419条语焉不详的文句，带来了巨大的解释冲突和裁判分歧。《民法典担保制度解释》第44条试图解决这一问题，但相互矛盾的表述增加了相关问题解释上的困难。

二、抵押权行使期间的规则变迁

《民法典》实施之后所体现出来的裁判分歧，反映着法院对于不同时期所形成的抵押权行使期间规则的不同理解。因此，有必要梳理我国抵押权行使期间的规则变迁，并进而在准确把握时间效力问题的前提之下，寻求现行法之下的解释结论。

（一）《担保法》与《担保法解释》的政策选择

我国《担保法》上就抵押权的行使期间未置明文[1]，但抵押权是主债权的从权利（第5条第1款前段），"抵押权与其担保的债权同时存在，债权消灭的，抵押权也消灭"（第52条），抵押权人在"债务履行期届满抵押权人未受清偿"时即可行使抵押权（第53条）。准此，抵押权从属于主债权，其行使并无单独的期间限制。

及至《担保法解释》，起草者认为，担保物权本身并无诉讼时效的适用，但为便于担保财产的流转并实现其价值，该司法解释在"没有立法上的依据"的情况下进行"漏洞补充式的解释"，参照其他国家和地区的立法经验[2]和我国物权法初稿，于其第12条第2款规定："担保物权所担保的债权的诉讼时效结束后，担保权人在诉讼时效结束后的二年内行使担保物权的，人民法院应当予以支持。"[3]这里明确了担保物权可因一定期间的经过而消灭，只是为避免司法解释僭越立法权限，"对于有着立法性质的担保物权的存续期间的解释，在表述上以人民法院在何种条件下保护担保物权为表述方式"[4]。

1　对约束抵押权的期间的名称，学界并未取得一致意见，有称"抵押权的时效""抵押权的司法保护期"的，也有称"抵押权的存续期间""抵押权的期间""抵押期间"的，还有称"抵押权的实行期间"的。本书基于《物权法》第202条、《民法典》第419条的规定，直接称之为"抵押权的行使期间"，暂时搁置相关学说争议，以一个相对中性的词汇来指称该制度，便于对争议的评析。

2　这里一定程度上参考了我国台湾地区"民法"第880条的规定。该条指出："以抵押权担保之债权，其请求权已因时效而消灭，如抵押权人于消灭时效完成后5年间不实行抵押权，则其抵押权消灭。"

3　李国光等：《最高人民法院〈关于适用中华人民共和国担保法若干问题的解释〉理解与适用》，吉林人民出版社，2000，第88-89页。

4　李国光等：《最高人民法院〈关于适用中华人民共和国担保法若干问题的解释〉理解与适用》，吉林人民出版社，2000，第89页。

至于为何在主债权诉讼时效期间完成之后担保物权人仍得行使担保物权，起草者认为："主债权诉讼时效完成后，因为债权不消灭，所以并不导致担保物权的消灭"[1]，以此表达起草者就担保物权从属性的认识。同时，"诉讼时效结束后的二年"期间的经过产生担保物权消灭的法律效果，该期间具有除斥期间性质。[2]

（二）《物权法》与《民商事审判会议纪要》的解释论发展

在我国物权法立法过程中，比较一致的意见是，在抵押权消灭事由之外，应专门规定抵押权的"存续期间"[3]。其主要理由在于："随着市场经济的快速运转，如果允许抵押权一直存续，可能会使抵押权人怠于行使抵押权，不利于发挥抵押财产的经济效用，制约经济的发展。"[4]在将《担保法解释》第12条第2款转化为法典语言时，以"人民法院不予保护"替代了"人民法院应当予以支持"，于其第202条规定："抵押权人应当在主债权诉讼时效期间行使抵押权；未行使的，人民法院不予保护。"这里将抵押权的行使期间确定为"主债权诉讼时效期间"，并未采纳《担保法解释》第12条第2款的解决方案，因为在主债权诉讼时效期间完成之后，充任抵押人的第三人如仍承担担保责任即会出现求偿困境，无论此际是否承认抵押人对主债务人的追偿权，均将导致权利失衡；同时，也未采纳抵押权因主债权履行期间届满后4年不行使即消灭的立法建议，因为这样会出现主债权诉讼时效期间尚

---

1 李国光等：《最高人民法院〈关于适用中华人民共和国担保法若干问题的解释〉理解与适用》，吉林人民出版社，2000，第91页。

2 参见"《〈关于适用《中华人民共和国担保法》若干问题的解释（送审稿）〉的说明》"（1999年9月8日），见李国光等：《最高人民法院〈关于适用中华人民共和国担保法若干问题的解释〉理解与适用》，吉林人民出版社，2000，第46页。

3 全国人大会常委会法制工作委员会民法室：《中华人民共和国物权法条文说明、立法理由及相关规定》（第二版），北京大学出版社，2017，第413页。

4 全国人大会常委会法制工作委员会民法室：《中华人民共和国物权法条文说明、立法理由及相关规定》（第二版），北京大学出版社，2017，第414页。

未届满，而抵押权已经消灭的情形。[1] 如此看来，《物权法》固守了抵押权的从属性，将抵押权的行使与主债权诉讼时效紧密关联，使得抵押权并无独立的期间限制。但"不予保护"，究竟是因抵押权消灭而不予保护，还是因抵押权效力减损而不予保护？不予保护抵押权究竟是由抵押权对主债权的从属性引起的，还是直接由时效完成引起的？[2] 如此形成了各种学说，"不予保护说""胜诉权消灭说""抵押权消灭说""时效抗辩发生说"，等等[3]，不一而足。

针对上述分歧，《民商事审判会议纪要》出于统一裁判思路和解决实际问题的考量，于第 59 条第 1 款规定主债权罹于时效对抵押权的影响，即"抵押人在主债权诉讼时效届满后请求涂销抵押权登记的，人民法院依法予以支持"[4]。这里明确了《物权法》第 202 条中争议重重的"不予保护"，实为抵押权因除斥期间的经过而消灭，此时抵押人可以请求涂销抵押登记。[5] 该纪要第 59 条第 2 款还对《物权法》第 202 条的适用范围进行了一定程度的扩张，将该条类推适用于以登记作为公示方法的权利质权。然而，该纪要第 59 条将"人民法院不予保护"解释为"抵押权消灭"，在我国民法规则体系内部造成了冲突。在《民法总则》第 192 条就诉讼时效期间完成采"时效抗辩发生说"的立法选择之下，诉讼时效期间的经过并不导致实体权利消灭，基于抵押权从属性的原理以及逻辑自洽的要求，抵押权也不应随之消灭。最高人

1　参见全国人大会常委会法制工作委员会民法室：《中华人民共和国物权法条文说明、立法理由及相关规定》（第二版），北京大学出版社，2017，第 414 页。

2　参见徐洁：《担保物权与时效的关联性研究》，《法学研究》2012 年第 5 期。

3　学说分歧的介绍，参见孙鹏：《论担保物权的实行期间》，《现代法学》2007 年第 6 期；高圣平：《担保物权的行使期间研究——以〈物权法〉第 202 条为分析对象》，《华东政法大学学报》2009 年第 1 期；张驰：《论抵押权的存续期间——兼评我国〈物权法〉第 202 条》，《法学》2010 年第 4 期；徐洁：《担保物权与时效的关联性研究》，《法学研究》2012 年第 5 期。

4　这里的"涂销"实为"注销"。我国不动产登记类型中仅有"注销登记"，尚无"涂销登记"。裁判实践中甚至出现了，当事人以一审判决书中的"配合办理注销他项权登记事宜"的判项与《民商事审判会议纪要》第 59 条第 1 款"涂销抵押权登记"表述不一致而提起上诉的情形。参见吉林省通化市中级人民法院民事判决书 (2021) 吉 05 民终 739 号民事判决书。

5　参见最高人民法院民事审判第二庭：《〈全国法院民商事审判工作会议纪要〉理解与适用》，人民法院出版社，2019，第 359 页。

民法院由此也不得不承认，"该说在理论上确有不够周延之处"[1]。

（三）《民法典》与《民法典担保制度解释》的解释论转向

在民法典编纂过程中，曾有建议将"人民法院不予保护"修改为"抵押权消灭"，但《民法典》最终还是于第419条完整保留了《物权法》第202条之规定，并未采纳抵押权消灭说的观点。其主要理由在于：其一，主债权并不因诉讼时效的经过而消灭，作为从权利的抵押权亦不得因此而消灭；其二，如采纳抵押权消灭说，抵押人自可基于抵押权已消灭的理由而请求债权人返还其已承担的担保责任，有违诚实信用原则；其三，在《民法典》已经承认抵押权的追及效力，允许抵押财产转让的前提之下，即使采纳抵押权不因主债权诉讼时效的经过而消灭，也不影响抵押财产的流转。[2]"过了主债权诉讼时效期间后，抵押权人丧失的是抵押权受人民法院保护的权利即获得司法强制执行的权利，而抵押权本身并没有消灭，如果抵押人自愿履行担保义务的，抵押权人仍可以行使抵押权。"[3]这里明显采取了胜诉权消灭说的观点。但此际仍然存在抵押权人既不能行使抵押权，又不能请求注销抵押登记的僵局。司法实践中即有观点认为，"在此情形之下，《民商审判会议纪要》第59条的规定仍然不失为一种妥当的解决方法"[4]。

随后，《民法典担保制度解释》第44条第1款第一句前段指出："主债权诉讼时效期间届满后，抵押权人主张行使抵押权的，人民法院不予支持。"这里近乎重复了《民法典》第419条的规定。依其文义，人民法院对于抵押权人的权利主张不予支持，并不以抵押人主张时效抗辩权为前提，与时效抗辩发生说之下人民法院不得主动援用诉讼时效规定的"职权禁用规则"发生

---

[1] 最高人民法院民事审判第二庭：《〈全国法院民商事审判工作会议纪要〉理解与适用》，人民法院出版社，2019，第361页。

[2] 参见黄薇主编：《中华人民共和国民法典物权编释义》，法律出版社，2020，第545-546页。

[3] 黄薇主编：《中华人民共和国民法典物权编释义》，法律出版社，2020，第547页。

[4] 最高人民法院民法典贯彻实施工作领导小组主编：《中华人民共和国民法典物权编理解与适用》（下），人民法院出版社，2020，第1145页。

冲突。[1]该条第 1 款第一句后段规定："抵押人以主债权诉讼时效期间届满为由，主张不承担担保责任的，人民法院应予支持。"这里又导向了时效抗辩发生说[2]，在抵押权人向抵押人主张行使抵押权之时，抵押人自可主张本属于主债务人的时效经过抗辩权。如此，第 44 条第 1 款第一句前后两段即相互矛盾。如欲表达时效抗辩发生说的本旨，该款第一句应为："主债权诉讼时效期间届满后，抵押权人主张行使抵押权，抵押人以主债权诉讼时效期间届满为由提出抗辩或者反诉的，人民法院不予支持。"参与司法解释起草的法官同时认为，抵押人可以继续适用《民商事审判会议纪要》第 59 条的规定，请求抵押权人协助办理注销抵押登记。[3]这一观点又与第 44 条第 1 款坚持的抗辩权发生说之间缺乏充分的逻辑勾连，增加了《民法典担保制度解释》第 44 条解释上的困难。

《民法典》第 419 条的解释分歧既涉及其中"主债权诉讼时效期间"的性质，也关乎"人民法院不予保护"之法律效果。既有的研究多将两者之间直接关联，如主张"主债权诉讼时效期间"属于抵押权的除斥期间，则"人民法院不予保护"就意味着抵押权的消灭；如认为"主债权诉讼时效期间"属于抵押权的从属性在时间意义上的一种体现，则"人民法院不予保护"就意味着在抵押人援引时效抗辩权的情形之下不支持抵押权人的权利主张，抵押权并不消灭。但《民法典》实施之后的裁判实践显示，两者之间并无必然关联。如人民法院判令抵押权消灭，其对"主债权诉讼时效期间"属性的认识，既可以是除斥期间、失权期间，也可以是抵押权诉讼时效、主债权受保

1　《民法典》第 193 条"职权禁用规则"与第 192 条"抗辩权发生主义"实为同一规则在不同角度上的体现，既然诉讼时效期间届满仅直接产生债务人的抗辩权，则该抗辩权当然只能由当事人享有和行使，法院自无权主动援用。参见杨巍：《〈民法典〉第 192 条、第 193 条（诉讼时效届满效力、职权禁用规则）评注》，《法学家》2020 年第 6 期。

2　参见杨巍：《中国民法典评注·规范集注：诉讼时效·期间计算》（第 1 辑），中国民主法制出版社，2022，第 127 页。

3　参见最高人民法院民事审判第二庭：《最高人民法院民法典担保制度司法解释理解与适用》，人民法院出版社，2021，第 395 页。

护的期间。如此,将两者分别讨论更有利于厘清争议。

三、《民法典》第419条中"主债权诉讼时效期间"的性质与计算

（一）抵押权行使期间的裁判分歧

裁判实践中就《民法典》第419条中"主债权诉讼时效期间"的性质存在不同的认识。

第一种观点认为,抵押权的行使期间在性质上属于除斥期间。[1]这一裁判观点深受《担保法解释》第12条第2款的影响。如有裁判认为,该款中"诉讼时效结束后的二年"属于一个固定的不变期间,具有除斥期间的性质。[2]尽管该条司法解释未被《物权法》采纳,但与《物权法》第202条的规定相比,仅仅只是缩短了抵押权行使期间、取消了2年的宽限期,这说明对抵押权行使期间的要求更加严格,并未改变其除斥期间属性。[3]此类裁判对于"除斥期间说"并未进行充分论证,更像是在预设了"抵押权应归于消灭"的结果之后,倒推出抵押权行使期间在性质上属于除斥期间。[4]

第二种观点认为,抵押权的行使期间在性质上属于抵押权的诉讼时效期间。[5]这一观点系在否认除斥期间说的基础上而形成。"该条款［《物权法》第202条］明确规定了抵押权人行使抵押权的期间限制为主债权诉讼时效内,诉讼时效并非除斥期间,存在中止、中断事由的,可以中止、中断计算,即本条规定中所述的抵押权行使期间适用主债权诉讼时效的中止、中断情形。"[6]

1　参见云南省文山壮族苗族自治州中级人民法院 (2020) 云 26 民终 1307 号民事判决书；辽宁省葫芦岛市中级人民法院 (2022) 辽 14 民终 1102 号民事判决书。

2　参见湖北省黄冈市中级人民法院 (2020) 鄂 11 民终 1364 号民事判决书；辽宁省葫芦岛市中级人民法院 (2022) 辽 14 民终 1102 号民事判决书。

3　参见湖北省黄冈市中级人民法院 (2020) 鄂 11 民终 1364 号民事判决书。

4　参见郑永宽：《论抵押期间的性质与效力》,《法学家》2022 年第 3 期。

5　参见辽宁省葫芦岛市中级人民法院 (2021) 辽 14 民终 242 号民事判决书；山东省潍坊市中级人民法院 (2021) 鲁 07 民终 10226 号民事判决书。

6　四川省成都市中级人民法院 (2021) 川 01 民终 343 号民事判决书。

第三种观点认为，抵押权的行使期间在性质上属于抵押权的失权期间。抵押权"既不能成为诉讼时效的客体，亦不能成为除斥期间的客体，虽然就行使期间而言，抵押权受到主债权诉讼时效期间的限制，但抵押权本身并非因诉讼时效而消灭，而是适用权利失效原则。权利失效原则即权利者在相当期间内不行使其权利，依特别情事足以使义务人正当信任债权人不欲其履行义务者，基于诚信原则不得再为主张"。"该条［《物权法》第202条］仅仅规定了人民法院不予保护抵押权人诉讼权，抵押权本身并没有消灭，只是成为自然权利（相对于抵押人为自然债务）。"[1]

第四种观点认为，抵押权的行使期间不是一种独立的期间制度，仅仅只是抵押权从属性的一种体现，在主债权因罹于时效而无法获得人民法院保护时，抵押权也不再受人民法院的保护。[2]《物权法》第202条、《民法典》第419条将抵押权的行使期间与主债权的诉讼时效期间挂钩，"实质在于明确抵押权人应在主债权受到法律保护的期间内行使抵押权"[3]。"该行使期间与主债权诉讼时效期间相同，随着主债权诉讼时效中断、中止而变化。也就是说，抵押权行使期间只是以主债权诉讼时效期间为参照来计算，并不等于对抵押权也要适用诉讼时效制度。"[4]

上述裁判分歧体现着不同的法官对于《物权法》第202条和《民法典》第419条规范目的、文义、体系等方面的不同理解。无论是《物权法》第202条，还是《民法典》第419条，立法者所欲规范的目标均体现为，督促

1　广东省清远市中级人民法院 (2020) 粤 18 民终 883 号民事判决书。

2　参见上海市第三中级人民法院 (2021) 沪 03 民初 285 号民事判决书；广东省深圳市中级人民法院 (2021) 粤 03 民终 4610 号民事判决书；山东省济南市中级人民法院 (2021) 鲁 01 民终 7355 号民事判决书；广东省深圳市中级人民法院 (2021) 粤 03 民终 24902 号民事判决书。

3　最高人民法院（2021）最高法民再 154 号民事判决书。同旨参见湖南省湘西土家族苗族自治州中级人民法院 (2021) 湘 31 民终 1645 号民事判决书；山东省东营市中级人民法院 (2021) 鲁 05 民终 2111 号民事判决书；上海市第三中级人民法院 (2021) 沪 03 民初 285 号民事判决书；江苏省泰州市中级人民法院 (2022) 苏 12 民终 532 号民事判决书；安徽省滁州市中级人民法院 (2022) 皖 11 民终 188 号民事判决书。

4　最高人民法院 (2020) 最高法民再 110 号民事判决书。同旨参见福建省三明市中级人民法院 (2022) 闽 04 民终 55 号民事判决书。

抵押权人积极行使权利，避免抵押权的永续存在害及抵押财产的流转，借由抵押财产经济效用的充分发挥促进经济发展。[1] 如此，抵押权的行使即有了期间限制。在体系解释上，抵押权属于物权之一种，《民法典》总则编诉讼时效的适用范围尚不包括抵押权人行使抵押权的情形，因此，抵押权并无诉讼时效制度的适用；抵押权也非与撤销权、解除权等一样同属形成权，抵押权行使期间可因主债权诉讼时效期间的中止、中断而非固定不变[2]，因此，抵押权亦无《民法典》第 199 条除斥期间的适用。如此，前述第一、二种观点即不足采。虽然在学说上，失权期间对请求权和支配权均有适用余地，且不受固定期限的限制[3]，但权利失效理论尚无实定法依据，且失权期间经过的法律效果本身即存有权利消灭抑或抗辩权产生的争议，在不同情形下结论迥异。[4] 由此，第三种观点，即失权期间说难以为抵押权行使期间的定性提供理论支撑。

《民法典》第 388 条中规定，"担保合同是主债权债务合同的从合同"；第 393 条第 1 项规定，"主债权消灭""担保物权消灭"。由此可见，抵押权从属于主债权，抵押权的范围和强度也就不能高于主债权。依据《民法典》第 192 条的规定，主债权罹于时效，主债务人取得时效抗辩权，主债务人自可据此提出拒绝履行的抗辩以对抗债权人的履行请求。主债权罹于时效并不产生主债权消灭的法律后果，主债务人同意履行的，不得以诉讼时效期间届满为由抗辩；主债务人已经自愿履行的，不得请求返还。抵押权作为物权的

1　参见全国人大会常委会法制工作委员会民法室：《中华人民共和国物权法条文说明、立法理由及相关规定》（第二版），北京大学出版社，2017，第 414 页；黄薇主编：《中华人民共和国民法典物权编释义》，法律出版社，2020，第 546 页。

2　参见辽宁省葫芦岛市中级人民法院 (2021) 辽 14 民终 242 号民事判决书；四川省成都市中级人民法院 (2021) 川 01 民终 343 号民事判决书；

3　参见王泽鉴：《民法学说与判例研究》（第一册），北京大学出版社，2009，第 157 页；张永：《抵押权法定存续期间效力及性质的二重性分析——以〈物权法〉第 202 条为中心》，《政治与法律》2014 年第 2 期。

4　参见蒋言：《论权利失效的立法》，《政治与法律》2018 年第 2 期。

一种，本身原则上并无诉讼时效期间或者除斥期间的适用，但在抵押权的从属性之下，如主债权因罹于时效而效力减损之时，抵押权自然也不能再维持其本来的效力状态。如此看来，第四种观点更为可取。

（二）"主债权诉讼时效期间"的计算与文义扩张

1. 普通诉讼时效期间的计算

在抵押权支配性和从属性之下，《民法典》第419条中的"主债权诉讼时效期间"既不是抵押权的诉讼时效，也不是抵押权的除斥期间、失权期间。"主债权诉讼时效期间"即应依主债权债务关系的情况而判断其是否届满。由于主债权诉讼时效期间因中止、中断事由的出现而继续计算或者重新计算，主债权诉讼时效期间也就不是一段固定期间。[1] 在《民法典担保制度解释》进一步强化担保从属性的背景下[2]，主债权诉讼时效期间因特定事由的出现发生中止或者中断，只要尚未届满，对抵押权的行使均不发生影响。裁判实践中，以固定的"两年"或者"三年"判断主债权诉讼时效期间是否经过[3]，罔顾中断事由所引起的诉讼时效重新计算，至为可议。

基于相对性，主债权诉讼时效期间的进行通常仅与债权人和主债务人的行为相关，但在解释上，如抵押权人仅在主债权诉讼时效期间内申请启动实现担保物权案件特别程序，并未向主债务人提起诉讼或者以其他方式主张权利，由于抵押权人实现抵押权的目的在于就主债权获得清偿，基于抵押权的从属性，抵押权人申请启动特别程序具有中断主债权诉讼时效期间计算的效力。[4] 不过，此际抵押权人已经在主债权诉讼时效期间内行使了抵押权，《民

1　参见吉林省吉林市中级人民法院民事判决书 (2021) 吉 02 民终 1552 号民事判决书；黑龙江省齐齐哈尔市中级人民法院民事判决书 (2021) 黑 02 民终 3199 号民事判决书；河南省信阳市中级人民法院民事判决书 (2021) 豫 15 民终 5347 号民事判决书，等等。

2　参见刘贵祥：《担保制度一般规则的新发展及其适用——以民法典担保制度解释为中心》，《比较法研究》2021 年第 5 期。

3　参见内蒙古自治区高级人民法院 (2014) 内民申字第 1143 号民事裁定书。

4　参见最高人民法院民事审判第二庭：《最高人民法院关于民事案件诉讼时效司法解释理解与适用》，人民法院出版社，2008，第 260-261 页。

法典》第 419 条原则上已无适用余地。

2. 最长诉讼时效期间的适用

依据《民法典》第 188 条第 2 款的规定，普通和特殊时效期间的计算须受 20 年期间限制，即起算、中止、中断均须发生于 20 年期间之内。[1] 但这并不表明主债权诉讼时效期间即为 20 年，而仅仅只是指主债权诉讼时效期间即使经不断中断，也不能超过 20 年[2]，20 年期间是对权利的最长保护期间[3]，原则上属于不变期间，不适用中止、中断规则，仅于特殊场合下可以延长。[4] 20 年期间届满效力亦采"抗辩权发生主义"，即由义务人取得抗辩权，而非实体权利消灭。《民法典》第 192 条（时效届满效力）和第 193 条（职权禁用规则）亦适用于 20 年期间。[5] 抵押权人未在自主债务履行期限届满之日 20 年期间内行使抵押权，即有《民法典》第 419 条之适用[6]，抵押人可以援引主债务人的时效抗辩权对抗抵押权人的权利主张。

3. 执行时效期间的适用或者准用

就抵押权实现的公力程序供给而言，《民法典》第 410 条第 2 款规定了非讼程序，抵押权人可以请求人民法院拍卖、变卖抵押财产。但这一规定并不排斥抵押权人以提起诉讼的方式实现其抵押权。[7] 此际，《民法典担保制度解释》第 45 条第 3 款要求债权人（抵押权人）应当以主债务人和抵押人为

1　参见杨巍：《〈民法典〉第 188 条第 2 款第 3 句（最长时效期间及其延长）评注》，《南京大学学报（哲学·人文科学·社会科学）》2022 年第 2 期。

2　参见陕西省西安市中级人民法院民事判决书 (2021) 陕 01 民终 12771 号民事判决书。

3　参见黄薇主编：《中华人民共和国民法典总则编释义》，法律出版社，2020，第 504 页。

4　参见王利明：《民法总则》（第三版），中国人民大学出版社，2022，第 468–469；最高人民法院民法典贯彻实施工作领导小组：《最高人民法院民法典总则编司法解释理解与适用》，人民法院出版社，2022，第 497 页。

5　参见杨巍：《〈民法典〉第 188 条第 2 款第 3 句（最长时效期间及其延长）评注》，《南京大学学报（哲学·人文科学·社会科学）》2022 年第 2 期。

6　参见湖南省岳阳市中级人民法院 (2021) 湘 06 民终 4913 号民事判决书；辽宁省丹东市中级人民法院 (2022) 辽 06 民终 1409 号民事判决书。

7　参见高圣平：《民法典担保制度及其配套司法解释理解与适用》，中国法制出版社，2021，第 688 页。

共同被告提起诉讼，旨在查明抵押权基于其从属性地位的效力及其就抵押财产的优先受偿范围，以合于诉讼经济原则，并避免就主债权和抵押权分别作出相冲突的裁判。[1]但这并不意味着债权人在起诉主债务人时，必须一并起诉抵押人。如债权人单独起诉主债务人，并不影响其此后单独向抵押人主张抵押权。[2]此际，债权人就主债务人取得胜诉裁判之后，其就抵押权的行使是否受到《民法典》第419条规定的期间限制，不无解释上的疑问。

依据《民事诉讼法》第246条第1款的规定，"申请执行的期间为二年。申请执行时效的中止、中断，适用法律有关诉讼时效中止、中断的规定"。这就意味着，债权人就主债务人的胜诉裁判中的权利实现受到执行时效的约束。就诉讼时效与执行时效的关系，学说上素有争议，也直接影响到了前述疑问的解决。

第一种观点认为，诉讼时效与执行时效是两种不同的制度，分别适用于诉讼阶段和执行阶段。在债权人就主债务人提起诉讼并获得生效判决的情况下，基于"一事不再理"原则，债权人不能再就同一事项向人民法院提起诉讼，也就不存在诉讼时效期间重新计算的问题。《民法典》第195条所谓"权利人提起诉讼或者申请仲裁"，"诉讼时效中断，从中断、有关程序终结时起，诉讼时效期间重新计算"，系专门针对债权人撤诉等情形。参照《民法典》第419条规定之精神，只要在主债权受到保护的法定期间内行使，抵押权即应受到保护。[3]"在主债权经生效裁判确认后，此时的主债权受到法律保护的期间不再是诉讼时效期间，而是申请执行期间。同理，在债务人破产的情况

1　参见高圣平：《担保法前沿问题与判解研究：最高人民法院新担保制度司法解释条文释评》（第五卷），人民法院出版社，2021，第318页。

2　参见贺小荣主编：《最高人民法院第二巡回法庭法官会议纪要》（第三辑），人民法院出版社，2022，第351页。

3　参见贺小荣主编：《最高人民法院第二巡回法庭法官会议纪要》（第三辑），人民法院出版社，2022，第351-352页。

下，此时的主债权受到法律保护的期间就是法律规定的申报债权期间。"[1]只要当事人在前述的保护期间内依法行使权利，抵押权就应受到保护。[2]

第二种观点认为，虽然现行法采取诉讼时效与执行时效分别规定的"二元模式"，但《民事诉讼法》以及《民事诉讼法解释》的相关规定已使两种时效的性质趋同化。诉讼时效与执行时效之间在时效届满效力、法院不得主动适用、中止中断规则的适用等方面保持了一致，仅在期间长短、最长20年期间的适用等方面上存在差异：执行时效为2年；执行时效不适用最长20年期间。[3]诉讼时效并非仅与"诉讼"有关，将其仅适用于诉讼程序是对诉讼时效制度的误解。[4]执行时效在解释上即为诉讼时效在执行程序中的适用。如此，债权人就主债务人提起诉讼的，诉讼时效中断，《民法典》第195条规定的"从中断、有关程序终结时起，诉讼时效期间重新计算"之中，重新计算的诉讼时效期间，即为执行时效期间。《民法典》第419条规定的"主债权诉讼时效期间"也就包括了执行时效期间，债权人在就主债务人取得胜诉裁判后，未在执行时效期间内行使抵押权的，抵押人同样取得时效抗辩权。[5]

本书作者认为，随着理论研究的深入和《民事诉讼法》2007年的修正，学说和实务中对于执行时效的认识已经渐趋一致，即执行时效仅为诉讼时效

---

[1]　最高人民法院（2021）最高法民再154号民事判决书。同旨参见广东省深圳市中级人民法院(2021)粤03民终24902号民事判决书；广东省广州市中级人民法院（2022）粤01民终7461号民事判决书；江苏省泰州市中级人民法院（2022）苏12民终532号民事判决书；安徽省滁州市中级人民法院（2022）皖11民终188号民事判决书。

[2]　参见贺小荣主编：《最高人民法院第二巡回法庭法官会议纪要》（第三辑），人民法院出版社，2022，第353页。

[3]　参见杨巍：《中国民法典评注·规范集注：诉讼时效·期间计算》（第1辑），中国民主法制出版社，2022，第13页。

[4]　参见杨巍：《〈民法典〉第192条、第193条（诉讼时效届满效力、职权禁用规则）评注》，《法学家》2020年第6期。

[5]　参见高圣平：《担保法前沿问题与判解研究（第五卷）：最高人民法院新担保制度司法解释条文释评》，人民法院出版社，2021，第302-303页；杨巍：《〈民法典〉第195条评注之二（起诉、其他中断事由）》，《法学家》2021年第5期。

在执行程序中的反映。[1] 即使债权人的请求权经过生效裁判所确认，但仍然属于实体法上的请求权，仍然有请求人民法院保护的必要，只不过，此时保护的程序是强制执行程序。如此，《民法典》第188条第1款中"向人民法院请求保护民事权利的诉讼时效期间为三年"，既包括在诉讼程序、非讼程序中请求人民法院保护，也包括在强制执行程序中请求人民法院保护。《民事诉讼法》第246条第1款对"二年"执行时效期间的规定，属于《民法典》第188条第1款中"法律另有规定的"情形，自应优先适用。在此前提之下，《民法典》和最高人民法院司法解释中一系列规定才能得到合理的解释。

其一，《民法典》第195条"权利人提起诉讼或者申请仲裁"是诉讼时效的中断事由，而诉讼时效中断的法律后果自然涉及诉讼时效期间的重新计算，从有关程序终结时起重新计算的执行时效，只有定性为诉讼时效才具有正当性。也只有在这一解释论的前提之下，《诉讼时效规定》第11条第5项才将"申请强制执行"作为"与提起诉讼具有同等诉讼时效中断的效力"的事由之一加以明确。该规定的理由在于，"诉讼时效的效力在于诉讼时效期间内，债权人的债权受法院强制力保护，该法院强制力保护，既包括法院依法进行裁判，也包括判决后法院予以强制执行，因此，即使是债权已经法院生效判决、仲裁生效裁决确认，但诉讼时效的效力并未完结，其还在强制执行过程中继续存在"[2]。

其二，《民事诉讼法解释》第219条规定："当事人超过诉讼时效期间

1　参见刘学在：《论执行时效制度之理解误区及其矫正》，《北方法学》2014年第4期；金印：《执行时效的体系地位及其规制方式——民法典编撰背景下执行时效制度的未来》，《法律科学》2017年第5期；杨巍：《〈民法典〉第195条评注之二（起诉、其他中断事由）》，《法学家》2021年第5期；最高人民法院民法典贯彻实施工作领导小组主编：《最高人民法院新民事诉讼法司法解释理解与适用》，人民法院出版社，2022，第1080页。

2　最高人民法院民事审判第二庭：《最高人民法院关于民事案件诉讼时效司法解释理解与适用》，人民法院出版社，2008，第252页。

起诉的,人民法院应予受理。受理后对方当事人提出诉讼时效抗辩,人民法院经审理认为抗辩事由成立的,判决驳回原告的诉讼请求。"这一程序法上的处理契合《民法典》上诉讼时效期间届满即抗辩权发生的效力规则。[1]《民事诉讼法解释》第481条第1款规定:"申请执行人超过申请执行时效期间向人民法院申请强制执行的,人民法院应予受理。被执行人对申请执行时效期间提出异议,人民法院经审查异议成立的,裁定不予执行。"这里改变了此前将申请执行期间理解为公法上强制执行申请权的期间的观点,将《民事诉讼法》第246条第1款所定期间界定为执行依据所载之请求权的强制保护的期间,如此,正如当事人行使起诉权并无期间的限制,债权人获得胜诉裁判之后,其享有的强制执行申请权这种公法上的司法救济权同样没有期间的限制。[2]申请执行人向人民法院申请强制执行,人民法院不能以超过执行时效期间为由拒绝受理,也不得主动审查执行时效期间是否经过。在强制执行程序中,被执行人的时效抗辩权以异议的形式提出。即使执行时效期间已经经过,只要被执行人不就此提出异议,法院仍应予以强制执行。被执行人履行全部或者部分义务后,不得以不知道申请执行时效期间届满为由请求执行回转。

综上,前述第二种解释路径更为可取。《民法典担保制度解释》第44条第1款第二句规定:"主债权诉讼时效期间届满前,债权人仅对债务人提起诉讼,经人民法院判决或者调解后未在民事诉讼法规定的申请执行时效期间内对债务人申请强制执行,其向抵押人主张行使抵押权的,人民法院不予支持。"这也意味着,只要主债权执行时效未届满(包括因中断情形),债权人向抵押人主张行使抵押权的,人民法院应予支持。与本款第一句前段一样,

---

[1] 参见最高人民法院民法典贯彻实施工作领导小组:《最高人民法院新民事诉讼法司法解释理解与适用》,人民法院出版社,2022,第468页。

[2] 参见刘学在:《论执行时效制度之理解误区及其矫正》,《北方法学》2014年第4期;金印:《执行时效的体系地位及其规制方式——民法典编撰背景下执行时效制度的未来》,《法律科学》2017年第5期。

本句所谓"人民法院不予支持"同样以抵押人援引时效抗辩权为前提（容后详述）。抵押权人在诉讼时效期间内起诉主债务人，即生主债权诉讼时效中断的效果[1]，只要抵押权人未在申请执行期间届满前行使抵押权，抵押人即可以主债权诉讼时效期间经过为由主张抗辩。这一规定，实际是为了配合我国现行法对申请执行期间所进行的时效化改造[2]，并将诉讼时效扩展于执行时效。[3]

在解释上，债权人对债务人申请仲裁、申请支付令、申请作出公证债权文书等，与《民法典担保制度解释》第44条第1款第二句中"债权人仅对债务人提起诉讼"的功用相同，均为取得执行依据，亦有本款规定之适用。本款中"对债务人申请强制执行"，也仅为对中断事由的不完全列举，请求履行、主张抵销等亦属文义涵摄范围。[4]

申请执行人在执行时效期间内申请执行，引起执行时效中断。"案涉主债权进入强制执行程序且执行程序尚未终结，意味着案涉主债权仍有强制执行力，正处于强制实现过程之中。法律对于具有强制执行可能性的主债权（即诉讼时效期间内的主债权），都支持债权人行使与之相关的抵押权。举重以明轻，对正处于现实的强制执行中的主债权，更应支持债权人行使与之相关的抵押权。"[5]在强制执行程序中，执行时效的中断事由具有特殊性。一是，执行和解协议。达成执行中的和解协议引起执行时效中断，执行时效期间自和解协议约定履行期限的最后一日起重新计算。[6]二是，中止执行裁定。[7]在

---

1 参见周家开：《执行异议之诉中抵押权实现的相关问题探析——以〈民法典〉第419条为视角》，《法律适用》2021年第5期。

2 参见最高人民法院民事审判第二庭：《最高人民法院民法典担保制度司法解释理解与适用》，人民法院出版社，2021，第395页。

3 参见孙超：《执行时效的制度变革、规则适用与立法展望》，《法律适用》2022年第7期。

4 参见杨巍：《〈民法典〉第195条评注之一（诉讼外请求、义务承认）》，《法学家》2021年第4期。

5 广东省广州市中级人民法院 (2022) 粤 01 民终 7461 号民事判决书。

6 参见山东省东营市中级人民法院 (2021) 鲁 05 民终 2111 号民事判决书。

7 参见湖南省湘西土家族苗族自治州中级人民法院 (2021) 湘 31 民终 1645 号民事判决书。

出现《民事诉讼法》第 263 条所规定的情形之时，执行法院应当裁定中止执行，此时执行时效中断。中止执行的情形一旦消失即应恢复执行，无须重新立案或者另行制作恢复执行裁定或者撤销中止裁定。当事人申请恢复执行并无期限限制[1]，但自中止的情形消失、恢复执行之时重新计算执行时效。三是，终结本次执行裁定。依据《民事诉讼法解释》第 517 条第 1 款的规定，经过财产调查未发现可供执行的财产，执行法院可以裁定终结本次执行程序。依据《民事诉讼法》第 261 条的规定，债权人发现被执行人有其他财产的，可以随时请求人民法院执行。《民事诉讼法解释》第 515 条规定："债权人根据民事诉讼法第二百六十一条规定请求人民法院继续执行的，不受民事诉讼法第二百四十六条规定申请执行时效期间的限制。"《民事诉讼法解释》第 517 条第 2 款也规定："依照前款规定终结执行后，申请执行人发现被执行人有可供执行财产的，可以再次申请执行。再次申请不受申请执行时效期间的限制。"终结本次执行裁定并非债务消灭意义上的终结执行，其法律效果相当于中止执行，执行法律关系并未终结，在符合条件时债权人可随时请求法院恢复执行。[2] 这里的"不受执行时效的限制"并非指"执行依据所载请求权"成为不适用执行时效的权利，而是指债权人的恢复执行请求不构成中断事由，亦不受时效限制，执行法律关系消灭前时效停止计算。[3]

四、《民法典》第 419 条中"人民法院不予保护"的效果

（一）"人民法院不予保护"的裁判分歧

依据《民法典》第 419 条的规定，抵押权人未在主债权诉讼时效期间行使抵押权的，人民法院不予保护。此处的"人民法院不予保护"，究为何指，裁判实践中存在以下观点。

1　参见丁亮华：《民事执行程序注释书》（第二版），中国民主法制出版社，2022，第 1061 页。

2　参见杨巍：《〈民法典〉第 196 条（不适用诉讼时效的请求权）评注》，《南大法学》2022 年第 2 期。

3　参见杨巍：《〈民法典〉第 195 条评注之一（诉讼外请求、义务承认）》，《法学家》2021 年第 4 期。

第一种观点"不予保护说"认为，抵押权人未在主债权诉讼时效期间行使抵押权的，不予保护，即意味着抵押权人行使抵押权的诉讼请求无法得到支持。[1] 有的裁判进一步判令抵押权人协助抵押人办理注销（涂销）抵押登记手续。[2]

第二种观点"胜诉权消灭说"认为，抵押权人未在主债权诉讼时效期间行使抵押权的，胜诉权消灭。不过，抵押权"自然存在"的状态也并非意味着抵押权应当永续存在，否则，将不利于抵押财产交易价值的发现和担保秩序的稳定，反而可能会助长抵押权人滥用因物之担保而取得的优势地位，胁迫抵押人在抵押权行使期间结束后仍然承担担保"义务"。"抵押权人未在抵押权诉讼时效期间行使的，丧失胜诉权，但抵押人自愿履行的除外；抵押人在抵押权人胜诉权丧失后，得请求人民法院解除抵押登记。"[3]

第三种裁判观点"抵押权消灭说"认为，抵押权人未在主债权诉讼时效期间行使抵押权的，抵押权消灭[4]，或者免除抵押人的抵押担保责任。[5] 其主要理由在于：其一，抵押权行使期间制度的规范目的之一在于督促抵押权人积极地行使抵押权，维系社会经济秩序的稳定。如在主债权罹于时效且主债务人因此取得抗辩权之后，债权人仍可从抵押人处受偿，会将抵押人追偿权

1　参见青海省西宁市中级人民法院民事判决书 (2021) 青 01 民终 1863 号民事判决书；河南省信阳市中级人民法院 (2022) 豫 15 民终 1315 号民事判决书。

2　参见山东省济南市中级人民法院 (2021) 鲁 01 民终 8499 号民事判决书；北京市第三中级人民法院 (2022)京03民终11059号民事判决书；湖南省张家界市中级人民法院 (2022) 湘 08 民终 368 号民事判决书；

3　山东省潍坊市中级人民法院 (2021) 鲁 07 民终 10226 号民事判决书。不过，这里将《民法典》第419条所定期间界定为"抵押权诉讼时效期间"，至为可议，已如前述。

4　有的裁判以《物权法》第 202 条为依据，参见新疆维吾尔自治区乌鲁木齐市中级人民法院 (2021)新 01 民终 4568 号民事判决书；甘肃省庆阳市（地区）中级人民法院 (2021) 甘 10 民终 1858 号民事判决书；黑龙江省佳木斯市中级人民法院 (2021) 黑 08 民终 1526 号民事判决书等。有的裁判以《民法典》第419条为依据，参见广西壮族自治区玉林市中级人民法院民事判决书 (2021) 桂 09 民终 1642 号民事判决书；辽宁省丹东市中级人民法院 (2022) 辽 06 民终 1409 号民事判决书；湖南省长沙市中级人民法院 (2022) 湘01 民终 381 号民事判决书；湖南省株洲市中级人民法院 (2022) 湘 02 民终 1145 号民事判决书等。有的裁判两者均引用，参见湖南省岳阳市中级人民法院 (2021) 湘 06 民终 4913 号民事判决书。

5　参见陕西省西安市中级人民法院民事判决书 (2021) 陕 01 民终 12771 号民事判决书。

的行使与主债务人的诉讼时效抗辩置于两难境地。[1] 其二，既然主债权因诉讼时效经过而失去了国家强制力的保护，依附于该债权的抵押权也失去了国家强制力的保护，继续维持抵押登记的存在，就丧失了合法的依据，此时只有令抵押权消灭方能更好地发挥抵押财产的效用。[2] 如此，在法律已经规定抵押权的行使期间的情形之下，抵押权人仍长期怠于行使权利，亦无特别加以保护的必要，应使抵押权消灭。[3] 有些裁判并未认定抵押权消灭，但基于《民商事审判会议纪要》的精神，判决支持抵押人涂销（注销）抵押登记的诉讼请求。[4]

第四种裁判观点"时效抗辩发生说"认为，抵押权人未在主债权诉讼时效期间行使抵押权的，抵押人取得诉讼时效抗辩权，抵押权本身并未消灭。如抵押人自愿履行担保义务或者债权人私力救济成功的，抵押权人仍然可以行使抵押权。《民法典》第419条并未采纳《民商事审判会议纪要》的观点，即表明"全国人大立法时对于此类法律问题是否采取涂销抵押登记选择了谨慎的态度，人民法院更不应在裁判时扩大解释"[5]。抵押人在一审庭审中仍同意以该抵押财产抵偿债务，并未提出诉讼时效抗辩，因此并未发生超过诉讼时效期间对抵押权不予保护的情形，抵押权并未消灭。[6]

本书作者认为，在将《民法典》第419条所定期间的性质界定为主债权诉讼时效期间的经过对抵押权行使的影响的情形之下，诉讼时效期间经过的法律效果，对于"人民法院不予保护"的解释论展开即深具意义。《民法

1　参见甘肃省庆阳市（地区）中级人民法院 (2021) 甘 10 民终 1858 号民事判决书；贵州省毕节市中级人民法院民事判决书 (2021) 黔 05 民终 5337 号民事判决书。

2　参见湖南省常德市中级人民法院 (2021) 湘 07 民终 2058 号民事判决书；贵州省毕节市中级人民法院民事判决书 (2021) 黔 05 民终 5337 号民事判决书；四川省成都市中级人民法院 (2021) 川 01 民终 878 号民事判决书。

3　参见四川省成都市中级人民法院 (2022) 川 01 民终 7075 号民事判决书。

4　参见吉林省通化市中级人民法院民事判决书 (2021) 吉 05 民终 739 号民事判决书；湖北省孝感市中级人民法院民事判决书 (2022) 鄂 09 民终 1193 号民事判决书。

5　甘肃省张掖市中级人民法院 (2021) 甘 07 民终 1526 号民事判决书。

6　参见贵州省黔东南苗族侗族自治州中级人民法院 (2021) 黔 26 民终 2136 号民事判决书。

典》第 188 条第 1 款虽然维系了《民法通则》第 135 条就诉讼时效期间的法律意义的表述——"向人民法院请求保护民事权利的诉讼时效期间",但是,就诉讼时效期间届满的法律效果却发生了重大的转变。结合《民法通则》第 138 条的规定,通说上认为,《民法通则》采取的是胜诉权消灭主义,即权利人实体意义上的诉权(胜诉权)消灭,而形式意义上的诉权(起诉权)和实体权利并不消灭。无论当事人是否了解诉讼时效的规定或者是否援引时效抗辩权,人民法院均须依职权主动查明诉讼时效期间是否已经完成。[1]结合《民法典》第 192 条、第 193 条的规定,《民法典》采取的是抗辩权发生主义,诉讼时效期间届满并不导致实体权利消灭,仅发生义务人取得拒绝履行的抗辩权的效果。该抗辩权尚须由义务人援引,法院不得依职权主动适用,且在诉讼过程中不得释明。[2]这一解释论的转向带来的后果是,第 188 条第 1 款不再构成诉讼时效期间届满的法律效果规则,而仅为普通诉讼时效的期间规范。换言之,诉讼时效期间届满的法律效果并非当然是"人民法院不予保护",尚须结合当事人是否援引时效抗辩权而判断[3],如义务人不援引时效抗辩权,人民法院应当判决权利人胜诉。[4]如此,《民法典》第 419 条所规定的"人民法院不予保护"亦应作同一解释。第一种观点"不予保护说"并未就《民法典》第 419 条"人民法院不予保护"的法律效果明确其司法态度,且未就"人民法院不予保护"与"注销抵押登记"之间的关系展开说理,不足可采。第二种观点"胜诉权消灭说"尚未关注上述制度变迁,亦不足采。这

---

1 参见江平、张佩霖:《民法教程》,中国政法大学出版社,1986,第 144 页;孙亚明主编:《民法通则要论》,法律出版社,1991,第 253-254 页;佟柔主编:《中国民法学·民法总则》(修订版),人民法院出版社,2008,第 233 页;谢怀栻:《民法总则讲要》,北京大学出版社,2007,第 201-202 页。

2 参见黄薇主编:《中华人民共和国民法典总则编释义》,法律出版社,2020,第 515 页;王利明:《民法总则》(第三版),中国人民大学出版社,2022,第 488-489 页;梁慧星:《民法总论》(第六版),法律出版社,2021,第 259-260 页。

3 参见杨巍:《〈民法典〉第 192 条、第 193 条(诉讼时效届满效力、职权禁用规则)评注》,《法学家》2020 年第 6 期。

4 参见朱庆育:《民法总论》(第二版),北京大学出版社,2016,第 543 页;杨代雄:《民法总论》,北京大学出版社,2022,第 517 页。

两种裁判观点均为少数说。

在第三种裁判观点"抵押权消灭说"和第四种裁判观点"时效抗辩发生说"之间，"抵押权消灭说"是目前裁判实践中的主流观点，明显受到《民商事审判会议纪要》以及《最高人民法院公报》上刊载的"王军诉李睿抵押合同纠纷上诉案"[1]的影响。但是，《民法典担保制度解释》已经否定了《民商事审判会议纪要》所持司法态度。《民法典担保制度解释》第44条第1款将《民法典担保制度解释（征求意见稿）》第43条第1款中的"抵押人在主债权诉讼时效届满后请求注销抵押权登记的，人民法院应予支持"，修改为"抵押人以主债权诉讼时效期间届满为由，主张不承担担保责任的，人民法院应予支持"。"考虑到除斥期间经过说确实不完全符合《民法典》第393条有关担保物权从属性的规定，尤其是立法机关明确反对，登记主管机关也表示办理此种注销登记缺乏明确依据，最终该司法解释未采纳除斥期间经过说，未对抵押人请求办理注销抵押登记作出规定。"[2]因此，"抵押权人未在主债权诉讼时效期间行使抵押权，抵押人请求办理抵押权注销登记的，人民法院不予支持"[3]。

本书作者赞成"时效抗辩发生说"。抵押权作为担保物权之一种，本无期间限制，但基于其从属于主债权的特性，主债权因罹于时效而效力减弱，自当对抵押权的行使产生影响，已如前述。依据《民法典担保制度解释》第20条之规定，《民法典》第701条关于保证人可得援引主债务人对债权人抗辩的规定，亦得适用于物上保证人。如此，在主债权罹于时效之后，抵押人自得援引主债务人对债权人的时效抗辩权，拒绝抵押权人实现抵押权的请

1　"王军诉李睿抵押合同纠纷上诉案"，见《中华人民共和国最高人民法院公报》2017年第7期。

2　贺小荣主编：《最高人民法院第二巡回法庭法官会议纪要》（第三辑），人民法院出版社，2022，第354页。

3　贺小荣主编：《最高人民法院第二巡回法庭法官会议纪要》（第三辑），人民法院出版社，2022，第354页。

求。[1] 但时效抗辩权的援引并不具备消灭请求权的效力，更无法生出使具有从属性的抵押权归于消灭的效力。[2] 抵押权人未在主债权诉讼时效期间内行使抵押权，并不属于《民法典》第 393 条所明定的担保物权的消灭情形，在法律未就此作出明确规定的情形之下，亦不宜将其解释为该条第 4 项"法律规定担保物权消灭的其他情形"之一。就此而言，《民法典担保制度解释》第 44 条第 1 款前句后段已予明定，"抵押人以主债权诉讼时效期间届满为由，主张不承担担保责任的，人民法院应予支持"。至于本书前述《民法典担保制度解释》第 44 条第 1 款前句中所出现的解释冲突，可以认为，第 1 款前句前后段系"从正反两面揭示《民法典》第 419 条的文义和适用范围"[3]，所欲表达的均为"时效抗辩发生说"的观点。

在主债权已经罹于时效的情形之下，主债务人自可放弃时效抗辩权，此时对抵押权的行使造成何种影响，不无疑问。裁判实践中存在完全相反的两种结论：一是主债务人放弃时效抗辩权，重新确认主债务，构成主债权诉讼时效中断的法定事由，亦对抵押人产生法律拘束力。[4] 在执行时效期间已经经过的情形之下，被执行人同意偿还，构成执行时效的中断。在重新计算的执行时效期间内，抵押权人自可行使抵押权。[5] 二是主债务人放弃时效抗辩权，重新确认主债务，主债权诉讼时效重新起算，但其效力不及于抵押人。[6] 本书作者认为，当事人双方就原债务达成新的协议、主债务人在催款通知单

1　参见崔建远：《物权：规范与学说——以中国物权法的解释论为中心》（下册）（第二版），清华大学出版社，2021，第 475 页；杨巍：《行使抵押权与主债权诉讼时效之关联——以〈民法典〉第 419 条和司法解释新规定为视角》，《北方法学》2021 年第 6 期。

2　参见申海恩：《抗辩权效力的体系构成》，《环球法律评论》2020 年第 4 期；杨巍：《行使抵押权与主债权诉讼时效之关联——以〈民法典〉第 419 条和司法解释新规定为视角》，《北方法学》2021 年第 6 期。

3　崔建远：《物权：规范与学说——以中国物权法的解释论为中心》（下册）（第二版），清华大学出版社，2021，第 475 页。

4　参见贵州省黔东南苗族侗族自治州中级人民法院民事判决书 (2021) 黔 26 民终 1211 号民事判决书。

5　参见江苏省徐州市中级人民法院执行裁定书 (2022) 苏 03 执复 45 号执行裁定书。

6　参见海南省第二中级人民法院民事判决书 (2021) 琼 97 民终 1112 号民事判决书；湖南省长沙市中级人民法院民事判决书 (2021) 湘 01 民终 4025 号民事判决书。

上签章等行为构成主债务人对时效抗辩权的放弃。此类债务重新确认的后果是债务人不得再主张原时效抗辩权，诉讼时效重新起算，并非原诉讼时效的中断。[1]在解释上，主债权时效抗辩权非属主债务人专有，在债权人和主债务人之外的第三人充任抵押人的情形，抵押人并非代主债务人主张，而系基于抵押人之地位以自己名义独立主张该抗辩权。因此，即使主债务人放弃该时效抗辩权，抵押人仍然有权主张。[2]如主债务人自己充任抵押人之时，主债务人放弃时效抗辩权同样导致主债权诉讼时效重新起算。不过，新起算的诉讼时效仍属于《民法典》第 419 条之"主债权诉讼时效期间"，债权人自可在该期间内行使抵押权。[3]

至于"抵押权消灭说"所关注的抵押人的追偿问题，在第三人提供抵押的情形，主债权因罹于时效而效力减损，主债务人因此取得时效抗辩权。如此时抵押人仍须承担担保责任，其承担担保责任之后自应有权向主债务人追偿。[4]物上担保人追偿权的发生原因不同于主债权债务关系，自应适用独立的诉讼时效期间，主债权债务关系的诉讼时效对追偿权不生影响。准此，只要物上担保人的追偿权未罹于时效，主债务人自应满足物上担保人的追偿请求，不得援引其基于主债权债务关系已经取得的时效抗辩权。如此，主债务人因时间的经过而本已获得的时效利益即丧失殆尽。采纳"时效抗辩发生说"与"抵押权消灭说"，均可解决抵押人的追偿困境问题，但"抵押权消灭说"无法解释的是，抵押人自愿承担担保责任之时，抵押权人基于何种理

1　参见杨巍：《行使抵押权与主债权诉讼时效之关联——以〈民法典〉第 419 条和司法解释新规定为视角》，《北方法学》2021 年第 6 期。案例参见河南省信阳市中级人民法院（2022）豫 15 民终 1315 号民事判决书。

2　参见罗帅：《目的论下抵押权期间规则的解释——以〈民法典〉第 419 条为中心》，《山东大学学报（哲学社会科学版）》2020 年第 6 期；曹明哲：《民法典保证人抗辩规则的再体系化》，《东方法学》2023 年第 1 期。

3　参见杨巍：《行使抵押权与主债权诉讼时效之关联——以〈民法典〉第 419 条和司法解释新规定为视角》，《北方法学》2021 年第 6 期。

4　在承认物上保证人的清偿承受权的情形下，该清偿承受权系于主债权，并非新生的权利，自应与主债权适用相同的诉讼时效。参见李潇洋：《论保证人清偿后对主债权的承受》，《东方法学》2023 年第 1 期。

由保有其已受领的利益。而在"时效抗辩发生说"之下，既属权利，抵押人自可放弃援引该抗辩权，自愿承受抵押权人行使抵押权、变卖抵押财产的结果。[1]例如，在主债权已经罹于时效的情形之下，抵押人与抵押权人仍然可以达成实现抵押权的协议，抵押权人仍可据此实现抵押权。[2]不过，抵押人知道或者应当知道主债权已经罹于时效仍然承担担保责任，又以诉讼时效期间届满为由请求返还财产的，人民法院不予支持；抵押人承担担保责任后向主债务人追偿的，人民法院不予支持，但是主债务人放弃诉讼时效抗辩的除外。如此，"时效抗辩发生说"在保护主债务人的时效利益与尊重抵押人意思自由之间均能得到合理解释。

值得注意的是，在"时效抗辩发生说"之下，如抵押人不援引主债权时效抗辩权，人民法院不得依职权主动适用。裁判实践中有裁判认为，"抵押权为担保物权，属于物权范畴，并非债权请求权。主债权的诉讼时效仅为抵押权行使期间的计算方式，抵押权的行使期间并非诉讼时效。本案一审法院主动审查案涉抵押权的行使期间不违反法律规定，上诉人……主张在[抵押人]未抗辩的情形下，一审法院无权主动审查案涉抵押权的行使期间，于法无据，本院不予采纳"[3]。这一观点即值商榷。与此同时，抵押人虽是以自己的名义援引主债务人的时效抗辩权，但依据《民法典》第197条第2款的规定，该抗辩权不得预先抛弃。《民法典担保制度解释》第45条第1款规定的抵押权人依约定享有自行变价权，不能解释为对时效抗辩权的预先放弃。即使依据该规定行使抵押权，亦受主债权诉讼时效期间的约束，且如债权人将自行拍卖、变卖行为通知抵押人的，该通知生效时主债权诉讼时效中断，并

---

1 参见崔建远：《物权：规范与学说——以中国物权法的解释论为中心》（下册）（第二版），清华大学出版社，2021，第475页。

2 参见杨代雄：《民法总论》，北京大学出版社，2022，第520页。

3 广东省广州市中级人民法院 (2022) 粤 01 民终 7461 号民事判决书。

从中断时起重新计算诉讼时效。[1]

（二）"时效抗辩发生说"之下的注销登记请求权

"时效抗辩发生说"之下，抵押权人未在主债权诉讼时效期间行使抵押权的，抵押权并未消灭。如此，标的财产之上的抵押负担仍然存在，已经办理的抵押登记也无从注销，势必影响到抵押财产之流转。"抵押权消灭说"所关注的抵押财产的效用发挥问题仍然存在。虽然《民法典》第 406 条明确承认了抵押权的追及效力，改变了《物权法》第 191 条限制抵押财产转让的立法态度[2]，但是，《民法典担保制度解释》第 43 条和《自然资源部关于做好不动产抵押权登记工作的通知》（自然资发〔2021〕54 号）赋予禁止或者限制转让抵押财产的约定以登记能力，如此类约定已行登记，虽然抵押财产转让合同并不因此受到影响，但抵押财产的转让并不发生物权变动的效力；如不存在此类约定或者此类约定尚未登记，虽然抵押财产转让的合同效力和物权变动效力均不受影响，但抵押权的追及效力决定着抵押权人可就第三人受让取得的抵押财产主张权利。如此，在正常的商事背景之下，《民法典》对于抵押财产转让的限制甚至强于《物权法》。抵押登记不注销，直接影响着抵押财产的交易意愿和交易价格。"解决这样的问题，不妨在《民法典》第 419 条的基础上，再设置一抵押权最长的存续期间，该期间届满，抵押权便彻底消灭，即使担保债权仍在，也是如此。"[3] 不过，这是立法论视角的观察。"时效抗辩发生说"之下抵押人是否可得请求注销抵押登记，仍然是解释论上的一大难题。

学说和裁判上主要存在以下几种解释路径：其一，"交由当事人自行协

---

1 参见杨巍：《行使抵押权与主债权诉讼时效之关联——以〈民法典〉第 419 条和司法解释新规定为视角》，《北方法学》2021 年第 6 期。

2 参见高圣平：《民法典担保制度及其配套司法解释理解与适用》（下），中国法制出版社，2021，第 765 页。

3 崔建远：《物权：规范与学说——以中国物权法的解释论为中心》（下册）（第二版），清华大学出版社，2021，第 478 页。

商，以兼顾双方利益平衡"[1]。但在抵押人本可基于时效抗辩权拒绝承担抵押担保责任的情形之下，当事人之间是否可就抵押登记的注销达成协议，尚存疑问。其二，抵押权人因不能请求人民法院保护抵押权，也不能再使抵押登记的存在阻碍抵押人对标的物的利用。抵押人此际自可请求注销抵押登记，其法律依据是《民法典》第 220 条第 1 款规定的更正登记：一旦抵押权因主债权诉讼时效期间届满而不再受人民法院保护，即构成登记错误，抵押人自可获得更正登记请求权，请求抵押权人协助办理注销登记。[2] 这里，抵押权不再受人民法院保护，并非仅仅基于抵押权人未在主债权诉讼时效期间内行使抵押权的事实，尚须抵押人援引时效抗辩权。其三，在债权人主张行使抵押权之时，抵押人援引主债务人的时效抗辩权予以拒绝，其基本效力是永久地阻止法院执行抵押财产。[3] 此际，"抵押人请求注销抵押登记，不仅包含了援引时效抗辩权意思的延伸，亦是使排除强制执行效力具备公示性的具体路径。"如抵押人放弃时效抗辩权，转而配合债权人完成了行使抵押权的行为，则抵押权仍具强制执行效力，抵押人自无注销抵押登记请求权可言。[4] 其四，抵押权作为物权的一种，具有直接支配性和排他性，由此而决定，抵押权不可能像债权一样，在失去法律强制保护的情况下作为自然债权而存在，同时不妨害他人权利的行使。依据《民法典》第 236 条"妨害物权或者可能妨害物权的，权利人可以请求排除妨害或者消除危险"之规定，法律上已经不能实现的抵押权会对物的权利人（抵押人）行使物权造成妨害，抵押人有权请

---

1 申海恩：《抗辩权效力的体系构成》，《环球法律评论》2020 年第 4 期。

2 参见最高人民法院民事审判第二庭：《最高人民法院民法典担保制度司法解释理解与适用》，人民法院出版社，2021，第 400-401 页。

3 参见申海恩：《抗辩权效力的体系构成》，《环球法律评论》2020 年第 4 期；杨巍：《行使抵押权与主债权诉讼时效之关联——以〈民法典〉第 419 条和司法解释新规定为视角》，《北方法学》2021 年第 6 期。

4 参见［德］卡尔·拉伦茨：《德国民法通论》（上册），王晓晔等译，法律出版社，2003，第 329 页；杨巍：《行使抵押权与主债权诉讼时效之关联——以〈民法典〉第 419 条和司法解释新规定为视角》，《北方法学》2021 年第 6 期。

求抵押权人注销抵押登记以排除妨害。[1]

本书作者认为，基于《民法典》物权编"物尽其用""物畅其流"的法政策目标，即使在"时效抗辩发生说"之下，亦可承认抵押人注销抵押登记的请求权。[2]抵押权的从属性并不表明其效力范围或者强度与主债权完全相同，而仅仅只是强调抵押权的效力范围或者强度不得高于主债权，如此，承认抵押人的注销抵押登记请求权，并不构成对抵押权从属性的违反。不过，抵押人请求注销抵押登记，并非基于抵押权消灭或者主债权罹于时效的法律事实，而是固化抵押人援引时效抗辩权的效果——永久地阻止法院执行抵押财产。如此，抵押人请求注销抵押登记，以其援引时效抗辩权为前提。作为防御性的权利，时效抗辩权的援引尚须以抵押权人主张行使抵押权为前提。由此出现的解释上的疑问在于，在抵押权人尚未主张行使抵押权的情形之下，抵押人是否可得主动请求注销抵押登记。[3]如抵押人以诉讼或者仲裁的方式请求注销抵押登记，抵押权人通常会就抵押权的有效存续或者行使提起反诉（反请求）或者抗辩，此际，抵押人即可援引时效抗辩权，并依其效力请求抵押权人协助注销抵押登记。在学说上，时效抗辩权的援引对请求权可实现性的永久性排除，并不限于对行使请求权本身的拒绝，亦可指向请求权之替代实现手段。[4]由于作为请求权替代实现手段的抵押权借助登记强化了其对世性，即使抵押权人尚未行使权利，该对世性对抵押人亦产生某种拘束力，在《民法典担保制度解释》允许抵押人援引主债务人的时效抗辩权对抗抵押权的前提下，承认抵押人可于抵押权人尚未行使抵押权时"提前"促成

---

1 参见四川省成都市中级人民法院 (2021) 川 01 民终 878 号民事判决书。

2 参见最高人民法院民事审判第二庭：《最高人民法院民法典担保制度司法解释理解与适用》，人民法院出版社，2021，第 400 页。

3 裁判实践中即有在债权人（抵押权人）既未向主债务人主张主债权，又未向抵押人行使抵押权的情形下，抵押人无从先行援引时效抗辩权的观点。参见河南省信阳市中级人民法院 (2021) 豫 15 民终 4322 号民事判决书。

4 参见申海恩：《抗辩权效力的体系构成》，《环球法律评论》2020 年第 4 期。

抗辩效力发生具有合理性。[1]

五、《民法典》第 419 条是否可得类推适用于质权和留置权

《民法典》第 419 条将调整对象限于抵押权，该条所反映的仅仅只是主债权罹于时效对抵押权的影响，抵押权本身并无独立期间制度的适用。但质权、留置权等其他担保物权同样从属于主债权，主债权罹于时效对质权、留置权产生何种影响，不无疑问。学界就《民法典》第 419 条能否类推适用于其他担保物权存在争议。《民法典担保制度解释》第 44 条第 2 款和第 3 款在区分登记型担保物权和非登记型担保物权的基础上，分别规定主债权罹于时效的不同法律效果，但此种规定对于性质共通的担保物权而言，并无裨益。

（一）《民法典》第 419 条类推适用的学说争议

第一种观点认为，质权和留置权既不会因主债权罹于时效而受到影响，也不受其他法定的存续期限的限制，也即《民法典》第 419 条完全不能类推适用于其他担保物权。理由在于，动产质权与留置权均属转移占有型担保物权，即使主债权的诉讼时效期间届满，担保财产仍处于担保物权人之实际控制，权利人此时仍可凭占有处分担保财产以实现优先受偿。[2] 因此，规定这两类担保物权因主债权诉讼时效届满而消灭，不但对于担保物权人不公，甚至还与债务人不得对超过诉讼时效期间所为的履行请求返还的民法基本理论相悖。[3] 况且，有关质权、留置权的行使期间问题，《民法典》已根据各自权利的特点，分别于本法第 437 条和第 454 条作出规定[4]，然而，这些条款实为

1　参见杨巍：《行使抵押权与主债权诉讼时效之关联——以〈民法典〉第 419 条和司法解释新规定为视角》，《北方法学》2021 年第 6 期。

2　参见最高人民法院民事审判第二庭：《最高人民法院民法典担保制度司法解释理解与适用》，人民法院出版社，2021，第 398 页。

3　参见王胜明：《中华人民共和国物权法解读》，中国法制出版社，2007，第 348 页；全国人民代表大会常务委员会法制工作委员会民法室：《物权法立法背景与观点全集》，法律出版社，2007，第 661 页；李永锋：《主债权诉讼时效完成后担保物权的效力》，《人民法院报》2007 年 5 月 16 日。

4　参见黄薇主编：《中华人民共和国民法典物权编解读》，中国法制出版社，2020，第 727 页。

对《民法典》没有关于主债权诉讼时效对质权、留置权的影响之规定所可能带来的消极后果，采取的另类解决措施。[1]

第二种观点认为，应在区分移转占有型担保物权与非移转占有型担保物权的基础上，仅对后者的行使期限加以限制，也即《民法典》第419条仅类推适用于非移转占有型担保物权。在《民法典》物权编质权一章中，移转占有型担保物权为动产质权，非移转占有型担保物权则为权利质权。其中，只有以登记作为公示方法的权利质权，可参照适用《民法典》第419条的规定，以占有作为公示手段的动产质权以及留置权则被排除在本条适用范围之外。《民商事审判会议纪要》采纳此种观点，于第59条规定表明，以登记作为公示方法的权利质权，可以参照适用前款有关抵押权行使期间的规定。因实践中对于以登记作为公示方法的权利质权，也存在与抵押权类似的问题。[2]

第三种观点认为，《民法典》第419条的规定，应类推适用于包括质权和留置权在内的所有担保物权。[3] 理由在于，一是债权人对担保财产的占有，不意味着将来必然有权处分，还需满足质权或是留置权的实现条件；二是主债权诉讼时效届满，债权人占有担保物并不意味着主债务人放弃时效利益向债务人清偿；三是占有（交付）和登记同为担保物权的公示方法，二者在效力上不存在高下之分；四是在债务人以自己之物提供担保时，债权人能够向债务人主张实现担保物权，无异于否定了主债权诉讼时效完成的法律效果。[4]

（二）对《民法典担保制度解释》第44条第2、3款的评价

《民法典担保制度解释》在《民商事审判会议纪要》第59条的基础上，于第44条区分了登记型担保物权和非登记型担保物权，分别在第2款和第3

1　参见刘贵祥：《〈物权法〉关于担保物权的创新及审判实务面临的问题（下）》，《法律适用》2007年第9期。

2　参见最高人民法院民事审判第二庭：《〈全国法院民商事审判工作会议纪要〉理解与适用》，人民法院出版社，2019，第361页。

3　参见尹田：《物权法》（第三版），北京大学出版社，2022，第474页。

4　参见孙鹏：《论担保物权的实行期间》，《现代法学》2007年第6期，第87-88页。

款就主债权诉讼时效期间届满对留置权和质权的影响作出了规定。其一，以登记作为公示方法的权利质权，相较于留置权而言，更类似于抵押权。根据主债权诉讼时效期间经过，抵押人可以主张时效抗辩的法律效果，主债权诉讼时效届满后，出质人享有时效抗辩权。其二，留置权、动产质权和以交付权利凭证作为公示方式的权利质权，主债权诉讼时效届满对此类担保物权的行使不发生影响，占有担保财产本身或权利凭证的债权人有权继续占有，但是财产被留置的债务人或者第三人以及出质人有权依据《民法典》第 437 条和第 454 条的规定，请求留置权人、质权人及时行使留置权或质权。

学界对《民法典担保制度解释》第 44 条后两款的规定不乏质疑之声，有学者分别从质权和留置权的角度，对此种做法提出反对意见。对于质权而言，进行是否登记的区分并分别规定不同的法律效果，缺乏正当理由；从主债权诉讼时效届满与留置权存续的关系来看，不应否认主债权诉讼时效期间届满后，债务人有权要求债权人返还留置的财产。[1]

本书作者对《民法典担保制度解释》的规定同样持否定态度，认为应将《民法典》第 419 条的规定一并类推适用于其他担保物权。质权和留置权作为与抵押权同类的担保权利，本着同一事件作同一处理的法适用原理，应对质权和留置权作同一处理，即亦一同受主债权诉讼时效的影响。[2] 理由在于，其一，主债权诉讼时效期间届满对担保物权的效力影响，不应以是否将登记作为公示手段为前提，分别规定不同的法律效果。动产之上抵押权和质权竞存之时，依《民法典》第 415 条之规定，效力上并不以登记为尊，而是应将登记与交付等同视之。由此，本条第 3 款区分质权是否以登记为公示手段，将非登记型质权排除在参照适用抵押权行使期间的规定之外，不具有正当性。其二，在债务人交付自己之物以出质或者留置的情形，主债权诉讼时效

1　参见高圣平、谢鸿飞、程啸：《最高人民法院民法典担保制度司法解释理解与适用》，中国法制出版社，2020，第 278 页。

2　参见高圣平：《担保法前沿问题与判解研究》（第四卷），人民法院出版社，2019，第 169 页。

期间经过，其作为主债务人能主张时效抗辩，然而作为物上保证人却不具备该种权利，相当于否定了主债权诉讼时效经过的法律效果，架空了诉讼时效制度的适用。其三，对于非以登记为公示手段的质权以及留置权而言，主债权诉讼时效届满后，其债务人之外的物上保证人既不能主张返还担保财产，又不能主张时效抗辩，此种做法无疑是对担保人权利的过分剥夺，其所承担的担保责任甚至重于主债务人，有违担保的制度理念。其四，物权法定原则不构成对此处类推适用的限制。虽然，《民法典》第 116 条规定："物权的种类和内容，由法律规定。"但是，非登记型担保物权和留置权作为物权，在其内容存在漏洞时，只要不违反效力性强制性及担保物权本身的性质，对于物权的内容可以按照法律所规定的内容进行解释。[1] 准此以解，质权和留置权是否受主债权诉讼时效的影响，即可类推适用抵押权受主债权诉讼时效影响的规定，即质权人、留置权人应当在主债权诉讼时效期间行使质权、留置权；未行使的，质权、留置权消灭。

六、小结

我国担保制度有关抵押权行使期间的规则变迁，非但没有为相关问题的解决提供定分止争的依据，反而在《民法典担保制度解释》第 44 条之中窦生新的矛盾。主债权诉讼时效期间作为主债权受法律保护的期间，在债权人向债务人提起诉讼并取得生效判决后，依《民事诉讼法》及其司法解释中有关申请执行期间的规则计算；而在债务人破产的情况下，该期间为法律规定的申报债权期间。抵押权人未在主债权诉讼时效期间内行使抵押权，基于抵押权从属性，产生时效抗辩的法律效果，且该期间的经过不由法院依职权主动查明。当事人之间约定的抵押权行使期间，不具备可以消灭抵押权的效力。与前述约定期间带有同样意思自治意味的登记期限，既不构成对动产抵

---

[1] 参见孙宪忠：《中国物权法原理》，法律出版社，2004，第 145 页。

押权行使的时间限制，也不能成为《民法典》第419条限缩适用的依据。最后，《民法典》第419条还可类推适用于其他担保物权，使抵押权、质权和留置权一同受主债权诉讼时效的影响。

主要参考文献

1. 曹士兵主编：《担保纠纷案件裁判规则（一）——保证人主体资格与担保效力》，法律出版社 2019 年版

2. 曹士兵：《中国担保制度与担保方法》（第五版），中国法制出版社 2022 年版

3. 陈甦主编：《民法总则评注》，法律出版社 2017 年版

4. 程啸：《保证合同研究》，法律出版社 2006 年版

5. 程啸：《担保物权研究》（第二版），中国人民大学出版社 2019 年版

6. 崔建远：《物权法》（第五版），中国人民大学出版社 2021 年版

7. 崔建远：《物权：规范与学说——以中国物权法的解释论为中心》（下册）（第二版），清华大学出版社 2021 年版

8. 崔建远：《中国民法典释评·物权编》（第二版），中国人民大学出版社 2021 年版

9. 崔建远：《合同法学》，法律出版社 2015 年版

10. 董学立：《美国动产担保交易制度研究》，法律出版社 2007 年版

11. 杜万华主编：《最高人民法院民间借贷司法解释理解与适用》，人民法院出版社 2015 年版

12. 高圣平：《动产担保交易制度比较研究》，中国人民大学出版社 2008 年版

13. 高圣平：《担保法前沿问题与判解研究》（第四卷），人民法院出版社

2019 年版

14. 高圣平：《担保法前沿问题与判解研究——最高人民法院新担保制度解释条文释评》（第五卷），人民法院出版社 2021 年版

15. 高圣平、谢鸿飞、程啸：《最高人民法院民法典担保制度司法解释理解与适用》，中国法制出版社 2021 年版

16. 高圣平：《民法典担保制度及其配套司法解释理解与适用》，中国法制出版社 2021 年版

17. 郭明瑞：《担保法》（第二版），法律出版社 2004 年版

18. 韩世远：《合同法总论》（第四版），法律出版社 2018 年版

19. 贺小荣主编：《最高人民法院民事审判第二庭法官会议纪要：追寻裁判背后的法理》，人民法院出版社 2018 年版

20. 黄立主编：《民法债编各论》（下），中国政法大学出版社 2003 年版

21. 黄薇主编：《中华人民共和国民法典解读·总则编》，中国法制出版社 2020 年版

22. 黄薇主编：《中华人民共和国民法典解读·物权编》，中国法制出版社 2020 年版

23. 黄薇主编：《中华人民共和国民法典解读·合同编》，中国法制出版社 2020 年版

24. 黄薇主编：《中华人民共和国农村土地承包法释义》，法律出版社 2019 年版

25. 李国光等：《最高人民法院〈关于适用中华人民共和国担保法若干问题的解释〉理解与适用》，吉林人民出版社 2000 年版

26. 梁慧星、陈华彬：《物权法》（第七版），法律出版社 2020 年版

27. 林诚二：《债编各论新解——体系化解说》（下）（修订三版），瑞兴图书股份有限公司 2015 年版

28. 刘保玉:《物权法学》(第二版),中国法制出版社 2022 年版

29. 刘春堂:《民法债编各论》(下)(修订版),2012 年作者自版

30. 刘春堂:《判解民法物权》(修订七版),三民书局股份有限公司 2010 年版

31. 民法典立法背景与观点全集编写组:《民法典立法背景与观点全集》,法律出版社 2020 年版

32. 邱聪智:《新订债法各论》(下),姚志明校订,中国人民大学出版社 2006 年版

33. 全国人大常委会法制工作委员会民法室编:《中华人民共和国物权法条文说明、立法理由及相关规定》(第二版),北京大学出版社 2017 年版

34. 全国人大常委会法制工作委员会民法室编:《中华人民共和国担保法释义》,法律出版社 1995 年版

35. 史尚宽:《物权法论》,中国政法大学出版社 2000 年版

36. 孙鹏、王勤劳、范雪飞:《担保物权法原理》,中国人民大学出版社 2009 年版

37. 孙宪忠、朱广新主编:《民法典评注·物权编》,中国法制出版社 2020 年版

38. 王乐兵:《担保法专论》,对外经济贸易大学出版社 2018 年

39. 王闯:《让与担保法律制度研究》,法律出版社 2000 年版

40. 王利明:《民法总则研究》(第三版),中国人民大学出版社 2018 年版

41. 王利明:《物权法研究》(上卷)(第四版),中国人民大学出版社 2018 年版

42. 王利明:《物权法研究》(下卷)(第四版),中国人民大学出版社 2018 年版

43. 王利明：《合同法研究》（第四卷）（第二版），中国人民大学出版社2018年版

44. 王利明：《合同法研究》（第二卷）（第三版），中国人民大学出版社2018年版

45. 王利明：《物权法》（第二版），中国人民大学出版社2021年版

46. 王泽鉴：《民法学说与判例研究》（重排合订本），北京大学出版社2015年版

47. 司伟、肖峰：《担保法实务札记：担保纠纷裁判思路精解》，中国法制出版社2019年版

48. 谢鸿飞：《合同法学的新发展》，中国社会科学出版社2014年版

49. 谢鸿飞、朱广新主编：《民法典评注·合同编·典型合同与准合同（2）》，中国法制出版社2020年版

50. 徐涤宇、张家勇主编：《〈中华人民共和国民法典〉评注》（精要版），中国人民大学出版社2022年版

51. 许明月：《抵押权制度研究》，法律出版社1998年版

52. 谢在全：《民法物权论》（修订五版），中国政法大学出版社2011年版

53. 杨立新主编：《中华人民共和国民法总则要义与案例解读》，中国法制出版社2017年版

54. 叶金强：《担保法原理》，科学出版社2002年版

55. 尹田：《物权法》（第三版），北京大学出版社2022年版

56. 张鸣起主编：《民法总则专题讲义》，法律出版社2019年版

57. 张新宝：《〈中华人民共和国民法典·总则〉释义》，中国人民大学出版社2020年版

58. 郑冠宇：《民法物权》（第四版），新学林出版股份有限公司2014

年版

59. 郑玉波：《民法物权》（修订十八版），黄宗乐修订，三民书局股份有限公司 2012 年版

60. 朱广新：《合同法总则研究》（下册），中国人民大学出版社 2018 年版

61. 朱庆育：《民法总论》（第二版），北京大学出版社 2016 年版

62. 邹海林、常敏：《债权担保的理论与实务》，社会科学文献出版社 2005 年版

63. 最高人民法院民法典贯彻实施工作小组主编：《中华人民共和国民法典总则编理解与适用》，人民法院出版社 2020 年版

64. 最高人民法院民法典贯彻实施工作小组主编：《中华人民共和国民法典物权编理解与适用》，人民法院出版社 2020 年版

65. 最高人民法院民法典贯彻实施工作小组主编：《中华人民共和国民法典合同编理解与适用》，人民法院出版社 2020 年版

66. 最高人民法院民事审判第一庭：《最高人民法院物权法司法解释（一）理解与适用》，人民法院出版社 2016 年版

67. 最高人民法院民事审判第一庭：《最高人民法院新民间借贷司法解释理解与适用》，人民法院出版社 2021 年版

68. 最高人民法院民事审判第二庭：《最高人民法院民法典担保制度司法解释理解与适用》，人民法院出版社 2021 年版

69. 最高人民法院民事审判第二庭：《〈全国法院民商事审判工作会议纪要〉理解与适用》，人民法院出版社 2019 年版

70. 最高人民法院民事审判第二庭：《最高人民法院商事审判指导案例·借款担保卷》（下），中国法制出版社 2011 年版

71. 最高人民法院民事审判第二庭：《最高人民法院关于融资租赁合同司

法解释理解与适用》，人民法院出版社 2016 年版

72.［奥］恩特斯·A. 克莱默：《法律方法论》，周万里译，法律出版社 2019 年版

73.［德］卡尔·拉伦茨：《法学方法论》，陈爱娥译，商务印书馆 2016 年版

74.［德］迪特尔·梅迪库斯：《德国民法总论》，邵建东译，法律出版社 2000 年版

75.［日］我妻荣：《新订担保物权法》，申政武、封涛、郑芙蓉译，中国法制出版社 2008 年版

76.［日］我妻荣：《新订债法总论》，王燚译，中国法制出版社 2008 年版

77.［日］我妻荣：《新订物权法》，有泉亨补订，罗丽译，中国法制出版社 2008 年版

78.［日］近江幸治：《民法讲义Ⅱ.物权法》，王茵译，北京大学出版社 2006 年版

79.［日］近江幸治：《担保制度の研究—権利移転型担保研究序説—》，成文堂 1989 年版

80.［日］近江幸治：《民法講義Ⅲ·担保物権》（第 3 版），成文堂 2020 年版

81.［英］罗伊·古德：《国际航空器融资法律实务——移动设备国际利益公约及航空器设备特定问题议定书正式评述》，高圣平译，法律出版社 2014 年版

82. Barkley Clark and Barbara Clark, The Law of Secured Transactions Under the Uniform Commercial Code, 3rd ed., LexisNexis, 2017

83. David B Tatge, Jeremy B Tatge and David Flaxman, American

Factoring Law, BNA books, 2009

84. Eva-Maria Kieninger ed., Security Rights in Movable Property in European Private Law, Cambridge University Press, 2004

85. Eva-Maria Kieninger and Harry C. Sigman eds., Cross-Border Security over Tangibles, Sellier. European Law Publishers GmbH, 2007

86. Frederique Dahan ed., Research Handbook on Secured Financing in Commercial Transactions, Edward Elgar Publishing, 2015

87. Frederique Dahan and John Simpson eds., Secured Transactions Reform and Access to Credit , Edward Elgar Publishing, 2009

88. Grant Gilmore, Security Interests in Personal Property, Vol. 1, Little, Brown and Company, 1965

89. Horst Eidenmüller and Eva-Maria Kieninger eds., The Future of Secured Credit in Europe, European Company and Financial Law Review, Special Volume 2, De Gruyter Recht, 2008

90. Hugh Beale, Michael Bridge, Louise Gullifer and Eva Lomnicka, The Law of Security and Title-Based Financing, 3rd ed., Oxford University Press, 2018

91. Iwan Davies ed., Security Interests in Mobile Equipment, Routledge, 2002

92. Iwan Davies ed., Issues in International Commercial Law, Taylor & Francis Group, 2005

93. Jacob Ziegel ed.,New Developments in International Commercial and Consumer Law: Proceedings of the 8th Biennial Conference of the International Academy of Commercial and Consumer Law, Hart Publishing, 1998

94. James J. White and Robert S. Summers, Principles of Secured Transactions, Thomson/West, 2007

95. Jan H. Dalhuisen, Dalhuisen on Transnational and Comparative Commercial, Financial and Trade Law Volume 5: Financial Products and Services, Eighth Edition, Bloomsbury Publishing Plc, 2022

96. Jan Jakob Bornheim, Property Rights and Bijuralism: Can a Framework for an Efficient Interaction of Common Law and Civil Law Be an Alternative to Uniform Law? Mohr Siebeck, 2020

97. Jason Harris and Nicholas Mirzai, Annoted Personal Property Securities Act, CCH Australia Limited, 2011

98. Jing Zhang, The Rationale of Publicity in the Law of Corporeal Movables and Claims: Meeting the Requirement of Publicity by Registration? Eleven International Publishing, 2021

99. John B. Claxton, Security on Property and the Rights of Secured Creditors under the Civil Code of Quebec, Les Editions Yvon Blais Inc., 1994

100. John De Lacy ed.,The Reform of UK Property Law, Comparative Perspectives, Routledge-Cavendish, 2010

101. Linda Widdup, Personal Property Securities Act: A Conceptual Approach, 3rd ed., LexisNexis NZ Limited, 2013

102. Louise Gullifer and Orkun Akseli eds., Secured Transactions Law Reform: Principles, Policies and Practice, Hart Publishing, 2016

103. Louise Gullifer and Stefan Vogenauer eds., English and European Perspectives on Contract and Commercial Law: Essays in Honour of Hugh Beale, Hart Publishing, 2020

104. N. Orkun Akseli, International Secured Transactions Law: Facilitation

of Credit and International Conventions and Instruments, Routledge, Taylor & Francis Group, 2011

105. Nelson Enonchong, The Independence Principle of Letters of Credit and Demand Guarantees, Oxford University Press, 2011

106. Peter A. Alces, The Law of Suretyship and Guaranty, Thomson Reuters, 2014

107. Ronald C.C. Cuming, Catherine Walsh and Roderick J. Wood, Personal Property Security Law, 2nd ed., Irwin Law Inc., 2012

108. Simon Mills and Noel Ruddy, Salinger on Factoring, Sixth Edition, Sweet & Maxwell, 2020

109. Sjef van Erp,Arthur Salomons and Bram Akkermans eds.,The Future of European Property Law, Sellier European Law Publishers GmbH, 2012

110. Souichirou Kozuka ed.,Implementing the Cape Town Convention and the Domestic Laws on Secured Transactions,Springer International Publishing AG, 2017

111. Spyridon V Bazinas and N Orkun Akseli eds., International and Comparative Secured Transactions Law: Essays in honour of Roderick A Macdonald, Hart Publishing, 2017

112. Study Group on a European Civil Code and Research Group on EC Private Law (Acquis Group), Principles, Definitions and Model Rules of European Private Law: Draft Common Frame of Reference, Full edition, Sellier European Law Publishers GmbH, 2009

113. Ulrich Drobnig and Ole Böger eds., Proprietary Security in Movable Assets, Oxford University Press, 2015

114. United Nations Commission on International Trade Law, UNCITRAL

Legislative Guide on Secured Transactions, United Nations, 2010

115. William H. Lawrence, William H. Henning and R. Wilson Freyermuth, Understanding Secured Transactions, 5th ed., Matthew Bender & Company, Inc., 2012

116. World Bank,Secured Transactions, Collateral Registries and Movable Asset-Based Financing: Knowledge Guide, World Bank, 2019

117. Yüce Uyanik, Understanding the General Rules for International Factoring: A Comprehensive Guide, FCI Legal Committee, 2021

索 引

后 记

2022 年注定是不平凡的一年。疫情防控政策的不断调整，改变了人们的生活节奏，但对于从事教学科研工作的高校教师来说，除日常教学工作、各类研讨会从线下搬到了线上之外，其他好像并未发生多少变化。就我而言，在这一年的 10 月 11 日，中国人民大学法学院党委宣布了学校关于同意我辞去法学院副院长职务的通知，近五年的行政工作也终于卸下了，我有了更多的时间和精力投入到教学科研中。

《民法典》公布之后，其中的担保制度渐成民法学研究的"热点"。担保制度的修改和完善是民法典编纂过程中最具革命性的部分，尚需阐释、演绎其法意或者效果；市场经济的发展与金融市场的创新，亟待学界就担保交易的结构设计和新类型纠纷的处理提供相应的智识贡献。《民法典》并未如实用主义者所主张的那样使担保制度独立成编，而是秉承物债两分的体系结构，将"抵押权""质权""留置权"置于物权编担保物权分编，反映着物的担保中的权利内容；将"保证"置于合同编典型合同分编，体现着人的担保中的典型元素；将"定金"置于合同编通则分编违约责任章，不再将其作为一种典型的担保方式。在物的担保的形式主义进路之下，《民法典》革命性地植入功能主义的制度元素，将所有权保留买卖合同、融资租赁合同、保理合同、让与担保合同等具有担保功能的合同规定为担保合同，为非典型担保的展开提供了技术路径和解释前提。这一由"物的担保"和"人的担保"、"典型担保"和"非典型担保"共同构成的担保制度，颇具中国特色，为优化营商环境中的金融服务提供了制度供给,既体现着我国担保制度演进上的路径依赖,又反映了担保制度现代化和国际化的基本需求。

民法典担保制度的形式特征,增加了具体规则解释、适用上的困难。分属物权编和合同编的担保制度之间,没有了"提取公因式"的"小总则"。立法简约造成了典型担保制度彼此之间的规则缺失,担保制度体系化整合的不足也带来了规则之间的重复,甚至冲突。诸如,既然还原了融资租赁交易的融资实质和担保功能,为什么欲取回租赁物要先解除融资租赁合同?与此相反,于同样被纳入担保合同予以规整的所有权保留买卖合同,欲取回标的物却不以解除所有权保留合同为前提。如此等等,均需经由解释论的发展得到填补或者消解。本项目的研究即立意于此,试图从民法典具体担保规则中抽象出担保的一般规则,经由体系解释化解民法典具体担保规则之间的冲突和矛盾。难能可贵的是,《民法典担保制度解释》正视了这些问题,在担保制度的体系化整合上作出了相当程度的努力,例如:基于民法典置重于担保从属性的立法选择,将成立、效力、范围、消灭、抗辩上的从属性规则统一适用于人的担保与物的担保;将保证合同章中的保证人权利保护规则适用于物上保证人,弥补了民法典物权编担保物权分编中物上保证人权利保护规则的缺失;针对民法典对担保人资格的零散规定所体现出的规范目的,就担保人资格限制及其法律意义作了统一解释;对于未经登记不得对抗善意第三人的范围、权利的实现规则和程序保障、正常经营活动中的买受人规则以及购买价金担保权的超级优先顺位规则等,在动产抵押贷款交易、融资租赁交易和所有权保留买卖交易之间实现了统一;等等。这些规定无疑降低了本项目研究的难度。

在入选 2022 年度《国家哲学社会科学成果文库》之后,我又根据八位文库评审专家的意见,对申报成果进行了全面的修改。在这里,我要感谢北京市社会科学基金规划重大项目和《国家哲学社会科学成果文库》的各位评审专家：正是你们的宽容与抬爱，才使本成果最终入选；正是你们的宝贵建议，才使本成果能以目前的状态最终面世。我要感谢我的学生，尤其是张尧、曹明哲、罗帅、范佳慧、陈南成、陈睿凝、陶鑫明、霍帅甫、顾晨阳，他们协助我查阅资料、整理案例，备极辛苦。我还要感谢中国人民大学出版社法律分社社长郭虹，以及编辑施洋不辞辛劳地校阅书稿，为本书增色不少。最后，我要感谢我的爱人和两个女儿。在疫情防控期间，我的爱人承担了主要的家务；大女儿常以视频连线的方式在遥远的美国关注着我的项目进展；小女儿居家线上上课，伴我左右，增加了无尽的欢乐，以每天限量 3 支烟的方式敦促我戒烟。

　　书是出版了，遗憾也就留下了。《民法典》和《民法典担保制度解释》实施不久，我对其中规则的理解还有待进一步深入，书中失当之处也就在所难免。欢迎各位理论家和实务家的批评！我将在本书再版时予以修正。

高圣平

2023 年 1 月 10 日

于北京傲城尊邸寓所